Max-Planck-Institut für ausländisches
öffentliches Recht und Völkerrecht

Beiträge zum ausländischen öffentlichen Recht und Völkerrecht

Begründet von Viktor Bruns

Herausgegeben von
Armin von Bogdandy · Rüdiger Wolfrum

Band 209

Norman Weiß

Kompetenzlehre internationaler Organisationen

Theory of the Powers of International Organisations

(English Summary)

Springer
the language of science

ISSN 0172-4770
ISBN 978-3-642-03377-3 ISBN 978-3-642-03378-0 (eBook)
DOI 10.1007/978-3-642-03378-0
Springer Dordrecht Heidelberg London New York

Die Deutsche Nationalbibliothek verzeichnet diese Publikation in der Deutschen Nationalbibliografie; detaillierte bibliografische Daten sind im Internet über http://dnb.d-nb.de abrufbar.

Einbandentwurf: WMXDesign GmbH, Heidelberg

Gedruckt auf säurefreiem Papier

Springer ist Teil der Fachverlagsgruppe Springer Science+Business Media (www.springer.com)

Vorwort

Diese Arbeit wurde im Wintersemester 2007/2008 von der Juristischen Fakultät der Universität Potsdam als Habilitationsschrift angenommen. Soweit möglich, wurden Rechtsprechung und Literatur bis zum Sommer 2008 berücksichtigt.

Mein Dank gilt zunächst meinem verehrten akademischen Lehrer, Herrn Prof. Dr. Eckart Klein, der meinen wissenschaftlichen Werdegang seit vielen Jahren gefördert hat. Ich danke Herrn Prof. Dr. Hartmut Bauer für die Erstellung des Zweitgutachtens und vielfältige Anregungen.

Am MenschenRechtsZentrum der Universität Potsdam habe ich in einer anregenden Atmosphäre arbeiten können. Für vielfältigen wissenschaftlichen Austausch und gelegentlich notwendigen Zuspruch danke ich Frau Dr. Claudia Mahler und Frau Prof. Dr. Stefanie Schmahl sowie den Herren Dr. Marten Breuer, Prof. Dr. Andreas Haratsch, Bernhard Schäfer und Dominik Steiger.

Ich danke den Direktoren des Max-Planck-Instituts für ausländisches öffentliches Recht und Völkerrecht für die Aufnahme der Arbeit in die Schriftenreihe des Instituts.

Potsdam, im Oktober 2008

Norman Weiß

Inhaltsübersicht

Inhaltsverzeichnis

Zweiter Teil
Wechselwirkung von fortschreitender Integration und staatlicher Souveränität am Beispiel der Vereinten Nationen und der europäischen Einigung

Abkürzungsverzeichnis

Abs.	Absatz
AEMR	Allgemeine Erklärung der Menschenrechte vom 10. Dezember 1948
AJIL	American Journal of International Law
ARSP	Archiv für Rechts- und Sozialphilosophie
Art.	Artikel
Aufl.	Auflage
ausf.	ausführlich
AVR	Archiv des Völkerrechts
Bd./Bde.	Band/Bände
BDGVR	Berichte der Deutschen Gesellschaft für Völkerrecht
BGBl.	Bundesgesetzblatt
BYIL	British Yearbook of International Law
comp.	zusammengestellt von
CTS	Consolidated Treaty Series (Parry, Hrsg.)
DBA	Deutsche Bundesakte
ders.	derselbe
dies.	dieselbe(n)
Diss.	Dissertation
DÖV	Die öffentliche Verwaltung
dt.	deutsch
EA	Europa-Archiv
EAG(V)	(Vertrag über die) Europäische Atomgemeinschaft
ECOSOC	Economic and Social Council
EG	Europäische Gemeinschaft
EGKS	Europäische Gemeinschaft für Kohle und Stahl
EGMR	Europäischer Gerichtshof für Menschenrechte
EJIL	European Journal of International Law
EMRK	Europäische Konvention der Menschenrechte und Grundfreiheiten vom 4. November 1950, in der zuletzt

	durch das Protokoll Nr. 11 geänderten Fassung; BGBl. 2002 II S. 1055.
EPIL	Encyclopedia of Public International Law (Bernhardt, Hrsg.)
EU	Europäische Union
EuG	Gericht erster Instanz
EuGH	Europäischer Gerichtshof
EuGRZ	Europäische Grundrechtezeitschrift
EuR	Europarecht (Zeitschrift)
EUV	Vertrag über die Europäische Union
EuZW	Europäische Zeitschrift für Wirtschaftsrecht
EWG(V)	(Vertrag über die) Europäische Wirtschaftsgemeinschaft
FG	Festgabe
Fn.	Fußnote
FP	Fakultativprotokoll
FS	Festschrift
FusV	Fusionsvertrag
GBl. Norddt. Bund	Gesetzblatt des Norddeutschen Bundes
GS	Gedächtnisschrift
GS.	Gesetzessammlung
GV	Generalversammlung der Vereinten Nationen
GV-GeschO	Geschäftsordnung der Generalversammlung der Vereinten Nationen
GV-Res.	Resolution der Generalversammlung der Vereinten Nationen
GYIL	German Yearbook of International Law
HRG	Handwörterbuch zur deutschen Rechtsgeschichte
hrsg.	herausgegeben
Hrsg.	Herausgeber(in)
HStR	Handbuch des Staatsrechts
HuV	Humanitäres Völkerrecht – Informationsschriften (Zeitschrift)
HZ	Historische Zeitschrift

ICLQ	International and Comparative Law Quarterly
IGH	Internationaler Gerichtshof
IGH-Statut	Statut des Internationalen Gerichtshofes
IGH-VerfO	Verfahrensordnung des Internationalen Gerichtshofes
IPbpR	Internationaler Pakt über bürgerliche und politische Rechte
IPO	Instrumentum Pacis Osnabrucense
ITU	International Telecommunication Union / Internationale Fernmelde-Union
JöR	Jahrbuch des Öffentlichen Rechts
JZ	Juristenzeitung
LNTS	League of Nation Treaty Series
m.w.Nw.	mit weiteren Nachweisen
MPI	Max-Planck-Institut(e)
MPUNYB	Max Planck Yearbook of United Nations Law
MRM	MenschenRechtsMagazin (Zeitschrift)
n.F.	neue Fassung
N.F.	neue Folge
NJW	Neue Juristische Wochenschrift
NYUJ of Int'l Law & Pol	New York University Journal of International Law and Politics
OP	Optional Protocol
Red.	Redaktion
Rn.	Randnummer(n)
RP III	Repertory of Practice of United Nations Organs
Rs.	Rechtssache
s.	siehe
S.	Seite
SGV	Sondergeneralversammlung
SR	Sicherheitsrat der Vereinten Nationen
SR-Res.	Resolution des Sicherheitsrates der Vereinten Nationen
SVN	Satzung (Charta) der Vereinten Nationen
Tb.	Taschenbuch

UNESCO	United Nations Education, Science and Culture Organization
UNTS	United Nation Treaty Series
UPU	Universal Postal Union / Weltpostverein
VAEU	Vertrag über die Arbeitsweise der Europäischen Union
VBS	Völkerbundsatzung, RGBl. 1919 S. 717
VerwArch	Verwaltungsarchiv (Zeitschrift)
VN	Vereinte Nationen (Zeitschrift)
VVDStRL	Veröffentlichungen der Vereinigung der deutschen Staatsrechtslehrer
WBVR	Wörterbuch des Völkerrechts (Strupp/Schlochauer, Hrsg.)
WdVD	Wörterbuch des Völkerrechts und der Diplomatie
WSA	Wiener Schlußakte
ZaöRV	Zeitschrift für ausländisches öffentliches Recht und Völkerrecht
ZfP	Zeitschrift für Politik
zit.	zitiert
ZP	Zusatzprotokoll
ZRP	Zeitschrift für Rechtspolitik
ZSE	Zeitschrift für Staats- und Europawissenschaften
zugl.	zugleich

Einleitung

I. Problemaufriß

Das staatenorientierte klassische Völkerrecht ist im 20. Jahrhundert tiefgreifenden Veränderungen unterworfen worden: Neue, nichtstaatliche Akteure sind auf der Völkerrechtsebene erschienen – die internationalen Organisationen, das Individuum, Befreiungsbewegungen, Nichtregierungsorganisationen und neuerdings auch transnationale Unternehmen –, und das Völkerrecht selbst ist zu einer wertegeleiteten Ordnung geworden; Gewaltverbot,[1] Selbstbestimmungsrecht[2] und Menschenrechte[3] mögen als Stichworte genügen.

Nach wie vor ist das Völkerrecht jedoch primär (Zwischen-) Staatenrecht, von den Staaten gesetzt, zwischen ihnen geltend und an ihnen als den konkreten Herrschaftsverbänden und geborenen Völkerrechtssubjekten anknüpfend.[4] Bildet das moderne Staatensystem somit auch wei-

---

1 Statt aller: *Randelzhofer*, Use of Force, in: EPIL IV (2000), S. 1246-1258 (S. 1249 ff.), m.w.Nw.

2 Dazu: *Pomerance*, Self-Determination in Law and Practice, The New Doctrine in the United Nations, 1982; *Tomuschat* (Hrsg.), Modern Law of Self-Determination, 1993; *Thürer*, Self-Determination, in: EPIL IV (2000), S. 364-374.

3 Hierzu aus neuerer Zeit: *Faßbender*, Der Schutz der Menschenrechte als zentraler Inhalt des völkerrechtlichen Gemeinwohls, in: EuGRZ 2003, S. 1-16; auch *Schweizer/Sprecher*, Menschenwürde im Völkerrecht, in: Seelmann (Hrsg.), Menschenwürde als Rechtsbegriff, 2004, S. 127-161 jeweils m.w.Nw. auch für ältere Literatur.

4 Vgl. nur: *Graf Vitzthum*, Begriff, Geschichte und Quellen des Völkerrechts, in: ders. (Hrsg.), Völkerrecht, 4. Aufl. 2007, 1. Abschnitt, S. 1-79, Rn. 4 f., und *Hailbronner*, Der Staat und der Einzelne als Völkerrechtssubjekte, in: ebd., 3. Abschnitt, S. 157-264, Rn. 4 ff. Kritisch zur originären und verabsolutierten Souveränität, die demokratische Teilhabe ausschließe: *van Ooyen*, Der Staat der Moderne, Hans Kelsens Pluralismustheorie, 2003, S. 51 ff., 70 ff. und passim.

N. Weiß, *Kompetenzlehre internationaler Organisationen*,
Beiträge zum ausländischen öffentlichen Recht und Völkerrecht 209,
DOI 10.1007/978-3-642-03378-0_1, © Springer-Verlag Berlin Heidelberg 2009

terhin die „*Ambiance des Völkerrechts*",[5] so ist doch die weitgehende Monochromie der Vergangenheit inzwischen überwunden.[6]

Internationale Organisationen[7] sind als wichtige Akteure der internationalen Beziehungen[8] gleichzeitig Objekte und Subjekte des Völkerrechts. Als Forum für Diskussion und Dialog, als Motor von Zusammenarbeit und Integrationsbemühungen sowie als Initiator für Rechtsetzung, Organisator von Hilfsmaßnahmen und nicht zuletzt als „Hüter des Völkerrechts" nehmen internationale Organisationen eine Fülle von Aufgaben wahr. Diese kurze Zustandsbeschreibung legt unter anderem die Frage nahe, wie und von wem diese Aufgaben bestimmt werden. Dies führt zur Anschlußfrage, ob und in welchem Umfang Befugnisse aus der Aufgabenzuweisung folgen. Ein markantes Beispiel mag zur Veranschaulichung dienen:

Der Sicherheitsrat der Vereinten Nationen, vor allem zuständig für die Wahrung des Weltfriedens, hat als Reaktion auf die Terroranschläge des 11. September 2001 mehrere Resolutionen nach Kapitel VII der UN-Charta verabschiedet und damit die Staaten in großem Umfang zur Er-

---

[5] *Grewe*, Epochen der Völkerrechtsgeschichte, 1984, S. 25 (eine auf das Verfassungsrecht gemünzte Formulierung *Dietrich Schindlers* aufgreifend; vgl. *Schindler*, Verfassungsrecht und Soziale Struktur, 1932, S. 92 ff.).

[6] Bereits *Mosler*, Völkerrecht als Rechtsordnung, in: ZaöRV 1976, S. 6-49 (S. 26), spricht von neuen Akzenten, die internationale Organisationen dem alten Bild verliehen hätten. *Acquaviva*, Subjects of International Law: A Power-Based Analysis, in: Vanderbilt Journal of Transnational Law 38 (2005), 345-396, resümiert: "*The international community is a much more complex environment than many are ready to acknowledge.*"

[7] Zum Ursprung des Begriffs und dem Wandel seiner Verwendung zum heutigen Sinne vgl. *Potter*, Origin of the Term International Organization, in: AJIL 39 (1945), S. 803-806.

[8] *Woyke*, Das internationale System nach 1945, in: ders. (Hrsg.), Netzwerk Weltpolitik: Großmächte, Mittelmächte und Regionen und ihre Außenpolitik nach dem Zweiten Weltkrieg, 1989, S. 9-50 (S. 9, 17-23), nennt die „*Ausweitung der Akteure*" ein „*Strukturmerkmal des internationalen Systems*". Siehe außerdem *Maull*, Welche Akteure beeinflussen die Weltpolitik?, in: Kaiser/Schwarz (Hrsg.), Weltpolitik im neuen Jahrhundert, 2000, S. 369-382; *Rittberger/Zangl*, Internationale Organisationen – Politik und Geschichte, Europäische und weltweite internationale Zusammenschlüsse, 3. Aufl. 2003, S. 24. Anders *Hillgruber*, Souveränität – Verteidigung eines Rechtsbegriffs, in: JZ 2002, S. 1074-1080 (S. 1076): internationale Organisationen dienten „*in erster Linie als Arenen für die wechselseitigen Beziehungen der souveränen Staaten*", träten „*aber kaum selbst als eigenständige Akteure*" auf.

greifung präventiver Maßnahmen verpflichtet, um terroristische Handlungen zukünftig zu unterbinden. Von besonderer Bedeutung ist Resolution 1368 (2001), in der der Sicherheitsrat feststellt:

> "such acts, like any act of international terrorism, constitute a threat to international peace and security."

Damit wird zum Ausdruck gebracht, ein genereller Lebenssachverhalt bedrohe als solcher den Weltfrieden. Der Sicherheitsrat hat mit der nachfolgenden Resolution 1373 (2001) Neuland betreten. Als Reaktion auf diesen Lebenssachverhalt verabschiedete er darin einen umfangreichen Maßnahmenkatalog, der es den Staaten auferlegt, die aktive oder passive Unterstützung von Terrorgruppen zu unterlassen, die Anwerbung von Personen oder Lieferung von Waffen zu unterbinden, Maßnahmen zu ergreifen, um die Begehung von Terroranschlägen zu verhüten, namentlich durch eine frühzeitige Mitteilung relevanter Informationen an andere Staaten, Mitglieder von Terrorgruppen oder deren Unterstützern keine Zuflucht zu gewähren sowie die finanzielle Unterstützung terroristischer Akte und Gruppierungen – unter anderem durch Pönalisierung – zu verhindern und zu unterbinden.

Der Sicherheitsrat hat damit, gestützt auf Kapitel VII der UN-Charta, inhaltlich beispielsweise die operativen Bestimmungen des Übereinkommens zur Bekämpfung der Finanzierung des Terrorismus (1999)[9] und teilweise auch andere sektorale Terrorismusbekämpfungsabkommen durch eine Resolution für allgemeinverbindlich erklärt und um weitere Pflichten der Staaten ergänzt.[10] Im Ergebnis ist dies die Verabschiedung einer allgemeinen Konvention[11] zur Bekämpfung des Terrorismus, auf die sich Staaten bisher nicht haben einigen können.

---

9 International Convention for the Suppressing of the Financing of Terrorism vom 9. Dezember 1999, ILM 39 (2000), S. 270. Das Abkommen war bei Verabschiedung der Resolution 1373 noch nicht in Kraft getreten.

10 Eine falschverstandene Anwendung der Resolution könne, so der Hochkommissar für Menschenrechte, ernsthafte menschenrechtliche Bedenken mit sich bringen; vgl. Report of the High Commisisoner submitted pursuant to General Assembly 48/14 „Human rights: a uniting framework" vom 27. Februar 2002, UN-Dok. E/CN.4/2002/18, Nr. 31. Ausführlich zu dieser Frage: *Olivier*, Human Rights Law and the International Fight Against Terrorism: How do Security Council Resolutions Impact on States' Obligations Under International Human Rights Law? (Revisiting Security Council Resolution 1373), in: Nordic Journal of International Law 2004, S. 399-419.

11 Immerhin liegen – jeweils in Reaktion auf bestimmte Erscheinungsformen entstanden – zehn internationale Übereinkommen mit zwei Zusatzproto-

Der völkerrechtssoziologische Befund, daß es internationale Organisationen als internationale Akteure gibt, wirft mithin die völkerrechtsdogmatische Frage nach den Konpetenzen internationaler Organisationen auf.

II. Fragestellung

Die Kompetenzen von Rechtssubjekten gehören zu den wichtigen Strukturelementen einer Rechtsordnung. Rechtsordnungungen[12] können es ihren Rechtssubjekten entweder freistellen, welche Aufgaben sie wahrnehmen wollen,[13] oder ihnen Aufgaben und die daran anschließenden Zuständigkeiten zuweisen. Oft wird von beiden Möglichkeiten Gebrauch gemacht. So schreibt das Völkerrecht den Staaten nicht grundsätzlich und abstrakt vor, welche Aufgaben sie wahrnehmen müssen oder dürfen.[14] Dies folgt aus der Tatsache, daß die Staaten kraft ihrer Souveränität in der Lage sind, die von ihnen als notwendig erkannten Aufgaben in Angriff zu nehmen.[15]

---

kollen und sieben regionale Übereinkommen vor. Diese hatten allerdings eine sehr unterschiedliche, insgesamt nur geringe Verbreitung unter den Staaten erfahren. Zum damaligen Sachstand vgl. *Haratsch/Schmahl*, Internationaler Terrorismus als Herausforderung an das Völkerrecht, in: WeltTrends Nr. 32 (Herbst 2001), S. 111-117.

[12] Dazu, daß es sich beim Völkerrecht um eine solche handele, siehe grundlegend *Verdross*, Die Verfassung der Völkerrechtsgemeinschaft, 1926; *Bruns*, Das Völkerrecht als Rechtsordnung, Teil I, in: ZaöRV 1929, S. 1-56; *ders.*, Das Völkerrecht als Rechtsordnung, Teil II, in: ZaöRV 1933, S. 445-487; *Mosler* (Fn. 6).

[13] Wie es etwa das Privatrecht tut, soweit es noch dem Grundsatz der Privatautonomie verpflichtet ist; hierzu nur *Larenz/Wolf*, Allgemeiner Teil des Bürgerlichen Rechts, 9. Aufl. 2004, § 1, Rn. 2 ff., § 2, Rn. 62 und 89 ff., § 34, Rn. 38 ff.; und *Säcker*, Fundamente der Privatrechtsgesellschaft nach dem Anti-Diskriminierungsgesetz, in: Zeitschrift für Gesetzgebung ZG 2005, S. 154-164.

[14] Vgl. auch *Mosler* (Fn. 6), S. 37 ff. Allerdings kann sich aus der völkerrechtlichen Regelung eines konkreten Bereichs eine Handlungspflicht zur Vornahme eines Realaktes oder zur Rechtssetzung ergeben. Hierdurch wird den Staaten üblicherweise jedoch keine Kompetenz zugewiesen, die sie vorher nicht gehabt hätten; vielmehr handelt es sich um die Konkretisierung einer Aufgabe.

[15] Siehe aber auch die – nach innen gerichteten – Bedenken hiergegen bei *Bull*, Die Staatsaufgaben nach dem Grundgesetz, 1973, S. 90-98.

Wie verhält es sich demgegenüber bei internationalen Organisationen mit den vielfältigen Kompetenzfragen? Dies umfassend zu klären, soll Gegenstand einer nachfolgend zu erntwickelnden Kompetenzlehre internationaler Organisationen sein.

Unter Kompetenzen werden im folgenden die Aufgaben und Befugnisse (auch Zuständigkeiten oder Kompetenzen im engeren Sinne) einer internationalen Organisation oder ihrer Organe verstanden. Ziel der zu entwickelnden Kompetenzlehre[16] soll es mithin sein, die Tätigkeit internationaler Organisationen rechtlich nach einer *„vorgegebenen Agenda und eingeräumten Machtmitteln"*[17] zu gliedern.

Zu klären ist dabei, wie Kompetenzen internationaler Organisationen begründet und gegebenenfalls weiterentwickelt werden. Ausgangspunkt entsprechender Überlegungen ist der Organisationszweck, nach dessen Vorgaben in der Regel der Gründungsvertrag ihnen Kompetenzen gegenüber den Mitgliedstaaten einräumt. Neben der vertikalen Kompetenzverteilung zwischen der Organisation und ihren Mitgliedern ist auch die horizontale Kompetenzverteilung innerhalb der Organisation, zwischen ihren Organen von Interesse.

Es wird im vertikalen Verhältnis beispielsweise zu klären sein, ob von einer Aufgabe auf die Befugnis geschlossen werden darf oder ob eine strikte Trennung von Aufgaben- und Befugnisnorm vorzunehmen ist.

Im Unterschied zu den Staaten, bei denen dies auf Grund ihrer Souveränität der Fall ist, haben internationale Organisationen grundsätzlich keine Kompetenzkompetenz[18] in dem Sinne, daß sie sich selbst Kompetenzen zuerkennen könnten. Internationale Organisationen unterliegen vielmehr dem Prinzip der begrenzten (Einzel-)Ermächtigung; sie dürfen ihren Aufgabenbereich und ihre Handlungsbefugnisse nicht eigenständig erweitern.[19] Hierin kommt ihr Charakter als Geschöpfe der

---

[16] Eine innerstaatlich orientierte Kompetenzlehre bietet *Stettner*, Grundfragen einer Kompetenzlehre, 1983.

[17] *Stettner* (Fn. 16), S. 45.

[18] Soweit ersichtlich, handelt es sich um eine Begriffsschöpfung von *Hugo Böhlau*. Vgl. *ders.*, Competenz-Competenz? Erörterungen zu Art. 78 der Verfassung des Norddeutschen Bundes, 1869. Zu diesem Thema siehe ausführlich infra Dritter Teil B III 2a.

[19] *Klein*, Die Internationalen und Supranationalen Organisationen, in: Graf Vitzthum (Hrsg.), Völkerrecht, 3. Aufl. 2004, 4. Abschnitt, S. 245-355, Rn. 189.

Völkerrechtsordnung mit (verliehener) Teilrechtsfähigkeit zum Ausdruck.[20]

Allerdings sehen sich auch internationale Organisationen im Lauf der Zeit mit der Erwartung oder der Notwendigkeit konfrontiert, neue Aufgaben wahrzunehmen: So muß beispielsweise auf den technischen Fortschritt reagiert oder allgemein mit gewandelten Herausforderungen umgegangen werden. Es stellt sich dann die Frage, inwieweit eine solche Aufgabenerweiterung vom ursprünglichen Mandat gedeckt ist oder ob es hierfür gegebenenfalls einer gesonderten Kompetenzzuweisung bedarf.

Bei der horizontalen Kompetenzverteilung ist auf steuernde Prinzipien Bedacht zu nehmen, die eine funktionsgerechte Organisationsstruktur und Organkonzeption sicherstellen sollen. Von hoher Bedeutung sind auch Fragen der Kompetenzausübung, beispielsweise der Grundsatz der Organtreue.

Es stellen sich gerade auch für die klassischen internationalen Organisationen die Fragen nach der Legitimation ihres Handelns, nach der Wechselwirkung von fortschreitender Integration und (in Teilbereichen schwindender oder sich als unzulänglich erweisender) staatlicher Souveränität und nach den Folgen unrechtmäßigen Tätigwerdens internationaler Organisationen. Kompetenzfragen sind *„prinzipiellerer Natur“*[21] und bedürfen auch einer organisationstheoretischen Fundierung.

Der solcherart umrissene Befund macht es unumgänglich, dem Thema der Kompetenzen internationaler Organisationen vertiefte Aufmerksamkeit zu widmen.

III. Stand der Forschung

Das Thema „Kompetenzen internationaler Organisationen“ ist bislang monographisch noch nicht aufbereitet. Die Lehrbuchdarstellungen des allgemeinen Völkerrechts greifen das Thema naturgemäß nur als eines

---

[20] *Mosler*, Die Erweiterung des Kreises der Völkerrechtssubjekte, in: ZaöRV 1962, S. 1-48 (S. 25 ff.). *Ders.* (Fn. 6), S. 24, klassifiziert internationale Organisationen deshalb als *„Homunculus der Staaten“*.

[21] *Lerche*, Die Gesetzgebungskompetenz von Bund und Ländern auf dem Gebiet des Presserechts, in: JZ 1972, S. 468-474 (S. 468).

unter vielen auf.[22] Breiteren Raum nehmen die Kompetenzen in den Darstellungen des Rechts internationaler Organisationen ein.[23] Einzelfragen unterliegen vielfältigen Konjunktur- und Aufmerksamkeitszyklen; konstante Behandlung erfährt der kompetenzwidrige Akt internationaler Organisationen.[24]

Vor allem im Recht der Europäischen Gemeinschaften/Europäischen Union zählt Kompetenzbegründung gegenüber den Mitgliedstaaten zu den vieldiskutierten Fragen.[25]

Große Aufmerksamkeit wird in jüngerer Zeit den Rechtsakten des Sicherheitsrats der Vereinten Nationen gewidmet, mit denen dieser die in-

---

[22] Zu nennen sind beispielsweise (ohne jeden Anspruch auf Vollständigkeit) *Verdross/Simma*, Universelles Völkerrecht, Theorie und Praxis, 3. Aufl. 1984, § 116 ff.; *Hobe/Kimminich*, Einführung in das Völkerrecht, 8. Aufl. 2004, S. 120-147; *Doehring*, Völkerrecht, Ein Lehrbuch, 2. Aufl. 2004, Rn. 203, 212; *Cassese*, International Law in a Divided World, 1986, 5. Nachdruck 1994, Rn. 48-50.

[23] *Klein* (Fn. 19), Rn. 188 ff.; *Akande*, International Organizations, in: Evans (Hrsg.) International Law, 2003, S. 269-297 (S. 278 ff., 282 ff.); *Epping*, Internationale Organisationen, in: Ipsen (Hrsg.), Völkerrecht, 5. Aufl. 2004, S. 444-552 (S. 471 ff. und passim); *Seidl-Hohenveldern/Loibl*, Das Recht der Internationalen Organisationen einschließlich der Supranationalen Gemeinschaften, 7. Aufl. 2000, vor allem im den einzelnen Organtypen gewidmeten zweiten Kapitel, S. 122-216, und passim; *Köck/Fischer*, Das Recht der Internationalen Organisationen, 3. Aufl. 1997, S. 556-563.

[24] *Lauterpacht*, The Legal Effects of Illegal Acts of International Organizations, in: Cambridge Essays in International Law, 1965, S. 90-121; *Osieke*, The Legal Validity of Ultra Vires Decisions of International Organizations, in: AJIL 77 (1983), S. 239-256; *Weber*, Zur Kontrolle kompetenzwidriger Rechtsakte der Europäischen Gemeinschaft durch nationale Verfassungsgerichte, in: FS für Ulrich Everling, Bd. II, 1995, S. 1625-1639; *Bernhardt*, Ultra vires Activities of International Organizations, in: FS Skubiszewski, 1996, S. 599-609; *Doehring*, Unlawful Resolutions of the Security Council and their Legal Consequences, in: MPUNYB 1997, S. 91-109; um nur einige Beiträge zu nennen.

[25] Zum Beispiel: *Nicolaysen*, Zur Theorie von den Implied Powers in den Europäischen Gemeinschaften, in: EuR 1966, S. 129-142; *Becker*, Die Anwendbarkeit der Theorie von den Implied Powers im Recht der Europäischen Gemeinschaften, Diss. iur., Münster 1976; *Peruzzo*, Das Problem der Implied powers der Organe der Europäischen Gemeinschaften, Diss. iur., Marburg 1979; *Böhm*, Kompetenzauslegung und Kompetenzlücken im Gemeinschaftsrecht, Ein Beitrag zur Klärung und Abgrenzung von effet utile, implied powers, resulting powers und Lückenklauseln, 1985.

ternationalen Ad-hoc-Straftribunale für das ehemalige Jugoslawien und für Ruanda begründet hat[26] oder mit denen er, gleichsam legislatorisch, Terrorismusbekämpfungsmaßnahmen[27] durchgesetzt hat. Auch die Sanktionsregime haben große Beachtung erfahren.[28]

Eine zusammengeführte, grundsätzlich angelegte Behandlung des Themas in einer „Kompetenzlehre internationaler Organisationen" erscheint unerläßlich. Ziel dieser vorzulegenden Kompetenzlehre ist es, ein umfassendes Instrumentarium für diese wichtige Form internationaler Zusammenarbeit zu entwickeln, damit die Bedingungen, Wirkungen und Probleme der Kooperation in und durch internationale Organisationen angemessen erfaßt werden. Denn für alle internationalen Organisationen gilt der Sache nach die auf die Europäische Union gemünzte Feststellung *Nettesheims*:

> „Die Kompetenzlehren des EU-Rechts sind der Königsweg zu einem adäquaten Verständnis der europäischen Integration. Mit keiner anderen Kategorie lassen sich Gestalt und Wirken der EU besser erfassen als mit jener der EU-Kompetenz."[29]

IV. Notwendigkeit eines interdisziplinären Forschungsansatzes

Wenn aus der juristischen Perspektive auch das rechtliche Dürfen und Sollen sowie die damit zusammenhängenden Fragen von zentraler Bedeutung sind, so darf doch nicht aus den Augen verloren werden, daß das Verhalten internationaler Akteure von sozialen Realitäten beeinflußt wird. Zu diesen determinierenden Faktoren zählen auf der einen Seite die handelnden Personen. Diese werden auf der anderen Seite durch ihre Funktion, die sie ausüben – also entweder weisungsgebun-

---

[26] Z. B. nur *Zimmermann*, The Creation of a Permanent International Criminal Court, in: MPUNYB 1998, S. 169-237.

[27] Hierzu *Aston*, Die Bekämpfung abstrakter Gefahren für den Weltfrieden durch legislative Maßnahmen des Sicherheitsrates – Resolution 1337 (2001) im Kontext, in: ZaöRV 2002, S. 257-291.

[28] Etwa *Gill*, Legal and some Political Limitations on the Power of the UN Security Council to Exercise its Enforcement Powers under Chapter VII of the Charter, in: Netherlands Yearbook of International Law 1995, S. 33-138.

[29] *Nettesheim*, Kompetenzen, in: von Bogdandy (Hrsg.), Europäisches Verfassungsrecht, Theoretische und dogmatische Grundsätze, 2003, S. 415-477 (S. 415).

dene Staatenvertreter oder Angehörige einer internationalen Bürokratie mit einem entsprechenden Ethos einerseits und Eigeninteressen andererseits –, bestimmt.[30] Prägend für das Verhalten dieser Personen sind neben ihrer Funktion aber auch ihr persönlicher Erfahrungshintergrund, individuelle Sichtweisen, subjektive Interessen und Weltbilder. Hinzu treten bei den Staatenvertretern die innerstaatlich bedingte Einengung von Handlungsspielräumen, beispielsweise durch föderale Staatsstrukturen[31] oder politische Abhängigkeiten und Rücksichtnahmen, wie etwa auf die öffentliche Meinung und Wiederwahlchancen im Heimatstaat.[32]

Dieses komplexe Geflecht von Faktoren spielt naturgemäß nicht nur bei der Analyse außenpolitischer Entscheidungen[33] insgesamt eine Rol-

---

[30] Hierauf gehen beispielsweise *Feld/Jordan/Hurwitz*, International Organizations, A Comparative Approach, 3. Aufl. 1994, S. 121 ff., ein. Ausführlich bereits *Jacobson*, Networks of Interdependence, International Organizations and the Global Political System, 1979, S. 107-147.

[31] Hierzu der vergleichende Überblick bei *Michelmann/Soldatos* (Hrsg.), Federalism and International Relations, The Role of Subnational Units, 1990.

[32] Ein schon heute klassisch zu nennendes Beispiel hierfür war die Entscheidung der Bundesregierung im Bundestagswahlkampf 2002 gegen eine deutsche Beteiligung am Irak-Krieg, die sich beim damaligen Erkenntnisstand nicht auf die besseren Einsichten oder die moralischeren Grundsätze stützte, sondern in erster Linie angesichts der Stimmung in weiten Teilen der Bevölkerung die damals geringer gewordenen Chancen der Wiederwahl erhöhen wollte. Dieses Kalkül ging knapp auf, dafür wurde eine dramatische Verschlechterung des transatlantischen Verhältnisses ebenso in Kauf genommen wie eine Spaltung innerhalb der Europäischen Union. Eine Ex-post-Beurteilung des Irak-Krieges sollte die damalige, rein machtpolitische Entscheidungsgrundlage Bundeskanzler *Schröders* nicht überdecken.

Zur Rückbindung politischer Entscheidungen an die öffentliche Meinung vgl. nur *Luhmann*, Politische Theorie im Wohlfahrtsstaat, 1981; und, mit Betonung auf die internationalen Beziehungen, *Putnam*, Diplomacy and Domestic Policies: The Logic of Two-Level Games, in: International Organization 42 (1988), S. 427-460. Siehe auch *Garrett/Lange*, Internationalization, Institutions and Political Change, in: Milner/Keohane (Hrsg.), Internationalization and Domestic Politics, 1996, S. 48-75, die die wirtschaftlichen Beziehungen untersuchen.

[33] Zu diesem Komplex vgl. einerseits *Héritier* (Hrsg.), Policy-Analyse, Kritik und Neuorientierung, 1993; *Schubert/Bandelow* (Hrsg.), Lehrbuch der Politikfeldanalyse, 2003; und andererseits *Henkin*, How Nations Behave: Law and Foreign Policy, 2. Aufl. 1979; *Neack/Hey/Haney* (Hrsg.) Foreign policy analysis, Continuity and change in its second generation, 1995.

le, sondern ist auch beim Agieren innerhalb internationaler Organisationen und somit bei der Wahrnehmung von Kompetenzen zu beachten. Die Nutzung, Nichtnutzung oder Abänderung eines rechtlichen Kompetenzgefüges wird mithin von Faktoren determiniert, deren Untersuchung ganze Wissenschaftszweige beschäftigt. Organisationssoziologische und andere sozialwissenschaftliche Fragestellungen können im Rahmen dieser Untersuchung aber ebensowenig erschöpfend behandelt werden wie politikwissenschaftliche, insbesondere regimetheoretische Erörterungen;[34] Erkenntnisse dieser Disziplinen sollen aber, soweit dies erforderlich und möglich ist, in diese Arbeit einfließen.

Festgehalten werden kann, daß das, was *Böckenförde* vom Staat als *„organisierter Wirkeinheit"* gesagt hat, mutatis mutandis auch für die internationalen Organisationen gilt, nämlich

> „daß er seine Einheit und Realität nicht in einem (hypostasierten) einheitlichen Willen oder einer sozialpsychischen Erlebniseinheit hat, sondern in einem organisierten Handlungs- und Wirkungszusammenhang. Als organisierte Wirkeinheit entsteht und besteht der Staat dadurch, daß einzelmenschliches Wirken durch leitende Organe zusammengefaßt, einheitlich gelenkt bzw. ausgerichtet und aktualisiert wird. Er kann also nicht unabhängig von menschlichen Personen gedacht werden, die im eigentlichen Sinn seine ‚Träger' sind, d. h., die den organisierten Handlung- und Wirkungszusammenhang, als der er sich darstellt, durch ihr planendes, entscheidendes, ausführendes Handeln aktualisieren und verwirklichen. Diese menschlichen Träger kommen indessen selbst aus der Gesellschaft bzw. aus einer bestimmten Schicht oder Gruppe der Gesellschaft. Sie können zwar, indem sie sich ihre staatliche Aufgabe und Rolle, nämlich die Angelegenheiten der Allgemeinheit zu besorgen, ganz zu ei-

---

[34] Hierzu nur: *Rittberger/Zangl* (Fn. 8), S. 33 ff., 115 ff.; zögerlich noch *Gordenker/Saunders*, Organisation Theory and International Organisation, in: Taylor/Groom (Hrsg.), International Organisation, A Conceptual Approach, 1978, S. 84-107; zum neueren Diskussionsstand auch *Finnemore*, Norms, culture, and world politics: insights from sociology's institutionalism, in: International Organization 50 (1996), S. 325-347; jeweils m.w. Nw. Bei *Finnemore*, S. 332 f., auch zum Gegensatz zwischen strukturellem Realismus und soziologischen Institutionalismus.

Stein, International Integration and Democracy: No Love at First Sight, in: AJIL 95 (2001), S. 489-534, thematisiert ebenfalls eine Reihe von internen und externen Faktoren, die die Integrationskraft internationaler Organisationen bestimmen.

gen machen, ihre gesellschaftliche Gebundenheit und Interessenlage ‚überschreiten', sich dazu in ein Verhältnis der Distanz setzen, aber sie hören nicht schon eo ipso auf, auch Glieder der Gesellschaft zu sein. Es besteht immer die Möglichkeit und Gefahr, daß sie die staatlichen Herrschaft- und Entscheidungspositionen nicht nur im Sinne der notwendigen allgemeinen Angelegenheiten, sondern auch (oder primär) zugunsten partikulärer, gesellschaftlich-gruppenmäßiger Ziele handhaben und artikulieren."[35]

V. Gang der Darstellung

Im folgenden soll es anhand exemplarisch ausgewählter internationaler Organisationen unternommen werden, eine Kompetenzlehre internationaler Organisationen zu entwickeln. Zur kontrastierenden Verdeutlichung der Probleme wird auf die Kompetenzproblematik im Rahmen einer wichtigen supranationalen Organisation, der Europäischen Gemeinschaft,[36] eingegangen.

Die Arbeit gliedert sich demzufolge in drei Teile: In einer einleitenden Bestandsaufnahme über die Entwicklung internationaler Organisationen werden exemplarische Stationen von Problemerkenntnis und -lösungsversuchen aufgezeigt. Hieran wird deutlich werden, daß sich bestimmte praktische Grundmodelle herausgebildet haben, in denen gleichzeitig Probleme und Lösungsansätze enthalten sind, die für den heutigen Diskussionsstand relevant sind. Es folgt die Untersuchung der Wechselwirkung von fortschreitender Integration und staatlicher Souveränität am Beispiel der Vereinten Nationen und der europäischen Einigung, wobei die Implikationen für die Kompetenzen der Organisationen und ihre Organe im Mittelpunkt stehen. Hier werden die aktuellen Anwendungsfälle herausgearbeitet, für die sich die Rechtsfragen stellen. Abschließend soll hieraus eine Kompetenzlehre internationaler Organisationen entwickelt werden, die den Begriff der Kompetenz internationaler Organisationen klärt und als Ordnungselement für ihre Verfaßtheit beleuchtet. Dabei wird auf die Funktionen von Kompeten-

---

35 *Böckenförde*, Die Bedeutung der Unterscheidung von Staat und Gesellschaft im demokratischen Sozialstaat der Gegenwart, in: ders., Recht, Staat, Freiheit, Studien zur Rechtsphilosophie, Staatstheorie und Verfassungsgeschichte, 1991, S. 209-243 (S. 219 f.). Böckenförde lehnt sich begrifflich und inhaltlich an an *Heller*, Staatslehre, 1934, S. 228 ff.

36 Zu den Begrifflichkeiten siehe infra Zweiter Teil B II 1.

zen und auf ihre Begründung ebenso eingegangen wie auf Kompetenzkonflikte und die Frage nach der Kontrolle der Kompetenzausübung.

„Es ist nötig herauszuarbeiten, daß die umfassenden internationalen Institutionen des staatenbundlichen Typs der Nachkriegsperioden von 1919 und 1945 wenig mehr als Versuche bedeuten, die oben erwähnten traditionellen Institutionen in einer einzigen Rahmenorganisation zusammenzufassen. Um die verfassungsmäßigen Schwächen dieser umfassenden internationalen Institutionen zu verstehen, ist es zweckmäßig, eine solche Darstellung mit der Diskussion früherer Experimente mit Staatenbünden und ihrer konstitutionellen Mängel zu verbinden.“[37]

Erster Teil

Bestandsaufnahme: Die Entwicklung internationaler Organisationen

In diesem Teil der Arbeit soll nachgezeichnet werden, welche Formen der Kooperation Staaten bislang gesucht und unternommen haben, um gemeinschaftlich bestimmte tatsächliche Herausforderungen zu meistern. Es handelt sich um einen kursorischen Überblick, der die wesentlichen Entwicklungen sichtbar machen wird. Für die hier vorgelegte Kompetenzlehre internationaler Organisationen empfiehlt es sich, an Hand der Entwicklung, die entsprechende Organisationen durchlaufen haben, die Herausbildung und Lösung von Kompetenzfragen zu analysieren.

Von einzelnen Erwähnungen abgesehen, konzentriert sich die Darstellung in diesem Teil zeitlich auf das 19. und 20. Jahrhundert; geographisch steht Europa im Mittelpunkt, soweit „die Welt“ in den Blick genommen wird, geschieht dies aus einer eurozentrischen Perpektive. Dies ist der Sache geschuldet[38] und vertretbar[39], da einerseits die Ent-

---

[37] *Schwarzenberger*, Zum Recht der internationalen Institutionen, in: FS für Walter Schätzel zu seinem 70. Geburtstag, 1960, S. 429-440 (S. 437f.).

[38] Auch *Preiser*, Über die Ursprünge des modernen Völkerrechts, in: FS für Walter Schätzel zu seinem 70. Geburtstag, 1960, S. 373-387 (S. 374 f.) spricht von einem *„rund zweieinhalb Jahrtausende umspannende*[n] *‚europäischen*

N. Weiß, *Kompetenzlehre internationaler Organisationen*,
Beiträge zum ausländischen öffentlichen Recht und Völkerrecht 209,
DOI 10.1007/978-3-642-03378-0_2, © Springer-Verlag Berlin Heidelberg 2009

wicklung zwischenstaatlicher Zusammenarbeit in internationalen Organisationen, wie wir sie heute noch kennen, sich in Europa, geprägt vom europäischen Völkerrecht, und zu dieser Zeit abgespielt hat. Andererseits ist auch der (National-)Staat, der die internationalen Organisationen begründet, ein europäischer „Exportschlager". Die zu erörtenden Fragen haben daher über Europa hinaus Bedeutung.

Um die gegenwärtigen Strukturen besser verstehen und Lösungsmöglichkeiten für künftige Probleme entwickeln zu können, ist es auch hinsichtlich der internationalen Organisationen und den mit ihren Kompetenzen zusammenhängenden Fragen hilfreich, einen Blick in die Vergangenheit zu werfen.[40] Im Rahmen einer rechtswissenschaftlichen Arbeit wird dabei freilich die Analyse völkerrechtlicher Fragen im Vordergrund stehen; soweit dies erforderlich und möglich ist, werden aber auch strukturelle und funktionelle Fragen behandelt und auf Erkennt-

---

Völkerrecht'". Vgl. außerdem die umfangreiche Studie von *Fisch*, Die europäische Expansion und das Völkerrecht, Die Auseinandersetzungen um den Status der überseeischen Gebiete vom 15. Jahrhundert bis zur Gegenwart, 1984. Noch *Wight*, Power Politics, 1946 (zitiert nach der dt. Ausgabe Machtpolitik, 1948), S. 70 ff. hatte die internationale Ordnung mit der europäischen Zivilisation gleichgesetzt und deshalb nicht nur den Zweiten Weltkrieg als internationalen Bürgerkrieg begriffen, sondern auch die Vereinten Nationen als Ableitung aus dem *„Europäischen Konzert der Mächte"* (S. 76) bezeichnet. Vgl. aber auch die Diskussion in den Geschichtswissenschaften bei *Conrad/Randari* (Hrsg.), Jenseits des Eurozentrismus, Potskoloniale Perspektiven in den Geschichts- und Kulturwissenschaften, 2002.

[39] Ablehnend demgegenüber beispielsweise *Anghie*, Finding the Peripheries, Sovereignty and Colonialism in Nineteenth-Century International Law, in: Harvard International Law Journal 40 (1999), S. 1-80, der im heutigen Völkerrecht das Erbe des Kolonialismus bewahrt sieht. Ausführlicher *ders.*, Imperialism, Sovereignty and the Making of International Law, 2005.

Diese Kritik ist in Teilen möglicherweise noch berechtigt, darf aber nicht zur Konsequenz haben, daß die Einheitlichkeit der Vökerrechtsordnung kulturrelativistischen Sonderwegen geopfert wird. Überdies könnte sich dieses abzulehnende Ergebnis als späte, anders benannte Bestätigung der im 19. Jahrhundert üblichen Scheidung zwischen zivilisierten und unzivilisierten, barbarischen Völkern erweisen, wobei jede Seite die jeweils andere den Barbaren zuordnete. Dies würde die universellen Eigenschaften des modernen Völkerrechts preisgeben.

[40] Ähnlich *Le Goff*, Das alte Europa und die Welt der Moderne, in: ders., Das alte Europa und die Welt der Moderne, 1996, S. 7-69 (S. 36).

nisse der Entscheidungsanalyse und der Organisationssoziologie zurückgegriffen werden.[41]

Zunächst wird der Deutsche Bund als Form zwischenstaatlicher Zusammenarbeit im Rahmen einer Staatenverbindung behandelt, bevor ein Überblick über die Geschichte internationaler Organisationen unter dem Gesichtspunkt der Zuschreibung neuer Aufgaben unternommen wird.[42] Ausgehend von der internationalen technischen Zusammenarbeit, die mit den internationalen Flußregimen einsetzt und sich im weiteren Laufe des 19. Jahrhunderts machtvoll entfaltet, wird der Deutsche Zollverein als frühe Form enger Integration betrachtet, bevor die wichtige, aber konsequent intergouvernementale Zusammenarbeit auf humanitärem Gebiet behandelt wird. Den Abschluß des historischen Teils bilden Ausführungen zum Völkerbund als der ersten umfassend konzipierten und universell angelegten internationalen Organisation.

Im Rahmen der folgenden Darstellung wird – dem Thema der Arbeit gemäß – Augenmerk darauf gelegt, wie die mit der zunehmend institutitonalisierten zwischenstaatlichen Kooperation verbundenen Probleme im Bereich der Kompetenzen eingeordnet und gelöst worden sind.

A. Staatenverbindungen als Form zwischenstaatlicher Kooperation

Staatenverbindungen, das willengeleitete[43] „Zusammentun" von Staaten, entspringen der Einsicht, bestimmte Sachverhalte gemeinsam effek-

---

[41] Beispielgebend mag der von *Feld/Jordan/Hurwitz* (Fn. 30), S. 3 ff., vertretene Ansatz sein.

[42] Die Arbeit folgt hier dem weit verbreiteten funktionalistischen Ansatz, mit dem nicht zuletzt im angelsächsischen Bereich die Entstehung, Ausbreitung und das Wirken internationaler Organisationen betrachtet und erklärt wird. Vgl. allgemein dazu: *Johnston*, Functionalism in the Theory of International Law, in: Canadian Yearbook of International Law 26 (1988), S. 3 ff. Mit Blick auf internationale Organisationen bspw. *Luard*, International Agencies: The Emerging Framework of Interdependence, 1977; *Abbott/Snidal*, Why States Act Through Formal International Organizations, in: Journal of Conflict Resolution 1998, S. 3-32.

[43] Diesen Aspekt betont zu Recht *Näf*, Die deutsche Bundesakte und der schweizerische Bundesvertrag von 1815, in: Festgabe für Fritz Hartung, 1958, S. 133-144 (S. 134).

tiver und sinnvoller behandeln zu können.[44] Beispiele für diese Art der Kooperation finden sich in der Geschichte nach unterschiedlichen Vorformen während der Antike[45] mehrfach, beispielsweise die Vereinigten Niederlande (1579-1795),[46] die nordamerikanische Konföderation

---

[44] Siehe allgemein: *Ermacora*, Confederation and Other Unions of States, in: EPIL I (1992), S. 735-739. Für *Isensee*, Die vielen Staaten in der einen Welt – Eine Apologie, in: Zeitschrift für Staats- und Europawissenschaften 2003, S. 7-31 (S. 10) handelt es sich eher um eine Notwendigkeit, die aus tatsächlichen Unzulänglichkeiten staatlicher Handlungs- und Einwirkungsmöglichkeiten resultiere; dazu infra Fn. 232. Gleichwohl bedarf es des willengeleiteten Entschlusses, durch gemeinsames Handeln auf diese Notwendigkeit zu reagieren.

[45] Diese Vorformen der hier behandelten Staatenverbindungen weisen nicht nur Unterschiede in der jeweiligen Ausgestaltung auf, sondern es gebricht ihnen auch an wesentlichen Elementen heutiger Staatenverbindungen; in ihnen schlossen sich Herrschaften, aber keine Staaten im modernen Sinne zusammen. Hier ist zunächst an die griechischen Amphiktyonien zu erinnern, auf längere Zeit oder sogar auf Dauer angelegte „Staatenverbindungen", die ursprünglich religiös-politische Kultvereinigungen darstellten. Am bekanntesten ist die delphische Amphiktyonie, deren Mitglieder einen Bund zum Schutz des Orakels schlossen, sich gegenseitige Achtung versprachen und es übernahmen, gegen ein den Bund brechendes Mitglied oder tempelschänderische Dritte mit einem Strafkrieg vorzugehen. Zu dieser Frühform ausführlich: *Cauer*, Amphiktyonia, in: Paulys Realencyclopädie der classischen Altertumswissenschaft, Band I.2, 1894, unveränd. Nachdruck 1990, Sp. 1904-1935; *Tausend*, Amphiktyonie und Symmachie, Formen zwischenstaatlicher Beziehungen im archaischen Griechenland, 1992, S. 8-63, der allerdings einen politischen Charakter der Amphiktionien bestreitet und von rein kultischen Bünden spricht (S. 60 f.); *Sánchez*, L'Amphictionie des Pyles et de Delphes, Recherches sur son rôle historique, des origines au IIe siècle de notre ère, 2001.

Eine engere bundesstaatlichere Kooperationsform stellt vor allem der 280 v. Chr. (neu-)gegründete Achaierbund dar, der über eine Versammlung, einen Rat, eine Magistratur und ein Bundesgericht verfügte. Vgl. den Überblick bei *Girardet*, Bundesstaaten im antiken Griechenland und das römische Imperium als ‚supranationale' Ordnung – Modelle für ein vereintes Europa von morgen?, in: Holtmann/Riemer (Hrsg.), Europa: Einheit und Vielfalt, Eine interdisziplinäre Betrachtung, 2001, S. 103-128 (S. 115 ff. m.w.Nw.). Nicht von ungefähr orientierten sich die Gründungsväter der USA an diesem Modell, hierzu *Lehmann*, Die Rezeption der achaiischen Bundesverfassung in der Verfassung der USA, in: Schuller (Hrsg.), Antike in der Moderne, 1985, S. 171-182.

[46] Utrechter Union von 1579, hierzu *Woltjer*, Der niederländische Bürgerkrieg und die Gründung der Republik der Vereinigten Niederlande (1555-1648), in: Schieder (Hrsg.), Handbuch der europäischen Geschichte, Bd. 3, 2. Aufl. 1985, S. 664-690; *Erbe*, Belgien, Niederlande, Luxemburg: Geschichte des

(1778-1789),[47] die schweizerische Eidgenossenschaft (1815-1848)[48] und der Deutsche Bund (1815-1866). Aber auch in unserer Zeit kann eine solche Konstellation attraktiv erscheinen, wie ein Blick auf die Komoren lehrt.[49]

Es ist gerade kennzeichnend für den souveränen Staat, daß er kraft freier Entscheidung nicht nur seine Souveränität[50] beschränken, sondern

---

niederländischen Raumes, 1993, S. 113 ff. Siehe auch *von Treitschke*, Die Republik der vereinigten Niederlande (erschienen 1869), in: ders., historische und politische Aufsätze, Bd. 2: Die Einheitsbestrebungen zertheilter Völker, 5. Aufl. 1886, S. 403-544 (insbesondere S. 434 ff.).

47 Konföderationsartikel von 1777, hierzu ausführlich *Jensen*, The Articles of Confederation: An Interpretation of the Social-Constitutional History of the American Revolution, 1774-1781, 1940; siehe auch *Cappelletti/Golay*, The Judicial Branch in the Federal and Transnational Union: Its Impact on Integration, in: Cappelletti/Seccombe/Weiler (Hrsg.), Integration through Law, Bd. I/2, 1986, S. 261-351 (S. 279 ff.).

48 Bundesvertrag von 1815; vgl. *Näf* (Fn. 43); ausführlich *Gruner*, Die schweizerische Eidgenossenschaft von der Französischen Revolution bis zur Reform der Verfassung, in: von Greyerz u.a., Geschichte der Schweiz, 1991, S. 112-137 (S. 118 ff.).

49 Nach mehreren Putschversuchen drohte 1997 die Abspaltung zweier Inseln. Mit dem sogenannten „2000 Fomboni Accord" wurde eine konföderative Staatsform etabliert.

50 Zum Souveränitätsbegriff grundlegend *Bodin*, Les six livres de la République, Paris 1576. Aus dem 20. Jahrhundert: *Kelsen*, Das Problem der Souveränität und die Theorie des Völkerrechts, Beitrag zu einer reinen Rechtslehre, 2. Neudruck der 2. Auflage Tübingen 1928, 1981, S. 9 ff., 53 ff.; *Quaritsch*, Staat und Souveränität, Bd. 1: Die Grundlagen, 1970, S. 39 ff. Außerdem: *Kelsen*, Souveränität, völkerrechtliche, in: WdVD II (1925), S. 554-559; *ders.*, Souveränität, in: WBVR III (1962), S. 278-285; *Krüger*, Souveränität und Staatengemeinschaft, in: ders./Erler, Zum Problem der Souveränität, 1957, S. 1-28; *Häberle*, Zur gegenwärtigen Diskussion um das Problem der Souveränität, in: AöR 1967, S. 259-287; *Quaritsch*, Bodins Souveränität und das Völkerrecht, in: AVR 1977, S. 257-273; *Klippel*, Staat und Souveränität, Souveränität bis zum 18. Jahrhundert, in: Brunner/Conze/Koselleck (Hrsg.), Geschichtliche Grundbegriffe, Historisches Lexikon zur politisch-sozialen Sprache in Deutschland, Bd. 6, 1990, S. 98-128; *Boldt*, Staat und Souveränität, Souveränität: 19. und 20. Jahrhundert, ebd. S. 129-154; *Hebeisen*, Souveränität in Frage gestellt, Die Souveränitätslehren von Hans Kelsen, Carl Schmitt und Hermann Heller im Vergleich, 1995; *Meessen*, Sovereignty, in: Wolfrum (Hrsg.), United Nations: Law, Policies and Practice, Bd. 2, 1995, S. 1193-1201; *Steinberger*, Sovereignty, in: EPIL IV (2000), S. 500-521; *James*, States and Sovereignty, in: Salmon (Hrsg.), Issues in

auch Teile[51] derselben übertragen kann. Diese Übertragung kann an andere Staaten, aber auch an Staatenverbindungen erfolgen.[52] In Mitteleuropa beispielsweise ist eine Staatenverbindung notwendig geworden, nachdem die universale Fiktion des Heiligen Römischen Reiches Deutscher Nation nicht mehr aufrechterhalten werden konnte. Die sakral-religös überformte Friedensordnung, die in ihm – obgleich permanent

---

International Relations, 2000, S. 1-24 (S. 7 ff.); *Hillgruber* (Fn. 8); *Jackson*, Sovereignty-Modern: A New Approach to an Outdated Concept, in: AJIL 97 (2003), S. 782-802; *Schliesky*, Souveränität und Legitimität von Herrschaftsgewalt, 2003; jeweils m.w.Nw. Siehe auch *Nolte*, Zum Wandel des Souveränitätsbegriffs, in: Frankfurter Allgemeine Zeitung vom 6. April 2005, S. 8; und den Besprechungsaufsatz von *Fröhlich*, Lesarten der Souveränität, in: Neue politische Literatur 2005, S. 19-42.

[51] *Doehring*, Internationale Organisationen und staatliche Souveränität, in: FG für Ernst Forsthoff zum 65. Geburtstag, 1967, S. 105-132 (S. 109, 117 ff.), warnt vor der Selbstaufgabe durch zu weitgehende Souveränitätsübertragung. Zwar sei der entscheidende Substanzverlust (zum damaligen Zeitpunkt) generell noch nicht zu besorgen, jedoch sei die Frage im Hinblick auf faktische Abhängigkeiten und auf supranationale Organisationen wohl schon anders zu beantworten. Wesentlich skeptischer dann nach dem EUV: *ders.*, Die nationale „Identität" der Mitgliedstaaten der Europäischen Union, in: FS für August Everling, Bd. I, 1995, S. 263-271. Grundlegend anders *Hillgruber* (Fn. 8), S. 1076; *Preuß*, Entmachtung des Staates?, in: Gosepath/Merle (Hrsg.), Weltrepublik, Globalisierung und Demokratie, 2002, S. 99-110 (S. 101).

Scheuner, Die Rechtsetzungsbefugnis internationaler Gemeinschaften, in: FS für Alfred Verdross, 1960, S. 229-242 (S. 232f.), weist darauf hin, daß nicht Hoheitsrechte übertragen, sondern Entscheidungsbefugnisse einer internationalen Instanz unter Ausschluß der Zuständigkeit des Einzelstaates *begründet* würden, und daß deswegen auch supranationale Organisationen keine Minderung der staatlichen Souveränität bedeuteten. Etwas anderes könne nur gelten, wenn die Organisation unmittelbar auf die Rechtsstellung von Einzelpersonen einwirken könne (S. 238). Auch das BVerfG hat betont, daß die Kompetenzen der EG originär mit den Verträgen entstanden sind: BVerfGE 37, 271 [279f.]; ebenso *Nettesheim* (Fn. 29), S. 421; und *Bindschedler*, International Organizations, General Aspects, in: EPIL II (1995), S. 1289-1309 (S. 1295). Ausführlich ferner *Flint*, Die Übertragung von Hoheitsrechten, Zur Auslegung der Art. 23 Abs. 1 Satz 2 und Art. 24 Abs. 1 GG, 1998; bereits *Erler*, Das Grundgesetz und die öffentliche Gewalt internationaler Staatengemeinschaften, in: VVDStRL 18 (1960), S. 7-49.

Zur US-amerikanischen Haltung anhand zahlreicher Fallstudien *Franck* (Hrsg.), Delegating State Powers: The Effect of Treaty Regimes on Democracy and Sovereignty, 2000.

[52] So schon *Jellinek*, Die Lehre von den Staatenverbindungen, 1882, S. 53 ff.

bedroht – machtpolitisch ausbalanciert war,[53] konnte durch die souverän gewordenen deutschen Partikularstaaten angesichts der sich seit der Französischen Revolution abzeichnenden Machtordnung nicht fortgeführt werden. Das war zwischen den Jahren 1805 und 1807 offenkundig geworden.[54] Ob die imperiale Ordnung dieser Zeit – ungeachtet ihrer nicht hoch genug einzuschätzenden Modernisierungseffekte[55] – eine tragfähige Friedensordnung hätte werden können, ist angesichts des systemimmanenten Expansionsdrangs[56] fraglich.

Dem nach dem Ende[57] des Heiligen Römischen Reiches Deutscher Nation und insbesondere nach dem späteren Sieg über Napoleon entste-

---

[53] Hierzu prägnant *Jaberg*, Systeme kollektiver Sicherheit in und für Europa in Theorie, Praxis und Entwurf, Ein systemwissenschaftlicher Versuch, 1998, S. 361-378.

[54] Die Franzosen siegten am 2. Dezember 1805 in der Schlacht von Austerlitz; am 16. Juli 1806 gründete sich der Rheinbund; am 6. August legte *Franz II.* die Kaiserwürde nieder (und wurde als *Franz I.* zum Kaiser von Österreich). Am 14. Oktober 1806 siegten die Franzosen bei Jena und Auerstädt, am 14. Juni 1807 in Friedland. Nach dem Frieden von Tilsit (7./9. Juli 1807) trat eine gewisse Beruhigung der Lage ein.

[55] Zu den „rheinbündischen Reformen" vgl. *Nipperdey*, Deutsche Geschichte 1800-1866, Bürgerwelt und starker Staat, 1983, S. 69-79; *Demel*, Vom aufgeklärten Reformstaat zum bürokratischen Staatsabsolutismus, 1993, S. 105-112. Zur Bedeutung des Code civil in diesem Zusammenhang siehe *Stolleis*, Triumph des Rechtsglaubens, Das Gesetzbuch der Egalité und Liberté: Zum zweihundertsten Geburtstag des Code civil, in: Frankfurter Allgemeine Zeitung vom 20. März 2004, S. 37.

[56] Hierzu statt vieler *Kissinger*, Das Gleichgewicht der Großmächte, Metternich, Castlereagh und die Neuordnung Europas 1812-1822, 1957, dt. 1962, Neuauflage 1991, S. 10 f., 24 f.; *Gollwitzer*, Geschichte des weltpolitischen Denkens, Bd. I: Vom Zeitalter der Entdeckungen bis zum Beginn des Imperialismus, 1972, S. 313 ff., und *Nipperdey* (Fn. 55), S. 13, 16, 26 und passim. Erinnert sei auch an die Äußerung *Napoleon Bonapartes* an *Metternich* bei ihrer Begegnung am 26. Juni 1813 in Dresden: *„Eure Herrscher, die auf dem Thron geboren sind, können sich zwanzigmal schlagen lassen und doch immer wiederkehren. Ich kann das nicht. Meine Herrschaft hört an dem Tag auf, an dem ich nicht mehr gefürchtet werde."*

[57] Mit diesem „Ende" ist nicht der 6. August 1806 gemeint. *Angermeier*, Deutschland zwischen Reichstradition und Nationalstaat, Verfassungspolitische Konzeptionen und nationales Denken zwischen 1801 und 1815, in: Zeitschrift der Savigny-Stiftung für Rechtsgeschichte, Germanistische Abteilung, 1990, S. 19-101 (S. 22 ff.), spricht zutreffend von einem jahrzehntelangem Evolutionsprozeß, der über 1806 hinausgeführt habe. Vgl. hierzu auch *Würtenberger*,

henden Vakuum[58] – gerade angesichts der Ausbildung und Konsolidierung von Nationalstaaten rings um die Mitte Europas – mußte begegnet werden.[59]

Staatsverfassung an der Wende vom 18. zum 19. Jahrhundert, in: Mußgnug (Red.), Wendemarken in der deutschen Verfassungsgeschichte, 1993, S. 85-108 (S. 86 ff.), der von einer nachwirkenden Neubestimmung des Verfassungsbegriffs in der zweiten Hälfte des 18. Jahrhunderts spricht; ähnlich, Kontinuitäten betonend, *Vierhaus*, Aufklärung und Reformzeit. Kontinuitäten und Neuansätze in der deutschen Politik des späten 18. und beginnenden 19. Jahrhunderts, in: Weis (Hrsg.), Reformen im rheinbündischen Deutschland, 1984, S. 287-301, und *von Aretin*, Das Alte Reich 1648-1806, Bd. 3: Das Reich und der österreichisch-preußische Dualismus (1745-1806), 1997, S. 489-531; *Kraus*, Das Ende das alten Deutschland, Krise und Auflösung des Heiligen Römischen Reiches Deutscher Nation 1806, 2006.

[58] Die Notwendigkeit einer Neuordnung ganz Europas, dessen Institutionen nach der Französischen Revolution einem Wort *de Tocquevilles* zufolge *„allenthalben in Trümmer“* gefallen waren, betont *Hattenhauer*, Europäische Rechtsgeschichte, 3. Aufl. 1999, Rn. 1591 ff. Auch der preußische Staatskanzler *Hardenberg* hatte in einem Entwurf zu einer neuen Verfassung des deutschen Reiches aus dem Jahre 1806 davon gesprochen, die alte Reichsverfassung *„n'offre plus quelques ruines“* (Zitiert nach *Angermeier* (Fn. 57), S. 37). *Metternich* seinerseits wollte verhindern, daß dieses Vakuum von Rußland gefüllt werde, siehe *Kissinger* (Fn. 56), S. 113 ff., 137 ff.

Generell zum Problem der Neuordnung der internationalen Ordnung nach Kriegen siehe *Ikenberry*, After Victory: Institutions, Strategic Restraint, and the Rebuilding of Order after Major Wars, 2001.

[59] Die Neuschaffung (Gesamt-)Deutschlands unterstreicht *Huber*, Deutsche Verfassungsgeschichte seit 1789, Bd. 1, durchgesehener Nachdruck der zweiten, verbesserten Auflage, 1990, S. 476: „[...] *einig, daß die Stunde gekommen sei, die getrennten deutschen Partikularstaaten in einem politischen Gesamtkörper zu vereinigen*“. Prägnant *Gruner*, Der Deutsche Bund und die europäische Friedensordnung, in: Rumpler (Hrsg.), Deutscher Bund und Deutsche Frage 1815-1866, 1990, S. 235-263 (S. 239 ff. und passim). Vgl. auch die ideengeschichtliche Analyse bei *Meinecke*, Weltbürgertum und Nationalstaat, zuerst 1907, in: ders., Werke, Bd. V, 1962, S. 84 ff., 113 ff., 142 ff. Den sicherheitspolitischen Aspekt betont *Näf* (Fn. 43), S. 135. *Angermeier* (Fn. 57), S. 29, versucht anhand einer umfangreichen Auswertung des verfassungstheoretischen Schrifttums der Zeit von 1801 bis 1815 herauszufinden, welche Konzepte entwickelt wurden, um *„der politischen, geistigen, religiösen Divergenzen Deutschlands Herr zu werden und die Einheit im Sinn von Ausgleich und Übereinstimmung zu finden“*. Dabei grenzt er sich auch von dem Nationenbegriff *Meineckes* (aaO., S. 14 ff., und passim) ab, der die Staatsnation über die Kulturnation stellt. Zu *Meinecke* und zu dem neuverstandenen Begriff der Staatsnation neuerdings

Die bereits durch den Reichsdeputationshauptschluß (1803)[60] und den Rheinbund (1806)[61] eingeleitete „*territoriale Flurbereinigung*“[62] wurde auf dem Wiener Kongreß fortgesetzt:[63] Aus einstmals mehr als dreihundert souveränen Herrschaften in Deutschland waren im Jahre 1815 (immerhin noch) vier Freie Städte (vormals: freie Reichsstädte) und 37 souveräne Fürsten[64] geworden, deren Zahl bis 1851 durch Souveränitätsverzichte und Erbzusammenschlüsse auf letztendlich 33 sank, so daß der Deutsche Bund am Ende 37 Mitglieder zählte.

Koch, Nation und Nationalismus bei Meinecke, in: Zeitschrift für Politikwissenschaft 2005, S. 419-445.

60 Abgedruckt beispielsweise bei *Hofmann* (Hrsg.), Quellen zum Verfassungsorganismus des Heiligen Römischen Reiches Deutscher Nation 1495-1815, 1976, Nr. 66. Vgl. *Scharnagl*, Zur Geschichte des Reichsdeputationshauptschlusses von 1803, in: Historische Jahrbücher 70 (1950), S. 238-259; *Hömig*, Der Reichsdeputationshauptschluß vom 25. Februar 1803 und seine Bedeutung für Staat und Kirche, 1969; *Becker*, Reichdeputationshauptschluß, in: HRG, Bd. IV, 1990, Sp. 554-557; *Huber* (Fn. 59), S. 42-61; *Hufeld*, Einleitung, in: ders. (Hrsg.), Der Reichsdeputationshauptschluß von 1803, Eine Dokumentation zum Untergang des Alten Reiches, 2003, S. 1-32. *Hömig*, aaO., S. 72, begreift den Reichsdeputationshauptschluß „*als mittelbare*[n] *Anstoß zu einer Rückführung der souverän gewordenen Einzelstaaten in eine neue staatsrechtliche Verbindung*“; *Knecht*, Der Reichsdeputationshauptschluß vom 25. Februar 1803, Rechtmäßigkeit, Rechtswirksamkeit und verfassungsgeschichtliche Bedeutung, 2007.

61 Zu diesem bspw. *Huber* (Fn. 59), S. 75-91 m.w.Nw., und *Stolleis*, Geschichte des öffentlichen Rechts in Deutschland, Bd. 2: Staatsrechtslehre und Verwaltungswissenschaft 1800-1914, 1992, S. 62-75.

62 *Hömig* (Fn. 60), S. 125, auch bei *Zippelius*, Kleine Deutsche Verfassungsgeschichte, 1994, S. 83.

63 Lohnend ist ein Blick auf Landkarten, beispielsweise „Mitteleuropa bei Beginn der Französischen Revolution“, in: *Leisering* (Hrsg.), Putzger Historischer Weltatlas, 102. Aufl. 1999, S. 82f., „Staatliche Neuordnung Deutschlands 1803 und 1806“, ebd. S. 87, und „Mitteleuropa 1815 bis 1866“, ebd. S. 92.

64 Darunter auch die Könige von England, Dänemark und der Niederlande, die jeweils über Territorien in Deutschland herrschten: Hannover (England, bis 1837), Holstein und Lauenburg (Dänemark, bis 1864) und Luxemburg (Niederlande, bis 1831).

I. Fallbeispiel: Der Deutsche Bund 1815-1866

Die Deutsche Bundesakte vom 8. Juni 1815 regelte die Verhältnisse des Deutschen Bundes[65], bildete gleichsam seine Verfassung.[66] Sie war gleichzeitig Bestandteil der Wiener Kongreßakte und somit völkerrechtlich abgesichert.[67] Im Rahmen der Wiener Ministerkonferenzen von 1820 wurden die Regelungen über den Deutschen Bund erweitert

---

[65] Zum Bundesbegriff im Zusammenhang mit dem Deutschen Bund *Koselleck*, Bund, in: Brunner/Conze/ders. (Hrsg.), Geschichtliche Grundbegriffe, Historisches Lexikon zur politisch-sozialen Sprache in Deutschland, Bd. 1, 4. Aufl. 1994, S. 583-671 (S. 583 ff., 635 ff. und passim).

[66] Vgl. den knappen, aber prägnanten Überblick bei *Gruner*, Die Verfassungsordnung des Deutschen Bundes – Modell für die Wiedervereinigung, in: Politik und Kultur, 4/1986, S. 64-92 (S. 72-84). Siehe auch *Stern*, Das Staatsrecht der Bundesrepublik Deutschland, Bd. V: Die geschichtlichen Grundlagen des deutschen Staatsrechts, Die Verfassungsentwicklung vom Alten Deutschen Reich bis zur wiedervereinigten Bundesrepublik Deutschland, 2000, § 126 III, S. 193-208.

[67] Nach dem Westfälischen Frieden (1648) und vor dem Vertrag von Versailles (1918/19), den alliierten Vereinbarungen in Jalta und Potsdam (1945) sowie dem „2+4"-Vertrag (1990) eine der Konstellationen, in denen deutsche Verfassungsgestaltung mit einem völkerrechtlichen Friedensschluß und/oder der Gestaltung einer Nachkriegsordnung zusammenfiel. Zu dieser Grundkonstellation siehe nur *Faßbender*, Die verfassungs- und völkerrechtsgeschichtliche Bedeutung des Westfälischen Friedens von 1648, in: Erberich u.a. (Hrsg.), Frieden und Recht, 1998, S. 9-52. Darauf, daß beide Aspekte trotz aller inhaltlichen Verzahnung im Falle des Deutschen Bundes organisatorisch getrennt behandelt wurden, macht zu Recht *Huber* (Fn. 59), S. 543 ff., aufmerksam. Allerdings hatten die Mächte bereits im Ersten Pariser Frieden vom 30. Mai 1814 bestimmt: *„Die Staaten Deutschlands werden unabhängig und durch ein föderatives Band vereinigt sein."* (Art. 6). Dies war gemäß Art. 32 desselben Vertrages eine Vorgabe für den anschließend stattfindenden Wiener Kongreß. Die Einbeziehung fremder Mächte wertet beispielsweise *von Sybel*, Die Begründung des Deutschen Reiches durch Wilhelm I., vornehmlich nach den preußischen Staatsakten, 1889-1894, zitiert nach der dreibändigen Ausgabe Meersburg/Leipzig 1930, Bd. 1, S. 35f., als Belastung. Vgl. ausführlich: *Dommermuth*, Das angebliche europäische Garantierecht über den Deutschen Bund von 1815 bis 1866, 1928, der eine Garantie derjenigen Mächte, die die Kongreßakte ratifiziert hatten, ablehnt.

Zu erinnern ist freilich daran, daß bereits in der Heiligen Allianz (vgl. infra Fn. 245) die Grundlagen für die spätere Interventionspolitik zum Schutze der patriarchalischen Obrigkeit zu finden sind, wenn sich die drei Monarchen *„bei jeder Gelegenheit und an jedem Orte Hilfe und Beistand* [zu] *leisten"* versprechen (Art. 1).

und in der Wiener Schlußakte, die die Souveränität der Einzelstaaten ausdrücklich bestätigte (Art. 2 WSA), niedergelegt.[68]

Ein vom Nachhall der Revolutionsschrecken und der jakobinischen Terrorherrschaft erschüttertes, vom Revolutionsversprechen „Liberté, Egalité, Fraternité" beflügeltes, von den napoleonischen Kriegen erschöpftes und vom Nationalbewußtsein der Befreiungskriege[69] motiviertes Deutschland befand sich an einer zeitgeschichtlichen Wendemarke[70]. Nationale Einheit und Beteiligung des Volkes an der Staatsgewalt waren als zu lösende Aufgabenstellungen auf die Tagesordnung der Politik gelangt.

Die Entscheidung über die Gestaltung Deutschlands wurde gleichwohl noch einmal nach den alten, durch den Sieg über *Napoleon* restaurierten

---

[68] Deutsche Bundesakte (DBA) vom 8. Juni 1815 und Wiener Schlußakte (WSA) vom 15. Mai 1820 werden nachfolgend zitiert nach *Knipping/v. Mangoldt/Rittberger* (Hrsg.), Das System der Vereinten Nationen und seine Vorläufer, Bd. II: 19. Jahrhundert und Völkerbundszeit, 1996, Nr. 3 (DBA) und 4 (WSA); sie sind auch zu finden bei *Huber*, Dokumente zur deutschen Verfassungsgeschichte, Bd. I: Deutsche Verfassungsdokumente 1803-1850, 1961, Nr. 29 (DBA) und 30 (WSA); und jetzt in dem verdienstvollen Werk von *Udo Sautter*; *ders.*, Deutsche Geschichte seit 1815: Daten, Fakten, Dokumente, Bd. II: Verfassungen, 2004, Nr. 1 (DBA) und 3 (WSA).

[69] Hierzu *Winkler*, Der lange Weg nach Westen, Bd. 1: Deutsche Geschichte vom Ende des Alten Reiches bis zum Untergang der Weimarer Republik, 5. Aufl. 2002, S. 53-70; *Nipperdey* (Fn. 55), S. 82-93; jeweils m.w.Nw. Aus anderer Perspektive hierzu *Möller*, Fürstenstaat oder Bürgernation, Deutschland 1763-1815, 1989, S. 532-557 und S. 633-645.

[70] Zum Begriff generell und mit Blick auf die Gründung des Deutschen Bundes *Mußgnug*, Wendemarken in der Verfassungsgeschichte?, in: FS Thieme zum 70. Geburtstag, 1993, S. 141-165 (S. 146 ff.). Darauf, daß einige Zäsuren tatsächlich von den „harten" Fakten vorgegeben sind, andere Periodisierungen hingegen von der gewählten Betrachtungsweise abhängen, macht *Tenfelde*, 1914 bis 1990: Die Einheit der Epoche, in: Hettling u.a. (Hrsg.), Was ist Gesellschaftsgeschichte? Positionen, Themen, Analysen, 1991, S. 70-80 (S. 71 und passim), aufmerksam. Zur Einteilung der Geschichte in Epochen vgl. auch: *Albrow,* Abschied vom Nationalstaat, Staat und Gesellschaft im Globalen Zeitalter, 1996, dt. 1998, S. 19 ff., 29 ff., 36 ff.; *Stolleis*, Der lange Abschied vom 19. Jahrhundert, Die Zäsur von 1914 aus rechtshistorischer Perspektive, 1997; *Scherl*, Rechtswissenschaftliche Überlegungen zu Kontinuitäten und Zäsuren am Beispiel der Wenden vom 18. zum 19., vom 19. zum 20. Jahrhundert und des I. Weltkrieges, in: Thier/Pfeifer/Grzimek (Hrsg.), Kontinuitäten und Zäsuren in der Europäischen Rechtsgeschichte, 1999, S. 253-274.

Regeln im Rahmen des Wiener Kongresses getroffen.[71] Dabei erhielt allerdings die Machtpolitik der großen und der im vorhergehenden Jahrzehnt größer gewordenen deutschen Staaten Vorrang vor dem Legitimitätsprinzip: Mediatisierung und Säkularisierung wurden nicht rückgängig gemacht. Eine Entscheidung in der Verfassungsfrage konnte nur auf dem kleinsten gemeinsamen Nenner herbeigeführt werden;[72] der Deutsche Bund wurde gegründet. In ihm fand freilich auch das vertraute Prinzip des Föderalismus[73] eine erstaunlich dauerhafte Gestalt.

Zweck des Deutschen Bundes war die Erhaltung der äußeren und inneren Sicherheit Deutschlands und der Unabhängigkeit und Unverletzlichkeit der deutschen Staaten (Art. 2 DBA; Art. 1 WSA). Folgerichtig war es den Bundesgliedern untersagt, gegeneinander Krieg zu führen. Gleichzeitig waren sie verpflichtet, ganz Deutschland und jedes einzelne Mitglied gegen einen Angriff von außen in Schutz zu nehmen und

---

[71] Anschaulich hierzu *de Traz*, Vom Bündnis der Könige zur Liga der Menschheit, Heilige Allianz und Völkerbund, 1935, S. 30-43; siehe auch *Forsthoff*, Deutsche Verfassungsgeschichte der Neuzeit, 4. Aufl. 1961, S. 85 ff.; *Fehrenbach*, Vom Ançien Régime zum Wiener Kongreß, 3. Aufl. 1993, S. 122-131; *Winkler* (Fn. 69), S. 71f., *Kissinger* (Fn. 56), S. 168-202. Zum zeitgeschichtlichen Hintergrund vgl. *Koselleck*, Die Restauration und ihre Ereigniszusammenhänge 1815-1830, in: Bergeron/Furet/ders., Das Zeitalter der europäischen Revolutionen 1780-1848, 1969, Nachdruck 2003, S. 199-229 (S. 201-217).

[72] *Grimm*, Deutsche Verfassungsgeschichte, Bd. 1: 1776-1866, Vom Beginn des modernen Verfassungsstaats bis zur Auflösung des Deutschen Bundes, 1988, S. 62-65; ähnlich bereits *Griewank*, Der Wiener Kongreß und die europäische Restauration 1814/1815, 2. Aufl. 1954, S. 271-277; *Scharff*, Deutscher Bund und deutsche Verfassungsbewegung, in: Rassow (Hrsg.), Deutsche Geschichte im Überblick, 2. Aufl. 1962, S. 392-429 (S. 395-399).

[73] Föderalismus ist hier nicht im technischen Sinne des Grundgesetzes zu verstehen, vgl. die Charakterisierung bei *Nipperdey*, Der Föderalismus in der deutschen Geschichte, in: ders., Nachdenken über die deutsche Geschichte, 2. Aufl. 1986, S. 60-109 (70 ff.). Zur Vielgestaltigkeit der föderalen Konzepte vor 1815 vgl. *Angermeier* (Fn. 57), S. 42-49 und passim. Vgl. auch den großangelegten Überblick bei *Holste*, Der deutsche Bundesstaat im Wandel (1867-1933), 2002. Ferner: *Huhn/Witt* (Hrsg.), Föderalismus in Deutschland, Tradition und gegenwärtige Probleme, 1992; *Bauer*, Zustand und Perspektive des deutschen Föderalismus aus der Sicht der Wissenschaft, in: Kloepfer (Hrsg.) Umweltföderalismus, 2002, S. 31-62; *Grzeszick*, Vom Reich zur Bundesstaatsidee, Zur Herausbildung der Föderalismusidee als Element des modernen deutschen Staatsrechts, 1996.

sich gegenseitig Beistand zu leisten (Art. 11 Abs. 1 DBA; Art. 36 WSA). Friedenssicherung war somit eine der zentralen Aufgaben des Bundes.[74]

Der Bund war *„beständig"* (Art. 1 DBA), ein *„unauflöslicher Verein"*, aus dem ausdrücklich nicht ausgeschieden werden durfte (Art. 5 WSA).

1. Organe des Deutschen Bundes

Die Bundesversammlung (wird auch als Bundestag bezeichnet) war gemäß Art. 7 WSA das *„beständige verfassungsmäßige Organ des Willens und Handelns des Bundes"*. Sie handelte entweder als regelmäßig tagender *„engerer Rat"*[75] oder in besonderen Fällen[76] als Plenum[77]. In der Bundesversammlung waren Vertreter aller Mitgliedstaaten versammelt, ihre Stimmen waren allerdings unterschiedlich gewichtet. Im engeren Rat waren nach Art. 4 DBA siebzehn Stimmen dergestalt verteilt, daß elf Staaten jeweils eine Stimme zukam und die übrigen (anfänglich) dreißig Bundesglieder zusammen über sechs Stimmen verfügten. Im Plenum waren nach Art. 6 DBA die Stimmen *„mit Rücksicht auf die Verschiedenheit der Größe"* der Bundesglieder verteilt. Die sechs großen Staaten hatten jeweils vier, die fünf nächstkleineren jeweils drei Stimmen. Danach kamen drei Staaten mit je zwei und die restlichen Staaten mit jeweils einer Stimme (wobei die unterschiedlichen Häuser Reuß der jüngeren Linie schon vor ihrem Zusammenschluß im Jahre 1848 bereits nur über eine gemeinsame Stimme verfügten).

Die Bundesversammlung setzte sich aus den weisungsabhängigen Bevollmächtigten aller Bundesglieder zusammen, hatte also die Form eines sogenannten Gesandtenkongresses. Den Vorsitz in der Bundesversammlung führte Österreich.

Die Bundesversammlung entschied mit Mehrheit; in besonders wichtigen Fragen, etwa der Aufnahme neuer Mitglieder, der Annahme neuer *„Grundgesetze"* oder in Religionsangelegenheiten sah die Bundesakte allerdings Einstimmigkeit vor (Art. 7 Abs. 4 DBA). Im engeren Rat war in den sonstigen Fällen die absolute Mehrheit, im Plenum eine Zwei-

---

[74] Siehe *Verosta*, Der Angriffskrieg im System des Deutschen Bundes (1815-1866), in: FS Mosler, 1983, S. 1033-1043.

[75] Art. 10 ff. WSA; Art. 7 Abs. DBA spricht von der engeren Versammlung.

[76] Tatsächlich ist das Plenum nur sechzehnmal in Erscheinung getreten; es hat während neununddreißig Jahren überhaupt nicht getagt.

[77] Art. 6 DBA; Art. 10 ff. WSA.

drittelmehrheit erforderlich (Art. 7 Abs. 2 DBA). Österreich als Präsidialmacht gemäß Art. 5 DBA kam bei Stimmengleichheit im engeren Rat nach Art. 7 Abs. 3 DBA die ausschlaggebende Stimme zu.[78]

Die Zuständigkeit lag in erster Linie beim engeren Rat, in besonderen, wichtigen Fällen nach Art. 6 DBA/Art. 12 Satz 1 WSA beim Plenum; jedoch entschied der engere Rat, „[i]*nwiefern ein Gegenstand* [...] *für das Plenum geeignet sei*“ (Art. 7 DBA) beziehungsweise „*ob ein Gegenstand vor das Plenum gehört*“ (Art. 12 Satz 2 WSA). Im Plenum wurde allerdings nur abgestimmt, die Beratungen erfolgten ausschließlich im engeren Rat.

Die Bundesversammlung war gemäß Art. 7 Abs. 5 DBA befugt, sich eine Geschäftsordnung zu geben; dies geschah in vorläufiger Form am 14. November 1816,[79] eine endgültige Geschäftsordnung wurde vom Plenum nie beschlossen.[80]

Sitz der Bundesversammlung war Frankfurt am Main; sie nahm ihre Tätigkeit am 1. September 1815 auf (Art. 9 DBA). Die Bundesversammlung war „*beständig*“, konnte sich aber auf maximal vier Monate vertagen (Art. 7 Abs. 5 DBA). Tatsächlich tagte sie in Gestalt des engeren Rates in Permanenz.

Weitere ständige Organe hatte der Bund nicht. Die Durchführung der Bundesaufgaben konnte deshalb in vielen Fällen nur durch den Rückgriff auf Organe und Einrichtungen der Mitglieder erfolgen.[81] Bestimmte Bundesorgane, etwa der Bundesoberfeldherr,[82] wurden von Fall zu Fall gebildet.[83] Grundsätzlich war, das wird bereits an dieser Stelle deutlich, die Staatenverbindung des Deutschen Bundes eher lose geknüpft.

---

[78] Die Stimmen waren allerdings so verteilt, daß die deutschen Großmächte Österreich und Preußen die Bundesversammlung (engeren Rat und Plenum) weder gemeinsam noch gar für sich allein majorisieren konnten.

[79] Beilage zu § 12 des Protokolls der Bundesversammlung vom 14. November 1816, abgedruckt bei: *Droß* (Hrsg.), Quellen zur Ära Metternich, 1999, Nr. 4.

[80] Der Sicherheitsrat der Vereinten Nationen operiert bis heute ebenfalls mit einer vorläufigen Geschäftsordnung (vgl. Fn. 614), anders inzwischen der EG-Ministerrat (vgl. Fn. 1056).

[81] *Grimm* (Fn. 72), S. 66 f. stellt eine Negativliste auf.

[82] Siehe dazu infra Erster Teil A.I.5.

[83] Dies galt auch für die Austrägalgerichte (siehe infra Erster Teil A.I.6) und den Exekutionskommissar (siehe infra Erster Teil A.I.7b).

2. *Die Bundeskompetenzen – Übersicht*

Die Bundesversammlung besorgte die Angelegenheiten des Bundes (Art. 4 DBA) und sprach in ihren Beschlüssen den Gesamtwillen des Bundes aus (Art. 10 WSA), mußte sich dabei allerdings *„innerhalb der Grenzen* [ihrer] *Kompetenz"* halten. Diese wurde in Art. 3 WSA ausdrücklich auf die Zuweisungen an den Bund durch die Bundesakte begrenzt:

> *„Der Umfang und die Schranken, welche der Bund seiner Wirksamkeit vorgezeichnet hat, sind in der Bundes-Akte bestimmt, die der Grundvertrag und das erste Grundgesetz dieses Vereins ist. Indem dieselbe die Zwecke des Bundes ausspricht, bedingt und begrenzt sie zugleich dessen Befugnisse und Verpflichtungen."*

Wiener Schlußakte und Bundesakte betonen allerdings beide mehr die Zwecke des Bundes, aus denen sich nach dem Verständnis der handelnden Personen die Mittel zu ihrer Erreichung, nämlich die Kompetenzen des Bundes, zwanglos ergaben.[84]

Die Kompetenz des Bundes bestand gemäß Art. 2 DBA, um die Bundeszwecke *„Erhaltung der äußeren und inneren Sicherheit Deutschlands und der Unabhängigkeit und Unverletzlichkeit der einzelnen deutschen Staaten"* zu erreichen. Dadurch schien eine Bundeskompetenz gerade hinsichtlich der inneren Angelegenheiten der Bundesglieder nicht gegeben zu sein: Die Differenzierung zwischen Deutschland einerseits, dessen äußere und innere Sicherheit zu erhalten war, und den einzelnen deutschen Staaten andererseits, deren Unabhängigkeit und Unverletzlichkeit zu sichern war, legt den Schluß nahe, daß die innere Sicherheit einzelner Bundesglieder nicht primär zu den Aufgaben des Bundes gehören sollte. Gleichwohl wurde im Zuge der Restaurations-

---

[84] *Huber* (Fn. 59), S. 597 sieht hierin die zu einer Verfassungsbestimmung geronnene Fassung der auf *Kant* – *„Wer den Zweck will, will (sofern die Vernunft auf seine Handlungen entscheidenden Einfluß hat) auch das dazu unentbehrlich notwendige Mittel, das in seiner Gewalt ist."*, *ders.*, Grundlegung zur Metaphysik der Sitten, 1785, hrsg. von Valentiner 1991, S. 62 (= Original S. 44-45; Akademie-Ausgabe, Bd. IV, 1911, S. 416f.) – zurückgehenden *Metternichschen* Devise: *„Wer den Zweck will, muß auch die Mittel wollen."*. Anzumerken bleibt freilich, daß hier ein transzendentaler Ansatz recht brachial auf eine machtstaatliche Devise der Staatsräson zurechtgestutzt wird. Auf diesen Aspekt hat mich Dr. phil. *Arnd Pollmann*, damals Kollege am MenschenRechtsZentrum der Universität Potsdam, im Laufe des „Kant-Jahres" 2004 aufmerksam gemacht.

politik genau entgegengesetzt gehandelt.[85] Art. 25 WSA erklärt die *„Mitwirkung der Gesamtheit“* zwar noch zur Ausnahme, manifestiert aber gleichwohl diesen Sinneswandel.

Im Jahre 1816 wurde eine Kommission eingesetzt, um die Kompetenzen der Bundesversammlung provisorisch auszuarbeiten. Ihr im Juli 1817 vorgelegtes Gutachten[86] unterschied zwischen den Kompetenzen der Bundesversammlung erstens in den inneren, den Bund selbst betreffenden Verhältnissen, zweitens in den inneren, auf die einzelnen deutschen Staaten und Regierungen sich beziehenden Verhältnissen des Bundes und drittens denjenigen in den inneren Angelegenheiten des Bundes, welche Privatpersonen, Korporationen oder ganze Klassen betreffen.

Für den ersten Teil erkenne die Bundesversammlung die Bundesakte als *„einzige Grundlage ihrer Wirksamkeit“*, sei aber gleichwohl *„berufen, dieselbe in ihren einzelnen Bestimmungen und Andeutungen zu entwickeln und zu vollenden“* (Gutachten, § 3 Nr. 1).

Sobald bei einer Angelegenheit das Wohl der Gesamtheit berücksichtigt werden müsse, sei die Bundesversammlung *„als die einzige, die Gesammtheit vertretende Behörde berufen, darüber zu berathen“* (Gutachten, § 3 Nr. 4).

Hinsichtlich der zweiten Konstellation sei die Bundesversammlung nicht nur in Kriegsfällen zum Handeln aufgefordert, sondern auch dazu berufen,

„darauf zu achten, daß die in der Bundesacte Art. 12, 13, 14, 16 und 18 den Staaten zur Ausführung vorgeschriebenen öffentlichen Verhältnisse in Erfüllung gebracht werden.“ (Gutachten, § 4 Nr. 3)

Der Bund sei

„ebenfalls competent, sich mit all den Gegenständen zu beschäftigen, worauf sich die Art. 6, 18 und 19 der Bundesacte beziehen.“ (Gutachten, § 4 Nr. 7)

Mit Blick auf die dritte Ebene erklärte das Gutachten, daß der Bundesakte der Begriff der *„vollen Souveränität der einzelnen Bundesstaaten“*

---

[85] So auch *Schieder*, Vom Deutschen Bund zum Deutschen Reich, in: Grundmann (Hrsg.), Gebhardt: Handbuch der Deutschen Geschichte, Bd. 3: Von der Französischen Revolution bis zum Ersten Weltkrieg, 9. Aufl. 1973, S. 97-220 (110f.); *Nipperdey* (Fn. 55), S. 283 ff. und 355 f.

[86] Vgl. Protokolle der Bundesversammlung, 1817, 34. Sitzung vom 12. Juni 1817, S. 248 ff. (§ 223).

(Gutachten, § 5 Nr. 3) zugrundeliege. Dies schließe insbesondere *„jede Einmischung der Bundesversammlung in die inneren administrativen Verhältnisse“* der Mitglieder aus (Gutachten, § 5 Nr. 3).

Nach einer wenig kontroversen Aussprache nahm die Bundesversammlung die Kompetenzfestlegung als verbindlich an.

Art. 53 WSA griff – wie die Wiener Schlußakte insgesamt – die in den ersten Jahren des Deutschen Bundes gemachten Erfahrungen auf und verarbeitete sie weiter. Art. 53 WSA schloß *„zwar im Allgemeinen jede Einwirkung des Bundes in die innere Staatseinrichtung und Staatsverwaltung aus“*, erklärte die Bundesversammlung im Sinne des vorgenannten Gutachtens von 1817 allerdings für zuständig, darüber zu wachen, daß bestimmte, in der Bundesakte von den Staaten eingegangene Verpflichtungen erfüllt werden, oder auf diese Erfüllung hinzuwirken.

Dies rührte auch von einem überkommenen,[87] umfassenden Sicherheitsbegriff[88] her, hing aber vor allem damit zusammen, daß Art. 2 DBA entgegen seinem Wortlaut verstanden wurde:

---

[87] Für die damalige Zeit war mit der „guthen Polizey“ ein weitgespannter Aufgabenbereich staatlichen Tätigwerdens umschrieben. Einführend *Hattenhauer* (Fn. 58), Rn. 1318 ff.; ausführlich *Stolleis*, Geschichte des öffentlichen Rechts in Deutschland, Bd. 1: Reichspublizistik und Policeywissenschaft 1600-1800, 1988, S. 334 ff., 366 ff.; *Preu*, Polizeibegriff und Staatszwecklehre, Die Entwicklung des Polizeibegriffs durch die Rechts- und Staatswissenschaften des 18. Jahrhunderts, 1983.

[88] Den die Revolutionsfurcht natürlich ausweitete. *Schillers* Verse haben dieser Furcht dauerhafte Gestalt verliehen:

„[W]*enn sich die Völker selbst befrein,/da kann die Wohlfahrt nicht gedeihn./Weh, wenn sich in dem Schoß der Städte/der Feuerzunder still gehäuft,/das Volk, zerreißend seine Kette,/zur Eigenhilfe schrecklich greift!/Da zerret an der Glocke Strängen/der Aufruhr, daß sie heulend schallt/und, nur geweiht zu Friedensklängen,/die Losung anstimmt zur Gewalt./Freiheit und Gleichheit! Hört man schallen,/der ruh'ge Bürger greift zur Wehr,/die Straßen füllen sich, die Hallen,/und Würgerbanden ziehn umher.*“ (Das Lied von der Glocke, 1799).

Allerdings hatte Schiller anfänglich, wie viele Intellektuelle mit ihm, die gesellschaftlichen Veränderungen, die mit der Revolution einhergingen, begrüßt. Erst das Umschlagen in die jakobinische Gewalt brachte viele Deutsche in Zweifel. Vgl. hierzu: *Vierhaus*, „Sie und nicht wir“, Deutsche Urteile über den Ausbruch der Französischen Revolution, in: Voss (Hrsg.), Deutschland und die Französische Revolution, 1983, S. 1-15; siehe auch *Grab*, „Freiheit, Gleichheit, Brüderlichkeit“, Die Kontroverse über die Menschenrechte in Deutschland im Zeitalter der Französischen Revolution, in: Das Plateau Nr. 29, Juni 1995, S. 4-

„Die Sicherheit des Bundesganzen konnte nur erhalten werden, wenn der Bund auch den Bundesgliedern die innere und äußere Sicherheit gewährleistete. Und die Unabhängigkeit und Unverletzlichkeit der einzelnen Bundesglieder konnte nur bestehen, wenn auch dem Bundesganzen Unabhängigkeit und Unverletzlichkeit verbürgt war.“[89]

Demzufolge hatte der Bund nach dem Verständnis der gliedstaatlichen Regierungen die Aufgabe, Sicherheit, Unabhängigkeit und Unverletzlichkeit des Bundesganzen und der Mitglieder aufrechtzuerhalten.

Der vor diesem Hintergrund zum Tragen kommende umfassende Sicherheitsbegriff bedeutete dreierlei:[90] erstens Streitigkeiten zwischen den Mitgliedern zu verhindern, gütlich beizulegen oder zu entscheiden, ferner das Verhältnis zwischen Fürst und Untertanen in den Einzelstaaten unter Sicherheitsaspekten mitzugestalten (Schutz der Obrigkeit gegen Aufruhr, etc.; Schutz der Untertanen vor fürstlicher Willkür) und schließlich Schutz des Bundes und seiner Verfassung vor bundesfeindlichen Angriffen und Bewegungen.

---

17. Siehe auch die Dokumente, die bei *Lautemann* (Bearb.), Amerikanische und Französische Revolution, 1981, Nr. 434 ff., abgedruckt sind. Zum Spektrum des nachrevolutionären Denkens vgl. *Stammen/Eberle*, Einleitung, in: dies. (Hrsg.), Deutschland und die Französische Revolution, 1988, S. 1-25; *von Hippel*, Einleitung, in: ders. (Hrsg.), Freiheit, Gleichheit, Brüderlichkeit? Die Französische Revolution im deutschen Urteil von 1789-1954, 1989, S. 7-44; *Göhler/Klein*, Politische Theorien des 19. Jahrhunderts, in: Lieber (Hrsg.), Politische Theorien von der Antike bis zur Gegenwart, 2. Aufl. 1993, S. 259-656 (S. 279 ff.); *Forum für Philosophie Bad Homburg* (Hrsg.), Die Ideen von 1789 in der deutschen Rezeption, 1989.

Daß die Revolutionsfurcht ihrerseits die Reformorientierung beförderte, hebt *Fehrenbach* (Fn. 71), S. 105-121, mit Blick auf Preußen hervor. Allgemein zu den Ursachen und Zielen der Reformzeit vgl. *Demel* (Fn. 55), S. 31-55, und *Möller* (Fn. 69), S. 595-632.

[89] So die Beurteilung von *Huber* (Fn. 59), S. 594, der freilich mit den Zeitgenossen den Schwerpunkt der Bundeskompetenzen in der Gefahrenabwehr erblickt, ebenda, S. 592.

[90] Vgl. die Darstellung bei *Huber* (Fn. 59), S. 595. Ähnlich bereits *Ebers*, Der Deutsche Bund, in: Anschütz/Thoma (Hrsg.), Handbuch des Deutschen Staatsrechts, Bd. 1, 1930, § 3, S. 28.

Gerade der letzte Punkt prägte die Wirklichkeit des Deutschen Bundes vor allem in der Restaurationszeit nachhaltig.[91] Die Bundesversammlung richtete durch Beschluß vom 30. Juni 1833[92] sogar eine Bundeszentralbehörde[93] ein, „*deren Aufgabe es* [war], *die näheren Umstände, den Umfang und den Zusammenhang der gegen den Bestand des Bundes und gegen die öffentliche Ordnung in Deutschland gerichteten Complotts* [...] *zu erheben*" (Art. 1 Abs. 1). Fünf Regierungen ernannten jeweils ein Mitglied der Behörde, jeweils „*durch Erfahrungen im Untersuchungsfach erprobte Beamte des Richterstandes*" (Art. 3 Abs. 1). Die Bundeszentralbehörde wurde durch die zuständigen Landesregierungen über deren Untersuchungen und Untersuchungsergebnisse informiert (Art. 5) und hatte zusätzlich die Befugnis, „*an alle Orte, wo solche Untersuchungen im Gange sind, eines ihrer Mitglieder abzuordnen, um die Acten einzusehen, und den Verhören der Angeschuldigten beizuwohnen, ohne jedoch an der Untersuchung selbst, welche der Landesbehörde zusteht, unmittelbaren Antheil zu nehmen*" (Art. 6 Abs. 1). Die Bundeszentralbehörde erstattete der Bundesversammlung Bericht und verband „*hiermit ihre Anträge wegen gründlicher Hebung des Uebels*" (Art. 7 Abs. 2).

Ziel der Restaurationspolitik war es, die Folgerungen, die aus dem Aufstieg des Bürgertums im 18. Jahrhundert zu ziehen gewesen wären, und

---

[91] Festzuhalten ist allerdings, daß trotz unleugbarer Bedrückung das „*System der Restauration* [...] *nicht voll funktioniert*" hat. So zutreffend *Nipperdey* (Fn. 55), S. 285. Im Ergebnis ebenso *Lutz*, Zwischen Habsburg und Preußen, Deutschland 1815-1866, 1985, S. 50: „*Doch die geistigen und sozialen Veränderungsprozesse gingen unaufhaltsam weiter, wenn auch unter veränderten Bedingungen.*" Anders, die sogenannten Demagogenverfolgungen zu Recht akzentuierend, dabei aber die gesamte soziale Wirklichkeit nicht ausreichend berücksichtigend *Stolleis* (Fn. 61), S. 78 ff. Zu den Demagogenverfolgungen vgl. *Erler*, Demagogenverfolgung, in: HRG I (1971), Sp. 678-680. Zum sich wandelnden Gebrauch der Begriffe siehe *Kondylis*, Reaktion, Restauration, in: Brunner/Conze/Koselleck (Hrsg.), Geschichtliche Grundbegriffe, Historisches Lexikon zur politisch-sozialen Sprache in Deutschland, Bd. 5, 1984, S. 179-230. Illustrativ auch *von Treitschke*, Aus der Zeit der Demagogenverfolgung (erschienen 1879), in: ders., Aufsätze, Reden, Briefe (hrsg. v. Karl Martin Schiller), Bd. 2: Historisch-politische Aufsätze, 1929, S. 726-733.

[92] Bundesbeschluß wegen eines gegen den Bestand des Deutschen Bundes und die öffentliche Ordnung in Deutschland gerichteten Komplotts, abgedruckt bei *Huber* (Fn. 68), Nr. 44.

[93] Zu dieser: *Löw*, Die Frankfurter Bundeszentralbehörde von 1833-1842, 1932.

die nach der notwendigen[94] Mitwirkung des Volkes an den siegreichen Befreiungskriegen eigentlich nicht mehr übergangen werden konnten, nämlich die Beteiligung der Bürger an der Herrschaft, an Willensbildung und Ausübung von Hoheitsgewalt, zu ignorieren.[95] Art. 13 DBA stellte als unmittelbare Konsequenz der „neuen Zeit" noch lapidar fest:

„In allen Bundesstaaten wird eine Landständische Verfassung stattfinden."

Der solcherart markierte Abschluß der „alten Zeit"[96] wurde in der realen Politik des Deutschen Bundes, vor allem, aber nicht allein der der Großmächte Preußen und Österreich zu konterkarieren, zumindest mit hinhaltendem Widerstand weiter hinauszuzögern versucht.[97]

Die Mitglieder sollten – so die Aufforderung durch die Bundesakte – eigene, landständische Verfassungen bilden (Art. 13 DBA; vgl. auch Art. 55-57, 59 WSA), zu denen allerdings die inhaltlichen Vorgaben existierten, daß sie erstens das monarchische Prinzip nicht beeinträchtigen (Art. 57 WSA) und zweitens die Fürsten nicht bei der Erfüllung ihrer Bundesverpflichtungen behindern durften (Art. 58 WSA)[98]. Tatsächlich hat sich um die Verfassunggebung ein heftiger Kampf entsponnen.[99]

---

[94] Die von Metternich freilich gerade wegen ihrer Weiterungen nicht begrüßt wurde; vgl. *Kissinger* (Fn. 56), S. 64 f.

[95] Siehe aber auch die Verständnis suchende, Exzesse wie in Kurhessen freilich nicht beschönigende Schilderung bei *Schnabel*, Deutsche Geschichte im neunzehnten Jahrhundert, Zweiter Band: Monarchie und Volkssouveränität, 2. Aufl. 1949, S. 6 ff.

[96] Eindrücklich *Mußgnug* (Fn. 70), S. 146 ff., der das Jahr 1815 als *„Jahr des Schlußstrichs unter eine dahingegangene Zeit"* apostrophiert und Art. 13 DBA einen Schlußstein nennt (S. 151). Zu dem zeitgenössischen Streit um Art. 13 DBA vgl. die Darstellung bei *Krüger*, Die landständische Verfassung, 2003, S. 36-39.

[97] Als sich im Hambacher Fest (27. bis 30. Mai 1832) manifestiert hatte, daß die Freiheits- und Einheitsbestrebungen des Bürgertums fortdauerten, sahen sich die Regierungen erneut – nach den Karlsbader Beschlüssen (infra Fn. 115) – zu Gegenmaßnahmen veranlaßt. Zu den sogenannten Sechs Artikeln vom 28. Juni 1832 (recte Bundesbeschluß über Maßregeln zur Aufrechterhaltung der gesetzlichen Ruhe und Ordnung in Deutschland, abgedruckt bei *Huber* (Fn. 68), Nr. 42, und bei *Droß* (Fn. 79), Nr. 48) vgl. ausführlich *Huber*, Deutsche Verfassungsgeschichte seit 1789, Bd. 2: Der Kampf um Einheit und Freiheit 1830 bis 1850, 3. Aufl. 1988, S. 154-161; *Schieder* (Fn. 85), S. 123 f.

[98] Das blieb naturgemäß weit hinter dem heutigen Homogenitätsgebot des Art. 28 Abs. 1 GG zurück. Zu diesem *Maunz*, in: Maunz/Dürig, Komm. z.

Nur bei Streitigkeiten zwischen den Bundesgliedern, die ein schnelles Eingreifen erforderten (Art. 18-24 WSA), und im Falle eines Aufruhrs (Art. 25-28 WSA; siehe nachfolgend unter exekutivem Verfassungsschutz[100]) konnte der Bund sich expressis verbis direkt in die Angelegenheiten eines Mitglieds einschalten: im Streitfalle mit einem verbindlichen Schiedsspruch, aus Anlaß eines Aufruhrs durch Hilfestellung für die gliedstaatliche Regierung, die bis hin zur militärischen Gewaltanwendung gehen konnte.

In Wirtschafts- und Handelssachen besaß der Bund keine Kompetenz. Lediglich Art. 19 DBA sah vor, daß die Mitgliedstaaten „*bei der ersten Zusammenkunft der Bundesversammlung in Frankfurt wegen des Handels und Verkehrs zwischen den verschiedenen Bundesstaaten* [...] *in Beratung* [...] *treten*". Da die entsprechenden Beratungen[101] keine Ergebnisse brachten, stellte sich die Frage nicht, wie eine praktische Umsetzung auszusehen habe.

Steuerhoheit besaß der Bund ebenfalls nicht; die Bundesversammlung setzte allerdings die Ausgaben des Bundes und die den Bundeshaushalt tragenden Matrikularbeiträge der Gliedstaaten fest. Außerdem ordnete

---

GG, Art. 28 Abs. 1, Rn 3-39 (1977); *ders.*, Verfassungshomogenität von Bund und Ländern, in: HStR IV (2. Aufl. 1999), § 95, S. 443-456; *Dreier*, in: ders. (Hrsg.), Grundgesetz-Kommentar, Bd. 2, 2. Aufl. 2006, Art. 28, Rn. 50 ff. *Hartung*, Deutsche Verfassungsgeschichte vom 15. Jahrhundert bis zur Gegenwart, 9. Aufl. 1969, S. 176 f., zieht demgegenüber den Schluß, „*das konstitutionelle Leben der Einzelstaaten* [sei] *der Kompetenz des Bundes*" unterstellt worden.

[99] Zu Art. 13 DBA, der Verfassunggebung und Verfassungspraxis in den deutschen Staaten vgl. die zeitgenössische Darstellung bei *Klüber*, Öffentliches Recht des Teutschen Bundes und der Bundesstaaten, 4. Aufl. 1840, §§ 279-300 (§ 284a); rückschauend *Mager*, Das Problem der landständischen Verfassungen auf dem Wiener Kongreß 1814/1815, in: HZ 1974, S. 296-346; und *Grimm* (Fn. 72), S. 68-75, 142-167; zum Verhältnis von Verfassungsfrage und Restaurationsbewegung vgl. *Nipperdey* (Fn. 55), S. 272 ff. Siehe auch *Mußgnug* (Fn. 70), S. 152 ff.; und *Stern* (Fn. 66), § 126 IV, S. 208-214.

[100] Infra Erster Teil A.I.7.

[101] Nachdem ursprünglich Preußen eine einheitliche Zollpolitik innerhalb des Deutschen Bundes hatte verwirklichen wollen, hielt es nach der Konsolidierung des eigenen Zollraumes, beispielsweise angesichts einer hannoverschen Initiative aus dem Jahre 1832, daran fest, die Zolleinheit auf einem von ihm selbst bestimmten Wege – vermittels des nachmaligen Deutschen Zollvereins – und nicht mehr über Art. 19 DBA herbeizuführen. Dazu infra Erster Teil B II.

sie die Erhebung, Verwendung und Verrechnung der Beiträge an und führte darüber die Aufsicht.[102]

Schließlich oblag dem Bund die Pflege der auswärtigen Beziehungen,[103] allerdings übte der Bund in der Praxis das aktive Gesandschaftsrecht bis auf wenige Ausnahmen nicht aus.

Zusammenfassend läßt sich sagen, daß sich der Bund zur Erreichung des Bundeszwecks aller Formen der Staatstätigkeit bedienen durfte. Ihm oblag es aber gleichzeitig, die notwendigen organisatorischen Voraussetzungen zu schaffen, damit die Bundesgewalt auch ausgeübt werden konnte. Ein Rückgriff auf die Bundesglieder und deren Einrichtungen war nur in bestimmten Fällen vorgesehen.

Ohne hier näher darauf eingehen zu können, soll zumindest erwähnt werden, daß die Bundesversammlung während der Revolution des Jahres 1848 einen Ausschuß zur Revision der Bundesverfassung einsetzte und einen Entwurf vorlegte, der allerdings folgenlos blieb.[104] Dies war der Versuch, die Umgestaltung des Verfassungsgefüges innerhalb des Rahmens des Bestehenden vorzunehmen und so die Revolution ins Leere laufen zu lassen.[105] Nach der Niederschlagung der Revolution vereinbarten Preußen und Österreich am 30. September 1849 ein sogenanntes Interim zur Erhaltung des Deutschen Bundes.[106] Diese Vereinbarung lief am 1. Mai 1850 ab.

Nachdem preußische Pläne zu einer kleindeutschen Lösung im Rahmen der sogenannten Erfurter Union[107] trotz anfänglicher Erfolge hatten

---

[102] Art. 52 WSA; Allgemein zur Finanzverfassung siehe *Schnabl*, Die Kriegs- und Finanzverfassung des Deutschen Bundes, 1966, S. 61 ff.

[103] Art. 50 WSA; infra Erster Teil A.I.4.

[104] Hierzu *Schieder* (Fn. 85), S. 144; *Huber* (Fn. 97), S. 595-598, S. 620 f.; Text des Verfassungsentwurfs bei *Huber* (Fn. 68), Nr. 91.

[105] Hierzu gehörte die Aufhebung der Karlsbader Beschlüsse und einer Reihe weiterer Restaurationsgesetze, darunter das Petitionsverbot von 1832 und das Verbot der Gesellenvereine von 1835.

[106] Abgedruckt bei *Huber* (Fn. 68), Nr. 175.

[107] Am 28. Mai 1849 vereinbarten die Könige von Preußen, Hannover und Sachsen eine Unionsverfassung, auf deren Grundlage am 20. März 1850 der Erfurter Reichstag, ein Zweikammerparlament, zusammentrat. Dieses Unionsparlament bestätigte am 13. April 1850 die Unionsverfassung – abgedruckt bei *Huber* (Fn. 68), Nr. 177 – und erarbeitete am 29. April 1850 Revisionsvorschläge; die Verfassung hätte später in Kraft treten sollen, nachdem sich alle deutschen

aufgegeben werden müssen, scheiterten auch die Pläne Österreichs zu einer Bundesreform. Schließlich kehrten die deutschen Staaten nach der zwischen beiden Großmächten in Olmütz[108] erzielten Übereinkunft zum Status quo ante zurück, um den Frieden zu sichern. Am 12. Mai 1851 wurde die Bundesversammlung wieder einberufen und der Bund in seiner vorrevolutionären Gestalt wiederhergestellt. Reformpläne der Jahre 1862/63, weitere Kompetenzen auf den Bund zu übertragen, scheiterten.

3. *Bundesgesetzgebung*

Obwohl sich aus der Bundesakte und der Wiener Schlußakte ergibt, daß der Bund die Abfassung der sogenannten Grundgesetze des Bundes (Art. 10 DBA) vorzunehmen hatte, und es sich hierbei nicht um eine einmalige Aufgabe handelte – Art. 6 DBA und Art. 13 Nr. 1 WSA regelten die Änderung derselben –, ist gerade unter den Zeitgenossen eine Gesetzgebungsgewalt des Bundes lebhaft umstritten gewesen.

Hauptargumente waren die fehlende Staatlichkeit des Bundes und der völkerrechtliche Charakter seiner Beschlüsse.[109] Dagegen ist zu Recht eingewandt worden, daß die Bundesversammlung ein Organ des Bundes darstellte und die Vertreter der Gliedstaaten dort nicht in einer vertragsvorbereitenden Konferenz zusammentraten, sondern einen gemeinsamen Bundesbeschluß faßten.[110] Dies folgt auch aus der Gegenüberstellung mit Art. 64 WSA, der für Gegenstände, die der gesamtdeutschen Regelung bedurften, aber außerhalb der Bundeskompetenzen lagen, die Möglichkeit der durch (völkerrechtliche) Übereinkunft der

---

Staaten der Union angeschlossen haben würden. Hierzu *Huber* (Fn. 97), S. 885-898; *Nipperdey* (Fn. 55); S. 670-673.

[108] Siehe *Huber* (Fn. 97), S. 915-926.

[109] So die Darstellung bei *Huber* (Fn. 59), S. 599. Die Argumente der Zeitgenossen – etwa *Klüber* (Fn. 99), §§ 55 ff. – kehrten noch bei *Ebers* (Fn. 90), S. 29f., wieder, der die Beschlüsse in Vereinbarungen und wirkliche, von der *„freiwilligen Willensbeschränkung"* getragene Beschlüsse unterteilt. Letztere könne man, sofern sie legislativen Inhalt hätten, auch Bundesgesetze nennen, müsse allerdings bedenken, daß sie nicht *„Ausfluß einer übergeordneten staatlichen Gewalt"* waren. Die wichtigen, teilweise kompetenzerweiternden Änderungen der Grundverträge seien jedenfalls Vereinbarungen gewesen.

[110] So ausführlich *Huber* (Fn. 59), S. 599f. Im Falle der sogenannten vereinbarten Gesetze im Rahmen des Deutschen Zollvereins war das ausdrücklich anerkannt, siehe infra bei Fn. 314.

Bundesglieder vorbereiteten einzelstaatlichen Parallelgesetzgebung eröffnete. Prominentestes Beispiel für ein solches übereinstimmendes Landesgesetz ist das Allgemeine Deutsche Handelsgesetzbuch[111] von 1861. Komplexer ist die Lage bei der Allgemeinen Deutschen Wechselordnung von 1847, die nach der revolutionären Herstellung einer zentralen Reichsgewalt als Reichsgesetz erging, später aber vom Deutschen Bund und seinen Gliedstaaten übernommen wurde.[112]

Zu den wichtigen Bundesgesetzen zählen beispielsweise die sogenannte Austrägalordnung[113] und die Exekutionsordnung[114], beides Organisationsgesetze. Von besonderer Bedeutung wurden aber gerade auch Bundesgesetze, die nicht auf den organisatorischen Bereich beschränkt waren, wie etwa die Karlsbader Beschlüsse,[115] die nachhaltig in die Rechte

---

[111] Vgl. im einzelnen *Raisch*, Die Abgrenzung des Handelsrechts vom Bürgerlichen Recht, Ein Kodifikationsproblem im 19. Jahrhundert, 1962, S. 1 ff., 116 ff., und den Überblick bei *Schmidt*, Handelsrecht, 5. Aufl. 1999, § 2 II 2, S. 43f. Vgl. auch *Rumpler*, Das „Allgemeine Deutsche Handelsgesetzbuch" als Element der Bundesreform im Vorfeld der Krise von 1866, in: ders. (Hrsg.), Deutscher Bund und Deutsche Frage 1815-1866, 1990, S. 215-234.

[112] Hierzu ausführlich *Huber*, Das Reichsgesetz über die Einführung einer allgemeinen Wechselordnung für Deutschland vom 26. November 1848, in: JZ 1978, S. 785-791; *von Pannwitz*, Die Entstehung der Allgemeinen Deutschen Wechselordnung, Ein Beitrag zur Geschichte der Vereinheitlichung des deutschen Zivilrechts im 19. Jahrhundert, 1999.

[113] Vom 16. Juni 1817, gemäß Art. 11 Abs. 4 DBA. Abgedruckt bei *Huber* (Fn. 68), Nr. 36. Vgl. die Hinweise auf die zeitgenössische Literatur zur Austrägalordnung bei *Huber* (Fn. 59), S. 594, sowie infra Erster Teil A.I.6.

[114] Vom 3. August 1820, abgedruckt bei *Huber* (Fn. 68), Nr. 37, und bei *Droß* (Fn. 79), Nr. 17; diese ersetzte die vorläufige Exekutionsordnung aus dem Jahre 1819.

[115] Um die innere Sicherheit und die Autorität ihrer Regierungen zu sichern, verständigten sich einige Mitglieder des Deutschen Bundes unter österreichischer Führung in Karlsbad im Rahmen einer Konferenzserie auf die Entwürfe zu vier Bundesgesetzen, u.a. zu einem Universitätsgesetz und zu einem Preßgesetz (Texte bei *Huber* (Fn. 68), Nr. 31-33, und bei *Droß* (Fn. 79), Nr. 12-14). Unter vereintem preußischem und österreichischem Druck verabschiedete die Bundesversammlung am 20. September 1819 (nur offiziell) einstimmig die entsprechenden Gesetze. Vgl. ausführlich *Büssem*, Die Karlsbader Beschlüsse von 1819, Die endgültige Stabilisierung der restaurativen Politik im Deutschen Bund nach dem Wiener Kongreß von 1814/15, 1974; *Scharff* (Fn. 72), S. 402 ff.; *Kissinger* (Fn. 56), S. 275 ff., 282 ff.; *Huber* (Fn. 59), S. 732 ff.; *Lutz* (Fn. 91), S. 42-49.

der Gliedstaaten und der Untertanen – nicht zuletzt mit Blick auf die Universitäten und die Pressefreiheit[116] – eingriffen; letztendlich sind insbesondere die Karlsbader Beschlüsse zu dem das Bild des Deutschen Bundes für Zeitgenossen wie Nachwelt prägenden Kennzeichen geworden.

Da durch die Bundesgesetze die Gliedstaaten unmittelbar gebunden waren, bedurften Gesetze, die lediglich das Verhältnis zwischen Bund und Mitgliedern betrafen, zu ihrer Vollziehbarkeit nicht einmal der landesrechtlichen Publikation. Die Kundmachung durch den Gliedstaat war nur dann erforderlich, wenn die Bundesgesetze Rechte oder Pflichten der Untertanen begründen sollten. Eine landesrechtliche Bestätigung war – wie sich aus den Verfassungen der Gliedstaaten mehrheitlich ergab – für die Vollziehbarkeit der Bundesgesetze in keinem Fall notwendig. Die Pflicht zur (vorbehaltslosen) Verkündung der Bundesgesetze traf auch diejenigen Staaten, die sich in der Bundesversammlung gegen das entsprechende Gesetz ausgesprochen hatten.[117]

4. Auswärtige Gewalt

Logische und unmittelbare Folgen des Bundeszwecks, die Sicherheit, Unabhängigkeit und Unverletzlichkeit Deutschlands zu gewährleisten, waren die selbständige Völkerrechtssubjektivität und die auswärtige Gewalt des Bundes (Art. 50 WSA).[118] Allerdings waren neben dem Bund auch alle Gliedstaaten weiterhin Völkerrechtssubjekte.[119]

---

[116] Daß die Ermordung *Kotzebues* ein willkommener Anlaß war, die ungeliebte „Preßfreiheit“ loszuwerden, macht der Brief *Gentz'* an *Metternich* vom 1. April 1819, abgedruckt in: *Droß* (Fn. 79), Nr. 10, deutlich. Zur Rolle *Friedrich von Gentz'* für die Reaktionspolitik vgl. einführend *Kronenbitter*, Friedrich von Gentz (1764-1832), in: Heidenreich (Hrsg.), Politische Theorien des 19. Jahrhunderts, I. Konservatismus, 1999, S. 93-110.

[117] Das Vorgehen Bayerns nach Verabschiedung der die Karlsbader Beschlüsse ausgestaltenden Gesetze (s. Fn. 115), das Vorbehalte formulierte, war demnach mit dem Bundesrecht nicht vereinbar. Überdies hatte es auch keine Auswirkung auf die Rechtsverbindlichkeit der Ausführungsgesetze; so auch *Büssem* (Fn. 115), S. 446. Dort, S. 437-446, findet sich eine detaillierte Schilderung des (im Ergebnis überdies widersprüchlichen) bayerischen Vorgehens.

[118] Vgl. auch Art. 11 Abs. 2 DBA; Art. 12, 35 und 49 WSA: Bundeskrieg, Friedensschluß, Bündnisse. Klar in diesem Sinne auch *Jellinek* (Fn. 52), S. 182.

[119] Dies wird allgemein auf die Gleichbehandlung der übrigen Mitglieder mit Österreich und Preußen zurückgeführt, vgl. nur *Huber* (Fn. 59), S. 603 f. Beide

Mithin waren Bund und Gliedstaaten zu je eigener Außenpolitik berechtigt, wobei Art. 11 Abs. 3 DBA es allerdings untersagte, gegen den Bund oder einzelne Bundesglieder gerichtete Bündnisse einzugehen.[120] Im Ergebnis war eine gemeinsame Außenpolitik der deutschen Staaten im Bundesrahmen zwar möglich, aber nicht zwingend. Erreicht wurde sie allenfalls zeitweilig im Rahmen der *Metternichschen* Kongresse[121], behielt aber gerade dadurch einen vorwiegend intergouvernementalen Charakter, der in der fehlenden Institutionalisierung einer gemeinsamen Außenpolitik seine Entsprechung fand, und hatte keine Chance, sich gegen macht- und bündnispolitische Interessen der Gliedstaaten, insbesondere der Großmächte Preußen und Österreich – etwa im Krimkrieg –, zu behaupten.[122]

Staaten verfügten über Territorien, die außerhalb des Bundesgebietes lagen, weshalb der Bund sie im europäischen Konzert nicht vollumfänglich hätte repräsentieren können. Bei dieser Regelung blieb es auch, nachdem Preußen im April 1848 zunächst West- und Ostpreußen, später auch Teile des Großherzogtums Posen in den Deutschen Bund integriert hatte, angesichts der außerdeutschen Teile des Habsburgerreiches.

Ausführlich in diesem Zusammenhang auch *Gruner*, Die Rolle und Funktion von „Kleinstaaten“ im Internationalen System 1815-1914: Die Bedeutung des Endes der Deutschen Klein- und Mittelstaaten für die Europäische Ordnung, in: ders., Deutschland mitten in Europa, Aspekte und Perspektive der deutschen Frage in Geschichte und Gegenwart, 1992, S. 107-172 (Erstveröffentlichung 1985).

[120] Ein vertrautes Konfliktfeld, das schon im Westfälischen Frieden nur unzureichend hatte bemäntelt werden können (vgl. Art. VIII § 2 IPO), blieb damit virulent und machte anschaulich, daß die Errichtung einer umfassenden Zentralgewalt noch nicht möglich war.

[121] Hierzu ausführlich *Kissinger* (Fn. 56), S. 248 ff., 285 ff., 311 ff.

[122] Diese Konstellation findet heute ihre Entsprechung in der Gemeinsamen Außen- und Sicherheitspolitik der Europäischen Union, die damit umzugehen hat, daß die Mitgliedstaaten Frankreich und Vereinigtes Königreich im Sicherheitsrat der Vereinten Nationen mit einem ständigen Sitz und dem Vetorecht ausgestattet sind. Deswegen sieht Art. 19 Abs. 2 UAbs. 2 Satz 2 EUV keine Verbindlichkeit gemeinsamer Standpunkte (neu: Standpunkte der Union) für die beiden ständigen Sicherheitsratsmitglieder vor. Hierzu nur: *Sucharipa*, Die Gemeinsame Außen- und Sicherheitspolitik (GASP) der Europäischen Union im Rahmen der Vereinten Nationen, Bestandsaufnahme, Defizite, Chancen, in: Klein/Volger (Hrsg.), Die Vereinten Nationen und Regionalorganisationen vor aktuellen Herausforderungen, 2002, S. 7-31; *Arnold*, Die Politik der EU in der UNO als Möglichkeit und Maßstab für ihre Gemeinsame Außen- und Sicherheitspolitik (GASP) und ihre Europäische Sicherheits- und Verteidigungspolitik

Dem entsprach es, daß der Bund zwar ununterbrochen das passive Gesandtschaftsrecht wahrnahm, das aktive Gesandtschaftsrecht aber nur in Sonderfällen ausübte.[123] So nahm der Deutsche Bund an der Londonder Konferenz (25. April bis zum 25. Juni 1864) über die Schleswig-Holstein-Frage mit einem eigenen Vertreter, dem sächsischen Außenminister *Graf Beust*, auf Einladung Großbritanniens teil.

5. *Militärgewalt*[124]

Eine Regelung der Militär- oder Kriegsverfassung war weder Bestandteil der Bundesakte noch der Wiener Schlußakte. Art. 51 WSA drängte auf den Abschluß der fortdauernden diesbezüglichen Vorarbeiten, der mit der Verabschiedung des Bundesgesetzes über die Kriegsverfassung des Deutschen Bundes vom 9. April 1821 eingeleitet wurde.[125] Hinzu kamen am 12. April 1821 fünf Abschnitte der „Näheren Bestimmungen der Kriegsverfassung des deutschen Bundes" über die Heeresstärke, das Verhältnis der Waffengattungen, die Heereseinteilung, die Bereithaltung des Heeres in Friedenszeiten und seine Mobilmachung im Krieg.[126] Schließlich wurden fünf weitere Abschnitte,[127] die sich auf den Oberfeldherren, die Korpskommandanten, die Bildung des Hauptquartiers, die Verpflegung und die Militärgerichtsbarkeit bezogen, am 11. Juni 1822 beschlossen.[128]

(ESVP), in: von Schorlemer (Hrsg.), Praxishandbuch UNO, Die Vereinten Nationen im Lichte globaler Herausforderungen, 2003, S. 157-175.

[123] Dazu *Huber* (Fn. 59), S. 605.

[124] Ausführlich dazu: *Höbelt*, Zur Militärpolitik des Deutschen Bundes, in: Rumpler (Hrsg.), Deutscher Bund und Deutsche Frage 1815-1866, 1990, S. 114-135; *Schnabl*, (Fn. 102), insbes. S. 18-50; *Wienhöfer*, Das Militärwesen des Deutschen Bundes und das Ringen zwischen Österreich und Preussen [sic] um die Vorherrschaft in Deutschland 1815-1863, 1973. Siehe auch *Gruner* (Fn. 119), S. 145 ff.

[125] Abgedruckt bei *Huber* (Fn. 68), Nr. 38.

[126] Protokolle der Bundesversammlung, 17. Sitzung vom 12. April 1821, § 102 (S. 228 ff.); abgedruckt bei *Huber* (Fn. 68), Nr. 39.

[127] Protokolle der Bundesversammlung, 24. Sitzung vom 11. Juli 1822, § 193 (S. 693 ff.); abgedruckt bei *Huber* (Fn. 68), Nr. 39.

[128] Zur Genese vgl. ausführlich *Kotulla*, Die Entstehung der Kriegsverfassung des Deutschen Bundes vor dem Hintergrund verfassungsrechtlicher und verfassungspolitischer Kontroversen in der Bundesversammlung 1816-1823, in:

Die Bundeskriegsverfassung war unentbehrlich, um den primären Bundeszweck, die „*Erhaltung der äußeren und inneren Sicherheit Deutschlands und der Unabhängigkeit und Unverletzlichkeit der einzelnen deutschen Staaten*" (Art. 2 DBA), tatsächlich erreichen zu können.

Auf ihrer Grundlage verblieb die Militärgewalt in allen Ausprägungen (Wehrpflicht, Kommando, Gerichtsbarkeit, etc.) bei den Gliedstaaten,[129] die lediglich Truppenkontingente bereitzustellen hatten, die dann gemeinsam als Bundesheer der militärischen Obergewalt des Bundes unterstanden. Somit existierte in ein stehendes Friedensheer mit einer Ausgangsstärke[130] von rund 300.000 Mann, die komplett freilich erst im Falle der Mobilmachung aufzubieten waren.[131] Erst dann wurde durch den engeren Rat auch der Oberbefehlshaber, der sog. Bundesoberfeldherr, bestimmt. Politisch der Bundesversammlung unterstellt, übte er die militärische Kommandogewalt über die gliedstaatlichen Befehlshaber aus, auf deren Bestellung er jedoch keinen Einfluß hatte.[132]

Das Bundesheer war also kein Machtfaktor, der bei einer politischen Kontroverse innerhalb des Deutschen Bundes oder im Rahmen eines Streits zwischen den europäischen Mächten unmittelbar zu Gebote stand.

Auch die Entscheidung über Krieg und Frieden lag beim Bund und den Gliedstaaten als jeweils eigenständigen Völkerrechtssubjekten. Der Bundeskrieg (Art. 35 WSA) war nur als Verteidigungskrieg ausgestaltet;

Zeitschrift der Savigny-Stiftung für Rechtsgeschichte, Germanistische Abteilung, 2000, S. 122-237.

[129] Eine Souveränitätsübertragung in diesem sensiblen Bereich war für die Staaten damals nicht vorstellbar, hierzu *Kotulla* (Fn. 128), S. 234 ff., und *Gruner* (Fn. 59), S. 255 f.; Nachklänge hieran finden sich noch 1871, die allerdings trotz formaler Berücksichtigung (wie die Sonderrechte für Bayern) in der Realität des Deutschen Reiches mit seinem letztendlich preußischen Heer keine echte Überlebenschance hatten. Prägnant hierzu: *Nipperdey*, Deutsche Geschichte 1866-1918, Bd. II: Machtstaat vor der Demokratie, 1992, S. 202. Neuer hierzu ausführlich: *Weichlein*, Nation und Region, Integrationsprozesse im Bismarck-Reich, 2004. Die entsprechenden Dokumente finden sich bei *Huber*, Dokumente zur Deutschen Verfassungsgeschichte, Bd. 2: Deutsche Verfassungsdokumente 1851-1918, 1964, Nr. 198-205.

[130] Die auf der Bevölkerungszahl der Gliedstaaten beruhte und mehrfach angepaßt wurde; vgl. hierzu: *Kotulla* (Fn. 128), S. 139 ff.

[131] Zum Ganzen: *Wienhöfer* (Fn. 124), S. 58 ff.; *Huber* (Fn. 59), S. 611.

[132] Einzelheiten: *Wienhöfer* (Fn. 124), S. 60 ff.; *Huber* (Fn. 59), S. 612 ff.; *Kotulla* (Fn. 128), S. 200 ff.

Präventivschläge waren allerdings zulässig. Der Bund hatte sich und seinen Gliedstaaten gegenüber dem Ausland eine Friedenspflicht auferlegt; Art. 36 WSA ermöglichte es dem Bund, gegen ein Mitglied vorzugehen, das einen ungerechtfertigten (Art. 37 WSA) Separatkrieg führte.

Zwischen 1815 und 1866 wurde lediglich ein Bundeskrieg geführt: gegen Dänemark 1848-50.[133] Der Deutsche Bund beteiligte sich nicht am Krimkrieg (1853-1856)[134], hatte aber eine weitreichende Beistandszusage für Österreich abgegeben. Im österreichisch-italienischen Krieg des Jahres 1859 verhielt sich der Bund auf Druck Preußens dagegen abwartend. In der Realität war der Bund gerade in diesem Bereich von den beiden deutschen Großmächten und ihren Interessen abhängig.[135]

6. *Bundesgerichtsbarkeit*

Das Alte Reich hatte mit dem Reichskammergericht[136] und dem Reichshofrat[137] immerhin zwei zentrale Einrichtungen der Gerichtsbar-

---

[133] Nicht zu verwechseln mit der Bundesexekution gegen Holstein im Jahre 1863/1864, aus der sich anschließend der sog. deutsch-dänische Krieg entwickelte, an dem der Deutsche Bund nicht beteiligt war; hierzu ausführlich *Huber*, Deutsche Verfassungsgeschichte seit 1789, Bd. 3: Bismarck und das Reich, 1963, S. 460 ff., 474 ff. Einzelheiten zum Bundeskrieg gegen Dänemark bei *Wienhöfer* (Fn. 124), S. 83 ff.

[134] Dazu einführend: *Schieder*, Staatensystem als Vormacht der Welt 1848-1917, 2. Aufl. 1980, S. 86-88; *ders.*, Crimean War, in: EPIL I (1992), S. 867-869. Ausführlich: *Baumgart*, Österreich und Preußen im Krimkrieg 1853-1856, in: Hauser (Hrsg.), Vorträge und Studien zur preußisch-deutschen Geschichte, 1982, S. 45-70.

[135] *Gruner* (Fn. 59), S. 256 ff., betont das – aus unterschiedlichen Motiven gespeiste – Interesse vieler deutschen Staaten an der Neutralität des Deutschen Bundes.

[136] Einführend und m.w.Nw.: *Laufs*, Reichskammergericht, in: HRG IV (1990), Sp. 655-662; *von Aretin*, Das Alte Reich 1648-1806, Bd. 1: Föderalismus oder hierarchische Ordnung (1648-1684), 1993, S. 142-148; ausführlich: *Smend*, Das Reichskammergericht, Geschichte und Verfassung, 1911; vgl. zu weiteren Details die von der Gesellschaft für Reichskammergerichtsforschung seit 1985 herausgegebene Schriftenreihe. Siehe außerdem das Forschungsprojekt „Die Rechtsprechung des Reichskammergerichts (1495-1806)“ unter der Leitung von *Bernd Schildt*, Informationen hierzu sind im Internet verfügbar unter: http://www.ruhr-uni-bochum.de/rkg-forschung/ (besucht am 11. April 2008).

[137] Einführend und m.w.Nw.: *Moraw*, Reichshofrat, in: HRG IV (1990), Sp. 630-638; *von Aretin* (Fn. 136), S. 85-97. Zu beiden Gerichten vgl. auch *Döhring*,

keit gekannt. Weder die Bundesakte noch die Wiener Schlußakte sahen demgegenüber ein zentrales Bundesgericht[138] vor. Aufnahme fanden hingegen Bestimmungen zur Gerichtsorganisation und zur Schiedsgerichtsbarkeit.

Zwei Sonderfälle sind vorab zu behandeln: Art. 29 WSA ermöglichte es dem Bund, im Falle der Justizverweigerung in einem Gliedstaat Beschwerden entgegenzunehmen und für Abhilfe zu sorgen. Damit wurde ein traditionelles Rechtsschutzinstitut[139] fortgeführt und gleichzeitig deutlich abgeändert: zuständig war nicht mehr eine zentrale Gerichtsinstanz (vormals das Reichskammergericht), sondern die Bundesversammlung, mithin ein politisches Organ. Sie nahm Klagen gegen die Untätigkeit der mitgliedstaatlichen Gerichte entgegen, ließ sie durch eine Kommission prüfen und wies die mitgliedstaatlichen Gerichte gegebenenfalls über die betroffene Regierung an, den Rechtsweg zu eröffnen.

Ferner war die Bundesversammlung nach Art. 63 WSA zur Überwachungen der Verpflichtungen aus Art. 14 DBA berufen, die die mittelbar gewordenen ehemaligen Reichsstände und den ehemaligen unmittelbaren Reichsadel betrafen. Gegen die in Ausführung dieser Vorschrift ergriffenen Maßnahmen der Gliedstaaten war *„der Rekurs an die Bundesversammlung“* möglich.

Zur Gerichtsorganisation bestimmte Art. 12 DBA, daß die Zivil- und Strafgerichtsbarkeit in den Gliedstaaten dreigliedrig auszubauen sei.

Geschichte der deutschen Rechtspflege seit 1500, 1953, S. 19 ff., 22 ff. und passim; sowie den faktenreichen Überblick bei *Hertz*, Die Rechtsprechung der höchsten Reichsgerichte im römisch-deutschen Reich und ihre politische Bedeutung, in: Mitteilungen des Instituts für österreichische Geschichtsforschung 1961, S. 331-358.

[138] Der österreichisch-preußische Entwurf eines Bundesvertrages vom 14. Oktober 1814 hatte – wie diverse Folgeentwürfe auch – ein Oberstes Bundesgericht mit verfassungsgerichtlichen Kompetenzen vorgesehen. Bayern setzte auf den parallel zum Wiener Kongreß stattfindenden Konferenzen der deutschen Staaten die Streichung des Bundesgerichts durch. Einzelheiten bei: *Leonhardi*, Das Austrägalverfahren des Deutschen Bundes, Bd. 1, 1838, S. 113f.; *Huber* (Fn. 59), S. 549, 558 ff.; *Müller-Kinet*, Die höchste Gerichtsbarkeit im deutschen Staatenbund 1806-1866, 1975, S. 9-73.

[139] Vgl. Reichkammergerichtsordnung von 1555, Teil 2, Titel XXVI. Abgedruckt bei *Laufs*, Die Reichskammergerichtsordnung von 1555, 1976, S. 57-280. Zur praktischen Bedeutung vgl. *Leonhardi* (Fn. 138), S. 99f., und Bd. 2, 1845, S. 12 ff.

Die neu zu schaffende dritte gliedstaatliche Instanz sollte die fehlende Rechtsmittelinstanz auf Bundesebene kompensieren. Indem der Bund Länder mit weniger als 300.000 Einwohnern dazu verpflichtete, sich zur Einrichtung von gemeinschaftlichen Obergerichten mit anderen Mitgliedern zusammenzutun, leistete er einen wichtigen Beitrag zur Leistungsfähigkeit der Justiz und zur Vereinheitlichung des deutschen Rechtsraumes. Insgesamt gab es im Gebiet des Deutschen Bundes vierzehn einzelstaatliche und vier gemeinschaftliche Obergerichte.[140] Einige kleinere Staaten wurden von verschiedenen einzelstaatlichen Obergerichten mitbetreut.[141]

Da die meisten Gliedstaaten keine eigene Landesverfassungsgerichtsbarkeit aufgebaut hatten, wurde es als notwendig angesehen, daß der Bund eine justizielle Regelung bereitstellte, um Verfassungsstreitfälle innerhalb dieser Länder zu entscheiden. So kam es durch Bundesbeschluß[142] zur Einführung der Bundesschiedsgerichtsbarkeit. Deren Aufgabe war die Entscheidung von Streitigkeiten zwischen der Regierung und den Landständen eines Bundesgliedes. Das siebenköpfige Gericht rekrutierte sich aus 34 von der Bundesversammlung benannten Spruchleuten. Das fakultative Bundesschiedsgericht blieb ein Angebot des Bundes, das die Gliedstaaten nicht annahmen; während der gesamten Zeit des Deutschen Bundes wurde es nicht tätig.

Zur Anwendung kam dagegen das sogenannte Austrägalverfahren.[143] Dieses war für Streitigkeiten zwischen den Gliedstaaten vorgesehen und schloß sich gegebenenfalls an ein bei der Bundesversammlung nach Art. 11 DBA durchzuführendes Vermittlungsverfahren an. Nach Art. 11 Abs. 4 DBA war hierfür eine *„wohlgeordnete Austrägal-Instanz“* zuständig. Preußische Bemühungen um ein ständiges Bundesgericht waren auch in dieser Hinsicht nicht erfolgreich gewesen, so daß

---

[140] Für ein solches gemeinschaftliches Obergericht vgl. beispielsweise die kurze Darstellung des Oberappellationsgerichts in Jena bei *Häder*, Das gemeinschaftliche Oberappellationsgericht thüringischer Staaten in Jena, Ein Beitrag zur Geschichte des Gerichtswesens im 19. Jahrhundert, 1996 (zugl. Magisterarbeit, Jena 1993).

[141] Vgl. die Auflistung bei *Huber* (Fn. 59), S. 618.

[142] Vom 30. Oktober 1834; bei *Huber* (Fn. 68), Nr. 45, ist das Schlußprotokoll der Wiener Ministerkonferenzen vom 12. Juni 1834 abgedruckt, auf deren Art. 3-14 der Bundesbeschluß über die Schiedsgerichtsbarkeit beruht.

[143] Zum Begriff und der reichsrechtlichen Austrägetradition siehe *Müller-Kinet* (Fn. 138), S. 69-71.

nach der Austrägalordnung[144] eines der drittinstanzlichen Obergerichte im konkreten Fall zur Austrägalinstanz bestellt wurde und seine Entscheidung im Namen, im Auftrag und an Stelle der Bundesversammlung zu fällen hatte. Hier nahm also ein Landesgericht ad hoc Bundeszuständigkeiten wahr.

In der Praxis gewann das Austrägalverfahren große Bedeutung, denn die politische Schlichtung durch die Bundesversammlung gelang nur selten. So waren zwischen 1817 und 1848 an den verschiedenen Obertribunalen, die insoweit als Austrägalinstanzen fungierten, rund dreißig Klagen zwischen den Bundesgliedern anhängig.[145]

Die Übernahme des Austrägalauftrages war als Bundespflicht anzusehen.[146] Die Leitung des Prozesses und die Entscheidung des Streits standen uneingeschränkt der im Einzelfall bestimmten Austrägalinstanz zu.[147] Entscheidungsgrundlage waren, sofern es kein spezielles Recht gab, das ein Bundesglied für diese Fälle erlassen hatte, die *„in Rechtsstreitigkeiten derselben Art vormals von den Reichsgerichten subsidiarisch befolgten Rechtsquellen“*[148]. Die Entscheidung war sofort rechtskräftig und zu befolgen,[149] sofern ihr nicht *„sofort oder vollständig Folge geleistet“* wurde, *„verfügte die Bundesversammlung die Vollziehung“*[150]. Die gegebenenfalls notwendige Vollstreckung des Austrägalurteils richtete sich nach der Exekutionsordnung[151] und oblag der Bundesversammlung.

In den zahlreichen Austrägalverfahren, die während der Zeit des Deutschen Bundes ausgetragen wurden, waren rechtliche und politische Streitfragen eng miteinander verknüpft. Der Einwand der Nicht-Justitiabilität lag daher nahe und wurde von einzelnen Regierungen er-

---

[144] Supra Fn. 113.

[145] Vgl. *Müller-Kinet* (Fn. 138), S. 91 m.w.Nw. *Leonhardi* (Fn. 138), gibt eine ausführliche Darstellung der Fälle.

[146] Beschluß der Bundesversammlung vom 16. Juni 1817, Nr. 4, abgedruckt bei *Leonhardi* (Fn. 138), S. 115-119 (S. 118).

[147] Beschluß der Bundesversammlung vom 3. August 1820, Art. II, abgedruckt bei *Leonhardi* (Fn. 138), S. 126-128 (S. 127).

[148] Ebenda, Art. IV (S. 127); Art. 23 WSA.

[149] Ebenda, Art. VI (S. 128).

[150] Ebenda, Art. IX (S. 128).

[151] Supra Fn. 114.

hoben:[152] Es bestehe ein Unterschied zwischen politischen und rechtlichen Streitigkeiten, die ersteren seien zwar der Vermittlung der Bundesversammlung – einer politischen Instanz –, nicht aber der Entscheidung eines Austrägalgerichts – einer gerichtlichen Instanz – zugänglich. Demgegenüber waren die Bundesversammlung, einzelne gliedstaatliche Regierungen und die Wissenschaft der Ansicht, daß eine solche Unterscheidung von Rechts- und Interessenstreitigkeiten nicht weiterführend sei.[153]

Dahinter steht die zutreffende Erkenntnis, daß im Zusammenschluß zum Deutschen Bund auch ein Verzicht auf Teile der einzelstaatlichen Souveränität zugunsten des Bundes liegt: Immer dort, wo es um die Wahrung des Bundesfriedens geht, ist die Souveränität der Bundesglieder beschränkt. Dies ergibt sich auch aus Art. 53 WSA (Durchsetzung von Bundespflichten) und letztlich auch aus Art. 5 WSA, demzufolge der Bund unauflöslich und ein Austritt eines Mitgliedes ausgeschlossen ist. Streitigkeiten, gerade auch solche politischer Natur, werden im Bund institutionalisiert und, wo möglich, verrechtlicht.

Ein solches System funktioniert aber nur, solange die beteiligten Staaten diesen Souveränitätsverzicht bejahen und sich um des Ganzen willen der Zentralinstanz unterwerfen. Da der Deutsche Bund zwar *„unauflöslich“* war, letztlich aber doch zur Disposition der deutschen Großmächte stand, fehlte es an dieser Voraussetzung einer dauerhaften Integration. Die angestrebte Verrechtlichung der gefundenen Ordnung hatte nur solange Bestand, wie diese machtpolitisch nicht überwunden werden konnte.

7. Der Schutz der Verfassungsordnung

Hier sind von den soeben dargestellten gerichtlichen Möglichkeiten die der Beseitigung des inneren Notstandes dienenden Institute der Bundesintervention nach Art. 26 WSA und der Bundesexekution nach Art. 31 WSA zu unterscheiden.

Der in beiden Konstellationen mögliche Einsatz von Teilen des Bundesheeres zeigt das Militär in Ausübung einer Polizeifunktion. Hierin liegt ein wesentlicher Unterschied zum heutigen Art. 91 GG, der die Intervention von Länderpolizeien, sonstigen Verwaltungskräften und

---

[152] Nachweise bei *Huber* (Fn. 59), S. 628f.; *Müller-Kinet* (Fn. 138), S. 96-124.

[153] Vgl. die Nachweise bei *Huber* (Fn. 59), S. 629.

der Bundespolizei[154] zur Gefahrenabwehr im inneren Notstand unter Landesverantwortung (Abs. 1) oder unter Bundesverantwortung (Abs. 2) regelt.[155] Auch für den Bundeszwang nach Art. 37 GG gilt, daß er nicht zum Einsatz der Bundeswehr berechtigt.[156] Lediglich ist im Falle des inneren Notstandes nach Art. 87a Abs. 4 GG der Einsatz der Streitkräfte möglich, wenn die Abwehrmöglichkeiten gegenüber einer Gefährdung der freiheitlich-demokratischen Grundordnung durch organisierte und militärisch bewaffnete Aufständische, die im Rahmen des Art. 91 GG ergriffen werden können, versagt haben.[157]

a) Bundesintervention

Die Grundregel des Art. 25 WSA bestimmte, daß die Aufrechterhaltung der inneren Ruhe und Ordnung in den Gliedstaaten *„den Regierungen allein"* zustehe. Die *„Mitwirkung der Gesamtheit"* könne jedoch ausnahmsweise *„stattfinden"*, wenn die Rücksicht auf die innere Sicherheit des gesamten Bundes es gebiete.[158]

Gemäß Art. 26 WSA konnte der Bund bei inneren Unruhen[159] in einem Mitgliedstaat auf Wunsch von dessen Regierung – nachdem diese die verfassungsmäßigen und gesetzlichen Mittel erfolglos ausgeschöpft hatte – oder im Falle des bereits ausgebrochenen *„wirklichen Aufruhrs"* auch ohne ausdrücklichen Hilferuf die zur Wiederherstellung von Si-

---

154 Seit Inkrafttreten des Gesetzes zur Umbenennung des Bundesgrenzschutzes in Bundespolizei vom 21. April 2005, BGBl. 2005 I S. 1818, am 1. Juli 2005.

155 Ausführlich *Heun*, in: Dreier (Hrsg.), Grundgesetz-Kommentar, Bd. 3, 2. Aufl. 2008, Art. 91; *Klein*, Der innere Notstand, in: HStR VII (1992), § 169, S. 378-414; jeweils m.w.Nw.

156 *Bauer*, in: Dreier (Hrsg.), Grundgesetz-Kommentar, Bd. 2, 2. Aufl. 2006, Art. 37, Rn. 1; *Klein* (Fn. 155), Rn. 37-43; jeweils m.w.Nw.

157 Hierzu *Heun*, in: Dreier (Hrsg.), Grundgesetz-Kommentar, Bd. 3, 2. Aufl. 2008, Art. 87a, Rn. 28-34, m.w.Nw.

158 Für *Forsthoff* (Fn. 71), S. 90, 94, stellt das Interventionsrecht ein konstituierendes Element jeden Bundes dar; der Deutsche Bund sei als Garantiesystem zu begreifen.

159 Umfaßt waren nach dieser Vorschrift (1) die unmittelbare Gefährdung der inneren Ruhe durch *„Widersetzlichkeit der Untertanen gegen die Obrigkeit"* und (2) die Besorgnis der *„Verbreitung aufrührerischer Bewegungen"*, aber auch (3) der Ausbruch eines *„wirklichen Aufruhr*[s]*"*.

cherheit und Ordnung notwendigen Maßnahmen ergreifen. Den allgemeinen Regeln entsprechend entschied die Bundesversammlung hierüber im engeren Rat mit absoluter Mehrheit. Die Maßnahmen durften aber nur solange dauern, wie die betroffene Regierung *„es notwendig erachtet"* (Art. 26 letzter Satz WSA). Zur Durchführung konnten einzelne oder mehrere Regierungen von Mitgliedstaaten mandatiert oder ein Bundeskommissar bestellt werden. Zulässig war beispielsweise die militärische Besetzung des betroffenen Staates (etwa zur Stabilisierung der dortigen Regierung) oder die Sequestration von dessen Regierungsgewalt (bspw. im Falle eines Aufruhrs).

Fälle der Bundesintervention waren 1830 in Luxemburg zur Abwehr der belgischen Revolution und einer möglichen Annexion,[160] 1833 als Reaktion auf den Frankfurter Wachensturm[161] und 1850-52 in Kurhessen und Schleswig-Holstein[162].

b) Bundesexekution

Gemäß Art. 31 WSA konnte und mußte der Bund mit der Bundesexekution gegen einen Gliedstaat vorgehen, der seine verfassungsmäßigen Bundespflichten (Befolgung von Schiedsurteilen, Achtung der Unverletzlichkeit des Bundes, etc.) nicht erfüllte. Vorrangiges Ziel war es, den Bestand des Bundesganzen zu gewähren.

Besondere Bedeutung kam der Exekutionsordnung zu, die im Verein mit Art. 31 WSA den rechtlichen Rahmen für die Ausübung dieses „Bundeszwanges" (So heute die Formulierung in Art. 37 GG,[163] der sich von seinen Vorgängern über die Reichsexekution – Art. 19 RV und Art. 48 Abs. 1 WRV – abhebt.) bildete.

Art. 31 WSA enthielt zwei verschiedene Tatbestände. Die erste Konstellation befaßte sich mit der Vollstreckung der gerichtsähnlichen oder gerichtlichen Entscheidungen, die auf Bundesebene zwischen dem Bund und den Gliedstaaten oder zwischen diesen untereinander gefällt wor-

[160] Ausführlich: *von Franqué*, Luxemburg und die belgische Revolution, 1932, S. 18 ff.

[161] Näher dazu: *Schieder* (Fn. 85), S. 51 f. Vgl. auch die „Darstellung des Frankfurter Wachensturms durch die Frankfurter Bundeszentralbehörde" vom 23. April 1834, abgedruckt bei *Droß* (Fn. 79), Nr. 58.

[162] Dazu *Huber* (Fn. 97), S. 904 ff. und 926 ff.; zu allen drei Fällen siehe auch *Schnabl* (Fn. 102), S. 57 ff.

[163] Dazu: *Bauer* (Fn. 156) m.w.Nw.

den waren. Der Bundesexekution kam hier eine bloße Durchführungsfunktion hinsichtlich eines bereits gefundenen Ergebnisses zu. Anders bei der zweiten Fallgestaltung unter Art. 31 WSA, wo es der Bundesversammlung oblag, das gliedstaatliche Defizit an bundestreuem Verhalten[164] zu bestimmen und Abhilfe zu schaffen.

Die Bundesexekution war also doppelgesichtig: Einerseits setzte sie die Bundesgerichtsbarkeit durch, andererseits stellte sie eine originäre Maßnahme der Exekutivgewalt des Bundes dar, mit der die Gliedstaaten zur Erfüllung ihrer Bundespflichten angehalten werden konnten.

Die rechtliche Ausgestaltung der Einleitung des Verfahrens, die erst nach Erschöpfung aller anderen in der Bundesakte vorgesehenen Mittel zulässig war, nahm auf die gliedstaatliche Souveränität Rücksicht. Adressat der Bundesexekution war die Regierung des Gliedstaates (Art. 32 WSA); mit der Durchführung wurde die Regierung eines anderen Bundesmitglieds (Exekutionsmandatar) betraut. Eine militärische Besetzung mit gliedstaatlichen Truppen war ebenso möglich wie die Bestellung eines sog. Exekutionskommissars, der entweder dem Landesherrn weisungsbefugt zur Seite trat oder im Falle, daß dessen Regierungsgewalt suspendiert wurde (Sequestration), an dessen Stelle handelte. Dann war der Exekutionskommissar Bundes- und Landesorgan zugleich. In letzter Konsequenz war sogar ein Eingriff in die Thronrechte der herrschenden Dynastie eines Bundesgliedes möglich.[165]

Fälle der Bundesexekution waren u. a. 1829/30 gegen Braunschweig, 1834 gegen die Stadt Frankfurt (gleichsam aus der Bundesintervention von 1832 hervorgegangen) und 1864 gegen Dänemark.[166]

---

[164] Zum historischen und heutigen Verständnis der Bundestreue vgl. ausf. *Bauer*, Die Bundestreue, Zugleich ein Beitrag zur Dogmatik des Bundesstaatsrechts und zur Rechtsverhältnislehre, 1992, S. 30 ff., 103 ff.

[165] Im Jahre 1830 lief ein Exekutionsverfahren gegen Braunschweig, mit dem der Bund es anstrebte, den regierenden Herzog seiner Thronrechte wegen bundeswidrigen Verhaltens für verlustig zu erklären. Nach einem gewaltsamen Thronwechsel in Braunschweig legalisierte der Bund durch Anerkennung des neuen Herzogs diesen Umsturz. Näher *Böse*, Die Entthronung des Herzogs Karl II. von Braunschweig, 1935; *Grefe*, Gefährdung monarchischer Autorität im Zeitalter der Restauration, Der braunschweigische Umsturz von 1830 und die zeitgenössische Publizistik, 1987; *Huber* (Fn. 97), S. 57 ff.; *Schieder* (Fn. 85), S. 121.

[166] Einzelheiten zu allen drei Fällen bei *Huber* (Fn. 59), S. 639 m.w.Nw.; zum Vorgehen gegen Dänemark vgl. *Schieder* (Fn. 134), S. 98-100.

Das vielschrittige Einleitungs- und Durchführungsverfahren machte es notwendig, in Fällen besonderer Dringlichkeit auch vorläufige Maßnahmen einleiten zu können;[167] hierfür bot Art. 19 WSA die Grundlage. Wichtigster Beispielsfall für die Anwendung von Art. 19 WSA ist die durch Bundesbeschluß vom 14. Juni 1866 angeordnete Mobilmachung des Bundesheeres gegen Preußen. Hieraus entwickelte sich der österreichisch-preußische Krieg von 1866, der den Deutschen Bund beendete.[168]

8. *Zusammenfassung*

Analysen haben gezeigt, daß die Partikularinteressen aller Mitglieder eine gemeinsame Bundespolitik erschwerten: Die kleineren Staaten wachten eifersüchtig über ihre Eigenständigkeit, die beiden großen hatten häufig gegenläufige Interessen. Insbesondere Österreich versuchte immer wieder, den Bund als Instrument der eigenen (europäischen) Außenpolitik einzusetzen.[169] Umgekehrt lähmte die Schwerfälligkeit der Bundespolitik machtstaatliche Bestrebungen einzelner Mitglieder.

Dem Bund waren in den wichtigen Bereichen Äußeres, Verteidigung, Justiz und Inneres Aufgaben zugewiesen und Kompetenzen übertragen worden. Zu einer Überwindung der gliedstaatlichen Souveränität kam es aber nur dann, wenn einerseits komplexe Verfahren durchgeführt worden waren und dabei andererseits eine Mehrheit der Regierungen zugestimmt hatte.[170] Auch die zur Komplottbekämpfung eingerichtete Bundeszentralbehörde fungierte nur als „Clearingstelle" und war kein Instrument der unmittelbaren Handlungsmöglichkeit des Bundes.

Bundesmaßnahmen gegen eine der beiden Großmächte waren praktisch nicht durchsetzbar. Festzuhalten ist demzufolge, daß die Bundesgewalt sich in der Praxis nur gegen die mittleren und kleinen Bundesglieder richtete.[171]

---

[167] Ebenso *Schnabl* (Fn. 102), S. 53.

[168] Vgl. die bei *Huber* (Fn. 129), Nr. 154-183 abgedruckten Dokumente und seine Darstellung (Fn. 133), S. 510 ff., 555 ff.

[169] So *Schieder* (Fn. 85), S. 100.

[170] *Hartung* (Fn. 98), S. 172, bezeichnet den Bund gleichwohl als eine den Einzelstaaten *„übergeordnete Gesamtheit"*, als *„dauernde Lebensgemeinschaft"*.

[171] Vgl. *Siemann*, Vom Staatenbund zum Nationalstaat, 1995, S. 328.

Einen nicht zu unterschätzenden Erfolg des Deutschen Bundes bildet die in seinem Rahmen begonnene Rechtsvereinheitlichung durch Gesetzgebung und Rechtsprechung. Noch wichtiger, aber aufgrund der fiskalpolitischen Bedeutung auch umstrittener und in der Konsequenz kleindeutsch ist die Schaffung eines einheitlichen Zollgebiets im Deutschen Zollverein.[172] Dieser ist freilich vornehmlich ein preußisches Projekt gewesen und neben dem Deutschen Bund betrieben worden.

Das von Bundesakte und Wiener Schlußakte vorgesehene Friedenssystem[173] hatte sich zwar in der Praxis nicht zu bewähren brauchen, gleichzeitig wirkte der Bund durch seine bloße Existenz zumindest in der Frage der inneren Konsolidierung seiner Mitglieder nach den napoleonischen Wirren und erneut nach der Revolution von 1848 friedenssichernd.[174] Ein Krieg zwischen den deutschen Staaten wurde mehr als fünfzig Jahre lang vermieden; damit wurde auch das europäische Gleichgewicht aufrechterhalten.[175]

Im Jahre 1866 betrieb Österreich formal eine Bundesexekution gegen Preußen; diese Auseinandersetzung über die Schleswig-Holstein-Frage entwickelte sich zum preußisch-österreichischen Krieg und beendete die Existenz des Deutschen Bundes.[176]

---

[172] Zum Zollverein siehe infra Erster Teil B.II.

[173] *Kissinger* (Fn. 56), S. 162, beschreibt den Friedensschluß von 1815 als zukunftsorientiert.

[174] So die Einschätzung bei *Schieder* (Fn. 85), S. 116 ff., *Duchhardt*, Gleichgewicht der Kräfte, Convernance, Europäisches Konzert, Friedenskongresse und Friedensschlüsse vom Zeitalter Ludwigs XIV. bis zum Wiener Kongreß, 1976, S. 194, und *Nipperdey* (Fn. 55), S. 355. Kritisch hierzu *Stolleis* (Fn. 61), S. 77: *„Aber das ist retrospektiv und antiliberal gedacht und rückt Ruhe und Ordnung stärker in den Vordergrund, als es die Mehrheit der Zeitgenossen tat.“* Diese Bewertung bezieht sich jedoch vornehmlich und insoweit grundsätzlich zu Recht auf die restaurative Politik innerhalb des Bundes, die Einheit, Verfassunggebung und Liberalismus verhinderte beziehungsweise zurücknahm oder hinauszögerte.

[175] So *Nipperdey* (Fn. 73), S. 70. Zur Verankerung des „Friedensauftrags“ Deutschlands im zeitgenössischen staats- und verfassungstheoretischen Schrifttum vgl. *Angermeier* (Fn. 57), S. 68 ff. Zur Einbindung in das gesamteuropäische Friedenssystem des 19. Jahrhunderts vgl. *Fenske*, Politisches Denken im 20. Jahrhundert, in: Lieber (Hrsg.), Politische Theorien von der Antike bis zur Gegenwart, 2. Aufl. 1993, S. 657-880 (S. 681f.), und *Kissinger* (Fn. 56), S. 53 ff. und passim.

[176] Hierzu *Schieder* (Fn. 85), S. 158-175.

II. Würdigung des Deutschen Bundes als Staatenverbindung

Die Diskussion über das Gegensatzpaar Bundesstaat – Staatenbund hat die Verfassungsrechtslehre und die politische Verfassungsdiskussion in Deutschland seit den Tagen des Deutschen Bundes begleitet.[177] Als die *„verspätete Nation“*[178] im Kaiserreich *„auf ihre alten Tage“*[179] siegreich Gestalt angenommen hatte, blickte eine im Sinne von *Germania*, besser *Borussia triumphans*[180] inspirierte Geschichtsschreibung[181] vor allem unter dem Blickwinkel der Staats- und Nationenbildung[182] kritisch auf den insoweit als erfolglos[183] angesehenen Deutschen Bund zurück.[184]

---

177 Vgl. dazu statt aller den Überblick bei Bauer, in: *Dreier* (Hrsg.), Grundgesetz-Kommentar, Bd. 2, 2. Aufl. 2006, Art. 20 (Bundesstaat), Rn. 2 ff.; und die illustrativen Ausführungen bei *Sywottek*, Staatenbund und Bundesstaat in der deutschen Geschichte des 19. und 20. Jahrhunderts, in: Wendt (Hrsg.), Vom schwierigen Zusammenwachsen der Deutschen, Nationale Identität und Nationalismus im 19. und 20. Jahrhundert, 1992, S. 25-47. Ferner: *Grzeszick* (Fn. 73). Zu Recht weist *Wadle*, Grundrechte in der Deutschen Bundesakte? Notizen zu „Preßfreiheit“ und „Rechte der Schriftsteller und Verleger gegen den Nachdruck“ (Artikel XVIII d), in: FS Ress, 2005, S. 1333-1351 (S. 1338 f. m.w.Nw.), darauf hin, daß die Zeitgenossen um das Jahr 1815 die beiden Begriffe eher zusammendachten, als sie als echten Gegensatz zu begreifen.

178 *Plessner*, Die verspätete Nation, Über die Verführbarkeit bürgerlichen Geistes, 3. Aufl. 1962.

179 So in seiner unangenehm sozialdarwinistischen akademischen Antrittsrede *Weber*, Der Nationalstaat und die Volkswirtschaftspolitik, 1895, S. 32.

180 In Anlehnung an *Craig*, Der Triumph des Borussismus: Theodor Fontane und Wilhelm II., in: ders., Das Ende Preußens, Acht Porträts, 1984, dt. 1985, S. 67-93.

181 Zur „nationalen Befangenheit“ der zeitgenössischen Geschichtsschreibung vgl. *Fehrenbach* (Fn. 71), S. 134; ausführlich *dies.*, Die Reichsgründung in der deutschen Geschichtsschreibung, in: Schieder/Deuerlein (Hrsg.), Reichsgründung 1870/71, 1970, S. 259-290 (S. 262 ff.). Vgl. auch *Besson*, Geschichte als politische Wissenschaft, Zum Verhältnis von nationalstaatlichem und historischem Denken, in: FS für Hans Rothfels zum 70. Geburtstag, 1963, S. 66-85 (S. 70 ff.). *Wehler*, Geschichtswissenschaft heute, in: Habermas (Hrsg.), Stichworte zur ›Geistigen Situation der Zeit‹, 2. Band: Politik und Kultur, 1979, S. 709-753, rechnet scharf mit einem bis weit in die 1950er Jahre reichenden *„etatistische*[n] *Denken älterer Provenienz“* (S. 720) ab.

182 Zum Spannungsfeld zwischen Nationalstaat und einer Vielzahl von Kleinstaaten in Deutschland vgl. grundlegend *Schieder*, Partikularismus und nationales Bewußtsein im Denken des Vormärz, in: Conze (Hrsg.), Staat und Ge-

Aufbauend auf den kritischen, in den einzelnen Phasen der Existenz des Deutschen Bundes unterschiedlich begründeten Urteilen seiner Zeitgenossen[185] wurde er vorwiegend als wenig zielgerichteter Zwischen-

---

sellschaft im deutschen Vormärz 1815-1848, 3. Aufl. 1978, S. 9-38. Zu Recht betont *Schieder*, daß diese Partikularstaaten ihrerseits Bannerträger der Idee der Staatlichkeit gewesen seien (ebenda, S. 16 f., 23 ff.). Ähnlich *Böckenförde*, Verfassungsprobleme und Verfassungsbewegung des 19. Jahrhunderts, in: ders., Recht, Staat, Freiheit, Studien zur Rechtsphilosophie, Staatstheorie und Verfassungsgeschichte, 1991, S. 244-262 (S. 245) (Erstveröffentlichung 1971). Vgl. auch *Veit-Brause*, Partikularismus, in: Brunner/Conze/Koselleck (Hrsg.), Geschichtliche Grundbegriffe, Historisches Lexikon zur politisch-sozialen Sprache in Deutschland, Bd. 4, 1978, S. 735-766; *Wyduckel*, Untersuchungen zu den Grundlagen der frühmodernen Rechts- und Staatslehre, Diss. Münster 1977, S. 224 ff.; neuer: *Langewiesche*, Zentralstaat – Föderativstaat: Nationalstaatsmodelle in Europa im 19. und 20. Jahrhundert, in: ZSE 2004, S. 173-190.

[183] Eindrücklich in diesem Zusammenhang die erfahrungsgesättigte, gleichsam umgekehrte Erkenntnis von *Menger*, Deutsche Verfassungsgeschichte der Neuzeit, Eine Einführung in die Grundlagen, 8. Aufl. 1993, Rn. 215: *„Die ungeheure Gefahr erkannt zu haben, die in der Vergottung der eigenen Nation liegt, ist ein heute erst wirklich zu würdigendes Verdienst des Warners Metternich."*

[184] Etwa *von Treitschke*, Bundesstaat und Einheitsstaat (erschienen 1864), in: ders., historische und politische Aufsätze, Bd. 2: Die Einheitsbestrebungen zertheilter Völker, 5. Aufl. 1886, S. 77-241, der im monarchischen Einheitsstaat das Ziel der deutschen Geschichte erblickte (S. 190f.), den Deutschen Bund aber scharf verurteilte (etwa S. 82, 140 ff., 238). Vgl. auch *Meinecke* (Fn. 59), S. 181, der den Deutschen Bund als vornehmlich im *„Zustand des Schlummers"* befindlich beschrieb. Aber noch *Hartung* (Fn. 98), S. 175, nennt den Deutschen Bund *„nicht entwicklungsfähig"*. *Firnkes*, „Restauration" und „Vormärz", Reaktion und Fürstenmacht und liberale Bürgeropposition 1815-1848, in: Pleticha (Hrsg.), Deutsche Geschichte, Bd. 9, 1984, S. 17-77 (S. 25), spricht von einer *„nicht mehr entwicklungsfähige*[n] *Endstation einer Staatskonstruktion"*. Auch *Nipperdey* (Fn. 55), S. 355, sieht im Deutschen Bund keine *„Institution, die irgend etwas hätte weiterentwickeln können oder wollen"*.

In einer Übergangsepoche mit noch ungewissem Fortgang bezeichnete *von Festenberg-Packisch*, Geschichte des Zollvereins mit besonderer Berücksichtigung der staatlichen Entwicklung Deutschlands, 1869, S. 455, den Deutschen Bund als *„Parasitengewächs"*, das *„dem unvergänglichen Baume deutschen Staatslebens"* *„seine Kräfte entzog und ihn an einer gedeihlichen Entwicklung hemmte"*.

[185] Hierzu die Beispiele bei *Seiler*, Der Deutsche Bund als Forschungsproblem, in: Rumpler (Hrsg.), Deutscher Bund und Deutsche Frage 1815-1866, 1990, S. 31-58. *Angermeier* (Fn. 57), S. 66, freilich betont, daß die staatenbündi-

schritt hin zum – aus der damaligen Sicht in einer stetigen Aufwärtsbewegung begriffenen – deutschen Nationalstaat gesehen, was zu einer Überbetonung seines staatenbündischen Charakters führte.[186]

Die dabei erfolgte Vernachlässigung der völkerrechtlichen Bedeutung und ordnungspolitischen Funktion für Europa[187] wird in den letzten

---

sche Tendenz als diejenige *„der verfassungspolitischen Konzeptionen"* zu erkennen sei, die als *„beherrschende Konstante"* eine *„echte Entsprechung zur politischen Wirklichkeit bei der deutschen Staatsbildung am Beginn des 19. Jahrhunderts"* darstelle. Dementsprechend hatte bereits *Heeren*, Der Deutsche Bund in seinen Verhältnissen zu dem Europäischen Staatensystem; bey Eröffnung des Bundestages dargestellt, 1816, die Struktur des Deutschen Bundes als angemessen für die deutschen Staaten und als wichtig für den Frieden in Europa bezeichnet.

[186] So etwa bei *von Sybel* (Fn. 67), S. 34 ff. *Von Sybel* bezeichnete den *„Bundestag* [als] *eine durch die Paragraphen der Bundesakte organisierte Anarchie"* (S. 38). Der Deutsche Bund habe sich den Zeitgenossen „[n]*ach innen unfruchtbar und despotisch, nach aussen abhängig und wehrlos"* dargestellt (S. 47).

Aus der Rückschau kritisch *Bismarck*: *„Der frühere Deutsche Bund erfüllte in zwei Richtungen die Zwecke nicht, für welche er geschlossen war; er gewährte seinen Mitgliedern die versprochene Sicherheit nicht und er befreite die Entwickelung der nationalen Wohlfahrt des deutschen Volkes nicht von den Fesseln, welche die historische Gestaltung der inneren Grenzen Deutschlands ihr anlegten."* (Konferenz zur Beratung und Feststellung des Verfassungsentwurfs des Norddeutschen Bundes, Eröffnungsrede des preußischen Ministerpräsidenten am 15. Dezember 1866, zitiert nach *Kohl* (Hrsg.), Otto von Bismarck, Politische Reden, Bd. 3, 1970, S. 152). Zuvor hatte Bismarck allerdings mehrfach eine Reform des Deutschen Bundes angestrebt, um dessen Handlungsfähigkeit zu erhöhen, vgl. hierzu: *Kaernbach*, Bismarcks Bemühungen um eine Reform des Deutschen Bundes 1849-1866, in: Hauser (Hrsg.), Preußen, Europa und das Reich, 1987, S. 199-221.

[187] Entsprechende Vorstellungen hatte bereits *W. von Humboldt* in der Denkschrift für Stein vom Dezember 1813 entwickelt; vgl. *ders.*, Gesammelte Schriften, Bd. 11, S. 95 ff. Diesen Punkt unterstreicht auch *Griewank* (Fn. 72), S. 5, indem er die Ergebnisse des Wiener Kongresses, zu deren wichtigen der Deutsche Bund rechnet, als *„Versuch einer politischen Dauerordnung"*, als beinahe hundert Jahre währende, *„lang wirkende Friedensordnung"* (S. 385) bezeichnet. Wichtig auch der Hinweis von *Kissinger* (Fn. 56), S. 10f., 53 ff. und passim, auf den Zusammenhang von Stabilität und Legitimität. Vgl. ferner die Analyse bei *Gruner*, Der Deutsche Bund als „Centralstaat von Europa" und die Sicherung des Friedens, Aspekte britisch-deutscher Beziehungen in der internationalen Krise von 1819/20, in: FS für Paul Kluke, 1981, S. 79-102.

Jahrzehnten allmählich aufgearbeitet. Erste Ansätze,[188] die die Vorläuferrolle für internationale Organisationen des 20. Jahrhunderts herausarbeiteten, werden inzwischen anerkannt.[189] Zu Recht ist darauf hingewiesen worden, beim Deutschen Bund handele es sich um

> *„ein inter-nationales und kein nationales System der rechtlichen Verbindung von Staaten verschiedener sozio-ökonomischer ebenso wie politisch-konstitutioneller Struktur und divergierender ideologischer Tradition“.*[190]

Ebenso muß der Versuch, die Friedenserhaltung durch Rechtsprechung zu erreichen, gewürdigt werden.[191] Treffend hat *Fellner* bemerkt, das System des Deutschen Bundes habe es

> *„[i]nnerdeutsch, aber zwischenstaatlich [...] vermocht, durch die Verrechtlichung politischer Konflikte Ordnung und Frieden zu ga-*

---

[188] So etwa die knappe Untersuchung von *Euschen*, Das Kriegsverhütungsrecht des Deutschen Bundes und des Völkerbundes, Eine rechtshistorisch-völkerrechtliche Studie, 1934, der die Art. 19 ff. WSA mit Art. 11 VBS vergleicht; *Kraehe*, The United Nations in the Light of the Experiences of the German Confederation, 1815-1866, in: The South Atlantic Quarterly 49 (1950), S. 138-149; *Kordt*, Überlegungen zur Rechtsgestalt einer europäischen Integration, in: FS für Walter Schätzel, 1970, S. 237-253 (S. 243 ff.)

Siehe auch schon *Näf*, Versuche gesamteuropäischer Organisation und Politik in den ersten Jahrzehnten des 19. Jahrhunderts (Antrittsvorlesung, gehalten an der Universität Bern, den 12. Dezember 1925), in: ders., Staat und Staatsgedanke, Vorträge zur neueren Geschichte, 1935, S. 9-27, der meint, man habe *„zwischen den Einzelstaaten gesicherte, dauernde Vertragsbeziehungen* [...] *knüpfen, an Stelle der zwischenstaatlichen Anarchie eine zwischenstaatliche Organisation* [...] *schaffen und so übernationale Gedanken aussprechen, übernationale Interessen* [...] *wahren wollen“* (S. 9), und diese *„Anfänge und Versuche zu den Vorstufen hoher Gegenwartserrungenschaften“*, also dem Völkerbund, rechnet (S. 27).

[189] *Verosta* (Fn. 74), S. 1034, 1042f.; *Gruner*, Europa, Deutschland und die internationale Ordnung im 19. Jahrhundert, in: ders., Deutschland mitten in Europa, Aspekte und Perspektive der deutschen Frage in Geschichte und Gegenwart, 1992, S. 71-106 (Erstveröffentlichung 1984); *ders.*, Der Deutsche Bund als Band der deutschen Nation 1815-1866, in: Wendt (Hrsg.), Vom schwierigen Zusammenwachsen der Deutschen, Nationale Identität und Nationalismus im 19. und 20. Jahrhundert, 1992, S. 49-95 (S. 59 ff., 71 ff.); *Jaberg* (Fn. 53), S. 378.

[190] *Fellner*, Perspektiven für eine historiographische Neubewertung des Deutschen Bundes, in: Rumpler (Hrsg.), Deutscher Bund und Deutsche Frage 1815-1866, 1990, S. 21-30 (S. 26).

[191] Etwa *Müller-Kinet* (Fn. 138), S. 226-231; *Jaberg* (Fn. 53), S. 380 ff.

rantieren, gerade weil das Prinzip der Austrägal-Ordnung, der Schiedsgerichtsbarkeit, das Nebeneinander verschiedener Rechte gewährleistete und die Vernichtung traditioneller Rechte durch ein uniformes Einheitsrecht verhinderte".[192]

Bezeichnend ist aber – gerade auch im Bereich der Rechtsprechung –, daß die von allen Beteiligten für unumgänglich erachtete Betonung der gliedstaatlichen Souveränität eine weitgehende Integration verhinderte. Weil ein oberstes Bundesgericht nicht eingerichtet werden konnte, einigten sich die Mitglieder auf ein komplexes Geflecht von Institutionen und Zuständigkeiten. So wurde ein Bundesschiedsgericht etabliert, das landesverfassungsrechtliche Streitigkeiten entscheiden sollte, von dem die Gliedstaaten jedoch nie Gebrauch machten.

Der Bundesversammlung, einem politischen Organ, kam es nach Art. 29 WSA zu, über Fälle von Justizverweigerung in den Gliedstaaten zu entscheiden. In verfassungsrechtlichen Streitigkeiten auf der Bundesebene hatte sie zunächst eine Vermittlungsaufgabe, bevor sich das Austrägalverfahren vor einem gliedstaatlichen Höchstgericht anschloß, das in diesem Fall Bundeszuständigkeiten wahrnahm und anstelle der Bundesversammlung entschied. Die zur Durchführung dieser Entscheidungen berufene Bundesversammlung konnte hierfür nur auf gliedstaatliche Zwangsmittel zurückgreifen.

Dieses ausgefeilte System kann, wie der Deutsche Bund als ganzes, je nach Akzentsetzung als klug ersonnene Machtbalance zum Schutz der schwächeren Mitglieder oder als Blockademechanismus aufgefaßt werden. Sinnvoller erscheint es anzunehmen, die Kompetenzverteilung zwischen Bund und Gliedstaaten habe eine Phase der Besinnung und Sammlung ermöglicht, in der die mit den Befreiungskriegen eingeleitete Nationenbildung habe fortgeführt und die ihr nachfolgende Staatenbildung vorbereitet und „unters Volk gebracht" werden können. Das mag zwar nicht der Zweck des „ewigen" Bundes gewesen sein, der den Akteuren des Wiener Kongresses, vornehmlich *Metternich*, vorgeschwebt hatte. Doch wurde der Bundeszweck, nämlich die Erhaltung der äußeren und inneren Sicherheit Deutschlands und der Unabhängigkeit und Unverletzlichkeit der deutschen Staaten (Art 2 DBA, Art. 1 WSA), für die Dauer seiner Existenz durch die Struktur des Bundes und die Kompetenzverteilung zwischen dem Bund und seinen Gliedern gewährleistet.[193]

---

192 *Fellner* (Fn. 190), S. 26.

193 Vgl. *Jaberg* (Fn. 53), S. 399 ff.

Unter diesem Gesichtspunkt betrachtet, muß der Deutsche Bund als erfolgreiche Staatenverbindung bezeichnet werden: Er schuf keinen deutschen Staat, sondern ermöglichte es einem Bund deutscher Staaten, für eine bestimmte Zeit[194] in Frieden untereinander und mit ihren Nachbarn zu leben.[195] Der Deutsche Bund eröffnete Räume für (rechtliche und wirtschaftliche) Annäherung und Integration unter Beibehaltung landschaftlicher und dynastischer Besonderheiten. Der Bund war elastisch genug konstruiert, um nach der Julirevolution des Jahres 1830 in Frankreich die Umwandlung weiterer Gliedstaaten[196] in konstitutionelle Staaten geschehen zu lassen. Die im Jahre 1832 formulierte Reaktionspolitik des Bundes respektierte – wenn auch eher formal – die gliedstaatlichen Verfassungsordnungen, schuf aber gleichzeitig Möglichkeiten für die gliedstaatlichen Regierungen, reaktionär zu handeln. Umgekehrt konnte nach der Wiederherstellung des Bundes im Jahre 1850 das Pendel in die andere Richtung ausschlagen, und mehrere Staaten[197] restaurierten ständische Verfassungen. Die Regierungen griffen daneben mit Rückendeckung durch den Deutschen Bund zu den Mitteln des Polizeirechts, um gegen die Liberalen vorzugehen, aus ihrer Sicht also die innere Sicherheit zu wahren.

Die zwischenstaatliche Organisation des Deutschen Bundes liefert somit insgesamt ein Strukturmodell, das über mehrere Jahrzehnte in Betrieb war und deshalb wohl auch heute bei internationalen Organisationen immer noch zu erkennen ist. Da der intergouvernementale Charakter des Bundes prägend war und blieb, kam es nicht zu dem, was wir heute als „Vergemeinschaftung von Politikbereichen" bezeichnen. Dies war vielmehr innerhalb des Deutschen Zollvereins der Fall, geschah al-

---

194 Hierzu *Dülffer*, Joseph Görres und Friedrich Gentz – Modelle der Friedenssicherung in Deutschland seit der Französischen Revolution, in: ders./Martin/Wollstein (Hrsg.), Deutschland in Europa, Kontinuität und Bruch, GS für Andreas Hillgruber, 1990, S. 52-72 (S. 56 ff., 60 ff.).

195 Die Leistung der Kriegsverhinderung unterstreicht *Schroeder*, The Vienna System and Its Stability: The Problem of Stabilizing a State System in Transition, in: Krüger (Hrsg.), Das europäische Staatensystem im Wandel, 1996, S. 107-122 (S. 111 ff.). Dort, S. 119 ff., auch der Hinweis, daß die Wiener Friedensordnung nicht endete, weil sie versagt hatte, sondern vielmehr dann beendet wurde, als ihre Fortführung wieder opportun erscheinenden kriegerischen Wandel verhindert haben würde.

196 Braunschweig, Kurhessen, Sachsen, Hannover.

197 Mecklenburg, Kurhessen, Sachsen.

so im Rahmen einer zweiten, von den Mitgliedern her freilich – bis auf Österreich – praktisch identischen Organisation.

Der Deutsche Bund existierte allerdings auch unter den besonderen Bedingungen des Europäischen Konzerts, das ihn gleichermaßen schützte und benötigte. Die Bildung des deutschen Nationalstaats 1871 brachte einen Mißklang in dieses Konzert, der zunächst durch ausgreifenden Imperialismus der anderen Mächte und das Ableiten von Konflikten in die Peripherie überspielt werden konnte. Als das Deutsche Reich auch hier Aktivitäten entfaltete, die von *Bismarck* apostrophierte Saturiertheit aufgab und seinen „Platz an der Sonne“[198] einforderte, neigte sich die Friedensordnung von Wien langsam, aber sicher ihrem Ende zu.[199]

---

[198] Staatssekretär *Bernhard von Bülow* vor dem Reichstag am 6. Dezember 1897 (abgedruckt bei *Sautter*, Deutsche Geschichte seit 1815: Daten, Fakten, Dokumente, Bd. III: Historische Quellen, 2004, Nr. 34); dazu: *Fesser*, Der Traum vom Platz an der Sonne: Deutsche „Weltpolitik“ 1897-1914, 1996.

[199] Instruktiv *Langhorne*, The Collapse of the Concert of Europe, International Politics 1890-1914, 1981; *Ullrich*, Die nervöse Großmacht, Aufstieg und Untergang des Deutschen Kaiserreichs 1871-1918, 1997, S. 83 ff.

B. Geschichte internationaler Organisationen unter dem Gesichtspunkt der Zuschreibung neuer Aufgaben[200]

So wie sich das 19. Jahrhundert in der Auseinandersetzung mit Liberalismus, Demokratie und Nation[201] in insgesamt positiver Art und Weise auf den Staat[202] und die nationalstaatliche Verfassung konzentriert hatte,[203] so hat das 20. Jahrhundert den Staat erlitten, in Frage gestellt, im Zuge der Dekolonialisierung[204] und erneut nach dem Fall des Eisernen Vorhangs weithin als wichtigstes Politikziel definiert, ihn zerfallen sehen und ihn auf Grund all dessen zunehmend in internationale Zusammenhänge einzubinden versucht.[205]

Im 20. Jahrhundert hat der Staat viele Gesichter:[206] er erklimmt den Höhepunkt seiner Potenz und beansprucht Totalität; er überdehnt sich, erschöpft seine Ressourcen und implodiert; er wird totgesagt, am liebsten aufgehoben, befreit, aus dem Dornröschenschlaf geweckt, kurz: er

---

200 Die Theorie der internationalen Beziehungen unterscheidet heute mehrere Themenbereiche, die den Bedarf nach Kooperation in internationalen Organisationen begründen: (1) Krieg und Gewaltpolitik, (2) industriewirtschaftliche Expansion, (3) Krisenhaftigkeit der Weltwirtschaft, (4) Menschenrechtsverletzungen, (5) Entwicklungsdisparitäten und (6) Umweltprobleme; hierzu *Rittberger/Zangl* (Fn. 8), S. 50.

201 Instruktiv hierzu *Schnabel* (Fn. 95), S. 90-214.

202 Nach wie vor lesenwert *Hintze*, Wesen und Wandlung des modernen Staats, in: ders., Staat und Verfassung, Gesammelte Abhandlungen zur Allgemeinen Verfassungsgeschichte, 3. Aufl. 1970, S. 470-496 (Erstveröffentlichung 1931).

203 *Gangl*, Der Deutsche Weg zum Verfassungsstaat im 19. Jahrhundert, in: Böckenförde (Hrsg.), Probleme des Konstitutionalismus im 19. Jahrhundert, 1975, S. 23-58 (S. 24 f.), nennt es *„ein Jahrhundert der Verfassungsfragen, der Verfassungsschöpfung und Verfassungskämpfe, aber auch ein Jahrhundert des Verfassungsglaubens"*.

204 Prägnant dazu unter einem hier interessierenden Blickwinkel *Schieder*, Zum Problem des Staatenpluralismus in der modernen Welt, 1969, S. 19 ff. und passim.

205 *Hobsbawm*, The Age of Extremes, 1994.

206 Vgl. nur: *Grewe* (Fn. 5), S. 695-705, 761-763; *Schulze*, Europa: Nation und Nationalstaat im Wandel, in: Weidenfeld (Hrsg.), Die Europäische Union, Politisches System und Politikbereiche, 2004, S. 49-79 (S. 68 ff.).

ist omnipräsent, nach wie vor unentbehrlich,[207] aber nicht mehr unangefochten.[208,209]

---

[207] *Hacke*, Die großen Mächte, in: Kaiser/Schwarz (Hrsg.), Weltpolitik im neuen Jahrhundert, 2000, S. 383-403, erinnert an die fortbestehende – mitunter vernachlässigte – Ordnungsfunktion der Staaten für das internationale System. Ähnlich *Tomuschat*, Die Internationale Gemeinschaft, in: AVR 1995, S. 1-20 (S. 8 ff.), der trotz wachsender Bedeutung der internationalen Gemeinschaft wichtige Aufgaben, Zuständigkeiten und Machtmittel weiterhin bei den Staaten verortet, gleichzeitig aber den *„souveränen Staat, der seine Entscheidungen in selbstverantworteter Herrlichkeit trifft"*, als zunehmenden Anachronismus begreift (S. 20). Differenzierend *Mann*, Has Globalization Ended the Rise and Rise of the Nation-State?, in: Review of International Public Economy 1997, S. 472-496. Auch *Gehler*, Zeitgeschichte im dynamischen Mehrebenensystem, Zwischen Regionalisierung, Nationalstaat, Europäisierung, internationaler Arena und Globalisierung, 2001, S. 118 ff., bezeichnet die *„Obszoleszenz des Nationalstaates"* als fraglich.

[208] Aus der Fülle der Literatur zum (National-)Staat seien beispielhaft genannt: *Rudolf*, Wandel des Staatsbegriffs im Völkerrecht, 1986; *Weißmann*, Wiederkehr eines Totgesagten: Der Nationalstaat am Ende des 20. Jahrhunderts, in: Aus Politik und Zeitgeschichte, B 14/93 vom 2. April 1993, S. 3-10; *Saladin*, Wozu noch Staaten? Zu den Funktionen eines modernen demokratischen Rechtsstaats in einer zunehmend überstaatlichen Welt, 1995; *Quaritsch*, Über Gegenwart und Zukunft des deutschen Nationalstaats, in: GS für Roman Schnur, 1997, S. 83-105; *Denninger*, Vom Ende nationalstaatlicher Souveränität in Europa, in: JZ 2000, S. 1121-1126; *Isensee*, Staat und Verfassung, in: HStR II (3. Aufl. 2004), § 15, S. 3-106, Rn. 12 ff., 18, *Streinz*, Sinn und Zweck des Nationalstaates in der Zeit der Europäisierung und Globalisierung, in: FS für Georg Ress zum 70. Geburtstag, 2005, S. 1277-1293; *Wahl*, Europäisierung und Internationalisierung, Zum Verlust der schützenden Außenhaut der Souveränität, in: Schuppert/Pernice/Haltern (Hrsg.), Europawissenschaft, 2005, S. 148-176; *Seiler*, Der souveräne Verfassungsstaat zwischen demokratischer Rückbindung und überstaatlicher Einbindung, 2005; jeweils m.w.Nw. Aufschlußreich ist auch der Literaturüberblick bei *Lange*, Diagnosen der Entstaatlichung, Eine Ortsbestimmung der aktuellen politischen Zeitdiagnostik, in: Leviathan 2002, S. 455-481.

[209] *Reinhard*, Geschichte der Staatsgewalt, Eine vergleichende Verfassungsgeschichte Europas von den Anfängen bis zur Gegenwart, 2. Aufl. 2000, S. 26, konstatiert, daß die Staatsgewalt nicht mehr weiter wachse. Zwar seien ihre formalen Befugnisse kaum beeinträchtigt und das politische System des modernen Staates funktioniere noch: *„Aber faktisch muß die Staatsgewalt ihre Souveränitätsrechte längst mit internationalen Organisationen, ihre Befugnisse im Innern mit verschiedenen Verbänden teilen."* Mit *Hillgruber* (Fn. 51), S. 1073, ist demgegenüber daran zu erinnern, daß *„häufig unreflektiert mit einem soziologi-*

Bereits am Ende des 20. Jahrhundert ist erkennbar, was das 21. Jahrhundert prägen wird. Die Zahl und Art der internationalen Akteure nimmt zu:[210] Internationale Organisationen, Nichtregierungsorganisationen,[211] (vor allem: transnationale) Unternehmen[212] und zunehmend

---

schen Souveränitätsbegriff operiert" wird, aus dem dann oftmals unzutreffende Schlußfolgerungen für den Rechtsbegriff der Souveränität gezogen werden. Vgl. aber auch: *van Staden/Vollaard*, The Erosion of State Sovereignty: Towards a Post-territorial World?, in: Kreijen (Hrsg.), State, Sovereignty and International Governance, 2002, S. 165-184; *Rossen-Stadtfeld*, Demokratische Staatlichkeit in Europa: ein verblassendes Bild, in: JÖR N.F. 53, 2005, S. 45-77 (S. 48f.).

[210] Siehe die bereits in Fn. 8 genannten Autoren und *Cassese* (Fn. 22), Rn. 48-59; *Friedmann*, The Changing Structure of International Law, 1964, S. 213-249; *Mosler*, Subjects of International Law, in: EPIL IV (2000), S. 710-727; *Epping*, Völkerrechtssubjekte, in: Ipsen (Hrsg.), Völkerrecht, 5. Aufl. 2004, S. 55-111; *Kotzur*, Souveränitätsperspektiven – entwicklungsgeschichtlich, verfassungsstaatlich, staatenübergreifend betrachtet, in: JöR N.F. 52 (2004), S. 197-218 (S. 212), spricht zu Recht davon, daß *„nicht nur die Staaten, sondern auch die Individuen und gesellschaftlichen Gruppen in einem komplexen multinationalen Beziehungsgeflecht"* stehen. Aus politikwissenschaftlicher Sicht *Willetts*, Transnational actors and international organizations in global politics, in: Baylis/Smith (Hrsg.), The Globalization of World Politics, An introduction to international relations, 2001, Nachdruck 2006, S. 425-447. *Slaughter*, International Law and International Relations, in: Recueil des Cours 285 (2000), S. 9-250 (S. 21 ff.) stellt dar, ob und wie die verschiedenen politikwissenschaftlichen Theorien internationaler Beziehungen die Rolle der unterschiedlichen Akteure auffassen.

[211] Hierzu: *Gordenker/Weiss*, NGO Participation in the International Policy Process, in: Weiss/Gordenker (Hrsg.), NGOs, The UN, and Global Governance, 1996, S. 209-221; *dies.*, Pluralizing Global Governance: Analytical Approaches and Dimensions, ebd., S. 17-47; *Willetts* (Hrsg.), „The Conscience of the World", The Influence of Non-Governmental Organisations in the U.N. System, 1996; *Raneva*, Les organisations non gouvernementales et la mise en œuvre du droit international, in: Recueil des Cours 1997/270, 1999, S. 9-106; *Hobe*, Der Rechtsstatus von Nichtregierungsorganisationen nach gegenwärtigem Völkerrecht, in: AVR 1999, S. 152-176; *Hempel*, Die Völkerrechtssubjektivität internationaler nichtstaatlicher Organisationen, 1999; *Stoecker*, NGOs und die UNO, Die Einbindung von Nichtregierungsorganisationen (NGOs) in die Strukturen der Vereinten Nationen, 2000, S. 89 ff.; *Geißler*, Einfluss und Rolle der Nichtregierungsorganisationen beim Schutz der Menschenrechte, in: Müller/Schneider/Thony (Hrsg.), Menschenrechtsschutz, Politische Maßnahmen, zivilgesellschaftliche Strategien, humanitäre Intervention, 2002, S. 62-78. *Stickler*, Nichtregierungsorganisationen, soziale Bewegungen und Global Governance, Eine kritische Bestandsaufnahme, 2005, S. 42 ff., 280ff; *Lindblom*,

auch der einzelne Mensch[213] sind faktisch und auf der Ebene des Völkerrechts neben[214] den Staat getreten.

Non-Governmental Organizations in International Law, 2005, S. 79 ff., 513 ff.; *Charnovitz*, Nongovernmental Organizations and International Law, in: AJIL 100 (2006), S. 348-372; *Weiß*, Zur Rolle der Zivilgesellschaft für den Schutz der Menschenrechte, in: Klein/Menke (Hrsg.), Universalität - Schutzmechanismen - Diskriminierungsverbote. 15 Jahre nach der Weltmenschenrechtskonferenz 1993 in Wien, 2008, S. 232-257.

[212] Vgl. *Bachmann*, Transnational Corporations, in: Wolfrum (Hrsg.), United Nations: Law, Policies and Practice, Bd. 2, 1995, S. 1239-1247; *Thürer*, The Emergence of Non-Governmental Organizations and Transnational Enterprises in International Law and the Changing Role of the State, in: Hofmann (Hrsg.), Non-State Actors as New Subjects of International Law, 1999, S. 37-58 (S. 46 ff.); *Schmalenbach*, Multinationale Unternehmen und Menschenrechte, in: AVR 2001, S. 57-81 (S. 59f.); *Weiß*, Transnationale Unternehmen – weltweite Standards? Eine Zwischenbilanz des Global Compact, in: MRM 2002, S. 82-89 (S. 83 ff.); *Weiß*, Transnational Corporations and Human Rights, in: Christoph Lattemann/Ilan Alon (Hrsg.), Governance in an International Context, i.E.

[213] Hierzu: *Franck*, Individuals and Groups of Individuals as Subjects of International Law, in: Hofmann (Hrsg.), Non-State Actors as New Subjects of International Law, 1999, S. 97-113; *Hailbronner* (Fn. 4), Rn. 217 ff.; *McCorquodale*, The Individual and the International Legal System, in: Evans (Hrsg.), International Law, 2003, S. 299-325. Siehe aber bereits *Kelsen*, Das Problem der Souveränität (Fn. 50), S. 162-167; *Partsch*, Individuum im Völkerrecht, in: WBVR II (1961), S. 12-17; jeweils m.w.Nw.

[214] *Albrow* (Fn. 70), S. 67-71, bezeichnet den Staat als wichtigen Akteur der (mittlerweile abgeschlossenen) Moderne. Ihm träten neue Figurationen des „Globalen Zeitalters“, vor allem nichtstaatliche Systeme (S. 189-219) und Menschen (S. 220-252), zur Seite. Der englische Originaltitel „The Global Age, State and Society Beyond Modernity" bringt diesen Ansatz besser zum Ausdruck als die plakative Übersetzung „Abschied vom Nationalstaat, Staat und Gesellschaft im Globalen Zeitalter“. Vgl. auch *Slaughter*, A New World Order, 2004, die die Bedeutung von transnationalen Netzwerken einer Vielzahl von Akteuren unterstreicht. *Tomuschat* (Fn. 207), S. 1 ff., weist mit beachtlichen Argumenten nach, daß die „internationale Gemeinschaft“ letzten Endes nur von den Staaten getragen werde. *Rudolf* (Fn. 208), S. 35 ff., erläutert, daß internationale Organisationen den Staatsbegriff im Völkerrecht nicht verändert haben. *Pauly*, Einleitung zu Jellinek, 1996, S. VII, sieht überstaatlich organisierte Systeme auf die Ablösung souveräner Nationalstaatlichkeit durch supranationale Herrschaftsform dringen. Vgl. auch den Überblick bei *Cede*, The International Community and Non-State Actors, in: Reinisch/Kriebaum (Hrsg.), The Law of International Relations, Liber Amicorum Hanspeter Neuhold, 2007, S. 19-31.

Einem vielzitierten und auch heute noch zutreffenden Wort von *Roberto Ago* zufolge stellen internationale Organisationen das wohl bedeutendste Phänomen in der modernen Völkerrechtsentwicklung dar.[215] Einerseits haben sie – über historisch erklärbare Besonderheiten wie den Heiligen Stuhl,[216] den Souveränen Malteser Ritterorden[217] oder das Internationale Komitee vom Roten Kreuz[218] hinaus – den Kreis der Völkerrechtssubjekte in signifikanter Weise erweitert,[219] andererseits haben sie die Entwicklung und den Inhalt des materiellen Völkerrechts nachhaltig beeinflußt[220]. Ihre Zahl hat, insbesondere nach dem Zweiten Weltkrieg, exponentiell zugenommen.[221]

---

[215] *Ago*, The State and International Organization, in: Jenks (Hrsg.), International Law in a Changing World, 1963, S. 12-21 (S. 20). Bereits *Schücking*, Der Staatenverband der Haager Konferenzen, 1912, S. 18, hatte festgestellt: „*Das moderne Völkerrecht ist also beherrscht von der Idee der internationalen Organisation.*" und in dem Haager System (infra bei Fn. 430 ff.) einen weiteren wichtigen Schritt gesehen.

[216] Grundlegend *Köck*, Die völkerrechtliche Stellung des Heiligen Stuhls, Dargestellt an seinen Beziehungen zu Staaten und internationalen Organisationen, 1975; *Kaiser*, Heiliger Stuhl, in: WBVR I (1960), S. 780-783; kritisch in neuerer Zeit *Mayr-Singer*, Unheilige Allianz oder segensreiche Partnerschaft – Der Heilige Stuhl und die Vereinten Nationen, in: VN 2000, S. 193-198.

[217] Zu seiner Völkerrechtssubjektivität ausführlich *Hafkemeyer*, Der Rechtsstatus des Souveränen Malteser-Ritter-Ordens als Völkerrechtssubjekt ohne Gebietshoheit, 1955, S. 119-151. Vgl. auch *Papanti Pelletier de Berminy*, Das neue Verfassungssystem des Souveränen Malteserordens, in: JöR N.F. 48 (2000), S. 325-350.

[218] Siehe infra Erster Teil B III.

[219] Dieses Phänomen beschreibt bereits *Mosler* (Fn. 20).

[220] Näher *Vignes*, The Impact of International Organizations on the Development and Application of Public International Law, in: Macdonald/Johnston (Hrsg.), The Structure and Process of International Law: Essays in Legal Philosophy Doctrine and Theory, 1983, S. 809-855; *Alvarez*, International Organizations: Then and Now, in: AJIL 100 (2006), S. 324-347.

[221] Die Union of International Associations hat für das Jahr 2004 rund 246 intergouvernementale internationale Organisationen gezählt; siehe www.uia.org/statistics/organizations/types-2004.pdf (besucht im April 2008). Zu den aus der Zunahme von Organisationen resultierenden Schwierigkeiten siehe *Jönsson*, International Theory and International Organization, in: International Studies Quarterly 1986, S. 39-57. *Blokker/Schermers* (Hrsg.), Proliferation of International Organizations, Legal Issues, 2001, haben dem Phänomen und seinen Folgen einen mehr als 500 Seiten starken Sammelband gewidmet.

Als „Ergänzungen des Staatensystems“[222] können internationale Organisationen mittlerweile ein Reihe bedeutsamer Rollen[223] übernehmen: Hauptsächlich stellen sie Kooperationsmöglichkeiten[224] zwischen den Staaten auf den Gebieten her, auf denen die Zusammenarbeit einer Vielzahl von Staaten Vorteile bietet.[225] Sie ermöglichen dabei nicht nur die

---

[222] *Bennett*, International Organizations, 1991, S. 3 (Übersetzung N.W.). Nicht zu Unrecht weist der „neue Institutionalismus“ in der Lehre von den internationalen Beziehungen bereits seit den 1970er Jahren darauf hin, daß das (westfälische) Staatensystem längst stark modifiziert sei. Vgl. nur (die durch den Autor selbst vorgenommene Kompilation verschiedener einschlägiger Artikel bei) *Ruggie*, The new institutionalism in international relations, in: ders., Constructing the World Polity, Essays on International Institutionalism, 1998, S. 45-61. „Realisten“ weisen solche Überlegungen nach wie vor zurück.

[223] Dies wird bereits früh deutlich, vgl. nur *Singh*, The Role of International Organisations, in: Mélanges offerts à Henri Rolin, 1964, S. 350-373, und die Studie des *Generalsekretärs*, Analytical study submitted by the Secretary-General pursuant to General Assembly resolution 3499 (XXX), UN-Dok. A/AC.182/L.2 (vom 2. Februar 1976), Nr. 5. Zur gleichen Zeit unterstreicht *Mosler* (Fn. 6), S. 17, daß internationale Organisationen zwar *„als dienende Faktoren für die Zusammenarbeit der Staaten geschaffen“* worden und theoretisch *„von dem fortbestehenden Vertragswillen der Mitgliedstaaten abhängig“* seien, in der Realität aber bereits eine eigenständige Rolle spielten. Demgegenüber betont *Jacobson* (Fn. 30), S. 83 ff., einen *"basic lack of autonomy"*; ähnlich *Bindschedler* (Fn. 51), S. 1308.

[224] Zur Frage nach möglichen Kooperations*pflichten* siehe die Beiträge in *Delbrück* (Hrsg.), International Law of Cooperation and State Sovereignty, 2002. Zur vielfältigen Kooperation auch außerhalb internationaler Organisationen siehe am Beispiel der Schweiz: *Herren/Zela*, Netzwerk Aussenpolitik, Internationale Kongresse und Organisationen als Instrumente der schweizerischen Aussenpolitik 1914-1950, 2002.

[225] Vgl. bereits *von Liszt*, Das Völkerrecht, Systematisch dargestellt, 11. Aufl. 1918, der dem Abschnitt „Die Interessengemeinschaft des völkerrechtlichen Staatenverbandes“ folgendes voranstellt: *„Die Aufgabe dieses III. Buches ist der Nachweis, daß auf den verschiedenen Gebieten menschlicher Lebensbetätigung heute bereits die Erkenntnis der vorhandenen Interessengemeinschaft zu einem engeren Zusammenschluß der beteiligten Staaten geführt hat, zur Bildung von besonderen Zweckverbänden, die die Wahrung und Förderung gemeinsamer Interessen mit vereinten Kräften anstreben. Durch diese besonderen Zweckverbände entwickelt sich der Rechtsverband der Staaten zu einem Kulturverband.“* (S. 183).

Die heutige Politikwissenschaft spricht, soweit sie dem Neoinstitutionalismus verpflichtet ist, davon, daß internationale Organisationen entstehen und sich weiterentwickeln, *„wenn sich komplexe Interdependenzbeziehungen zwischen*

Entscheidung über das Ob der Zusammenarbeit, sondern stellen auch den Apparat für das Wie der Umsetzung bereit.[226] Außerdem erfüllen sie eine wichtige Kommunikationsfunktion, die Felder weiterer Zusammenarbeit sondieren und eventuelle Konflikte frühzeitig erkennen lassen soll.[227] Hinzu kommt die Aufgabe, Staaten bei der Einhaltung ihrer völkerrechtlichen Pflichten, die im Rahmen des von der Organisation abgedeckten Bereichs bestehen, zu überwachen.[228]

Umgekehrt reagiert das Völkerrecht – also dessen Schöpfer, die Staaten, die das Schaffen von Recht immer häufiger im Rahmen internationaler Organisationen unternehmen – zunehmend auf die mittlerweile verfestigte Existenz von internationalen Organisationen. Ein Beispiel hierfür ist das noch nicht in Kraft getretene Wiener Übereinkommen über das

---

Staaten in Interaktionsergebnisse übersetzen, die von den Staaten im Lichte ihrer Interessen als suboptimal betrachtet werden", die Staaten sich dieser Problemlagen bewußt und der Überzeugung sind, daß „*internationale Organisationen zu einer wirksamen Problembearbeitung beitragen können*" und einzelne oder einige Staaten mächtig genug sind, die Organisation zu gründen und andere Staaten zum Mitmachen zu bewegen, so *Rittberger/Zangl* (Fn. 8), S. 49f. Unverbrämter *Ziring/Riggs/Plano*, The United Nations, International Organization and World Politics, 3. Aufl. 2000, S. 7: "*The process of building international organizations is thoroughly pragmatic; most, if not all, international institutions have been created to achieve specific, practical objectives.*" Instruktiv auch *Müller*, Die Chance der Kooperation, Regime in den internationalen Beziehungen, 1993. Wichtig ist freilich, daß Regimebedarf nicht zwangsläufig zur Gründung einer internationalen Organisation führen muß.

[226] *Cassese*, International Law, 2. Aufl. 2005, S. 135, hält – im Vergleich mit *von Liszt* (Fn. 225) und *Rittberger/Zangl* (Fn. 8), S. 49 f. geradezu lakonisch – fest: "*States increasingly find it convenient to establish international machinery for the purpose of carrying out tasks of mutual interest.*"

[227] Ausführlich hierzu die Beiträge in *Pappi* u.a. (Hrsg.), Die Institutionalisierung internationaler Verhandlungen, 2004. Zur Frage einer Weltöffentlichkeit im Völkerrecht siehe *Nour*, Weltöffentlichkeit als völkerrechtliche Kategorie: normative Konstruktion und Widersprüche, in: ARSP 2004, S. 391-405.

[228] Ausführlich *Szasz*, Introduction to Administrative and Expert Monitoring of International Treaties, in: ders., Selected Essays on Understanding International Institutions and the Legislation Process, 2001, S. 63-81. Mit Blick auf Wahlbeobachtung und Demokratisierung siehe *Franck*, Legitimacy and the democratic entitlement, in: Fox/Roth (Hrsg.), Democratic Governance and International Law, 2000, S. 25-47.

Recht der Verträge zwischen Staaten und internationalen Organisationen oder zwischen internationalen Organisationen (1986).[229]

Die Struktur und Ausstattung dieser internationalen Organisationen ist, wie im folgenden kurz zu zeigen sein wird, mit der Komplexität der durch zwischenstaatliche Zusammenarbeit zu lösenden Aufgaben gewachsen.[230] Sie hängt aber auch stark vom Gegenstand der Zusammenarbeit ab:

> „[J]e technischer ein Gebiet internationaler Verflechtung ist, umso eher ist die Bildung einer mit ausreichenden Kompetenzen ausgestatteten Internationalen Organisation politisch möglich. Je mehr ein Sachgebiet politisch relevant wird, um so lockerer werden die Formen internationaler Zusammenarbeit. Je homogener Staaten in politischer, sozialer und ideologischer Hinsicht sind, desto eher werden sie internationale Organisationsformen zur Lösung gemeinsamer Probleme benutzen und legislative oder administrative Kompetenzen auf zwischenstaatliche Einrichtungen übertragen."[231]

Bei der Gestaltung der zukünftigen internationalen Politik kommt internationalen Organisationen – angesichts zunehmender grenzüberschreitender und globaler Problemstellungen und gleichzeitig schwin-

---

[229] Wiener Übereinkommen über das Recht der Verträge zwischen Staaten und internationalen Organisationen oder zwischen internationalen Organisationen (WVKIO) vom 21. März 1986, noch nicht in Kraft getreten (BGBl. 1990 II 1414).

[230] Vgl. bereits die Prognose *Jellineks* (Fn. 52), S. 165, aus dem Jahre 1882 mit Blick auf die internationalen Verwaltungsunionen: *„Da dieser Process der internationalen Verwaltungsorganisation aber im Laufe der Geschichte ein Gebiet der Verwaltung nach dem anderen, mit Ausnahme der ausschließlich einzelstaatliche Zwecke fördernden Staatsfunctionen, ergreifen wird, so ist diese Form der Staatenverbindung berufen, zu einer immer steigenden Wichtigkeit im Staatenleben zu gelangen."* Skeptisch hingegen *Huber*, Beiträge zur Kenntnis der soziologischen Grundlagen des Völkerrechts und der Staatengesellschaft, in: JöR IV (1910), S. 56-134 (S. 107 ff.).

[231] *Meng*, Das Recht der internationalen Organisationen – eine Entwicklungsstufe des Völkerrechts, Zugleich eine Untersuchung zur Rechtsnatur des Rechtes der Europäischen Gemeinschaften, 1979, S. 43 f. unter Berufung auf *Friedmann* (Fn. 210), S. 278. Siehe auch die Strukturbildung bei *Koenig-Archibugi*, Mapping Global Governance, in: Held/McGrew (Hrsg.), Governing Globalization, Power, Authority and Global Governance, 2002, 2. Nachdruck 2004, S. 46-69 (S. 49 ff.).

dender nationalstaatlicher Einwirkungsmöglichkeiten[232] – eine Bedeutung zu, die nicht unterschätzt werden darf.[233] Die Effizienz ihrer internationalen Bürokratien ist dabei ebenso wichtig wie ihre Fähigkeit, Politikziele zu definieren und auf deren Umsetzung hinzuwirken. Interessant ist in diesem Zusammenhang die Frage, inweiweit die Organisationen dabei in der ihnen zugedachten Position innerhalb der Prizipal-Agenten-Beziehung bleiben oder autonom handeln und eigene Interessen verfolgen können oder sollen.[234]

Dabei ist freilich auch die Abgrenzung der Zuständigkeiten internationaler Organisationen untereinander wichtig; diese „funktionale Ortsbestimmung" ist nicht nur im Gründungsvertrag vorzunehmen, sondern auch im Rahmen der operativen Tätigkeit der Organisation Aufgabe der Mitgliedstaaten und der internationalen Bürokratien gleichermaßen.[235] Solche während des Betriebs vorzunehmenden Abgrenzungen orientieren sich natürlich an den Gründungsverträgen der betroffenen Organisationen und eventuell weiteren „Verfassungsdokumenten", müssen aber auch auf außenpolitische und zwischenstaatliche Grundsätze und Handlungsspielräume Bedacht nehmen.[236]

---

[232] Zu diesem Themenkomplex einführend: *Zürn*, Regieren jenseits des Nationalstaats, Globalisierung und Denationalisierung als Chance, 1998, S. 65-94 und passim; kritisch dazu *Preuß* (Fn. 51); vgl. auch *Albrow* (Fn. 70), S. 121 ff., 203 ff. und passim; *Habermas*, Aus Katastrophen lernen? Ein zeitdiagnostischer Rückblick auf das kurze 20. Jahrhundert, in: ders., Die postnationale Konstellation, Politische Essays, 1998, S. 65-90 (S. 84 ff.); *ders.*, Die postnationale Konstellation und die Zukunft der Demokratie, aaO., S. 91-169 (S. 108f.).

[233] *Bennett* (Fn. 222), S. 21. *Zürn* (Fn. 232), S. 171, begreift *„internationale Institutionen"* als zentrale Form des Regierens *„jenseits des Nationalstaates"*. Ambivalent das Fazit bei *Alvarez*, International Organizations as Law-makers, 2005, S. 585: *"promise and perils"*.

[234] *Lake/McCubbins*, The logic of delegation to international organizations, in: Hawkins et al. (Hrsg.), Delegation and Agency in International Organizations, 2006, S. 341-368.

[235] Hierzu *Ferretti*, La coordination de l'action des organisations internationales au niveau européen, 1984, S. 153 ff.; *Ruffert*, Zuständigkeitsgrenzen internationaler Organisationen im institutionellen Rahmen der internationalen Gemeinschaft, in : AVR 2000, S. 129-168.

[236] Ergebnis solcher Abgrenzungen können Abkommen über die Zusammenarbeit internationaler Organisationen sein, siehe beispielsweise das "Agreement between the WIPO and the WTO", abgedruckt in: ILM 35 (1996), S. 754 ff.

Dies gilt auch, wenn man sich dem Phänomen internationaler Organisationen mit dem Begriff der Integration nähert, wie dies etwa *Friedrich Berber* getan hat, der die Entwicklung des Integrationsbegriffs von einem biologischen Terminus über eine soziologische Phänomenologie hin zu einem staatsrechtlichen Begriff ebenso knapp wie eindrücklich umrissen hat.[237] Hervorzuheben ist an dieser Stelle die Übernahme und Fruchtbarmachung des Begriffes für die Rechtswissenschaft durch *Rudolf Smend*[238]*:* Integration als Vielheit staatlicher Lebensäußerungen, als *„Prozeß beständiger Erneuerung, dauernden Neuerlebtwerdens"*.

Dieser so verstandene Integrationsbegriff wird von *Berber* unter Verweis auf kulturphilosophische Schriften[239] für die internationale Integration verwendet. Er versteht hierunter die *„Kombination von Teilen zu einem Ganzen"*, die dabei ihre Eigenständigkeit bewahren und gerade nicht *„vom Ganzen konsumiert"* werden.[240] Folgerichtig führt internationale Integration dazu, daß die völkerrechtlichen Beziehungen innerhalb dieses Integrationssystems *„verfassungsrechtlich verstanden werden müssen"*.[241] Mit anderen Worten bedeutet internationale Integration

> die Gesamtheit aller jener Prozesse, die der institutionellen Intensivierung der internationalen Beziehungen zwischen den Staaten dienen und deren Endziel die Erstellung einer universellen gerechten Gesamtordnung ist, in der die Einzelglieder nicht unter Vernichtung ihrer Eigenständigkeit konsumiert werden, sondern in der sie als die unentbehrlichen Glieder einer in Freiheit und Frieden zusammengeschlossenen überwölbenden Gemeinschaft dieser ihr historischen

---

[237] *Berber*, Lehrbuch des Völkerrechts, Band III: Streiterledigung, Kriegsverhütung, Integration, 1964, S. 164 ff.

[238] *Smend*, Die politische Gewalt im Verfassungsstaat und das Problem der Staatsform, in: ders., Staatsrechtliche Abhandlungen und andere Aufsätze, 2. erw. Aufl. 1968, S. 68-88 (S. 85 ff.) (Erstveröffentlichung 1923); *ders.*, Verfassung und Verfassungsrecht, ebenda, S. 119-276 (S. 136 ff.) (als selbständige Schrift erschienen 1928, dort S. 18 ff.).

[239] Vor allem *Litt,* Individuum und Gemeinschaft, Grundlegung der Kulturphilosophie, 3., abermals durchgesehene und erweiterte Aufl. 1926; eine Auswahl weiterer Autoren, darunter *Rousseau*, *Herder*, *Tyler* und *Cassirer*, bietet *Burkard* (Hrsg.), Kulturphilosophie, 2000.

[240] *Berber* (Fn. 237), S. 166.

[241] *Berber* (Fn. 237), S. 169, dort auch das folgende Zitat.

Gesicht und Gewicht geben, wie ihre eigenen Aufgaben durch diesen Zusammenschluß überhüllt und endgültig lösbar werden.

Internationale Organisationen sind nicht mit internationaler Integration identisch, sondern Mittel auf dem Wege zur internationalen Integration. Ihre Kompetenzordnung spielt als Integrationsfaktor eine nicht zu unterschätzende Rolle.[242]

Für beide – das verfaßte System der internationalen Gemeinschaft und das wichtigste Mittel zur Ausbildung (und Einübung) dieses Systems – ist die Frage nach den Kompetenzen und Zuständigkeiten der Elemente, Organe und Mitglieder demnach von großer Wichtigkeit.

I. Internationale technische Zusammenarbeit

Der Blick in die Geschichte internationaler Organisationen[243] zeigt, daß die zwischenstaatliche Zusammenarbeit sich zunächst – von der Adhoc-Zusammenarbeit im Rahmen von Friedensschluß- und sonstigen Konferenzen[244] und militärischen oder geopolitischen Allianzen[245] ab-

---

[242] Zutreffend *Stettner* (Fn. 16), S. 14 f.

[243] Dazu ausführlich: *Seidl-Hohenveldern/Loibl* (Fn. 23), § 2; *Köck/Fischer* (Fn. 23), S. 67-144; *Rittberger/Zangl* (Fn. 8), S. 49-87; *Claude*, Swords into Plowshares, The Problems and Progress of International Organization, 4. Aufl. 1983, S. 21 ff.; *Groom*, The Advent and Capacity of International Institutions, in: Taylor/ders. (Hrsg.), International Institutions at Work, 1988, S. 3-20; *Gibson*, International Organizations, Constitutional Law, and Human Rights, 1991, S. 15-27.

[244] Die Kongreßdiplomatie wurde mit Art. VI der sog. Quadrupel-Allianz zwischen Preußen, Österreich, Großbritannien und Rußland vom 20. November 1815 – abgedruckt bei *Knipping u.a.* (Fn. 68), Nr. 2 – begründet. Allgemein *Rosenne*, Conferences and Congresses, International, in: EPIL I (1992), S. 739-746; *Rittberger*, Conferences, in: Wolfrum (Hrsg.), United Nations: Law, Policies and Practice, Bd. 1, 1995, S. 160-168. Vgl. auch *Zimmern*, The League of Nations and the Rule of Law 1918-1935, 1936, S. 33-39; *Grewe* (Fn. 5), S. 502-510; *Griewank* (Fn. 72), S. 43-117.

Ausführlich zum ab 1822 kreierten „Nachfolgesystem“, dem Europäischen Konzert: *Dupuis*, Le principe d'équilibre et le concert européen: de la paix de Westphalie à l'acte d'Algésiras, 1909; *Zimmern*, a.a.O., S. 65-86; *Duchhardt* (Fn. 174); *Baumgart*, Vom Europäischen Konzert zum Völkerbund – Friedensschlüsse und Friedenssicherung von Wien bis Versailles, 2. Aufl. 1987. Siehe auch *Schieder* (Fn. 204), S. 24 f. und passim; *Paech/Stuby*, Machtpolitik und

gesehen – auf den Bereich der (bloß) technischen Kooperation[246] beschränkte. Gerade dort wurden aber die ersten dauerhaften – teilweise noch heute in Verwendung befindlichen – Modelle für eine permanente und institutionalisierte Zusammenarbeit[247] entwickelt.

Völkerrecht in den internationalen Beziehungen, 1994, S. 72 ff., 97 ff.; *Schulze*, Phoenix Europa, Die Moderne, Von 1740 bis heute, 1998, S. 185-250.

Zum Berliner Kongreß von 1878, der die letzte ausschließlich von den europäischen Großmächten gefundene Regelung weltpolitischer Fragen markiert, vgl. *Maiwald*, Der Berliner Kongreß und das Völkerrecht, Die Lösung des Balkanproblems im 19. Jahrhundert, 1948; *von Aretin* (Hrsg.), Bismarcks Außenpolitik und der Berliner Kongreß, 1978; *Melville/Schröder* (Hrsg.), Der Berliner Kongreß von 1878, Die Politik der Großmächte und die Probleme der Modernisierung in Südosteuropa in der zweiten Hälfte des 19. Jahrhunderts, 1982; und *Geiss* (Hrsg.), Der Berliner Kongreß 1878, Protokolle und Materialien, 1978, mit einer sehr lesenswerten Einführung des Herausgebers.

[245] Allgemein: *Verosta*, Alliance, in: EPIL I (1992), S. 119-123. Zum altgriechischen Bündnistyp der Symmachie vgl. *Tausend* (Fn. 45), S. 64 ff., 188 ff. Zur Heiligen Allianz, geschlossen zwischen dem Kaiser von Rußland, dem Kaiser von Österreich und dem König von Preußen, vom 14./26. September 1815 – abgedruckt bei *Knipping u.a.* (Fn. 68), Nr. 1 – s. *Phillips*, The Confederation of Europe, A Study of the European Alliance, 1813-1823, as an Experiment in the International Organization of Peace, 1914; *Näf*, Zur Geschichte der Heiligen Allianz, 1928; *Schwarz*, Die Heilige Allianz, Tragik eines europäischen Friedensbundes, 1935; *Kissinger* (Fn. 56), S. 202-221; *Schieder* (Fn. 85), S. 114-117. Speziell zum Dreibund, geschlossen zwischen Österreich-Ungarn, dem Deutschen Reich und Italien, vom 20. Mai 1882, s. *Fellner*, Der Dreibund – Europäische Diplomatie vor dem Ersten Weltkrieg, in: ders., Vom Dreibund zum Völkerbund, Studien zur Geschichte der internationalen Beziehungen 1882-1919, 1994, S. 19-82. Eine umfassende Neubestimmung des Dreibunds nimmt *Behnen*, Rüstung – Bündnis – Sicherheit, Dreibund und informeller Imperialismus 1900-1908, 1985, vor.

[246] Zu den verschiedenen Verwaltungsunionen bereits *Jellinek* (Fn. 52), S. 160-168. Siehe auch die Auflistung bei *Strupp*, Internationale Verwaltungsgemeinschaften, in: WdVD II (1925), S. 573-577 (S. 574 ff.). Aus heutiger Sicht vgl. den Überblick bei *Wolfrum*, International Administrative Unions, in: EPIL II (1995), S. 1041-1047.

[247] Nicht unerwähnt bleiben soll, daß nach dem Pariser Kongreß von 1856 die Mächte wöchentliche Botschafterkonferenzen in Konstantinopel durchführten. Dies ist der Sache nach als *„ein permanentes Sekretariat des Europäischen Konzerts zur Behandlung der ‚orientalischen' Frage"* gewertet worden; vgl. *Baumgart* (Fn. 244), S. 10 f.

1. Die internationalen Flußkommissionen

Genannt seien hier zunächst die internationalen Flußkommissionen, mit denen der Freiheit der Handelsschiffahrt Geltung verschafft werden sollte.[248] Bereits auf dem Wiener Kongreß im Jahre 1815 wurde durch die sogenannte Rheinschiffahrtsakte (WAR)[249] die Zentralkommission für die Rheinschiffahrt ins Leben gerufen,[250] eine Regelung, die noch heute als Mannheimer Revidierte Rheinschiffahrtsakte (RevRheinschifffA) von 1868 in der Fassung des Übereinkommens vom 25. Oktober 1972[251] samt mehrerer Zusatzprotokolle[252] gilt. Vertragparteien sind die Uferstaaten des Rheins und das Vereinigte Königreich,[253] das eine Garantiefunktion ausübt.

---

[248] *Lederle*, Internationale Flüsse, in: WdVD III (1929), S. 869-873; *Krüger*, Internationalisierte Flüsse, in: WBVR II (1961), S. 136-138; *Barberis*, International Rivers, in: EPIL II (1995), S. 1364-1368; *Köck/Fischer* (Fn. 23), S. 123-130. Zum weniger stark ausgebauten internationalen Eisenbahnregime vgl. nur *Mutz*, Railway Transport, International Regulation, in: EPIL IV (2000), S. 14-18.

[249] Wiener Artikel betreffend die Rheinschiffahrt (WAR) vom 9. Juni 1815, unter 16 B der Schlußakte des Wiener Kongresses beigefügt, abgedruckt bei *van Eysinga*, Die Zentralkommission für die Rheinschiffahrt, 1935, dt. 1936, Anhang II, S. 139 ff.

[250] Hierzu: *Griewank* (Fn. 72), S. 284-286. Interessant der Hinweis bei *van Eysinga* (Fn. 249), S. 9 ff., auf die Vorläufereinrichtung, eine Zollbehörde zur Erhebung des sogenannten Schiffahrtsoctrois. Diese wurde im Jahre 1803 im Rahmen des Reichsdeputationshauptschlusses eingeführt und im Octroivertrag vom 15. August 1804 ausführlich geregelt, um u.a. Mittel zur Entschädigung deutscher Fürsten für den Verlust linksrheinischer Besitzungen zu erheben. Es handelte sich um eine zentralisierte, nach französischem Vorbild organisierte Verwaltungsbehörde. Zu beachten ist freilich, daß es bei dieser Vorform nicht um eine Einrichtung ging, die für ein internationales Flußregime notwendig war.

[251] BGBl. 1974 II 1386.

[252] Bis 2002 wurden insgesamt sieben Zusatzprotokolle vereinbart. Eine genaue Übersicht bieten die Internetseiten der Zentralkommission unter: http://ccr-zkr.org/ (besucht zuletzt am 24. Mai 2008).

[253] Hierzu: *Hoederath*, Großbritannien und das internationale Rheinregime, Die Rolle Großbritanniens bei der Ausgestaltung der internationalen Rechtsordnung für den Rhein und die Entwicklung der britischen Rechtsstellung im Rahmen dieser Ordnung, 1981.

Die Erhebung der Schiffahrtsabgaben (Art. VI WAR) und die Verwaltung der Leinpfade (Art. VII WAR) erfolgten nach dem Willen des Wiener Kongresses dezentral; die Zentralkommission (Art. X WAR) nahm lediglich eine Aufsichtsfunktion hierüber wahr und diente gemäß Art. IX Abs. 1 WAR fakultativ als Rechtsmittelinstanz für die nach Art. VIII WAR von jedem Uferstaat einzurichtenden „*richterlichen Behörden*". Hierbei handelte es sich zu Anfang vornehmlich um fiskalische Streitigkeiten. Jeder Uferstaat entsandte einen Kommissar in die Zentralkommission, von der man annahm, sie werde einmal jährlich für kurze Zeit tagen (Art. IX Abs. 1, Art. XII Satz 1 WAR). In Abwesenheit der Zentralkommission sollten ein Ober- und drei Unter-Inspektoren eine „*beständige Autorität*" ausüben (Art. XII WAR). Die Ausübung von Kontrolle durch Ortsbesichtigungen hat in der Praxis zunächst keine große Rolle gespielt,[254] sondern ist erst mit dem zunehmenden technischen Fortschritt und den einhergehenden Möglichkeiten der Ingenieure[255] wichtig geworden.

Die Zentralkommission entschied grundsätzlich mit der absoluten Stimmenmehrheit, „*da aber ihre Mitglieder als Agenten der Uferstaaten betrachtet werden müssen, welche den Auftrag haben, sich über ihr gemeinschaftliches Interesse zu benehmen; so sind ihre Entscheidungen nur dann für die Uferstaaten verbindlich, wenn durch ihre Commissaire die Einwilligung dazu gegeben ist.*" (Art. XII WAR)

Diese Einwilligung wurde in der Praxis sowohl durch vorherige Zustimmung als auch in Form von nachträglicher Genehmigung erteilt. An dieser Regelung der Entscheidungsfindung in der Zentralkommission ist bis 1919 festgehalten worden. Heute gilt die differenzierende Regelung des Art. 46 RevRheinschiffA.[256]

---

254 *Van Eysinga* (Fn. 249), S. 72.

255 *Van Eysinga* (Fn. 249), S. 78 ff.

256 Art. 46 RevRheinschiffA lautet:

„*(1) Jeder Vertragsstaat verfügt in der Zentralkommission über eine Stimme,*

(2) Die Stimmabgabe kann unter dem Vorbehalt nachträglicher Bestätigung erfolgen.

(3) Einstimmig angenommene Entschließungen sind bindend, sofern nicht ein Vertragsstaat der Zentralkommission binnen einem Monat mitteilt, daß er seine Genehmigung versagt oder daß er sie erst nach Zustimmung seiner gesetzgebenden Körperschaften erteilen kann.

In der (Rheinschiffahrts-)Akte von Mainz (RAM) vom 31. März 1831[257] wurde darüber hinaus ausdrücklich bestimmt, die Kommission könne

> „auch nicht in ihrem Namen Gesetze oder neue allgemeine Verordnungen erlassen, und eben so wenig einem Rheinstaate neue Verbindlichkeiten auferlegen, die dieser nie übernommen zu haben behauptet“ (Art. 94 Abs. 2 RAM).

Während die Rheinschiffahrtsakte von 1831 also eine legislative Tätigkeit der Zentralkommission ausdrücklich ausschloß, entstand gerade zu dieser Zeit aufgrund des technischen Fortschritts das Bedürfnis nach verbindlichen und einheitlichen Regelungen. Die Praxis behalf sich, indem sie erstens das komplizierte Verfahren, nach dem die Rheinschiffahrtsakte selbst geändert werden konnte, stark vereinfachte, von seinen intergouvernementalen Ursprüngen abzulösen begann und in eine *„durch die Staatsoberhäupter ratifizierte Entschließung der Zentralkommission“*[258] verwandelte. Zweitens stellte die Zentralkommission im Lauf der Zeit zunehmend Vorgaben auf, um die in bestimmten Bereichen vorgesehenen nationalen Ausführungsverordnungen zu vereinheitlichen. Drittens griff die Zentralkommission auf die ihrer Ansicht nach im Octroivertrag von 1804 und in der WAR von 1815 enthaltene Befugnis zum Erlaß von sogenannten *„gemeinsam erlassenen Verordnungen“* zurück.[259] Die anschließend gefestigte Praxis wurde in der Revidierten Rheinschiffahrtsakte zum Handlungsinstrumentarium der Zentralkommission erklärt (Art. 45 b RevRheinschiffA). Zu den solcherart kreierten Regelungen gehören die Rheinschiffahrtspolizeiverordnung, die Rheinschiffsuntersuchungsverordnung und die Verordnung über die Beförderung gefährlicher Güter.

---

(4) Mit Stimmenmehrheit angenommene Entschließungen stellen Empfehlungen dar. Das gleiche gilt für einstimmig angenommene Entschließungen, wenn ein Staat seine Genehmigung nach Maßgabe des Absatzes 3 versagt.

(5) Entschließungen über interne Fragen der Zentralkommission sind jedoch auch dann gültig, wenn sie mit Stimmenmehrheit angenommen worden sind.

(6) Stimmenthaltungen werden bei der Stimmenzählung nicht mitgerechnet.“

[257] Abgedruckt bei *van Eysinga* (Fn. 249), Anhang V, S. 158 ff.

[258] *Van Eysinga* (Fn. 249), S. 96.

[259] Erstmals im Jahre 1841, als die Ausweichregelungen bei Gegenverkehr vereinheitlicht wurden. Zum Ganzen *van Eysinga* (Fn. 249), S. 97 ff.

Die jetzige Zentralkommission,[260] die ihren Sitz seit dem Versailler Vertrag in Straßburg hat und ebenfalls seit damals über ein ständiges Sekretariat verfügt, besteht aus Bevollmächtigten der Vertragsstaaten (Art. 43 RevRheinschiffA) und übt verwaltende und rechtsprechende Funktionen aus (Art. 45 RevRheinschiffA). So beaufsichtigt sie Bauwerke am Strom, die die Schiffahrt nicht behindern dürfen, und ist zweite Instanz für die Rheinschiffahrtsgerichte der Uferstaaten.[261] Die letztgenannte Befugnis übt eine von der Zentralkommission ernannte Berufungskammer aus (Art. 45bis RevRheinschiffA).

Das internationale Regime[262] der Donauschiffahrt wurde erst später in vergleichbarer Weise institutionalisiert und internationalisiert (1856) und wird heute von der Donaukonvention 1948 bestimmt; die seit 1954 in Budapest ansässige Donaukommission überwacht die einheitliche Anwendung der Konvention und sorgt für ein einheitliches Schiffahrtssystem auf der Donau.[263]

---

[260] Die Zentralkommission verfügt über Organisationshoheit und kann Ausschüsse einsetzen (Art. 44ter RevRheinschiffA). Sie beschließt über die mit anderen internationalen oder europäischen Organisationen herzustellenden Beziehungen (Art. 44^{quinquies} RevRheinschiffA). Die geänderte Akte vollzieht auch in diesem Bereich Änderungen nach, die sich in der Praxis nach 1919 ergaben, als die Kommission begann, sich als unabhängiges, internationales Organ zu verstehen. Hierzu *van Eysinga* (Fn. 249), S. 120 ff.

[261] Zum Ganzen *Chamberlain*, The Regime of the International Rivers: Danube and Rhine, 1923, S. 175-283; *Scheuner*, Rhein, in: WBVR III, 1962, S. 117-124; *Meißner*, Rhine River, in: EPIL IV (2000), S. 237-244; jeweils m.w.Nw.

[262] Zum Begriff des völkerrechtlichen Regimes *Klein*, International Régimes, in: EPIL II (1995), S. 1354-1359; Abgrenzung zur internationalen Organisation bei *Ruffert* (Fn. 235), S. 141.

[263] Hierzu *Chamberlain* (Fn. 261), S. 47-137; *Seidl-Hohenveldern*, Donau, in: WBVR I, 1960, S. 393-396; *ders.*, Danube River, in: EPIL I (1992), S. 934-938; jeweils m.w.Nw. Interessant ist, daß die Europäische Donaukommission für die Seedonau anders als diejenige für die Flußdonau zwischen 1856 und 1938 im Bereich der Strom- und Schiffahrtspolizei ein unmittelbares Verordnungsrecht und eigene Polizeigewalt besaß sowie über eine eigene Strafgerichtsbarkeit zur Durchsetzung ihrer Verordnungen verfügte (Art. 16 des Pariser Vertrages von 1856). Diese starke Stellung – *Seidl-Hohenveldern*, ebenda (EPIL), S. 935, spricht von supranationalen Elementen – hing natürlich auch mit der Schwäche der Türkei zusammen, die sich nach dem Pariser Vertrag die Hoheit über das Donaudelta mit Moldawien teilte.

Vgl. ferner: *Baldtschun*, Der Status der Donauschiffahrt im Falle bewaffneter Konflikte, 2006.

2. *Internationale Fernmelde-Union und Weltpostverein*

Erwähnenswert sind aus dem technischen Bereich ferner die Internationale Fernmelde-Union und der Weltpostverein. Die Internationale Fernmelde-Union (International Telecommunication Union – ITU)[264] geht auf den Allgemeinen Telegraphenverein von 1865 zurück, der im Jahre 1932 mit dem Funktelegraphenverein (1906) zur ITU zusammengeschlossen wurde. Es handelt sich hierbei um die älteste technische internationale Organisation. Seit 1947 ist die ITU eine Sonderorganisation der Vereinten Nationen; ihre heutige Rechtsgrundlage bilden nach mehreren Umgestaltungen die Konstitution und die Konvention der Internationalen Fernmeldeunion[265] aus dem Jahre 1998. Die ITU ist immer wieder mit neuen technischen Herausforderungen konfrontiert, die es organisatorisch abzusichern gilt. Sie mag auch als Beispiel für die Grenzen einer technischen internationalen Organisation dienen: Die inhaltlichen und politischen Fragen im Zusammenhang grenzüberschreitender Kommunikation haben ihr Forum für lange Zeit in anderen Organisationen wie der UNESCO und den Vereinten Nationen selbst gefunden;[266] erst in jüngerer Zeit erfolgte eine „Aufladung" der

---

[264] *Codding*, The International Telecommunication Union, An Experiment in International Cooperation, 1952; *Haschke/Paubel*, Einführung, in: dies. (comp.), Der Internationale Fernmeldeverein, 1977, S. 15-73; *Codding*, The International Telecommunication Union, in: Taylor/Groom (Hrsg.), International Institutions at Work, 1988, S. 167-183; *Noll*, International Telecommunication Union, in: EPIL II (1995), S. 1379-1385; *Magiera*, ITU – International Telecommunication Union, in: Wolfrum (Hrsg.), United Nations: Law, Policies and Practice, Bd. 2, 1995, S. 821-826; *Noll*, The International Telecommunication Union (ITU), Its Inception, Evolution and Innate, Constant Reform Process, in: Multimedia und Recht 1999, S. 465-469; *Volger*, ITU – Internationale Fernmeldeunion, in: ders. (Hrsg.), Lexikon der Vereinten Nationen, 2000, S. 294-295; jeweils m.w.Nw.

[265] BGBl. 1996 II 1308; 2001 II 365. Bekanntmachung der Neufassung der Konstitution und Konvention der Internationalen Fernmeldeunion vom 8. Oktober 2001, BGBl. 2001 II 1121.

[266] Vgl. hierzu: *Weiß*, Praxis des Menschenrechtsausschusses zum Schutz der Presse- und Meinungsäußerungsfreiheit, in: MRM, Themenheft 25 Jahre Internationale Menschenrechtspakte, 2002, S. 65-94 (S. 66-70); *Tietje*, Grundzüge und rechtliche Probleme der internationalen Informationsordnung, in: Hans-Bredow-Institut (Hrsg.), Internationales Handbuch Medien 2004/2005, 2004, S. 15-39 (S. 17 ff., 23 ff.); jeweils m.w.Nw.

ITU, etwa durch ihre "World Telecommunication Fora"[267]. Der "World Summit on the Information Society", der 2003 in Genf und 2005 in Tunis stattfand, initiierte einen Prozeß der Internet-Governance. Die ITU bietet hierfür den organisatorischen Rahmen.[268]

Der zwischenstaatliche Weltpostverein (1878, Vorläufer war der Allgemeine Postvereinsvertrag von 1874) wurde erst nötig, nachdem das internationale (europäische) Postwesen nicht mehr von dem (hoheitlich privilegierten) Privatunternehmen des Fürsten *Thurn und Taxis*[269] (das seine Tätigkeit um das Jahr 1500 aufnahm) organisiert wurde. Hier hatte das Bedürfnis einer grenzüberschreitenden Zusammenarbeit sich mangels der Existenz oder besser Tragfähigkeit staatlicher und zwischenstaatlicher Strukturen früh einen anderen Weg gesucht, der aber angesichts zunehmender grenzüberschreitender Kommunikation nicht mit den zeitgleich sprunghaft mobilisierten staatlichen Ressourcen konkurrieren konnte. Der Weltpostverein ist seit 1948 ebenfalls eine Sonderorganisation der Vereinten Nationen und beruht mittlerweile auf der Satzung aus dem Jahre 1964 und vier Zusatzprotokollen (1969-1992).[270]

Internationale Fernmelde-Union und Weltpostverein haben einander ähnelnde Strukturen,[271] die jedoch komplexer ausgebildet sind als bei

---

[267] Hierzu *Noll*, "Telecom"-Developments, Selected Aspects Relating to the International Telecommunication Law, in: Multimedia und Recht 1999, S. 597-602.

[268] Aktuelle Informationen unter www.itu.int ...; eine Übersicht bietet *Sonja Voigt*, World Summit on the Information Society, in: MRM 2008, S. 118-130.

[269] Dazu: *Piendl*, Thurn und Taxis 1517-1867 zur Geschichte des fürstlichen Hauses und der Thurn und Taxisschen Post, 1967, passim; *Ausstellungskatalog*, 500 Jahre Post – Thurn und Taxis, Ausstellung anläßlich der 500jährigen Wiederkehr der Anfänge der Post in Mitteleuropa 1490-1990, 1990, passim.

[270] BGBl. 1965 II 1633 (Satzung); 1971 II 245 (ZP I); 1975 II 1513 (ZP II); 1986 II 201 (ZP III); 1992 II 751 (ZP IV). Zum Weltpostverein siehe ausführlich: *Bühler*, Der Weltpostverein, Eine völkerrechtsgeschichtliche und wirtschaftspolitische Untersuchung, 1930; *Codding*, The Universal Postal Union, Coordinator of the International Mails, 1964. Ferner *Schramm*, Einleitung, in: ders. (comp.), Der Weltpostverein, 1983, S. 19-44; *Volger*, UPU – Weltpostverein, in: ders. (Hrsg.), Lexikon der Vereinten Nationen, 2000, S. 601-602; *Weber*, Universal Postal Union, in: EPIL IV (2000), S. 1235-1240; jeweils m.w.Nw.

[271] Einzelheiten bei *Zacher/Sutton*, Governing global networks, International regimes for transportation and communication, 1996, S. 127 ff., 181 ff. Zur Struktur der ITU ausführlich: *Tegge*, Die internationale Telekommunikations-Union, Organisation und Funktion einer Weltorganisation im Wandel, 1994, S. 83-157.

den zuvor behandelten Flußregimen. Als jeweils höchstes Organ fungieren die Konferenz der Regierungsbevollmächtigten (ITU) und der Kongreß (Weltpostverein). Beide treffen sich in mehrjährigen Abständen, um die allgemeinen Grundsätze für die Verwirklichung der Vertragsziele festzulegen und die Mitglieder der anderen Organe zu wählen. Die ITU verfügt zusätzlich über weltweite und regionale Verwaltungskonferenzen; diese treffen in den sogenannten Vollzugsordnungen verbindliche Anordnungen zum Telegraphen-, Fernsprech- und Funkdienst, die den Fernmeldevertrag materiell ergänzen. Die Rechtssetzungskompetenz der Verwaltungskonferenzen umfaßt auch die Änderung oder Ergänzung des Fernmeldevertrages selbst. Eine damit nicht völlig vergleichbare Aufgabe im Rahmen des Weltpostvereins nimmt der Konsultativrat für Poststudien ein, der sich mit technischen, wirtschaftlichen und betrieblichen Fragen des Postwesens beschäftigt, allerdings nicht über Rechtssetzungskompetenzen verfügt, sondern nur Gutachten verfassen kann. In der ITU ist der Verwaltungsrat, im Weltpostverein der Vollzugsrat für die Fortführung der Arbeit zwischen den Konferenzen oder Kongressen und die Durchführung der Verträge zuständig. Beiden steht ein Generalsekretariat (ITU/Genf) beziehungsweise ein Internationales Büro (Weltpostverein/Bern) als koordinierende und ständige Verwaltungseinrichtung zur Seite.

3. Bewertung

Die internationalen Flußregime sind aufgrund ihrer frühen Entstehung und ihres Gegenstandes vergleichsweise einfach strukturiert. Eine Kommission, die sich aus Repräsentanten der Uferstaaten und gegebenenfalls weiteren Staatenvertretern zusammensetzt, überwacht die Durchführung des Vertrages und die Einhaltung der Bestimmungen. Hierzu zählen auch die Bauaufsicht oder die Anregung und Durchführung (in Abstimmung mit dem betroffenen Uferstaat) von Baumaßnahmen.

Im Falle der Zentralkommission nach der Mannheimer Revidierten Rheinschiffahrtsakte kommt wie erwähnt hinzu, daß sie in Gestalt ihrer Berufungskammer eine Rechtsprechungsfunktion wahrnimmt und als 2. Instanz für die nach dem Übereinkommen von den Uferstaaten einzurichtenden nationalen Rheinschiffahrtsgerichte dient.[272] Die erforder-

[272] Sofern nicht nationale Obergerichte die Berufung verhandeln (Art. 37 Abs. 1 und 38 RevRheinschiffA). Die Zentralkommission übt ihre Rechtsprechungsfunktion durch eine Berufungskammer aus, die aus je einem Richter und

lichen schiffahrtspolizeilichen Vorschriften werden von den Uferregierungen *„gemeinsam erlassen"*, aber durch den jeweiligen Uferstaat angewendet (Art. 32 RevRheinschiffA).

Immerhin erschien es bereits in diesem frühen Stadium zwischenstaatlicher Zusammenarbeit möglich, sich eine funktional-beschränkte Rechtsfähigkeit vorzustellen.[273] Der damals vorherrschenden Vorstellung,[274] die Völkerrechtsfähigkeit mit dem Vorhandensein räumlich umgrenzter Herrschaft verknüpfte, kam dabei die territoriale Gebundenheit der Flußkommissionen sicher entgegen.[275]

Die auch als Verwaltungsunionen bezeichneten technisch begründeten Zusammenschlüsse ITU und UPU wurden in ihrer Frühzeit nicht – wie heute – gegenüber den Mitgliedstaaten rechtlich verselbständigt. Bereits damals wurden aber Elemente entwickelt, die für die Struktur späterer internationaler Organisationen[276] prägend geworden sind: die rechtliche Grundlegung durch einen völkerrechtlichen Vertrag, die Anlage auf Dauer, die Einrichtung eines (umfassenden) Mitgliederorgans und gegebenenfalls eines kleineren Exekutivorgans, die Erledigung laufender Geschäfte durch ein ständiges Büro und die Zuweisung präziser Aufgaben.

Insgesamt läßt sich sagen, daß diesen Organisationen Kompetenzen in einem genau umrissenen Bereich[277] zugeschrieben werden, an dessen

---

einem stellvertretenden Richter pro Vertragsstaat besteht (Art. 45bis RevRheinschiffA); diese Richter sind unabhängig. Zur älteren Rechtsprechung der Zentralkommission vgl. *von Völderndorff*, Die richterliche Thätigkeit der Centralkommission für die Rheinschiffahrt von 1832-1894, 1894; *von Traut*, Die Zentral-Kommission für die Rheinschiffahrt und ihre Rechtsprechung von 1893-1911, 2. Aufl. 1912. Vgl. auch Zeitschrift für Binnenschiffahrt und Wasserstraßen, 1970-1985, u.a. deutschsprachiges Organ der Zentralkommission. Die aktuelle Rechtsprechung wird im Internet (http://ccr-zkr.org/) veröffentlicht.

273 *Mosler* (Fn. 20), S. 9f.

274 So beispielsweise noch *von Liszt* (Fn. 225), S. 42 ff.

275 So auch die Bewertung von *Klein* (Fn. 19), Rn. 4.

276 Zu diesen Strukturen ausführlich: *Klein* (Fn. 19), Rn. 32-187. Vgl. auch *Zemanek*, Das Vertragsrecht der Internationalen Organisationen, 1957, S. 31-42 ; *Bindschedler*, Internationale Organisation (Grundfragen), in: WBVR II (1961), S. 70-89 (S. 74 ff.); *Colliard*, Quelques Réflexions sur la Structure et le Fonctionnement des Organisation Internationales, in : Mélanges offerts à Henri Roulin, 1964, S. 67-79; *Jacobson* (Fn. 30), S. 91 ff.

277 Gleichwohl treten im Lauf der Zeit selbst hier auf den ersten Blick eher fernliegende Bereiche hinzu: So entwickelte die ITU seit der Konferenz der Re-

ungestörtem Ablauf der zwischenstaatliche Kommunikations- und Güteraustausch ein vitales Interesse hat[278]. Bauaufsicht, Rechtsmittelinstanz und Setzung technischer Normen sind genuin staatliche Aufgaben, die zur Erfüllung des jeweiligen Organisationszweckes mitsamt den erforderlichen Befugnissen auf diese technischen internationalen Organisationen und ihre Organe übertragen wurden.[279] Im Laufe ihrer langen Tätigkeit waren oftmals Anpassungen der Aufgaben und Zuständigkeiten an technische Weiterentwicklungen notwendig. Dabei steht jeweils der reibungslose technische Ablauf und die dazu erforderliche Formulierung und Angleichung von Standards im Vordergrund. Im Zusammenhang mit der Dekolonialisierung, in neuerer Zeit nach Bürgerkriegssituationen oder bei kollabierenden staatlichen Strukturen haben aber auch Aktivitäten beider internationaler Organisationen in den Bereichen technische Zusammenarbeit und Schulung zugenommen.

Nur erwähnt werden soll, daß nicht nur die vorstehend skizzierten alten Beispiele für diese Art der zwischenstaatlichen Zusammenarbeit bis heute in Gebrauch sind, sondern auch noch in jüngerer Zeit ähnliche Fälle etabliert wurden.

So führte der technische Fortschritt im Jahre 1925 zur Gründung der Internationalen Rundfunkunion (Union Internationale de Radiodiffusion – UIR) durch Rundfunkveranstalter aus neun europäischen Staaten. Obwohl sie als staatsunabhängige Organisation gegründet worden war, suchten vor allem in den dreißiger Jahren die Regierungen, die den Rundfunk für Propagandazwecke entdeckt hatten, ihren Einfluß zu

---

gierungsbevollmächtigten in Minneapolis (1998) auch differenzierte „Gender-Aktivitäten“, die sich organisationsintern, aber auch im Bereich des gesamten Telekommunikationssektors beispielsweise um das sogenannte „Gender-Mainstreaming“ kümmern; vgl.: Inclusion of Gender Perspective in the Work of ITU, Plenipotentiary Conference of the International Telecommunication Union (Minneapolis, 1998), = Resolution 70 (PP98); Gender Mainstreaming in ITU, Plenipotentiary Conference of the International Telecommunication Union (Marakesch, 2002), = Resolution 70 (Rev. Marakesch 2002), sowie allgemein die Internetseiten der ITU: www.itu.int/ITU-D/gender/ (zuletzt besucht Mai 2008).

[278] Hierzu ausführlich: *Zacher/Sutton* (Fn. 271), S. 224 ff.

[279] Zu Recht spricht *Jellinek* (Fn. 52), S. 162, von Akten internationaler Gesetzgebung; er verleiht der Zentralkommission (aus der Perspektive des Jahres 1882) den Charakter eines internationalen Gerichtshofs. Demgegenüber spricht *Alexandrowicz*, The Law-Making Function of the Specialised Agencies of the United Nations, 1973, S. 70 ff., mit Blick auf ITU und UPU von *"Marginal Cases of Quasi-Legislative Action"*.

verstärken. Nach dem Zweiten Weltkrieg kam es auf sowjetische Initiative zur Gründung der Organisation Internationale de Radiodiffusion (OIR); beide Organisationen standen in Konkurrenz zueinander. Die britische BBC gehörte nach dem Krieg keiner der beiden Organisationen an und setzte sich, nachdem eine Zusammenführung sich als nicht möglich erwiesen hatte, für die Gründung einer neuen Organisation ein. Im Februar 1950 wurde die European Broadcasting Union (EBU) von Rundfunkveranstaltern aus einundzwanzig Staaten gegründet; die OIR verlegte ihren Sitz nach Prag. Im Jahre 1993 schlossen sich die beiden Organisationen zusammen.

Die EBU ist eine rein privatrechtlich organisierte, staatsunabhängige internationale Organisation, deren Mitglieder eben nicht Staaten, sondern Rundfunkveranstalter sind.[280] Auf sie wird daher im Rahmen dieser Arbeit nicht weiter eingegangen. Erlaubt sei nur der Hinweis, daß demzufolge die Beschlüsse der EBU-Organe die Mitglieder nur soweit binden, als sie nach deren Auffassung mit dem nationalen Recht vereinbar sind (Art. 13 § 1 Abs. 2 Satz 1 EBU-Statuten).

Zu nennen sind hier aber vor allem die in den 1980er Jahren eingerichteten völkerrechtlichen Umweltregime, also Verfahren und Institutionen zum Schutz der globalen Umwelt, die vor allem auf der Wiener Konvention zum Schutz der Ozonschicht,[281] dem damit verbundenen Montrealer Protokoll über Stoffe, die zu einem Abbau der Ozonschicht führen,[282] einerseits und dem Basler Übereinkommen über die Kontrolle der grenzüberschreitenden Verbringung gefährlicher Abfälle und ihrer Entsorgung[283] andererseits beruhen. Auch hier wurden auf der Grundlage völkerrechtlicher Verträge besondere Organe eingerichtet, denen Rechtssetzungs- und Überwachungsbefugnisse eingeräumt wurden.[284]

---

280 Ausführlich *Zeller*, Die EBU, Union Européenne des Radio-Télévision (UER), European Broadcasting Union (EBU), Internationale Rundfunkkoperation im Wandel, 1999. Siehe auch www.ebu.ch (besucht am 24. Mai 2008).

281 Vom 22. März 1985, in Kraft seit dem 22. September 1988, UNTS Bd. 1513, S. 323; ILM 26 (1987), S. 1516; BGBl. 1988 II 902.

282 Vom 16. September 1987, in Kraft seit dem 1. Februar 1989, UNTS Bd. 1522, S. 451; ILM 26 (1987), S. 1550; BGBl. 1988 II 1014.

283 Vom 22. März 1989, in Kraft seit dem 5. Mai 1992, UNTS Bd. 1673, S. 57; ILM 28 (1989), S. 657; BGBl. 1994 II 2704.

284 Ausführlich *Ott*, Umweltregime im Völkerrecht, Eine Untersuchung zu neuen Formen internationaler institutionalisierter Kooperation am Beispiel der

Der Rückgriff auf ein (damals) 170 Jahre altes Modell zur Lösung eines aktuellen Problems unterstreicht eindrucksvoll die Qualität dieser auf dem Wiener Kongreß mit Blick auf den Rhein erdachten und in der Gestalt von UPU und ITU weiterentwickelten[285] zwischenstaatlichen Kooperationsform. Sie bestätigt auch die Einschätzung,[286] die multilateralen Aktivitäten des 19. Jahrhunderts hätten zur Bewältigung von Modernisierungsfolgen gedient; eine Herausforderung, die sich stets aufs neue stellt.

II. Der Deutsche Zollverein (1834-1867 und 1867-1871) – Fiskalorganisation und Vehikel der staatlichen Einigung

1. Hintergrund und Entwicklung

Dem Wiener Kongreß war es, vor allem wegen des bayerischen Widerstandes, nicht gelungen, dem Deutschen Bund die Kompetenz für eine gemeinsame Zollpolitik zu übertragen. Insgesamt ließ wohl auch der politische Partikularismus[287] die Entwicklung eines einheitlichen Zollraumes nicht zu; ebenso sprachen die stark divergierenden wirtschaftli-

---

Verträge zum Schutz der Ozonschicht und zur Kontrolle grenzüberschreitender Abfallverbringung, 1998; *Beyerlin*, Umweltvölkerrecht, 2000; siehe auch *Churchill/Ulfstein*, Autonomous Institutional Arrangements in Multinational Environmental Agreements: A Little-Noticed Phenomenon in International Law, in: AJIL 94 (2000), S. 623-659; *Epiney*, Zur Einführung – Umweltvölkerrecht, in: JuS 2003, S. 1066-1072; *Oberthür*, Auf dem Weg zum Weltumweltrecht? Tendenzen und Wirkungen der Verrechtlichung der internationalen Umweltpolitik, in: Zangl/Zürn (Hrsg.), Verrechtlichung – Baustein für Global Governance?, 2004, S. 119-139; jeweils m.w.Nw.

[285] Erinnert sei an die Bemerkung von *Louis Renault*: *« Les administrateurs de postes et télégraphes qui ont créé l'Union postale et l'Union télégraphique, et dont les noms sont ignorés du public, ont fait plus pour la civilisation et l'entente entre les peuples que bien des diplomates célèbres. »* (zitiert nach *Colliard* (Fn. 276), S. 67).

[286] So *Herren*, Hintertüren zur Macht, Internationalismus und modernisierungsorientierte Außenpolitik in Belgien, der Schweiz und den USA 1865-1914, 2000, S. 2.

[287] Siehe hierzu aus unterschiedlicher Perspektive *von Treitschke* (Fn. 184), *Schieder* (Fn. 182) und *Veit-Brauser* (Fn. 182).

chen Entwicklungsstände der deutschen Staaten[288] dagegen. Der Industrialisierungsvorsprung Englands konnte daher für mehrere Jahrzehnte nicht aufgeholt werden.[289]

Vorgeschichte und Gründung des Deutschen Zollvereins[290] sind gleichwohl nicht primär als Umsetzung einer wirtschaftlichen Integrations- oder Unitarisierungspolitik zu verstehen, obwohl es durchaus theoretische Vorarbeiten gegeben hatte, denenzufolge wirtschaftlicher Fortschritt durch ein einheitliches Zoll-, Verkehrs- und Währungsgebiet befördert werden würde. So hatte sich unter Führung von *Friedrich List*[291] im Jahre 1819 der Deutsche Handels- und Gewerbeverein gegründet,

---

[288] Hierzu *Pohle*, Der allgemeine Verlauf der wirtschaftlichen Entwicklung Deutschlands im letzten Jahrhundert, insbesondere die Wandlung der deutschen Volkswirtschaft durch den Übergang vom Agrar- zum Industriestaat, in: ders., Die Entwickelung [sic] des deutschen Wirtschaftslebens im letzten Jahrhundert, Fünf Vorträge, 3. Aufl. 1914, S. 1-32 (S. 3); ausführlich *Sombart*, Die deutsche Volkswirtschaft im neunzehnten Jahrhundert, 3. Aufl. 1913. Aus heutiger Sicht zur deutschen Frühindustrialisierung: *Lee* (Hrsg.), German industry and German industrialization, essays in German economic and business history in the nineteenth and twentieth centuries, 1991; *Hahn*, Die industrielle Revolution in Deutschland, 1998, S. 13-24. Vgl. auch die ausführlichen älteren Beschreibungen bei *Koselleck*, Die agrarische Grundverfassung Europas zu Beginn der Industrialisierung, in: Bergeron/Furet/ders., Das Zeitalter der europäschen Revolutionen 1780-1848, 1969, Nachdruck 2003, S. 230-261, und bei *Treue*, Wirtschaftsgeschichte der Neuzeit, Bd. I: 18. und 19. Jahrhundert, 3. Aufl. 1973, S. 534-594.

[289] *Schieder* (Fn. 166), S. 64 f. England betrieb – um diesen Vorsprung zu wahren – auch eine massive Interessenpolitik gegen die Errichtung des Zollvereins, vgl. *Hamerow*, Restoration, Revolution, Reaction. Economics and Politics in Germany 1815-1871, 1958, S. 15; *Griewank* (Fn. 72), S. 366.

[290] Ausführlich zur Geschichte des Zollvereins: *von Festenberg-Packisch* (Fn. 184), S. 151 ff.

[291] *Friedrich List* (* 6. August 1789, † 30. November 1846), deutscher Volkswirtschaftler und Politiker. 1817-1820 Professor in Tübingen, Mitbegründer des Deutschen Handels- und Gewerbevereins. *List* fiel wegen seiner zollpolitischen Einheitsbestrebungen und seiner radikal-liberalen Haltung als Abgeordneter in Ungnade, verlor seine Professur, kam in Festungshaft und mußte 1824 in die USA emigrieren. 1830 Rückkehr im konsularischen Dienst der USA; er trat für den Eisenbahnbau in Deutschland und die Stärkung des Deutschen Zollvereins ein. 1841 erschien sein Hauptwerk: „Das nationale System der politischen Ökonomie".

Vgl. generell zu *List*: *Lenz*, Friedrich List's [sic] Staats- und Gesellschaftslehre, Eine Studie zur politischen Soziologie, 1967.

dessen Mitglieder eine Form des wirtschaftlichen und politischen Zusammenschlusses anstrebten.[292] In einer Bittschrift an die Bundesversammlung heißt es, in Deutschland komme es vor, daß man *„sein ganzes Leben mitten unter feindlichen Zöllnern und Mautnern* [verlebe, und deshalb] *kein Vaterland* [habe]".[293]

Auch *Friedrich von Motz*, seit 1825 preußischer Finanzminister, sah in einem Zoll- und Handelsverband die Vorstufe zu *„ein und demselben politischen System"*.[294] Das Verhältnis von Nationalstaatsbildung und Industrialisierung während des 19. Jahrhunderts ist allerdings zu komplex und von zu vielen Faktoren beeinflußt, als daß sich eine einfache Ursache-Folge-Erklärung aufstellen ließe.[295]

---

[292] Ausführlich hierzu: *Olshausen*, Friedrich List und der Deutsche Handels- und Gewerbeverein, 1935, S. 12-189. Daß *Ohlshausen* im Vorwort (S. 5) eine „nationale Ereignisreihe" bis zum Jahr 1933 herstellt, findet in seiner Behandlung des Deutschen Gewerbevereins keinen weiteren Niederschlag.

[293] Vom 14. April 1819, abgedruckt bei *Obermann*, Einheit und Freiheit, Die deutsche Geschichte von 1815 bis 1849 in zeitgenössischen Dokumenten, 1950, S. 77-80 (S. 79), und in: *von Beckerath* (Hrsg.), Friedrich List, Schriften, Reden, Briefe, Bd. I/2, 1971, S. 491-496 (S. 492). Eine wichtige Rolle spielte auch *Karl Friedrich Nebenius*, der bereits im Jahre 1813 in einer Denkschrift die Idee eines Zollvereins niederlegte und die Bedenken der süddeutschen Staaten zu einem Beitritt durch eine weitere Denkschrift aus dem Jahre 1833 ausräumte; zu *Nebenius* siehe *Weber*, Der deutsche Zollverein als Präzedenzfall für die Bildung eines freien europäischen Marktes, in: Schmollers Jahrbuch 78 (1958), S. 45-63 (S. 53); ausführlich *Roscher*, Zur Gründungsgeschichte des Zollvereins, 1870, S. 8-29.

[294] Zitat nach *Nipperdey* (Fn. 55), S. 359. Hierzu auch: *Hardtwig*, Verein, in: Brunner/Conze/Koselleck (Hrsg.), Geschichtliche Grundbegriffe, Historisches Lexikon zur politisch-sozialen Sprache in Deutschland, Bd. 6, 1. Aufl. 1990, S. 789-829, (S. 808 f. m.w.Nw.). Uns Heutige erinnert vor allem Art. 14 Abs. 1 des Zollvereinsvertrages von 1833 (infra Fn. 300) (*„Die contrahirenden Regierungen wollen dahin wirken, daß in ihren Landen ein gleiches Münz-, Maaß- und Gewichtssystem in Anwendung komme, hierüber sofort besondere Unterhandlungen einleiten lassen, und die nächste Sorge auf die Annahme eines gemeinschaftlichen Zollgewichtes richten."*) an die Unitarisierungswirkung wirtschafts- und finanzpolitischer Annäherung.

[295] Näher dazu *Henning*, Handbuch der Wirtschafts- und Sozialgeschichte Deutschlands, Bd. 2: Deutsche Wirtschafts- und Sozialgeschichte im 19. Jahrhundert, 1996, S. 323 ff. *Voth*, The Prussian Zollverein and the bid for economic superiority, in: Dwyer (Hrsg.), Modern Prussian History 1830-1947, 2001, S. 109-125 (S. 124 f.), kommt zu dem Ergebnis, der Zollverein habe weder wirtschaftliche Erfolge gezeitigt noch die Stellung Preußens gestärkt.

Anstelle eines großen wirtschaftstheoretischen und deutschlandpolitischen Planes waren es vielmehr handels- und wirtschaftspolitische Nützlichkeitserwägungen Preußens, der aufgrund seiner Rheinprovinzen größten deutschen Wirtschaftsmacht, die die Geschehnisse voranbrachten.[296] Das Land – erst seit dem Inkrafttreten des preußischen Zollgesetzes vom 26. Mai 1818 selbst ein einheitliches Zollgebiet – reichte wie ein stellenweise sehr löchriges Band quer durch Deutschland, hatte eine rund 7.500 km lange Zollgrenze und war demzufolge, aber auch wegen seiner freihandelsorientierten Politik[297] insgesamt, sehr an einem größeren Zollraum interessiert. Überdies war Zollpolitik für alle Staaten Fiskalpolitik: Die Regierungen verschafften sich in einer Zeit, die noch keine Einkommensteuer kannte, auf diesem Weg dringend benötigte Einnahmen, ohne auf die Bewilligung durch Stände oder Kammern angewiesen zu sein.[298] Ende der 1820er Jahre kam mit dem preußischen „Zollkrieg" gegen Anhalt und dem Zollbündnis mit Hessen-Darmstadt Bewegung in die Zollfrage; mehrere regionale Zollbündnisse[299] entstanden, aus denen im Jahre 1833 schließlich der Deutsche Zollverein hervorging,[300] dessen einheitlicher Handelsraum zum 1. Januar 1834 Wirklichkeit wurde.

Der auf zunächst acht Jahre abgeschlossene Zollvereinsvertrag wurde mehrfach verlängert.[301] Österreich bemühte sich zwischenzeitlich, bei-

---

[296] So auch *Hahn*, Mitteleuropäische oder kleindeutsche Wirtschaftsordnung in der Epoche des Deutschen Bundes, in: Rumpler (Hrsg.), Deutscher Bund und Deutsche Frage 1815-1866, 1990, S. 186-214 (S. 191f.).

[297] Zum Konflikt zwischen Freihändlerischen und Schutzzöllnern siehe *Hamerow* (Fn. 289), S. 12 ff. Vgl. auch den literarischen Widerschein der Kontroverse bei *Mann*, Buddenbrooks, Verfall einer Familie, 1901, Frankfurter Ausgabe 1981, S. 40 f.

[298] *Hahn* (Fn. 296), S. 196.

[299] Am 18. Januar 1828 bildeten Bayern und Württemberg einen süddeutschen Zollverein, der am 27. Mai 1829 mit dem am 14. Februar 1828 geschlossenen preußisch-hessischen Zollverein einen Handelsvertrag abschloß. Vom 24. September 1828 bis zum 25. August 1831 existierte der Mitteldeutsche Handelsverein. Einzelheiten bei *Huber* (Fn. 97), S. 283-288.

[300] Vertrag vom 22. März 1833, GS. für die Königlich Preußischen Staaten 1833, S. 145.

[301] Die Verträge sahen die automatische Verlängerung vor, falls keines der Mitglieder kündigte. Es war Preußen selbst, das die Verträge kündigte, um nach den anfänglich die anderen Mitglieder begünstigenden Bedingungen finanzielle Verbesserungen für sich zu erreichen. Die vertragliche Verlängerung des Zoll-

spielsweise durch das sogenannte „Programm der sechs Punkte", um Kooperation und wollte sich nicht aus Deutschland herausdrängen lassen.[302] Die von Wien intendierte Neuausrichtung des Zollvereins unterblieb jedoch, die ursprüngliche Zielsetzung wurde beibehalten.

Nach der Gründung des Norddeutschen Bundes (1866) erfolgte eine Umgestaltung des Zollvereins;[303] seine Funktion war es nunmehr, die süddeutschen Staaten wirtschaftlich eng an den Norddeutschen Bund, der bereits aufgrund Art. 33 Abs. 1 seiner Verfassung[304] ein einheitliches Zoll- und Wirtschaftsgebiet darstellte, anzubinden. Die dem Zollverein von Preußen,[305] aber auch von Berufs- und Interessengruppen[306] schon früh beigelegte Unitarisierungswirkung wurde nach 1867 durch das Deutsche Zollparlament und den Bundesrat des Zollvereins sinnfällig.

2. *Struktur, Organe, Aufgaben*

Der Deutsche Zollverein bestand zunächst aus zwanzig Staaten; 1835/36 traten Baden, Frankfurt und Nassau bei, 1841 dann Braun-

---

vereins erfolgte am 8. Mai 1841; weitere Verlängerungsverträge wurden 1853, 1864/65 und dann 1866 geschlossen.

[302] Dieses Programm enthielt u.a. Pläne für einen einheitlichen Zollraum, dazu vgl. *Huber* (Fn. 97), S. 901 f.

[303] Vertrag vom 8. Juli 1867 zwischen dem Norddeutschen Bund, Bayern, Württemberg, Baden und Hessen über die Fortdauer des Zollvereins, GBl. Norddt. Bund 1867, S. 81.

[304] Verfassung des Norddeutschen Bundes vom 16. April 1867, GBl. Norddt. Bund 1867, S. 2; abgedruckt bei *Huber* (Fn. 129), Nr. 187.

[305] Zur diesbezüglichen Politik *Bismarcks* in seiner Zeit als preußischer Gesandter in der Bundesversammlung von 1851-1858 vgl. *Gall*, Bismarck, Der weiße Revolutionär, 1980, S. 140 ff.; *Meyer*, Der Zollverein und die deutsche Politik Bismarcks, 2. Aufl. 1987, S. 27-101.

[306] Vgl. Verhandlungen des ersten Deutschen Handelstages zu Heidelberg vom 13. bis 18. Mai 1861, Nach den stenographischen Aufzeichnungen, 1861, S. 24 ff., 31 ff., 109 f.; Verhandlungen des Dritten Deutschen Handelstages zu Frankfurt a. M. vom 25. bis 28. September 1865, Stenographischer Bericht, 1865, S. 102 ff. Dazu *Hamerow* (Fn. 331), S. 352 f.

schweig; im Jahre 1842 gehörten 28[307] der 39 Mitgliedstaaten des Deutschen Bundes dem Zollverein mittelbar oder unmittelbar an.[308]

Der erste Zollverein (1834-1867) verfügte nur über ein unmittelbares Organ. Dabei handelte es sich um die Generalkonferenz der Mitgliedstaaten, die nach Art eines Gesandtenkongresses organisiert war und einmal jährlich zusammentrat. Die Generalkonferenz tagte beginnend mit München (1834) jeweils an einem anderen Ort. Jeder Mitgliedstaat hatte – mit Ausnahme der gemeinsam auftretenden thüringischen Staaten und Frankfurts, das mit Nassau einen gemeinsamen Bevollmächtigten stellte – eine Stimme. Für Beschlüsse war Einstimmigkeit erforderlich; somit hatte jedes Mitglied ein Vetorecht.

Trotzdem und obgleich zusätzlich die Möglichkeit zu Kündigung und Austritt bestand, war die faktische Dominanz Preußens innerhalb des Zollvereins nicht zu leugnen. Sie beruhte in diesem Fall aber weder auf der rechtlichen Ausgestaltung des Vertrages noch auf den preußischen Bajonetten, sondern auf dessen wirtschaftlicher Vormachtstellung.[309]

Alle Mitglieder übernahmen gemäß Art. 4 des Vertrages vom 22. März 1833[310] die preußische Zollgesetzgebung und glichen ihre Zollverwaltungen dem preußischen Vorbild an. Die Zollverwaltung blieb eine Angelegenheit der einzelnen Mitgliedstaaten, es gab allerdings ein System der wechselseitigen Kontrolle.[311] Die gesamten Zolleinnahmen aller Mitglieder wurden nach dem Verhältnis der Bevölkerungszahlen ver-

---

307 Vgl. die Aufstellung bei *Huber* (Fn. 97), S. 293.

308 Als letzter Staat trat Luxemburg im Jahre 1842 dem Zollverein bei. Die Zollunion wurde auch nach dem Ende des Deutschen Bundes, dem Luxemburg ja angehört hatte, fortgesetzt und endete erst 1919. *Von Liszt* (Fn. 225), S. 206, spricht für die Zeit ab 1865 von einem Zollanschluß, weil sich damals Luxemburg als einzelner Staat einem größeren einheitlichen Zollgebiet angeschlossen habe.

309 *Roscher* (Fn. 293), S. 58, lobt die *„bewunderungswürdige Consequenz, aber auch Geduld und Selbstbeherrschung, d. h. eben wahre Stärke, die Preußen in seinen Zollverhandlungen mit den übrigen deutschen Staaten bewiesen hat"*, und bezeichnet insbesondere die Stimmenverteilung und das Vetorecht auch noch des kleinsten Mitgliedes als *„Act fortwährender Selbstverleugnung"* Preußens (S. 59).

310 Fn. 300.

311 Durch die gegenseitige Auskunftspflicht der zuständigen Ministerien und die Vereinbevollmächtigten und Stationskontrolleure (hierzu infra bei und nach Fn. 318); Einzelheiten bei *Huber* (Fn. 97), S. 297 ff.

teilt,[312] was den Süden begünstigte, da hier weniger Zolleinnahmen erwirtschaftet wurden.

Die Generalkonferenz[313] war für die Beratung und Beschlußfassung über Änderungen der gemeinsamen Zollgesetzgebung zuständig (Art. 34 des Zollvereinsvertrages). Ihre Beschlüsse waren – wie die bei der Gründung des Zollvereins zu schaffenden übereinstimmenden Gesetze – sogenannte vereinbarte Gesetze.[314] Diese waren allerdings nicht mehr durch einen völkerrechtlichen Vertrag zwischen den Staaten zu schaffen. Diese Kompetenz war der Generalkonferenz übertragen, deren einstimmiger Beschluß den Willen der *„Staatengemeinschaft"*[315] Zollverein formulierte. Die Staaten des Zollvereins waren durch den Beschluß der Generalkonferenz rechtlich gebunden; sie hatten die vereinbarten Gesetze gegenüber den Bürgern nur noch durch Ausfertigung und Verkündung in Kraft zu setzen. Diese Zollvereinsgesetze stammten somit aus einer eigenen Rechtsquelle, die in der Staatenverbindung des Zollvereins durch Souveränitätsübertragung seitens der Mitgliedstaaten entstanden war.[316]

Zwar hatte jeder Mitgliedstaat das die fortbestehende einzelstaatliche Souveränität belegende Recht, Handels- und Schiffahrtsverträge mit auswärtigen Staaten abzuschließen, doch tatsächlich erstreckten sich die Begünstigungen und Belastungen aus solchen Verträgen auf die Gesamtheit der Zollvereinsstaaten, deren Zustimmung oder Genehmigung erforderlich war. Deshalb war es allein Preußen, das Handelsverträge mit auswärtigen Staaten abschloß und dabei zumeist im Namen der Gesamtheit der Mitgliedstaaten des Zollvereins handelte. Zu Recht ist hierin die implizite Anerkennung der völkerrechtlichen Vertragsfähigkeit des Zollvereins durch die Vertragspartner zu sehen.[317]

---

[312] Art. 22 des Zollvereinsvertrages 1833 (Fn. 300).

[313] Art. 33 des Zollvereinsvertrages 1833 (Fn. 300) spricht von einem *„Zusammentritt von Bevollmächtigten der Vereinsregierungen"*, der jährlich stattfindet.

[314] Art. 5 des Zollvereinsvertrages 1833 (Fn. 300).

[315] *Huber* (Fn. 97), S. 295. Auf S. 303 ff. legt er überzeugend dar, daß der Zollverein ein echter Staatenbund gewesen sei.

[316] So auch *Huber* (Fn. 97), S. 295.

[317] Ebenso *Huber* (Fn. 97), S. 296 f.; hier findet sich auch eine Auflistung der von Preußen für den Zollverein geschlossenen Handelsverträge.

Weitere, mittelbare Organe des Zollvereins waren die Vereinsbevollmächtigten und Stationskontrolleure[318] einerseits und das Zentral-Rechnungsbüro[319] andererseits. Erstere übten die bereits angesprochene wechselseitige Kontrolle über die Zollverwaltung aus, indem sie den Vollzug der Vereinsgesetze durch die nationalen Behörden kontrollierten. Hierzu konnten sie Auskunft verlangen, Akten einsehen und Mängel rügen.

Das Zentral-Rechnungsbüro war für die ebenfalls schon erwähnte rechnungsmäßige Verteilung der Zolleinnahmen zuständig. Die Mitgliedstaaten hatten bei ihren Zolldirektionen jeweils einen Vereinsbevollmächtigten und bei ihren Hauptzollämtern ebenfalls jeweils einen Stationskontrolleur zuzulassen. Nach einem zwischen den Mitgliedstaaten vereinbarten Schlüssel war für Dreijahreszeiträume geregelt, zu welcher Zolldirektion und zu welchem Hauptzollamt ein Mitgliedstaat seine Beamten entsenden konnte.

In beiden Fällen handelte es sich also um Landesbeamte, die nicht nur im Interesse des Entsendestaates handelten, sondern Aufgaben des gesamten Zollvereins wahrnahmen. Formal wurde dies erreicht, indem die anderen Zollvereinsstaaten die Vereinsbevollmächtigten und Stationskontrolleure ihrerseits beglaubigten. Insbesondere bei den Vereinsbevollmächtigten und Stationskontrolleuren zeigte sich so die Unitarisierungswirkung einer funktionierenden Staatenverbindung.[320]

Erst der zweite Zollverein, der im Jahre 1867 entstand, verfügte neben der Versammlung der Vereinsstaaten auch über ein Zollparlament, also zwei unmittelbare Organe. Der der Generalkonferenz nachfolgende Bundesrat als gemeinschaftliches Organ der Regierungen setzte sich aus Vertretern der Mitglieder des Norddeutschen Bundes und der süddeut-

---

[318] Art. 27, 31, 32 des Zollvereinsvertrages 1833 (Fn. 300).

[319] Art. 29 des Zollvereinsvertrages 1833 (Fn. 300).

[320] Zutreffend *Huber* (Fn. 97), S. 299 f., der darauf hinweist, daß diese Beamten 1867 in die Stellung von Beamten des Norddeutschen Bundes und 1871 in die von Reichsbeamten wechselten. Überdies liegt hier ein Vorläufer von Reichsaufsicht und Bundesaufsicht (ebenda S. 299); eine verfassungsgeschichtliche Leistung, zu der der Deutsche Bund nicht in der Lage war. Ebenso *Lerche*, in: Maunz/Dürig, Komm. z. GG., Art. 84, Rn. 131 (24. Lieferung 1985); differenzierend *Triepel*, Die Reichsaufsicht, Untersuchungen zum Staatsrecht des Deutschen Reiches, 1917, reprographischer Nachdruck 1964, S. 33-54.

schen Staaten zusammen.[321] Das Zollparlament als gemeinschaftliche Vertretung der Bevölkerungen bestand aus den Mitgliedern des Reichstages des Norddeutschen Bundes und den nach gleichen Normen (also allgemeine und direkte Wahlen mit geheimer Abstimmung[322]) gewählten Abgeordneten der süddeutschen Staaten.[323] Letztere wurden wie die Abgeordneten des Reichstages des Norddeutschen Bundes (Art. 24 Satz 1 Verfassung des Norddeutschen Bundes) auf drei Jahre gewählt.

Die Entscheidungen wurden nun in den Organen des Zollvereins mit Mehrheit (nachdem zuvor Einstimmigkeit erforderlich gewesen war) verbindlich für alle Mitglieder getroffen. Die Gesetzgebung über die Vertragsgegenstände wurde, so heißt es im Vertrag von 1867, *„ausgeübt durch den Bundesrath des Zollvereins als gemeinschaftliches Organ der Regierungen und durch das Zollparlament als gemeinschaftliche Vertretung der Bevölkerungen. Die Übereinstimmung der Mehrheits-Beschlüsse beider Versammlungen ist zu einem Vereinsgesetze erforderlich und ausreichend;* [...]“[324]. Die deutschen Staaten hatten die Rechtssetzungsmacht der zwischenstaatlichen Organisation Zollverein mit der Abkehr vom Einstimmigkeitsprinzip noch einmal gestärkt.

3. Bewertung

„Das einzig bewegende und große Ereignis in der gesamtdeutschen Politik dieser Jahrzehnte ist die Gründung des Deutschen Zollvereins.“[325]

---

[321] Art. 8 Abs. 1 des Vertrages zwischen dem Norddeutschen Bunde, Baiern [sic], Württemberg, Baden und Hessen, die Fortdauer des Zoll- und Handelsvereins betreffend, vom 8. Juli 1867, GBl. Norddt. Bund 1867, S. 81. Hiernach hatten die beteiligten 25 Staaten 58 Stimmen (Preußen alleine siebzehn), die auch bei der zulässigen Entsendung von so vielen Vertretern, wie Stimmen auf den jeweiligen Staat entfielen, nur einheitlich abgegeben werden konnten (Art. 8 Abs. 2 Satz 1).

[322] Art. 20 der Verfassung des Norddeutschen Bundes (Fn. 304).

[323] Art. 9 Abs. 1 Zollvereinsvertrag 1867 (Fn. 321).

[324] Art. 7 Abs. 1 Zollvereinsvertrag 1867 (Fn. 321).

[325] *Nipperdey* (Fn. 55), S. 358; ähnlich *Huber* (Fn. 97), S. 282. *Koselleck*, Preußen zwischen Reform und Revolution, Allgemeines Landrecht, Verwaltung und soziale Bewegung von 1791 bis 1848, 3. Aufl. 1981, S. 401, rechnet den Erfolg, den die Schöpfung des Zollvereins bedeute, dagegen der preußischen Verwaltungspolitik zu. Generell zur Reformorientierung vor allem der preußischen Beamtenschaft vgl. *Würtenberger* (Fn. 57), S. 103 ff. m.w.Nw.

Anders als bei den übrigen Entwicklungen im Rahmen des Deutschen Bundes ist – wenn man die bereits angesprochenen Maßnahmen zur Rechtsvereinheitlichung ausnimmt – hier die Zukunftsorientierung nicht nur aus der Rückschau zu bejahen. Auch die Zeitgenossen, allen voran *Metternich*, sahen die Perspektive, die der Zollverein eröffnete: den deutschen Nationalstaat unter preußischer Führung.[326] Abzulehnen ist allerdings die Zwangsläufigkeit, mit der in der zweiten Hälfte des 19. Jahrhunderts die Entwicklung vom Zollverein zum Kaiserreich gesehen wurde.[327] Immerhin verlief die Frontstellung während des preußisch-österreichischen Kriegs 1866 auch innerhalb des Zollvereins; die politische Einheit war alles andere als selbstverständlich.

Der Vollständigkeit halber ist darauf hinzuweisen, daß der Zollverein bei der Masse der Bevölkerung – Bauern, Landarbeiter und dem neuen, anwachsenden Industrieproletariat –[328] anders als bei einem Teil des politisch engagierten und wirtschaftlich erfolgreichen Bürgertums[329] auf wenig Gegenliebe stieß. Diese Bevölkerungsgruppen stellten überpro-

---

[326] Vgl. dazu: *Hamerow*, The Social Foundations of German Unification 1858-1871, Bd. 2: Struggles and Accomplishments, 1972, S. 100 ff.; *Koselleck* (Fn. 65), S. 661f. m.w.Nw. Anders *Voth* (Fn. 295), S. 118f., 124f.

[327] Ebenso *Nipperdey* (Fn. 55), S. 361; *Fischer*, Der Deutsche Zollverein, die Europäische Wirtschaftsgemeinschaft und die Freihandelszone, in: Europa Archiv 1961, S. 105-114 (S. 107); *Hahn* (Fn. 296), S. 195, unter Hinweis auf die streng föderalistische Verfassung des Zollvereins. *Berding*, Die Entstehung des Deutschen Zollvereins als Problem historischer Forschung, in: FS für Theodor Schieder zu seinem 70. Geburtstag, 1978, S. 225-237 (S. 227), spricht vom „*Lorbeerkranz der borussischen Geschichtslegende*". Kritisch auch *Gruner* (Fn. 66), S. 69f.; *Sheehan*, The Future of the European State: Some Historical Reflections on the German Case, in: GHI-Bulletin Nr. 42 (2008), S. 9-20 (S. 12). *Von Sybel* (Fn. 186), Bd. 3, S. 211 ff., betont freilich die partikularistische und staatenbündische Struktur des alten Zollvereins und sieht ihn darum nicht als Teil der Erfolgsgeschichte.

[328] Einzelheiten z.B. bei *von Philippovich*, Die Entwicklung der wirtschaftspolitischen Ideen im 19. Jahrhundert, sechs Vorträge, 1910. Dort: Die Konservativen, S. 21-45, Der Sozialismus, S. 46-72, und Die Agrarier, S. 94-118. Siehe auch *Weber* (Fn. 293), S. 50 ff.

[329] Als ein Beispiel für solch eine positive Einschätzung mag der Bericht über die Heppenheimer Tagung der süddeutschen Liberalen vom 10. Oktober 1847 dienen, den die „Deutsche Zeitung" am 15. Oktober 1847 brachte; abgedruckt bei *Obermann* (Fn. 293), S. 215-217; bei *Huber* (Fn. 68), Nr. 69 findet sich das dort verabschiedete Programm. Zur Haltung „des Liberalismus" vgl. *Henning* (Fn. 295), S. 332 ff.

portional viele Modernisierungsverlierer,[330] die gerade von den mit dem Beitritt eines Staates zum Zollverein verbundenen Umstellungsproblemen besonders betroffen waren.[331] Hierin kam allerdings primär der Wunsch nach wirtschaftlicher Besserstellung denn eine politische Ablehnung des Zollvereins selbst oder gar weitergehende politische Reformziele zum Ausdruck.

Als zwischenstaatliche Organisation hat der Zollverein eine gute Bilanz vorzuweisen: Die Aufgabe der gemeinschaftlichen Zollpolitik und -verwaltung hat er erfüllt, Vereinheitlichungen in den Grundlagen von Wirtschaft und Handel wurden erreicht, seine Institutionen haben funktioniert. Bestimmte Regelungen, etwa der bereits genannte Art. 14 Abs. 1 des Zollvereinsvertrages von 1833 (siehe Fn. 294), aber auch die Bestimmung über die – um die heutigen Begriffe zu verwenden – Arbeitnehmerfreizügigkeit und Dienstleistungsfreiheit (Art. 18 des Zollvereinsvertrages von 1833) erweisen sich als hochaktuell.

Die Erweiterung seiner institutionellen Struktur und die Übertragung weiterer Kompetenzen nach dem preußisch-österreichischen Krieg von 1866 erfordern allerdings eine sehr differenzierende Betrachtung. Keinesfalls lassen sie sich auf die Organisation Zollverein selbst beschränken und gleichsam im Sinne einer organischen Entwicklung erklären, die ohnehin stattgefunden haben würde. So hatten die übrigen Mitgliedstaaten das preußische Drängen nach Aufgabe der Einstimmigkeit zuvor stets zurückgewiesen. Die Verquickung mit dem Ringen um die Herstellung des Nationalstaates und um die Vormachtstellung einer der beiden deutschen Großmächte ist stets im Auge zu behalten. Wirtschaftliche Interessen, politische Zielsetzungen und fiskalische Erfor-

---

330 Zum Begriff der Modernisierung, ihren Voraussetzungen und Auswirkungen in Deutschland prägnant und lesenswert: *Nipperdey*, Probleme der Modernisierung in Deutschland, in: ders., Nachdenken über die deutsche Geschichte, Essays, 2. Aufl. 1986, S. 44-59 (S. 44 f., 49 ff.); aus soziologischer Sicht *Zapf*, Modernisierung und Modernisierungstheorien, in: ders. (Hrsg.), Die Modernisierung moderner Gesellschaften, 1991, S. 23-39 (S. 32 ff.). Zur Bedeutung von Regierungen für die Modernisierung relativ rückständiger Gesellschaften vgl. *Bendix*, Modernisierung in internationaler Perspektive, in: Zapf (Hrsg.), Theorien des sozialen Wandels, 4. Aufl. 1984, S. 505-512 (S. 508 ff.).

331 Hierzu *von Philippovich* (Fn. 328) und aus neuerer Sicht jeweils mit Informationen zu sozialer Lage und wirtschaftlichen Veränderungen: *Hamerow* (Fn. 289), S. 32 ff.; *ders.*, The Social Foundations of German Unification 1858-1871, Bd. 1: Ideas and Institutions, 1969, S. 50 ff.; *Nipperdey*, Deutsche Geschichte 1866-1918, Bd. I: Arbeitswelt und Bürgergeist, 1990, S. 192 ff., 291 ff. Siehe auch *Henning* (Fn. 295), S. 340 ff.; *Schieder* (Fn. 85), S. 132-135.

dernisse haben die Entstehung und Weiterentwicklung des Zollvereins mit wechselnder Gewichtung geprägt. Letztendlich lag die kleindeutsche Wirtschaftszusammenarbeit unter Ausschluß des vorwiegend agrarischen Österreich[332] nahe, blieb aber mit der Ausgestaltung des deutschen Verfassungsraumes verbunden: Mit Österreich war die fortschreitende „Vergemeinschaftung“ unwahrscheinlich; als der Sieg Preußens sie möglich gemacht und Österreich aus Deutschland herausgedrängt[333] hatte, war gleichzeitig auch der Weg für die staatliche Einheit eröffnet.

III. Internationale Zusammenarbeit auf humanitärem Gebiet

Die Notwendigkeit und Nützlichkeit internationaler Zusammenarbeit auch auf humanitärem Gebiet wurde im 19. Jahrhundert erkannt und führte zum einen aufgrund einer – vor allem in Großbritannien aktiven – von Privatleuten getragenen Anti-Sklaverei-Bewegung[334] zu einem allmählich dichter werdenden Netz internationaler Vereinbarungen zur Bekämpfung von Sklavenjagd und -handel.

Zum anderen kam es im Jahre 1863 zur Gründung des Internationalen Komitees vom Roten Kreuz. Auch hier war die Initiative eines Privatmannes ausschlaggebend, der unter dem Eindruck der Schlacht von Solferino (24. Juni 1859) Schritte zur Linderung des Leids und der Not

---

[332] Nicht zu unterschätzen ist freilich auch der Einfluß der romantisch-idealistischen, von *Johann Gottlieb Fichte* geprägten wirtschaftspolitischen Ideen *Adam Müllers* auf den Staatskanzler *Metternich*. *Müller* wandte sich gegen *Adam Smiths* Wirtschaftstheorie, die ihrerseits die preußischen Reformer angetrieben und so auch den deutschen Zollverein geprägt hatte. Dies führte dazu, daß in Österreich der Zollverein wirtschaftspolitisch nicht populär wurde. Hierzu *Weber* (Fn. 293), S. 48 ff. Zu *Müller* siehe auch *Göhler/Klein* (Fn. 88), S. 324 ff.; *Müller-Schmid*, Adam Müller (1779-1829), in: Heidenreich (Hrsg.), Politische Theorien des 19. Jahrhunderts, I. Konservatismus, 1999, S. 111-142; und *Meinecke* (Fn. 59), S. 113 ff.

[333] Hierzu *Verley*, Die politischen Verhältnisse: Vom Liberalismus zum Imperialismus, in: Palmade (Hrsg.), Das bürgerliche Zeitalter, 1975, Nachdruck 2003, S. 233-316 (S. 277 ff., 282 ff.).

[334] Siehe den Eintrag „Abolition and Anti-Slavery“ in: *Drescher/Engermann* (Hrsg.), A Historical Guide to World Slavery, 1998, S. 1-27; zur Bedeutung der Anti-Sklaverei-Gesellschaft, einer frühen Nichtregierungsorganisation, s. a. *Korey*, NGOs and the Universal Declaration of Human Rights, A Curious Grapevine, 1998, broschiert 2001, S. 117-137.

verwundeter Soldaten unternehmen wollte.[335] In der Folgezeit entstand ein dichtes Netz völkerrechtlicher Verträge,[336] die humanitäre Prinzipien zunächst im Kriegsrecht,[337] später im humanitären Völkerrecht[338] verankerten. Die internationale Rot-Kreuz- und Rot-Halbmondbewegung ist in einem dreistufigen, nicht-staatlichen Aufbau zusammengefaßt. Neben die nationalen Rotkreuzgesellschaften treten die (internationale) Liga der Rotkreuzgesellschaften und das (als Vereinigung

---

[335] Aufsehen erregte *Dunant*, Die Barmherzigkeit auf dem Schlachtfelde: eine Erinnerung an Solferino, 1862, dt. 1864.

[336] Konvention zur Verbesserung des Schicksals der verwundeten Soldaten der Armeen im Felde (I. Genfer Konvention) vom 22. August 1864, GS. für die Königlich Preußischen Staaten 1865, S. 841; Abkommen zur Verbesserung des Loses der Verwundeten und Kranken bei den im Felde stehenden Heeren (II. Genfer Konvention) vom 6. Juli 1906, RGBl. 1907 S. 279; Ordnung der Gesetze und Gebräuche des Landkriegs (Haager Landkriegsordnung), Anlage zum Abkommen betreffend die Gesetze und Gebräuche des Landkriegs vom 18. Oktober 1907, RGBl. 1910 S. 132; I. Genfer Abkommen zur Verbesserung des Loses der Verwundeten und Kranken der Streitkräfte im Felde vom 12. August 1949, BGBl. 1954 II 783; II. Genfer Abkommen zur Verbesserung des Loses der Verwundeten, Kranken und Schiffbrüchigen der Streitkräfte zur See vom 12. August 1949, BGBl. 1954 II 813; III. Genfer Abkommen über die Behandlung der Kriegsgefangenen vom 12. August 1949, BGBl. 1954 II 838; IV. Genfer Abkommen zum Schutz von Zivilpersonen in Kriegszeiten vom 12. August 1949, BGBl. 1954 II 917, ber. BGBl. 1956 II 1586; Zusatzprotokoll zu den Genfer Abkommen vom 12. August 1949 über den Schutz der Opfer internationaler bewaffneter Konflikte (Protokoll I) vom 8. Juni 1977, BGBl. 1990 II 1551; Änderungen des Anhangs I durch Beschluß nach Art. 98 V, BGBl. 1997 II 1367; Zusatzprotokoll zu den Genfer Abkommen vom 12. August 1949 über den Schutz der Opfer nicht internationaler bewaffneter Konflikte (Protokoll II) vom 8. Juni 1977, BGBl. 1990 II 1637.

[337] Ausführlich: *Berber*, Lehrbuch des Völkerrechts, Bd. II: Kriegsrecht, 1962.

[338] Dazu beispielsweise: *Cassese* (Hrsg.), The New Humanitarian Law of Armed Conflict, 1979; *Detter*, The Law of War, 2. Aufl. 2000; *Hasse/Müller/Schneider* (Hrsg.), Humanitäres Völkerrecht, Politische, rechtliche und strafgerichtliche Dimensionen, 2001; *Heintschel von Heinegg/Epping* (Hrsg.), International Humanitarian Law Facing New challenges, Symposium in Honour of Knut Ipsen, 2007; *Fleck* (Hrsg.), The Handbook of international humanitarian law, 2. Aufl. 2008.

schweizerischen Rechts organisierte) Internationale Komitee vom Roten Kreuz.[339]

Eine spezielle zwischenstaatliche internationale Organisation hat sich auf den Gebieten humanitärer Zusammenarbeit nicht herausgebildet. Die Fortentwicklung des einschlägigen Völkerrechts ist nach wie vor zunächst Gegenstand zwischenstaatlicher Zusammenarbeit, wird freilich auch von den Vereinten Nationen, wie zuvor schon vom Völkerbund, befürwortet und befördert.

Die thematisch angrenzenden Gebiete der Abrüstung[340] und die Verbote von bestimmten Waffen und Kampfstoffen[341] sind zu einem der Anliegen und wichtigen Arbeitsgebiet zunächst des Völkerbundes und

---

[339] Zur Entwicklung der Rot-Kreuzbewegung s.: *Haug*, Rotes Kreuz. Werden, Gestalt, Wirken, 1966, S. 13-32, zu ihrer Struktur *ebenda*, S. 99-104; siehe auch *Schneider*, Internationales Komitee vom Roten Kreuz, in: WBVR II (1961), S. 125-127; *Rosas*, Notes on the legal status of National Red Cross Societies, in: Studies and essays in honour of Jean Pictet, 1984, S. 959-973; *Schlögel*, IRC – International Red Cross, in: Wolfrum (Hrsg.), United Nations: Law, Policies and Practice, Bd. 2, 1995, S. 814-819; *Bindschedler-Robert*, Red Cross, in: EPIL IV (2000), S. 56-62 (plus Addendum von *Gasser*, S. 62-63); jeweils m.w.Nw.

[340] Siehe *Wehberg*, Die internationale Beschränkung der Rüstungen, 1919; *Heiser*, Abrüstung, in: WBVR I (1960), S. 5-9; *Volle/Duisberg*, Probleme der Internationalen Abrüstung, Die Bemühungen der Vereinten Nationen um internationale Abrüstung und Sicherheit 1954-1961, 2 Bde., 1964; *Goldblat*, Agreements for Arms Control: A critical survey, 1982; *Schuster*, Bemühungen um allgemeine und vollständige Abrüstung, in: Delbrück (Hrsg.), Friedensdokumente aus fünf Jahrhunderten, Abrüstung, Kriegsverhütung, Rüstungskontrolle, Erster Teilband, 1984, S. 73-85; *Bothe/Graf Vitzthum*, Rechtsfragen der Rüstungskontrolle im Vertragsvölkerrecht der Gegenwart, 1989; *Barton*, Disarmament, in: EPIL I (1992), S. 1072-1076; *Kimminich*, Disarmament, in: Wolfrum (Hrsg.), United Nations: Law, Policies and Practice, Bd. 1, 1995, S. 407-417; *Brauch*, Abrüstung, in: Volger (Hrsg.) Lexikon der Vereinten Nationen, 2000, S. 1-12; *Goldblat*, Arms Control, The New Guide to Negotiations and Agreements, 2. Aufl. 2002; jeweils m.w.Nw. Aus sozialistischer Sicht: *Höhne/Rose* (Hrsg.), Handbuch der internationalen Organisationen, 1967, S. 147-171. Vgl. in diesem Zusammenhang auch: *Volger*, Der Wandel der Perzeption von Abrüstung, Entwicklung und Konversion in der UNO, 1987.

[341] *Bothe*, Chemical Warfare, in: EPIL I (1992), S. 566-569; *Rauch*, Biological Warfare, in: EPIL I (1992), S. 404-407; *Bothe*, ABC-Weapons, in: Wolfrum (Hrsg.), United Nations: Law, Policies and Practice, Bd. 1, 1995, S. 1-12; jeweils m.w.Nw.

dann der Vereinten Nationen[342] geworden. In diesem Zusammenhang sei nur an die Befassung der Vereinten Nationen mit der Produktion und dem Einsatz von biologischen und chemischen Waffen im Irak anläßlich des ersten und zweiten Golfkriegs erinnert.[343] Hier wurde von den Staaten nach einem langen Lernprozeß auch mittels der internationalen Organisationen auf den Regimebedarf im Bereich der Sicherheitspolitik reagiert.[344] Interessant in diesem Zusammenhang ist die in

---

[342] Einen Überblick bietet die Internetseite http://disarmament2.un.org/ (zuletzt besucht am 19. November 2006), die den Einstieg in viele Details eröffnet. Seit 1976 gibt das Department for Disarmament Affairs ein Jahrbuch unter dem Titel „The United Nations Disarmament Yearbook" heraus. Vgl. außerdem *von Wagner*, Abrüstung, in: Volger (Hrsg.), Grundlagen und Strukturen der Vereinten Nationen, 2007, S. 101-130.

[343] SR-Res. 687 (1991) vom 3. April 1991; diese Resolution erlegte dem Irak die Zerstörung aller chemischen und biologischen Waffen sowie von Raketen mit einer Reichweite von mehr als 150 Kilometern auf; auch alle entsprechenden Forschungsanlagen und logistischen Einrichtungen waren abzubauen. Eine Sonderkommission der Vereinten Nationen (United Nations Special Commission – UNSCOM) war gemeinsam mit der Internationalen Atomenergiebehörde (IAEA) vom 1991-1999 für die Überwachung zuständig. Durch SR-Res. 1284 (1999) vom 17. Dezember 1999 wurde UNSCOM durch die United Nations Monitoring, Verification and Inspection Commission (UNMOVIC) abgelöst. Vom 1. März 2000 bis zum 30. Juli 2003 arbeitete UNMOVIC unter der Leitung von *Hans Blix*; der Irak wurde im März 2003 verlassen. Informationen über die Arbeit beider Kommissionen finden sich im Internet unter www.un.org/Depts/unscom/ (bis 1999) und unter www.unmovic.org (zuletzt besucht im Mai 2008).

Vgl. auch *Marauhn*, The Implementation of Disarmament and Arms Control Obligations Imposed upon Iraq by the Security Council, in: ZaöRV 1992, S. 781-803; *UN-Department of Public Information* (Hrsg.), The United Nations and the Iraq-Kuwait Conflict 1990-1996, 1996, S. 30 ff., 74 ff.; *Blix*, Disarming Iraq, The Search for Weapons of Mass Destruction, 2004; *Ambos/Arnold (Hrsg.)*, Der Irak-Krieg und das Völkerrecht, 2004.

Zur Sanktionsproblematik in diesem Zusammenhang siehe *Gading*, Der Schutz grundlegender Menschenrechte durch militärische Maßnahmen des Sicherheitsrates – das Ende staatlicher Souveränität, 1995, S. 101-104; *Normand*, Human Rights Assesment of Sanctions: The Case of Iraq, 1990-1997, in: van Genugten/de Groot (Hrsg.), United Nations Sanctions, Effectiveness and Effects, Especially in the Field of Human Rights, a Multi-disciplinary Approach, 1999, S. 19-33; *Graf Sponeck*, Vor dem Krieg, Das Sanktionsregime der UNO im Irak, 2005.

[344] Näher *Müller* (Fn. 225), S. 122 ff. Auf die fortdauernde Bedeutung bilateraler Vereinbarungen weist beispielsweise *MacLean*, Expanding the Existing

Resolution 1540 des Sicherheitsrates enthaltene Ergänzung des Nichtverbreitungsregimes über Massenvernichtungswaffen; der Sicherheitsrat hat einen Ausschuß eingesetzt, dem die Mitgliedstaaten über die Umsetzung der Resolution berichten müssen.[345]

Das Verbot der Sklaverei schließlich hat Eingang in die menschenrechtlichen Kodifikationen gefunden, die unter der Ägide der Vereinten Nationen seit 1948 entstanden sind, und wird im Rahmen der allgemeinen Menschenrechtsmechanismen überwacht.[346]

Der Grund für das Ausbleiben einer spezifischen internationalen Organisation gegen Sklaverei mag in der Behandlung des Problems durch eine Reihe von Verträgen[347] und darin liegen, daß das Thema alleine eine

---

Nuclear Disarmament Regime, Prospects for Bilateral U.S.-Russian Cooperation, in: Nagel (Hrsg.), Handbook of Global International Policy, 2000, S. 439-462, hin.

[345] SR-Res. 1540 vom 28. April 2004; hierzu infra Fn. 780. Einzelheiten zur Kontrolle der Nichtverbreitung bei *Olberg*, Massenvernichtungswaffen kontrollieren, Bilanz nach zwei Jahren UN-Sicherheitsratsresolution 1540, in: VN 2006, S. 189-193.

[346] Materielle Grundlage des Sklavereiverbots ist (nach Art. 4 AEMR) vor allem Art. 8 IPbpR (vgl. auch Art. 4 EMRK). Die Überwachung erfolgt sowohl in den chartabasierten Verfahren als auch in den vertragsgestützten Mechanismen, die das Menschenrechtssystem der Vereinten Nationen bereithält. Zur Terminologie sowie einführend zum Menschenrechtsschutz siehe *Nowak*, Einführung in das internationale Menschenrechtssystem, 2002; *Weiß*, Menschenrechtsschutz, in: Volger (Hrsg.), Grundlagen und Strukturen der Vereinten Nationen, 2007, S. 163-188.

[347] Die im Rahmen des Wiener Kongresses verabschiedete Erklärung über die Verurteilung des Negerhandels vom 8. Februar 1815 gilt als erster internationaler Impuls zur Abschaffung des Sklavenhandels. Zu nennen sind ferner: Bundesbeschluß zur Unterdrückung des Sklavenhandels vom 19. Juni 1845, in: *Droß* (Fn. 79), Nr. 87; Berliner Kongo-Akte vom 26. Februar 1885 (165 CTS 483); Brüsseler Anti-Sklavereiakte vom 2. Juli 1890 (173 CTS 293); bereits im Schoß des Völkerbunds dann das Genfer Übereinkommen betreffend die Sklaverei vom 25. September 1926 (LNTS 60, 253 ff.). Zu heutigen Erscheinungsformen vgl. einführend *Weiß*, Stichwort: Menschenhandel – Trafficking in Persons, in: MRM 2003, S. 199-201 m.w.Nw. Siehe auch: *Ziegler*, Criminal Victims/Witnesses of Crimes: The Criminal Offences of Smuggling and Trafficking of Human Beings in Germany, Discretionary Residence Rights, and Other Ways of Protecting Victims – Part I/II, in: 6 German Law Journal Nr. 3 (März 2005), abrufbar unter: www.germanlawjournal.com/article.php?id=579, Part II/II, abrufbar unter www.germanlawjournal.com/article.php?id=580 (zuletzt besucht am 24. Mai 2008).

internationale Organisation nicht getragen hätte. Für das humanitäre Völkerrecht mag gelten, daß die erforderliche Neutralität[348] von einer nicht-staatlichen Initiative eher einzuhalten war und eine private Organisation vor allem das tatsächliche Funktionieren im Kriegsfalle – jenseits möglicher Allianzen und Interessen – zu gewährleisten vermochte.

IV. Friedenssicherung: Der Völkerbund (1919-1946)

Die zum Teil Jahrhunderte zurückreichenden Pläne für eine internationale Friedenssicherung in Gestalt eines internationalen Zusammenschlusses[349] hatten aus unterschiedlichen Gründen meist wenig Realisierungschancen. Ernsthaftere Umsetzungsbemühungen führten zwar zu den Haager Friedenskonferenzen von 1899 und 1907, konnten die Zeit, in der der Nationalstaat in voller Blüte stand, aber nicht prägen. Der In-

---

Vgl. ferner die Berichte des UN-Sonderberichterstatters über Menschenhandel, insbesondere Frauen- und Mädchenhandel, abrufbar unter http://www2.ohchr.org/english/issues/trafficking/index.htm (besucht am 24. Mai 2008).

[348] Hierzu *Haug*, Über die Grundprinzipien des Roten Kreuzes, besonders den Grundsatz der Neutralität, in: FS für Dietrich Schindler zum 65. Geburtstag, 1989, S. 241-254.

[349] Ausdrücklich zu nennen ist die Schrift von *Kant*, Zum Ewigen Frieden (1795), in: ders., Kleinere Schriften zur Geschichtsphilosophie, Ethik und Politik (hrsg. von Vorländer), 1964. Vgl. außerdem *Schlochauer*, Die Idee des ewigen Friedens, Ein Überblick über Entwicklung und Gestaltung des Friedenssicherungsgedankens auf der Grundlage einer Quellenauswahl, 1953; *von Raumer*, Ewiger Friede, Friedensrufe und Friedenspläne seit der Renaissance, 1953; *Gruner*, Völkerbund, Europäische Föderation oder Internationales Schiedsgericht? Die Diskussion über neue Formen der europäischen und internationalen Beziehungen im 19. und frühen 20. Jahrhundert, in: ders., Deutschland mitten in Europa, Aspekte und Perspektive der deutschen Frage in Geschichte und Gegenwart, 1992, S. 173-224 (Erstveröffentlichung 1989); *Steiger*, Frieden durch Institution, Frieden und Völkerbund bei Kant und danach, in: Lutz-Bachmann/Bohmann (Hrsg.), Frieden durch Recht, Kants Friedensidee und das Problem einer neuen Weltordnung, 1996, S. 140-169; *Jaberg* (Fn. 53), S. 493-579; *Dicke*, Die Ideengeschichte des Friedens in der ersten Hälfte des 20. Jahrhunderts, in: Weltinnenrecht, Liber amicorum Jost Delbrück, 2005, S. 147-158; *Senghaas*, Über die Kultur des Friedens, in: Weltinnenrecht, Liber amicorum Jost Delbrück, 2005, S. 665-675; sowie die Übersichten bei *Köck/Fischer* (Fn. 23), S. 77-83, und *Fenske* (Fn. 175), S. 682-686; jeweils m.w.Nw.; ferner die Ausführungen von *Bernstein*, Völkerbund oder Staatenbund, 1919, S. 5-7 und passim.

ternationalismus des 19. Jahrhunderts ist gleichwohl von politischer Bedeutung. Er markiert die Abschwächung der bis dahin unbeschränkten Kontrolle des internationalen Systems durch die Großmächte. Verantwortlich hierfür waren neuartige multilaterale Strukturen. In diesen wurden Kommunikation und Informationsaustausch verstetigt und auch kleineren Mächten eine kontinuierliche Beteiligung an den internationalen Beziehungen ermöglicht.[350]

In der Euphorie des August 1914 gingen die vorgenannten Friedensideen europaweit unter.[351] Erst nach dem jahrelangen Sterben in den Schützengräben des Ersten Weltkriegs und der anschließenden, teilweise revolutionären Neuordnung der europäischen Staatenwelt unternahmen die Staaten mit der Gründung des Völkerbunds (Société des Nations, League of Nations) den Versuch, eine nun nicht mehr auf Europa beschränkte Friedensorganisation zu schaffen.[352] Der *„Leitgedanke* [der] *Entfaltung universalistischer Tendenzen zur Sicherung des Friedens zwischen den Staaten wie vorher innerhalb der Staaten"*[353] war etabliert.

---

[350] Ausführlich zu diesen Fragen die exzellente Studie von *Herren* (Fn. 286), S. 3 ff., 13 ff., 186 ff. und passim.

[351] Näher zum Ganzen *Gruner*, Kriegsverhütung und Friedenssicherung durch überstaatliche Organisationen: Anmerkungen zur Diskussion vor dem und im Ersten Weltkrieg, in: FS für Klaus-Jürgen Müller, 1995, S. 75-94. Besondere Kontinuitäten in der internationalen Zusammenarbeit über den Kriegsausbruch hinweg betonen *Herren/Zela* (Fn. 224), S. 107 ff., und weisen nach, daß sich bereits bestehende Netzwerke einer Integration in die Struktur des Völkerbundes erfolgreich widersetzten. Ähnlich schon *Herren* (Fn. 286), S. 24, die dies mit den – wichtiger gewordenen – Interessen der Staaten *„an der Peripherie der Macht"* (S. 5) begründet

[352] Politikwissenschaftler bezeichnen diesen Vorgang als die Schaffung einer *„von den Staaten selbst errichtete*[n] *Schranke der ‚internationalen Anarchie', eine sich selbst auferlegte Einschränkung der souveränen Handlungsfreiheit"*, vgl. *Rittberger*, Über die Friedensleistung internationaler Regime, in: Senghaas (Hrsg.) Den Frieden denken, Si vis pacem, para pacem, 1995, S. 341-362 (S. 342). Vgl. auch die breitangelegte Analyse bei *Kennedy*, The Move to Institutions, in: 8 Cardozo Law Review (1987), S. 841-988.

[353] *Bergstraesser*, Geschichtliches Bewußtsein und politische Entscheidung, Eine Problemskizze, in: FS für Hans Rothfels zum 70. Geburtstag, 1963, S. 9-38 (S. 10).

1. Ziele, Struktur, Organe (Überblick)

Die Völkerbundsidee[354] hatte vor allem konkrete Züge angenommen, nachdem der amerikanische Präsident *Wilson* in seinen Vierzehn Punkten (8. Januar 1918)[355] es als Kriegsziel benannt hatte, eine dem ewigen Frieden verpflichtete neue Friedensordnung mittels einer Vereinigung der Nationen zu schaffen. Im Anschluß daran wurden mehrere Berichte und Satzungsentwürfe vorbereitet,[356] die auf der Pariser Friedenskonferenz im Jahr 1919[357] als Grundlage für die Verabschiedung der Völkerbundsatzung (VBS)[358] dienten.

---

[354] Dazu ausführlich: *Beestermöller*, Die Völkerbundsidee, 1995. Siehe auch die informative Untersuchung von *Winkler*, The League of Nations Movement in Great Britain 1914-1919, 1952. Zum Klima geistiger Unterstützung siehe *Gollwitzer*, Geschichte des weltpolitischen Denkens, Bd. II: Zeitalter des Imperialismus und der Weltkriege, 1982, S. 442 ff., 454 ff.

[355] Vgl. *Meurer*, Wilsons 14 Punkte und das Völkerrecht, in: WdVD III (1929), S. 529-536; *Engelhardt*, Wilsons vierzehn Punkte, in: WBVR III (1962), S. 849f.; sowie *Beestermöller* (Fn. 354), S. 112-133. Erinnert sei aber auch an die Friedensbotschaft Papst *Benedikts XV.* an die Staatsoberhäupter der kriegführenden Völker vom 1. August 1917, in der bereits konkrete Vorschläge für eine künftige Friedensordnung gemacht wurden, u.a. allgemeine und gleichmäßige Abrüstung, obligatorische Schiedsgerichtsbarkeit und internationale Kollektivsanktionen gegen Friedensbrecher. Eine Übersetzung des Textes ins Deutsche findet sich bei *Müller*, Das Friedenswerk der Kirche in den letzten drei Jahrhunderten, Die Diplomatie des Vatikans im Dienste des Weltfriedens seit dem Kongreß von Vervins 1598, Sammlung ausgewählter Aktenstücke über die Friedenstätigkeit des Hl. Stuhls, Bd. 1, 1927, S. 464-468.

[356] Beispielsweise der französische Vorschlag für einen Völkerbund (*Bourgeois*-Vorschlag) vom 8. Juni 1918, abgedruckt bei *Knipping u.a.* (Fn. 68), Nr. 20, oder der Entwurf für einen Bundesvertrag des Völkerbundes (*Hurst-Millerscher* Kompromißentwurf) vom 3. Februar 1919, abgedruckt bei *Knipping u.a.* (Fn. 68), Nr. 21. Siehe auch *Brustmann*, Der erste Wilsonsche Völkerbundentwurf und die tatsächlichen Völkerbundssatzungen, 1930, und *Bleiber*, Der Völkerbund, Die Entstehung der Völkerbundssatzung, 1939.

[357] Zum politischen Klima und den Zielen der beteiligten Mächte siehe *Rößler* (Hrsg.), Ideologie und Machtpolitik 1919, Plan und Werk der Pariser Friedenskonferenzen 1919, 1966.

[358] Vom 28. Juni 1919, in Kraft getreten mit der Ratifizierung des Friedensvertrages von Versailles am 10. Januar 1920. Text in RGBl. 1919 S. 717, bei *Knipping u.a.* (Fn. 68), Nr. 22, und *Berber*, Völkerrecht, Dokumentensammlung, Bd. 1, 1967, Nr. 1.

Damit hatte die bis dahin vorherrschende realistisch-institutionalistische, vornehmlich zweckorientierte Konzeption der internationalen Zusammenarbeit einer idealistischen Herangehensweise Platz gemacht.[359]

Der Völkerbund[360] nahm seine Tätigkeit am 16. Januar 1920 auf. Durch Beschluß der Bundesversammlung[361] wurde er am 19. April 1946 aufgelöst; seine Vermögenswerte wurden auf die mittlerweile gegründeten Vereinten Nationen, das Umlaufvermögen auf die Internationale Arbeitsorganisation übertragen. Sitz des Völkerbundes war Genf (Art. 7 Abs. 1 VBS), während des Krieges wurden einige Dienststellen und Organisationen von Genf nach London, Montreal, Princeton und Washington verlegt.

Mitglieder des Völkerbundes waren gemäß Art. 1 Abs. 1 VBS ursprünglich die in der Anlage zur Satzung aufgeführten zweiunddreißig Signatarmächte der vier Friedensverträge – ohne die unterlegenen Staaten. Weitere dreizehn – ebenfalls in der Anlage aufgeführte – Staaten konnten der Satzung innerhalb von zwei Monaten nach ihrem Inkrafttreten vorbehaltlos beitreten, was sie auch taten. Somit hatte der Völkerbund 45 ursprüngliche Mitglieder.[362]

Weitere Mitglieder konnten aufgenommen werden, wenn die Bundesversammlung mit einer Mehrheit von zwei Dritteln zustimmte. Insge-

---

[359] Vgl. *Rittberger/Zangl* (Fn. 8), S. 44 f., und die Darstellung bei *Parker*, Das Zwanzigste Jahrhundert I: Europa 1918-1945, 1967, Nachdruck 2003, S. 7 ff., 33 ff. Zur Zukunft des Idealismus am Ende des 20. Jahrhunderts siehe: *Oliver*, The Future of Idealism in International Law, in: Macdonald/Johnston (Hrsg.), The Structure and Process of International Law: Essays in Legal Philosophy Doctrine and Theory, 1983, S. 1207-1221; *Osiander*, Rereading Early Twentieth-Century IR Theory, in: International Studies Quarterly 1998, S. 409-432.

[360] Ausführlich: *Walters*, A History of the League of Nations, 1952/65; *Pfeil*, Der Völkerbund: Literaturbericht und kritische Darstellung seiner Geschichte, 1976. Ferner: *Rothbarth*, Völkerbund (Geschichte), in: WdVD III (1929), S. 170-181; *Saager*, Völkerbund, Geschichte von 1920 bis zur Gegenwart, in: WdVD III (1929), Anhang, S. 1129-1151; *Zimmern* (Fn. 244), S. 286-446; *Barandon*, Völkerbund, in: WBVR III, 1962, S. 597-610; *Bennet* (Fn. 222), S. 22-39; *Parry*, League of Nations, in: EPIL III (1997), S. 177-186; *Köck/Fischer* (Fn. 23), S. 145-192; jeweils m.w.Nw.

[361] Abgedruckt bei *Knipping u.a.* (Fn. 68), Nr. 23.

[362] Deren Zahl sank um drei, weil Equador, der Hedjas/Hejaz (seit dem 23. September 1932: Saudi Arabien) und die Vereinigten Staaten von Amerika (USA) die Friedensverträge nicht ratifizierten.

samt wurden zwischen 1920 und 1937 einundzwanzig Staaten aufgenommen.

Die Mitgliedschaft im Völkerbund[363] war nach Art. 1 Abs. 2 VBS nicht auf Staaten beschränkt, auch Dominions[364] und Kolonien mit voller Selbstverwaltung konnten Mitglieder werden.[365]

Der Völkerbund als internationale Organisation[366] griff in seiner Struktur auf Modelle zurück, wie sie von den oben beschriebenen technischen Organisationen entwickelt worden waren und sich als tauglich erwiesen hatten. Der Völkerbund verfügte über drei Hauptorgane (Art. 2 VBS):[367] die Bundesversammlung als weiteres Repräsentationsorgan (Art. 3 VBS), in dem alle Mitglieder vertreten waren, den Rat (Art. 4 VBS) als engeres Repräsentationsorgan einer kleineren Anzahl ständiger und nichtständiger Mitglieder sowie das Sekretariat (Art. 6 VBS). Der in Art. 14 VBS geforderte Ständige Internationale Gerichtshof wurde nach dem Inkrafttreten seines Statuts[368] eingerichtet und trat am 30. Januar 1922 zum ersten Mal zusammen; er war kein Organ des Völkerbunds.[369]

---

[363] Kritisch zum Begriff des „Völker"bundes *Bernstein* (Fn. 349), S. 15-22. Kritisch zum Bundesbegriff in diesem Zusammenhang *Schmitt*, Die Kernfrage des Völkerbundes, 1926, S. 21 ff. und passim.

[364] Hierzu: *MacGregor Dawson*, The Development of the Dominion Status 1900-1936, 1965, S. 17-36; *Morvay*, Souveränitätsübergang und Rechtskontinuität im Britischen Commonwealth, Ein Beitrag zur Lehre von der Staatensukzession, 1974, S. 5-12.

[365] Dementsprechend waren beispielsweise die damaligen britischen Dominions Australien, Kanada und Neuseeland ursprüngliche Mitglieder des Völkerbundes.

[366] *Verdross* (Fn. 12), S. 111, bezeichnet ihn als (völkerrechtlichen) Staatenbund.

[367] Siehe *Siotis*, The Institutions of the League of Nations, in: The League of Nations in retrospect, Proceedings of the Symposium, Geneva, 6-9 November 1980, 1983, S. 19-30.

[368] Vom 16. Dezember 1920, in Kraft seit dem 1. September 1921. RGBl. 1927 II 229; abgedruckt bei *Knipping u.a.* (Fn. 68), Nr. 28b.

[369] Siehe infra Erster Teil B.IV.6. Einzelheiten bei *Strupp*, Cour permanente de justice internationale, in: WdVD III (1929), S. 773-817; *Saager* (Fn. 360), S. 1140; *Zimmern* (Fn. 244), S. 457-467; *Schlochauer*, Ständiger Internationaler Gerichtshof, in: WBVR III (1962), S. 341-364; *ders.*, Permanent Court of International Justice, in: EPIL III (1997), S. 988-1004; jeweils m.w.Nw.

Der Völkerbund war nach seiner Satzung auf die Ziele Gewährleistung des internationalen Friedens und der internationalen Sicherheit einerseits und Förderung der internationalen Zusammenarbeit andererseits verpflichtet. Das Friedensziel stand in der Präambel ganz am Anfang und wurde durch einen sich anschließenden Katalog von Grundsätzen noch unterstrichen.

Zu den satzungsgemäßenAufgaben des Völkerbunds gehörte die Abrüstung (Art. 8 VBS), die Sicherung des Besitzschutzes (Art. 10 VBS), der Schutz des Völkerfriedens (Art. 11 VBS), die Einrichtung eines Ständigen Internationalen Gerichtshofes (Art. 14 VBS), die kollektive Sicherheit (Art. 16 VBS) und das Mandatssystem (Art. 22 VBS).

Bundesversammlung (Art. 3 Abs. 3 VBS) und Rat (Art. 4 Abs. 5 VBS) befanden *„über jede Frage, die in den Tätigkeitsbereichs des Bundes fällt oder die den Weltfrieden berührt“*. Die Zuständigkeit beider Organe war – wie die des Völkerbundes insgesamt – weitreichend und außerdem in der Satzung nicht gegeneinander abgegrenzt. Sogar in einem schwebenden Streitschlichtungsverfahren vor dem Rat nach Art. 15 VBS konnte die Bundesversammlung durch den Rat selbst oder eine der Parteien mit der Angelegenheit befaßt werden (Art. 15 Abs. 9 VBS).

In eigenen Verfahrensfragen und der Einsetzung von Ausschüssen war das jeweils betroffene Organe zuständig und konnte mit der Mehrheit der anwesenden Mitglieder entscheiden (Art. 5 Abs. 2 VBS).

2. *Die Bundesversammlung*[370]

Die Bundesversammlung setzte sich aus Vertretern aller Mitgliedstaaten zusammen. Jeder Mitgliedstaat konnte maximal drei Vertreter entsenden (Art. 3 Abs. 3 VBS; Art. 5 Nr. 1 Geschäftsordnung der Bundesversammlung/BV-GeschO[371]), verfügte aber nur über eine Stimme (Art. 3 Abs. 3 VBS; Art. 20 BV-GeschO). Die Bundesversammlung tagte *„zu festgesetzten Zeitpunkten“*, konnte aber auch zu außerordentlichen Sitzungen zusammentreten (Art. 3 Abs. 2 VBS). Die regelmäßigen Jahrestagungen[372] begannen jeweils am ersten Montag im September (Art. 1

---

[370] Ausführlich *Burton*, The Assembly of the League of Nations, 1974.

[371] Auf der Grundlage von Art. 5 Abs. 2 VBS, vom 30. November 1920, in der Fassung vom 1. Mai 1923, abgedruckt bei *Knipping u.a.* (Fn. 68), Nr. 24.

[372] Diesen Rhythmus hatte die Bundesversammlung in Abweichung von dem im Rahmen der Verwaltungsunionen und der politischen Kongresse Üblichen

Nr. 1 BV-GeschO) und dauerten meist drei Wochen. Die Bundesversammlung oder der Rat konnten außerordentliche Tagungen mit Mehrheit einberufen.[373]

Die Bundesversammlung hatte der Ernennung des Generalsekretärs durch den Rat zuzustimmen (Art. 6 Abs. 2 Satz 2 VBS); allerdings wurde der erste, *Sir James Eric Drummond*, durch eine Anlage zur Satzung bestimmt (Art. 6 Abs. 2 Satz 1 VBS) und übte dieses Amt bis 1933 aus. Sie hatte die nichtständigen Mitglieder des Rates *„nach freiem Ermessen und zu den Zeiten, die sie für gut befindet“* zu bestimmen (Art. 4 Abs. 1 Satz 2 VBS); für die Bestimmung neuer ständiger Ratsmitglieder und die Erhöhung der Zahl der nichtständigen Ratsmitglieder durch den Rat war ihre Zustimmung erforderlich (Art. 4 Abs. 2 VBS). Für die Aufnahme neuer Mitglieder in den Völkerbund war die *„Zulassung“* durch zwei Drittel der Mitglieder der Bundesversammlung notwendig (Art. 1 Abs. 2 VBS).

Die auf Grundlage der vorgenannten Artikel gefaßten Beschlüsse der Bundesversammlung entfalteten unmittelbar Rechtswirkung für die Mitgliedstaaten und regelten die jeweiligen Fragen verbindlich.

Die Bundesversammlung konnte gemäß Art. 15 Abs. 9 VBS entweder vom Rat (Satz 1) oder jeder Streitpartei (Satz 2) mit einer bereits vor dem Rat befindlichen Streitfrage befaßt werden; in diesem Fall richteten sich das Verfahren und die Befugnisse der Versammlung nach den entsprechend anzuwendenden Vorschriften der Art. 12 und 15 VBS, die eigentlich auf den Rat gemünzt waren. Nach Art. 17 VBS galt diese nachrangige Zuständigkeit der Bundesversammlung auch für Streitigkeiten mit Nichtmitgliedern des Völkerbunds.

Die Bundesversammlung hatte außerdem nach Art. 19 VBS die Möglichkeit, *„von Zeit zu Zeit die Bundesmitglieder zu einer Nachprüfung der unanwendbar gewordenen Verträge und solcher internationalen Verhältnisse aufzufordern, deren Aufrechterhaltung den Weltfrieden gefährden könnte“*. Dieser sogenannte Revisionsartikel wies der Bundes-

---

selbst festgesetzt und damit ein frühes Beispiel der Eigendynamik von Institutionen geliefert. Hierzu eindrücklich *Walters* (Fn. 360), S. 127 f.; *Burton* (Fn. 370), S. 72 f.

[373] Außerordentliche Tagungen fanden beispielsweise statt zur Beschlußfassung über die Aufnahme des Deutschen Reiches (8. bis 17. März 1926) und zur Behandlung des Gran Chaco-Konflikts zwischen Bolivien und Paraguay (1935); hierzu *Meyer-Lindenberg*, Gran Chaco-Konflikt, in: WBVR I (1960), S. 702-704.

versammlung die Rolle zu, als Organ der Weltöffentlichkeit das Völkerrecht kritisch zu prüfen und gegebenenfalls Korrekturen anzuraten. Es fehlte ihr aber gleichzeitig die Kompetenz, diese Rechtsverhältnisse selbst zu verändern oder ihre Haltung gegenüber den betroffenen Staaten gegen deren Willen durchzusetzen.[374]

Nach Art. 26 Abs. 1 VBS schließlich war die Bundesversammlung an Satzungsänderungen zu beteiligen.

Die Bundesversammlung konnte *„zur Prüfung der auf der Tagesordnung stehenden Fragen"* (Art. 14 BV-GeschO) Ausschüsse bilden; es waren dies die Ausschüsse (1) für Fragen der Verfassung des Völkerbundes[375], (2) für Technische Organisationen, (3) für Abrüstung, (4) für Haushalts- und Finanzangelegenheiten, (5) für Soziale und Allgemeine Fragen und (6) für Politische Angelegenheiten. Diese Ausschüsse, die gegenüber der Konferenzpraxis der Zeit vor dem Völkerbund eine substantielle Neuerung darstellten, wurden allerdings nicht als ständige Gremien eingerichtet. Dies hätte als unzulässige Einschränkung der Kompetenzen des Rates aufgefaßt werden können. Ihre jährliche Etablierung durch die Bundesversammlung nahm auf diese Bedenken Rücksicht; die Begrenzung auf die Dauer der Tagung der Bundesversammlung griff die (praktischen) Einwände außereuropäischer Delegationen auf.[376]

Nachdem sich die Bundesversammlung im Jahre 1920 intensiv mit dem Frauen- und Kinderhandel befaßt hatte, fand eine Konferenz zu diesem Thema im Juni/Juli 1921 in Genf statt. Deren von den 34 teilnehmenden Staaten einstimmig angenommenes Schlußdokument regte konkret an, weitere Schritte zur Bekämpfung des Frauen- und Kinderhandels zu unternehmen. Die britische Delegation wandelte das Schlußdokument der Konferenz in einen inhaltsgleichen Konventionsentwurf um und schlug mit Erfolg vor, die Bundesversammlung möge diesen beschlie-

---

[374] So auch *Schücking/Wehberg*, Völkerbundsatzung, 2. Aufl. 1924, Art. 19, S. 663, die von einem Wunsch der Bundesversammlung sprechen, der die Staaten lediglich moralisch verpflichte. *Schindler*, Die Verbindlichkeit der Beschlüsse des Völkerbundes, 1927, S. 70 ff. entwickelt die Figur einer *„Empfehlung mit mittelbarer Rechtswirkung"* (S. 72).

[375] Die deutschsprachige Terminologie ist uneinheitlich; ich folge hier *Knipping u.a.* (Fn. 68), S. 453. *Barandon* (Fn. 360), S. 601, bspw. betitelt die Ausschüsse mit „I. Rechts- und Verfassungsfragen; II. Technische Organisationen und Geistige Zusammenarbeit; III. Abrüstungsfragen; IV. Haushaltsfragen; V. Soziale und allgemeine Fragen; VI. Politische Fragen im allgemeinen".

[376] Einzelheiten bei *Burton* (Fn. 372), S. 139 ff.

ßen, also einen Schritt tun, den die Konferenzteilnehmer nicht unternommen hatten.[377] Auf Grundlage der Konvention, die im Jahre 1922 nach einer ausreichenden Zahl von Ratifikationen in Kraft trat, wurde die Behandlung des Themas verstetigt und aktuellen Bedrohungen angepaßt.

Durch diesen Beschluß der Bundesversammlung wurde der Kodifikation des Völkerrechts ein neues Element hinzugefügt. In diesem Fall wirkte die internationale Organisation als Motor der Entwicklung, während die eigentliche Entscheidung, der Rechtssetzungsakt selbst, bei den Staaten verblieb.

Mit einer Resolution vom 22. September 1924 gab die Bundesversammlung dem Willen des Völkerbundes Ausdruck, im Bereich der Kodifikation des Völkerrechts[378] tätig zu werden, und setzte ein Expertenkomitee zur Beratung und Ausarbeitung ein. Dieses „Committee of Experts for the Progressive Codification of International Law“ tagte von 1925 bis 1928.[379] Auf der Grundlage seiner Arbeit fand im Jahre 1930 die

---

[377] Darstellung bei *Burton* (Fn. 372), S. 243 ff. m.w.Nw.

[378] *Grewe* (Fn. 5), S. 714-717 beurteilt die Kodifikationseuphorie der Zwischenkriegszeit kritisch und hält den Ertrag der Bemühungen für unergiebig. Auch *Steinberger*, Bemühungen zur Kodifizierung und Weiterbildung des Völkerrechts im Rahmen der Organisation der Vereinten Nationen, in: ZaöRV 1968, S. 617-645 (S. 622) nennt die Ergebnisse *„vergleichsweise kümmerlich“*, begrüßt aber zu Recht, daß Kodifikationsbemühungen *„institutionell organisiert und als ständige internationale Aufgabe erkannt wurden“* (S. 623). Ähnlich *de Visscher*, Stages in the Codification of International Law, in: Essays in Honour of Philipp C. Jessup, 1972, S. 17-33 (S. 17 ff.). *Strupp*, Kodifikation, in: WdVD I (1924), S. 638-641, begrüßt als Zeitgenosse den Wandel von der privatgelehrten Kodifikationsbestrebung zur praktisch orientierten zwischenstaatlichen Kodifikation. Gleichzeitig plädiert er für eine besonnene Fortführung, ohne sich offenbar eine tragende Rolle des Völkerbundes vorstellen zu können.

[379] Hierzu: *Rosenne* (Hrsg.), League of Nations Committee of Experts for the Progressive Codification of International Law [1925-1928], 1972, Bd. 1, S. XXIX-CXXIV (Einleitung des Herausgebers). *Rosenne* sieht hier eine Idee aufgegriffen, die auf der (zweiten) Haager Konferenz von 1907 formuliert worden war, aber nicht mehr in die Tat hatte umgesetzt werden können, nämlich zur Vorbereitung der ins Auge gefaßten dritten Haager Konferenz ein Expertenkomitee einzusetzen, das prüfen sollte *“what subjects are ripe for embodiment in an international regulation”* (S. XXIX).

„Codification Conference“ statt.[380] Zu den Ergebnissen der Konferenz, an der siebenundvierzig Staaten teilnahmen, gehören eine Konvention und drei Protokolle, die sich mit bestimmten Fragen doppelter Staatsangehörigkeit und Staatenlosigkeit befassen.

Interessant ist die vorgenannte Resolution der Bundesversammlung, weil die Völkerbundsatzung – anders als die Satzung der Vereinten Nationen in ihrem Art. 13 Abs. 1 lit. a – zur Kodifikation des Völkerrechts schweigt. Es ist also fraglich, ob die Bundesversammlung angesichts von Art. 3 Abs. 3 VBS überhaupt die Kompetenz besaß, die Resolution vom 22. September 1924 zu verabschieden und den allgemeinen Kodifikationsprozeß einzuleiten.[381] Die weitere tatsächliche Entwicklung zeigte allerdings, daß die Mitgliedstaaten bereit waren, den eingeschlagenen Weg mitzugehen, nicht zuletzt deshalb, weil die eigentliche Rechtssetzung nach wie vor bei ihnen verblieb.

Die Abstimmungen in der Bundesversammlung erfolgten, sofern die Satzung oder andere Verträge nichts anderes vorsahen,[382] gemäß Art. 5 Abs. 1 VBS und Art. 19 BV-GeschO nach dem Einstimmigkeitsprinzip. Hierbei wurden Stimmenthaltungen als Abwesenheit des jeweiligen Mitgliedstaates gezählt (Art. 19 Abs. 5 BV-GeschO). Die Bestimmung des Art. 5 Abs. 1 VBS galt nach allgemeiner Meinung allerdings nur für Beschlüsse (Resolutions, Résolutions), nicht für die unverbindlichen Empfehlungen (Recommendations, Vœux).[383]

---

[380] Hierzu: *Rosenne*, The Hague Codification Conference of 1930, in: ders. (Hrsg.), League of Nations Conference for the Codification of International Law [1930], 1975, Bd. 1, S. XI-LVI.

[381] Hierzu *Conetti*, Gli organi per la codificazione progressiva del diritto internazionale nella Società delle Nazioni, in : Le droit international à l'heure de sa codification, Etudes en l'honneur de Roberto Ago, Bd. 1, 1987, S. 231-246.

[382] Zu den wichtigen Ausnahmen wie Aufnahme neuer Mitglieder in den Völkerbund (Zweidrittelmehrheit nach Art. 1 Abs. 2 VBS) oder Erhöhung der Mitgliederzahl im Rat (Absolute Mehrheit nach Art. 4 Abs. 2 VBS) vgl. *Schücking/Wehberg* (Fn. 374), Art. 5, S. 336.

[383] *Schindler* (Fn. 374), S. 7 m.w.Nw.; *Schücking/Wehberg* (Fn. 374), S. 335.

3. Der Rat[384]

a) Allgemeines

Die Satzung sah in Art. 4 Abs. 1 Satz 1 vor, daß sich der Rat *„aus Vertretern der alliierten und assoziierten Hauptmächte und aus Vertretern vier anderer Bundesmächte“* zusammensetzt. Von den fünf Hauptmächten gehörten Frankreich, Italien (bis 1939), Japan (bis 1935) und das Vereinigte Königreich dem Völkerbund an, nicht aber die USA. Zunächst hatte der Rat zwar fünf ständige Sitze, die aber nur von vier Bundesmitgliedern wahrgenommen wurden. Mit dem Beitritt des Deutschen Reiches im Jahre 1926[385] wurde auf Beschluß des Rates ein zusätzlicher ständiger Sitz geschaffen; der für die USA vorgesehene Sitz blieb bis zum Ende des Völkerbundes vakant. Nach dem Austritt des Deutschen Reiches aus dem Völkerbund (1933) folgte ihm die im Jahr 1934 beigetretene Sowjetunion als ständiges Ratsmitglied (bis zu ihrem Ausschluß im Jahre 1939) nach. Die vier nichtständigen Ratsmitglieder waren gemäß Art. 4 Abs. 1 Satz 3 VBS zunächst Belgien, Brasilien, Spanien und Griechenland. Später wurde die Zahl der nichtständigen Ratsmitglieder auf sechs (1922), dann neun (1926) und zuletzt elf (1936) erhöht.[386]

Der Rat kam gemäß Art. 4 Abs. 3 VBS sooft die Umstände es erforderten, mindestens aber einmal im Jahr zusammen; er konnte in Genf oder an anderen Orten tagen. Nach Art. 7 Abs. 1 Satz 2 VBS konnte der Rat den Sitz des Völkerbunds *„jederzeit“* von Genf an einen anderen Ort verlegen.

Der Rat erstattete der Versammlung jährlich einen Bericht über seine Tätigkeit.[387]

---

[384] Siehe *Zimmern* (Fn. 244), S. 447-457.

[385] Ausführlich hierzu: *Spenz*, Die diplomatische Vorgeschichte des Beitritts Deutschlands zum Völkerbund 1924-1926, Ein Beitrag zur Außenpolitik der Weimarer Republik, 1966.

[386] Eine zeitlich gegliederte Übersicht über die ständigen und nichtständigen Mitglieder des Rates findet sich bei *Knipping u.a.* (Fn. 68), S. 473 f. Darstellung der Erweiterung auch bei *Saager* (Fn. 360), S. 1130f.

[387] Dies ergab sich aus einer Übereinkunft beider Organe, die sich im Jahre 1920 mit der Frage einer genaueren Abgrenzung ihrer Zuständigkeiten befaßt hatten. Nach einem Bericht des britischen Vertreters, *A.J. Balfour*, den der Völkerbundsrat am 2. August 1920 annahm, und einem Bericht des Ersten Ausschusses der Bundesversammlung, den diese am 7. Dezember 1920 ergänzte und annahm, kamen beide Organe überein, die vorhandene Flexibilität *„kreativ und*

Der Rat konnte – mit mehrheitlicher Zustimmung der Bundesversammlung – andere Bundesmitglieder zu ständigen Ratsmitgliedern bestimmen (Art. 4 Abs. 2 Satz 1 VBS) und die Zahl der nichtständigen Mitglieder erhöhen (Satz 2); ihre Benennung oblag der Versammlung.

Der Rat ernannte mit Zustimmung der Bundesversammlung den zweiten und gegebenenfalls weitere Generalsekretäre (Art. 6 Abs. 2 Satz 2 VBS). Die Ernennung der Sekretäre und des Personals des Sekretariats durch den Generalsekretär bedurfte gemäß Art. 6 Abs. 2 VBS der Zustimmung des Rates.

Gemäß Art. 5 Abs. 1 VBS entschied auch der Rat einstimmig, soweit nichts anderes vorgesehen war.[388] Das Vetorecht war mithin nicht auf die ständigen Ratsmitglieder beschränkt, wie wir es heute aus dem Sicherheitsrat der Vereinten Nationen kennen.

Die auf Grundlage der vorgenannten Artikel gefaßten Beschlüsse des Rates entfalteten unmittelbar Rechtswirkung für die Mitgliedstaaten und regelten die jeweiligen Fragen verbindlich.

b) Abrüstung

Art. 8 Abs. 2 VBS gab dem Rat die Pflicht auf, *„unter Berücksichtigung der geographischen Lage und der besonderen Verhältnisse eines jeden Staates die Abrüstungspläne“*, mit denen die in Abs. 1 geforderte *„Herabsetzung der nationalen Rüstungen auf das Mindestmaß“* erreicht werden sollte, zu entwerfen und den betroffenen Regierungen zur Prüfung und Entscheidung vorzulegen. Im Zehnjahresrhythmus waren diese Pläne zu überprüfen und gegebenenfalls zu berichtigen (Abs. 3). Hatten die Regierungen die Abrüstungspläne anerkannt und sich solcherart zur Einhaltung von Obergrenzen verpflichtet, war eine Überschreitung nur mit Zustimmung des Rates nach Abs. 4 zulässig. Dem Rat oblag es in diesem Zusammenhang schließlich, auf Mittel gegen die *„schlimmen Folgen“* privater Herstellung von Kriegsgerät und Munition *„Bedacht zu nehmen“*, ohne dabei freilich die Versorgung derjenigen

---

taktvoll“ zu nutzen und über die Abgrenzungen in der Satzung hinaus keinen detaillierten Zuständigkeitskatalog zu erarbeiten. Beide Berichte sind abgedruckt bei *Knipping u.a.* (Fn. 68), Nr. 26 a und b.

[388] *Schücking/Wehberg* (Fn. 374), Art. 5, S. 335 weisen darauf hin, daß die Einstimmigkeit in beiden Organen nur für Beschlüsse, nicht aber für Wünsche und Empfehlungen erforderlich sei. Zu den Ausnahmen von der Einstimmigkeit im Rat ebenda, S. 336 ff.

Bundesmitglieder ohne nationale Rüstungsunternehmen zu beeinträchtigen (Abs. 5).

Nicht nur in der Satzung des Völkerbundes, sondern auch in seiner tatsächlichen Arbeit nahmen Fragen der Rüstungsbeschränkung eine prominente und umfassende Rolle ein.[389] Dies resultierte aus der satzungsmäßig vorgenommenen Verknüpfung der Abrüstung mit der nationalen Sicherheit und der Erzwingung internationaler Verpflichtungen durch gemeinschaftliches Vorgehen (Art. 8 Abs. 1 VBS). Je wirkungsvoller die Streitschlichtungsmechanismen des Völkerbundes arbeiteten, desto eher konnte von den Mitgliedern Bereitschaft zur Abrüstung erwartet werden. Die Aktivitäten des Völkerbundes zur Rüstungsbeschränkung hatten deshalb Querschnittscharakter.[390] Hier kann auf die Geschichte der Abrüstungsbemühungen, insbesondere auf die Vorbereitung und Durchführung der Konferenz zur Herabsetzung und Begrenzung der Rüstungen (1932/1933), mit der der Weg des Art. 8 VBS verlassen wurde, nicht eingegangen werden.[391]

Festzuhalten ist allerdings, daß der Rat die in Art. 8 vorgesehenen Pläne niemals aufstellte. Das Rüstungskontroll- und Abrüstungsregime des Völkerbundes wurde also trotz großen Aufwandes erst gar nicht entfaltet.[392] Ob es steuernde Wirkung hätte ausüben können, mit anderen Worten ein sinnvoller Anwendungsfall von Internationalisierung gewesen wäre, darf bezweifelt werden. Entscheidend hierfür ist zweierlei: Erstens müssen Vereinbarungen getroffen werden – schon hierzu waren die Mitgliedstaaten nicht bereit –, und zweitens gilt es, diese Vereinbarungen auch durchzusetzen.[393]

---

389 Vgl. *Walters* (Fn. 360), S. 217-230, 361-376, 500-516, 541-555; siehe auch *Heiser* (Fn. 340), S. 6 f. Ähnlich *Saager* (Fn. 360), S. 1149 ff., der sich im Jahre 1926 noch relativ optimistisch äußerte. Nüchtern *Jaberg* (Fn. 53), S. 426 ff.

390 So auch die Einschätzung von *Barandon* (Fn. 360), S. 604.

391 Vgl. die in Fn. 389 genannten Autoren, aaO.; sowie den Überblick bei *Webster*, From Versailles to Geneva: The Many Forms of Interwar Disarmament, in: The Journal of Strategic Studies 2006, S. 225-246.

392 Sehr kritisch die Bewertung von *Vaïsse*, La Société des Nations et le Désarmement, in: The League of Nations in retrospect, Proceedings of the symposium, Geneva, 6-9 November 1980, 1983, S. 245-265.

393 Hierzu *Marauhn*, Verhaltenssteuerung durch Völkerrecht? Perspektiven der rechtlichen Ausgestaltung von Rüstungskontrolle, in: Sicherheit und Frieden 2003, S. 141-149 (S. 143); auch schon *Delbrück*, Die Überwachung von Abrüstungs- und Rüstungsbeschränkungsmaßnahmen (Verifikation), in: ders., (Hrsg.), Friedensdokumente aus fünf Jahrhunderten, Abrüstung, Kriegsverhü-

c) Kollektive Sicherheit und Streitschlichtung

Im Bereich der kollektiven Sicherheit[394] kam dem Rat eine wichtige Rolle zu:

Art. 10 Satz 1 VBS statuierte zunächst die Pflicht der Mitgliedstaaten, die Unversehrtheit des Gebiets und die bestehende politische Unabhängigkeit aller Mitglieder zu achten und gegen jeden äußeren Angriff zu wahren. Dem Rat oblag es nach Satz 2, im Falle eines Angriffs, der Bedrohung mit einem Angriff oder einer Angriffsgefahr *„auf die Mittel zur Durchführung dieser Verpflichtung Bedacht zu nehmen“*. Zu unterstreichen ist dabei, daß der Rat nicht die Feststellung zu treffen hatte, ob ein Garantiefall vorliegt. Ihm kam nur zu, eine gutachterliche Empfehlung zu den möglichen Reaktionen auszusprechen.[395] Die Durchführung der Garantiepflicht oblag den Bundesmitgliedern; der Rat hatte (nur) die Aufgabe, Vorschläge für einen Aktionsplan zu machen. Diesen kam allerdings keine Verbindlichkeit zu; den Bundesmitgliedern stand es überdies frei, auch schon vor der Erstellung dieses Aktionsplans Maßnahmen zu ergreifen.

---

tung, Rüstungskontrolle, Zweiter Teilband, 1984, S. 1327-1340 (S. 1337 ff.); *Bothe/Graf Vitzthum* (Fn. 340), S. 65 ff., 127 ff.; das Kapitel "Multilateral Arms Control", in: *Shelton* (Hrsg.), Commitment and Compliance, The Role of Non-Binding Norms in the International Legal System, 2000, S. 465-533; *Bothe*, Durchsetzung der Menschenrechte und des humanitären Völkerrechts – ein Paradigmenwechsel?, in: Marauhn (Hrsg.), Die Rechtsstellung des Menschen im Völkerrecht, 2003, S. 115-130 (S. 115 ff.); *Feiveson/Shire*, Dilemmas of Compliance with Arms Control and Disarmaments Agreements, in: Luck/Doyle (Hrsg.), International Law and Organization, Closing the Compliance Gap, 2004, S. 205-245.

Hathaway, Between Power and Principle, An Integrated Theory of International Law, in: The University of Chicago Law Review 72 (2005), S. 469-536, unternimmt eine Verknüpfung politik- und rechtswissenschaftlicher Erkenntnisse, um die Steuerungswirkung von Völkervertragsrecht zu erklären. Vgl. außerdem *Breitmeier*, Weltordnung im Umbruch, Verrechtlichung und Privatisierung in der Weltgesellschaft, in: Senghaas/Roth (Red.), Global Governance für Entwicklung und Frieden, Perspektiven nach einem Jahrzehnt, 2006, S. 104-130.

394 Siehe auch *Jaberg* (Fn. 53), S. 419 ff.

395 *Blum*, Das System der verbotenen und erlaubten Kriege in Völkerbundssatzung, Locarno-Verträgen und Kellogg-Pakt, 1932, S. 10 f.; *Schücking/Wehberg* (Fn. 374), Art. 10, S. 464; *Schindler* (Fn. 374), S. 74.

Die Regelung des Art. 10 VBS bildete ein Kernstück der – allerdings kein allgemeines Kriegsverbot aussprechenden – Friedensordnung, deren Einrichtung man sich von der Schaffung des Völkerbundes erhofft hatte.[396] Gleichzeitig war sie einer der Gründe für die ablehnende Haltung des US-Kongresses gegenüber dem Völkerbund, der eine zu starke Einschränkung der außenpolitischen Handlungsfreiheit der USA fürchtete.

Art. 10 VBS beinhaltete aber gerade keine Übertragung von Hoheitsrechten auf den Völkerbund, der Rat sprach lediglich eine Empfehlung aus. Die Entscheidung, ob und welche Sicherheitsmaßnahmen zu treffen waren, verblieb bei den Staaten. Zutreffend ist die Empfehlung im Rahmen von Art. 10 VBS als *„Einwirkungsmöglichkeit ohne Unterordnung“*[397] charakterisiert worden.

Daneben stand die Regelung in Art. 11 Abs. 2 VBS:[398] Hiernach konnten die Bundesmitglieder den Völkerbund mit jeder Angelegenheit, die für die internationalen Beziehungen von Bedeutung sein kann und den Frieden zu stören droht, befassen.[399] Der Bund hatte dann (durch seine Organe) *„die zum wirksamen Schutz des Völkerfriedens geeigneten Maßnahmen zu ergreifen“* (Art. 11 Abs. 1 Satz 1 VBS). Hierbei handelte es sich einerseits nicht um eine bloße Befugnis des Völkerbundes, sondern um eine echte Rechtspflicht.[400] Umstritten war allerdings, ob es sich um unverbindliche Empfehlungen oder bindende Beschlüsse handelte.[401] Sinnvollerweise kann eine Entscheidungshoheit des Völker-

---

[396] *Johnson/Niemeyer*, Collective Security: The Validity of an Ideal, in: International Organization 8 (1954), S. 19-35 (S. 22).

[397] *Schindler* (Fn. 374), S. 81, der im Jahre 1927 überdies die Chance sah, daß es im Rahmen fortschreitender Integration zu einer rechtlichen Verbindlichkeit kommen könnte.

[398] Ausführlich hierzu: *Grob*, Die Kompetenzen des Völkerbundrates und der Völkerbundversammlung zur Streitschlichtung und Kriegsverhütung, 1933, S. 33-180.

[399] *Barandon*, Das Kriegsverhütungsrecht des Völkerbundes, 1933, S. 38, und *ders.* (Fn. 360), S. 605, spricht von „Präventiv-Intervention“.

[400] *Barandon* (Fn. 399), S. 39.

[401] Für Verbindlichkeit *Schücking/Wehberg* (Fn. 374), Art. 11, S. 469, denenzufolge allerdings auch nur diejenigen Staaten, die der Entscheidung zugestimmt hatten oder sie nachträglich unterstützen, verpflichtet waren, an dem vom Rat beschlossenen Vorgehen teilzunehmen; ebenso *Marburg*, Der rumänisch-ungarische Optantenstreit vor dem Gemischten Schiedsgericht und dem Völkerbund, Zugleich ein Beitrag zur Lehre von der Enteignung im Völker-

bundrates gegen den Willen der Staaten kaum angenommen werden; war die Entscheidung allerdings unter Einschluß der Parteien des Streits zustandegekommen, so galt sie nicht nur für diese, sondern auch für die übrigen Mitglieder des Völkerbundes. Als Maßnahmen kamen die Klärung des Sachverhalts, eine Vermittlung im Streitfall, die vorläufige Regelung eilbedürftiger Punkte, die Kontrolle von Zusagen der Parteien und schließlich die *„Pression"* in Betracht.[402]

Anwendungsfälle für Art. 11 VBS waren unter anderem der schwedisch-finnische Streit um die Åland-Inseln (1920), die Frage der albanischen Grenzen (1921/22), der rumänisch-ungarische Optantenstreit (1923/ 1927),[403] der griechisch-bulgarische Grenzzwischenfall (1925) und die Grenzziehung in Oberschlesien (1921/22).[404] Seit Kriegsende war das letztgenannte Gebiet von den Alliierten besetzt gewesen und verwaltet worden. Der Versailler Vertrag sah in seinem Art. 88 vor, daß die Entscheidung über den endgültigen Status Oberschlesiens von den Alliierten nach einer Volksabstimmung zu treffen war. Diese Volksabstimmung im März 1921 hatte zwar eine Mehrheit für den Verbleib des Gebietes beim Deutschen Reich ergeben, war aber geographisch kaum umsetzbar. Die Alliierten, die zur Entscheidung der Oberschlesienfrage rechtlich befugt und zur Durchsetzung ihrer Entscheidung auch tatsächlich in der Lage waren, sich aber nur über die Zulässigkeit einer Teilung Oberschlesiens, nicht jedoch über deren konkrete Ausgestaltung einigen konnten, übertrugen die Entscheidung dem Völkerbund. Der Rat entwickelte binnen kürzester Zeit einen Plan, schlug eine

---

recht, 1928, S. 72; und *Jahr*, Der Ungarisch-Rumänische Optantenstreit vor dem Ungarisch-Rumänischen Gemischten Schiedsgericht und vor dem Völkerbunds-Rat in den Jahren 1927-1929, 1931, S. 21. *Barandon* (Fn. 399), S. 77 ff., legt den Beschlüssen (lediglich) eine hohe moralische Wirkung bei, die allerdings de facto wegen der Mächtigkeit der Ratsmitglieder auf eine Befolgungspflicht hinauslaufe. *Grob* (Fn. 398), S. 230 ff., wendet sich nachdrücklich gegen die Auffassung, der Rat könne den Parteien eines Streits gebieten. Ebenso klar *Blum* (Fn. 395), S. 11f., und *Binter*, Das Verhältnis von Vermittlung und Schiedsgerichtsbarkeit nach dem Völkerbundspakt Art. 11-13, 15, 1929, S. 16 f.

[402] *Barandon* (Fn. 399), S. 65 ff.

[403] Einzelheiten bei *Marburg* (Fn. 401), S. 1-52; *Jahr* (Fn. 401), S. 6 ff. und passim.

[404] Zu diesen und weiteren Fällen vgl. *Saager* (Fn. 360), S. 1132-1140. Siehe auch *Goodspeed,* The Nature and Function of International Organization, 2. Aufl. 1967, S. 48-75 (S. 51 ff.); *Kunz*, Die intrasystematische Stellung des Art. XI des Völkerbundpaktes, 1931, S. 3 ff.

Grenzlinie zwischen dem Deutschen Reich und Polen vor und entwickelte ein Modell der Verwaltung beider Sektoren durch die nationalen Regierungen.[405] Zusätzlich wurde ein Streitschlichtungsmechanismus installiert. Dieses Regime wurde in der Genfer Konvention über Oberschlesien niedergelegt, die am 15. Mai 1922 unterschrieben wurde und am 3. Juni 1922 in Kraft trat; es blieb bis 1937 wirksam und stellt einen der wenigen längerfristigen Erfolge des Völkerbundes in diesem Bereich dar.

Art. 12 VBS verpflichtete die Bundesmitglieder in jedem Fall zur friedlichen Streitbeilegung. Erst nach deren Scheitern durfte *„zum Kriege geschritten werden"* (Art. 12 Abs. 1 VBS).[406] Unterblieb die vorrangige schiedsgerichtliche (Art. 13 VBS) oder gerichtliche Streitbeilegung (letztere seit der Errichtung des Ständigen Internationalen Gerichtshofs), so war die Prüfung der Frage durch den Rat vorgeschrieben (Art. 15 Abs. 1 Satz 1 VBS).

Der Rat bemühte sich in diesen Fällen, die Schlichtung der Streitfrage herbeizuführen (Art. 15 Abs. 3 Satz 1 VBS). Gelang das nicht, so erstattete und veröffentlichte der Rat

> „einen auf einstimmigem Beschluß oder Mehrheitsbeschluß beruhenden Bericht, der die Einzelheiten der Streitfrage und die Vorschläge wiedergibt, die er zur Lösung der Frage als die gerechtesten und geeignetsten empfiehlt" (Art. 15 Abs. 4 VBS).

Im Falle eines einstimmigen Beschlusses (unter Außerachtlassung der Streitparteien) war es verboten, gegen jede Partei, die sich dem Vorschlag fügte, zum Kriege zu schreiten. Hinsichtlich der sonstigen Inhalte des Beschlusses fehlte es aber auch hier an der Verbindlichkeit. Bei Mehrheitsbeschlüssen behielten sich die Mitgliedstaaten *„das Recht vor, die Schritte zu tun, die sie zur Wahrung von Recht und Gerechtigkeit für nötig erachten"* (Art. 15 Abs. 7 VBS).

Der Rat konnte auf Grundlage der Satzung weder seine eigenen Beschlüsse noch die Sprüche der Schiedsgerichte durchsetzen, also die Mitgliedstaaten auf die positive Durchführung der Vorschläge verpflichten. Hierzu bedurfte es zusätzlicher Abmachungen.[407] Immerhin

---

[405] Ausführlich: *Walters* (Fn. 360), S. 152-158.

[406] Nach dem Briand-Kellog-Pakt vom 27. August 1928 war darüber hinaus jeder Krieg verboten, der satzungsmäßige, „legale" Krieg war nicht mehr zulässig; vgl. *Wallace*, Kellogg-Briand Pact (1928), in: EPIL III (1997), S. 76-79.

[407] Ein Beispiel hierfür ist der gemeinsame Art. 19 der Schiedsverträge von Locarno (1925) zwischen dem Deutschen Reich einerseits und Belgien, Frank-

sah die Satzung in Art. 16 eine Reaktionsmöglichkeit für den Fall vor, daß ein Mitgliedstaat *„entgegen den in den Artikeln 12, 13 und 15 übernommenen Verpflichtungen zum Kriege“* schritt. Dieser Vertragsbruch begründete den Bündnisfall (Art. 16 Abs. 1 Satz 1 VBS) und verpflichtete alle Mitgliedstaaten, den betreffenden Staat wirtschaftlich und diplomatisch zu isolieren (Art. 16 Abs. 1 Satz 2 VBS).[408] Der Rat hatte sodann vorzuschlagen, wie unter Rückgriff auf die Militärressourcen der Mitgliedstaaten eine *„bewaffnete Macht“* zusammenzustellen sei, um *„den Bundesverpflichtungen Achtung zu verschaffen“* (Art. 16 Abs. 2 VBS). Dabei war der Rat allerdings auf die Kooperation der Staaten angewiesen; sein Vorschlag war nicht bindend.[409] Der Versuch,

---

reich, Polen und der Tschechoslowakei andererseits. Darin verpflichteten sich die Parteien, *„diese Anordnungen zu befolgen, sich jeder Maßnahme zu enthalten, die eine nachteilige Rückwirkung auf die Ausführung der Entscheidung oder der von der Ständigen Vergleichskommission oder dem Völkerbundsrat vorgeschlagenen Regelung haben könnte, und allgemein jegliche Handlung zu vermeiden, die geeignet wäre, die Streitigkeit zu verschärfen oder auszudehnen.“* Damit erkannten allerdings nur die beteiligten Staaten die Verbindlichkeit der in diesem Zusammenhang getroffenen Beschlüsse des Völkerbundsrates an.

Im Friedensvertrag von Lausanne zwischen der Türkei und dem Vereinigten Königreich (1923) wurde hinsichtlich einer Grenzstreitigkeit bestimmt, *« le litige sera porté devant le Conseil de la Société des Nations »*. Art und Reichweite der Entscheidung des Rates war zwischen den Parteien umstritten, so daß schließlich vom Rat ein Gutachten des Ständigen Internationalen Gerichtshofs erbeten wurde. Dieser erklärte, die vom Rat nach dem Friedensvertrag zu treffende Entscheidung sei für die Parteien verbindlich, und fügte hinzu, diese Entscheidung müsse einstimmig getroffen werden, wobei die Parteivertreter an der Abstimmung zwar teilnehmen könnten, ihre Stimmen bei der Feststellung der Einstimmigkeit aber nicht mitgezählt würden. *PCIJ*, Gutachten vom 21. November 1925, PCIJ Serie B Nr. 12, S. 31, 33; zur Verbindlichkeit s. auch *Pritsch*, Mossulfrage, in: WdVD III (1929), Anhang, S. 1029-1035.

[408] Art. 16 VBS wurde in der Praxis nur nach dem italienischen Einmarsch in Äthiopien aktuell; der Beschluß über Sanktionen gegen Italien fiel aber nicht im Rat, sondern in einem besonders eingesetzten Koordinierungsausschuß.

[409] Ebenso *Blum* (Fn. 395), S. 21. Erst das nicht in Kraft getretene Genfer Protokoll für die Regelung internationaler Streitigkeiten vom 24. Oktober 1924 sah vor, dem Rat die Kompetenz zu übertragen, Sanktionsmaßnahmen nach Art. 16 VBS verbindlich anordnen zu können. Zum Genfer Protokoll vgl. *Wehberg*, Das Genfer Protokoll betreffend die friedliche Erledigung internationaler Streitigkeiten, 1927; *ders.*, Das Genfer Protokoll, in: WdVD III (1929), Anhang S. 845-854; *von der Heydte*, Genfer Protokoll vom 2.10.1924, in: WBVR I (1960), S. 653-655; *Goodspeed* (Fn. 404), S. 59 f.

ein System kollektiver Sicherheit zu etablieren, war also nur halbherzig. Zu Recht ist darauf hingewiesen worden, daß dieses Manko durch ein stärkeres Engagement der Staaten (vor allem der Großmächte) durchaus hätte überwunden werden können.[410]

Die Verknüpfung der Vereinbarungen über die Abrüstung und die kollektive Sicherheit mit dem System der Schiedsgerichtsbarkeit und der gerichtlichen Streitbeilegung ergab ein komplexes System, das mit diplomatischen und juristischen Mitteln auf die Verhütung des Krieges zielte: das sogenannte Kriegsverhütungsrecht des Völkerbundes[411]. Tragende Pfeiler dieses Systems blieben freilich entweder ohne rechtliche Verbindlichkeit[412] oder entbehrten politischer Wirksamkeit.[413]

Hinsichtlich der Rechtswirkungen von Beschlüssen von Bundesversammlung und Rat ist zu differenzieren: Sofern es sich um interne Angelegenheiten handelte, in denen den Organen des Völkerbundes ein echtes Entscheidungsrecht zukam, waren beider Beschlüsse für alle Mitgliedstaaten verbindlich. Hierzu zählten die Aufnahme neuer Mitglieder, die Erhöhung der Mitgliederzahl im Rat, die Verlegung des Bundessitzes oder der Ausschluß von Mitgliedern.

Einstimmig gefaßte Beschlüsse des Rates nach Art. 15 Abs. 4 VBS, die für einen Streitfall eine bestimmte Lösung vorschlugen, waren nicht bindend. Ihnen kam aber die Rechtsfolge zu, daß gegen denjenigen Staat, der sich diesen Lösungsvorschlägen unterworfen hatte, kriegeri-

---

[410] *Luard*, A History of the United Nations, Vol. 1: The Years of Western Domination, 1945-1955, 1982, S. 5f.: *"In fact, the textual weakness might not have mattered so much if the spirit had been strong. But the spirit was far from strong."*

[411] So der Titel von *Barandon* (Fn. 399). Siehe auch die hoffnungsvolle, bereits vor Abschluß des Briand-Kellogg-Paktes am 27. August 1928 fertiggestellte Analyse von *Knubben*, Völkerbund und Kriegsverhütung, in: WdVD III (1929), S. 1151-1187. Zur Weiterentwicklung des völkerrechtlichen Kriegsverbots in der Zwischenkriegszeit vgl. den Abriß bei *König*, Die völkerrechtliche Legitimation der Strafgewalt internationaler Strafjustiz, 2003, S. 72-81.

[412] Dies gilt für das jeden Angriffskrieg verbietende und die obligatorische Gerichtsbarkeit des StIGH vorsehende Genfer Protokoll von 1924 (Fn. 409). Zur britischen Haltung gegenüber dem Genfer Protokoll vgl. *Orde*, Great Britain and International Security 1920-1926, 1978, S. 68ff; *Most*, Großbritannien und der Völkerbund, Studien zur Politik der Friedenssicherung 1925-1934, 1981, S. 61 ff.

[413] So die Genfer Generalakte für die friedliche Regelung internationaler Streitigkeiten vom 26. September 1928; hierzu *Grewe* (Fn. 5), S. 725.

scher Zwang seitens anderer Staaten verboten blieb. Alle übrigen Beschlüsse von Rat und Versammlung waren rechtlich unverbindlich. Daß die ihnen gleichzeitig immer wieder attestierte hohe moralische Autorität[414] im machtpolitischen Alltag nur selten Erfolge zeitigte, ist ein Befund, der uns Heutige nicht wirklich überrascht.

4. Sekretariat [415]

Als drittes Hauptorgan war das permanente Sekretariat nach Art. 6 VBS eingerichtet. Es bestand aus dem Generalsekretär,[416] weiteren Sekretären und Personal (Art. 6 Abs. 3 VBS). Ab dem Jahr 1932 gab es zwei stellvertretende Generalsekretäre, drei Untergeneralsekretäre, einen Rechtsberater und (ab 1938) zwölf Abteilungsdirektoren. Die verschiedenen Abteilungen des Sekretariats spiegelten die Aufgaben des Völkerbundes; es gab mithin Abteilungen für Abrüstung, für Finanz- und Wirtschaftsfragen, für Mandatsfragen, für Minderheiten usw.

Der Generalsekretär ernannte mit Zustimmung des Rates die Sekretäre und das weitere Personal des Sekretariats (Art. 6 Abs. 3 VBS). Er fungierte *„ohne weiteres"* auch als Generalsekretär der Bundesversammlung und des Rates (Art. 6 Abs. 4 VBS).

Gemäß Art. 11 Abs. 1 Satz 2 VBS berief der Generalsekretär unverzüglich den Rat ein, wenn ein Mitgliedstaat im Kriegsfalle des Abs. 1 dies forderte. Ebenso wurde er nach Art. 15 Abs. 1 Satz 2 VBS tätig, nachdem eine der Parteien ihn von der Streitfrage benachrichtigt hatte.

Das Sekretariat war eine (echte) internationale Bürokratie;[417] die Tätigkeit dort war *„in gleicher Weise Männern wie Frauen zugänglich"*

---

[414] Beispielsweise *Verdross* (Fn. 12), S. 113; *Schücking/Wehberg* (Fn. 374), S. 598 und passim; vgl. auch Fn. 401 und *Churchill*, Der Zweite Weltkrieg (einbändige Fassung), 1948, zitiert nach der 2003 broschiert vorgelegten deutschen Übersetzung, S. 60 f., 92, 96 f. und passim.

[415] Siehe *Zimmern* (Fn. 244), S. 467-479.

[416] Nach dem bereits erwähnten *Sir James Eric Drummond* übten der Franzose *Joseph Avenol* dieses Amt von 1933 bis 1940 und der Ire *Sean Lester* von 1940 bis zum Ende des Völkerbundes aus. Zu allen drei Generalsekretären des Völkerbundes vgl. *Rovine*, The first fifty years, The Secretary-General in World Politics 1920-1970, 1970, S. 6 ff., 105 ff., 173 ff.

[417] So *Breycha-Vauthier*, Internationales Sekretariat, in: WBVR II, 1961, S. 134-136 (S. 134). Ebenso *Barandon* (Fn. 360), S. 602; *Langrod*, The International Civil Service, Its Origins, its Nature, its Evolution, 1963, S. 109 ff.

(Art. 7 Abs. 3 VBS). Ihm oblag neben der Vorbereitung der Tagungen von Rat und Versammlung (Aufstellung der Tagesordnung gemäß Art. 4 BV-GeschO) auch die Vorbereitung der Kommissionssitzungen und der Konferenzen. Das Sekretariat war für die Protokollführung, den Dolmetscherdienst und die Ausführung der gefaßten Beschlüsse zuständig. Nach Art. 18 Satz 1 VBS war es für die Registrierung und Veröffentlichung der Verträge zuständig, an denen ein Bundesmitglied beteiligt war. Die Eintragung war gemäß Satz 2 für die Rechtsverbindlichkeit des Vertrages konstitutiv.

Nach Art. 24 Abs. 2 und 3 VBS oblag dem Sekretariat auch die Koordinierung der dem Völkerbund angeschlossenen *„internationalen Stellen"* und gegebenenfalls die Überwachung der dortigen Verpflichtungen.

Hinter den Kulissen nahmen die Generalsekretäre des Völkerbundes zahlreiche Vermittlungsaufgaben wahr; das sichtbare Agieren auf der Bühne der Weltpolitik war vor allem nicht die Sache von *Drummond*. Wenn er auch die Spielräume seines Amtes nicht voll ausgenutzt haben mag, um politisch Einfluß zu nehmen, so hat er doch persönlich einen nicht zu unterschätzenden Anteil an der Etablierung des Völkerbundes. Als Verwaltungsfachmann hatte er ein großes Interesse am reibungslosen Ablauf der Tätigkeit. Er formulierte die Konzepte für eine große internationale Bürokratie, die mit der Beschaulichkeit dessen, was das 19. Jahrhundert im Rahmen der Flußkommissionen und Verwaltungsunionen hervorgebracht hatte, nicht zu vergleichen war, und setzte diese Konzepte, die zu einem großen Teil noch heute von den Vereinten Nationen angewendet werden, in die Tat um.[418] Die Völkerbundsatzung schweigt zu diesem wesentlichen Teil der Aufgaben des Generalsekretärs;[419] wohl, weil die Mitgliedstaaten es für selbstverständlich hielten, daß sie zu erledigen waren, und daß *Drummond*, der auch mit Blick

---

[418] Einzelheiten bei *Rovine* (Fn. 416), S. 30 ff., 51 ff. Zur Geschichte der internationalen Bürokratie vgl. die ausführliche Studie von *Ranshofen-Wertheimer*, The International Secretariat, A Great Experiment in International Administration, 1945; und *Graham/Jordan* (Hrsg.), The International Civil Service, Changing Role and Concepts, 1980 [Das Buch bietet im wesentlichen eine Zusammenstellung von (teilweise unveröffentlichten) UNITAR-Dokumenten, deren Autoren, Titel und Dokumentennummern hier nicht im einzelnen nachgewiesen werden, N.W.].

[419] Zu dieser Zurückhaltung in „Grundordnungen" gegenüber Verwaltungen grundsätzlich: *Huber/Shipan*, Deliberate Discretion? The Institutional Foundations of Bureaucratic Autonomy, 2002.

darauf zum ersten Generalsekretär in der Anlage zur Satzung ernannt wurde, dies in der angemessenen Weise tun werde.

5. *Hilfsorgane*

Die Satzung des Völkerbundes selbst sah bereits zwei Ausschüsse vor, deren gebündelter Sachverstand und konzentrierte Tätigkeit für die Behandlung spezieller Fragen zur Unterstützung der Hauptorgane als notwendig erachtet wurde. Es handelte sich um den Ständigen Mandatsausschuß[420] (Art. 22 Abs. 9 VBS) und den Ständigen Beratenden Ausschuß für Heeres-, Flotten- und Luftschiffahrtsfragen[421] (Art. 9 VBS). Darüber hinaus wurden Hilfsorgane für besondere politische Aufgaben eingerichtet, beispielsweise der Hohe Kommissar für Danzig.[422] Es gab zeitlich begrenzte Hilfsorgane für besondere Aufgaben, etwa die Vorbereitungskommission für die Abrüstungskonferenz (1922-1932) oder den Ausschuß für die Angleichung der Satzung an den Briand-Kellogg-Pakt (1930).

Hinzu kamen technische Organisationen, die zur Bewältigung bestimmter technischer Aufgaben gegründet wurden, und denen neben den Mitgliedern des Völkerbundes auch andere Staaten beitreten konnten. Hier sind die Wirtschafts- und Finanzorganisation, die Verkehrsorganisation und die Organisation für das Gesundheitswesen zu nennen. Später kam die Organisation für Geistige Zusammenarbeit dazu.[423]

---

[420] Der Ausschuß bestand nicht aus Regierungsvertretern, sondern aus sachkundigen Experten; er wurde vom Rat berufen. Hierzu ausführlich *Schack*, Mandate des Völkerrechts, in: WdVD III (1929), Anhang, S. 1005-1021; *Menzel*, Mandate, in: WBVR II, 1961, S. 460-468; ferner *Saager* (Fn. 360), S. 1141; *Verdross* (Fn. 12), S. 212-215.

[421] Der Ausschuß sollte die Durchführung der Art. 1 und 8 VBS begutachten und die allgemeine Abrüstungspolitik des Völkerbundes vorbereiten. Er war von 1920 bis 1932 tätig, als die Weltabrüstungskonferenz zusammentrat.

[422] Danzig war seit 1793 preußisch und gehörte ab 1871 zum Deutschen Reich. Der Versailler Vertrag errichtete die Freie Stadt Danzig, die zwar vielfach mit Polen verbunden war, aber unter der Aufsicht des Völkerbundes (in Gestalt des Hohen Kommissars für Danzig) stand.

Hierzu *Crusen*, Versailler Frieden (Danzig), in: WdVD III (1929), S. 134-148; *von Hagens*, Danzig, in: WBVR I (1960), S. 307-310; *Ramonat*, Der Völkerbund und die Freie Stadt Danzig 1920-1934, 1979; *Schweisfurth*, Danzig, in: EPIL I (1992), S. 938-943.

[423] Zu diesen Organisationen vgl. *Saager* (Fn. 360), S. 1141 ff.

Organisatorisch selbständig war die ebenfalls auf den Versailler Vertrag zurückgehende Internationale Arbeits-Organisation.[424]

Art. 24 VBS sah vor, *„alle früher durch Gesamtverträge errichteten internationalen Stellen* [...] *vorbehaltlich der Zustimmung der vertragsschließenden Teile dem Bunde* [unterzuordnen]"; diesen Schritt vollzogen freilich nur sechs von rund dreißig Organisationen oder Büros.[425]

6. Der Ständige Internationale Gerichtshof[426]

Auch wenn der Ständige Internationale Gerichtshof (StIGH) kein satzungsmäßiges Organ des Völkerbundes war, so kam ihm doch innerhalb der sich im Völkerbund konstituierenden Friedens- und Rechtsordnung ein hoher Stellenwert zu. Vor allem aber manifestierte sich in seiner Existenz und Arbeit ein signifikanter Schritt hin zu dieser Friedens- und Rechtsordnung.

Es ist hier kurz daran zu erinnern, daß die Schiedsgerichtsbarkeit, die uns bereits bei den Erörterungen zum Deutschen Bund begegnet ist, im Laufe des 19. Jahrhunderts zu einem Mittel der friedlichen internationalen Streitbeilegung von einiger Bedeutung geworden war.[427] Immer mehr zweiseitige Verträge enthielten Schiedsklauseln.[428] Bemühungen zur Verstetigung kulminierten auf der ersten Haager Konferenz vom 18. Mai bis zum 22. Juli 1899. Dort wurde von den teilnehmenden sechsundzwanzig Staaten nicht nur die Ordnung der Gesetze und Gebräuche der Landkriegsführung[429] angenommen, man einigte sich auch

---

[424] Zu dieser die infra Fn. 503 genannten Nachweise.

[425] Vgl. die Auflistung bei *Barandon* (Fn. 360), S. 603 f. Zu den Hintergründen siehe *Herren/Zela* (Fn. 224), S. 108 ff., 122 ff. (Systemkonkurrenz).

[426] Siehe die in Fn. 369 genannten Autoren und *Spiermann*, A Permanent Court of International Justice, in: Nordic Journal of International Law 2003, S. 399-418.

[427] Eingehend *Strupp*, Schiedsgerichtsbarkeit und Schiedsgerichtsverträge, in: WdVD II (1925), S. 451-474 (S. 453 ff.); *Schlochauer*, Schiedsgerichtsbarkeit, Internationale, in: WBVR III (1962), S. 177-195; *Berber* (Fn. 237), § 8; *von Mangoldt*, Arbitration and Conciliation, in: MPI (Hrsg.), Judicial Settlement of International Disputes, 1974, S. 417-552; *Schlochauer*, Arbitration, in: EPIL I (1992), S. 215-230; jeweils m.w.Nw.

[428] Vgl. nur *Wühler*, Arbitration Clause in Treaties, in: EPIL I (1992), S. 236-239.

[429] Vgl. supra Fn. 336.

auf die Konvention zur friedlichen Beilegung internationaler Konflikte.[430]

Diese regelte verschiedene Formen der Streitbeilegung – Gute Dienste, Vermittlung und die später praktisch bedeutsam gewordenen internationalen Untersuchungskommissionen[431] – und in ihrem vierten Teil die internationale Schiedsjustiz. Allerdings hatten die Staaten sich nicht darauf einigen können, die Schiedsgerichtsbarkeit obligatorisch auszugestalten. Der in Art. 20 ff. der Konvention vorgesehene Haager Schieds(gerichts)hof (Permanent Court of Arbitration)[432] war lediglich eine Liste möglicher Schiedsrichter, aus denen in einem konkreten Streitfalle dann ad hoc ein Schiedsgerichtshof zu bilden war.

Bemühungen, später doch noch eine obligatorische Schiedsgerichtsbarkeit zu etablieren, führten auf der zweiten Haager Konferenz vom 14.

---

[430] Zum Ablauf der Konferenz, den verschiedenen Entwürfen und den Ergebnissen siehe *von Ullmann*, Die Haager Konferenz von 1899 und die Weiterbildung des Völkerrechts, in: JöR I (1907), S. 82-136; *Schücking* (Fn. 215), S. 39 ff., 84 ff., 149 ff.; *Choate*, The Two Hague Conferences, 1913, S. 3-44; *Strupp* (Fn. 427), S. 455 f.; *Zimmern* (Fn. 244), S. 102-118; *Schneider*, Haager Friedenskonferenzen von 1899 und 1907, in: WBVR I (1960), S. 739-745 (S. 739 ff.); *von Mangoldt*, Die Schiedsgerichtsbarkeit als Mittel internationaler Streitschlichtung, Zur Beilegung von Rechtsstreitigkeiten auf der Grundlage der Achtung vor dem Rechte, 1974, S. 24 ff.; *Dülffer*, Regeln gegen den Krieg? Die Haager Friedenskonferenzen von 1899 und 1907 in der internationalen Politik, 1981, S. 17 ff., 101 ff.; *Bederman*, The Hague Peace Conferences 1899 and 1907, in: Janis (Hrsg.), International Courts for the Twenty-First Century, 1992, S. 9-11; *Mössner*, Hague Peace Conferences of 1899 and 1907, in: EPIL II (1995), S. 671-677. Anschaulich auch die Darstellung bei *Eyffinger*, The International Court of Justice 1946-1996, 1996, S. 40 ff.

[431] Beispielsweise im Dogger-Bank-Fall vom 21./22. Oktober 1904. Hierzu *Schoen*, Dogger-Bank-Zwischenfall, in: WdVD I (1924), S. 250; *Schneider*, Doggerbank-Zwischenfall, in: WBVR I (1960), S. 392-393; *ders.*, Dogger Bank Incident, in: EPIL I (1992), S. 1090.

[432] Siehe *Lammasch*, Haager Schiedshof, in: WdVD I (1924), S. 486f., *Veidl*, Haager Schiedsgerichtshof, bisherige Tätigkeit, in: WdVD I (1924), S. 484-486; *Hudson*, The Permanent Court of International Justice, A Treatise, 1943, S. 6-36 (mit Darstellung von Fällen); *Schlochauer*, Ständiger Schiedshof, in: WBVR III (1962), S. 364-371; *Dülffer* (Fn. 430), S. 205 ff. und passim; *Butler*, The Hague Permanent Court of Arbitration, in: Janis (Hrsg.), International Courts for the Twenty-First Century, 1992, S. 43-53; *Schlochauer*, Permanent Court of Arbitration, in: EPIL (1997), S. 981-987 (plus Addendum von *Oellers-Frahm*, S. 987 f.).

Juni bis zum 18. Oktober 1907 zur Beratung entsprechender Konventionsentwürfe.[433] Diese fanden zwar allesamt große Mehrheiten unter den vierundvierzig Teilnehmerstaaten, verfehlten aber nicht zuletzt wegen der Ablehnung durch das Deutsche Reich (und kleinere Mächte) die einstimmige Annahme.[434] Immerhin erklärten die Teilnehmerstaaten am Ende der Konferenz, daß sie das Prinzip der obligatorischen Schiedsgerichtsbarkeit anerkennen, und einigten sich auf das Abkommen zur friedlichen Beilegung internationaler Streitfälle,[435] das die Konvention von 1899 fortbildete und ersetzte.

Hatte solcherart die Schiedsgerichtsbarkeit als Mittel der friedlichen Streibeilegung im Laufe der Zeit ihren Ort in der Menschheitserzählung „Frieden durch Recht“[436] gefunden, so hatte sie doch nicht zu deren bestimmendem Faktor werden können.[437] Sie war notwendig, um die in einem institutionalisierten zwischenstaatlichen Umfeld auftretenden Streitigkeiten zu lösen, stellte mit anderen Worten ein Element der zunehmenden Internationalisierung dar, die das 19. Jahrhundert prägte und sich im 20. Jahrhundert fortsetzte. Gleichzeitig galt der National-

---

[433] Hierzu: *Huber*, Die Fortbildung des Völkerrechts auf dem Gebiete des Prozeß- und Landkriegsrechts durch die II. internationale Friedenskonferenz im Haag 1907, in: JöR II (1908), S. 470-649; *Choate* (Fn. 430), S. 47-92; *Wehberg* (Fn. 340), S. 207 ff.; *Strupp* (Fn. 427), S. 459 ff.; *Schneider* (Fn. 430), S. 742 ff.; *Mössner* (Fn. 430), S. 674 ff.; *Dülffer* (Fn. 430), S. 273 ff.

[434] *Schwarzenberger*, Machtpolitik, Eine Studie über die internationale Gesellschaft, 1955, S. 154, meint: *„Obwohl die anderen Großmächte im wesentlichen der gleichen Ansicht waren, waren sie klug genug, Deutschland die Rolle des schwarzen Schafes der Konferenz zu überlassen.“* Anders *Schlichtmann*, Japan, Germany and the Idea of the Hague Peace Conferences, in: Journal of Peace Research 40 (2003), S. 377-394 (S. 391 f.): *“Germany [...] succeeded in striking a deadly blow to the project of obligatory arbitration favoured by the great majority of the participants”*.

[435] Vom 18. Oktober 1907, in Kraft seit dem 26. Januar 1910. Abgedruckt bei *Knipping u.a.* (Fn. 68), Nr. 6. Vgl. auch *Nippold*, Das Problem der obligatorischen Schiedsgerichtsbarkeit, in: JöR VIII (1914), S. 1-55.

[436] Aus neuerer Zeit: *Schneider/Thony/Müller* (Hrsg.), Frieden durch Recht, Friedenssicherung durch internationale Rechtsprechung und Rechtsdurchsetzung, 2003; siehe auch die in Fn. 349 genannten Autoren und *Henkel*, Frieden und Politik, Eine Interaktionistische Theorie, 1999, S. 169 ff., 213 ff.

[437] Zu den Vor- und Nachteilen der Schiedgerichtsbarkeit sowie ihrer Bedeutung in der Praxis vgl. *von Mangoldt* (Fn. 430), S. 57 ff., 173 ff.; *Wühler*, Die internationale Schiedsgerichtsbarkeit in der völkerrechtlichen Praxis der Bundesrepublik Deutschland, 1985, S. 63 ff., 166 ff.

staat als oberster Wert, dessen Souveränität gerade auch in solchen Streitschlichtungsmechanismen gewahrt werden mußte. Daher die Entscheidung für einen neutralen Dritten an der Spitze des Schiedsgerichts und gegen die obligatorische Unterwerfung. Immerhin hatte die Schiedsgerichtsbarkeit den Boden bereitet für die Einrichtung eines ständigen internationalen Gerichts.[438]

Auf der Grundlage von Art. 14 VBS nahm im Juni 1920 eine vom Völkerbund eingesetzte Juristenkommission ihre Arbeit auf und erarbeitete den Entwurf eines Statuts für den Ständigen Internationalen Gerichtshof.[439] Das Statut wurde nach kleineren Überarbeitungen von der Völkerbundsversammlung am 13., vom Völkerbundsrat am 14. Dezember 1920 angenommen und am 16. Dezember 1920 zur Unterzeichnung aufgelegt. Das Statut[440] trat am 1. September 1921 für zunächst achtundzwanzig Staaten in Kraft.

Die Verklammerung von Völkerbundsatzung und Statut entsprechend Art. 92 der Charta der Vereinten Nationen gab es damals noch nicht. Gleichwohl ist von einer engen Verbindung des StIGH mit dem Völkerbund auszugehen. Dies galt gerade auch im Verständnis der Zeitgenossen. So nannte der erste Präsident des StIGH, *Bernard C.J. Loder*, den Gerichtshof bei seiner Eröffnung *« un des principaux organs de la Société des Nations »*[441].

Der StIGH bestand zunächst aus elf Richtern und vier Ersatzrichtern, später unter Wegfall der Ersatzrichter aus fünfzehn Richtern. Die Amtszeit betrug neun Jahre; Wiederwahl war zulässig (Art. 9 StIGH-Statut). Die Sitze wurden, bei deutlicher Dominanz der europäischen Staaten[442] (zehn, später neun Sitze) nach einem Regionalschlüssel ver-

---

[438] So auch *Delbrück*, Internationale Gerichtsbarkeit – Zur Geschichte ihrer Entstehung und der Haltung Deutschlands, in: Zimmermann (Hrsg.), Deutschland und die internationale Gerichtsbarkeit, 2004, S. 13-28 (S. 25).

[439] Näher *Hudson* (Fn. 432), S. 93-127, 142-215, und *Spiermann*, "Who Attempts Too Much Does Nothing Well": The 1920 Advisory Committee of Jurists and the Statute of the Permanent Court of International Justice, in: BYIL 2002, S. 187-260.

[440] RGBl. 1927 II S. 229; abgedruckt bei *Knipping u.a.* (Fn. 68), Nr. 28 b.

[441] *Société des Nations*, Journal Officiel 1922, S. 312, auch bei *Schlochauer*, EPIL (Fn. 369), S. 990. Die enge institutionelle Verbindung betonen beispielsweise auch *Köck/Fischer* (Fn. 23), S. 157.

[442] Siehe die Auflistung bei *Hudson* (Fn. 432), S. 264 f.

teilt (Art. 4 ff. StIGH-Statut).[443] Die Wahl erfolgte durch Bundesversammlung und Völkerbundsrat in getrennten Wahlgängen (Art. 8 StIGH-Statut); erforderlich war die absolute Mehrheit in beiden Organen (Art. 10 Abs. 1 StIGH-Statut). Staaten, die als Partei in einem Streitfall keinen Richter auf der Bank des StIGH sitzen hatten, konnten einen Ad-hoc-Richter[444] ernennen (Art. 31 Abs. 2f. StIGH-Statut).

Der Gerichtshof gab sich auf der Grundlage von Art. 30 StIGH-Statut eine Geschäftsordnung.[445] Ihm war eine Kanzlei beigeordnet (Art. 21, 22 StIGH-Statut).

Eine generelle obligatorische Gerichtsbarkeit hatte sich auch bei den Beratungen über das Statut des StIGH nicht durchsetzen können – ohne daß nun diesmal das Deutsche Reich in der Rolle des Verhinderers ausgemacht werden könnte. Allerdings konnten die Parteien des Statuts die Jurisdiktion des Gerichtshofes nicht nur einvernehmlich im Einzelfall begründen (Art. 36 Abs. 1 StIGH-Statut), sondern auch jederzeit erklären, daß sie die Zuständigkeit des Gerichtshofes von Rechts wegen und ohne besondere Übereinkunft gegenüber jedem anderem Mitglied oder Staat, der dieselbe Verpflichtung übernahm, für im Statut näher bezeichnete Materien als obligatorisch anerkennen (Art. 36 Abs. 2 StIGH-Statut). Dieses sogenannte fakultative Obligatorium, das sich auch heute noch im IGH-Statut findet, geht insoweit über Art. 19 der Haager Schiedsgerichtkonvention hinaus, als es zur zentralen, im Vertrag selbst vorgesehenen Grundlage der Jurisdiktion des Gerichtshofes wird.

Der StIGH war nach Art. 36 Abs. 1 StIGH-Statut zuständig für alle Streitigkeiten, die ihm von den Parteien vorgelegt wurden oder die in den geltenden Verträgen und Abkommen besonders bezeichnet waren.[446] Er konnte auch Gutachten erstatten; antragsberechtigt waren in-

---

[443] Vgl. *Hudson* (Fn. 432), S. 241-258.

[444] *Walther Schücking*, der bereits im Jahre 1923 als Ad-hoc-Richter am Wimbledon-Fall (*PCIJ*, Urteil vom 17. August 1923, PCIJ Serie A Nr. 1) mitgewirkt hatte, gehörte dem StIGH von 1930-1939 auf Vorschlag des Deutschen Reiches als Richter an.

[445] Vom 24. März 1922, nach mehreren Änderungen kam es am 11. März 1936 zu einer größeren Revision; die Geschäftsordnung ist abgedruckt in Serie D Nr. 1 (1. Aufl. 1926 bis 4. Aufl. 1940).

[446] Näher *Hudson* (Fn. 432), S. 449-482.

soweit die Bundesversammlung und der Völkerbundsrat (Art. 14 VBS).[447]

Um die Bereitschaft der Staaten, ihre Streitigkeiten dem StIGH zu unterbreiten, zu erhöhen, wurden seine Entscheidungsgrundlagen in Art. 38 StIGH-Statut detailliert beschrieben. Es handelt sich um eine auch heute noch gültige Auflistung von Völkerrechtsquellen und Rechtserkenntnisquellen.[448]

Der StIGH tagte grundsätzlich im Plenum (Art. 25 Abs. 1 StIGH-Statut);[449] Kammerbildung war in mehreren Konstellationen möglich (Art. 26 f., 29 StIGH-Statut), wurde aber nur in einzelnen summarischen Verfahren nach Art. 29 StIGH-Statut vorgenommen.[450] Die in geheimer Beratung gefällten Urteile wurden öffentlich verkündet und nicht nur den Parteien, sondern allen Mitgliedstaaten des Völkerbundes und den anderen zum Gerichtshof zugelassenen Staaten abschriftlich zugestellt. Urteile wirkten nur inter partes (Art. 59 StIGH-Statut).

Jede Partei konnte vom StIGH eine Interpretation des Urteils verlangen (Art. 60 Satz 2 StIGH-Statut). Das kam in der Praxis allerdings nur einmal vor: In den Fällen Oberschlesien (Urteil Nr. 7) und Fabrik von Chorzow (Urteil Nr. 8), beide Deutsches Reich gegen Polen, formulierte der StIGH eine gemeinsame Interpretation.[451] Im Jahr 1925 hatte der StIGH einen Antrag Griechenlands auf eine Interpretation abgelehnt.

Die Urteilsdurchsetzung erfolgte in der Praxis im Wege des freiwilligen Vollzugs durch die unterlegene Partei. Art. 13 VBS sah außerdem für den Fall der Nichtausführung des Spruchs vor, daß der Rat diejenigen Schritte vorschlägt, *„die ihm Wirkung verschaffen sollen"*. Diese, ursprünglich auf die Entscheidungen von Schiedsgerichten gemünzte Regelung wurde nach dessen Einrichtung auch auf Urteile des StIGH angewendet.

Der StIGH bestand von 1922 bis 1946; am 15. Februar 1922 fand die Eröffnungsveranstaltung statt, am 26. Februar 1940 verkündete er seine

---

[447] Näher *Hudson* (Fn. 432), S. 483-524.

[448] Siehe aber auch infra Dritter Teil B.C.I.

[449] Hierzu *Hudson* (Fn. 432), S. 335 f.

[450] Vgl. *Hudson* (Fn. 432), S. 345-348.

[451] *PCIJ*, Interpretation vom 16. Dezember 1927, Serie A Nr. 13.

letzte Entscheidung.[452] Er hat während dieser Zeit zweiunddreißig Urteile erlassen und siebenundzwanzig Rechtsgutachten erstattet.[453] Die Rechtsprechung des Gerichtshofes hat wesentlich zur Weiterentwicklung des Völkerrechts beigetragen. Dies ist vor allem darauf zurückzuführen, daß sich der StIGH entschloß, die eigenen Entscheidungen aufeinander zu beziehen und in Bedacht zu nehmen. Dies bedeutete eine eher weite Auslegung von Art. 59 StIGH-Statut, demzufolge die Entscheidung nur inter partes und *„lediglich für den zur Entscheidung gestellten Fall"* wirken sollte. Der StIGH verstand sich in zunehmendem Maße als echtes internationales Gericht, das Völkerrecht anwendet und unter den sich weiterentwickelnden Bedingungen des Völkerrechts arbeitet.[454]

Die verbliebenen Richter des StIGH traten am 30. Januar 1946 zurück; der Gerichtshof selbst wurde am 18. April 1946 – dem Tag der Eröffnung des IGH – mit einer Resolution der Völkerbundsversammlung aufgelöst.

7. Bewertung

Die Völkerbundsära, eine Epoche der Völkerrechtsgeschichte, ist eine Übergangszeit.[455] Der Völkerbund ist von diesem Charakteristikum geprägt, hat seine Rolle erst finden[456] und – wichtiger noch – die Staaten haben sich mit ihm als internationaler Organisation ganz neuer Art erst arrangieren müssen.[457]

---

452 An diesem Tag erließ er mit einer Terminfestsetzung im Electricity Company of Sofia-Fall seine letzte Entscheidung; *PCIJ*, Entscheidung vom 26. Februar 1940, PCIJ Serie A/B Nr. 80.

453 Vgl. die Auflistung bei *Schlochauer* (Fn. 369), S. 357 ff. Die Rechtsprechung ist auch über die Internetseiten des IGH (www.icj-cij.org) zugänglich.

454 So auch *Spiermann* (Fn. 426), S. 409 f.

455 *Grewe* (Fn. 5), S. 679 ff., spricht vom Übergangszeitalter der angloamerikanischen Vorherrschaft.

456 Bezeichnend ist der Titel, den der britische Politiker und langjährige Völkerbundexperte *Lord Cecil* seiner ersten Autobiographie gab: *ders.*, A Great Experiment, An Autobiography, 1941. *Schickel*, Wilsons Vision, Amerikas Mission, in: Die Zeit vom 14. Dezember 2006, S. 110, spricht davon, daß *„eine Weltinstitution gewagt worden"* sei.

457 Das Vereinigte Königreich ernannte mit *Anthony Eden* im Jahre 1935 für wenige Monate einen Minister für Völkerbundsangelegenheiten, was einerseits

Hier ist nicht der Ort, politisch und historisch über den Völkerbund zu urteilen. Im Urteil der – zum Teil (sehr) idealistischen –[458] Zeitgenossen hat er die in ihn gesetzten Erwartungen überwiegend nicht erfüllt.[459]

---

zu einer problematischen Doppelung von Außenpolitik führte, andererseits aber kaum als Zeichen der Wertschätzung des Völkerbundes betrachtet werden kann, da *Eden* noch im gleichen Jahr selbst Außenminister wurde und der Posten des Völkerbundministers danach nicht mehr besetzt wurde. Das Vereinigte Königreich konnte auch zur Völkerbundszeit, also hundert Jahre nach den entsprechenden Bemühungen *Pitts* und *Castlereaghs* – dazu *Kissinger* (Fn. 56), S. 49 ff., 263 ff. und passim; *Gruner* (Fn. 187) – noch keinen befriedigenden Ausgleich zwischen dem weltweiten Empire, den wachsenden Eigeninteressen der überseeischen Länder und einer möglichen Rolle als kontinentaler Ordnungsmacht finden. Hierzu *Zimmern*, Great Britain, the Dominions, and the League of Nations, in: ders., America & Europe, And Other Essays, 1929, S. 104-137, der meint, der Völkerbund sei für Großbritannien *"literally indispensable and its weakening or elimination would be a disaster of the first magnitude"* (S. 125), da er den weltweiten Interessen des Empires ein Forum gebe und gleichzeitig die Kooperation mit den anderen Mächten ermögliche. Siehe auch *Hauser*, Das Problem von Freiheit und Einheit im britischen Commonwealth 1917-1931, in: Rößler/Hölzle (Hrsg.), Locarno und die Weltpolitik 1924-1932, 1969, S. 9-25; und *Orde* (Fn. 412), S. 209: *"For the League of Nations, [...] British governments made no sacrifices."* Auf die Schwierigkeiten bereits bei Friedensschluß weist *Barraclough*, Das britische Reich und der Frieden, in: Rößler (Hrsg.) (Fn. 357), S. 58-77, hin. Gute Analyse bei *Shinoda*, Re-examining sovereignty, From Classical Theory to the Global Age, 2000, S. 82 ff. ("The Collapse of International Constitutionalism").

Von besonderer Wichtigkeit erscheint in diesem Zusammenhang die überzeugende These, daß innenpolitische Wirtschaftsinteressen der britischen Regierungsparteien und ihrer Wähler – Warenexport nach Kontinentaleuropa bei Liberalen und Labour oder Orientierung auf die weltweiten Finanzmärkte bei den Konservativen – den Ausschlag für die jeweilige Bündnisorientierung des Vereinigten Königreichs gaben. Dazu *Narizny*, The Political Economy of Alignment, Great Britain's Commitments to Europe, 1905-1939, in: International Security, 27 (2003), S. 184-219 (S. 205 ff.).

[458] Siehe supra Fn. 359.

[459] Nicht unkritisch, aber insgesamt hoffnungsvoll ist die Darstellung von *Saager* (Fn. 360). *Fabre-Luce*, Locarno sans rêves, 1927, S. 15, warnt davor, den Völkerbund an Utopien zu messen. Enttäuscht hingegen *Campagnolo*, Nations et droit, Le développement du droit international entendu comme développement de l'Etat, 1938. *Zimmern* (Fn. 244), S. vii, schwankt dazwischen, die Geschichte eines beendeten Experiments zu schildern oder die frühen Phasen einer lebendigen und sich entwickelnden Institution zu beschreiben. Ausführlich dann S. 275 ff., 480 ff. In einem zuerst im Jahre 1923 veröffentlichten Beitrag

Aus Sicht der Nachwelt finden sich zwar differenzierendere Betrachtungen, deren Ergebnis – vor allem mit Blick auf die Abrüstungsproblematik[460] – allerdings nicht wesentlich abweicht.[461]

An dieser Stelle soll vielmehr bilanziert werden, welche Impulse vom Völkerbund für die Institution der internationalen Organisation ausgegangen sind und welche Lehren aus den in seinem Rahmen gemachten Erfahrungen sinnvollerweise zu ziehen waren.

Der Völkerbund hat in einer Zeit, die bis dahin nur Verwaltungsunionen (sozusagen internationale Organisationen der ersten Generation) gekannt und Staatenverbindungen als Durchgangsstadium auf dem Weg zum Nationalstaat begriffen hatte, die umfassend angelegte und auf das Recht gegründete internationale Organisation etabliert. Er setzte Im-

---

war derselbe Autor noch deutlich optimistischer, vgl. *Zimmern*, International Organization – Its Prospects and Limitations, in: ders., America & Europe, And Other Essays, 1929, S. 138-156. Dort äußert er sich positiv zur Arbeit des Sekretariats in Genf (S. 148), betont die Wichtigkeit friedlicher Streitbeilegung und Abrüstung und sieht den Völkerbund auf gutem Wege (S. 154 f.).

Vgl. auch die kenntnisreiche Darstellung des geistigen Klimas bei *Gollwitzer* (Fn. 354), S. 456 ff.

[460] Eine fundierte Rückführung dieses Scheiterns auf die divergierenden nationalen Interessen der Großmächte unternimmt *Steiner*, The Lights that Failed: European International History, 1919-1933, 2005.

[461] So sprechen *Johnson/Niemeyer* (Fn. 396), S. 27 ff., davon, daß allein die Existenz des Völkerbundes für die Staaten eine stete Erinnerung daran gewesen sei, daß sie das Prinzip der kollektiven Sicherheit rechtlich verbindlich anerkannt hatten. *Churchill* (Fn. 414), S. 92 ff., macht am Beispiel der Abessinien-Krise deutlich, wie schwer sich das Vereinigte Königreich tat, im Rahmen der Organisation Völkerbund zu agieren; hierzu generell *Most* (Fn. 412). *Goodspeed* (Fn. 404), S. 63 ff., 73f. weist richtigerweise darauf hin, daß man die Erfolge in den Bereichen Wohlfahrt und Technik nicht außer acht lassen dürfe, um zu einer gerechten Bewertung zu kommen. Ebenso *Gatzke*, Europa und der Völkerbund, in: Mann (Hrsg.), Propyläen Weltgeschichte, Eine Universalgeschichte, Bd. IX: Das Zwanzigste Jahrhundert, 1960, S. 311-350 (S. 322), mit dem Hinweis auf *„weit positivere Erfolge"* in *„sekundären Arbeitsgebiete*[n]*"*.

Stirk, Integration and Disintegration before 1945, in: Dinan (Hrsg.), Origins and Evolution of the European Union, 2006, S. 9-28 (S. 19 ff.), weist darauf hin, daß die Erfahrungen kleinerer europäischer Staaten mit dem Vormachtstreben der Großmächte allzu enge Kooperation oder gar Integrationsanstrengungen gefährlich erscheinen ließ. Als mehr oder weniger gescheitertes westliches Modell ordnet *Armstrong*, Revolution and World Order, 1993, S. 158 ff., den Völkerbund ein.

pulse um, die bereits seit der Jahrhundertwende zu einer größeren Eigenständigkeit internationaler Organisationen geführt hatten.[462] Hinter diesen Grad der Zusammenarbeit und diesen Ort der Diskussion, ja teilweise der Rechtfertigung[463] konnte man nicht mehr zurück. Im Völkerbund wurde eine wesentliche Typisierung von Organen und Strukturen erreicht, die sich auf jüngere Organisationen ausgewirkt hat. Als Modellversuch „am lebenden Objekt" hat der Völkerbund aber auch bestimmte Mängel[464] erkennen lassen, die beispielsweise bei der Schaffung der Vereinten Nationen zu vermeiden versucht wurden (klarere Kompetenzabgrenzung der Organe, Aufgabe des Einstimmigkeitsprinzips im Rat).

Die Arbeit des Völkerbundes krankte auch daran, daß niemals alle damaligen Großmächte gleichzeitig Mitglieder der Organisation waren, der Völkerbund also stets auf mehr oder weniger gewichtigen Widerstand von außen stieß und ihm gleichzeitig die Durchsetzungskraft nach innen fehlte.[465] Die enge Verbindung des Völkerbundes mit dem

---

[462] Hierzu *Herren* (Fn. 224), S. 186 f.

[463] Hierzu prägnant *Nour* (Fn. 227), S. 392 ff.

[464] *Schmitt* (Fn. 363), analysierte mit scharfem Blick die Schwächen. Die Versammlung sei eine Konferenz von Staatsmännern, arbeite politisch, habe so viele Zuständigkeiten, daß sie in Wahrheit für nichts zuständig sei, S. 5 f. Er fügte hinzu: *„In seinem wichtigsten Organ, dem Rat, ist der Völkerbund ein System internationaler Konferenzen und Kommissionen"*, S. 13. *Schmitts* Analyse bleibt freilich in traditionellen Denkmustern verhaftet. In ihrer „Autopsie" kommen *Ziring/Riggs/Plano* (Fn. 225), S. 17 ff. zu dem Ergebnis, es hätten vielerlei Fehler und auch unglückliche Zufälle zum Versagen des Völkerbundes geführt; ähnlich *McLean*, From international organisation to international organisations, in: Salmon (Hrsg.), Issues in International Relations, 2000, S. 159-188 (S. 169 ff.).

[465] *Fetscher*, Was wir sind, sind wir nicht durch Verträge, in: Frankfurter Allgemeine Zeitung vom 20. März 2004, S. 38, macht unter Rückgriff auf Arbeiten *Campagnolos* (Fn. 459) allerdings nicht diese *„akzidentiellen Schwächen"* für das Scheitern des Völkerbundes verantwortlich, sondern den prinzipiellen Konstruktionsfehler, daß die Staaten ihre Selbständigkeit nicht aufgegeben hatten. Ob dies freilich tatsächlich zu erreichen gewesen wäre, mag mit Fug und Recht bezweifelt werden. Vgl. auch *Goodspeed* (Fn. 404), S. 49, 55, 71 und passim; *Heideking*, Völkerbund und Vereinte Nationen in der internationalen Politik, in: Aus Politik und Zeitgeschichte, Beilage zur Wochenzeitung Das Parlament 36/83 vom 10. September 1983, S. 3-16 (S. 5 f.).

Kriegsende und den Friedensverträgen[466] wirkte sich so auf die Satzung aus, daß diese ein Ungleichgewicht[467] zwischen den Siegermächten und den anderen Mitgliedern schuf.[468] Der Völkerbund repräsentierte auch nicht die ganze Welt und ihre Völker, da er den auf die „zivilisierten Nationen" ausgeweiteten Klub der Mitglieder des Ius Publicum Europaeum bildete.[469] Kolonialherrschaft und mehr oder weniger fürsorgliche Vormundschaft für abhängige Gebiete waren damals noch selbst-

---

[466] Besondere Bedeutung erlangte hier natürlich die Kriegsschuldfrage, hierzu: *Heinemann,* Die verdrängte Niederlage, Politische Öffentlichkeit und Kriegsschuldfrage in der Weimarer Republik, 1983. Neu und belastend war auch die Thematisierung von Kriegsverbrechen, deutlich sichtbar in Art. 227 Versailler Vertrag, hierzu ausführlich: *Schwengler*, Völkerrecht, Versailler Vertrag und Auslieferungsfrage, Die Strafverfolgung wegen Kriegsverbrechen als Problem des Friedensschlusses 1919/1920, 1982. Maßgebliches Dokument ist der von der Commission on the Responsibility of the Authors of the War and on Enforcement of Penalties am 39. März 1919 vorgelegte Bericht, abgedruckt in AJIL 14 (1920), S. 95-126 (S. 98 ff.). Hierzu *Garner*, Punishment of Offenders Against the Laws and Customs of War, in: AJIL 14 (1920), S. 70-94.

[467] Treffend *Spenz* (Fn. 385), S. 13: *„Politische Querverbindungen, eine irgendwie geartete Partnerschaft von Siegern und Besiegten waren nicht vorgesehen."*

[468] *Winkler*, Weimar 1918-1933, Die Geschichte der ersten deutschen Demokratie, 1993, S. 97, nennt den Völkerbund einen *„Aeropag der Siegermächte und der Neutralen".* *Kissinger* (Fn. 56), S. 162, begreift den Versailler Vertrag als *„rückblickenden Frieden"* mit Strafcharakter. Unzufrieden auch die Zeitgenossen: *Held*, Der Friedensvertrag von Versailles in den Jahren 1919-1923, in: JöR XII (1923/24), S. 313-403; *Hintze*, Nationale und europäische Orientierung in der heutigen politischen Welt, in: ders., Soziologie und Geschichte, Gesammelte Abhandlungen zur Soziologie, Politik und Theorie der Geschichte, 2. Aufl. 1964, S. 193-199 (Erstveröffentlichung 1925); *Fabre-Luce* (Fn. 459), S. 16: *« La Société des Nations est une oligarchie* [personifiziert im Völkerbundsrat] *qui s'appuie sur une démocracie, mais qui ne lui est pas subordonée. »* Vgl. auch die Übersichten bei *Krüger*, Versailles, Deutsche Außenpolitik zwischen Revisionismus und Friedenssicherung, 1986; *Wintzer*, Deutschland und der Völkerbund 1918-1926, 2006.

Gänzlich anders der Akzent bei *Fellner*, Die Friedensordnung von Paris 1919/1920 – Machtdiktat oder Rechtsfriede?, in: ders. (Fn. 245), S. 305-319. Vgl. auch die differenzierende Neubewertung des Versailler Vertrages bei *Kolb*, Der Friede von Versailles, 2005.

[469] Kritisch zu diesem Aspekt auch *Barandon* (Fn. 360), S. 601; *Schmitt* (Fn. 363), S. 13.

verständlich.[470] Auch in den zuletzt angesprochenen Punkten gab es nach dem Zweiten Weltkrieg bei der Gründung der Vereinten Nationen Parallelen, die überkommene Denkweisen und Machtstrukturen langfristig konservierten, anstatt Lehren aus der Entwicklung des Völkerbundes zu ziehen (Feindstaatenklausel, Vetorecht der ständigen Mitglieder des Sicherheitsrates = Siegermächte, Treuhand- und Kolonialsystem).[471]

Die ambitionierten, letztendlich aber nicht besonders erfolgreichen Kodifikationsbemühungen des Völkerbundes haben gezeigt, daß auf diesem Gebiet trotz der auch heute noch bestehenden Endzuständigkeit der Staaten für die Rechtserzeugung Betätigungsraum für eine internationale Organisation vorhanden ist. Internationale Organisationen können sich hier als Katalysator und Moderator gleichermaßen profilieren und auf diese Weise den Prozeß der Kodifikation vielfältig begleiten.

Ein wichtiges Kennzeichen des Völkerbundes ist es, daß er für die gesamte Dauer seiner Existenz auf der Grundlage seiner Satzung funktionierte,[472] also einer rechtlichen Struktur folgte und die zwischenstaatliche Zusammenarbeit im Völkerbund, die sich auf immer mehr Gebiete ausweitete, diesen Strukturen folgte.[473] Gleichzeitig versuchte der Völ-

---

[470] Hierzu *Anghie*, Imperialism (Fn. 39), 3. Kapitel "Colonialism and the birth of international institutions: the mandate of the league of nations".

[471] Ausführlich der Vergleich bei *Schwarzenberger* (Fn.), S. 167-399, der in der Praxis nach 1919 wie in derjenigen nach 1945 eine *„verschleierte Machtpolitik"* erblickt.

[472] Allerdings nahm seine weltpolitische Rolle nach dem Ausbruch des Zweiten Weltkrieges dramatisch ab.

[473] Freilich darf nicht aus den Augen verloren werden, daß beispielsweise der wichtige Versuch der Friedenssicherung durch die Konferenz und das Vertragswerk von Locarno – zu diesem nur *Wehberg*, Locarno, Der Pakt von, in: WdVD III (1929), Anhang, S. 977-996; *Jacobson*, Locarno Diplomacy, Germany and the West 1925-1929, 1972; *Weiß*, Vor achtzig Jahren: Konferenz und Vertragswerk von Locarno, in: Die Friedenswarte, 2006, 101-119; Breuer/Weiß (Hrsg.), Das Vertragswerk von Locarno und seine Bedeutung für die internationale Gemeinschaft nach 80 Jahren, Ergebnisse eines interdisziplinären Rundtischgesprächs, 2007; jeweils m.w.Nw. – gerade nicht im Schoße des Völkerbundes stattfand. Zu diesem Aspekt siehe *Most* (Fn. 412), S. 61 ff., 86 ff.; sehr kritisch *Koskenniemi*, The Police in the Temple, Order, Justice and the UN: A Dialectical View, in: EJIL 1995, S. 325-348 (S. 333). Immerhin wurde das Locarno-Regime durch den Beitritt des Deutschen Reiches in den Völkerbund und den gemeinsamen Art. 19 der Schiedsverträge (vgl. Fn. 407) mit dem Friedenssystem des Völkerbundes verknüpft.

kerbund, seine Organisationsstruktur an die sich wandelnden Gegebenheiten[474] anzupassen. So gab es Reformbestrebungen, die die Kooperation der assoziierten Organisationen und der Untergliederungen des Völkerbundes, die sich mit wirtschaftlichen und sozialen Fragestellungen befaßten, und die bis dato vor allem in der Bundesversammlung geleistet wurde, einem neuen, noch zu schaffenden Organ übertragen wollten, das die einschlägigen Zuständigkeiten von Rat und Versammlung künftig übernehmen sollte.[475] Nachdem der Kriegsausbruch hier weitere Entwicklungen abbrach, fand dieser Gedanke später im Wirtschafts- und Sozialrat der Vereinten Nationen seine Verwirklichung.

Der Völkerbund stellt sich aus der Rückschau als ein verfrühter Modellversuch dar, der spätere internationale Organisationen bestimmte Fehler vermeiden (und andere wiederholen) ließ.

Die Kompetenzproblematik wird nicht wirklich virulent, weil die Organe in der Regel sehr vorsichtig agieren und es nur im Fall der einhelligen Unterstützung durch die vertretenen Mitglieder zu Aktionen kommt. Was im Verhältnis zwischen dem Völkerbund und den Mitgliedstaaten gilt, hat seine Bedeutung auch für das Innenverhältnis: Angesichts der unterbliebenen scharfen Scheidung von Zuständigkeiten zwischen Bundesversammlung und Völkerbundsrat galt die 1920 ausgegebene Devise, daß die vorhandene Flexibilität *„kreativ und taktvoll"* zu nutzen sei.[476]

---

[474] Die Existenz des Völkerbundes fällt in eine Periode erregter, teilweise hitziger Modernität. Vgl. hierzu nur die – gänzlich unaufgeregte – Darstellung bei *Zweig*, Die Welt von Gestern, Erinnerungen eines Europäers, 1944, Nachdruck 1992. Aus der Perspektive des Jüngeren (Jahrgang 1906) mit signifikant anderer Akzentsetzung *Mann*, Der Wendepunkt, ein Lebensbericht, 1949, Sonderausgabe 1958, S. 78 ff., 125 ff., 157 ff. Beide Autoren erleben und schildern eine wahrhaft neue Zeit.

[475] Näheres hierzu und zum sogenannten *Bruce*-Report von 1939 bei *Walters*, The League of Nations, in: Luard (Hrsg.), The Evolution of International Organizations, 1966, S. 25-41 (S. 36 ff.), und *Dubin*, Toward the Bruce Report: the economic and social programs of the League of Nations in the Avenol era, in: The League of Nations in retrospect, Proceedings of the symposium, Geneva, 6-9 November 1980, 1983, S. 42-72.

[476] Vgl. Fn. 387.

„Das war die Stadt; das war das Land. Das war die Lage.“[477]

Zweiter Teil

Wechselwirkung von fortschreitender Integration und staatlicher Souveränität am Beispiel der Vereinten Nationen und der europäischen Einigung

Vorbemerkung

Wie war die Lage für internationale Organisationen am Ende des Zweiten Weltkrieges, als infolge der Quérelles européennes wieder einmal eine „neue“ internationale Ordnung entworfen werden mußte? Hatte sich der bislang eingeschlagene Weg als Sackgasse erwiesen, war das Modell diskreditiert oder schlicht verbraucht? Hatte die Kooperation eine Chance? Welche Modifikationen waren notwendig, welche möglich?

In diesem Teil der Arbeit soll untersucht werden, inwieweit die Staaten nach dem Zweiten Weltkrieg versucht haben, ihrer Kooperation neue Wege zu weisen. Dabei wird die Frage erörtert, ob und in welchem Umfang sich die (Neu-)Austarierung von Souveränität und Integration auf die Kompetenzen internationaler Organisationen auswirkt. Ausgegangen wird von den Vereinten Nationen als der umfassend angelegten, weltweit agierenden internationalen Organisation. Keineswegs soll es darum gehen, die nunmehr über sechzig Jahre umfassende Geschichte der Vereinten Nationen wiederzugeben oder ein getreues Bild sämtlicher Glieder der „UN-Familie“ nachzuzeichnen. Im Mittelpunkt der folgenden Darstellung stehen die Aufgaben und Befugnisse der Vereinten Nationen und ihrer Organe, deren Begründung und Veränderung.

---

[477] *Mann*, Königliche Hoheit, 1909, Große kommentierte Fankfurter Ausgabe, Bd. 4.1, 2004, S. 52.

N. Weiß, *Kompetenzlehre internationaler Organisationen*,
Beiträge zum ausländischen öffentlichen Recht und Völkerrecht 209,
DOI 10.1007/978-3-642-03378-0_3, © Springer-Verlag Berlin Heidelberg 2009

Am Anschluß daran wird der Prozeß der europäischen Einigung in Gestalt der Europäischen Gemeinschaften und der Europäischen Union in den ebenso fokussierten Blick genommen.

A. Die Vereinten Nationen: Umfassend verstandene Friedenssicherung und weitere Aufgaben

Der Völkerbund war gegründet worden, um als erste internationale Organisation dieser umfassenden Art die Ziele Gewährleistung des internationalen Friedens und der internationalen Sicherheit einerseits und Förderung der internationalen Zusammenarbeit auf einer Vielzahl von Gebieten andererseits zu erreichen. Das ist ihm nicht gelungen. Dies lag sicherlich daran, daß viele Mitgliedstaaten ihre Partikularinteressen über die Verwirklichung dieser Ziele stellten oder sich nicht so stark engagierten, wie dies notwendig gewesen wäre. Ein weiterer Grund war, daß sich wichtige Staaten wie die USA dem Völkerbund dauerhaft oder wie das Deutsche Reich ab einem bestimmten Zeitpunkt versagt hatten. Schließlich gebrach es dem Völkerbund an Mitteln, sich gegenüber den Mitgliedstaaten durchzusetzen, um die Ziele der Organisation zu realisieren.

Diesen Mißständen wollte man zukünftig abhelfen. Während des Zweiten Weltkrieges formulierten vor allem die Vereinigten Staaten von Amerika die Grundlagen einer Nachkriegsordnung: Weder wollten die Sieger dieses Mal eine hegemoniale Ordnung aufbauen, noch sich in isolationistischer Manier abwenden, sondern vielmehr aktiv gestaltend eine neue Ordnung schaffen.[478] Dementsprechend skizzierten sie die Rolle, die einer neuen „Weltorganisation" dabei zukommen sollte.[479] Man stellte sich gleichsam einen besseren, wirksameren Völkerbund vor.[480] Diese Pläne fielen offenbar auf fruchtbaren Boden, denn bereits kurz nach dem Ende des Krieges kam es am 23. Oktober 1945 im

---

[478] So *Ikenberry* (Fn. 58), S. 4.

[479] Vgl. *Verdross/Simma* (Fn. 22), § 89; *Schwarzenberger* (Fn. 434), S. 168-179; siehe auch *Ruggie*, Interests, identity, and American foreign policy, in: ders. (Fn. 222), S. 203-228; *Bender*, Weltmacht Amerika, Das neue Rom, 2003, S. 128 f.

[480] *Luard* (Fn. 410), S. 4-10, macht diese Haltung sehr anschaulich.

Opernhaus von San Franzisko zur Gründung der Vereinten Nationen.[481]

I. Die Ziele und Aufgaben der Vereinten Nationen

Wie bereits diejenige der Völkerbundsatzung ist die Präambel der Charta (oder Satzung) der Vereinten Nationen (SVN)[482] Ausdruck moralischer Überzeugungen; sie formuliert ein Weltbild.[483] Die zwischenstaatliche Ordnung soll von neuen Werten geleitet werden, um einen *„Rückfall in die Barbarei des Krieges"* zu vermeiden. Staatlichkeit und Souveränität sind – bei aller Unabdingbarkeit – keine Zwecke an sich. Das Ziel des Weltfriedens wird an prominenter Stelle proklamiert, zusätzlich finden sich neben anderen aber auch die Ziele Achtung der Menschen-

---

[481] Zur Gründung der Vereinten Nationen und der Vorgeschichte vgl. *Luard* (Fn. 410), S. 17-85; *Goodspeed* (Fn. 404), S. 76-102; *Wünsche*, Einleitung, in: ders. (comp.), Die Entstehung der UNO, 1974, S. 13-61; *Opitz*, Zur Gründungsgeschichte und zum Aufbau der Vereinten Nationen, in: ders./Rittberger (Hrsg.), Forum der Welt, 40 Jahre Vereinte Nationen, 1986, S. 15-43; *Volger*, Geschichte der Vereinten Nationen, 2. Aufl. 2008, S. 1-28; *Weber*, History of the United Nations, in: Wolfrum (Hrsg.), United Nations: Law, Policies and Practice, Bd. 1, 1995, S. 572-580; *Bertrand*, UNO, Geschichte und Bilanz, 1995, S. 13-39; *Volger*, Entstehungsgeschichte der UN, in: ders. (Hrsg.), Lexikon der Vereinten Nationen, 2000, S. 84-98; *Groom*, Getting to 'Go': The Birth of the United Nations System, in: Taylor/ders. (Hrsg.), The United Nations at the Millenium, The Principal Organs, 2000, S. 1-20; *Ziring/Riggs/Plano* (Fn. 225), S. 19 ff.; *Grewe/Khan*, Drafting History, in: Simma (Hrsg.), Charter, Bd. 1, 2. Aufl. 2002, S. 1-12; *Cassese* (Fn. 226), S. 317 ff.

[482] Vom 26. Juni 1945, UNTS Bd. 557, S. 143 (aktuelle Fassung UNTS Bd. 892, S. 119), BGBl. 1973 II 430; abgedruckt auch bei: *Knipping/v. Mangoldt/Rittberger* (Hrsg.), Das System der Vereinten Nationen und seine Vorläufer, Bd. I/1: Vereinte Nationen, 1995, Nr. 4.

[483] Umfassend zur textgestützten Ableitung von Weltbildern: *Häberle*, Das „Weltbild" des Verfassungsstaates – eine Textstufenanalyse zur Menschheit als verfassungsstaatlichem Grundwert und „letztem" Geltungsgrund des Völkerrechts, in: FS für Martin Kriele, 1997, S. 1277-1306. Zur Formulierung von Aufgaben in Verfassungstexten bereits *ders.*, Artenreichtum und Vielschichtigkeit von Verfassungstexten, eine vergleichende Typologie, in: FS für Ulrich Haefelin, 1989, S. 225-255.

Schwarzenberger (Fn. 434), S. 244-263 spricht von *„grundsätzliche*[n] *Entscheidungen"*.

rechte[484] und Gleichberechtigung der Nationen sowie Grundsätze wie die Achtung des Völkerrechts und die internationale Zusammenarbeit, die das Handeln und die Struktur der Vereinten Nationen prägen sollen.[485]

Art. 1 SVN benennt die folgenden vier Hauptziele der Vereinten Nationen:

> „1. den Weltfrieden und die internationale Sicherheit zu wahren und zu diesem Zweck wirksame Kollektivmaßnahmen zu treffen, um Bedrohungen des Friedens zu verhüten und zu beseitigen, Angriffshandlungen und andere Friedensbrüche zu unterdrücken und internationale Streitigkeiten oder Situationen, die zu einem Friedensbruch führen könnten, durch friedliche Mittel nach den Grundsätzen der Gerechtigkeit und des Völkerrechts zu bereinigen oder beizulegen;
>
> 2. freundschaftliche, auf der Achtung vor dem Grundsatz der Gleichberechtigung und Selbstbestimmung der Völker beruhende Beziehungen zwischen den Nationen zu entwickeln und andere geeignete Maßnahmen zur Festigung des Weltfriedens zu treffen;
>
> 3. eine internationale Zusammenarbeit herbeizuführen, um internationale Probleme wirtschaftlicher, sozialer, kultureller und humanitärer Art zu lösen und die Achtung vor den Menschenrechten und Grundfreiheiten für alle ohne Unterschied der Rasse, des Geschlechts, der Sprache oder der Religion zu fördern und zu festigen;
>
> 4. ein Mittelpunkt zu sein, in dem die Bemühungen der Nationen zur Verwirklichung dieser gemeinsamen Ziele aufeinander abgestimmt werden."

Die Sicherung, Erhaltung oder Wiederherstellung des Friedens ist zwar ein wichtiges Ziel; es erfordert aber, das zeigt die Kombination mit den anderen Zielen, eine umfassende Tätigkeit, die sich auch und vor allem

---

[484] Hierzu *Partsch*, Human Rights in General, in: Wolfrum (Hrsg.), United Nations: Law, Policies and Practice, Bd. 1, 1995, S. 603-611, Rn. 12-22; *Simma*, Human Rights, in: Tomuschat (Hrsg.), The United Nations at Age Fifty, A Legal Perspective, 1995, S. 263-280; *Marks*, Human Rights, Activities of International Organizations, in: EPIL II (1995), S. 893-902; unlängst *Weiß* (Fn. 346).

[485] Eine an den Zielen der Organisation orientierte Bilanz der Arbeit der Vereinten Nationen nach fünfzig Jahren ziehen die Beiträge in *Tomuschat* (Hrsg.), The United Nations at Age Fifty, A Legal Perspective, 1995. Vgl. auch die Beiträge in *Volger* (Hrsg.), Grundlagen und Strukturen der Vereinten Nationen, 2007. Knapper *Gibson* (Fn. 243), S. 29-60.

den – auch innerstaatlichen – Ursachen von Friedensstörungen zuwendet.[486] Die Vereinten Nationen haben sich daher auch darauf verpflichtet, eine gleichberechtigte Zusammenarbeit der Nationen[487] zu fördern, um eine gerechte Lösung[488] von wirtschaftlichen, sozialen, kulturellen und humanitären Problemen zu erreichen. Durch die Zunahme der Mitgliedstaaten und die hieraus resultierende gewandelte Struktur der Mitgliedschaft ist es auch in der Praxis zu einer entsprechenden Verlagerung des Schwerpunkts ihrer Tätigkeit gekommen.[489]

---

[486] So auch *Howard*, The Historical Development of the UN's Role in International Security, in: Roberts/Kingsbury (Hrsg.), United Nations, Divided World, The UN's Roles in International Relations, 2. Aufl. 1993, 5. Nachdruck 1995, S. 63-80 (S. 69 ff.). Aus dem Blickwinkel der politischen Philosophie *Kersting*, Philosophische Friedenstheorie und internationale Friedensordnung, in: Chwaszcza/ders. (Hrsg.), Politische Philosophie der internationalen Beziehungen, 1998, S. 523-554. Kritisch zu den Möglichkeiten internationaler Organisationen in diesem Bereich *Mearsheimer*, The False Promise of International Institutions, in: International Security 19 (1994/95) 3, S. 3-49 (S. 47 ff.).

Für konkrete Anwendungsfälle vgl. *Heinz*, Ursachen und Folgen von Menschenrechtsverletzungen in der Dritten Welt, Mit Fallstudien zu Afghanistan, Äquatorialguinea, Äthiopien, Chile, Guatemala, Indonesien, den Philippinen, Uganda und Uruguay, 1986. Dort, S. 164 ff. und 573 ff., die Thesen und Schlußfolgerungen. Zum Gesichtspunkt der Prävention vgl. *Strauß*, Prävention von Menschenrechtsverletzungen als Aufgabe internationaler Organisationen, Rechtsgrundlagen und inhaltliche Ansätze, 2001.

[487] Vgl. auch den Hinweis auf die Notwendigkeit engagierten Eintretens bei *Generalsekretär* (Fn. 223), Nr. 11: "[W]*hat the family of nations required in order to strengthen its Organization was the whole-hearted co-operation of all Member States.*"

[488] *Claude* (Fn. 243), S. 436 formuliert wie folgt: "*Its* [the UN's, N.W.] *major contribution to the security of its members must be a product of its eligibility to serve as a neutral element in international relations, a kind of collective Switzerland, helping states to avoid clashes that their prudence commands them to avoid.*"

[489] *Verdross/Simma* (Fn. 22), § 102 ff. Kritisch *Seitz*, Die Dominanz der Dritten Welt in den Vereinten Nationen, in: EA 1973, S. 403-412. Die aktuelle Gewichtung zeigt sich deutlich im Ergebnisdokument des Weltgipfels 2005, das auf dem sogenannten „Millenium+5"-Gipfel (vom 14. bis zum 16. September 2005 in New York) verabschiedet wurde, UN-Dok. A/60/L.1. Die hier zugrundegelegte Übersetzung des Übersetzungsdienstes der Vereinten Nationen widmet fast siebzehn Seiten dem Thema Entwicklung, sieben Seiten dem Thema Frieden und Sicherheit, viereinhalb Seiten dem Thema Menschenrechte und Herrschaft des Rechts und die letzten sieben Seiten organisatorischen Fragen

Schon im Jahre 1961 sah der damalige Generalsekretär *Hammarskjöld* die Organisation an einer Wegscheide:[490] Entweder verstehe sie sich, wie dies einige Mitglieder befürworteten, als *„static conference machinery"*, die den Staaten Dialog,[491] friedliche Koexistenz und gegebenenfalls auch Konfliktlösung ermögliche, oder sie begreife sich, wie andere Mitgliedstaaten es unterstützten, als dynamisches Instrument der Regierungen für eine gemeinsame Politik und ein gemeinsames Handeln. Die Charta, so *Hammarskjöld* weiter, biete ausreichend Möglichkeiten für eine effektive und tatsächliche Zusammenarbeit. Insbesondere die kollektiven Organe, allen voran Generalversammlung und Sicherheitsrat, seien so angelegt, daß ihre Entscheidungen solche der Organisation und nicht der in ihnen versammelten Regierungen darstellten. Das hierfür notwendige Bewußtsein und die erforderliche Bereitschaft, solche Entscheidungen zu befolgen und sich ihnen gegebenenfalls auch zu beugen, müsse von den Regierungen entwickelt und gestärkt werden.[492]

II. Die Organe der Vereinten Nationen

Die Vereinten Nationen verfügen nach Art. 7 Abs. 1 SVN über insgesamt sechs Hauptorgane: Generalversammlung,[493] Sicherheitsrat,[494] Wirtschafts- und Sozialrat,[495] Treuhandrat,[496] Internationaler Gerichtshof[497] und Sekretariat.[498]

(„Stärkung der Vereinten Nationen"). In dieser Gewichtung kommt freilich auch die zutreffende Erkenntnis zum Ausdruck, daß Frieden mehr ist als die Abwesenheit von Krieg und daß sich Sicherheitspolitik nicht in Rüstungskontrolle erschöpfen darf.

[490] *Generalsekretär*, Introduction to the Annual Report of the Secretary-General on the Work of the Organization, 16 June 1960–15 June 1961, GAOR 16th Session Supplement No. 1A (A/4800/Add.1), 1961, S. 1.

[491] Ähnlich *Whitaker*, Politics and Power, A Text in International Law, 1964, S. 584.

[492] *Generalsekretär* (Fn. 490), S. 3 ff.

[493] Art. 9-22 SVN, infra Zweiter Teil A.II.1

[494] Art. 23-32 SVN, infra Zweiter Teil A.II.2.

[495] Art. 61-72 SVN, infra Zweiter Teil A.II.3.

[496] Art. 86-91 SVN, infra Zweiter Teil A.II.4.

[497] Art. 92-96 SVN, infra Zweiter Teil A.II.6.

Hinzu kommen Nebenorgane, die von den Hauptorganen nach Art. 7 Abs. 2 SVN nach Bedarf eingesetzt werden können (und in praxi ihrerseits selbst Unter- oder Nebenorgane einsetzen).

Mit der Vielzahl dieser Neben- und Unterorgane (zu den bekanntesten zählen: Völkerrechtskommission,[499] Menschenrechtskommission[500] und Kommission für die Rechtsstellung der Frau[501]) aber auch Unter- und Sonderorganisationen[502] (z.B. ILO,[503] UNESCO,[504] UNICEF[505]) und

---

498 Art. 97-101 SVN, infra Zweiter Teil A.II.5.

499 Zu dieser infra bei und in Fn. 586 ff.

500 Art. 68 SVN, infra bei und in Fn. 815 ff. Die Menschenrechtskommission wurde am 15. März 2006 aufgelöst und durch den Menschenrechtsrat ersetzt (s. infra Fn. 552).

501 Commission on the Status of Women, eingerichtet durch ECOSOC, Resolution 11 (II) vom 21. Juni 1946 auf der Grundlage von Art. 68 SVN; weiterführend *Reanda*, The Commission on the Status of Women, in: Alston (Hrsg.), The United Nations and Human Rights, A Critical Appraisal, 1992, Nachdruck 1996, S. 265-303.

502 Vgl. nur *Klein*, United Nations, Specialized Agencies, in: EPIL IV (2000), S. 1172-1193.

503 International Labour Organisation, gegründet auf der Konferenz in Washington vom 29. Oktober bis zum 29. November 1919, seit 1946 die erste Sonderorganisation der Vereinten Nationen. Weiterführend *Gamillscheg*, Internationale Arbeits-Organisation, in: WBVR II, 1961, S. 38-43; *McMahon*, The International Labour Organization, in: Luard (Hrsg.), The Evolution of International Organizations, 1966, S. 177-199; *Köhler*, ILO – International Labour Organization, in: Wolfrum (Hrsg.), United Nations Law, Policy and Practice, Bd. 1, 1995, S. 714-723; *Samson*, International Labour Organisation, in: EPIL II (1995), S. 1150-1156; *Jetzlsperger*, ILO – Internationale Arbeitsorganisation, in: Volger (Hrsg.), Lexikon der Vereinten Nationen, 2000, S. 270-271; jeweils m.w.Nw.

504 United Nations Educational, Scientific and Cultural Organisation, gegründet am 4. November 1946. Unverzichtbar für die frühe Phase der UNESCO ist die Darstellung bei *Kipp*, UNESCO, Recht, sittliche Grundlage, Aufgabe, 1957. Einführend *Hüfner*, UNESCO – United Nations Educational, Scientific and Cultural Organization, in: Wolfrum (Hrsg.), United Nations Law, Policy and Practice, Bd. 2, 1995, S. 1305-1313; *Partan*, United Nations Educational, Scientific and Cultural Organisation, in: EPIL IV (2000), S. 1093-1097 (plus Addendum von *Bank*, S. 1097-1100); *Hüfner*, UNESCO – Organisation der Vereinten Nationen für Erziehung, Wissenschaft und Kultur, in: Volger (Hrsg.), Lexikon der Vereinten Nationen, 2000, S. 553-556; jeweils m.w.Nw. Ausführlich *Hüfner/Reuther* (Hrsg.), UNESCO-Handbuch, 2005.

Programmen (z.B. UNDP,[506] UNDCP[507]) hat sich ein weitgespanntes und vielgliedriges System der Vereinten Nationen[508] entwickelt, dem es oftmals an Überschaubarkeit und Transparenz gebricht[509]. So nimmt es nicht wunder, daß Reformforderungen und -programme die Vereinten Nationen zeit ihres Bestehens begleitet haben.[510]

Allgemein zur Bedeutung, die das Völkerrecht der Kultur beimißt, siehe *Genius-Devime*, Bedeutung und Grenzen des Erbes der Menschheit im völkerrechtlichen Kulturgüterschutz, 1996, S. 90-165; *Dolzer*, Wirtschaft und Kultur im Völkerrecht, in: Graf Vitzthum (Hrsg.), Völkerrecht, 4. Aufl. 2007, 6. Abschnitt, S. 491-576, Rn. 120 ff.; *von Schorlemer*, Kulturpolitik im Völkerrecht verankert, in: VN 2006, S. 217-223.

[505] 1946 als United Nations International Children's Emergency Fund (UNICEF) ins Leben gerufen, unter Beibehaltung des Akronyms seit 1953 als United Nations Children's Fund tätig. Weiterführend *Eibach*, UNICEF – United Nations Children's Fund, in: Wolfrum (Hrsg.), United Nations Law, Policy and Practice, Bd. 2, 1995, S. 1323-1328; *Wolf*, United Nations Children's Fund, in: EPIL IV (2000), S. 1057-1059; jeweils m.w.Nw. Ausführlich zu den im Laufe der Zeit hinzugekommenen Aufgaben: *Beigbeder*, New Challenges for UNICEF: Children, Women and Human Rights, 2001.

[506] United Nations Development Programme, gegründet am 22. November 1965, Weiterführend *Sahlmann/Blank*, UNDP – United Nations Development Programme, in: Wolfrum (Hrsg.), United Nations Law, Policy and Practice, Bd. 2, 1995, S. 1284-1290; *Klingebiel*, UNDP – Entwicklungsprogramm der Vereinten Nationen, in: Volger (Hrsg.), Lexikon der Vereinten Nationen, 2000, S. 544-550; jeweils m.w.Nw.

[507] United Nations International Drug Control Program, durch die Zusammenlegung verschiedener Einheiten 1991 geschaffene Einrichtung.

[508] Zu diesem Begriff vgl. *Hüfner*, UN-System, in: Wolfrum (Hrsg.), United Nations Law, Policy and Practice, Bd. 2, 1995, S. 1361-1386; *Bertrand* (Fn. 481), S. 82-85; *Szasz*, The Complexification of the United Nations System, in: MPUNYB 1999, S. 1-37.

[509] Kritisch generell: *Hüfner* (Fn. 508), Rn. 10-13; *Leprette*, Réflexions sur le concept d'efficacité dans le système des Nations Unies, in: Bardonnet (Hrsg.), L'adaption des structures et méthodes des Nations Unies, 1986, S. 363-371 (S. 363); warnt vor einer allzu leichtfertigen Einschätzung als *« des organismes aussi pléthoriques qu'inefficaces »*. Zu den Koordinationsproblemen vgl. bereits *Luard* (Fn. 42), S. 264 ff. Mit Blick auf den Sachbereich Menschenrechte siehe auch: *Alston*, Critical Appraisal of the UN Human Rights Regime, in: ders. (Hrsg.), The United Nations and Human Rights, A Critical Appraisal, 1992, Nachdruck 1996, S. 1-21.

[510] Zur Reformdiskussion siehe aus der Literatur nur: *Bertrand*, The Historical Development of Efforts to Reform the UN, in: Roberts/Kingsbury (Hrsg.),

1. Die Generalversammlung

a) Allgemeines[511]

Bei der Generalversammlung handelt es sich um das Mitgliederorgan der Vereinten Nationen, in dem jeder Mitgliedstaat[512] gleichberechtigt mit einer Stimme vertreten ist; Art. 9 Abs. 1, Art. 18 Abs. 1 SVN. Das Prinzip der souveränen Gleichheit aller Staaten,[513] von dem die Charta,

---

United Nations, Divided World, The UN's Role in International Relations, 2. Aufl. 1993, 5. Nachdruck 1995, S. 420-436; *Dicke*, Reform of the United Nations, in: Wolfrum (Hrsg.), United Nations: Law, Policies and Practice, Bd. 2, 1995, S. 1012-1024; und die Beiträge in: *Wolfrum* (Hrsg.), Die Reform der Vereinten Nationen, 1989; in: *Hüfner* (Hrsg.), Die Reform der Vereinten Nationen, Die Weltorganisation zwischen Krise und Erneuerung, 1994; in: *Müller* (Hrsg.), Reforming the United Nations, Bd. IV: The Quiet Revolution, 2001; in: *von Schorlemer* (Fn. 122), S. 683-753; Volger, Geschichte (Fn. 481), S. 233 ff., 244 ff., 271 ff., 286 ff. und passim; jeweils m.w.Nw.

Vgl. auch *Generalsekretär* (Fn. 223), Nr. 16, 19, 24 ff., 44 ff., 121 ff.; sowie die entsprechende Internetseiten der Vereinten Nationen, zu finden unter www.un.org/reform (besucht am 18. Oktober 2008); dort vor allem der letzte Bericht des *Generalsekretärs*, In Larger Freedom, Towards Development, Security and Human Rights for All, UN-Dok. A/59/2005 vom 21. März 2005. Die vom Deutschen Übersetzungsdienst der Vereinten Nationen gefertigte Übersetzung ist unter www.un.org/ Depts/german/gs_sonst/a-59-2005-ger.pdf abrufbar (besucht am 28. Mai 2008); außerdem: *Ford Foundation* (Hrsg.), The United Nations in its second half century. A report of the Independent Working Group on the Future of the United Nations, 1995; sowie die Seitern des Global Policy Forums, www.globalpolicy.org/reform/index.htm (besucht am 28. Mai 2008).

[511] Siehe die Übersicht bei *Verdross/Simma* (Fn. 22), § 120 ff.; *Tomuschat*, General Assembly, in: Wolfrum (Hrsg.), United Nations Law, Policy and Practice, Bd. 1, 1995, S. 548-557; *Vallat*, United Nations General Assembly, in: EPIL IV (2000), S. 1119-1125; *Smouts*, The General Assembly: Grandeur and Decadence, in: Taylor/Groom (Hrsg.), The United Nations at the Millenium, The Principal Organs, 2000, S. 21-60; *Conforti*, The Law and Practice of the United Nations, 3. Aufl. 2005, S. 87 ff., 217 ff. Nach wie vor lesenswert: *Kaufmann*, United Nations Decision Making, 1980, S. 25-42, und *Peterson*, The General Assembly in World Politics, 1986. Aus sozialistischer Sicht *Höhne/Rose* (Fn. 340), S. 98-110.

[512] Anders als im Völkerbund (supra bei und nach Fn. 364) können nur Staaten Mitglieder werden (Art. 4 SVN).

[513] Ausführlich hierzu: *Efraim*, Sovereign (In)equality in International Organizations, 2000, S. 13 ff., 46 ff., 108 ff.

vor allem in Art. 2 Abs. 1, spricht, findet hier seinen wichtigsten Ausdruck.

Die Generalversammlung hat zusätzlich Beobachter zugelassen.[514] Von den verschiedenen Kategorien[515] sind namentlich (Noch-)Nichtmitgliedstaaten, andere internationale Organisationen und nationale Befreiungsbewegungen zu nennen. Beobachter können zwar schriftliche und mündliche Äußerungen abgeben und auf Äußerungen von Mitgliedern erwidern – Art. 115 f. der Geschäftsordnung der Generalversammlung (GV-GeschO) sehen dieses Recht nur für Mitglieder vor –, doch haben sie bislang nur in Einzelfällen das Recht eingeräumt erhalten, vor dem Plenum zu sprechen. Ein Stimmrecht kommt Beobachtern nicht zu.

Die Delegationen, die die Mitgliedstaaten in die Generalversammlung entsenden, sollen gemäß Art. 9 Abs. 2 SVN aus bis zu fünf Personen bestehen. Ihr gehören neben dem jeweiligen diplomatischen Vertreter bei den Vereinten Nationen Fachleute zu dem gerade einschlägigen Themengebiet an. Diese können von der diplomatischen Vertretung vor Ort[516] gestellt – die Generalversammlung tagt in der Regel[517] am Sitz

---

[514] Wichtig sind beispielsweise GV-Res. 3280 (XXIX) vom 10. Dezember 1974, die die bis dahin geübte Praxis zusammenfaßt, und die Entscheidung der Generalversammlung 49/426 vom 9. Dezember 1994, derzufolge der Beobachterstatus zukünftig nur Nichtmitgliedstaaten und Regierungsorganisationen mit für die Generalversammlung interessanten Tätigkeitsbereichen gewährt werden soll. Eine aktuelle Übersicht über die ständig zugelassenen Beobachter bietet UN-Dok. A/INF/59/4 vom 6. Oktober 2004.

[515] Näher: *Schermers/Blokker*, International Institutional Law, Unity within diversity, 3. Aufl. 1995, §§ 179-197; *Magiera*, Art. 9, in: Simma (Hrsg.), Charter, Bd. 1, 2. Aufl. 2002, S. 247-256, Rn. 5. Siehe auch schon *Tomuschat*, Die Generalversammlung der Vereinten Nationen im Spiegel der Praxis, in: VN 1976, S. 49-58 (S. 50 f. m.w.Nw.).

[516] Üblicherweise unterhalten die Staaten heute Ständige Vertretungen am Sitz der Vereinten Nationen (und anderer wichtiger internationaler Organisationen). Diese Praxis wurde zur Zeit des Völkerbundes in der heute protokollarisch üblichen Form von Brasilien eingeleitet, das ab Juli 1924 *de Mello Franco* im Range eines Botschafters mit Sitz in Genf als Ständigen Vertreter in den Völkerbundsrat entsandte. Hierzu, zu den diesbezüglichen theoretischen Vorüberlegungen und praktischen Frühformen – die erste ständige und autonome Delegation wurde im Jahre 1920 von Griechenland eingerichtet – ausführlich: *Ghebali*, Les délégations permanentes auprès de la Société de Nations, in: Virally/Gerbert/Salmon, Les missions permanentes auprès des organisations interna-

der Vereinten Nationen in New York[518] – oder aus dem Mitgliedstaat entsandt werden. Bei entsprechend wichtigen oder protokollarisch herausgehobenen Anlässen treten die nationalen Fachminister[519] oder die Staats- und Regierungschefs[520] in der Generalversammlung auf.

Die ordentlichen Jahrestagungen oder Sitzungen (Art. 20 Satz 1 SVN) beginnen im September und dauern nicht selten bis in den Januar des Folgejahres. Außerordentliche Tagungen (oder Sondergeneralversammlungen) sieht die Satzung ebenfalls vor; diese sind gewöhnlich mit einzelnen Themenkomplexen befaßt.[521] Darüber hinaus hat die Generalversammlung die Form der Notstandssondertagung[522] geschaffen. Da-

---

tionales, 1971, S. 23-135. Vgl. auch *Kaufmann*, Conference Diplomacy, An introductory analysis, 1968, S. 113-129; *ders.* (Fn. 511), S. 103-118.

[517] Bekannte Ausnahmen waren die Eröffnungssitzung am 10. Januar 1946 in London und die Sitzung der Generalversammlung in Paris zur Verabschiedung der Allgemeinen Erklärung der Menschenrechte (AEMR) am 10. Dezember 1948.

[518] Dazu: *Schwenk*, UN-Platz New York, in: Volger (Hrsg.), Lexikon der Vereinten Nationen, 2000, S. 584-587.

[519] Beispielsweise die Außenminister jeweils zur Eröffnung der Sitzung am dritten Dienstag im September.

[520] Etwa bei der 50. Generalversammlung im Jahre 1995. Das Fehlen des damaligen deutschen Bundeskanzlers *Kohl* wurde aufmerksam registriert. *Kohl* war als einziger westlicher Regierungschef der Sitzung ferngeblieben und hatte dies mit der zu kurzen Redezeit, die keine substantiellen Ausführungen erlaube, gerechtfertigt; vgl. den Artikel „Kohl: Fünf Minuten sind zuwenig", in: Frankfurter Allgemeine Zeitung vom 24. Oktober 1995, S. 2. Für die Bundesrepublik Deutschland nahm Vizekanzler *Kinkel* teil.

[521] Beispiele für Sondergeneralversammlungen (SGV) sind: die erste SGV vom 28. April bis zum 15. Mai 1947 zur Palästina-Frage (einberufen vom Vereinigten Königreich), die vierte SGV vom 14. Mai bis zum 27. Juni 1963 zur Finanzierung von friedenssichernden Operationen (einberufen von der Generalversammlung) oder die zwölfte SGV vom 7. Juni bis zum 10. Juli 1982 zur Abrüstung (einberufen von der Generalversammlung). Bis Mitte 2005 gab des achtundzwanzig SGV, vgl. die unter www.un.org/ga/sessions/special.shtml abrufbare Auflistung (besucht am 28. Mai 2008).

[522] Grundlage hierfür ist die sogenannte Uniting-for-peace-Resolution der Generalversammlung vom 3. November 1950 (A/RES/377 (V)); hierzu *Haviland*, The Political Role of the General Assembly, 1951, Nachdruck 1978, S. 156-165; *Verdross/Simma* (Fn. 22), §§ 244 ff.; *Nolte*, Uniting for Peace, in: Wolfrum (Hrsg.), United Nations: Law, Policies and Practice, Bd. 2, 1995,

mit hatte sie ursprünglich die Handlungsfähigkeit der Vereinten Nationen in Krisensituationen stärken wollen, in denen der Sicherheitsrat aufgrund des Vetos eines seiner ständigen Mitglieder seiner Hauptverantwortung für den Weltfrieden nicht nachkommen konnte. Im Falle einer solchen echten, unüberbrückbaren Funktionsunfähigkeit des Sicherheitsrates sollte die – schon aufgrund ihrer Größe allerdings auch nicht optimal für diese Aufgabe geeignete – Generalversammlung das Krisenmanagement selbst übernehmen und eigene Empfehlungen für Kollektivmaßnahmen abgeben dürfen.[523] In der Folgezeit wurde das in der Uniting-for-Peace-Resolution niedergelegte Konzept allerdings nicht immer beachtet und eine Sondergeneralversammlung auch dann einberufen, als keine vetobedingte Funktionsunfähigkeit vorlag[524] oder als die zeitlichen Abläufe einen Notstand nicht nahelegten.[525] Die hier zu beobachtenden Verschiebungen zwischen den Zuständigkeiten von

---

S. 1341-1348; *Stein/Morrissey*, Uniting for Peace Resolution, in: EPIL IV (2000), S. 1232-1235.

Bis Mitte 2005 fanden zehn Notstandssondertagungen statt, auf denen politische Fragen wie Ungarn, Kongo, Palästina oder Afghanistan behandelt wurden (vgl. den Überblick über die Themen und Daten, der unter www.un.org/ga/sessions/emergency.shtml abrufbar ist; besucht am 28. Mai 2008).

[523] Der IGH hatte die Vorstellung, der Generalversammlung komme eine subsidiäre Verantwortung für die Friedenssicherung zu, in seinem Gutachten vom 20. Juli 1962, ICJ-Reports 1962, S. 151 ff. (S. 162 f.) – Certain Expenses of the United Nations, gebilligt. Siehe auch *Schaefer*, Notstandssondertagungen der Generalversammlung, Kritische Würdigung einer rezenten Entwicklung, in: VN 1983, S. 78-83 (S. 79, 81 f.).

[524] So im Falle der fünften Notstandssondertagung vom 17. Juni bis zum 18. September 1987 zum Nahostkonflikt. Hier hatte ein sowjetischer Antrag, Israel als Aggressor zu verurteilen, im Sicherheitsrat erst gar keine Mehrheit gefunden, war also nicht am Veto der USA gescheitert. Einzelheiten bei *Schaefer* (Fn. 523), S. 80.

[525] So im Falle der siebten Notstandssondertagung vom 22. bis zum 29. Juli 1980 zum Nahostkonflikt, die erst zwei Monate, nachdem der Sicherheitsrat wegen eines Vetos der USA in der Sache nicht weitergekommen war, einberufen wurde. Überdies wurde diese Notstandssondertagung mehrfach vertagt und wieder aufgenommen, obwohl zwischenzeitlich die regulären Tagungen der Generalversammlung stattfanden. Hierzu *Schaefer* (Fn. 523), S. 81 und *Finlay*, The Seventh Emergency Special Session of the UN General Assembly: An Exercise in Procedural Abuse, in: AJIL 80 (1986), S. 587-601. Ähnlich verhält es sich mit der zehnten Notstandssondertagung, die ebenfalls um den Palästinakonflikt kreist und zwischen 1997 und 2004 zwölfmal einberufen wurde.

Sicherheitsrat und Generalversammlung sind in der Praxis allerdings nicht so gravierend, daß sie Anlaß zur Sorge geben müßten.[526]

Die Generalversammlung, deren Sitzungen ein jeweils gewählter Präsident (Art. 21 Satz 2 SVN) leitet, hat sich eine Geschäftsordnung (GV-GeschO)[527] gegeben (Art. 21 Satz 1 SVN).[528] Die während der Sitzung zu fassenden Beschlüsse werden in Ausschüssen[529] vorbereitet. Die Generalversammlung verfügt über vier Arten von Ausschüssen, nämlich Verfahrensausschüsse, Hauptausschüsse, ständige Ausschüsse und Ad-hoc-Ausschüsse.

Der Präsidialausschuß (General Committee) setzt sich aus dem Präsidenten und den einundzwanzig Vizepräsidenten der Generalversammlung sowie den Vorsitzenden der sechs Hauptausschüsse zusammen. Der Präsidialausschuß prüft zu Beginn jeder Tagung die vorläufige Tagesordnung samt der Ergänzungsliste und empfiehlt der Generalversammlung zu jedem vorgeschlagenen Gegenstand entweder die Aufnahme in die Tagesordnung oder die Ablehnung des Aufnahmeantrags oder die Aufnahme in die vorläufige Tagesordnung einer späteren Tagung (Regel 40 GV-GeschO). Außerdem richtet der Präsidialausschuß Empfehlungen über den Zeitpunkt für das Ende der Tagung an die Generalversammlung. Er unterstützt ferner den Präsidenten und die Gene-

---

[526] Wenngleich einige Staaten diese Verschiebung durchaus befürworteten, vgl. *Generalsekretär* (Fn. 223), Nr. 60 ff. Die Kompetenz der Generalversammlung, den Mitgliedstaaten zu empfehlen, einen bestimmten Staat als Friedenbrecher zu betrachten, bejahen beispielsweise auch *Verdross/Simma* (Fn. 22), § 246. Skeptisch *Hobe/Kimminich* (Fn. 22), S. 130. *Hailbronner/Klein*, Art. 10, in: Simma (Hrsg.), Charter, Bd. 1, 2. Aufl. 2002, S. 257-275, Rn. 36, gehen davon aus, daß sich die Handlungsfähigkeit der Vereinten Nationen insgesamt erhöht habe.

[527] Am 17. November 1947; die aktuelle Fassung datiert vom 31. Dezember 1984, UN-Dok. A/520/Rev.15, mit den Ergänzungen vom 21. August 1991, UN-Dok. A/520/Rev.15/Amend.1, und vom 8. Oktober 1993, UN-Dok. A/520/Rev.15/Amend.2; abgedruckt bei *Knipping u.a.* (Fn. 482), Nr. 7.

[528] Grundlegend zum Verfahren vgl. *Bailey*, The General Assembly of the United Nations, A Study of Procedure and Practice, 2. Aufl. 1964, Nachdruck 1978, S. 41 ff., 73 ff., 101 ff. und passim.

[529] Zu den Ausschüssen: *Verdross/Simma* (Fn. 22), §§ 139 ff.; *Lindemann/Hesse-Kreindler*, Committees, System of, in: Wolfrum, United Nations: Law, Politics and Practice, Bd. 1, 1995, S. 129-137, Rn. 2-21; vgl. auch die frühe Kritik bei *Kelsen*, The Law of the United Nations, A Critical Analysis of its Fundamental Problems, 1951/1964, S. 159 ff.

ralversammlung bei der Aufstellung der Tagesordnung für die einzelnen Plenarsitzungen, bei der Festlegung der Reihenfolge der einzelnen Gegenstände und bei der Koordinierung der Tätigkeit aller Ausschüsse der Generalversammlung. Außerdem unterstützt der Präsidialausschuß den Präsidenten bei der allgemeinen Führung der Geschäfte der Generalversammlung, soweit dieser dafür zuständig ist. Er beschließt jedoch nicht über politische Fragen (Regel 41 GV-GeschO).

Die Generalversammlung verfügt weiterhin über sechs Hauptausschüsse:

- Ausschuß für Abrüstung und internationale Sicherheit;
- Wirtschafts- und Finanzausschuß;
- Ausschuß für soziale, humanitäre und kulturelle Angelegenheiten;
- besonderer politischer und Dekolonisierungausschuß;
- Verwaltungs- und Budgetausschuß und
- Rechtsausschuß

In diesen Ausschüssen können alle Mitgliedstaaten vertreten sein. Ihre Bedeutung liegt darin, daß sie die einzelnen Punkte der Tagesordnung inhaltlich vorberaten. In der Regel faßt die Generalversammlung einen endgültigen Beschluß über einen Gegenstand der Tagesordnung erst dann, wenn sie den diesbezüglichen Bericht eines Ausschusses erhalten hat (Regel 65 GV-GeschO), an den sie freilich nicht gebunden ist.

Hinzu kommt der neunköpfige Beglaubigungsausschuß,[530] der die Beglaubigungsschreiben der Staatenvertreter überprüft. Dieser und die sechs Hauptausschüsse werden, dem Grundsatz der Diskontinuität folgend, in jeder Jahrestagung neu eingerichtet.

Außerdem hat die Generalversammlung zwei Ständige Ausschüsse, den Beratenden Ausschuß für Verwaltungs- und Haushaltsfragen (ACABQ) und den Beitragsausschuß. Diese setzen sich aus sechzehn (ABABQ) beziehungsweise achtzehn (Beitragsausschuß) unabhängigen

---

[530] Zu dessen Bedeutung, aber auch politischer Indienstnahme siehe *Klein* (Fn. 19), Rn. 131; *Magiera* (Fn. 515), Rn. 25-39; zu seiner Rolle während der 1990er Jahre bei der Aufnahme der unabhängig gewordenen Nachfolgestaaten der UdSSR und Jugoslawiens ausführlich *Griffin*, Accrediting Democracies: Does the Credentials Committee of the United Nations Promote Democracy through its Accreditation Process, and should it?, in: NYUJ of Int'l Law & Pol 32 (2000), S. 725-785 (S. 745 ff.). Ausführlich zur frühen Praxis in der Generalversammlung *Higgins*, The Development of International Law Through the Political Organs of the United Nations, 1963, S. 152-166. Siehe auch grundsätzlich *Makarczyk*, Legal Basis for Suspension and Expulsion of a State from an International Organization, in: GYIL 1982, S. 476-489.

Experten zusammen, die für drei Jahre gewählt werden. Ad-hoc-Ausschüsse schließlich werden zur konzentrierten Bearbeitung bestimmter Themen eingesetzt, wie beispielsweise die Ad-hoc-Ausschüsse für Abrüstung oder für das internationale Jahr der älteren Menschen.

Die Generalversammlung ist entscheidungsfähig, wenn die einfache Mehrheit der Mitglieder anwesend ist; die Generalversammlung entschied im Jahre 1971,[531] ihre Beratungen allerdings bereits dann aufzunehmen, wenn mindestens ein Drittel der Mitglieder anwesend ist (neugefaßte Regel 67 GV-GeschO). Aus der Mitgliedschaft in der Organisation wird eine Pflicht der Staaten zur Teilnahme an den Sitzungen der Organe abgeleitet; auch der Wortlaut von Art. 9 Abs. 2 SVN („*shall consist*“) legt dies nahe.[532]

Abstimmungen in der Generalversammlung erfordern grundsätzlich die Mehrheit der anwesenden und abstimmenden Mitglieder (Art. 18 Abs. 3 SVN); dabei werden gemäß Art. 86 GV-GeschO Enthaltungen nicht gezählt. In den von Art. 18 Abs. 2 SVN aufgezählten „*wichtigen Fragen*“ ist allerdings eine Zweidrittelmehrheit[533] erforderlich. Es sind dies Empfehlungen hinsichtlich der Wahrung des Weltfriedens und der internationalen Sicherheit, die Wahl der nichtständigen Mitglieder des Sicherheitsrates, die Wahl der Mitglieder des Wirtschafts- und Sozialrates, die Wahl von Mitgliedern des Treuhandrates nach Art. 86 Abs.1 lit. c SVN, die Aufnahme neuer Mitglieder, der zeitweilige Entzug der Rechte und Vorrechte aus der Mitgliedschaft, der Ausschluß von Mitgliedern sowie Fragen betreffend die Wirkungsweise des Treuhandsystems und Haushaltsfragen. Die Generalversammlung kann für die jeweils laufende Sitzung, also ohne sie permanent in den Rang wichtiger Fragen zu erheben, mit einfacher Mehrheit für weitere Fragen eine Zweidrittelmehrheit festlegen.[534]

---

[531] GV-Res. 2837 (XXVI) vom 17. Dezember 1971.

[532] Zur Teilnahmepflicht *Schermers*, The quorum in intergovernmental organs, in: FS für Ignaz Seidl-Hohenveldern, 1988, S. 527-535.

[533] Dieses Quorum legte die GV-GeschO (Annex III, Abs. F) beispielsweise auch für Abstimmungen über Südwest-Afrika – bis zur Unabhängigkeit – fest.

[534] In der Praxis der Generalversammlung hat diese Unterscheidung allerdings keine bedeutende Rolle gespielt, da die Generalversammlung entweder die Kategorien von Art. 18 Abs. 2 SVN weit versteht oder da die meisten Entscheidungen ohnehin mit mehr als Zweidrittelmehrheit oder ohne Abstimmung gefällt werden; hierzu *Wolfrum*, Voting and Decision-Making, in: ders. (Hrsg.), United Nations Law, Policy and Practice, Bd. 2, 1995, S. 1400-1407, Rn. 7 f.

Oftmals wird allerdings auf Abstimmungen verzichtet und eine Entscheidung im Konsensverfahren herbeigeführt.[535] Dieses weniger von diskurstheoretischen Erwägungen denn von machtpolitischen Praktikabilitätsüberlegungen geleitete Modell bestimmt heute[536] die Mehrheit der von der Generalversammlung gefaßten Beschlüsse. Das Konsensverfahren ist in der Satzung nicht vorgesehen; in die GV-GeschO wurde es erst nachträglich eingefügt (Annex V Nr. 104). Mit der Feststellung des Präsidenten, daß die Übereinstimmung der teilnehmenden Mitglieder vorliegt, gilt der Beschluß als zustandegekommen (nonvoting consensus). In weiteren Fällen wird überdies auch auf die förmliche Feststellung des Konsenses verzichtet. Eine Entschließung wird hierbei ohne Abstimmung angenommen (adopted without a vote).[537] In ihrer Wirksamkeit stehen die im Konsensverfahren gefaßten Beschlüsse den mit Abstimmung gefaßten gleich.

b) Kompetenzen der Generalversammlung

Der Wirtschafts- und Sozialrat und der Treuhandrat stehen *„unter der Autorität“* der Generalversammlung (Art. 60, 87 SVN). Das bedeutet zumindest, daß die Generalversammlung die speziellen Aktivitäten beider Organe anstoßen, überprüfen und beenden kann.[538]

Die Generalversammlung erhält und prüft die Jahresberichte des Sicherheitsrates (Art. 15 Abs. 1 SVN) und der anderen (Haupt- und Neben-) Organe der Vereinten Nationen (Art. 15 Abs. 2 SVN). Diese Re-

---

535 Zu diesem Verfahren siehe *Suy*, Consensus, in: EPIL I (1992), S. 759-761; *Wolfrum*, Consensus, in: ders. (Hrsg.), United Nations Law, Policy and Practice, Bd. 1, 1995, S. 350-355; jeweils m.w.Nw. Vgl. auch *Kaufmann* (Fn. 511), S. 119-143; *Ballreich*, Wesen und Wirkung des »Konsens« im Völkerrecht, in: FS für Hermann Mosler, 1983, S. 1-24; ausführlich *Zemanek*, Majority Rule and Consensus Technique in Law-Making Diplomacy, in: Macdonald/Johnston (Hrsg.), The Structure and Process of International Law: Essays in Legal Philosophy Doctrine and Theory, 1983, S. 857-887.

536 Vorsichtig optimistisch bereits *Tomuschat* (Fn. 515), S. 54, der sich nach einer Periode der Konfrontation einen höheren Wirkungsgrad von Resolutionen erhoffte.

537 Vgl. *Klein* (Fn. 19), Rn. 135 f. m.w.Nw.

538 *Verdross/Simma* (Fn. 22), § 135, § 138; *Jaenicke*, Art. 7, in: Simma (Hrsg.), Charter, Bd. 1, 2. Aufl. 2002, S. 217-229, Rn. 3. *Klein* (Fn. 19), Rn. 127, betont, daß daraus kein Weisungsrecht folge.

gelung unterstreicht ihre Bedeutung im Kreis der (Haupt-) Organe, begründet aber kein generelles Über- und Unterordnungsverhältnis.[539] Dies gilt selbst angesichts des der Generalversammlung in Art. 17 SVN eingeräumten Budgetrechts,[540] wodurch ihre Stellung gegenüber der Bundesversammlung des Völkerbundes gestärkt ist. Im innerstaatlichen Bereich gehörte der Kampf um die Budgethoheit zu den zentralen Fragen der Austarierung von Staatsgewalt.[541] Im Gefüge der Vereinten Na-

---

[539] So für den Sicherheitsrat unter Hinweis auf die Entstehungsgeschichte auch *Hilger*, Art. 15, in: Simma (Hrsg.), Charter, Bd. 1, 2. Aufl. 2002, S. 326-331, Rn. 15 ff., der immerhin eine Tendenz seit Anfang der 1990er Jahre sieht, derzufolge die Generalversammlung ihre Position gegenüber dem Sicherheitsrat zu stärken versuche. Anders *Tomuschat* (Fn. 511), Rn. 1: *"Moreover, a number of specific provisions make it clear that, to a large extent, the other principal organs of the United Nations are legally subordinated to the General Assembly."* Zwanzig Jahre zuvor hatte er zwar einen Anspruch der Generalversammlung ausgemacht, *„eine Führungsrolle zu übernehmen"*, gleichzeitig aber zutreffend angemerkt, diese lasse *„sich aus der Charta nicht mit der gleichen Eindeutigkeit ablesen"*, siehe *Tomuschat*, (Fn. 515), S. 51 f. Zurückhaltend auch die Einschätzung von *Goodwin*, The General Assembly of the United Nations, in: Luard (Hrsg.), The Evolution of International Organizations, 1966, S. 42-67 (S. 44 ff.).

Der IGH hatte in dem Gutachten vom 3. März 1950, ICJ-Reports 1950, S. 4 ff. (S. 8) – Competence of the General Assembly for the Admission of a State to the United Nations, zutreffend erklärt: *"The General Assembly and the Security Council are both principal organs of the United Nations. The Charter does not place the Security Council in a subordinate position."*

Cassese (Fn. 226), S. 321, sieht beide Organe, Generalversammlung und Sicherheitsrat, *"at the top of the organization"*, da den anderen Hauptorganen nur spezielle Aufgaben zugewiesen worden seien.

[540] Zu diesem *Koschorreck*, Art. 17, in: Simma (Hrsg.), Charter, Bd. 1, 2. Aufl. 2002, S. 332-352 m.w.Nw.

[541] Zur Entwicklung in England ab der Confirmatio Cartarum (1297) und der endgültigen Kontrolle des Parlaments über die Erhebung direkter Steuern seit der Regentschaft Edwards III. (1327-1377) siehe *Plucknett*, Taswell-Langmead's English Constitutional History, 11. Aufl. 1960, S. 145 ff., 158 ff.; zur deutschen Verfassungsgeschichte vgl. den Überblick bei *Nipperdey* (Fn. 129), S. 166 ff. Erinnert sei auch an den preußischen Heeres-, Budget- und Verfassungskonflikt der 1860er Jahre, der erst mit dem Indemnitätsgesetz vom 16. September 1866 (GS. für die Königlich Preußischen Staaten 1866, S. 563), in dem das Abgeordnetenhaus die zurückliegenden budgetlosen Jahre für rechtmäßig erklärte, beendet werden konnte.

tionen allerdings ist die Budgethoheit schon dadurch teilweise entwertet, daß sie sich nur auf das reguläre Budget erstreckt, das nur rund ein Drittel des Gesamthaushalts (ohne Friedenssicherungskosten) ausmacht. Die Vorliebe der Mitgliedstaaten für freiwillige Beiträge spricht für sich.[542] Außerdem untersteht das Finanzmanagement des Sicherheitsrates gerade nicht der Kontrolle der Generalversammlung.[543]

Jeweils auf Empfehlung[544] des Sicherheitsrates beschließt die Generalversammlung über Aufnahme[545] (Art. 4 Abs. 2 SVN) und Ausschluß

Nach dem Grundgesetz wird der jährliche Haushaltsplan im voraus durch das Haushaltsgesetz festgestellt und als dessen Anlage verkündet (Art. 110 Abs. 2 Satz 1 GG); das Recht der Haushaltsbewilligung (und Rechnungskontrolle) ermöglicht es dem Parlament, alle Elemente des Staatshandelns von der finanziellen Seite her zu steuern und zu überwachen. Vgl. zur sogenannten Etathoheit nur *Kisker*, Staatshaushalt, in: HStR IV, 1. Aufl. 1990, § 89, S. 235-293, Rn. 5 ff.

542 Einzelheiten bei *Hüfner,* Die Finanzierung der Vereinten Nationen, in: ders. (Hrsg.) (Fn. 510), S. 205-223; *ders.*, Die Finanzierung des VN-Systems, 1971-2003/2005, 2006. Für den Zweijahreshaushalt 2004/2005 gibt der Generalsekretär die folgenden Zahlen an: ordentlich – 3.608 Mio $, außerplanmäßig – 5.446 Mio $, Friedenssicherung – 9.449 Mio $; vgl. *Generalsekretär*, In die Vereinten Nationen investieren – die Organisation weltweit stärken, UN-Dok. A/60/692 vom 7. März 2006, Nr. 6 (Übersetzung des Deutschen Übersetzungsdienstes der Vereinten Nationen).

543 Was das in der Praxis bedeuten kann, legt *Schmalenbach*, Die Haftung internationaler Organisationen im Rahmen von Militäreinsätzen und Territorialverwaltungen, 2004, S. 496 ff., 505f., 507 f., am Beispiel der Haftungslimitierung bei Peace-keeping-Operationen dar.

544 Zu den – gescheiterten – Versuchen im Zuge der Beratungen über die Charta, die Generalversammlung unabhängiger vom Sicherheitsrat zu machen, vgl. die Darstellung der Diskussionen auf den Konferenzen von Dumbarton Oaks (1944) und San Francisco (1945) bei *Volger*, Geschichte (Fn. 481), S. 13 ff., 23 ff.

545 Die Aufnahme neuer Mitglieder war vor allem in den ersten zehn Jahren der Vereinten Nationen Gegenstand des Streits zwischen den Blöcken. Den bereits im Jahre 1948 angesichts von elf Aufnahmegesuchen unternommenen Versuchen der Generalversammlung, das Vetorecht der ständigen Mitglieder des Sicherheitsrates zu umgehen und die eigene Kompetenz zu stärken, erteilte der IGH in seinem Gutachten vom 3. März 1950 (Fn. 539), S. 8-10, eine klare Absage. Gleichzeitig erinnerte der IGH den Sicherheitsrat daran, daß nur die Art. 4 Abs. 1 SVN aufgeführten Kriterien entscheidungsrelevant sein dürften. Gleichwohl wurden zwischen 1945 und 1955 lediglich Afghanistan, die Arabische Republik Jemen, Birma, Indonesien, Island, Israel, Schweden und Thailand

(Art. 6 SVN) von Mitgliedern sowie die Suspendierung von Mitgliedschaftsrechten (Art. 5 Satz 1 SVN). Auf Empfehlung des Sicherheitsrates ernennt die Generalversammlung den Generalsekretär (Art. 97 Satz 2 SVN) und setzt Bedingungen für den Beitritt von Nichtmitgliedstaaten zum Statut des Internationalen Gerichtshofs fest (Art. 83 Abs. 2 SVN).

Ebenfalls gemeinsam mit dem Sicherheitsrat wählt sie die Richter des Internationalen Gerichtshofs (IGH); Art. 8 und 10 IGH-Statut.

Die Generalversammlung wählt[546] die nichtständigen Mitglieder des Sicherheitsrates (Art. 23 Abs. 1 Satz 3 SVN), die Mitglieder des Wirtschafts- und Sozialrates (Art. 61. Abs. 1 SVN) und (allerdings nur bis 1975) einen Teil der Mitglieder des Treuhandrates (Art. 86 Abs. 1 lit. c SVN). Sie wählt auch die Mitglieder ihrer Neben- und Unterorgane.

Die Generalversammlung ist befugt, den IGH um die Erstattung von Rechtsgutachten zu bitten (Art. 96 SVN, Art. 65 IGH-Statut).

Die Generalversammlung ist berechtigt, Nebenorgane einzusetzen, soweit sie dies zur Wahrnehmung ihrer Aufgaben für erforderlich hält (Art. 22 SVN). Von diesem Recht hat sie Gebrauch gemacht[547] und etwa den Sonderausschuß für friedenssichernde Operationen (seit 1965) oder die Abrüstungskommission (seit 1952) eingesetzt.[548] Weitere wichtige Nebenorgane sind das mit Wirkung vom 1. Januar 1951 eingerichtete Amt des Hohen Kommissars der Vereinten Nationen für Flüchtlinge (Office of the United Nations High Commissioner for Refugees –

---

aufgenommen. Erst am 14. Dezember 1955 kam es zur gleichzeitigen Aufnahme von sechzehn neuen Mitgliedern.

Zur Aufnahme der Nachfolgestaaten der UdSSR und Jugoslawiens in den 1990er Jahren vgl. *Ginther*, Art. 4, in: Simma (Hrsg.), Charter, Bd. 1, 2. Aufl. 2002, S. 177-194, Rn. 57 ff., 66f.

[546] Hierbei handelt es sich um eine Rechtspflicht der Generalversammlung; vgl. *Suy*, Some Legal Questions Concerning the Security Council, in: FS Schlochauer, 1981, S. 677-689 (S. 678 ff.).

[547] Eine vollständige Übersicht über die "subsidiary and ad hoc bodies" der Generalversammlung, ihre Rechtsgrundlage und aktuelle Zusammensetzung gibt das jährlich erscheinende United Nations Handbook, das vom neuseeländischen Außenministerium seit 1961 herausgegeben wird; vgl. *Ministry of Foreign Affairs and Trade* (Hrsg.), United Nations Handbook 2005/06, 2005, S. 27-50.

[548] Einzelheiten zu diesen und anderen Nebenorganen bei *Unser*, Die UNO, Aufgaben, Strukturen, Politik, 7. Aufl. 2004, S. 60 ff. Siehe auch die Auflistung bei *Verdross/Simma* (Fn. 22), §§ 145 ff. *Hilf/Khan*, Art. 22, in: Simma (Hrsg.), Charter, Bd. 1, 2. Aufl. 2002, S. 420-436 (Annex, S. 433 ff.).

UNHCR),[549] das bereits im Jahre 1949 gegündete Hilfswerk für Palästina-Flüchtlinge im Nahen Osten (United Nations Relief and Works Agency for Palestine Refugees in the Near East – UNRWA)[550] und der im Jahre 1966 eingerichtete Bevölkerungsfonds der Vereinten Nationen (United Nations Population Fund – UNFPA),[551] der seit dem Jahr 1979 ein Nebenorgan der Generalversammlung ist. Am 15. März 2006 richtete die Generalversammlung den Menschenrechtsrat ein, der am 19. Juni 2006 die Menschenrechtskommission abgelöst und seine Tätigkeit aufgenommen hat.[552]

Zusätzlich hat die Generalversammlung eine Reihe von Sonderorganen, die teilweise auch als Programme und Fonds der Vereinten Nationen bezeichnet werden, eingesetzt.[553] Hierzu zählen unter anderem das Kinderhilfswerk der Vereinten Nationen,[554] die Konferenz der Vereinten Nationen für Handel und Entwicklung (United Nations Conference on Trade and Development – UNCTAD, Welthandelskonferenz)[555]

---

[549] Weiterführend: *Gornig*, Refugees, including UNHCR, in: Wolfrum (Hrsg.), United Nations Law, Policy and Practice, Bd. 2, 1995, S. 1025-1039, Rn. 11-27; *Ogata*, UNHCR – Hoher Flüchtlingskommissar der Vereinten Nationen in: Volger (Hrsg.), Lexikon der Vereinten Nationen, 2000, S. 559-561; jeweils m.w.Nw.

[550] Einführend: *Ernst*, UNRWA – United Nations Relief and Works Agency for Palestine Refugees, in: Wolfrum (Hrsg.), United Nations Law, Policy and Practice, Bd. 2, 1995, S. 1355-1360; *Kotthaus*, UNRWA – Hilfswerk der Vereinten Nationen für Palästinaflüchtlinge im Nahen Osten, in: Volger (Hrsg.), Lexikon der Vereinten Nationen, 2000, S. 590-592; jeweils m.w.Nw.

[551] Weiterführend: *Wittrin*, UNFPA – United Nations Population Fund, in: Wolfrum (Hrsg.), United Nations Law, Policy and Practice, Bd. 2, 1995, S. 1314-1321; *Kulessa*, UNFPA – Bevölkerungsfonds der Vereinten Nationen, in: Volger (Hrsg.), Lexikon der Vereinten Nationen, 2000, S. 556-558; jeweils m.w.Nw.

[552] Siehe UN-Dok. A/RES/60/251.

[553] Zu den Hintergründen dieser Vorgehensweise und zu Einzelheiten über die Sonderorgane siehe *Unser* (Fn. 548), S. 77 ff.

[554] Supra Fn. 505.

[555] Weiterführend: *Marxen*, UNCTAD – United Nations Conference on Trade and Development, in: Wolfrum (Hrsg.), United Nations: Law, Policies and Practice, Bd. 2, 1995, S. 1274-1283; *Ferdowsi*, UNCTAD – Handels- und Entwicklungskonferenz der Vereinten Nationen, in: Volger (Hrsg.), Lexikon der Vereinten Nationen, 2000, S. 537-544; *von Schorlemer*, Verdienste und Defizite, 40 Jahre zukunftsfähige UNCTAD, in: Zeitschrift Entwicklungspolitik 18/19/2004, S. 16-20.

und das Entwicklungsprogramm der Vereinten Nationen,[556] in dem 1965 zwei ältere Sonderorgane des Wirtschafts- und Sozialrats zusammengeführt wurden.

Die Generalversammlung kann mit Zweidrittelmehrheit in Zusammenwirken mit dem Sicherheitsrat eine Konferenz der Mitglieder der Vereinten Nationen zur Revision der Charta einberufen (Art. 109 Abs. 1 SVN). Sie kann aber Chartaänderungen auch selbst, ebenfalls mit Zweidrittelmehrheit, beschließen (Art. 108 SVN). Für das Inkrafttreten ist in beiden Fällen erforderlich, daß zwei Drittel der Mitglieder der Vereinten Nationen einschließlich aller ständigen Mitglieder des Sicherheitsrates diese Änderungen ratifizieren (Art. 108, 109 Abs. 2 SVN).[557] Bislang ist es zu drei Chartaänderungen gekommen: Im Jahre 1963 wurde die Zahl der nichtständigen Mitglieder das Sicherheitsrates von sechs auf zehn erhöht, das Abstimmungsquorum für den Sicherheitsrat dementsprechend angepaßt und die Zahl der Mitglieder im ECOSOC von achtzehn auf siebenundzwanzig erhöht. Man hatte allerdings übersehen, daß die Erhöhung der Zahl nichtständiger Sicherheitsratsmitglieder auch eine Anpassung von Art. 109 Abs 1 SVN erforderlich gemacht hatte; dies wurde 1965 nachgeholt. Im Jahre 1971 schließlich wurde die Zahl der ECOSOC-Mitglieder auf vierundfünfzig verdoppelt. Die sechzigste Generalversammlung (2005/2006) war ihrerseits aufgefordert, den Treuhandrat abzuschaffen und die Feindstaatenklauseln zu streichen[558] – oder diesen Prozeß zumindest zu initiieren. Das ist formell bislang (Oktober 2008) noch nicht geschehen.

Die vorstehend aufgezählten Entscheidungen oder Beschlüsse der Generalversammlung sind verbindlich für die anderen Organe der Vereinten Nationen und für die Mitgliedstaaten.

c) Erörterungs- und Empfehlungsrechte der Generalversammlung

Die Generalversammlung kann, so heißt es in Art. 10 SVN,

> „alle Fragen und Angelegenheiten erörtern, die in den Rahmen dieser Charta fallen oder Befugnisse und Aufgaben eines in dieser Charta vorgesehenen Organs betreffen".

---

[556] Supra Fn. 506.

[557] Zu den Fragen im Zusammenhang mit Änderungen der Charta vgl. nur *Karl/Mützelburg/Witschel*, Art. 108 und 109, in: Simma (Hrsg.), Charter, Bd. 2, 2. Aufl. 2002, S. 1341-1372.

[558] Vgl. Ergebnisdokument (Fn. 489), Nr. 176 f.

Dieses umfassende[559] Erörterungsrecht macht die Generalversammlung zum zentralen Organ der Vereinten Nationen, den anderen Organen zwar nicht übergeordnet, aber ein Ort umfassender Debatte, ein Marktplatz politischer Ideen[560] im besten Sinne.[561]

Als denknotwendige Voraussetzung der umfassenden Erörterung ist die Generalversammlung gleichfalls befugt, die erforderlichen Untersuchungen und Befragungen durchzuführen; die Generalversammlung

---

[559] Die dem Erörterungsrecht vom „*Rahmen dieser Charta*“ gesteckten Grenzen werden auch durch Art. 2 Abs. 7 SVN (Schutz der inneren Angelegenheiten) nicht signifikant enger gezogen. So hat die Generalversammlung die Beachtung der in der Charta niedergelegten Prinzipien, vor allem der Menschenrechte, aber auch die Themen Dekolonialisierung, Rassendiskriminierung und Apartheid nicht als innere Angelegenheit angesehen. Zu erinnern ist in diesem Zusammenhang an GV-Res. 3448 (XXX) vom 9. Dezember 1975 über die Menschenrechte in Chile; siehe zu der Gesamtproblematik *Hailbronner/Klein* (Fn. 526), Rn. 11 ff.; *Klein*, Menschenrechte – Stille Revolution des Völkerrechts und Auswirkungen auf die innerstaatliche Rechtsanwendung, 1997; jeweils m.w.Nw.

[560] Zu diesem Konzept vgl. grundlegend *Mill*, On liberty, 1859. Zitiert nach *ders.*, On Liberty and Utilitarianism, Nachdruck 1992, dort S. 21 ff. Mit Blick auf die Arbeit der Generalversammlung vgl. die frühe Studie von *Haviland* (Fn. 522), S. 35 ff. und passim, sowie aktuell *United Nations*, A More Secure World: Our Shared Responsibility, Report of the High-Level Panel on Threats, Challenges and Change, UN-Dok. A/59/565 vom 2. Dezember 2004; deutsche Fassung veröffentlicht in: *DGVN* (Hrsg.), Eine sicherere Welt: Unsere gemeinsame Verantwortung, Bericht der Hochrangigen Gruppe für Bedrohungen, Herausforderungen und Wandel, 2004, Nr. 240.

[561] Grundlegend hierzu auch: *Cox/Jacobson* (Hrsg.), The Anatomy of Influence, Decision Making in International Organization, 1973. *Tomuschat* (Fn. 515), S. 56, gibt allerdings zu bedenken, daß auf diesem Wege Staaten auch zu Themen und Konflikten Stellung nehmen müßten, mit denen sie im Rahmen traditioneller Diplomatie kaum in Berührung gekommen wären. Im Zeitalter der Globalisierung ist es freilich nicht unangemessen, wenn etwa die Folgen des Klimawandels für kleine Inselstaaten von der gesamten Weltgemeinschaft thematisiert werden. Auch *Klabbers*, Two Concepts of International Organization, in: International Organizations Law Review 2 (2005), S. 277-293 (S. 282 ff.), betont im Anschluß an *Hannah Arendt* den Charakter internationaler Organisation insgesamt als Agora. Dieses „zweite“ Gesicht müsse mit dem institutionellen, zweckorientierten Charakter internationaler Organisationen in Einklang gebracht werden.

kann auch Beobachter entsenden und Untersuchungsausschüsse einsetzen.[562]

Die Generalversammlung kann vorbehaltlich des Art. 12 Abs. 1 SVN, der dem bereits mit einer Frage befaßten Sicherheitsrat den Vorrang einräumt,[563]

> „zu all diesen Fragen und Angelegenheiten Empfehlungen an die Mitglieder der Vereinten Nationen oder den Sicherheitsrat oder an beide richten".

Diese in Form von Resolutionen ergehenden Empfehlungen können prinzipieller Art sein oder sich auf einen konkreten Einzelfall beziehen und die Mitgliedstaaten zu einem bestimmten Verhalten auffordern.[564] Die Generalversammlung kann ihre Empfehlungen in der Regel aus eigenem Antrieb aussprechen. Lediglich in den Fällen von Art. 12 Abs. 1 SVN ist sie an eine vorherige Aufforderung des Sicherheitsrates gebunden. Aus der Charta ergibt sich eine Befassungs- und (anschließende)

---

[562] Dazu *Hailbronner/Klein* (Fn. 526), Rn. 5f. mit Beispielen und m.w.Nw.

[563] Der Vorrang des Sicherheitsrates bezieht sich lediglich auf die Befugnis, Empfehlungen auszusprechen. Die Generalversammlung kann eine entsprechende Situation durchaus erörtern; siehe *Hailbronner/Klein* (Fn. 526), Rn. 19. Die Generalversammlung sieht in Art. 12 Abs. 1 SVN kein wirkliches Hindernis für das Verabschieden von Empfehlungen oder Resolutionen; hierzu *Tomuschat* (Fn. 511), Rn. 19, und die Analyse des *Office of Legal Affairs*, Practice of the United Nations as regards the consideration of the same questions by the Security Council and the General Assembly, vom 10. September 1964, in: United Nations Juridical Yearbook 1964, S. 228-237.

[564] Im Bereich der Friedenssicherung sind hier die Empfehlungen der Generalversammlung zum Korea-Krieg (A/RES/376 (V) vom 7. Oktober 1950) und zur Suez-Krise (A/RES/997 (ES-I) vom 2. November 1956 – im Rahmen der ersten Notstandssondertagung, siehe supra bei und in Fn. 522 – zu nennen. Diese waren nötig und möglich geworden, nachdem der Sicherheitsrat durch Vetos ständiger Mitglieder, die in den jeweiligen Konflikt involviert waren, seiner Handlungsfähigkeit beraubt war. Vgl. die Darstellungen zum Korea-Krieg und zur Suez-Krise bei *Luard* (Fn. 410), S. 229-274; *Volger*, Geschichte (Fn. 481), S. 66-80 und 100-107; *Paech/Stuby* (Fn. 244), S. 442 ff.; *Brammer*, Conflicts, Korea, in: Wolfrum (Hrsg.), United Nations: Law, Policies and Practice, Bd. 1, 1995, S. 278-285; *Luard*, A History of the United Nations, Vol. 2: The Age of Decolonization, 1955-1965, 1989, S. 18-57; *Troen* (Hrsg.), The Suez crisis 1956, retrospective and reappraisal, 1990; *Gorst/Johnman*, The Suez Crisis, 1997; *Fink*, Kollektive Friedenssicherung, Kapitel VII UN-Charta in der Praxis des Sicherheitsrats der Vereinten Nationen, Teil 1, 1999, S. 205 ff., 245 ff.; jeweils m.w.Nw.

Empfehlungspflicht für die in Art. 13 Abs. 1 SVN niedergelegten Themenfelder.[565]

Allerdings kommt den im vorgenannten Zusammenhang verabschiedeten Resolutionen der Generalversammlung aus sich heraus keine Rechtsverbindlichkeit für die Mitgliedstaaten zu.[566] Dies ergibt sich im Umkehrschluß daraus, daß in Art. 25 SVN den Entscheidungen des Sicherheitsrates ausdrücklich eine bindende Wirkung beigelegt wird. Die Entstehungsgeschichte bekräftigt diese Auffassung, die der IGH bestätigt hat. Auch stellen Resolutionen als solche (nicht nur die der Gene-

---

[565] Eine Rechtspflicht verneint *Kelsen* (Fn. 529), S. 154, da es an einer Sanktion für die Nichterfüllung der Funktion fehle.

[566] So auch *Wehser*, Die Bindungswirkung der Empfehlungen der Vollversammlung der Vereinten Nationen, in: Thesaurus Accroasium, The Law of the United Nations, 1976, S. 371-394; ebenso *Rudolf* (Fn. 208), S. 39; *Danilenko*, Sources of International Law in a Changing International Community: Theory and Practice, in: Butler (Hrsg.), Prestroika and International Law, 1990, S. 61-79 (S. 66 ff.); differenzierend *Castañeda*, Legal Effects of United Nations Resolutions, 1969, S. 7, 169 ff. und passim; *Lachs*, Le Rôle des Organisations Internationales dans la Formation du Droit International, in: Mélanges offerts à Henri Roulin, 1964, S. 157-170 (S. 165 f.); und *Mosler* (Fn. 6), S. 35 f. Vgl. ferner: *Tunkin*, Theoretische Fragen des Völkerrechts, dt. 1965, S. 284 ff.; *Lagoni*, Resolution, Declaration, Decision, in: Wolfrum (Hrsg.), United Nations: Law, Policies and Practice, Bd. 2, 1995, S. 1081-1091, Rn. 16; *Cassese* (Fn. 22), Rn. 107; *Steiger* (Fn. 349), S. 158; *Hailbronner/Klein* (Fn. 526), Rn. 43 ff. Siehe auch *Generalsekretär* (Fn. 223), Nr. 14.

Kokott/Doehring/Buergenthal, Grundzüge des Völkerrechts, 3. Aufl. 2003, Rn. 86, ergänzen, daß die Feststellung, Beschlüsse der Generalversammlung seien rechtlich nicht verbindlich, zwar zutreffe, aber „*wenig zum Verständnis der bedeutenden Auswirkungen bei*[trage], *die diese Beschlüsse mitunter auf die Entwicklung des Völkerrechts*" hätten. Ähnlich bereits *Falk*, On the Quasi-Legislative Competence of the General Assembly, in AJIL 60 (1966), S. 782-791.

Hingegen bezeichnet *Sloan,* United Nations General Assembly Resolutions in Our Changing World, 1991, S. 5, die vorgebliche Rechtsunverbindlichkeit als einen Mythos. *Sloans* ausführliche Darlegungen nehmen eine Bestimmung des Verhältnisses von Resolutionen der Generalversammlung zu den Rechtsquellen des Völkerrechts vor und bieten eine differenzierte Beschreibung der Wirkungen dieser Resolutionen, wobei eine Vielzahl von Faktoren berücksichtigt wird. *Sloan* plädiert dafür, de lege ferenda den Resolutionen Verbindlichkeit beizulegen (S. 130 ff.).

ralversammlung) keine Rechtsquelle im Sinne von Art. 38 Abs. 1 IGH-Statut dar.[567]

Gleiches gilt grundsätzlich – da die Satzung diese Unterscheidung nicht kennt – auch für diejenigen Empfehlungen der Generalversammlung, die als Deklaration ergehen und denen nicht nur ein feierliches Gepräge, sondern auch zumeist eine besondere inhaltliche Bedeutung und Tragweite eignet.[568] Allerdings wird hier seit längerem diskutiert, ob zumindest diejenigen Deklarationen, die mit dem Anspruch auftreten, grundlegende Prinzipien des Völkerrechts zu formulieren, eine größere Wirkung haben sollen.[569]

---

[567] Diese Fortschreibung der Rechtsquellen von 1920 basiert für *Castañeda* (Fn. 566), S. 4, *"on a theoretical scheme that no longer corresponds completely to reality"*.

[568] So ein Memorandum der Rechtsabteilung des Generalsekretariats vom 2. April 1962, UN-Dok. E/CN.4/L.610, in dem es aber auch heißt, es bestehe *"a strong expectation that Members of the international community will abide by it. Consequently, in so far as the expectation is gradually justified by State practice, a declaration may by custom become recognized as laying down rules binding upon States."*

[569] Ablehnend *Golsong*, Das Problem der Rechtssetzung durch internationale Organisationen (insbesondere im Rahmen der UN), in: Verhandlungen der 11. Tagung der Deutschen Gesellschaft für Völkerrecht, 1971, S. 1-50 (S. 16). Offener *Ermacora*, Das Problem der Rechtssetzung durch internationale Organisationen (insbesondere im Rahmen der UN), in: Verhandlungen der 11. Tagung der Deutschen Gesellschaft für Völkerrecht, 1971, S. 51-95. Vgl. auch die Darstellung bei *Frowein*, Der Beitrag der internationalen Organisationen zur Entwicklung des Völkerrechts, in: ZaöRV 1976, S. 147-167 (S. 151 ff.), der selbst eine bedeutende Rolle solcher Deklarationen für die weitere Entwicklung annimmt, aber unmittelbare rechtsschöpferische Kraft ablehnt (S. 165 f.). Ähnlich bereits im Jahre 1969 *Castañeda* (Fn. 566), S. 3: *"the activities of the Organization have had an unexpectedly strong impact not only on the content but also on the very conception and scope of important principles and rules of modern international law"*, und *Higgins*, The United Nations and Lawmaking: The Political Organs, in: AJIL 64 (1970) (= Proceedings of the American Society of International Law 1970), S. 37-48 (S. 42). Kritisch hierzu, gerade mit Blick auf die AEMR *Watson*, Theory and Reality in the International Protection of Human Rights, 1999, S. 107 ff. *Watson* fordert eine realistische Betrachtungsweise, vor allem hinsichtlich der Entstehung von Völkergewohnheitsrecht (S. 109 ff.). Ähnlich *Hailbronner/Klein* (Fn. 526), Rn. 47 ff.

Festzuhalten bleibt, daß von diesen bis heute mehr als sechzig Deklarationen einige[570] wichtige Impulse für die weitere Entwicklung des Völkerrechts gegeben haben. Auch politische Erklärungen können eine indirekte rechtliche Bedeutung entfalten,[571] wie der Blick auf die Schlußakte von Helsinki[572] und die anderen Dokumente der KSZE/OSZE lehrt.[573] Zu nennen sind in unserem Zusammenhang als Deklarationen der Generalversammlung etwa[574] die Allgemeine Erklärung der Menschenrechte vom 10. Dezember 1948[575] (AEMR) und die Friendly-Relations-Deklaration vom 24. Oktober 1970.[576]

---

[570] Bereits im Jahre 1976 sieht *Tomuschat* (Fn. 515), S. 51, eine inflationäre Verabschiedung von Deklarationen, die oftmals nicht mehr länger „*sorgfältig redigierte und teilweise jahrelang vorbereitete Rechtsakte*" darstellten, sondern eher das glatte Gegenteil und deshalb auch nicht vermöge ihres Etiketts Autorität erlangen dürften.

[571] So für die Grundrechteerklärung des Europäischen Parlaments vom 12. April 1989 *Kokott*, Menschenrechtsschutz im Rahmen der Rechtsordnung der Europäischen Gemeinschaften, in: FS Buergenthal, 1996, S. 135-158 (S. 155): Der Unterschied zwischen rechtsverbindlichen und nicht rechtsverbindlichen Normen sei in der Praxis mitunter weniger gravierend als im nationalen Recht, weil das Völkerrecht in Ermangelung eines echten zentralen Vollstreckungssystems in allen Fällen auf seine Überzeugungskraft angewiesen sei.

[572] Vom 1. August 1975, Abgedruckt in: Bulletin der Bundesregierung 1975, S. 965; *Fastenrath* (Hrsg.), KSZE/OSZE, Dokumente der Konferenz und der Organisation über Sicherheit und Zusammenarbeit in Europa, 1992 ff., Nr. A.1.

[573] Vgl. nur: *Pöllinger*, Der KSZE/OSZE-Prozeß, Ein Abschnitt europäischer Friedensgeschichte, 1998; *Weiß*, 25 Jahre KSZE/OSZE – Herausforderungen und Wandel, in: MRM 2000, S. 160-172; *ders.*, Menschenrechtsschutz im Rahmen der OSZE dreißig Jahre nach der Schlußakte von Helsinki, in: MRM 2005, S. 256-271; jeweils m.w.Nw.

[574] Eine Auswahl weiterer, bis zum Jahr 1992 verabschiedeter Deklarationen findet sich bei *Lagoni* (Fn. 566), Rn. 5.

[575] GV-Res. 217 A (III) vom 10. Dezember 1948, auf deutsch beispielsweise abgedruckt in: *Simma/Fastenrath* (Hrsg.), Menschenrechte, Ihr internationaler Schutz, 5. Aufl. 2004, Nr. 2. Grundlegend zur Entstehung und den Inhalten der AEMR: *Alfredsson/ Eide* (Hrsg.), The Universal Declaration of Human Rights, A Common Standard of Achievement, 1999; siehe auch die Beiträge in: MRM, Themenheft 50 Jahre Allgemeine Erklärung der Menschenrechte, 1997.

[576] GV-Res. 2625 (XXV) vom 24. Oktober 1970, auf deutsch beispielsweise abgedruckt in: *Schweitzer/Rudolf* (Hrsg.), Friedensvölkerrecht, 3. Aufl. 1985, Nr. 67. Hierzu *Frowein*, Freundschaft und Zusammenarbeit unter den Staaten, Die UN-Resolution über freundschaftliche Beziehungen als Ausdruck wichti-

Zur Allgemeinen Erklärung der Menschenrechte läßt sich immerhin sagen, daß einige ihrer inhaltlichen Aussagen heute unzweifelhaft Bestandteil des Völkergewohnheitsrechts sind, wie etwa das Verbot von Folter oder dasjenige der Sklaverei.[577] Fest steht auch, daß die Allgemeine Erklärung der Menschenrechte zur Entstehung dieses Gewohnheitsrechts maßgeblich beigetragen hat. Sie hat aber keinesfalls am 10. Dezember 1948 selbst Recht geschaffen.[578]

Zur Friendly-Relations-Deklaration hat der IGH in seinem Nicaragua-Urteil aus dem Jahre 1986 festgehalten, daß diese Resolution bereits be-

---

ger Strömungen im heutigen Völkerrecht, in: Europa-Archiv 1973, S. 70-76; *Sinclair*, Principles of international Law concerning Friedly Relations and Cooperation among States, in: Essays in International Law in Honour of Krishna Rao, 1976, S. 107-140; *Klein*, Vereinte Nationen und Selbstbestimmungsrecht, in: Blumenwitz/Meissner (Hrsg.), Das Selbstbestimmungsrecht der Völker und die deutsche Frage, 1984, S. 107-122; *Arangio-Ruiz*, Friedly Relations Resolution, in: EPIL II (1995), S. 485-490.

[577] So schon *Humphrey*, The UN Charter and the Universal Declaration of Human Rights, in: Luard (Hrsg.), The International Protection of Human Rights, 1967, S. 39-59 (S. 51 ff.). Vorsichtiger, aber grundsätzlich befürwortend *Friesenhahn*, Menschenrechtsdeklaration der Vereinten Nationen, in: WBVR II (1961), S. 511-515 (S. 513). Weitergehend *Simma/Alston*, The Sources of Human Rights Law: Custom, Jus Cogens, and General Practice, in: Australian Year Book of International Law 12 (1992), S. 82-108; *Riedel*, Universeller Menschenrechtsschutz – Vom Anspruch zur Durchsetzung, in: Baum/ders./Schäfer (Hrsg.), Menschenrechtsschutz in der Praxis der Vereinten Nationen, 1998, S. 25-55 (S. 27 ff.).

Vgl. allgemein auch *The American Law Institute*, Restatement of the Law Third, The Foreign Relations Law of the United States, Bd. 2, 1986, § 701, S. 153 ff.; sowie die Beiträge in: *Klein* (Hrsg.), Menschenrechtsschutz durch Gewohnheitsrecht, 2003.

[578] Ausweislich ihres Wortlauts („*ein von allen Völkern anzustrebendes Ideal*", Präambel) stellt sie vielmehr ein Programm dar, das seinerseits durch Rechtssetzung abgearbeitet werden muß. Hierzu *Haratsch*, Die Allgemeine Erklärung der Menschenrechte – ein Ideal für alle Völker und Nationen, in: MRM, Themenheft 50 Jahre Allgemeine Erklärung der Menschenrechte, 1997, S. 23-33.

Zur Programmfunktion von Verfassungsbestimmungen vgl. *Wahl*, Rechtliche Wirkung und Funktionen der Grundrechte im deutschen Konstitutionalismus des 19. Jahrhunderts, in: Der Staat 1979, S. 321-348 (S. 328 ff.); *Häberle* (Fn. 483), S. 232 ff.; *Weiß*, Objektive Willkür, Zu einem Prüfungskriterium im Verfahren der Urteilsverfassungsbeschwerde, 2000, S. 44 f.

stehendes Völkergewohnheitsrecht niedergelegt habe.[579] Zutreffend ist auch, daß Resolutionen (und Deklarationen) der Generalversammlung Ausdruck der für die Entstehung von Völkergewohnheitsrecht notwendigen Opinio iuris sein können.[580]

Das in Art. 10 SVN niedergelegte allgemeine Befassungs- und Empfehlungsrecht der Generalversammlung wird in den Art. 11, 13 und 14 SVN konkretisiert, aber nicht abschließend beschrieben. Ausdrücklich benannt werden die Wahrung des Weltfriedens – einschließlich Abrüstung und Rüstungsregelung – (Art. 11 SVN),[581] die Förderung der internationalen Zusammenarbeit und die Kodifikation des Völkerrechts (Art. 13 SVN) sowie die friedliche Streitbeilegung (Art. 14 SVN).

Das umfassende Verständnis der Aufgabe der „internationalen Zusammenarbeit“ in Art. 13 SVN erstreckt sich nicht nur auf das Gebiet der Politik, sondern auch auf die Gebiete der Wirtschaft, des Sozialwesens, der Kultur, der Erziehung und der Gesundheit; hinzu tritt die Verwirklichung der Menschenrechte und Grundfreiheiten.

Herausgegriffen sei zunächst der Auftrag, die Kodifikation des Völkerrechts zu begünstigen.[582] Hier wirkt jene Resolution der Bundesversammlung vom 22. September 1924 nach, mit der der Völkerbund seine Kompetenz begründete, als internationale Organisation den Prozeß der Kodifikation des Völkerrechts aktiv zu begleiten und zu gestalten.

---

[579] *IGH*, Urteil vom 27. Juni 1986, ICJ-Reports 1986, S. 14 ff. (S. 100 f.) – Military and Paramilitary Activities in and against Nicargua (Nicaragua v. United States of America), Merits.

[580] Näher *Skubiszewski*, Resolutions of the U.N. General Assembly and Evidence of Custom, in: Le droit international à l'heure de sa codification, Etudes en l'honneur de Roberto Ago, Bd. 1, 1987, S. 503-519.

[581] Hierzu *Kelsen* (Fn. 529), S. 200 ff.; *Hailbronner/Klein*, Art. 11, in: Simma (Hrsg.), Charter, Bd. 1, 2. Aufl. 2002, S. 226-287, Rn. 6 ff., 9 ff.

[582] Eine eigene Rechtssetzungskompetenz der Generalversammlung im Zusammenwirken mit dem Sicherheitsrat wurde bei der Ausarbeitung der Satzung mit 26 zu einer Stimme abgelehnt. Die Philippinische Delegation hatte einen entsprechenden Vorschlag eingebracht:

"TheGeneral Assembly should be vested with the legislative authority to enact rules of international law which should become effective and binding upon the members of the Organization after such rules have been approved by a majority vote of the Security Council." Vgl. UNCIO-Dok. 2 G/14 (k) vom 5. Mai 1945, Nr. VIII, in: UNCIO Documents, Bd. 3, 1945, S. 535-542 (S. 536 f.)

Die Generalversammlung hat sich denn auch maßgeblich an der Kodifikation[583] von Völkerrecht beteiligt.[584] Dies geschieht in erster Linie[585] durch ihren Rechtsausschuß (Sixth Committee), also ein Mitgliederorgan, und die bereits im Jahre 1947 eingerichtete Völkerrechtskommission (International Law Commission)[586], ein Expertengremium. Die Völ-

---

[583] Hierzu *Geck*, Völkerrechtliche Verträge und Kodifikation, in: ZaöRV 1976, S. 96-146; *Schreuer*, Die Bedeutung internationaler Organisationen im heutigen Völkerrecht, in: AVR 1984, S. 363-404; *Mosler*, Zur Entwicklung des Völkerrechts durch die Vereinten Nationen, in: VN 1985, S. 174-179; *Rosenne*, Codification of International Law, in: EPIL I (1992), S. 632-640; *Schröder*, Codification and Progressive Development of International Law Within the UN, in: Wolfrum (Hrsg.), United Nations Law, Policy and Practice, Bd. 1, 1995, S. 100-109; *Rosenne*, Codification Revisited After 50 Years, in: MPUNYB 1998, S. 1-22; jeweils m.w.Nw. Umfassend *Detter*, Law Making by International Organizations, 1965; *Lachs* (Fn. 566); zum Spezialfall der Rechtserzeugung durch Sonderorganisationen der Vereinten Nationen siehe *Alexandrowicz* (Fn. 279). Neuestens *Klein*, Die Vereinten Nationen und die Entwicklung des Völkerrechts, in: Volger (Hrsg.), Aufgaben und Strukturen der Vereinten Nationen, 2007, S. 21-65.

[584] Kritisch die Bilanz bei *Bertrand* (Fn. 481), S. 110-115, der wenig schöpferische Leistung erblickt. *Goodwin* (Fn. 539), S. 46, entdeckt hierin die – offenbar positiv bewertete – Annäherung an „*quasi-legislative*" Kompetenzen.

Zu Recht weist bereits *Higgins* (Fn. 530), S. 3 ff., darauf hin, daß die Vereinten Nationen und ihre Organe als Akteure der internationalen Politik maßgeblich zur Weiterentwicklung des Völkerrechts beitragen, auch wenn sie nicht selbst Recht setzen. *Mosler* (Fn. 583), S. 174 konstatiert eine eindrucksvolle Erfolgsbilanz der Vereinten Nationen als ganzes hinsichtlich der Bemühungen zur Feststellung geltenden und zur Entwicklung neuen Völkerrechts. *Tomuschat*, International Law, in: ders. (Hrsg.), The United Nations at Age Fifty, A Legal Perspective, 1995, S. 281-308 (S. 304) beklagt – bei aller Würdigung der Weiterentwicklung des (werteorientierten) Völkerrechts – unter anderem, daß die quantitative Zunahme an „*Rechtsmasse*" durchaus mit Qualitätsverlusten einhergehen könne.

[585] Wichtige Zuarbeiten für die Generalversammlung leisten aber auch der Wirtschafts- und Sozialrat und dessen (im Jahre 2006 aufgelöste) Menschenrechtskommission; dazu infra Zweiter Teil A.3.

[586] Errichtung und Statut der Völkerrechtskommission in: UN-Dok. A/RES/147 (II) vom 21. November 1947. Einzelheiten: *Schindler*, Die Völkerrechtskommission der Vereinten Nationen, in: WBVR III (1962), S. 761-766; *de Visscher* (Fn. 378), S. 21 ff.; *Tomuschat*, Die Völkerrechtskommission der Vereinten Nationen, in: VN 1988, S. 180-186; *ders.*, ILC – International Law Commission, in: Wolfrum (Hrsg.), United Nations Law, Policy and Practice, Bd. 1, 1995, S. 705-713; *Vallat*, International Law Commission, in: EPIL II

kerrechtskommission hat heute 34 weisungsfreie Mitglieder[587]; sie hält in oft langjähriger Arbeit entweder bereits existierendes Völkergewohnheitsrecht fest oder entwickelt bislang ungeklärte Rechtsgebiete (vgl. Art. 15 ILC-Satzung). Die so entstandenen Vertragsentwürfe[588] werden der Generalversammlung unterbreitet, mit dem Rechtsausschuß abgestimmt und nach dessen positivem Votum in der Regel auf einer von der Generalversammlung speziell zu diesem Zweck einberufenen Staatenkonferenz[589] endgültig formuliert, von den anwesenden Staatenvertretern unterzeichnet und anschließend zur Ratifikation aufgelegt.[590] Demgegenüber hat der Rechtsausschuß die Genozid-Konvention[591]

(1995), S. 1208-1215 (plus Addendum von *Lerche*, S. 1215-1216); jeweils m.w.Nw.

[587] Aus der Bundesrepublik Deutschland waren die Experten *Christian Tomuschat* (1985-1996) und *Bruno Simma* (1997-2002) Mitglied. *Georg Nolte* ist für die Zeit vom 1. Januar 2007 bis zum 31. Dezember 2011 gewählt.

[588] Einen umfassenden Einblick in die Tätigkeit der Völkerrechtskommission bis zum Jahre 1998 gibt *Watts*, The International Law Commission 1949-1998, 3 Bde., 1999.

[589] Hierzu *Pinto*, Modern Conference Techniques: Insights from Social Psychology and Anthropology, in: Macdonald/Johnston (Hrsg.), The Structure and Process of International Law: Essays in Legal Philosophy Doctrine and Theory, 1983, S. 305-339.

[590] Auf diesem Wege sind beispielsweise zustandegekommen die Konvention über die Verminderung der Staatenlosigkeit vom 30. August 1961, UNTS Bd. 989, S. 175; BGBl. 1977 II 598, die Wiener Konvention über diplomatische Beziehungen und Immunitäten vom 18. April 1961, UNTS Bd. 500, S. 95; BGBl. 1964 II 958, die Wiener Konvention über konsularische Beziehungen vom 24. April 1963, UNTS Bd. 596, S. 261; BGBl. 1969 II 1585, 1674, 1688, und die Wiener Konvention über das Recht der Verträge vom 23. Mai 1969 (WVK), UNTS Bd. 1155, S. 331; BGBl. 1985 II 927. Auch die Seerechtskonvention (UNCLOS) vom 10. Dezember 1982, UNTS Bd. 1833, S. 3; BGBl. 1994 II 1798, wurde in diesem Modus erarbeitet.

Lachs (Fn. 566), S. 164, nennt internationale Organisationen in diesem Zusammenhang « *les vraies inspiratrices du processus de codification réalisé par les traditionelles conférences diplomatiques* ».

[591] Konvention über die Verhütung und Bestrafung des Verbrechens des Völkermordes vom 9. Dezember 1948, UNTS Bd. 78, S. 277, BGBl. 1954 II 730. Ausführlich zur Genozidkonvention und zum Völkermord allgemein: *Hübner*, Das Verbrechen des Völkermordes im internationalen und nationalen Recht, 2004. Dort S. 63 ff. zur Entstehungsgeschichte der Konvention.

und die beiden Menschenrechtspakte von 1966[592] selbst ausgearbeitet. Diese Verträge, aber auch der Weltraumvertrag[593] oder der Atomwaffensperrvertrag[594] sind anschließend von der Generalversammlung gebilligt und den Mitgliedstaaten der Vereinten Nationen ohne Zwischenschaltung einer Staatenkonferenz zwecks Unterzeichnung und Ratifikation übermittelt worden.[595]

Diese Beteiligung der Generalversammlung an der Kodifikation von Völkerrecht ist freilich keine Rechtssetzung im eigentlichen Sinne; diese erfolgt nach wie vor durch Akte der Staaten.[596] Die vorbereitenden Ak-

---

[592] Internationaler Pakt über wirtschaftliche, soziale und kulturelle Rechte vom 16. Dezember 1966, UNTS Bd. 993, S. 3; BGBl. 1973 II 1570; Internationaler Pakt über bürgerliche und politische Rechte vom 16. Dezember 1966, UNTS Bd. 999, S. 171; BGBl. 1973 II 1534. Hierzu *Klein*, Die Rolle internationaler Organisationen bei der Normierung und Durchsetzung der Menschenrechte, in: von Behr (Hrsg.), Perspektiven der Menschenrechte, Beiträge zum fünfzigsten Jubiläum der UN-Erklärung, 1999, S. 147-170.

[593] Vertrag über die Grundsätze zur Regelung der Tätigkeiten von Staaten bei der Erforschung und Nutzung des Weltraums einschließlich des Mondes und anderer Himmelskörper vom 27. Januar 1967, UNTS Bd. 610, S. 205; BGBl. 1969 II 1969.

[594] Vertrag über die Nichtverbreitung von Kernwaffen vom 1. Juli 1968, UNTS 729, S. 161; BGBl. 1974 II 786, und Entscheidung gemäß Art. X Abs. 2 über die Verlängerung des Vertrages auf unbestimmte Zeit vom 11. Mai 1995, Decision 3, UN-Dok. WPT/CONF.1995/32, Teil I; BGBl. 1995 II 984.

[595] Ausführlich zu den Abläufen der Verfahren und mit zahlreichen weiteren Beispielen für die Ergebnisse *Steinberger* (Fn. 378), S. 628f., 630 ff., 637 ff.

[596] Zu beachten ist aber auch der Hinweis auf einen Paradigmenwechsel durch *„interstitial norms"* in der Rechtserzeugung bei *Lowe*, The Politics of Law-Making: Are the Method and Character of Norm Creation Changing?, in: Byers (Hrsg.), The Role of Law in International Politics, Essays in International Relations and International Law, 2000, S. 207-226 (S. 212 ff.).

Zum bedeutsamer werdenden „entstaatlichten" Recht siehe *Stein*, Lex mercatoria: Realität und Theorie, 1995; *Mertens*, Lex mercatoria: A Self-applying System Beyond National Law?, in: Teubner (Hrsg.), Global law without a State, 1997, S. 31-43; sowie die anderen Beiträge dieses Sammelbandes. Außerdem wichtig: *Tietje*, Recht ohne Rechtsquellen? Entstehung und Wandel von Völkerrechtsnormen im Interesse des Schutzes globaler Rechtsgüter im Spannungsverhältnis von Rechtssicherheit und Rechtsdynamik, in: Zeitschrift für Rechtssoziologie 2003, S. 27-42. Zukünftig werden auch die Ergebnisse der Nachwuchsgruppe „Normgenese in der Globalisierung" des Exzellenzclusters 16 „Kulturelle Grundlagen von Integration" an der Universität Konstanz zu beachten sein.

tivitäten der Generalversammlung bieten jedenfalls allen Mitgliedstaaten der Vereinten Nationen Gelegenheit zur Mitwirkung, was die spätere Bindung an den Vertrag erleichtern kann. Aber auch dort, wo die Generalversammlung ihrer Rechtsauffassung durch Resolutionen oder Deklarationen Ausdruck verleiht – was in einigen Fällen das Äußerste ist, zu dem die Staaten bereit sind –, erfolgt keine Rechtssetzung durch die Generalversammlung oder gar „die" Vereinten Nationen.[597] Allerdings kann auf diesem Wege eine allgemeine Rechtsüberzeugung bekundet werden, die zur späteren Entstehung von Völkergewohnheitsrecht beizutragen vermag.[598]

Die übrigen Felder der internationalen Zusammenarbeit besetzt die Generalversammlung natürlich zuvörderst mit ihren Debatten zu den jeweiligen Themen.[599] Hinzu kommen sogenannte Sondergeneralver-

---

[597] Ungenau insoweit *Galtung*, Menschenrechte – anders gesehen, 2. Aufl. 1997, S. 217, der die Vereinten Nationen insgesamt als „Normproduzent" bezeichnet. Eindeutig wie hier hingegen *Thürer*, Recht der internationalen Gemeinschaft und Wandel der Staatlichkeit, in: ders./Aubert/Müller (Hrsg.), Verfassungsrecht der Schweiz, 2001, S. 37-60, Rn. 37; ebenso *Kokott/Doehring/Buergenthal* (Fn. 566), Rn. 85; *Schreuer* (Fn. 583), S. 386 ff. Treffend die Bezeichnung der Vereinten Nationen als „Gestalter des Völkerrechts" bei *Bruha/Tams*, Die Vereinten Nationen und das Völkerrecht, in: Aus Politik und Zeitgeschichte, Beilage zur Wochenzeitung das Parlament, 22/2005, S. 32-39 (S. 33). *Alvarez* (Fn. 233), S. 46 ff., hingegen nennt die hier vertretene Haltung positivistisch und bezeichnet sie als den Realitäten unangemessen.

[598] So das supra Fn. 568 zitierte Memorandum; vgl. aber *Singh*, The UN and the Development of International Law, in: Roberts/Kingsbury (Hrsg.), United Nations, Divided World, The UN's Roles in International Relations, 2. Aufl. 1993, 5. Nachdruck 1995, S. 384-419 (S. 398 ff.), der eine Reihe von Fällen auflistet, in denen der IGH die Rechtsschöpfung durch Resolutionen der Generalversammlung festgestellt habe. Siehe auch *Lagoni* (Fn. 566), Rn. 22 ff. Wie hier *Steinberger* (Fn. 378), S. 641 f.; *Frowein* (Fn. 569), S. 150.

[599] Die jährliche Agenda der Generalversammlung umfaßt für das Plenum und die Ausschüsse heute über 150 Punkte mit teilweise mehreren Dutzend Unterpunkten; vgl. die Tagesordnung der 61. Generalversammlung vom 13. September 2004 (UN-Dok. A/61/251). Zur Kritik an der Überfrachtung und der Unwilligkeit, bestimmte Themen auch einmal aufzugeben, siehe: *DGVN* (Hrsg.), Eine sicherere Welt (Fn. 560), Nr. 241, und *Generalsekretär*, In Larger Freedom (Fn. 510), Nr. 161. Zur umfassenden Straffung der Tagesordnung siehe beispielsweise GV-Res. 58/126 vom 19. Dezember 2003, UN-Dok. A/RES/58/126, Annex B.5. und GV-Res. 58/316 vom 1. Juli 2004, UN-Dok. A/RES/58/316, Annex D.

sammlungen, die sich speziell einem Thema widmen.[600] Der Hauptteil der inhaltlichen Vorarbeit wird freilich in den Unter- und Nebenorganen geleistet, die selbst gänzlich oder durch weitere Untergliederungen oder Spezialeinrichtungen mit einzelnen Themen speziell befaßt sind. Somit fließen aus allen Winkeln der UN-Maschinerie Informationen und Vorschläge zur Generalversammlung, die sich ihrerseits mehr oder weniger ausführlich damit befaßt. Zu den Konsequenzen dieser Befassung kann es gehören, ein Thema für erledigt oder ein Problem für gelöst zu erklären. Überwiegend werden jedoch Aufträge zur weitergehenden Erforschung und Befassung nach unten erteilt, und die Generalversammlung behält den Punkt auf ihrer eigenen Agenda. Damit ist für ein Thema oder ein Problem Öffentlichkeit hergestellt und es kann ein Problembewußtsein entstehen.

d) Bewertung

Ist die Generalversammlung eine institutionalisierte und regelmäßig tagende Staatenkonferenz oder Ort und Abbild der internationalen Gemeinschaft,[601] gar die *"Sixth Great Power"*[602] der Vereinten Nationen? Sicher ist, daß sie – wie bereits die Versammlung des Völkerbundes es tat – sich selbst nicht als Staatenkonferenz, sondern als Organ begreift und ihr Handeln als dasjenige der Vereinten Nationen versteht, ausgerichtet an der Charta und bestrebt, das Handeln der Staaten in diesem Sinne zu beeinflussen.

Dem entsprechen die Bestrebungen, sich im Falle des vetobedingten Ausfallens des Sicherheitsrates als handlungsfähiges Organ zu präsentieren und Kompetenzen zu übernehmen.[603] Hierzu zählt auch der Versuch der Generalversammlung, dem Auftrag der Charta, an der Kodifikation des Völkerrechts mitzuwirken, nachzukommen, und sich hierbei nicht nur als Initiatorin, sondern auch als Gestalterin zu zeigen.[604] Beides sind Belege für einen institutionellen Wandel, der sich, wie auch in

[600] Vgl. supra Fn. 521.

[601] So die Alternativenbildung bei *Generalsekretär* (Fn. 490).

[602] Charakterisierung durch *William Clark*, zitiert nach *Goodwin* (Fn. 539), S. 51.

[603] Zur Uniting-for-Peace-Problematik siehe supra bei und in Fn. 522 ff. Zu den Motiven von Mitgliedstaaten, die Generalversammlung zu stärken, siehe auch *Claude* (Fn. 243), S. 177 ff.

[604] Hierzu supra bei und in Fn. 583 ff.

anderen Fällen klar erkennbar, auf Wegen vollzieht, die nicht in der Satzung stehen.[605] Dieser informelle Wandel betrifft beispielsweise die erfolgreichen Bestrebungen der Generalversammlung, an den Personalentscheidungen des Generalsekretärs (Art. 101 Abs. 1 SVN) beteiligt zu werden.[606]

Ein gewichtiges Beispiel für diesen informellen Wandel im Sinne von Anpassung an neue faktische Herausforderungen war die Einführung von friedenserhaltenden Streitkräften. Ein Vorläufer hiervon war das aktive Engagement der Vereinten Nationen im Griechenlandkonflikt (1946-1949). Damals hatten die USA – nachdem der Sicherheitsrat durch ein sowjetisches Veto blockiert war – einen Resolutionsentwurf in die Generalversammlung eingebracht, der mit Mehrheit angenommen wurde und schließlich zur Einrichtung einer nichtmilitärischen Friedensmission führte.[607] Zu echten Friedenstruppen kam es – nach einigen Beobachtermissionen – dann erstmals während der Suezkrise (UNEF I). Heute gehören friedenserhaltende und friedensschaffende Missionen zum anerkannten Handlungsinstrumentarium der Vereinten Nationen.[608]

---

605 Hierzu bereits *Delbrück*, Die Entwicklung des Verhältnisses von Sicherheitsrat und Vollversammlung der Vereinten Nationen, diss. iur., Kiel 1964, S. 106 ff. Ferner *Volger*, Die Reform der Vereinten Nationen, in: ders. (Hrsg.), Grundlagen und Strukturen der Vereinten Nationen 2007, S. 487-571 (S. 489f.).

606 Hierzu infra Zweiter Teil A.II.5.

607 Zum Konflikt und zum United Nations Special Committee on the Balkans (UNSCOB) siehe *Volger*, Geschichte (Fn. 481), S. 41-48.

608 Näher zum Thema Peacekeeping vgl. *Bothe*, Streitkräfte internationaler Organisationen, Zugleich ein Beitrag zu völkerrechtlichen Grundfragen der Anwesenheit fremder Truppen, 1968, S. 37 ff.; *Bardehle*, Soldaten für den Frieden, Grundlagen und Formen des UN-Peacekeeping, in: EA 1988, S. 591-598; *Heje*, United Nations Peacekeeping – An Introduction, in: Moxon-Browne (Hrsg.), A Future for Peacekeeping?, 1998, S. 1-25; *Bothe*, Peace-Keeping, in: Simma (Hrsg.), Charter, Bd. 1, 2. Aufl. 2002, S. 648-700 (mit ausführlicher Bibliographie); *Klappe*, Acting under Chapter VII of the Charter of the United Nations, in: FS Dieter Fleck, 2004, S. 329-343; siehe auch *Unser* (Fn. 548), S. 124 ff.; *Lüder*, Völkerrechtliche Verantwortlichkeit bei Teilnahme an „Peacekeeping"-Missionen der Vereinten Nationen, 2004, S. 9-35; *Kühne*, Die Friedenseinsätze der VN, in: Aus Politik und Zeitgeschichte, Beilage zur Wochenzeitung das Parlament, 22/2005, S. 25-32; und *Zacklin*, The Use of Force in Peacekeeping Operations, in: Blokker/Schrijver (Hrsg.), The Security Council and the Use of Force, Theory and Reality – A Need for Change?, 2005, S. 91-106.

2. *Der Sicherheitsrat*

a) Allgemeines[609]

Der Sicherheitsrat hat fünfzehn Mitglieder, die sich aus dem Kreis der Mitgliedstaaten zusammensetzen (Art. 23 Abs. 1 Satz 1 SVN). Neben fünf ständigen Mitgliedern[610] gehören zehn[611] weitere Staaten, die von der Generalversammlung gewählt werden,[612] für die Dauer von zwei Jahren dem Sicherheitsrat an. Dabei ist auf die Verdienste um die Aufrechterhaltung des Friedens und eine angemessene geographische Verteilung Bedacht zu nehmen (Art. 23 Abs. 1 Satz 2, 3 SVN); in der Praxis ist das erste Kriterium wenig bedeutsam. Eine (neuerliche) Erweiterung der Mitgliederzahl insgesamt wie der Zahl der ständigen Mitglieder ist in regelmäßigen Abständen Teil der Reformdebatte.[613] Anders als im

---

[609] Einführend: *Bruha*, Security Council, in: Wolfrum (Hrsg.), United Nations Law, Policy and Practice, Bd. 2, 1995, S. 1147-1161; *Dedring*, The Security Council, in: Taylor/Groom (Hrsg.), The United Nations at the Millenium, The Principal Organs, 2000, S. 61-99; *Conforti* (Fn. 511), S. 61 ff.; jeweils m.w.Nw. Aus sozialistischer Sicht *Höhne/Rose* (Fn. 340), S. 110-118. Ausführlich *Bailey/Daws*, The Procedure of the UN Security Council, 3. Aufl. 1998; *Kirgis*, The Security Council's First Fifty Years, in: AJIL 89 (1995), S. 506-539.

[610] Es sind dies nach Art. 23 Abs. 1 Satz 2 SVN die VR China (bis 1971 Taiwan/Nationalchina), Frankreich, Rußland (als Nachfolger der UdSSR), das Vereinigte Königreich und die Vereinigten Staaten von Amerika. Vorausgesetzt wird, daß diese Staaten Mitglieder der Vereinten Nationen sind.

[611] Ursprünglich sah die Charta sechs nichtständige Mitglieder vor; die nach der Dekolonialisierung erhöhte Zahl der Mitgliedstaaten machte eine Erweiterung des Sicherheitsrates erforderlich. Die notwendige Chartaänderung ist am 31. August 1965 in Kraft getreten.

[612] Zu den Konsequenzen, wenn die Generalversammlung es nicht schafft, die erforderliche Zahl von Nachrückern zu wählen, vgl. *Suy* (Fn. 546), S. 682 ff. Siehe auch *Morgenstern*, Legality in International Organizations, in: BYIL 45 (1976-1977), S. 241-257 (S. 244 ff.).

[613] Zu nennen sind aus den 1990er Jahren: *Sucharipa-Behrmann*, The Enlargement of the Security Council, The Question of Equitable Representation of and Increase in the Membership of the Security Council, in: Austrian JPIL 1994, S. 1-16; *Winkelmann*, Bringing the Security Council into a New Era, in: MPUNYB 1999, S. 35-90; *Proidl*, Die Reform des Sicherheitsrates, in: Cede/Sucharipa-Behrmann (Hrsg.), Die Vereinten Nationen, 1999, S. 281-287; aus jüngerer Zeit *Pleuger*, Die Reform des Sicherheitsrates der Vereinten Nationen, in: von Schorlemer (Hrsg.), Praxishandbuch UNO, Die Vereinten Nationen im Lichte globaler Herausforderungen, 2003, S. 683-693; *Faßbender*, All Illusions Shattered? Looking Back on a Decade of Failed Attempts to Reform the UN

Falle des Völkerbundrates ist eine Erweiterung des Sicherheitsrates in der Charta nicht vorgesehen, sondern erfordert eine Änderung der Charta. Eine erneute Satzungsänderung (nach der ersten Erweiterung im Jahre 1965) erscheint heute schwieriger denn je.

Der Sicherheitsrat gibt sich eine Geschäftsordnung[614] (Art. 30 SVN) und kann, soweit er dies zur Wahrnehmung seiner Aufgaben für erforderlich hält, Nebenorgane[615] einsetzen (Art. 29 SVN).

Er tritt regelmäßig zu Sitzungen zusammen (Art. 28 Abs. 2 1. Halbsatz SVN); diese Sitzungen finden üblicherweise am Sitz der Organisation, also in New York, statt, können aber auch an einem anderen Orte

---

Security Council, in: MPUNYB 2003, S. 183-218. Einen Vergleich mit anderen beschränken Mitgliederorganen bietet *Blokker*, Towards a Second Enlargement of the Security Council? A Comparative Perspective, in: ders./Schrijver (Hrsg.), The Security Council and the Use of Force, Theory and Reality – A Need for Change?, 2005, S. 253-260. Kritisch zur Argumentation mit der vermeintlich fehlenden Legitimität: *Hurd*, Myths of Membership: The Politics of Legitimation in UN Security Council Reform, in: Global Governance 14 (2008), S. 199-217.

Generalsekretär *Annan* hat wichtige Impulse – zuletzt im März 2005 – für die Reformdebatte gegeben, sich dabei aber nicht nur auf den Sicherheitsrat beschränkt. Vgl. die Zusammenstellung auf den Internetseiten der Vereinten Nationen (supra Fn. 510) sowie aus deutscher Sicht die Ansprache des damaligen Bundesministers des Auswärtigen, *Joseph Fischer*, gehalten vor der 59. Generalversammlung am 23. September 2004 = *ders.*, Für eine Reform des Systems der Vereinten Nationen, in: VN 2004, S. 209-210.

614 Vom 17. Januar 1946, zuletzt geändert am 21. Dezember 1982, UN-Dok. S/96/Rev.7 (1983); abgedruckt bei *Knipping u.a.* (Fn. 482), Nr. 68. Nach wie vor ist die Geschäftsordnung des Sicherheitsrates vorläufig. Der Sicherheitsrat setzt damit eine bereits von der Bundesversammlung des Deutschen Bundes begründete Praxis fort (supra Fn. 79), die ihm ein geschmeidiges Vorgehen ermöglicht, aber auch eine Kontrolle formeller Rechtmäßigkeit erschwert. Zur mittlerweile gewandelten Situation beim Ministerrat der EG vgl. infra bei Fn. 1056.

615 Beispielsweise den (ständigen) Ausschuß für die Aufnahme neuer Mitglieder oder Ad-hoc-Arbeitsgruppen wie etwa die Ad Hoc Working Group on Conflict Preveniton and Resolution in Africa (SR-Res. 207 (2002) vom 1. März 2002, UN-Dok. S/2002/207). Erwähnenswert ist ferner das Counter Terrorism Committee (SR-Res. 1373 (2001) vom 28. September 2001, UN-Dok. S/2001/1373), das seinerseits drei Unterausschüsse eingerichtet hat und die Umsetzung von Resolution 1373 überwacht. Hierzu: *Williams*, Abbringen, Verweigerung, Zusammenarbeit, Der Ausschuß des Sicherheitsrats zur Bekämpfung des Terrorismus, in: VN 2002, S. 213-216. Zu weiteren Nebenorganen vgl. *Ministry of Foreign Affairs and Trade* (Fn. 547), S. 57-88.

durchgeführt werden, wenn der Sicherheitsrat dies für tunlich hält (Art. 28 Abs. 3 SVN). Die Sitzungen finden nach Regel 1 SR-GeschO spätestens alle vierzehn Tage statt.

Neben den formellen Sitzungen haben in den letzten Jahren die informellen Zusammenkünfte des Sicherheitsrates deutlich zugenommen. Da nach Regel 30 SR-GeschO der Sicherheitsrat Herr seines eigenen Verfahrens ist, wird die Rechtmäßigkeit solcher informeller Sitzungen nicht angezweifelt.[616]

Die Sitzungen des Sicherheitsrates sind, sofern er nichts anderes beschließt, öffentlich (Regel 48 SR-GeschO); ihr Ablauf wird protokolliert und veröffentlicht (Regeln 49, 54 SR-GeschO). Das Protokoll nichtöffentlicher Sitzungen kann auf Beschluß des Sicherheitsrates in nur einer Ausfertigung erstellt werden, die dann beim Generalsekretär verbleibt (Regel 51 SR-GeschO). Da der Sicherheitsrat heute zunehmend nichtöffentliche Sitzungen durchführt, bleibt in der Folge auch ein großer Teil der Entscheidungsgrundlagen und Diskussionen im Rat geheim.[617] Dieses Transparenzdefizit kann dazu führen, daß die Legitimität von Entscheidungen des Sicherheitsrates in Frage gestellt wird.[618] Deswegen gibt es seit einiger Zeit Appelle, der Sicherheitsrat möge sich öffnen.[619] In der Praxis hat es eine Weiterentwicklung der Arbeitsmethoden freilich längst gegeben. Eine Erklärung des Präsidenten des Sicherheitsrates vom 19. Juli 2006 faßt die heutigen Sitzungsformen und Beteiligungsmöglichkeiten für Nichtmitglieder des Rates und für nichtstaatliche Akteure zusammen.[620] Hier hat unbeachtet von der Öffent-

---

[616] *Schweisfurth*, Art. 28, in: Simma (Hrsg.), Charter, Bd. 1, 2. Aufl. 2002, S. 523-538, Rn. 15 ff., 20; *Bailey/Daws* (Fn. 609), S. 60-75, *Kaul*, Arbeitsweise und informelle Verfahren des Sicherheitsrats, in: VN 1998, S. 6-13 (S. 10 f.).

[617] Näher *Wood*, Security Council Working Methods and Procedure: Recent Developments, in: International and Comparative Law Quarterly 45 (1996), S. 150-161 (S. 156 ff.)

[618] Zu einem besonders unrühmlichen Fall der Geheimdiplomatie des Sicherheitsrates siehe die Darstellung bei: *Melvern*, A People Betrayed, The Role of the West in Rwanda's Genocide, 2000, S. 152 ff.

[619] So plädiert etwa *Kirgis* (Fn. 609), S. 519, im Jahre 1995 für eine moderate Öffnung. Vgl auch die Vorschläge in *International Law Association*, Berlin Conference (2004), Accountability of International Organizations, 2004, Part One, Section One.

[620] UN-Dok. S/2006/507, abrufbar unter: http://daccessdds.un.org/doc/UNDOC/GEN/N06/435/44/PDF/N0643544.pdf?OpenElement (zuletzt besucht am 30. September 2008). Bereits seit 1995 koordiniert eine Arbeitsgruppe

lichkeit ein deutlicher Wandel stattgefunden;[621] der Sicherheitsrat ist wesentlich fortschrittlicher, als viele Kritiker meinen.

Jedes Mitglied des Sicherheitsrates entsendet einen Vertreter (Art. 23 Abs. 3 SVN). Hierbei kann es sich wahlweise um ein Regierungsmitglied oder einen eigens bestellten Delegierten handeln (Art. 28 Abs. 2 2. Halbsatz SVN). Dieser hat eine Stimme (Art. 27 Abs. 1 SVN); damit eine Entscheidung zustandegekommen ist, sind neun Jastimmen erforderlich (Art. 27 Abs. 2 SVN). Der Sicherheitsrat ist deshalb entscheidungsfähig, wenn mindestens neun Mitglieder anwesend sind; da es sich beim Sicherheitsrat um ein engeres Organ handelt, besteht eine erhöhte Mitwirkungspflicht.[622]

Die ständigen Mitglieder des Sicherheitsrates haben ein Vetorecht in nicht-prozeduralen Fragen. Nach Art. 27 Abs. 3 SVN müssen ihre Stimmen sämtlich unter den neun Ja-Stimmen sein. Mit anderen Worten kann jedes ständige Mitglied eine Entscheidung über materielle Fragen zu Fall bringen.[623] Dieses Vetorecht[624] war die Bedingung der Großmächte[625], sich auf die gegenüber dem Völkerbund größere Verflech-

---

die Kooperation und Infomation von Nichtregierungsorganisationen mit Blick auf den Sicherheitsrat. Hierzu *Paul*, A Short History of the NGO Working Group on the Security Council, 2001; online verfügbar unter: http://www.globalpolicy.org/security/ngowkgrp/history.htm (abgerufen am 16. Dezember 2006).

[621] Ausführliche Darstellung der Entwicklung bei *Volger* (Fn. 605), S. 544 ff.

[622] So *Schermers* (Fn. 532), S. 528.

[623] Nach inzwischen gefestigter Praxis ist hierfür allerdings ein ausdrückliches Nein erforderlich. Die Enthaltung eines ständigen Mitglieds stellt kein Veto dar und hindert nicht das Entstehen einer Mehrheit im Sinne von Art. 27 Abs. 3 SVN. Vgl. als Beispiel hierfür: SR-Res. 678 (1990) vom 29. November 1990, die die Staaten zum Einsatz militärischer Gewalt autorisierte, um den Rückzug der irakischen Streitkräfte aus Kuweit durchzusetzen. Die VR China hatte sich bei dieser Resolution enthalten; nach allgemeiner Überzeugung (vgl. nur *Weston*, Security Council Resolution 678 and Persian Gulf Decision Making: Precarious Legitimacy, in: AJIL 85 (1991), S. 516-535) berührte dies nicht deren Wirksamkeit.

[624] Hier ist ein Vetorecht im weiteren Sinne gegeben; demgegenüber stellt ein Vetorecht im engeren Sinne die Möglichkeit eines Organs dar, das Wirksamwerden des Beschlusses eines anderen Organs zu verhindern. Hierzu *Münch*, Veto, in: EPIL IV (2000), S. 1283-1286.

[625] Zur Rolle der Großmächte innerhalb des Systems der Vereinten Nationen vor 1989 vgl. *Bull*, The Anarchical Society, A Study of Order in World Politics, 1977 (Nachdruck 1995), S. 194 ff. Zum Wandel ihrer Bedeutung siehe *Pastor*,

tung innerhalb der Vereinten Nationen einzulassen; keinesfalls wollten sie bindende Sicherheitsratsbeschlüsse gegen ihren Willen oder gar gegen sich selbst akzeptieren.[626]

Die Unterscheidung zwischen Verfahrensfragen und sonstigen Fragen ist zunächst einmal durch die Praxis des Sicherheitsrates dahingehend getroffen,[627] daß Beschlüsse über die Anwendung von Art. 28-32 SVN, über die Tagesordnung und den Ablauf der Sitzung, über die Einladung zur Teilnahme von Nichtmitgliedern[628] und über die Einberufung von Sonder- oder Notstandssondertagungen der Generalversammlung als Verfahrensfragen behandelt werden. Auch die Einberufung einer Revisionskonferenz zur Chartaänderung (Art. 109 Abs. 1 SVN) unterliegt satzungsgemäß nicht dem Vetorecht der ständigen Mitglieder. Wenn über die Einordnung der zu entscheidenden Frage gestritten wird, unterfällt – so wurde es bereits im Jahre 1945 festgelegt – diese Vorentscheidung ebenfalls dem Vetorecht der ständigen Mitglieder.[629] In der jüngeren Praxis ist das Verfahren zum doppelten Veto allerdings seltener angewandt worden und informellen Absprachen im Vorfeld gewichen.[630]

The Great Powers in an Age of Global Governance: Are They Still Great?, in: Clarke/Edwards (Hrsg.), Global Governance in the Twenty-first Century, 2004, S. 139-174.

626 Zu den Hintergründen des Vetorechts der fünf ständigen Mitglieder siehe *Kelsen* (Fn. 529), S. 239 ff.; *Claude*, The Security Council, in: Luard (Hrsg.), The Evolution of International Organizations, 1966, S. 68-91 (S. 69 ff.); *Bailey/Daws* (Fn. 609), S. 225 ff.; *Simma/Brunner/Kaul*, Art. 27, in: Simma (Hrsg.), Charter, Bd. 1, 2. Aufl. 2002, S. 476-523, Rn. 3 ff.; und *Volger*, Geschichte (Fn. 481), S. 16f.; *Claude* (Fn. 243), S. 141 ff.

627 Ausführlich *Simma/Brunner/Kaul* (Fn. 626), Rn. 11 ff., 21 ff.; *Sonnenfeld*, Resolutions of the United Nations Security Council, 1988, S. 43 ff.

628 Ausführlich hierzu *Kelsen* (Fn. 529), S. 222 ff.

629 Erklärung der Delegationen der vier einladenden Regierungen über das Abstimmungsverfahren im Sicherheitsrat vom 7. Juni 1945, abgedruckt bei *Simma/Brunner/Kaul* (Fn. 626), Rn. 154, und bei *Knipping u.a.* (Fn. 482), Nr. 67. Vgl. auch *Köchler*, Das Abstimmungsverfahren im Sicherheitsrat der Vereinten Nationen, Rechtsphilosophische Überlegungen zu einem normenlogischen Widerspruch und seinen Folgen für die internationalen Beziehungen, 1991, S. 15 ff.; *Bailey/Daws* (Fn. 609), S. 221-263.

630 *Simma/Brunner/Kaul* (Fn. 626), Rn. 126 f.; *Wolfrum* (Fn. 534), Rn. 15-25; *Kaul* (Fn. 616), S. 8 f.; jeweils m.w.Nw. *Köchler* (Fn. 629), S. 42 f., beklagt, daß

Das Vetorecht der ständigen Mitglieder stellt ein klares Zeichen dafür dar, daß die (in zumindest zwei von fünf Fällen: früheren) Großmächte sich die souveräne Entscheidung über die Kompetenzübertragung an die Vereinten Nationen und ihr wichtigstes Organ vorbehalten.[631] Die Ausübung des Vetorechts war in der Zeit des Bestehens der Vereinten Nationen zahlenmäßigen Schwankungen unterworfen,[632] erfolgt in bestimmten Fragen aber nach wie vor reflexartig (z.B. im Palästinakonflikt[633]).

Ausgeschlossen ist das Vetorecht ausdrücklich bei der Wahl der Richter des IGH, die in Generalversammlung und Sicherheitsrat jeweils eine absolute Mehrheit erfordert (Art. 10 IGH-Statut); abweichend von Art. 27 Abs. 2 SVN ist damit im Sicherheitsrat eine Mehrheit von acht Stimmen erforderlich, aber auch ausreichend. Für die Einberufung einer Konferenz der Mitglieder der Vereinten Nationen zur Revision der Charta ist neben der Zweidrittelmehrheit in der Generalversammlung gemäß Art. 109 Abs. 1 SVN ein „Beschluß von neun beliebigen Mitgliedern" des Sicherheitsrates erforderlich. Während dies also theoretisch gegen die Stimmen aller ständigen Ratsmitglieder erfolgen könnte, ist für das Inkrafttreten einer etwaigen Chartaänderung die Ratifikation durch alle Vetomächte erforderlich (Art. 108 und 109 Abs. 2 SVN).

---

diese Zurückhaltung in der Praxis das Problem des Vetorechts und seine Folgen für die Arbeit der Vereinten Nationen nicht beseitige, sondern nur verdecke.

[631] Naturgemäß sind die Ansichten der Staaten über das Vetorecht der ständigen Mitglieder geteilt; vgl. *Generalsekretär* (Fn. 223), Nr. 64 ff. Mit Blick auf die souveräne Gleichheit der Mitgliedstaaten in den Vereinten Nationen: *Efraim* (Fn. 513), S. 120 ff.

[632] Zu Einzelheiten vgl.: *Klein* (Fn. 19), Rn. 145, m.w.Nw. Hinzuweisen ist an dieser Stelle auch auf die Bedeutung innerstaatlicher Stukturen für das Abstimmungsverhalten von Staaten in internationalen Organisationen, hierzu *Minnich*, Veto players, electoral incentives and international commitments: The impact of domestic institutions on intergovernmental organization membership, in: European Journal of Political Research 44 (2005), S. 295-325. Vgl. auch supra bei und in Fn. 32.

[633] Hierzu neuerdings *Seidel*, Die Palästinafrage und das Völkerrecht, in: AVR 2006, S. 121-158.

b) Aufgaben und Befugnisse des Sicherheitsrates[634]

Nach Art. 24 Abs. 1 SVN trägt der Sicherheitsrat die Hauptverantwortung[635] für die Wahrung des Weltfriedens und der internationalen Sicherheit. Sie ist ihm von den Mitgliedern übertragen, um ein schnelles und wirksames Handeln der Vereinten Nationen zu gewährleisten. Bei der Wahrnehmung der sich aus dieser Verantwortung ergebenden Pflichten – die ebenso wie die korrespondierenden Befugnisse in den Kapiteln VI, VII, VIII und XII der Charta formuliert sind – handelt der Sicherheitsrat,[636] wie die Charta formuliert, *„im Namen der Mitgliedstaaten"*; tatsächlich erfolgt sein Handeln im Namen der Vereinten Nationen.[637] Der Sicherheitsrat muß sich hierbei im Einklang mit den Zielen und Grundsätzen der Vereinten Nationen halten (Art. 24 Abs. 2 SVN).

Entscheidungen (Decisions) des Sicherheitsrates sind nach Art. 25 SVN verbindlich. Der Sicherheitsrat spricht aber auch Empfehlungen (Recommendations) aus, die als solche nicht bindend sind.[638]

Der Sicherheitsrat legt der Generalversammlung Jahresberichte und, wenn notwendig, Sonderberichte zur Prüfung vor (Art. 24 Abs. 3 SVN). Er kann beantragen, daß der Generalsekretär eine außerordentliche Tagung der Generalversammlung einberuft (Art. 20 Satz 2 SVN). Gemeinsam mit der Generalversammlung entscheidet der Sicherheitsrat über Erwerb, Suspendierung und Verlust der Mitgliedschaft (Art. 4-6

---

[634] Dazu: *Bruha* (Fn. 609), Rn. 4-11; *Conforti* (Fn. 511), S. 149 ff.

[635] Im Unterschied zur Völkerbundsatzung unternimmt es die Charta der Vereinten Nationen, die Zuständigkeiten des engeren und des weiteren Repräsentativorgans klarer voneinander abzugrenzen. Dazu supra Erster Teil B.IV.1-3 und Fn. 387.

Hauptverantwortung bedeutet nicht ausschließliche Zuständigkeit, sondern *„Schwergewichtsverteilung"*, so treffend *Delbrück* (Fn. 605), S. 36.

[636] *Faßbender*, The UN Security Council and International Terrorism, in: Bianchi (Hrsg.), Enforcing International Law Norms Against Terrorism, 2004, S. 83-102 (S. 85), plädiert dafür, dem Sicherheitsrat kein Eigenleben zuzuschreiben, sondern in Anlehnung an die Konföderationsartikel von 1777 davon zu sprechen, es handele sich um fünfzehn Staaten *"in Council assembled"*.

[637] So schon dezidiert *Kelsen* (Fn. 529), S. 280; ebenso *Delbrück*, Art. 24, in: Simma (Hrsg.) Charter, Bd. 1, 2002, S. 442-452, Rd. 11. *Herdegen*, Völkerrecht, 4. Aufl. 2005, § 40, Rn. 16, legt dem Handeln des Sicherheitsrates *„treuhänderischen Charakter"* bei.

[638] Einzelheiten infra d.

SVN) und wählt den Generalsekretär (Art. 97 SVN) sowie die Richter des Internationalen Gerichtshofs (Art. 8 und 10 IGH-Statut).

Die eingangs erwähnten Hauptaufgaben des Sicherheitsrates eröffnen ein breites Betätigungsfeld, das in den Kapiteln VI und VII der Charta näher aufgefächert wird.

Zu nennen ist zunächst die friedliche Beilegung von Streitigkeiten nach Kapitel VI, die die Charta in Art. 33 den Mitgliedstaaten auferlegt.[639] Der Sicherheitsrat ist befugt, die Streitparteien erforderlichenfalls an diese Pflicht zu erinnern (Art. 33 Abs. 2 SVN). Er kann jede Streitigkeit oder jede Situation, die zu einer Streitigkeit führen könnte, untersuchen, um festzustellen, ob die Fortdauer der Streitigkeit oder der Situation die Wahrung des Weltfriedens oder der internationalen Sicherheit gefährden könnte (Art. 34 SVN). Streitigkeiten oder Situationen können dem Sicherheitsrat aber auch von jedem Mitglied der Vereinten Nationen (Art. 35 Abs. 1 SVN), der Generalversammlung (Art. 11 Abs. 3 SVN), dem Generalsekretär (Art. 99 SVN) und – bei Vorliegen der Voraussetzungen von Art. 35 Abs. 2 SVN – von Nichtmitgliedern, die Parteien der Streitigkeit sind, vorgelegt werden. Die Parteien, denen eine friedliche Lösung nicht möglich war, haben die Streitigkeit dem Sicherheitsrat vorzulegen (Art. 37 Abs. 1 SVN) – ohne freilich nach dessen Äußerung *„zum Kriege schreiten"* zu können, wie dies Art. 11 Abs. 1 Satz 2 VBS noch vorsah.

Der Sicherheitsrat kann nach Art. 36 Abs. 1 SVN in jedem Stadium einer Streitigkeit – unabhängig davon, wie er mit der Sache befaßt wurde – geeignete Verfahren oder Methoden zu ihrer Beendigung empfehlen.

Er berücksichtigt dabei, daß Rechtsstreitigkeiten grundsätzlich vor den Internationalen Gerichtshof gebracht und von diesem entschieden werden sollen (Art. 36 Abs. 3 SVN). Das heißt allerdings nicht, daß ein Lebenssachverhalt, dessen politische und rechtliche Implikationen eng miteinander verbunden sind, nicht sowohl vor den Sicherheitsrat als auch den IGH gebracht werden könnte. Ein paralleles Tätigwerden beider Organe bei friedensbedrohenden Streitigkeiten[640] ist denn auch

---

[639] Hierzu *Kelsen* (Fn. 529), S. 372-462; *Verdross/Simma* (Fn. 22), §§ 214 ff.; *Generalsekretär* (Fn. 223), Nr. 74 ff.; *Tomuschat*, Art. 33, in: Simma (Hrsg.), Charter, Bd. 1, 2002, S. 583-594.

[640] So der Titel von *Klein*, Paralleles Tätigwerden von Sicherheitsrat und Internationalem Gerichtshof bei friedensbedrohenden Streitigkeiten, Zu Fragen der Zuständigkeit und Organtreue, in: FS Mosler, 1983, S. 467-491.

schon vorgekommen.[641] Daß dies möglich ist und mit der Charta der Vereinten Nationen im Einklang steht, ergibt sich daraus, daß einerseits zwar die Identität der Parteien und des Streitgegenstandes gegeben sein kann, andererseits aber die Organe sich in Zusammensetzung, Unabhängigkeit, Aufgaben, Verfahren und nicht zuletzt Bindung an das Völkerrecht deutlich unterscheiden.[642] Der Sicherheitsrat ist, anders als der IGH, keine Instanz rechtlicher Streiterledigung.[643] Immerhin unterliegen Sicherheitsrat und IGH in solchen Fällen dem aus der Charta fließenden Grundsatz der Organtreue und sind zur gegenseitigen Rücksichtnahme bei der Ausübung ihrer Kompetenzen verpflichtet.[644]

Die Empfehlungen nach Art. 36 und 37 SVN sind allerdings nicht verbindlich. Dies ergibt sich aus Art. 27 Abs. 3 SVN, der für Streitparteien das Vetorecht bei Entscheidungen nach Kapitel VI der Charta aussetzt und diese zur Enthaltung verpflichtet. Die sonstigen Entscheidungen des Sicherheitsrates sind nach Art. 25 SVN hingegen verbindlich.

Ein wichtiges Betätigungsfeld des Sicherheitsrates ist damit auch der Einsatz für die Wahrung des Völkerrechts. So setzt er sich beispielsweise für die Wahrung des Gewaltverbots, für die Respektierung der mit-

---

[641] Zum Problem bis 1980 vgl. *Klein* (Fn. 640), S. 468 ff.; siehe auch *Gowlland-Debbas*, The Relationship Between the International Court of Justice and the Security Council in the Light of the *Lockerbie* Case, in: AJIL 88 (1994), S. 643-677; jeweils m.w.Nw. In den Lockerbie-Fällen (Libyen ./. Vereinigtes Königreich und Libyen ./. Vereinigte Staaten von Amerika) hatte der IGH am 14. April 1992 in zwei Entscheidungen zwar den Erlaß einstweiliger Maßnahmen abgelehnt, aber das Hauptsacheverfahren fortgeführt und in dessen Verlauf am 27. Februar 1998 in zwei Urteilen entschieden, daß er zuständig sei und die relevanten Sicherheitsratsresolutionen – SR-Res. 808 (1993) und 827 (1993) – auch überprüfen könne. Mit Beschluß vom 10. September 2003 wurden die Fälle auf übereinstimmenden Wunsch der Parteien von der Liste des IGH gestrichen.

[642] Dazu *Schmahl*, Die "Rule of Law" in den Vereinten Nationen, Überlegungen anhand der Lockerbie-Affäre, in: RuP 2001, S. 219-235 (S. 223 f.); sowie bereits *Klein* (Fn. 640), S. 474 ff.

[643] So eindeutig *Hoffmann*, Die Grenzen rechtlicher Steiterledigung im Völkerrecht und in Internationalen Organisationen, in: Verhandlungen der 10. Tagung der Deutschen Gesellschaft für Völkerrecht, 1969, S. 1-43 (S. 5).

[644] So *Gowlland-Debbas* (Fn. 641), S. 674; *Schmahl* (Fn. 642), S. 224 f.; *Klein* (Fn. 640), S. 481 ff.

gliedstaatlichen Souveränität oder für die Achtung des humanitären Völkerrechts[645] ein.

c) Insbesondere unter Kapitel VII der Charta

Nach Kapitel VII ist der Sicherheitsrat für Maßnahmen bei Bedrohung oder Bruch des Friedens und bei Angriffshandlungen zuständig. Die Charta errichtet ein System kollektiver Sicherheit.[646]

Dessen Besonderheit gegenüber klassischen Verteidigungssystemen besteht darin, daß der potentielle Aggressor auch von innerhalb des Systems kommen kann.[647] Die Sicherheit eines von Anfang an auf Universalität angelegten Zusammenschlusses von Staaten kann nur auf diese Weise gewährleistet werden. Kollektive Sicherheit bedeutet, daß alle nicht direkt betroffenen Mitglieder – ohne Rücksicht auf andere Verträge oder Absprachen – dem Angegriffenen gegen den Aggressor beistehen.

Zunächst muß der Sicherheitsrat feststellen, ob die Voraussetzungen von Art. 39 SVN – Friedenbedrohung, Friedensbruch oder Angriffshandlung – gegeben sind. Die Bedrohung des Friedens erfaßt eine Reihe von Situationen, vom innerstaatlichen Bürgerkrieg bis zur massiven wirtschaftlichen Intervention einer Staatengruppe. Hatte der Sicher-

---

[645] Zu diesem Punkt *Nolte*, Practice of the UN Security Council with Respect to Humanitarian Law, in: Weltinnenrecht, Liber amicorum Jost Delbrück, 2005, S. 487-501 (S. 489 ff.).

[646] *Kelsen* (Fn. 529), S. 742-768; *Verdross/Simma* (Fn. 22), §§ 229 ff. *Scheuner*, Kollektive Sicherheit, in: WBVR II (1961), S. 242-251; *Friedmann* (Fn. 210), S. 253-274, überschrieben mit "The International Organization of Security and the Use of Force"; *Delbrück*, Collective Security, in: EPIL I (1992), S. 646-656; *Hobe/Kimminich* (Fn. 22), S. 323 ff.; *Schmahl*, Das Verfahren nach dem VII. Kapitel der UN-Satzung unter besonderer Berücksichtigung des zweiten Golfkrieges 1990/91, in: Seidl-Hohenveldern/Schrötter (Hrsg.), Vereinte Nationen, Menschenrechte und Sicherheitspolitik – Völkerrechtliche Fragen zu internationalen Konfliktbegrenzungen, 1994, S. 153-193; *Lailach*, Die Wahrung des Weltfriedens und der internationalen Sicherheit als Aufgabe des Sicherheitsrates der Vereinten Nationen, 1998; *Fink* (Fn. 564); *Krisch*, Selbstverteidigung und kollektive Sicherheit, 2001; *Ziring/Riggs/Plano* (Fn. 225), S. 142-209; *Shaw*, International Law, 5. Aufl. 2003, S. 1119-1154.

[647] *Preiser* (Fn. 38), S. 385 f., weist darauf hin, daß hiermit an die bereits eingangs erwähnten griechischen Amphiktyonien (supra Fn. 45) und an die Friedenspläne der Neuzeit (supra Fn. 349) angeknüpft wird.

heitsrat bis zum Beginn der 1990er Jahre Friedensbedrohungen nur ausnahmsweise angenommen,[648] so ist er in der Folgezeit dazu übergegangen, verschiedene innerstaatliche Situationen als Friedensbedrohung zu bewerten.[649] Hatte er zunächst auf die grenzüberschreitenden Auswirkungen einer innerstaatlichen Situation abgestellt,[650] so ging der Sicherheitsrat später dazu über, den Umfang und das Ausmaß von Menschenrechtsverletzungen und von Verletzungen des humanitären Völkerrechts in einem Staat zu berücksichtigen.[651] Inzwischen sind vom Sicherheitsrat der illegale Waffentransfer in Krisengebiete,[652] die Nicht-

---

[648] Etwa in SR-Res. 82 vom 25. Juni 1950 (Korea), nicht aber beispielsweise im Kongokonflikt (1960). Nach einigen Zwischenschritten stellte der Sicherheitsrat eine Friedensbedrohung durch Rhodesien fest; SR-Res. 221 vom 9. April 1966. Mit der Situation in Südafrika beschäftigte sich lange Zeit nur die Generalversammlung; der Sicherheitsrat verwandte zunächst nur den Terminus „Störung des Friedens", etwa in SR-Res. 134 vom 1. April 1960. Von einer Friedensbedrohung sprach er hinsichtlich der Rassenunruhen in Soweto (SR-Res. 392 vom 19. Juni 1976) und hinsichtlich der südafrikanischen Aufrüstung (SR-Res. 418 vom 4. November 1977). Die Politik der Rassentrennung wird selbst nicht ausdrücklich als Friedensbedrohung gewertet, aber der Sicherheitsrat nimmt sowohl in der Präambel als auch im operativen Teil der Resolutionen auf die Apartheidspolitik Bezug.

[649] Ausführliche Darstellung der gesamten Praxis des Sicherheitsrates zwischen 1945 und 1994 bei *Fink* (Fn. 564). Siehe auch *Uerpmann*, Grenzen zentraler Rechtsdurchsetzung im Rahmen der Vereinten Nationen, in: AVR 1995, S. 107-130 (S. 114 ff., 118 ff.); und die auf die neuartigen Friedensbedrohungen gemünzte Äußerung des Präsidenten des Sicherheitsrates vom 31. Januar 1992, UN-Dok. S/23500 (=ILM 31 (1992), 758-762). *Tomuschat* (Fn. 207), S. 12 f. sieht in dieser Neuorientierung viel Potential für den Sicherheitsrat. Ähnlich, allerdings Legitimitätsgesichtspunkte betonend, *Schäfer*, Der Begriff der „Bedrohung des Friedens" in Artikel 39 der Charta der Vereinten Nationen, Die Praxis des Sicherheitsrates, 2006, S. 277 ff. und passim. Bei *Schäfer* findet sich auch die Auswertung der Praxis bis zum Jahre 2003. Kritisch demgegenüber *Alvarez* (Fn. 233), S. 191 ff.

[650] SR-Res. 1054 vom 26. April 1996.

[651] So im Falle des Irak 1991 (SR-Res. 688 vom 5. April 1991), von Somalia 1992 (SR-Res. 794 vom 3. Dezember 1993), von Ruanda 1994 (SR-Res. 955 vom 8. November 1994) und von Sierra Leone 1997 (SR-Res. 1132 vom 8. Oktober 1997). Dazu *Leiß*, Interventionen des Sicherheitsrates bei innerstaatlich begangenen Menschenrechtsverletzungen nach Kapitel VII der Charta der Vereinten Nationen, Versuch einer Standardisierung, 2000, S. 59 ff.

[652] SR-Res. 1161 vom 9. April 1998.

auslieferung von Terroristen,[653] der Verstoß gegen Abrüstungsbestimmungen,[654] die humanitäre Situation in einer bestimmten Region,[655] die Bedrohung durch den internationalen Terrorismus[656] und durch Söldneraktivitäten[657] als Friedensbedrohung angesehen und damit zur Grundlage von Sicherheitsratsentscheidungen nach Kapitel VII der Charta gemacht worden. Diese Herangehensweise erlaubt es dem Sicherheitsrat, die Kapitel VI und VII der Charta miteinander zu verbinden, um so ein präventives, auf die Eindämmung von Konflikten zielendes Handeln zu ermöglichen.[658]

Inzwischen wird der Sicherheitsrat allerdings mit dem Begehren der USA konfrontiert, wie dies in der Nationalen Sicherheitsstrategie vom 17. September 2002 (und erneut in der Version vom März 2006) formuliert wurde, gegenüber noch nicht aktualisierten Bedrohungen[659] „präemptiv" militärische Gewalt im Rahmen des Selbstverteidigungsrechts nach Art. 51 SVN ausüben zu können.[660] Um angesichts dessen seiner

---

[653] SR-Res. 1054 vom 26. April 1996.

[654] SR-Res. 1441 vom 8. November 2002.

[655] SR-Res. 1446 vom 4. Dezember 2002.

[656] SR-Res. 1438 vom 14. Oktober 2002.

[657] SR-Res. 1467 vom 18. März 2003.

[658] Vgl. *Stein,* Der Sicherheitsrat der Vereinten Nationen und die Rule of Law, Auslegung und Rechtsfortbildung des Begriffs der Friedensbedrohung bei humanitären Interventionen auf der Grundlage des Kapitels VII der Charta der Vereinten Nationen, 1999; *Frowein/Krisch*, Introduction to Chapter VII, in: Simma (Hrsg.), Charter, Bd. 1, 2. Aufl. 2002, S. 701-716, Rn. 9, 12 ff. und passim.

[659] Zum Begriff des gewaltsamen Angriffs vgl. nur *Randelzhofer*, Art. 51 in: Simma (Hrsg.), Charter, Bd. 1, 2. Aufl. 2002, S. 788-806, Rn. 16 ff.; *Oellers-Frahm*, The International Court of Justice and Article 51 of the UN Charta, in: Weltinnenrecht, Liber Amicorum Jost Delbrück, 2005, S. 503-517.

[660] Die Nationale Sicherheitsstrategie der Vereinigten Staaten, September 2002, deutsche Fassung: http://www.uni-kassel.de/fb5/frieden/regionen/USA/doktrin-lang.html (besucht am 18. Oktober 2008); bestätigt in der Nationalen Sicherheitssstrategie vom März 2006 (http://www.whitehouse.gov/nsc/nss/2006/nss2006.pdf [besucht am 24. November 2006]). Zur Begriffsklärung siehe *Eick*, „Präemption", „Prävention" und die Weiterentwicklung des Völkerrechts, in: ZRP 2004, S. 200-203; *Deutsche Atlantische Gesellschaft e.V.* (Hrsg.), Auf der Suche nach ethisch-rechtlichen Kritierien für vorbeugende Militäreinsätze, Lehren auch aus dem Irak-Krieg, 2005; *Crawford*, The Justice of Preemption and Preventine War Doctrines, in: Evans (Hrsg.), Just War Theory, A Reappraisal,

Hauptverantwortung für den Weltfrieden (Art. 24 SVN) nachkommen zu können, soll der Sicherheitsrat, so schlägt es die „Hochrangige Gruppe für Bedrohungen, Herausforderungen und Wandel" in ihrem Bericht vom 2. Dezember 2004 vor, anhand von fünf Kriterien[661] die Zulässigkeit von Interventionen beurteilen. Wo immer es möglich ist, sollten regionale Friedenseinsätze mandatiert werden.[662] Das Ergebnisdokument des Weltgipfles 2005 betont die Verantwortung jedes einzelnen Staates für den Schutz der Bevölkerung vor Völkermord, Kriegsverbrechen, ethnischer Säuberung und Verbrechen gegen die Menschlichkeit.[663] Die Generalversammlung ergänzt, die Vereinten Nationen hätten die Pflicht, hierbei durch Einsatz ihrer Handlungsmöglichkeiten aus der Satzung behilflich sein. Weiter heißt es:

> „In diesem Zusammenhang sind wir bereit, im Einzelfall und in Zusammenarbeit mit den zuständigen regionalen Organisationen rechtzeitig und entschieden kollektive Maßnahmen über den Sicherheitsrat im Einklang mit der Charta, namentlich Kapitel VII, zu ergreifen, falls friedliche Mittel sich als unzureichend erweisen und die nationalen Behörden offenkundig dabei versagen, ihre Bevölkerung

---

2005, S. 25-49; *Faßbender* (Fn. 636), S. 92 ff.; *Reisman/Armstrong*, The Past and Future of the Claim of Preemptive Self-Defense, in: AJIL 100 (2006), S. 525-550.

[661] Eine sicherere Welt (Fn. 560), Nr. 207: Ernst der Bedrohung, Redlichkeit der Motive, Anwendung als letztes Mittel, Verhältnismäßigkeit der Mittel, Angemessenheit der Folgen. Hierzu auch *O'Connell*, The United Nations Security Council and the Authorization of Force: Renewing the Council Through Law, in: Blokker/Schrijver (Hrsg.), The Security Council and the Use of Force, Theory and Reality – A Need for Change?, 2005, S. 47-63.

[662] Eine sicherere Welt (Fn. 560), Nr. 272 a. Hierzu eher skeptisch *Durward*, Security Council Authorization for Regional Peace Operations: A Critical Analysis, in: International Peacekeeping 13 (2006), S. 350-365.

[663] Vgl. in diesem Zusammenhang auch *International Commission on Intervention and State Sovereignty (ICISS)*, The Responsibility to Protect, Report of the ICISS, 2001; *Thakur*, In defence of the responsibility to protect, in: The International Journal of Human Rights 7/3 (2003), S. 160-183. Zur Rolle, die die „menschliche Sicherheit" inzwischen auf der außenpolitischen Agenda hat, vgl. die Analyse von *Werthes/Bosold*, Caught between Pretension and Substantiveness – Ambiguities of Human Security as a Political Leitmotif, in: Debiel/Werthes (Hrsg.), Human Security on Foreign Policy Agendas, Changes, Concepts and Cases, 2006, S. 21-38.

vor Völkermord, Kriegsverbrechen, ethnischer Säuberung und Verbrechen gegen die Menschlichkeit zu schützen."[664]

Als zweite Variante nennt Art. 39 SVN den Begriff des Friedensbruches; hiermit werden sämtliche Situationen erfaßt, in denen bewaffnete Feindseligkeiten gegeben sind, ohne daß ein Aggressor bezeichnet oder eine Aggression festgestellt wird. Allerdings hat der Sicherheitsrat auch in Fällen, in denen eine Aggression offensichtlich gegeben war, einen Friedensbruch angenommen. Dies war sowohl in seiner Resolution zum Falkland-Konflikt[665] als auch in derjenigen zum Iran-Irak-Konflikt[666] der Fall, obwohl hier jeweils eine Aggression eindeutig hätte festgestellt werden können. Allerdings existierte jeweils keine verbindliche Aggressionsdefinition. Der Aggressionsbegriff selbst ist zwar durch die in der Resolution der Generalversammlung vom 14. Dezember 1974[667] niedergelegte Aggressionsdefinition näher umrissen, aber eben nicht verbindlich niedergelegt worden. Dort werden Aggressionshandlungen aufgezählt, zu denen die Beschießung oder Bombardierung des Hoheitsgebiets eines Staates durch die Streitkräfte eines anderen Staates, ein Angriff durch die Streitkräfte eines Staates auf die Land-, See- und Luftstreitkräfte oder die See- oder Luftflotte eines anderen Staates sowie Handlungsformen der indirekten Aggression wie das Entsenden bewaffneter Banden, Gruppen, Freischärler oder Söldner in einen anderen Staat, um dort mit Waffengewalt Handlungen auszuführen, gehören. Der Sicherheitsrat hat militärische Interventionen Südafrikas gegen Nachbarstaaten regelmäßig als Aggressionen gebrandmarkt.[668] Ansonsten ist der Sicherheitsrat mit der Feststellung von Aggressionshandlungen zurückhaltend geblieben;[669] die Generalversammlung[670] al-

---

[664] Ergebnisdokument (Fn. 489), Nr. 139.

[665] SR-Res. 502 vom 3. April 1982.

[666] SR-Res. 598 vom 20. Juli 1987.

[667] GV-Res. 3314 (XXIX) vom 14. Dezember 1974.

[668] SR-Res. 387 vom 31. März 1976, SR-Res. 428 vom 6. Mai 1978, SR-Res. 527 vom 15. Dezember 1982, SR-Res. 546 vom 6. Januar 1984.

[669] SR-Res. 660 vom 2. August 1990 bezeichnet die irakische Invasion in Kuwait als Friedensbruch, das Wort Aggression wird nicht gebraucht.

[670] Vgl. nur GV-Res. 48/88 vom 20. Dezember 1993 (UN-Dok. A/RES/48/88), in der unter Hinweis auf frühere Resolutionen von Generalversammlung und Sicherheitsrat von *"unprovoked armed hostilities and aggression* [...] *against the Republic of Bosnia and Herzegovina"* die Rede ist.

lerdings hat im Zusammenhang mit dem Konflikt in Bosnien-Herzegowina wiederholt eine Aggression festgestellt.

Nachdem eine Feststellung im Sinne von Artikel 39 SVN vorliegt, kann der Sicherheitsrat vier verschiedene Maßnahmen ergreifen:[671] die Aufforderung zur Einhaltung vorläufiger Maßnahmen, die Abgabe von Empfehlungen, die Anordnung nichtmilitärischer Zwangsmaßnahmen und schließlich die Anordnung militärischer Zwangsmaßnahmen. Artikel 40 SVN schreibt vor, daß die Auswahl vorläufiger Maßnahmen und die Aufforderung zu ihrer Einhaltung vor der Abgabe von Empfehlungen zu erfolgen haben. Festzuhalten ist, daß sich die Art der Maßnahmen nach den Umständen des Einzelfalles richten muß, vorrangig aber darauf abzustellen hat, ob die gegebene Situation als Bedrohung, Friedensbruch oder Aggression eingestuft wurde. Hier findet der Gedanke der Verhältnismäßigkeit seinen Niederschlag.

Zu den vorläufigen Maßnahmen zählen typischerweise die Aufforderung zur Feuereinstellung oder zum Rückzug von Truppen. Entsprechende Aufforderungen ergingen im Falkland-Konflikt und im ersten Golfkrieg.[672] Der Sicherheitsrat forderte den Verzicht auf Luftangriffe in Konflikten zwischen Äthiopien und Eritrea.[673] Die Empfehlungen, von denen Artikel 39 SVN spricht, sollen dazu dienen, eine endgültige Beilegung der friedensgefährdeten Situation herbeizuführen. Die Verbindlichkeit der Empfehlung wird vom Sicherheitsrat selbst festgelegt, was bedeutet, daß er bei Nichtbeachtung gezwungen sein kann, eine schärfere Reaktionsmöglichkeit zu ergreifen, wenn seine Empfehlungen nicht beachtet wurden. Es liegt auf der Hand, daß der Sicherheitsrat bei der Beurteilung einer Situation im Rahmen von Artikel 39 SVN abzuwägen hat, ob zu ihrer Beilegung nichtmilitärische Sanktionsmaßnahmen nach Artikel 41 SVN ausreichen, oder ob militärische Sanktionsmaßnahmen gemäß Artikel 42 SVN zu ergreifen sind. Im Rahmen des Artikels 41 SVN kann der Sicherheitsrat von den Mitgliedstaaten beispielsweise die vollständige oder teilweise Unterbrechung der Wirtschaftsbeziehungen, des Eisenbahn-, See- und Luftverkehrs, der Telegraphen-, Post- und Funkverbindungen sowie anderer Verkehrsmög-

---

[671] Vgl. hierzu *Szasz*, Centralized and Decentralized Law Enforcement: The Security Council and the General Assembly Acting under Chapters VII and VIII, in: Delbrück (Hrsg.), Allocation of Law Enforcement Authority in the International System, 1995, S. 17-38 (S. 19 ff.), der jedoch weiter ausdifferenziert und auf neun Maßnahmearten kommt.

[672] Vgl. Fn. 665 f.

[673] SR-Res. 1227 vom 10. Februar 1999.

lichkeiten und den Abbruch der diplomatischen Beziehungen verlangen. Diese Entscheidungen sind verbindlich und die Mitgliedstaaten verpflichtet, diesen Aufforderungen Folge zu leisten.[674]

Ein Blick in die Praxis des Sicherheitsrates zeigt, daß bis zum Jahre 1990 umfassende Sanktionen nur gegen die „schwarzen Schafe" Rhodesien und Südafrika verhängt worden waren.[675] Seither ist die Unterbrechung von Wirtschaftsbeziehungen, aber auch die Verhängung von Exportverboten zu einem wesentlichen Mittel der vom Sicherheitsrat unternommenen Konfliktbewältigungen geworden.[676] Bei den zwischenstaatlichen und innerstaatlichen Konflikten der 1990er Jahre hat der Sicherheitsrat von der Möglichkeit der Verhängung nichtmilitärischer Sanktionsmaßnahmen in großem Umfange Gebrauch gemacht und so den von Artikel 41 SVN eröffneten Spielraum genutzt. Dabei ist oft eine Stufenfolge von Sanktionsmaßnahmen zu beobachten, die von Waffenexportverboten[677] eingeleitet wurde. Gegen Irak, Libyen, Haiti, gegen den serbischen Teil von Bosnien-Herzegowina, gegen das ehemalige Jugoslawien und gegen Sierra Leone wurden umfassendere wirtschaftliche Embargos verhängt, die bis zum vollständigen Verbot wirtschaftlicher Beziehungen reichten.[678] Die Wirkung von Sanktionsmaßnahmen ist umstritten, einerseits wird darauf hingewiesen, daß erst der Einsatz militärischer Gewalt zum erwünschten Erfolg verhelfe. Andererseits werden Wirtschaftssanktionen wegen ihrer negativen Auswirkungen auf die unbeteiligte Zivilbevölkerung zunehmend kritisch beurteilt.[679]

---

[674] Einzelheiten bei *Klein*, Sanctions by International Organizations and Economic Communities, in: AVR 1992, S. 101-113.

[675] SR-Res. 232 vom 16. Dezember 1966, SR-Res. 253 vom 29. Mai 1968 und SR-Res. 418 vom 4. November 1977.

[676] Überblick bei *Wagner*, Die wirtschaftlichen Maßnahmen des Sicherheitsrates nach dem 11. September 2001 im völkerrechtlichen Kontext – Von Wirtschaftssanktionen zur Wirtschaftsgesetzgebung?, in: ZaöRV 2003, S. 879-920 (S. 887 ff.).

[677] Etwa SR-Res. 771 vom 13. August 1992 und SR-Res. 1160 vom 31. März 1998 (ehemaliges Jugoslawien, Serbien), SR-Res. 788 vom 19. November 1992 (Liberia) und SR-Res. 918 vom 17. Mai 1994 (Ruanda).

[678] Siehe die Beispiele bei *Gading* (Fn. 343), S. 95 ff.

[679] Zur Diskussion vgl. nur die Beiträge in: *van Genugten/de Groot* (Hrsg.), United Nations Sanctions, Effectiveness and Effects, Especially in the Field of Human Rights, A Multi-disciplinary Approach, 1999; näher infra Zweiter Teil A II 2 e bb.

Für den Fall, daß der Sicherheitsrat Maßnahmen nach Artikel 41 SVN für unzulänglich hält oder diese sich nach Ergreifung als unwirksam erwiesen haben, kann er gemäß Artikel 42 SVN zur Anordnung militärischer Sanktionsmaßnahmen übergehen. Da die Vereinten Nationen keine eigenen Streitkräfte zur Durchführung von militärischen Sanktionsmaßnahmen besitzen, sind die Mitgliedstaaten nach Artikel 43 SVN verpflichtet, dem Sicherheitsrat auf Ersuchen Streitkräfte zur Verfügung zu stellen, Beistand zu leisten und Erleichterungen einschließlich des Durchmarschrechts zu gewährleisten.[680] Artikel 42 SVN macht den Abschluß von Sonderabkommen zwischen den Mitgliedstaaten und dem Sicherheitsrat, in denen die Einzelheiten der Beteiligungen geregelt sind, zur Voraussetzung einer Beteiligungspflicht nationaler Streitkräfte an Zwangsmaßnahmen. Allerdings sind solche Abkommen wegen fehlender Einigung über wesentliche Fragen ihres Inhaltes bis heute nicht zustandegekommen. Wegen dieser faktischen Schwierigkeiten ist der Sicherheitsrat im Jahre 1992 erstmals dazu übergegangen, mit Resolution 794 die Mitgliedstaaten dazu zu autorisieren,

> "to use all necessary means to establish as soon as possible a secure environment for humanitarian relief operations in Somalia".[681]

Die USA stellten auf dieser Grundlage mit ihrer UNITAF-Operation die Rahmenbedingungen für die humanitäre Hilfeleistung in Somalia her. UNITAF wurde später von der Peace-Keeping-Operation UNOSOM II abgelöst. Mit der identischen Formulierung hat der Sicherheitsrat die „Operation Turquoise" Frankreichs in Ruanda,[682] den Einsatz von Streitkräften unter US-Kommando zur Wiederherstellung der Demokratie in Haiti[683] und die IFOR/SFOR-Aktionen im ehemaligen Jugoslawien zur Durchsetzung des Dayton-Abkommens[684] autorisiert. Aber auch bei den Konflikten in der Elfenbeinküste und Sierra Leone ist von dieser Möglichkeit Gebrauch gemacht worden.[685] Sämtliche Militäreinsätze in diesem Zusammenhang erfolgten unter nationa-

---

[680] Naturgemäß ist die Weltorganisation auf diesem Gebiet (noch) weniger integriert, als es der Deutsche Bund gewesen war (vgl. Erster Teil A.I.5).

[681] SR-Res. 794 vom 3. Dezember 1993.

[682] SR-Res. 929 vom 22. Juni 1994.

[683] SR-Res. 940 vom 31. Juli 1994 und SR-Res. 964 vom 29. November 1994.

[684] SR-Res. 1031 vom 15. Dezember 1995.

[685] SR-Res. 1464 vom 4. Februar 2002, SR-Res. 1479 vom 13. Mai 2003, SR-Res. 1527 vom 4. Februar 2004 (Elfenbeinküste); SR-Res. 1132 vom 8. Oktober 1997 (Sierra Leone).

lem oder multinationalem Kommando mit der Folge, daß die Vereinten Nationen keine Weisungsbefugnis im Detail hatten.

Es ist davon auszugehen, daß eine derartige Autorisierung, erfolge sie nun in der breiten Form des Somalia-Einsatzes oder in präziseren, enger umrissenen Formulierungen, durch Artikel 42 SVN rechtlich gedeckt ist.[686]

Bei der Ermächtigung einzelner Staaten oder Gruppen von Staaten zur Ausübung militärischer Gewalt durch den Sicherheitsrat ist diese generelle rechtliche Zulässigkeit nicht die einzige Frage, die sich stellt. Klärungsbedürftig sind daneben die Punkte, unter welchen Voraussetzungen eine Ermächtigung zurückgezogen werden kann, wie die konkrete Ausübung militärischer Gewalt jeweils geregelt werden kann und ob solche Ermächtigungen gegebenenfalls nur für eine beschränkte Zeit erteilt werden können, gehören dazu.[687] Entsprechende Diskussionen wurden bereits während des zweiten Golfkrieges im Jahre 1991 geführt[688] und sind in der Folgezeit stets relevant geblieben. Sicher kann festgestellt werden, daß der Rechtsrahmen nach der Charta dann verlassen wird, wenn die Ausübung militärischer Gewalt auf einen Staat oder eine Staatengruppe dergestalt übertragen wird, daß die angemessene Kontrolle ("overall command and control") durch den Sicherheitsrat nicht mehr möglich ist. Dies wäre beispielsweise zu bejahen, wenn eine Ermächtigung zeitlich oder gegenständlich nicht begrenzt würde.

Was die Aufstellung von Beobachtern und Peace-Keeping-Truppen angeht, so wird heute allgemein davon ausgegangen, daß die Aufstellung entsprechender Verbände nach der Satzung trotz Fehlens einer entsprechenden Vorschrift rechtlich zulässig ist.[689] Überdies ergibt sich eine

---

[686] So auch *Frowein/Krisch* (Fn. 658), Rn. 32 ff., die freilich für eine enge Auslegung der entsprechenden Sicherheitsratsresolutionen plädieren. Ferner *Corten*, La résolution 940 du Conseil de sécurité autorisant une intervention militaire en Haïti: L'émergence d'un principe de légitimité démocratique en droit international?, in: 6 EJIL (1995), S. 116-133.

[687] Ausführlich *de Wet*, The Chapter VII Powers of the United Nations Security Council, 2004, S. 256 ff.

[688] Vgl. nur *Fischer*, Die Resolutionen des Sicherheitsrates der Vereinten Nationen zum Golfkrieg, Handlungsgrundlagen, Ziele, Akteure, in: HuV 1990, S. 121-124; *Heinz/Philipp/Wolfrum*, Zweiter Golfkrieg: Anwendungsfall von Kapitel VII der UN-Charta, in: VN 1991, S. 121-128 (S. 125f.).

[689] Siehe nur *Ratner*, The New UN Peacekeeping, Building Peace in Lands of Conflict After the Cold War, 1995, 25 ff., 55 ff. und passim; *Eisele*, Friedenstruppen, in: Volger (Hrsg.), Lexikon der Vereinten Nationen, 2000, S. 160-167;

Kompetenz der Vereinten Nationen nach der Rechtsprechung des IGH implizit aus der Charta (Certain Expenses Case).[690] Daß der Sicherheitsrat die Kompetenz zur Entscheidung über die friedenssichernden Operationen besitzt, war und ist unbestritten. Da die erste Friedensmission durch die Generalversammlung beschlossen wurde, gab es eine Diskussion darüber, ob auch die Generalversammlung über eine entsprechende Kompetenz verfüge. Hiervon ist der IGH in dem vorerwähnten Fall ausgegangen. Aktuell ist diese Frage seither allerdings nicht mehr geworden; politisch gibt es wohl eine Bereitschaft einer Reihe von Mitgliedstaaten, neben dem Sicherheitsrat auch die Generalversammlung für befugt zu halten, solche Operationen einzuleiten. Wichtig ist die bereits angesprochene Abgrenzung der Zuständigkeiten zwischen Generalsekretär und Sicherheitsrat, die insbesondere dann zum Tragen kommt, nachdem der Sicherheitsrat entsprechende Truppen aufgestellt hat. Die operationelle Umsetzung, die Zusammenstellung und Aufteilung solcher Truppen wird ebenso wie Nachkonfliktmaßnahmen durch den Generalsekretär im Zusammenwirken mit den Mitgliedstaaten vorgenommen.[691] Allerdings ist der Generalsekretär hierbei an die vom Sicherheitsrat aufgestellten Grundsätze gebunden und wird vom Sicherheitsrat kontrolliert.

Eine weitere Handlungsoption im Rahmen der Friedenssicherung ist die Einrichtung von Schutzzonen zum Schutz der verfolgten Bevölkerung in ihrem Heimatstaat und der Sicherstellung humanitärer Hilfe. Nach konzeptionellen Vorarbeiten durch den Generalsekretär[692] hat der Sicherheitsrat sich zum Konzept der Schutzzonen bekannt[693] und Voraussetzungen zur Einrichtung aufgelistet. Schutzzonen wurden in der

---

ders., Wandel durch Anpassung, Sechzig Jahre Friedenssicherung durch die Vereinten Nationen, in: VN 2005, S. 179-186 (dort, S. 182, eine Zusammenstellung der Missionen bis zum Jahre 2005); jeweils m.w.Nw. Für die Schaffung einer Grundlage in der Charta plädiert *Thakur*, UN Peacekeeping in the New World Disorder, in: ders./Thayer (Hrsg.), A Crisis of Expectations, UN Peacekeeping in the 1990s, 1995, S. 3-22 (S. 17 ff.).

Bei *Schmalenbach* (Fn. 543), S. 448 ff. findet sich eine Bewertung der neueren Einsätze; eine Theorie der Friedenssicherung entwirft *Fetherston*, Towards a Theory of United Nations Peacekeeping, 1994.

[690] Vgl. supra Fn. 523.

[691] Siehe den Überblick bei *Nolte* (Fn. 645), S. 493 ff.

[692] Beispielsweise im Bericht des Generalsekretärs vom 2. September 1998, UN-Dok. S/1998/883, Nr. 22 ff.

[693] SR-Res. 1296 vom 9. April 2000.

bisherigen Praxis vor allem als Reaktion auf Situationen des Völkermords, Verbrechen gegen die Menschlichkeit oder Kriegsverbrechen im Rahmen von Massenverfolgungen eingerichtet.[694] Interessant ist – resultierend aus den Geschehnissen im bosnischen Srebrenica im Juli 1995 – die Anschlußfrage, ob die Vereinten Nationen mit der Einrichtung einer Schutzzone durch den Sicherheitsrat selbst verpflichtet sind, die Einhaltung der Menschenrechte in dem betroffenen Gebiet durch die notwendigen Zwangsmaßnahmen durchzusetzen. Ein Blick auf zwingendes Völkerrecht, etwa das Genozidverbot, läßt es folgerichtig erscheinen, dem Sicherheitsrat korrespondierende Schutzpflichten aufzuerlegen, zu deren Erfüllung er sich freilich der Mitgliedstaaten bedienen oder eigene Institutionen schaffen muß.[695]

d) Wirkung von Entscheidungen des Sicherheitsrates

Wie bereits angesprochen, verpflichtet Art. 25 SVN die Mitgliedstaaten dazu, die Entscheidungen des Sicherheitsrates anzunehmen und durchzuführen.[696] Hierbei ist zunächst nach der Art der Beschlüsse zu differenzieren: Empfehlungen[697] sind unabhängig von ihrem Gegenstand, also auch in den Bereichen des Kapitels VII, unverbindlich. Entscheidungen hingegen heischen nach Verbindlichkeit. Diese kommt ihnen jedenfalls für den Bereich des Kapitels VII nach allgemeiner Auffassung zu.[698] Der IGH hat einer Beschränkung der Verbindlichkeit auf Entscheidungen nach Kapitel VII eine klare Absage erteilt;[699] vielmehr ver-

---

[694] Ausführlich hierzu: *Simon*, UN-Schutzzonen – Ein Schutzinstrument für verfolgte Personen? Eine Analyse anhand der internationalen Schutzzonen im Irak, in Ruanda und Bosnien-Herzegowina mit besonderem Blick auf die schweren Menschenrechtsverletzungen in der *safe area* Srebrenica, 2005.

[695] So das Ergebnis der Untersuchung von *Simon* (Fn. 694), S. 248 ff. Siehe auch *de Wet* (Fn. 687), S. 311 ff.

[696] Einzelheiten bei *Delbrück*, Art. 25, in: Simma (Hrsg.), Charter, Bd. 1, 2. Aufl. 2002, S. 452-464; *Krökel*, Die Bindungswirkung von Resolutionen des Sicherheitsrates der Vereinten Nationen gegenüber Mitgliedstaaten, 1977; *Sonnenfeld* (Fn. 627), S. 120 ff.

[697] Von solchen Empfehlungen spricht die Charta beispielsweise in den Art. 36 bis 39; Art. 26 nennt Pläne.

[698] Vgl. nur *Klein* (Fn. 19), Rn. 150; *Verdross/Simma* (Fn. 22), § 159; jeweils m.w.Nw.

[699] *IGH*, Gutachten vom 26. Januar 1971, ICJ-Reports 1971, S. 3 ff. (S. 51 ff.) – Legal Consequences for States of the Continued Presence of South Africa in

füge der Sicherheitsrat darüber hinaus über *"general powers to discharge the responsibilities conferred in* [Article 24] *paragraph 1*"[700]. Die Verbindlichkeit der Entscheidungen des Sicherheitsrates hänge insoweit von dessen Willen ab, der durch sorgfältige Auslegung zu ermitteln sei.[701] Sicher ist, daß der Sicherheitsrat dort, wo ihm das Recht eingeräumt ist, verbindliche Entscheidungen zu fassen, das Minus der unverbindlichen Empfehlung wählen kann; mitunter eröffnet die Charta ihm ausdrücklich beide Handlungsformen (so in Art. 39, 94 Abs. 2 SVN).

Die Beschlüsse des Sicherheitsrates sind nach traditionellem Verständnis an die Mitgliedstaaten gerichtet und wirken nicht unmittelbar in die nationalen Rechtsordnungen hinein. Sie sind also weder von den staatlichen Behörden direkt anzuwenden noch kann sich der Bürger vor den staatlichen Gerichten auf sie berufen.[702] Ihnen liegt – aus deutscher Sicht – keine Übertragung von Hoheitsrechten nach Art. 24 Abs. 1 GG zugrunde. Es handelt sich vielmehr um eine Beschränkung von Hoheitsrechten der Bundesrepublik Deutschland nach Art. 24 Abs. 2 GG.[703] Diese erklärt sich bereit, eine international getroffene Entscheidung zu akzeptieren (sogar wenn sie nicht an ihrem Zustandekommen beteiligt ist). Erforderlich ist dann, daß die Staaten die notwendigen Umsetzungsmaßnahmen ergreifen, wofür beispielsweise die Bundesrepublik Deutschland in § 7 Abs. 1 Nr. 2 Außenwirtschaftsgesetz[704] die Möglichkeit eröffnet hat. In bestimmten Politikfeldern kann es allerdings durch die Zwischenschaltung der Europäischen Gemeinschaft zu komplexen „Mehrebenen-Situationen" kommen, in der sekundäres Gemeinschaftsrecht (Verordnung nach Art. 249 Abs. 2 EGV) den Inhalt

---

Namibia (South West Africa) notwithstanding Security Council Resolution 276 (1970); so bereits *Kelsen* (Fn. 529), S. 97 f.

[700] *IGH* (Fn. 699), S. 52.

[701] So schon *Kelsen* (Fn. 529), S. 95 f.; ebenso *IGH* (Fn. 699), S. 52. Ablehnend *Verdross/Simma* (Fn. 22), § 159; *Krökel* (Fn. 696), S. 169 f.

[702] *Klein* (Fn. 19), Rn. 151.

[703] Vgl. nur *Mosler*, Die Übertragung von Hoheitsgewalt, in: HStR VII (1. Aufl. 1992), § 175, S. 599-646, Rn. 19 ff.; *Doehring*, Systeme kollektiver Sicherheit, in: HStR VII (1. Aufl. 1992), § 177, S. 669-686, Rn. 9 ff.; jeweils m.w.Nw.

[704] Vom 28. April 1961; BGBl. 1961 I 481. Dort heißt es nach der Hinzufügung durch das fünfte Gesetz zur Änderung des Außenwirtschaftsgesetzes vom 20. Juli 1990 (BGBl. 1990 I 1457), *„Rechtsgeschäfte und Handlungen im Außenwirtschaftsverkehr können beschränkt werden, um* [...] *2. eine Störung des friedlichen Zusammenlebens der Völker zu verhüten* [...]"; hierzu: *Sauer*, in: Hohmann/John, Ausfuhrrecht, Kommentar, 2002, § 7, Rn. 10 f. m.w.Nw.

einer Sicherheitsratsresolution unmittelbar in die nationale Rechtsordnung einführt.[705]

Der Sicherheitsrat erlebte nach den Anfangsjahren eine lange Phase der Stagnation,[706] während der sich der Ost-West-Konflikt lähmend über die gesamten Vereinten Nationen und eben auch über den Sicherheitsrat legte. Nach 1990 ist es zu einer Phase der Zusammenarbeit im Sicherheitsrat und gerade auch zwischen den fünf ständigen Mitgliedern gekommen, die weitreichende Entscheidungen ermöglichte.[707] Die Frage nach der Rechtmäßigkeit seiner Beschlüsse und der Möglichkeit ihrer Überprüfung und Kontrolle hat seit 1990 an Aktualität gewonnen. Hiervon ist im dritten Teil zu handeln.

e) Neuartige Handlungsformen des Sicherheitsrates

Neuland hat der Sicherheitsrat in den letzten Jahren gleich mehrfach betreten:[708] zunächst mit der Einrichtung der Ad-hoc-Tribunale für das

---

[705] Dazu nur EuG, Rs. Yusuf u.a. ./. Rat, Urteil vom 21. September 2005, in: EuGRZ 2005, S. 592-618; vgl. auch *Osteneck*, Die Umsetzung von UN-Wirtschaftssanktionen durch die Europäische Gemeinschaft, Völker- und europarechtliche Rahmenbedingungen für ein Tätigwerden der Europäischen Gemeinschaft im Bereich von UN-Wirtschaftssanktionen unter besonderer Berücksichtigung der Umsetzungspraxis der EG-Organe, 2004.

[706] *Claude* (Fn. 626), S. 71 ff., weist darauf hin, daß die Schöpfer der Charta Harmonie zwischen den Großmächten für *„sicherlich notwendig, nicht aber notwendig sicher"* (Übersetzung N.W.) gehalten haben. Demzufolge sei die Handlungsunfähigkeit des Sicherheitsrates nach der Einlegung eines Vetos nicht als Versagen zu werten, sondern als normale satzungsmäßige Folge. Demgegenüber sind *Kaplan/Katzenbach*, Die politischen Grundlagen des Völkerrechts, dt. 1965, S. 53, der Auffassung, die Grundkonzeption der Vereinten Nationen, nämlich die Zusammenarbeit der Großmächte, beruhe auf einer *„völligen Fehleinschätzung der Situation"*.

[707] Vgl. nur die knappe Feststellung bei *Frowein*, Die Notstandsverwaltung von Gebieten durch die Vereinten Nationen, in: FS für Walter Rudolf, 2001, S. 43-54 (S. 43).

[708] Ob man deswegen die Vereinten Nationen in der Entwicklung zur supranationalen Organisation begriffen sehen muß, wie *Schmitz*, Durchgriffswirkung von Maßnahmen der UN und ihrer Sonderorganisationen unter besonderer Berücksichtigung von Resolutionen des UN-Sicherheitsrates – Die Entwicklung supranationaler Strukturen, 2003, dies tut, und welche Konsequenzen dies hätte, bleibt freilich theoretisch fragwürdig und in der Praxis unklar, nachdem die handlungsorientierte Einigkeit, die im Sicherheitsrat der 1990er Jahre herrschte

ehemalige Jugoslawien und für Ruanda, sodann mit den – wegen der Rücksichtnahme auf die in der Regel unbeteiligte Bevölkerung begrüßenswerten – gezielten Sanktionen, durch die Errichtung von UN-Protektoraten im Kosovo (UNMIK) und in Osttimor (UNTAET) sowie mit den als Reaktion auf die Terroranschläge vom 11. September 2001 gefaßten Beschlüssen.

Formal handelt es sich in allen Fällen um Resolutionen, sodaß sich die Neuartigkeit der Handlungsformen auf die vom Sicherheitsrat jeweils beschlossenen Maßnahmen bezieht.

aa) Beschlüsse zur Errichtung der Ad-hoc-Tribunale für das ehemalige Jugoslawien und für Ruanda

Eine vorab zu behandelnde Sonderstellung nimmt die Einrichtung der Ad-hoc-Tribunale für das ehemalige Jugoslawien (ICTY)[709] und für Ruanda (ICTR)[710] ein. Diese beiden Straftribunale wurden mit der gerichtlichen Aufarbeitung zeitlich und räumlich begrenzter Völkerrechtsverbrechen beauftragt.[711] Während der eng umrissene Untersuchungszeitraum des ICTR (1. Januar bis 31. Dezember 1994) eine funktionale Begrenzung seiner Tätigkeit beinhaltet und damit ein Ende seiner Existenz impliziert, liegen die Dinge beim ICTY komplizierter. Dieses Tribunal ist für die Völkerrechtsverbrechen im ehemaligen Jugoslawien zuständig, die seit dem 1. Januar 1991 bis zur „Wiederherstellung des Friedens“ (Art. 8 ICTY-Statut in Verbindung mit SR-Res. 827

---

und nicht unwesentlichen Anteil an der gewandelten Beurteilung hatte, (vorerst) wieder eingeschränkt ist.

[709] SR-Res. 827 vom 25. Mai 1993, UN-Dok. S/RES/827 (1993) und SR-Res. 808 vom 22. Februar 1993, UN-Dok. S/RES/808 (1993).

[710] SR-Res. 955 vom 8. November 1994, UN-Dok. SR/RES/955 (1994) geändert durch SR-Res. 1165 vom 30. April 1998, UN-Dok. SC/RES/1165 (1998) und durch SR-Res. 1329 vom 30. November 2000, UN-Dok. SC/RES/1329 (2000).

[711] Zur Errichtung beider Ad-hoc-Tribunale vgl. *Stroh*, Die nationale Zusammenarbeit mit den Internationalen Straftribunalen für das ehemalige Jugoslawien und für Ruanda, 2002, S. 8-46, und *Morris/Scharf*, The International Criminal Tribunal for Rwanda, 1998, S. 75-115; zu ihrer Arbeit vgl. *Jones*, The Practice of the International Criminal Tribunals for the Former Yugoslavia and Rwanda, 2. Aufl. 2000; *Ackerman/O'Sullivan*, Practice and Procedure of the International Criminal Tribunal for the Former Yugoslavia, With Selected Materials from the International Criminal Tribunal for Rwanda, 2000.

vom 25. Mai 1993, Nr. 2) begangen wurden. Wegen der offen gehaltenen Bestimmung des Endpunktes ist auch eine Zuständigkeit für die Verbrechen, die 1998/99 im Kosovo geschahen, nicht auszuschließen. Impliziert also die Actus-contrarius-Regel, daß der Sicherheitsrat eine Entscheidung nach Kapitel VII SVN fassen muß, um die Tätigkeit des ICTY einstmals zu beenden?[712] Wenn man das weiterdenkt, schließt sich die Frage an, ob es dann zulässig sein kann, daß ein permanentes Sicherheitsratsmitglied durch sein Veto das ICTY „endlos" am Leben erhalten könnte. Damit allerdings wäre die umfassende Kontrolle des Sicherheitsrates (als Gremium) im Ergebnis ausgeschaltet.[713] Der Lösungsvorschlag,[714] das Mandat verliere seine Rechtmäßigkeit, wenn die Mehrheit der Ratsmitglieder einschließlich einer Mehrheit der ständigen Ratsmächte ihm die Unterstützung entzieht, bedeutete eine begrüßenswerte Stärkung des Organs Sicherheitsrat. Ob sich diese Auffassung durchzusetzen vermag, erscheint jedoch fraglich.

Die Tribunale sind Nebenorgane im Sinne von Art. 29 SVN.[715] Ihre Einrichtung ist als von der Charta der Vereinten Nationen gedeckte Maßnahme zur Wiederherstellung des Weltfriedens zu bezeichnen.[716] Der Sicherheitsrat hat in klassischer Weise eine Situation als Friedensbruch bezeichnet und darauf mit Maßnahmen reagiert.[717]

---

[712] Tatsächlich liegt mittlerweile SR-Res. 1503 vom 28. August 2003 vor, in der „acting under Chapter VII" eine gestaffelte Beendigung des Tätigkeit des ICTY bis zum Jahr 2010 gefordert wird. Eine „Schließung" des Tribunals ist das freilich noch nicht.

[713] Diese Argumentation entwickelt *de Wet* (Fn. 687), S. 270 f., 347. Siehe auch schon *Uerpmann* (Fn. 649), S. 123.

[714] *De Wet* (Fn. 687), S. 271 f.

[715] Hierzu *Sarooshi*, The Powers of the United Nations International Criminal Tribunals, in: MPUNYB 1998, S. 141-167.

[716] Ebenso *Roggemann*, Der Internationale Strafgerichtshof der Vereinten Nationen von 1993 und der Krieg auf dem Balkan, Berlin 1994, S. 47; *Tomuschat*, Von Nürnberg nach Den Haag, in: Nürnberger Menschenrechtszentrum (Hrsg.), Von Nürnberg nach Den Haag, Menschenrechtsverbrechen vor Gericht, Zur Aktualität des Nürnberger Prozesses, Hamburg 1996, S. 93-115 (S. 108); *Stroh* (Fn. 711), S. 34 ff.; *König* (Fn. 411), S. 163-177; jeweils m.w.Nw.

Bereits *Kelsen* (Fn. 529), S. 477, hatte den Sicherheitsrat für kompetent erachtet, unabhängige Tribunale einzurichten, um seine Funktion auszuüben.

[717] So klar der *Generalsekretär*, UN Secretary-General's Report on aspects of establishing an international tribunal for the prosecution of persons responsible for serious violations of international humanitarian law committed in the terri-

Traditionell gilt – nemo plus iuris ad alium transferre potest quam ipse habet –, daß auch der Sicherheitsrat nur diejenigen Kompetenzen übertragen kann, die ihm selbst zustehen.[718] Die gerichtliche Strafverfolgung von Individuen, denen Völkermord, Kriegsverbrechen und Verbrechen gegen die Menschlichkeit vorgeworfen werden, gehört nun sicher nicht zu den satzungsmäßigen Aufgaben des Sicherheitsrates. Um allerdings seine Aufgabe der Friedenssicherung wirksam erfüllen zu können, setzt er die Ad-hoc-Tribunale als Instrumente ein. Dementsprechend hat er ihnen auch die Kompetenzen übertragen, die für die Erfüllung ihrer Aufgaben wichtig sind, nämlich die Befugnis, verbindliche Entscheidungen über zuvor eingetretene Rechtsverletzungen zu treffen.[719]

Das ICTY hat auf einen entsprechenden Einwand hin, mit dem seine Jurisdiktion bestritten wurde, die Rechtmäßigkeit seiner Errichtung durch den Sicherheitsrat in seinem ersten Urteil (Tadic, IT-94-1) ausführlich dargelegt.[720] Damit liegt zugleich ein prominenter Fall vor, in dem ein internationales Gericht die Rechtmäßigkeit einer Sicherheitsratsresolution ausführlich inzident untersucht und so deutlich gemacht hat, daß eine gerichtliche Überprüfung kein Fremdkörper im System der Vereinten Nationen ist.

Die beiden Tribunale wurden auf der Grundlage der entsprechenden Resolutionen durch die Vereinten Nationen eingerichtet;[721] eine Zustimmung der betroffenen Staaten war ebenso entbehrlich wie jurisdiktionsbegründende Erklärungen. Die Staaten sind aus allgemeinem Völ-

---

tory of the former Yugoslavia, UN-Dok. S/25704 vom 3. Mai 1993 (= ILM 32 (1993), 1159-1202), Nr. 10.

[718] Grundsätzlich zu diesen Fragen *Detter* (Fn. 583), S. 55 ff.

[719] Einzelheiten bei *Sarooshi* (Fn. 715), S. 145 ff.

[720] *ICTY (Kammer)*, Prosecutor v. Dusko Tadic a/k/a "Dule", Decision of the Defence Motion for Interlocutory Appeal on jurisdiction vom 10. August 1995, und vor allem *ICTY (Berufungskammer)*, Prosecutor v. Dusko Tadic a/k/a "Dule", Decision of the Defence Motion for Interlocutory Appeal on jurisdiction vom 2. Oktober 1995, Nr. 28 ff. Die Entscheidungen sind abgedruckt in: *Klip/Sluiter* (Hrsg.), Annotated Leading Cases of International Criminal Tribunals, Bd. 1, 1999, S. 13 ff., 33 ff. (= ICTY-Yearbook 1995, S. 54-115) und zu finden auf den Internetseiten des Tribunals: www.un.org/icty/cases-e/index-e.htm (besucht am 28. Mai 2008).

[721] Ihre Finanzierung erfolgt aus dem regulären Budget der Vereinten Nationen (Art. 32 ICTY-Statut, Art. 30 ICTR-Statut).

kerrecht zur Kooperation mit den Tribunalen verpflichtet;[722] der Sicherheitsrat könnte letztendlich Zwangsmittel[723] ergreifen, um diese Kooperation zu erreichen.

Mit seinen die Tribunale kreierenden Resolutionen leistete der Sicherheitsrat überdies einen nicht zu unterschätzenden Beitrag zur Kodifikation des Völkerrechts; die Bestrafung der Völkerrechtsverbrechen Völkermord, Verbrechen gegen die Menschlichkeit und Kriegsverbrechen hatte erstmals seit 1945 eine schriftlich fixierte Rechtsgrundlage erhalten.[724] Diesen Impuls griffen die Staaten auf und erreichten bereits im Jahre 1998 die Verabredung des Statuts des Internationalen Strafgerichtshofs,[725] der allerdings kein Organ der Vereinten Nationen ist.[726] Auch ist der Internationale Strafgerichtshof auf traditionellem völker-

---

[722] Vgl. *Stroh*, State Cooperation with the International Criminal Tribunals for the Former Yugoslavia and for Rwanda, in: MPUNYB 2001, S. 249-283; *dies.* (Fn. 711); *Maikowski*, Staatliche Kooperationspflichten gegenüber dem Internationalen Strafgerichtshof, 2002, S. 33-120; *Kerr*, The International Criminal Tribunal for the former Yugoslavia, An Exercise in Law, Politics, and Diplomacy, 2003, S. 115-146; *Meißner*, Die Zusammenarbeit mit dem Internationalen Strafgerichtshof nach dem Römischen Statut, 2003.

[723] Zum Teil wirksamen Druck übt die Europäische Union aus: erfolgreich letztendlich gegenüber Kroatien mit der Beitrittsperspektive, weniger hingegen gegenüber Serbien-Montenegro mit dem möglichen Abschluß eines Assoziierungsabkommens. Nachdem zunächst Montenegro und danach das Kosovo unabhängig geworden waren, vergrößerte sich die Kooperationsbereitschaft Serbiens nicht.

[724] Hierzu: *Niehoff*, Die von den internationalen Strafgerichtshöfen anwendbaren Normen des Völkerstrafrechts, 1998, S. 54 ff., S. 64 ff.; *Werle*, Völkerstrafrecht, 2. Aufl. 2007, Rn. 44 ff. Im Zusammenhang mit der Errichtung von ICTY wies der Generalsekretär darauf hin, daß es sich bei dem anzuwendenden Recht bislang um humanitäres Völkergewohnheitsrecht gehandelt habe; vgl. UN Secretary-General's Report (Fn. 717), Nr. 33 ff.

[725] Vgl. nur *Zimmermann*, The Creation of a Permanent International Criminal Court, in: MPUNYB 1998, S. 169-237; *Bruer-Schäfer*, Der Internationale Strafgerichtshof, Die Internationale Strafgerichtsbarkeit im Spannungsfeld von Recht und Politik, 2001; *Mahler*, Der Internationale Strafgerichtshof (ICC), in: dies./Weiß (Hrsg.), Menschenrechtsschutz im Spiegel von Wissenschaft und Praxis, 2004, S. 257-291; sowie die Beiträge in MPUNYB 2003, S. 329-632; jeweils m.w.Nw.

[726] Siehe *Kurth*, Das Verhältnis des Internationalen Strafgerichtshofs zum UN-Sicherheitsrat, Unter besonderer Berücksichtigung von Sicherheitsratsresolution 1422 (2002), 2006.

rechtlichen Wege zustandegekommen, ihm fehlt der Octroi, weshalb hier die Staaten das Statut ratifizieren und sich dadurch der Jurisdiktion des Gerichtshofs unterwerfen müssen. Die Völkerrechtskommission hat in diesem Zusammenhang zutreffend auf den Unterschied zwischen der – zu bejahenden – Kompetenz des Sicherheitsrates, auf eine Situation im Sinne von Art. 39 SVN mit der Einsetzung eines Ad-hoc-Tribunals zu reagieren, und der – für ihn nicht bestehenden – Möglichkeit, ein ständiges Gericht mit einer allgemeinen Jurisdiktion einzurichten, hingewiesen.[727] Etwas anderes ergibt sich auch nicht aus Art. 24 SVN, der dort eingreifen soll, wo Kapitel VII als Legitimationsgrundlage ausscheidet.[728] Erstens wäre das mit der Systematik der Charta kaum vereinbar. Zweitens hat der Sicherheitsrat sich auch nach dem Namibia-Gutachten des IGH, das eine Sicherheitsratsresolution auf der Grundlage von Art. 24 SVN für wirksam und bindend erachtete, bei der Verabschiedung bindender Entscheidungen selten auf diese Rechtsgrundlage gestützt.[729] Drittens haben Frankreich und das Vereinigte Königreich die überdies nicht einstimmig ergangene Auffassung des IGH ausdrücklich abgelehnt.[730] Viertens schließlich wäre auch ein Handeln auf der Grundlage von Art. 24 SVN an die Charta im übrigen gebunden;[731] auch der IGH ging im Namibia-Gutachten von der Rechtmäßigkeit der SR-Res. 276 erst aus, nachdem er festgestellt hatte,[732] der Sicherheitsrat habe in Ausübung seiner Hauptverantwortlichkeit für den Frieden gehandelt, um eine mögliche Friedensbedrohung abzuwehren.

Hervorgehoben zu werden verdient auch der Umstand, daß der Sicherheitsrat grundlegende Prinzipien eines rechtsstaatlichen und fairen Strafverfahrens in den Statuten der Tribunale verankert hat (Art. 21 ICTY-Statut; Art. 20 ICTR-Statut). Dies ist deutlicher Ausdruck der

---

[727] Report of the International Law Commission on the work of its forty-sixth session (2 May - 22 July 1992), UN-Dok. A/49/10, Nr. 52.

[728] So aber *Dugard*, Obstacles in the Way of an International Criminal Court, in: Cambridge Law Journal 1997, S. 329-342 (S. 341 f.).

[729] Vgl. die Nachweise bei *Delbrück*, Art. 24, in: Simma (Hrsg.), Charter, Bd. 1, 2. Aufl. 2002, S. 442-452, Rn. 14 ff.

[730] Siehe S/PV 1588 vom 5. Oktober 1971, Nr. 18 (Frankreich); S/PV 1589 vom 6. Oktober 1971, Nr. 50 ff. (Vereinigtes Königreich).

[731] Ebenso *Happold*, Security Council Resolution 1373 and the Constitution of the United Nations, in: Leiden Journal of International Law 16 (2003), S. 593-610 (S. 604).

[732] *IGH* (Fn. 699), S. 51 f.

eigenen – in Gestalt seiner Nebenorgane – Rechtsgebundenheit und gleichzeitig ein Beleg dafür, daß diese Prinzipien, wie sie beispielsweise in Art. 14 Zivilpakt niedergelegt sind, Bestandteile des allgemeinen Völkerrechts darstellen.

Die Rechtsprechung der beiden Ad-hoc-Tribunale kann in diesem Rahmen nicht bewertet werden.[733] Ungeachtet gewisser praktischer Schwierigkeiten, etwa der teil- und zeitweise verbesserungsbedürftigen Kooperationsbereitschaft der betroffenen Staaten, Kriegsverbrecher, die dort als Kriegshelden gelten, an die Tribunale auszuliefern, wurde bislang einiges erreicht. So hat allein das ICTY bis 2006 mehr als 130 Personen angeklagt und gegebenenfalls verurteilt (vierzig Schuldsprüche, sechs Freisprüche), darunter Soldaten, Milizenführer und Zivilpersonen aller Rangstufen und – noch wichtiger – aller beteiligten Konfliktparteien. Darin kann zu Recht ein wichtiger und wirkungsvoller Beitrag zur Wiederherstellung des Friedens nach einer massiven Friedensstörung erblickt werden.

bb) Gezielte Sanktionen[734]

Zu den Reaktionsmöglichkeiten des Sicherheitsrates auf Friedensbedrohungen oder -störungen gehören nichtmilitärische Sanktionsmaßnahmen nach Artikel 41 SVN.[735] Mit der vollständigen oder teilweisen Unterbrechung der Wirtschaftsbeziehungen, des Eisenbahn-, See- und Luftverkehrs, der Telegraphen-, Post- und Funkverbindungen sowie anderer Verkehrsmöglichkeiten gehen allerdings typischerweise erhebliche Belastungen für die Zivilbevölkerung des betroffenen Staates ein-

---

[733] Hierzu *Jones* (Fn. 711); *Ackerman/O'Sullivan* (Fn. 711); kritisch die politikwissenschaftliche Analyse von *Barria/Roper*, How Effective are International Criminal Tribunals? An Analysis of the ICTY and the ICTR, in: The International Journal of Human Rights 2005, S. 349-368.

[734] Sogenannte „smart" oder „targeted sanctions"; siehe hierzu *Grünfeld*, The Effectiveness of United Nations Economic Sanctions, in: van Genugten/de Groot (Hrsg.) (Fn. 679), S. 113-134; *Eitel*, Reform of the United Nations Sanctions Regime, in: von Schorlemer (Hrsg.), Praxishandbuch UNO, 2003, S. 707-714; *Werthes/Bosold*, Human Security and Smart Sanctions, in: International Affairs Review, 14 (2005) 2, S. 111-136.

[735] Hierzu *Frowein/Krisch*, Art. 41, in: Simma (Hrsg.), Charter, Bd. 1, 2. Aufl. 2002, S. 735-749, Rn. 14 ff.; *Osteneck* (Fn. 705), S. 5-64; ausführlich aus politikwissenschaftlicher Sicht *Werthes*, Probleme und Perspektiven von Sanktionen als politisches Instrument der Vereinten Nationen, 2003.

her. Dies wirkt in doppelter Weise gerade dann kontraproduktiv, wenn die Friedensbedrohung in innerstaatlichen, schweren Menschenrechtsverletzungen liegt.[736] Erstens werden die Opfer erneut, nun mit dem Segen der Staatengemeinschaft, getroffen, während es den Machthabern in der Regel weiterhin an nichts fehlen wird. Zweitens wird in vielen Fällen ein Solidarisierungseffekt mit dem Regime erfolgen, das seine Menschenrechtsverletzungen in der Folge um so effektiver fortsetzen kann, etwa um „Vaterlandsverräter" auszuschalten. Umfassende Studien im Auftrag der Unterkommission für Menschenrechte haben genau diese Vermutungen bestätigt und erschreckende Folgen von Sanktionsregimen des Sicherheitsrates aufgezeigt.[737]

Außerdem sind die Vereinten Nationen bei ihrem Handeln selbst an Völkerrecht gebunden; die Folgen von Sanktionen dürfen ebenfalls nicht gegen die Grundprinzipien der Charta der Vereinten Nationen und des Völkerrechts – und damit eben auch nicht gegen die zum Teil sogar Ius cogens darstellenden Menschenrechte[738] – insgesamt verstoßen;[739] zu den komplexen Fragen im Zusammenhang mit einer (impliziten) Kontrolle der Sanktionsresolutionen durch nationale oder regionale Gerichte vgl. infra Dritter Teil C.II.5. Wichtig sind aber neben der

---

[736] Vgl. *Piotrowicz/Zanetti*, Sanktionen und Menschenrechte – eine Auswertung des *Bossuyt*-Berichts, in: MRM 2004, S. 274-284 (S. 277 ff.).

[737] Vgl. *Bossuyt,* The adverse consequences of economic sanctions on the enjoyment of human rights, UN-Dok. E/CN.4/Sub.2/2000/33. Siehe auch *Jing/Kaempfer/Lowenberg*, Instrument Choice and the Effectiveness of International Sanctions: A Simultaneous Equations Approach, in: Journal of Peace Research 40 (2003), S. 519-535.

[738] Ausführlich *de Wet* (Fn. 687), S. 219 ff.; die Beiträge in *Klein* (Fn. 577). *Tietje/Hamelmann*, Gezielte Finanzsanktionen der Vereinten Nationen zum Gemeinschaftsrecht und zu Menschenrechten, EuG, BeckRS 2005, 70 726, in: JuS 2006, S. 299-302.

[739] Hierzu ausführlich: *Gill*, Legal and some Political Limitations on the Power of the UN Security Council to Exercise its Enforcement Powers under Chapter VII of the Charter, in: Netherlands Yearbook of International Law 1995, S. 33-138; *Davidsson*, Legal Boundaries to UN Sanctions, in: International Journal of Human Rights 2003 Nr. 4, S. 1-50. *Schaller*, Die Richtigen treffen, Die Vereinten Nationen und die Probleme zielgerichteter Sanktionen, in: VN 2005, S. 132-138 (S. 134 ff.), geht auf das Problem des Listings von Individuen und dessen menschenrechtliche Implikationen ein. Hierzu auch: *Frowein*, Issues of Legitimacy around the United Nations Security Council, in: FS Tono Eitel, 2003, S. 121-139 (S. 129 ff.). Skeptisch hierzu *Koskenniemi* (Fn. 473), S. 327.

grundsätzlichen Beachtung rechtlicher Vorgaben vor allem eine kontinuierliche Überwachung des Sanktionsregimes und seine Anpassung an veränderte Umstände.[740] Nur so kann gewährleistet werden, daß der Zweck ihrer Verhängung, Menschenrechtsverletzungen, die eine Bedrohung des Weltfriedens darstellen, zu beenden, nicht konterkariert wird. Diese Notwendigkeit rechtlicher Einhegung gilt freilich auch dann, wenn der Sicherheitsrat auf andere Arten von Friedensbedohungen reagiert, wie etwa im Kampf gegen den internationalen Terrorismus. Auch hierbei muß der Sicherheitsrat im Einklang mit der Charta handeln; die Maßlosigkeit der Terroristen kann nicht als Rechtfertigung für das Abstreifen von Rechtsbindungen herhalten, die in einer der Rule of law verpflichteten Organisation gelten. Das Spannungsverhältnis zwischen den Anforderungen dafür, Ordnung herzustellen, einerseits und den inhaltlichen Maßstäben von Gerechtigkeit und Legitimität andererseits bleibt dabei bestehen und muß stets aufs neue austariert werden.[741]

Die Unterkommission für Menschenrechte hat vorgeschlagen, Staaten sollten von ihnen ergriffene Sanktionsmaßnahmen, welche die UN-Charta, die Menschenrechte oder humanitäres Völkerrecht verletzen, aufheben.[742] Der Sicherheitsrat hat in Übereinstimmung mit dem Generalsekretär[743] die Notwendigkeit betont, Menschenrechtsverletzungen durch Sanktionen auszuschließen, und strebt die Verbesserung seines Sanktionsregimes an. Zu diesem Zweck entschied der Sicherheitsrat,[744] eine informelle Arbeitsgruppe einzurichten, die allgemeine Empfehlungen zur Verbesserung der Wirksamkeit von UN-Sanktionen erarbeiten soll. Deren Arbeit kam unter anderem zu dem Ergebnis,[745] daß eine ge-

---

[740] Umfassend dazu *Schaller*, Internationales Sanktionsmanagement im Rahmen von Artikel 41 UN-Charta, 2003.

[741] So auch schon *Koskenniemi* (Fn. 473), S. 328 ff.

[742] UN-Dok. E/CN.4/Sub.2/2000/L.33.

[743] *Generalsekretär*, We the Peoples, The Role of the United Nations in the 21st Century, Report of the Secretary General, UN-Dok. A/54/2000, Nr. 232, 233.

[744] Note by the President of the Security Council vom 17. April 2000 (UN-Dok. S/2000/319).

[745] Zur Tätigkeit der Arbeitsgruppe vgl. die folgenden Internetseiten: www.un.org/Docs/sc/committees/sanctions/documents.htm (besucht am 28. Mai 2008). Auch das Ergebnisdokument (Fn. 489), Nr. 108 f., enthält entsprechende Aussagen.

zielte, standardisierte und umfassende Überwachung der Auswirkungen von Sanktionen nötig sei, um die vorgenannten Rechtsverletzungen auszuschließen. Außerdem werden gezielte Sanktionen als Mittel in Betracht gezogen. Solche gezielten Sanktionen machen den Staaten natürlich wesentlich bestimmtere Vorgaben. Den Staaten wird überdies nahegelegt, Verstöße gegen Sanktionen durch ihre Staatsangehörigen strafrechtlich zu sanktionieren. Der Sicherheitsrat behält sich vor, angemessene Maßnahmen zu ergreifen, um gegen sanktionsverletzende Staaten vorzugehen. Dies zeigt in der Summe, daß der Sicherheitsrat auf dem Gebiet der Sanktionen heute mehr Vorgaben macht und somit stärker als früher in die staatliche Souveränität eingreift.

cc) UN-Protektorat[746] im Kosovo[747]

Auch nach Bruderkriegen und Abspaltungen kam die Bundesrepublik Jugoslawien nicht zur Ruhe; die im Kosovo die Mehrheitsbevölkerung bildenden Albaner wurden von der serbischen Zentralregierung diskriminiert und gewaltsam bedrängt. Aus der Ex-ante-Perspektive von

---

[746] Bereits im Jahre 1995 wurde für Bosnien-Herzegowina ein Hoher Repräsentant eingesetzt, vgl. SR-Res. 1031 vom 15. Dezember 1995, Nr. 26 ff. Vgl. grundsätzlich *Wolfrum*, International Administration in Post-Conflict Situations by the United Nations and Other International Actors, in: MPUNYB 2005, S. 649-696; *Stahn*, Governance Beyond the State: Issues of Legitimacy in International Territorial Administration, in: International Organizations Law Review 2 (2005), S. 9-56.

[747] Siehe *Bothe* (Fn. 608), Rn. 68; *Frowein* (Fn. 707); *Bothe/Marauhn*, The United Nations in Kosovo and East Timor: Problems of a Trusteeship Administration, in: International Peacekeeping 6 (2000), S. 152-156; *Ruffert*, The Administration of Kosovo and East Timor by the International Community, in: ICLQ 50 (2000), S. 613-631; *Wagner*, Das erste Jahr UNMIK, in: VN 2000, S. 132-138; *Stahn*, International Territorial Administration in the Former Yugoslavia: Origins, Developments and Challenges Ahead, in: ZaöRV 2001, S. 108-172; *Matheson*, United Nations Governance of Postconflict Societies, in: AJIL 95 (2001), S. 76-85; *Wilde*, From Danzig to East Timor and Beyond: The Role of International Territorial Administration, in: AJIL 95 (2001), S. 583-606; *Oeter*, Die internationalen „Protektorate" in Bosnien-Herzegowina und im Kosovo, in: FS Dieter Fleck, 2004, S. 427-452; *Friedrich*, UNMIK in Kosovo: Struggling with Uncertainty, in: MPUNYB 2005, S. 225-293; *Smyrek*, Internationally Administered Territories – International Protectorates? An Analysis of Sovereignty over Internationally Administered Territories with Special Reference to the Legal Status of Post-War Kosovo, 2006, S. 172-216.

1998 und nach den Erfahrungen in den anderen ehemals jugoslawischen Teilrepubliken schien ein Völkermord zu drohen.[748] Der Sicherheitsrat war lange mit dem Thema befaßt und erklärte mit Resolution 1199 vom 23. September 1998, daß eine Friedensbedrohung vorliege.

In der Folge des NATO-Bombardements vom 24. März bis zum 10. Juni 1999[749] und nach umfangreichen Verhandlungen hatte die Regierung der Bundesrepublik Jugoslawien ihre Truppen und Polizeieinheiten aus dem Kosovo abgezogen. Mit Resolution 1244 vom 10. Juni 1999[750] etablierte der Sicherheitsrat eine treuhänderische Zivilverwaltung im Kosovo durch die Vereinten Nationen (UNMIK). Die Herstellung und Überwachung der militärischen Sicherheit obliegt nach Beendigung der Kampfhandlungen den NATO-geführten KFOR-Truppen.[751]

Der Generalsekretär wurde vom Sicherheitsrat ermächtigt:

> „mit Hilfe der zuständigen internationalen Organisationen eine internationale zivile Präsenz im Kosovo einzurichten, um eine Übergangsverwaltung für das Kosovo bereitzustellen, unter der die Bevölkerung substantielle Selbstverwaltung innerhalb der Bundesrepublik Jugoslawien genießen kann, und die für eine Übergangszeit die Verwaltung wahrnehmen und gleichzeitig vorläufige demokratische Selbstverwaltungsinstitutionen schaffen und deren Entwick-

---

[748] Schilderung bei *Zygojannis*, Die Staatengemeinschaft und das Kosovo, Humanitäre Intervention und internationale Übergangsverwaltung unter Berücksichtigung einer Verpflichtung des Intervenienten zur Nachsorge, 2003, S. 27 ff.

[749] Zur Beurteilung des NATO-Einsatzes vgl. die Sammelbände: *Lutz* (Hrsg.), Der Kosovo-Krieg, Rechtliche und rechtsethische Aspekte, 1999/2000; *Merkel*, Der Kosovo-Krieg und das Völkerrecht, 2000.

[750] Kritisch zur darin indirekt vorgenommenen nachträglichen Legalisierung der Anwendung militärischer Gewalt durch den Sicherheitsrat *Österdahl*, Preach What You Practice. The Security Council and the Legalisation *ex post facto* of the Unilateral Use of Force, in: Nordic Journal of International Law 74 (2005), S. 231-260. *Österdahl* argumentiert, eine solche nachträgliche Legalisierung sei zulässig und im Ergebnis „besser als nichts", ermögliche es dem Sicherheitsrat aber nur, eine schwache, eher reagierende Kontrollfunktion auszuüben (S. 255 ff.). Differenzierend *Zygojannis* (Fn. 748), S. 47, 50, der sagt, die Situation im Kosovo sei grundsätzlich titulierungsfähig gewesen, der Sicherheitsrat habe dies in Resolution 1244 aber gerade unterlassen.

[751] Zu deren Mandat und Rechtsstellung vgl. *Smyrek* (Fn. 747), S. 183 ff.

lung überwachen wird, um die Bedingungen für ein friedliches und normales Leben für alle Einwohner im Kosovo sicherzustellen."[752]

Der Sicherheitsrat hatte sich pauschal auf Kapitel VII der Charta gestützt, ohne eine konkrete Rechtsgrundlage zu benennen, da eine solche auch nicht ausdrücklich darin enthalten ist. Allerdings ist die Kompetenz des Sicherheitsrates zur Wiederherstellung des Friedens sehr weit gefaßt, so daß auch die Einrichtung einer zivilen Übergangsverwaltung mit einem Vertreter des Generalsekretärs an der Spitze von der Charta gedeckt ist.[753] Im konkreten Fall des Kosovo liegt überdies eine ausdrückliche Zustimmung der Bundesrepublik Jugoslawien hierzu vor.[754]

Aufbauend auf dieser Ermächtigung durch den Sicherheitsrat hat UNMIK eine Vielzahl von Rechtsakten erlassen; hierbei handelt es sich um eine umfassende Reformgesetzgebung, die die formellen Strukturen (Verwaltungsbehörden) und materiellen Grundlagen (Menschenrechte, Diskriminierungsverbote, Strafrecht) für eine künftige demokratische und rechtsstaatliche Entwicklung schaffen soll. Hinzu treten Rechtssetzungsakte auf dem Gebiet der Finanz- und Wirtschaftsangelegenheiten, die eine stabile Entwicklung dieser Sektoren gewährleisten sollen.[755] Aus politikwissenschaftlicher Sicht leiden solche internationalen Verwaltungen darunter, daß die Bevölkerung und lokale Eliten oft nicht eingebunden werden (können), was die Akzeptanz der internationalen Verwaltung und ihres Handelns vermindern kann.[756]

---

752 SR-Res. 1244 vom 10. Juni 1999, Nr. 10.

753 So die überwiegende Meinung; vgl. die in Fn. 747 genannten Autoren.

754 *Frowein* (Fn. 707), S. 44, weist allerdings zutreffend darauf hin, daß diese Zustimmung rechtlich nicht notwendig sei.

755 Für eine erste Übersicht vgl. *Frowein* (Fn. 707), S. 46 ff.; *Wagner* (Fn. 747), S. 133 ff.; *Zygojannis* (Fn. 748), S. 185 ff. Die Internetseiten von UNMIK versammeln sämtliche sogenannte Regulations der Übergangsverwaltung: www.unmikonline.org (zuletzt besucht am 5. Juni 2008). Vgl. auch die Informationen zu UNMIK, die unter www.unric.org abgerufen werden können (zuletzt besucht am 5. Juni 2008).

756 Vgl. die Analyse von *Caplan*, Partner or Patron? International Civil Administration and Local Capacity-building, in: International Peacekeeping 11/2 Sommer 2004, S. 229-247.

Vergleichbares galt für Osttimor ab 1999,[757] das allerdings schon im Mai 2002 in die Unabhängigkeit entlassen werden konnte; für das Kosovo wurde in Resolution 1244 demgegenüber ja nur *„substantielle Selbstverwaltung innerhalb der Bundesrepublik Jugoslawien"* angestrebt. Gleichwohl erwies es sich als unmöglich, einen Verbleib im serbischen Staat zu organisieren, und die seit Ende 2005 geführten multilateralen Statusgespräche scheiterten im November 2007. Daraufhin erklärte sich das Kosovo am 17. Februar 2008 für unabhängig; UNMIK wird weiterhin fortgesetzt.

In unserem Zusammenhang erwähnenswert ist es, daß den Vereinten Nationen aus der Übernahme der Verwaltung – nicht unerwartet – konkrete völkerrechtliche Pflichten erwachsen sind.[758] So forderte der Menschenrechtsausschuß nach dem Internationalen Pakt über bürgerliche und politische Rechte (Zivilpakt) UNMIK dazu auf, für das Kosovo einen Bericht nach Art. 40 Zivilpakt abzugeben.[759] Ausweislich seines Jahresberichts 2004/2005 erinnerte der Menschenrechtsausschuß UNMIK dreimal erfolglos an seinen Beschluß;[760] danach gab UNMIK – die bereits 1999 eine Selbstverpflichtung zur Beachtung der völkerrechtlich niedergelegten Menschenrechte abgegeben hatte[761] – den Be-

---

[757] SR-Res. 1272 vom 25. Oktober 1999. Diese Resolution ist sprachlich präziser: "*The Security Council decides to establish* [...] *a United Nations Transitional Administration in East Timor (UNTAET), which will be endowed with overall responsibility for the administration of East Timor and will be empowered to exercise all legislative and executive authority, including the administration of justice.*" (Nr. 1). Hierzu *Smyrek* (Fn. 747), S. 118-138.

[758] Zur (deliktischen) völkerrechtlichen Verantwortlichkeit vgl. *Ginther*, International Organizations, Responsibility, in: EPIL II (1995), S. 1336-1340.

[759] Abschließende Bemerkungen zum Erstbericht von Serbien und Montenegro vom 12. August 2004, UN-Dok. CCPR/CO/81/SEMO, Nr. 3: "[The Committee] *encourages UNMIK* [...] *to provide, without prejudice to the legal status of Kosovo, a report on the situation of human rights in Kosovo since June 1999.*" Der Ausschuß hatte aus der fortdauernden Zugehörigkeit des international verwalteten Kosovo zu Serbien und Montenegro auf die Weitergeltung des Zivilpakts in der Provinz des Vertragsstaates geschlossen.

[760] UN-Dok. A/60/40 (Bd. I), Nr. 76.

[761] Siehe UNMIK-Regulation vom 25. Juli 1999 (UNMIK/REG/1999/1) und vom 12. Dezember 1999 (UNMIK/REG/1999/24). Die erste Regulation ist allgemein gehalten ("*internationally recognized human rights standards*"), die zweite zählt neben der Allgemeinen Erklärung der Menschenrechte und der Europäischen Menschenrechtskonvention sechs der sieben wichtigsten internationalen Menschenrechtsverträge auf und betont ausdrücklich ein Diskriminie-

richt ab. Der Ausschuß verabschiedete die hierauf bezogenen Abschließenden Bemerkungen am 27. Juli 2006.[762]

UNMIK ist ferner zur Zusammenarbeit mit dem ICTY verpflichtet, lag hierüber allerdings im Streit mit der damaligen Chefanklägerin des Tribunals, die gegenüber dem Sicherheitsrat noch im Jahre 2006 Defizite bei dieser Zusammenarbeit bemängelt hat.[763]

Die Einrichtung solcher Übergangsverwaltungen durch den Sicherheitsrat und mehr noch ihre Durchführung unter der Aufsicht des Generalsekretärs stellt die Vereinten Nationen vor neue Herausforderungen.[764] Die Forderung, das Vorgehen des Sekretariats als dem aufsichtführenden Organ konsistenter und gegenüber den verschiedenen betroffenen Gebieten einheitlicher zu gestalten,[765] ist gleichwohl angemessen.

dd) Resolution 1373

Nach dem 11. September 2001 hat der Sicherheitsrat die Staaten durch Resolutionen nach Kapitel VII der UN-Charta in großem Umfang zur Ergreifung präventiver Maßnahmen zur Unterbindung terroristischer Handlungen verpflichtet. Von besonderer Bedeutung ist Resolution 1373 (2001), die in der Präambel festgestellt hat:

> "such acts, like any act of international terrorism, constitute a threat to international peace and security."

Diese Aussage, das verbrecherische Handeln Privater bedrohe den Weltfrieden, ist qualitativ neu in der Praxis des Sicherheitsrates. Als Reaktion auf den Lebenssachverhalt Terrorismus verabschiedete der Sicherheitsrat einen umfangreichen Maßnahmenkatalog, der es den Staaten auferlegt, die aktive oder passive Unterstützung von Terrorgruppen zu unterlassen, die Anwerbung von Personen oder Lieferung von Waffen zu unterbinden, Maßnahmen zu ergreifen, um die Begehung von

---

rungsverbot für alle Personen *"undertaking public duties"*. Vgl. auch *Tielsch*, UN-Verwaltung und Menschenrechte, Die internationale Zivilverwaltung im Kosovo, 2006.

[762] UN-Dok. A/61/40 (Bd. I), Nr. 85 ff.

[763] Vgl. den Bericht der Chefanklägerin *Del Ponte* an den Sicherheitsrat in der Sitzung vom 7. Juni 2006, UN-Dok. S/PV.5433, S. 9-12.

[764] Zu den Kontrollmöglichkeiten *Zygojannis* (Fn. 748), S. 222 ff.

[765] So *Frowein* (Fn. 707), S. 54.

Terroranschlägen zu verhüten, namentlich durch eine frühzeitige Mitteilung relevanter Informationen an andere Staaten, Mitglieder von Terrorgruppen oder deren Unterstützern keine Zuflucht zu gewähren sowie die finanzielle Unterstützung terroristischer Akte und Gruppierungen – unter anderem durch Pönalisierung – zu verhindern und zu unterbinden. Gleichzeitig hat der Sicherheitsrat den Staaten Berichtspflichten auferlegt und ein Kontrollkomitee (das "Counter Terrorism Committee" – CTC)[766] gegründet, um die Umsetzung der Resolution 1373 (2001) sicherzustellen.

Der Sicherheitsrat hat damit, gestützt auf Kapitel VII der UN-Charta, inhaltlich beispielsweise die operativen Bestimmungen des Übereinkommens zur Bekämpfung der Finanzierung des Terrorismus (1999)[767] und teilweise auch andere sektorale Terrorismusbekämpfungsabkommen durch eine Resolution für allgemeinverbindlich erklärt und um weitere Pflichten der Staaten ergänzt.[768] Der Sache nach ist dies nichts anderes als die Verabschiedung einer allgemeinen Konvention[769] zur Bekämpfung des Terrorismus, die den Staaten selbst bisher nicht gelungen ist und von vielen Staaten auch gar nicht gewollt wurde.[770] Es wurden Zweifel geäußert, ob der Sicherheitsrat im Interesse der Terroris-

---

[766] Supra Fn. 615.

[767] International Convention for the Suppressing of the Financing of Terrorism vom 9. Dezember 1999, ILM 39 (2000), S. 270. Das Abkommen war bei Verabschiedung der Resolution 1373 noch nicht in Kraft getreten.

[768] Eine falschverstandene Anwendung der Resolution könne, so der Hochkommissar für Menschenrechte, ernsthafte menschenrechtliche Bedenken mit sich bringen; vgl. Report of the High Commisisoner submitted pursuant to General Assembly 48/14 „Human rights: a uniting framework“ vom 27. Februar 2002, UN-Dok. E/CN.4/2002/18, Nr. 31. Ausführlich zu dieser Frage: *Olivier*, Human Rights Law and the International Fight Against Terrorism: How do Security Council Resolutions Impact on States' Obligations Under International Human Rights Law? (Revisiting Security Council Resolution 1373), in: Nordic Journal of International Law 2004, S. 399-419.

[769] Immerhin liegen – jeweils in Reaktion auf bestimmte Erscheinungsformen entstanden – zehn internationale Übereinkommen mit zwei Zusatzprotokollen und sieben regionale Übereinkommen vor. Diese hatten allerdings eine sehr unterschiedliche, insgesamt nur geringe Verbreitung unter den Staaten erfahren. Zum damaligen Sachstand vgl. *Haratsch/Schmahl*, Internationaler Terrorismus als Herausforderung an das Völkerrecht, in: WeltTrends Nr. 32 (Herbst 2001), S. 111-117.

[770] Zu den vielfältigen rechtlichen Implikationen vgl. die Beiträge in *Bianchi* (Hrsg.), Enforcing International Law Norms Against Terrorism, 2004.

musbekämpfung zu einer solchen faktischen Inkraftsetzung und Allgemeinverbindlichkeitserklärung völkerrechtlicher Verträge befugt sei.[771]

Nun ist nach Kapitel VII UN-Charta die Befugnis des Sicherheitsrates nicht solcherart beschränkt, daß nur Maßnahmen angeordnet werden dürften, die nicht bereits Regelungsgegenstand völkerrechtlicher Verträge sind. Der Sicherheitsrat kann grundsätzlich alle Maßnahmen anordnen, die er für geeignet hält, eine Bedrohung oder einen Bruch des Friedens zu beenden; hierzu können auch abstrakt-generelle Regelungen als schnelle Reaktion gehören. Deshalb wird man das in Resolution 1373 gewählte Verfahren im Ergebnis für statthaft halten müssen.[772] Außerdem enthält Resolution 1373 ein deutliches Plus gegenüber den älteren, offensichtlich unzureichenden[773] Übereinkommen: Terrorismus als solcher wird als Friedensbedrohung identifiziert und mit generell-abstrakten Rechtsfolgen, die von allen Staaten ohne zeitliche oder örtliche Begrenzung zu ergreifen sind, belegt.

Diese Handlungsform ist – obwohl formal eine Resolution – ungewohnt und hat bislang im Handlungsrepertoire des Sicherheitsrates keine Rolle gespielt. Die Charta der Vereinten Nationen schließt sie aber, wie die Praxis gezeigt hat, nicht von vorneherein aus. Im Gegenteil eröffnen sich dem Sicherheitsrat bei unvoreingenommener Betrachtungsweise viefältige Handlungsperspektiven.[774] Natürlich sind diese

---

[771] Beispielsweise *Bruha*, Gewaltverbot und humanitäres Völkerrecht nach dem 11. September 2001, in: AVR 2002, S. 383-421 (S. 392); *Finke/Wandscher*, Terrorismusbekämpfung jenseits militärischer Gewalt, Ansätze der Vereinten Nationen zur Verhütung und Beseitigung des internationalen Terrorismus, in: VN 2001, S. 168-173 (S. 171 f.).

[772] Im Ergebnis ebenso beispielsweise *Tomuschat*, Der 11. September 2001 und seine rechtlichen Konsequenzen, in: EuGRZ 2001, S. 535-545 (S. 544); *Schmitz* (Fn. 708), S. 168-175; *Wagner* (Fn. 676), S. 911 ff.; jeweils m.w.Nw. Auch *Bruha* (Fn. 771), S. 392, stimmt trotz größerer Vorbehalte gegenüber einer allgemeinen legislativen Tätigkeit des Sicherheitsrates im konkreten Fall zu; ablehnend demgegenüber, sich dabei zu Unrecht auf *Bruha*, ebenda, berufend, *Seidel*, Quo vadis Völkerrecht?, in: AVR 2003, S. 449-483 (S. 468).

[773] *Aston*, Die Bekämpfung abstrakter Gefahren für den Weltfrieden durch legislative Maßnahmen des Sicherheitsrates – Resolution 1337 (2001) im Kontext, in: ZaöRV 2002, S. 257-291, betont die Schwächen des zuvor bestehenden Völkervertragsrechts zur Bekämpfung des internationalen Terrorismus, die das Vorgehen des Sicherheitsrats im Ergebnis rechtfertigten.

[774] So auch *Nolte* (Fn. 645), S. 501: *"Theoretically, the Security Council has a large potential to act legislatively."*

nicht unbegrenzt:[775] Es muß das erforderliche Abstimmungsergebnis im Rat erreicht, also das Kriterium der politischen Angemessenheit erfüllt und unter den Ratsmitgliedern, vor allem den Vetomächten, Zustimmungsfähigkeit solcher Legislativmaßnahmen hergestellt werden.[776] Zu deren Bedingungen zählt weiterhin die praktische Handhabbarkeit und vermutete Wirksamkeit der getroffenen Regelungen. Rechtlich vorgängig ist selbstverständlich einerseits die Feststellung, daß eine Bedrohung des Weltfriedens gegeben und dem Sicherheitsrat der Weg über Art. 39 SVN somit überhaupt eröffnet ist,[777] und andererseits die Rechtmäßigkeit der angeordneten Maßnahmen.

Inzwischen hat sich abgezeichnet, daß der Sicherheitsrat auf diesem Weg weiter fortzuschreiten gedenkt.[778] Die nachstehenden Resolutionen mögen als Beispiele genügen; einerseits wird der Begriff der Friedensbedrohung extensiv gehandhabt, was dem Sicherheitsrat mehr Anwendungsfälle für Maßnahmen unter Kapitel VII eröffnet, andererseits zeichnet sich auf der Rechtsfolgenseite eine Fortsetzung der legislativen Praxis ab:

Mit Resolution 1422 vom 12. Juli 2002 (ein Jahr später erneuert) hat er die abstrakte Möglichkeit der Strafverfolgung von Teilnehmern an UN-

---

[775] Vgl. nur: *Martenczuk*, Rechtsbindung und Rechtskontrolle des Weltsicherheitsrats, Die Überprüfung nichtmilitärischer Zwangsmaßnahmen durch den Internationalen Gerichtshof, 1996, S. 207; *Fink* (Fn. 564), S. 853 ff.; und die infra in Fn. 906 genannten Autoren.

[776] *Alvarez* (Fn. 233), S. 199 ff., hält diese Sicherungen für bedeutungslos und sieht den Sicherheitsrat demgegenüber dabei, *"hegemonic international law"* zu verwirklichen. Wie hier *Kotzur*, Entscheiden(d) für die Welt – zur Rationalität und Legitimität der Entscheidungen des UN-Sicherheitsrates, in: JÖR N.F. 55 (2007), S. 23-40 (S. 33 ff.).

[777] In dieser Rückbindung an eine konkrete Krisensituation sieht *Stein* (Fn. 658), S. 61 ff., den Grund dafür, mit Blick auf die Maßnahmen vor Resolution 1373 allenfalls von quasi-legislativen Akten zu sprechen, weil die vorgenannte Einzelfallbezogenheit der dem Gesetzesbegriff immanenten Allgemeinheit widerspreche. Dieser Einwand kann allerdings nach Resolution 1373 nicht mehr aufrechterhalten werden. So auch *Happold* (Fn. 731), S. 596: *"However, in none of these cases* [vor Resolution 1373, N.W.] *did the Security Council really legislate."*; Resolution 1373 sei qualitativ anders (S. 598).

[778] Siehe *Boyle/Chinkin*, The Making of International Law, 2007, S. 109 ff.

geführten oder -autorisierten Friedensoperationen durch den Internationalen Strafgerichtshof indirekt als Friedensbedrohung eingeordnet.[779]

Resolution 1540 vom 28. April 2004[780] widmet sich dem Problem der Massenvernichtungswaffen, deren Weiterverbreitung als solche eine Bedrohung des Weltfriedens und der internationalen Sicherheit darstelle.[781] Im operativen Teil auferlegt der Sicherheitsrat den Staaten eine Reihe abstrakter Verpflichtungen. Alle Staaten sollen es unterlassen, nichtstaatliche Akteure bei der Herstellung und Erlangung solcher Waffen zu unterstützen. Der Sicherheitsrat verpflichtet die Staaten dazu, entsprechende nationale Verbotsgesetze zu erlassen und zu deren Überwachung effektive Kontrollmechanismen einzurichten.

Ob hinsichtlich der Legislativtätigkeit eine Satzungsänderung durch abweichende spätere Praxis vorliegt, kann zum gegenwärtigen Zeitpunkt noch nicht abschließend beurteilt werden.[782] So gab es etwa anläßlich der Verabschiedung von Resolution 1540 Kritik von Ägypten, Indien, Indonesien, Iran, Mexiko, Namibia, Nepal, Pakistan und Südafrika, die sich an der Absicht des Sicherheitsrates rieben, erneut legislativ vorzugehen.[783] Pakistan als damaliges nichtständiges Ratsmitglied stimmte der Resolution später freilich zu. Dem Ergebnisdokument des Weltgipfels vom September 2005 ist zweierlei zu entnehmen: Das Vorgehen des Sicherheitsrats wird nach wie vor für richtig gehalten, denn Terrorismus wird als *„eine der schwersten Bedrohungen des Weltfriedens“* bezeichnet (Nr. 81) und die in Resolution 1373 getroffenen Maßnahmen werden bekräftigt (Nr. 90). Gleichzeitig machen die Mitglied-

---

[779] Zur Problematik dieser Resolutionspraxis *Zimmermann*, “Acting under Chapter VII (…)” – Resolution 1422 and Possible Limits of the Powers of the Security Council, in: FS Tono Eitel, 2003, S. 253-278.

[780] Zu dieser siehe *Zimmermann/Elberling*, Grenzen der Legislativbefugnisse des Sicherheitsrats, Resolution 1540 und abstrakte Bedrohungen des Weltfriedens, in: VN 2004, S. 71-77; *Wolfrum*, Der Kampf gegen die Verbreitung von Massenvernichtungswaffen: Eine neue Rolle für den Sicherheitsrat, in: Weltinnenrecht, Liber amicorum Jost Delbrück, 2005, S. 865-876.

[781] Das hatte *Tomuschat* (Fn. 207), S. 12, mit Blick auf biologische Waffen bereits im Jahre 1995 für sinnvoll erachtet.

[782] Eine erste Bilanz zieht *Nolte*, Lawmaking through the Security Council, A Comment on Erika de Wet's Contribution, in: Wolfrum/Röben (Hrsg.), Developments of International Law in Treaty Making, 2005, S. 237-243 (S. 239 ff.).

[783] Vgl. UN-Dok. S/PV. 4950 und UN-Dok. S/PV. 4950 (Resumption 1) vom 2. April 2004. Die Philippinen, Algerien, Republik Korea und die Schweiz bezeichneten die Resolution als Ausnahmefall (a.a.O.).

staaten aber auch deutlich, daß sie ihre eigene Aufgabe im Bereich der klassischen völkerrechtlichen Rechtssetzung sehen, wenn sie die Notwendigkeit betonen, ein umfassendes Übereinkommen über den internationalen Terrorismus zu schließen (Nr. 83) und sich gegenseitig auffordern, die bereits bestehenden Übereinkommen zu ratifizieren (Nr. 91).

Die sich andeutende Tendenz, mit einem legislativ tätigen Sicherheitsrat eine zentrale Rechtssetzungsinstanz zu erhalten, würde das Völkerrecht grundlegend umgestalten.[784] Auch wenn dem durchaus positive Aspekte abgewonnen werden können – etwa eine gesteigerte Effektivität der Völkerrechtsordnung –, so gibt es doch auch einige Bedenken:[785] Zunächst wäre es angesichts der einschneidenden Wirkung des Wandels wünschenwert, er vollzöge sich vermittels einer klaren Rechtsgrundlage. Weiterhin lassen die gegenwärtige Struktur und Zusammensetzung des Sicherheitsrates Zweifel an seiner Legitimation als Weltgesetzgeber durchaus erlaubt sein. Überdies ist das „freie" Agieren des Sicherheitsrates mit den Vorwürfen der Uneinheitlichkeit, mangelnden Vorhersehbarkeit und eingeschränkten Glaubwürdigkeit konfrontiert.[786] Schließlich wäre eine solche Rechtssetzungskompetenz, bliebe sie ohne eine wirksame (Rechts-) Kontrolle, die – wie unvollkommen auch immer – derzeit noch durch die zwischen den Staaten vorzunehmenden Aushandlungsprozesse erfolgt, einer fortschreitenden Verfaßtheit der Völkerrechtsgemeinschaft im Ergebnis abträglich.[787]

---

[784] Am Fehlen einer *„kollektiven Instanz, die für die internationale Gemeinschaft Recht setzen könnte"*, macht *Paulus*, Die internationale Gemeinschaft im Völkerrecht, Eine Untersuchung zur Entwicklung des Völkerrechts im Zeitalter der Globalisierung, 2001, S. 344, noch deren Unfertigkeit als Akteur fest. In den Aktivitäten des Sicherheitsrates bis 1999 erblickt er zwar die *„Funktionen einer Weltexekutive"* (S. 301), die allerdings ihre Entscheidungen nur zum Teil auch effektiv durchsetzen könne.

[785] Siehe auch die Übersicht bei *Klein* (Fn. 583), dort nach Fn. 136. Kritisch auch *Elberling,* The Ultra Vires Character of Legislative Action by the Security Council, in: International Organizations Law Review 2 (2005), S. 337-360 (S. 345 ff.).

[786] Vgl. dazu *Bianchi*, Ad-hocism and the Rule of Law, in: EJIL 13 (2002), S. 263-272; *Alvarez* (Fn. 233), S. 213. Auch *Kirgis* (Fn. 609), S. 538, plädiert für erhöhte Transparenz und Konsistenz der Entscheidungen. Ähnlich bereits *Caron*, The Legitimacy of the Collective Authority of the Security Council, in: AJIL 87 (1993), S. 552-588.

[787] Vgl. bereits die frühen Erwägungen bei *Morgenstern* (Fn. 612), S. 253 ff.

Die Frage ist, ob der Sicherheitsrat mit seiner Vorgehensweise noch immer Verpflichtungen der Staaten, die sich bereits aus der Charta ergeben, durchsetzt oder ob er bereits neue Verpflichtungen begründet und damit gegebenenfalls seine Kompetenzen überschreitet.[788] Die Vorgehensweise des Sicherheitsrates kann aber auch als Chance begriffen werden, die Vereinten Nationen handlungsfähiger zu machen.[789] Der Sache nach erfolgt auf diesem Wege die Definition eines Allgemeininteresses, auf das die Staaten als Mitglieder der Rechtsgemeinschaft der internationalen Organisation verpflichtet werden. Es gemahnt an die sogenannte „Public Law"-Theorie,[790] derzufolge ein Vertragsschluß durch die Großmächte Ausdruck von deren quasi-legislativer Zuständigkeit für die gesamte Welt sein soll. Im Typ des Statusvertrages[791] ist diese beanspruchte Regelungszuständigkeit gegenüber der Allgemeinheit manifest geworden. Für die Vereinten Nationen insgesamt und konkret für den Sicherheitsrat liegt es nahe, die Befugnis zur Definition des Gemeinwohls zu bejahen.[792]

Das Besondere an den Resolutionen 1373 und 1540 liegt darin,[793] daß der Sicherheitsrat Themen – Terrorismus und Weiterverbreitung von Massenvernichtungswaffen –, die fundamentale Interessen aller Staaten berühren, mit den Mitteln der Sekundärgesetzgebung internationaler Organisationen, nämlich Mehrheitsentscheidung in einem bestimmten Organ, die bislang vor allem thematisch begrenzten Sektoren, wie etwa im Rahmen des Weltpostvereins, vorbehalten waren, behandelt hat. Das hat umgekehrt aber auch zur Folge, daß eine Rechtskontrolle solcher Akte des Sicherheitsrates erstens grundsätzlich nicht mehr mit dem

---

788 In diesem Sinne *Happold* (Fn. 731), S. 607.

789 So die Lesart bei *Szasz*, The Security Council Starts Legislating, in: AJIL 96 (2002), S. 901-905 (S. 905). *Uerpmann* (Fn. 649), S. 129 f., argumentiert (freilich einige Jahre zuvor), die Charta *„als Verfassung einer politisch geprägten Organisation, die sich wandelnden Aufgabenstellungen anpassen muß,* [könne] *nicht rein statisch verstanden werden"*.

790 Näher: *McNair*, The Law of Treaties, 1961, S. 266.

791 Grundlegend hierzu *Klein*, Statusverträge im Völkerrecht, Rechtsfragen territorialer Sonderregime, 1980.

792 *Klein* (Fn. 791), S. 198 ff.

793 Ebenso *Aston*, Sekundärgesetzgebung internationaler Organisationen zwischen mitgliedstaatlicher Souveränität und Gemeinschaftsdisziplin, 2005, S. 214 f.

Einwand der politischen Frage blockiert und zweitens an Hand griffiger, weitgehend formaler Kriterien durchgeführt werden kann.

f) Bewertung

Der Sicherheitsrat ist – das haben die vorstehenden Beispiele gezeigt – mittlerweile dabei, zumindest in einem wichtigen Bereich der internationalen Beziehungen, nämlich der Sicherheit, zu „regieren“.[794] „Regieren“ heißt, daß verbindliche Entscheidungen herbeigeführt werden, um in bestimmten Politikfeldern konkrete Ziele zu erreichen, indem das Verhalten anderer Beteiligter gesteuert wird.[795] Die traditionelle Verknüpfung des Regierens mit dem Staat, die (vergleichende) Politikwissenschaft und (vergleichende) Policyforschung bislang vorgenommen haben, ist damit nicht nur in der Theorie der internationalen Beziehungen,[796] sondern auch in der zwischenstaatlichen und internationalen Praxis wenn schon nicht aufgelöst, so doch erheblich gelockert worden.[797]

Eine solche Entwicklung wirft freilich die Frage auf, wie dieses „Regieren“ kontrolliert und seine Legitimation verstärkt werden kann. Die von der Charta intendierte Dichotomie zwischen Generalversammlung und Sicherheitsrat – sinnfällig in *Koskeniemmis* Charakterisierung[798] als

---

[794] So auch *Matheson* (Fn. 747), S. 81 ff., mit Blick auf die UN-Protektorate. Ähnlich *Kirgis*, Editorial Comment: Security Council Governance of Postconflict Societies: A Plea for Good Faith and Informed Decision Making, in: AJIL 95 (2001), S. 579-582 (S. 580): "[I]*f any organ* [of the UN] *has the authority to impose governance measures on a member state, it is the Security Council*". Ausführlich zu seiner Eignung hierfür bereits *Caron* (Fn. 786), der auch konkrete Reformvorschläge entwickelt.

[795] Zu den traditionellen – und auch heute noch existenten – praktischen Schwierigkeiten sehr illustrativ *Feld/Jordan/Hurwitz* (Fn. 30), S. 133 ff.

[796] Zur entsprechenden Debatte vergleiche *Knodt/Jachtenfuchs*, Regieren in internationalen Institutionen, in: Jachtenfuchs/Knodt (Hrsg.), Regieren in internationalen Institutionen, 2002, S. 9-28; sowie die weiteren Beiträge in diesem Band, jeweils m.w.Nw. Früh bereits *Luard* (Fn. 42), der das erste Kapitel seines Buches mit "*The Growth of International Government*" überschreibt.

[797] Hierzu wurde der „Sonderforschungsbereich 700: Governance in Räumen begrenzter Staatlichkeit – Neue Formen des Regierens?“ an der Freien Universität Berlin eingerichtet; siehe: www.sfb-governance.de/index.html (besucht am 12. September 2008).

[798] *Koskenniemi* (Fn. 473).

„Police" und „Temple" – soll die Organisation ausbalancieren, soll Ordnung und Gerechtigkeit verwirklichen und die Interessen der kleineren und kleinen Mächte gegenüber denjenigen der Großmächte sichern. Doch hat der „regierende" Sicherheitsrat, wie *Koskenniemi* im Jahre 1995 fürchtete,[799] den Tempel besetzt und die *„Ruhe eines Kirchhofs"*[800], über die schon der Marquis von Posa sich ereifert hatte, gebracht? Oder hat der *„aufgeklärte Absolutismus"*[801] das Schlimmste verhindert?

Sicherlich kann – jedenfalls aus heutiger Sicht – die von aufgeklärten Absolutisten bestenfalls zu erwartende einsichtsvoll-weise Selbstbeschränkung und Gewährung von Rechtspositionen kaum als Ausweis „guter Regierungsführung" dienen und gar modernen Vorstellungen von der Herrschaft des Rechts genügen. Wenn sich eine Rechtsordnung als solche bewähren soll, erscheint manches unabdingbar, beispielsweise Transparenz hinsichtlich der Entscheidungskriterien und eine unabhängige rechtliche Kontrolle. Um diese Anforderungen handhabbar zu machen, ist das Konzept der Kompetenzen innerhalb internationaler Organisationen notwendig. Eine ungebrochene Übertragung deutscher staats- und verwaltungsrechtlicher Modelle und der ihnen zugrundeliegenden Kontrollvorstellungen wäre jedoch verfehlt.

3. Wirtschafts- und Sozialrat

Der internationalen Zusammenarbeit auf wirtschaftlichem und sozialem Gebiet widmet die Satzung der Vereinten Nationen viel Aufmerksamkeit: Sie ist eines der in Art. 1 Nr. 3 SVN genannten Ziele und wird in Kapitel IX behandelt. Die internationale Zusammenarbeit auf wirtschaftlichem und sozialem Gebiet wird als eine der Voraussetzungen für gleichberechtigte und gedeihliche Beziehungen zwischen den Staaten, für Stabilität und letztendlich für Frieden und Sicherheit angesehen. Zu diesem Zwecke sollen die Vereinten Nationen beispielsweise die Verbesserung des Lebensstandards und die Voraussetzungen für wirtschaft-

---

[799] *Koskenniemi*, ebenda, S. 348: *"The peace of the police is not the calm of the temple but the silence of the tomb."*

[800] *Schiller*, Don Karlos, Infant von Spanien, Ein dramatisches Gedicht (1787), III/10, zit. nach: Schillers Werke, Textrevision von Heinrich Kurz, 2. Bd. (Meyers Klassiker-Ausgaben), o.J., S. 465.

[801] *Herdegen*, Die Befugnisse des UN-Sicherheitsrates, Aufgeklärter Absolutismus im Völkerrecht?, 1998.

lichen und sozialen Fortschritt fördern und die Zusammenarbeit in Fragen der Kultur und der Gesundheit unterstützen sowie für die diskriminierungsfreie Achtung der Menschenrechte eintreten (Art. 55 SVN). Die Durchführung dieser Aufgaben obliegt der Generalversammlung und dem unter ihrer Autorität handelnden Wirtschafts- und Sozialrat[802] (Art. 60 SVN).

Seit dem Jahre 1973 sind im Wirtschafts- und Sozialrat 54 Mitgliedstaaten zusammengeschlossen (Art. 61 Abs. 1 SVN); sie entsenden jeweils einen weisungsgebundenen Vertreter (Art. 61 Abs. 4 SVN). Die Mitglieder werden von der Generalversammlung mit Zweidrittelmehrheit auf drei Jahre gewählt (Art. 61 Abs. 2 Satz 1, Art. 18 Abs. 2 SVN). Jährlich werden achtzehn Mitglieder gewählt (Art. 61 Abs. 2 Satz 1 SVN), um eine größere Kontinuität in der Arbeit des Wirtschafts- und Sozialrates zu gewährleisten. Unmittelbare Wiederwahl ist zulässig (Art. 61 Abs. 2 Satz 2 SVN).

Der Wirtschafts- und Sozialrat gibt sich eine Geschäftsordnung[803] (Art. 72 Abs. 1 SVN); er tritt seit 1992[804] einmal jährlich gemäß dieser Geschäftsordnung zusammen (Art. 72 Abs. 2 SVN).

Bei Abstimmungen hat jedes Mitglied des Wirtschafts- und Sozialrates eine Stimme; Beschlüsse bedürfen der Mehrheit der anwesenden und abstimmenden Mitglieder (Art. 67 SVN); Enthaltungen werden nicht mitgezählt (§ 60 Abs. 2 WSR-GeschO).

Der gesamte in Art. 55 SVN angeführte Bereich der internationalen Zusammenarbeit unterfällt nach Art. 62 Abs. 1 und 2 SVN der autonomen

---

[802] *Townley*, The Economic Organs of the United Nations, in: Luard (Hrsg.), The Evolution of International Organizations, 1966, S. 246-284 (S. 249 ff.); *Sharp*, The United Nations Economic and Social Council, 1969; *Lagoni*, ECOSOC – Economic and Social Council, in: Wolfrum (Hrsg.), United Nations Law, Policy and Practice, Bd. 1, 1995, S. 461-469; *Spröte*, Wirtschafts- und Sozialrat (ECOSOC), in: Volger (Hrsg.), Lexikon der Vereinten Nationen, 2000, S. 662-665; *Kirgis*, United Nations Economic and Social Council, in: EPIL IV (2000), S. 1089-1093; *Taylor*, Managing the Economic and Social Affairs of the United Nations System: Developing the Role of ECOSOC, in: ders./Groom (Hrsg.), The United Nations at the Millenium, The Principal Organs, 2000, S. 100-141. Aus sozialistischer Sicht *Höhne/Rose* (Fn. 340), S. 118-123.

[803] Vom 16. Februar 1946, zuletzt geändert am 7. Februar 1992, UN-Dok. E/5715/Rev.2 (WSR-GeschO), abgedruckt bei *Knipping u.a.* (Fn. 482), Nr. 98.

[804] Bis 1991 fanden zwei Sitzungen pro Jahr statt; dies wurde durch ECOSOC-Res. 1992/2 vom 7. Februar 1992 geändert.

Befassungs- und Empfehlungskompetenz des Wirtschafts- und Sozialrates. Die in diesem Zusammenhang gemachten Empfehlungen sind aber weder für andere Organe, noch Organisationen oder gar Mitgliedstaaten verbindlich.[805] In seinem Zuständigkeitsbereich kann der Wirtschafts- und Sozialrat gemäß Art. 62 Abs. 3 SVN Übereinkommen entwerfen[806] und der Generalversammlung vorlegen; nach Abs. 4 der Vorschrift kann er auch internationale Konferenzen[807] einberufen.

Der Wirtschafts- und Sozialrat koordiniert die Tätigkeit der in Art. 57 SVN bezeichneten Sonderorganisationen (Art. 63 Abs. 2 SVN) und kann die Beziehungen zwischen ihnen und den Vereinten Nationen durch Abkommen – die der Zustimmung der Generalversammlung bedürfen – regeln (Art. 63 Abs. 1 SVN). Unterhält er somit einerseits Beziehungen „nach außen", so ist er nach Art. 65 SVN zur Zusammenarbeit mit dem Sicherheitsrat und nach Art. 66 SVN zur Zusammenarbeit mit der Generalversammlung verpflichtet. Gerade zwischen diesen beiden Organen kann es zu politischen Spannungen kommen, die wegen der in Art. 60 SVN niedergelegten und auch aus Art. 66 SVN deutlich werdenden Vorrangstellung der Generalversammlung in der Praxis eher zu Lasten des Wirtschafts- und Sozialrates[808] ausgehen. Da beide Organe sehr ähnliche Aufgabenbereiche haben, kommt es häufig zu Ressourcenvergeudungen und widersprüchlichen Ergebnissen.

Im Rahmen seiner aktuellen Reformvorschläge unterstreicht der Generalsekretär die

> „potenzielle Rolle des Rates als Koordinator, Einberufer und Forum für den Politikdialog und die Konsensbildung". [ECOSOC sei] „das einzige Organ der Vereinten Nationen, dem in der Charta ausdrücklich der Auftrag zur Koordinierung der Tätigkeiten der Sonderorga-

---

[805] *Lagoni/Landwehr*, Art. 62, in: Simma (Hrsg.), Charter, Bd. 2, 2. Aufl. 2002, S. 985-1001, Rn. 23, die freilich zu Recht an die Bindungswirkung für die eigenen Unterorgane des ECOSOC erinnern.

[806] Vgl. die in RP III, S. 290 ff., Annexes I-III, aufgelisteten neunundzwanzig Entwürfe.

[807] Zu nennen sind hier beispielsweise Konferenzen zu den Themen Gesundheit (1946), Handel und Entwicklung (1947, 1964) oder Weltbevölkerung (1974). Vgl. die Aufzählung bei *Lagoni/Landwehr* (Fn. 805), Rn. 31, Fn. 74.

[808] Treffend stellt *O'Donovan*, The Economic and Social Council, in: Alston (Hrsg.), The United Nations and Human Rights, A Critical Appraisal, 1992, Nachdruck 1996, S. 107-125, seinen Ausführungen die Bemerkung voran, dieses Kapitel handele vom Niedergang (S. 107). Siehe bereits *Sharp* (Fn. 802), S. 254 ff.

> nisationen und zur Konsultation mit nichtstaatlichen Organisationen erteilt wird. Unter seiner Schirmherrschaft ist ein Netz von Fach- und Regionalkommissionen tätig, die ihre Arbeit zunehmend auf die Verwirklichung von Entwicklungszielen abstellen."[809]

Dementsprechend macht der Generalsekretär mehrere Vorschläge zur Neuausrichtung von ECOSOC und dessen Arbeitsstrukturen, damit

> „der Rat mit der Übernahme einer Führungsrolle als Motor der weltweiten Entwicklungsagenda in der Lage sein wird, die Richtung vorzugeben, in die die Anstrengungen der verschiedenen zwischenstaatlichen Organe im gesamten System der Vereinten Nationen auf diesem Gebiet gehen müssen".[810]

Das Ergebnisdokument des Weltgipfels 2005 schließt sich diesen Vorschlägen im wesentlichen an.[811] Ein vom Generalsekretär einberufenes "High-level Panel on UN System-wide Coherence in the Areas of Development, Humanitarian Assistance, and the Environment" hat am 9. November 2006 einen Bericht vorgelegt, der diese Vorschläge für den ECOSOC weiter präzisiert.[812] So soll ein Global Leaders Forum des ECOSOC eingerichtet werden, das 27 Mitglieder umfaßt (sog. L-27) und Strategien für das Vorgehen der Vereinten Nationen entwickelt.

Seine vielfältigen Aufgaben kann der Wirtschafts- und Sozialrat naturgemäß nicht alle selbst vorbereiten und ausführen. Die Charta sieht ausdrücklich vor, daß er Kommissionen für wirtschaftliche und soziale Fragen sowie für die Förderung der Menschenrechte einsetzt und darüber hinaus alle weiteren, derer er zur Wahrnehmung seiner Aufgaben bedarf (Art. 68 SVN). Hierauf und auf die allgemeine Möglichkeit des

---

809 *Generalsekretär*, In Larger Freedom (Fn. 510), Nr. 172. Bereits *Smithers*, Governmental Control, A Prerequisite for Effective Relations between the United Nations and non-United Nations Regional Organizations, 1973, S. 7 f., 41 f. und passim, hatte sich für eine Stärkung des ECOSOC ausgesprochen; ähnlich *Kaufmann*, The United Nations at 50, some Unsolved Problems, in: ders., The Diplomacy of International Relations, Selected Writings, 1998, S. 147-154 (S. 150 ff.)

810 *Generalsekretär*, In Larger Freedom (Fn. 510), Nr. 179.

811 Ergebnisdokument (Fn. 489), Nr. 155 f. Siehe auch schon die Reformvorschläge bei *Hüfner/Martens*, UNO-Reform zwischen Utopie und Realität, Vorschläge zum Wirtschafts- und Sozialbereich der Vereinten Nationen, 2000, S. 209-213.

812 Abrufbar unter http://www.globalpolicy.org/reform/initiatives/panels/coherence/2006/1109asone.pdf (besucht am 16. Oktober 200).

Art. 7 Abs. 2 SVN gestützt hat der Wirtschafts- und Sozialrat ein komplexes System von Unterorganen errichtet.[813]

Daß es sich hierbei nicht per se um nachgeordnete Gremien[814] handelt, sondern solche Unterorgane durchaus im Zentrum der Vereinten Nationen insgesamt stehen und so die von der Charta vorgesehene Struktur signifikant verändern können, zeigt ein Blick auf die Menschenrechtskommission.[815] Sie hat sich seit ihrer Gründung maßgeblich an der Entwicklung von menschenrechtlichen Standards[816] beteiligt und bildete das zentrale – gleichwohl nicht unumstrittene[817] – Forum für

---

[813] Zu nennen sind neben der Kommission für die Rechtsstellung der Frau (Commission on the Status of Women), der Menschenrechtskommission und den verschiedenen regionalen Wirtschaftskommissionen auch der (ständige) Ausschuß für Nichtregierungsorganisationen oder Expertengremien wie der Ausschuß für wirtschaftliche, soziale und kulturelle Rechte, der über die Einhaltung des Internationalen Paktes über wirtschaftliche, soziale und kulturelle Rechte wacht und nicht wie von anderen Menschenrechtsverträgen als Vertragsorgan errichtet wurde. Eine vollständige Übersicht über die Unterorgane des Wirtschafts- und Sozialrates bieten *Riedel*, Art. 68, in: Simma, (Hrsg.), Charter, Bd. 2, 2. Aufl. 2002, S. 1027-1057, Rn. 17 ff., 53 ff.; und *Ministry of Foreign Affairs and Trade* (Fn. 547), S. 96-149.

[814] *Riedel* (Fn. 813), Rn. 74 f., 80, weist jedoch darauf hin, daß die Kompetenzen der Unterorgane nicht weiter reichen können, als die von ECOSOC selbst.

[815] Zu dieser *Hoare*, The UN Commission on Human Rights, in: Luard (Hrsg.), The International Protection of Human Rights, London 1967, S. 59-98; *Alston*, The Commission on Human Rights, in: ders. (Hrsg.), The United Nations and Human Rights, A Critical Appraisal, 1992, Nachdruck 1996, S. 126-210; *Riedel*, Commission on Human Rights, in: Wolfrum (Hrsg.), United Nations Law, Policy and Practice, Bd. 1, 1995, S. 116-128; *Schaefer*, Brückenbau – Herausforderung an die Menschenrechtskommission, in: Baum/Riedel/ders. (Hrsg.), Menschenrechtsschutz in der Praxis der Vereinten Nationen, 1998, S. 57-84.

[816] Zu erinnern ist vor allem an die AEMR (1948), das hierbei zusammengetragene Material wurde nicht nur für die Formulierung der beiden Menschenrechtspakte (1966), sondern kurz nach Verabschiedung der AEMR zur Erarbeitung der EMRK (1950) genutzt. Siehe hierzu den sog. *Teitgen*-Bericht, vorgelegt am 5. September 1949, abgedruckt in: Collected Edition of the Travaux Préparatoires, Bd. I, 1975, S. 216-235 (Nr. 6 und Art. 1, S. 228).

[817] Vgl. die Kritik und Verbesserungsvorschläge in *Generalsekretär*, In Larger Freedom (Fn. 510), Nr. 181 ff., v.a. die Ersetzung der Menschenrechtskommission durch einen aufgewerteten Menschenrechtsrat. Im Ergebnisdokument (Fn. 489), Nr. 157 ff., wurde beschlossen, diesen Menschenrechtsrat zu schaffen.

politische Diskussionen[818] über den Schutz und die Verwirklichung von Menschenrechten. Zu einer Zeit, als die mittlerweile etablierten Instrumente zur Überwachung menschenrechtlicher Verpflichtungen[819] noch nicht existierten, hat sie – nach einem kompetenzrechtlich begründeten Zögern[820] – verschiedene Kontroll- und Befassungsinstrumente[821] ent-

---

Die Generalversammlung hat mit einer Resolution vom 15. März 2006 den Menschenrechtsrat eingerichtet (UN-Dok. A/RES/60/251). Dazu: *Weiß*, Der neugeschaffene Menschenrechtsrat der Vereinten Nationen, in: MRM 2006, S. 80-86; *Theißen*, Mehr als nur ein Namenswechsel, Der neue Menschenrechtsrat der Vereinten Nationen, in: VN 2006, S. 138-146.

818 Einzelheiten bei den in Fn. 815 genannten Autoren und bei *Heinz*, Die VN-Menschenrechtskommission (MRK), in: Müller/Schneider/Thony (Hrsg.), Menschenrechtsschutz, Politische Maßnahmen, zivilgesellschaftliche Strategien, humanitäre Intervention, 2002, S. 114-135.

819 Gemeint sind die auf den internationalen Menschenrechtsverträgen beruhenden Instrumente (sog. "treaty based monitoring") des obligatorischen Staatenberichtsverfahrens und des (nicht in jedem Vertrag vorgesehenen) fakultativen Staaten- und Individualbeschwerdeverfahrens; näher *Klein* (Hrsg.), The Monitoring System of Human Rights Treaty Obligations, 1998; *Weiß*, Die Entwicklung der Menschenrechtsidee, heutige Ausformungen der Menschenrechte und Fragen ihrer universellen Geltung, in: Hasse/Müller/Schneider (Hrsg.), Menschenrechte, Bilanz und Perspektiven, 2000, S. 39-69 (S. 46-65); *Haedrich*, Menschenrechtskonventionen und ihre Durchführungsorgane, in: Volger (Hrsg.), Lexikon der Vereinten Nationen, 2000, S. 351-354; *Nowak* (Fn. 346), S. 110 ff., 121 ff., 176 ff.; *Hüfner/Reuther/Weiß*, Menschenrechtsverletzungen – Was kann ich dagegen tun?, 2003, S. 63-182; und *Weiß*, Überblick über die Erfahrungen mit Individualbeschwerden unter verschiedenen Menschenrechtsabkommen, in: AVR 2004, S. 142-156. Ausführlich ferner die Beiträge in: *Alston* (Hrsg.), The United Nations and Human Rights, A Critical Appraisal, 1992, Nachdruck 1996, S. 337-546; und in: *ders./Crawford* (Hrsg.), The Future of Human Rights Treaty Monitoring, 2000.

820 Bestätigt in ECOSOC Res. 75 (V) von 1947 und Res. 728 (XXVIII) von 1949.

821 Es sind dies die sogenannten 1235- und 1503-Beschwerdeverfahren, Arbeitsgruppen und Sonderberichterstatter, dazu: *Luard*, Promotion of Human Rights by UN Political Bodies, in: ders. (Hrsg.), The International Protection of Human Rights, London 1967, S. 132-159; *Weiß*, Entwicklung (Fn. 819), S. 59-63; *Rudolf*, Die thematischen Berichterstatter und Arbeitsgruppen der UN-Menschenrechtskommission, Ihr Beitrag zur Fortentwicklung des internationalen Menschenrechtsschutzes, 2000; *Irmscher*, Die Behandlung privater Beschwerden über systematische und grobe Menschenrechtsverletzungen in der UN-Menschenrechtskommission, 2002; *Hüfner/Reuther/Weiß* (Fn. 819), S. 47-

wickelt, die sich als ein wesentliches Element des Menschenrechtsschutzes im Rahmen der Vereinten Nationen etabliert haben und auch vom Menschenrechtsrat überwiegend fortgesetzt worden sind.[822] Der Menschenrechtsrat ist – anders als der Name es vermuten läßt – kein Hauptorgan der Vereinten Nationen, sondern ein Unterorgan der Generalversammlung.

An den Sitzungen des Wirtschafts- und Sozialrates können gegebenenfalls betroffene Mitgliedstaaten (Art. 69 SVN) ebenso ohne Stimmrecht auf Einladung teilnehmen wie Sonderorganisationen (Art. 70 SVN). Außerdem ist die Teilnahme von Nichtregierungsorganisationen nach einem über Art. 71 SVN eröffneten Modus möglich.[823]

4. *Treuhandrat*

Der Treuhandrat und das dahinterstehende Treuhandsystem[824] sind eine Antwort der Charta auf die zur Zeit der Gründung der Vereinten Nationen noch fortdauernde Existenz abhängiger Gebiete und des vom Völkerbund errichteten Mandatssystems.

Die im Jahre 1945 ebenfalls fortbestehende Aufteilung von Teilen der Welt in Kolonialmächte und „Gebiete ohne Selbstregierung" machte die Dekolonialisierung zwar zu einem Ziel der Vereinten Nationen.[825] Doch blieb die politische Begleitung auf dem Weg zur Selbstregierung

---

61. Siehe auch *Lempinen*, Challenges Facing the System of Special Procedures of the United Nations Commission on Human Rights, 2001.

[822] Vgl. UN-Dok. A/RES/60/251, Nr. 6. Der Menschenrechtsrat hat in seiner Resolution 5/1, Institution-building of the United Nations Human Rights Council, vom 18. Juni 2007 entschieden, die meisten Mandate fortzuführen.

[823] Einzelheiten hierzu bei *Lagoni/Chaitidou*, Art. 71, in: Simma (Hrsg.), Charter, Bd. 2, 2. Aufl. 2002, S. 1068-1082; *Lindblom* (Fn. 211), S. 374 ff.

[824] Zu diesem *Kelsen* (Fn. 529), S. 566-653; *Groom*, The Trusteeship Council: A Successful Demise, in: Taylor/ders. (Hrsg.), The United Nations at the Millenium, The Principal Organs, 2000, S. 142-176; *Rauschning*, United Nations Trusteeship System, in: EPIL IV (2000), S. 1193-1200; *ders.*, Art. 75-85, in: Simma (Hrsg.), Charter, Bd. 2, 2. Aufl. 2002, S. 1099-1128; jeweils m.w.Nw.

[825] Hierzu näher: *Schümperli*, Die Vereinten Nationen und die Dekolonisation, 1970, der freilich eher Interessen von Staatengruppen artikuliert denn eine Haltung der Vereinten Nationen entwickelt sieht. Vgl. auch *Opitz*, Die Vereinten Nationen im Wandel: Struktur und Funktionsveränderungen, in: ders./Rittberger (Hrsg.), Forum der Welt, 40 Jahre Vereinte Nationen, 1986, S. 45-76 (S. 47-67).

vor allem eine Sache der Generalversammlung, die die in dieser Sache grundlegende „Deklaration über die Gewährung der Unabhängigkeit an koloniale Länder und Völker“[826] annahm, Befreiungsbewegungen als Beobachter zuließ[827] und immer wieder auf die Gewährung der Unabhängigkeit für die jeweiligen Gebiete drängte. Das alles spielte sich aber außerhalb des Treuhandsystems ab.

Der Treuhandrat diente vielmehr dazu, die bereits zu Zeiten des Völkerbundes bestehenden Mandate[828] fortzuführen, also die *„Vormundschaft“ „fortgeschrittener Nationen“ „über diejenigen Kolonien und Gebiete, die infolge des* [Ersten Welt-]*Krieges aufgehört haben, unter der Souveränität der Staaten zu stehen, die sie vorher beherrschten, und die von solchen Völkern bewohnt sind, die noch nicht imstande sind, sich* [...] *selbst zu leiten“* (Art. 22 Abs. 1 VBS). Freilich ging es unter den Auspizien der Vereinten Nationen darum, den politischen, wirtschaftlichen, sozialen und erzieherischen Fortschritt der Einwohner der Treuhandgebiete und ihre fortschreitende Entwicklung zur Selbstregierung oder Unabhängigkeit zu fördern (Art. 76 lit. b SVN).[829] Die Einbeziehung eines Gebietes in das Treuhandsystem setzte den Abschluß eines Treuhandabkommens zwischen der Mandatsmacht und den Vereinten Nationen voraus (Art. 79 SVN); zum Abschluß eines solchen Abkommens waren die Mandatsmächte jedoch nicht verpflichtet.[830]

Bei den Treuhandgebieten wurde zwischen strategischen Zonen (Art. 82 SVN) und sonstigen Gebieten unterschieden. Die Zuständigkeit für die Wahrnehmung aller Aufgaben der Vereinten Nationen in bezug auf strategische Zonen lag beim Sicherheitsrat (Art. 83 Abs. 1 SVN), der vorbehaltlich der Sicherheitserfordernisse hierbei die Unterstützung des Treuhandrates in Anspruch nehmen konnte (Art. 83 Abs. 3 SVN). Hinsichtlich der sonstigen Gebiete lag die umfassende Zuständigkeit bei der

---

[826] GV-Res. 1514 (XV) vom 14. Dezember 1960.

[827] Siehe supra Zweiter Teil A II 1 a.

[828] Lediglich Somalia als dem Treuhandsystem unterstelltes Gebiet war zuvor nicht Mandatsgebiet gewesen; es unterfiel als ehemaliges Hoheitsgebiet des Feindstaates Italien dem Treuhandsystem gemäß Art. 77 lit. c SVN.

[829] *Bain*, Between Anarchy and Society, 2003, thematisiert den Gegensatz von Treuhandschaft und Freiheit.

[830] Vgl. dazu *IGH*, Gutachten vom 11. Juli 1950, ICJ-Reports 1950, S. 128 ff. (S. 139f.) – International Status of South-West Africa; dazu *Klein*, Namibia, in: EPIL III (1997), S. 485-495.

Generalversammlung, die hierbei von dem unter ihrer Autorität handelnden Treuhandrat unterstützt wurde (Art. 85 Abs. 1 und 2 SVN).

Der Treuhandrat[831] setzte sich aus den Mitgliedstaaten, die Treuhandgebiete verwalteten, und den ständigen Mitgliedern des Sicherheitsrates zusammen (Art. 86 Abs. 1 lit. a und b SVN). Hinzu kamen nach Art. 86 Abs. 1 lit. c SVN so viele weitere von der Generalversammlung für je drei Jahre gewählte Mitglieder, wie erforderlich waren, daß der Treuhandrat aus gleich vielen Verwaltungs- und Nichtverwaltungsmächten bestand. Die veränderliche Mitgliederzahl fiel schließlich auf fünf, als nach 1975 nur noch die USA Verwaltungsmacht für die Pazifischen Inseln waren und eine Zuwahl über die ständigen Sicherheitsratsmitglieder hinaus nicht erfolgte. Nachdem im Jahre 1994 Palau als die letzte der Pazifischen Inseln aus dem Treuhandsystem entlassen worden war, stellte der Treuhandrat seine Tätigkeit zum 1. November 1994 ein und sah von weiteren Zusammenkünften ab.

Als in der Charta vorgesehenes Hauptorgan existiert er weiter[832] und kann jederzeit wieder zusammentreten; weder der Treuhandrat selbst noch eines der anderen Hauptorgane könnte eine Abschaffung herbeiführen. Nicht zu vergessen ist, daß beispielsweise mit den Falkland-Inseln, Gibraltar, St. Helena oder der Westsahara noch Gebiete ohne Selbstregierung existieren, wenngleich deren Überführung in das Treuhandsystem eher unwahrscheinlich erscheint.[833] Dies wird durch das Ergebnisdokument des Weltgipfels 2005 bestätigt. Dort heißt es:

> „In Anbetracht dessen, dass der Treuhandrat nicht mehr zusammentritt und keine verbleibenden Aufgaben mehr hat, sollten wir Kapitel XIII der Charta sowie die Hinweise auf den Rat in Kapitel XII streichen."[834]

---

[831] Einzelheiten zur Organisation und Arbeitsweise des Treuhandrates bei *Kelsen* (Fn. 529), S. 661-688; *Geiger*, Art. 86-91, in: Simma (Hrsg.), Charter, Bd. 2, 2. Aufl. 2002, S. 1129-1139.

[832] Es gab in den 1990er Jahren Vorschläge, ihn in Fällen kollabierender Staaten mit dem Wiederaufbau zu betrauen. Hierzu skeptisch und m.w.Nw. *Kelly*, Restoring and Maintaining Order in Complex Peace Operations, The Search for a Legal Framework, 1999, S. 101 ff.

[833] So wurde der vergleichbare Fall Osttimor im Jahre 2002 unabhängig und ist seit dem 27. September 2002 als Timor-Leste der 190. Mitgliedstaat der Vereinten Nationen.

[834] Ergebnisdokument (Fn. 489), Nr. 176. Ob die erforderliche Satzungsänderung zustandekommen wird, bleibt abzuwarten.

Gemäß Art. 87 SVN war der Treuhandrat unter anderem befugt, unter der Autorität der Generalversammlung Berichte der Verwaltungsmacht zu prüfen und regelmäßige Bereisungen der Treuhandgebiete zu veranlassen. Außerdem arbeitete er einen gebietsbezogenen Fragebogen aus, der die Grundlage des vorgenannten jährlichen Berichts der Verwaltungsmacht bildete (Art. 88 SVN).

Bei den Abstimmungen des Treuhandrates hatte jedes Mitglied eine Stimme (Art. 89 Abs. 1 SVN); Beschlüsse bedurften der Mehrheit der anwesenden und abstimmenden Mitglieder (Art. 89 Abs. 2 SVN). Die ständigen Mitglieder des Sicherheitsrates hatten im Treuhandrat kein Vetorecht. Wie auch die anderen Hauptorgane hatte der Treuhandrat das Recht, sich eine Geschäftsordnung zu geben (Art. 90 Abs. 1 SVN). Außerdem war er befugt, gegebenenfalls die Unterstützung des Wirtschafts- und Sozialrates und der Sonderorganisationen in denjenigen Angelegenheiten in Anspruch zu nehmen, für die sie zuständig sind (Art. 91 SVN).

5. Sekretariat[835]

Das Sekretariat ist eines der drei klassischen Organe[836] einer internationalen Organisation; als ständiges Verwaltungsorgan gewährleistet es einen kontinuierlichen internen Betrieb, um die Wahrnehmung der Sachaufgaben, um deretwillen die Organisation eingerichtet wurde, zu erfüllen. Als internationale Bürokratie[837] soll das Sekretariat den Aufgaben,

---

[835] Siehe auch *Langrod* (Fn. 417), S. 153 ff., 293 ff., und passim; *Claude* (Fn. 243), S. 191 ff.; *Meron*, The United Nations Secretariat, The Rules and the Practice, 1977; *Mango*, The Role of the Secretariats of International Institutions, in: Taylor/Groom (Hrsg.), International Institutions at Work, 1988, S. 21-38; *Beigbeder*, The United Nations Secretariat: Reform in Progress, in: Taylor/Groom (Hrsg.), The United Nations at the Millenium, The Principal Organs, 2000, S. 196-223; *Ziring/Riggs/Plano* (Fn. 225), S. 110-141.

[836] Anders *Kelsen* (Fn. 529), S. 136 und 296, der den Generalsekretär und nicht das Sekretariat als das Organ ansieht, da die Satzung sämtliche Aufgaben und Befugnisse an den Generalsekretär übertrage.

[837] Hierzu *Schwebel*, The International Character of the Secretariat of the United Nations, in: BYBIL 30 (1953), S. 71-115; *Goodspeed* (Fn. 404), S. 364-394; *von Plehwe*, Internationale Organisationen und die moderne Diplomatie, 1972, S. 85 ff.; *Simai*, Some Problems of International Secretariats, in: Taylor/Groom (Hrsg.), International Organisation: A Conceptual Appproach, 1978, S. 109-115; *Paschke*, UNO von innen – die Besonderheiten einer multina-

Zielen und Interessen[838] der Organisation Ausdruck und Gestalt verleihen.[839] Vor diesem Hintergrund entwirft es Agenden, bereitet Entschlüsse der anderen Organe vor und übernimmt deren Durchführung oder überwacht diese, sofern sie den Mitgliedstaaten obliegt. Folgerichtig ist es die Aufgabe des Generalsekretärs, den jährlichen Gesamtbericht über die Tätigkeit der Vereinten Nationen vorzulegen (Art. 98 Abs. 2 SVN). Während die Satzung dem Generalsekretär eher weite Spielräume eröffnet, können Generalversammlung und Sicherheitsrat ihm konkrete Handlungsaufträge geben.

Das Sekretariat besteht nach Art. 97 S. 1 SVN aus dem Generalsekretär[840] und den sonstigen von der Organisation benötigten Bediensteten;

---

tionalen Bürokratie, in: von Schorlemer (Hrsg.), Praxishandbuch UNO, 2003, S. 553-567.

[838] Für terminologische Genauigkeit plädiert *Smithers* (Fn. 809), S. 27 f.: "*It is necessary to recall* [...] *that an intergovernmental organization can have no "interests" of its own, in the sense in which a state has interests. The organization is an instrument and not an end in itself. It is answerable to its constituent Governments and not to some conscience of its own. Neither directly nor even indirectly does it represent the people of the area involved. There is however a common interest of Governments in the work of the organization, which is the justification for the existence of the latter and which it is the duty of the secretariat to pursue. When this common interest is expressed in policy or programme decisions taken in the governing body of the organization* [...], *it becomes the policy of the organization as such. It is the duty of the secretariat to pursue that policy. That there can be an "interest" of the organization as such beyond the common interest of Governments in the execution of an agreed policy is a dangerous misconception. The only "interest" that is to be found in an intergovernmental organization other than that of the Governments is the perfectly legitimate interest of the members of the secretariat, usually well defended, in preserving their employment on reasonable terms.*" Gegenüber diesem realistischen, nur die Staaten als Akteure begreifenden Ansatz geht die Organisationssoziologie davon aus, daß während des „Betriebs" der Organisation die Akteure auf einer neuen Stufe Interessen und Ziele „der Organisation" entwickeln. Vgl. dazu *Scott*, Grundlagen der Organisationstheorie, 1981, dt. 1986, S. 348 ff.; *Abraham/Büschges*, Einführung in die Organisationssoziologie, 3. Aufl. 2004, S. 109 ff.

[839] Deshalb garantiert Art. 100 Abs. 1 SVN die Unabhängigkeit und Weisungsfreiheit des Generalsekretärs und seiner Mitarbeiter; Abs. 2 auferlegt den Mitgliedstaaten die Pflicht, diese Unabhängigkeit zu respektieren. Eindringlich hierzu *Generalsekretär* (Fn. 490), S. 5f.

[840] Zum Generalsekretär siehe *von Morr*, Secretary-General, in: Wolfrum (Hrsg.), United Nations Law, Policy and Practice, Bd. 2, 1995, S. 1136-1146;

es ist hierarchisch gegliedert und auf den Generalsekretär ausgerichtet. Zu dessen Unterstützung besteht seit Anfang 1998 das Amt eines Stellvertretenden Generalsekretärs.[841] Das Sekretariat ist in heute zehn Abteilungen untergliedert, denen jeweils ein Untergeneralsekretär vorsteht.[842] Die Mitarbeiter des Sekretariats werden vom Generalsekretär nach von der Generalversammlung aufgestellten Regeln ernannt (Art. 101 Abs. 1 SVN).[843]

Der Generalsekretär wird auf Empfehlung des Sicherheitsrates von der Generalversammlung „ernannt“ (Art. 97 Satz 2 SVN). Tatsächlich wird er in beiden Organen gewählt. Im Sicherheitsrat unterliegt die Abstimmung dem Vetorecht;[844] in der Generalversammlung reicht die einfache Mehrheit nach Art. 18 Abs. 3 SVN aus. Die Charta – in Anlehnung an die Völkerbundsatzung – schweigt zu der Möglichkeit der Wiederwahl und der Frage der Amtsdauer. Dementsprechend hat die Generalversammlung Wiederwahl für zulässig erklärt und die Dauer einer Amtsperiode auf fünf Jahre begrenzt.[845]

Volger, Generalsekretär, in: ders. (Hrsg.), Lexikon der Vereinten Nationen, 2000, S. 170-178. Vgl. auch *Rovine* (Fn. 416), S. 515-463. Der von 1997 bis 2006 amtierende Ghanaer *Kofi Annan* war der siebte Generalsekretär. Der südkoreanische Außenminister *Ban Ki-moon* wurde von der Generalversammlung auf Vorschlag des Sicherheitsrates am 13. Oktober 2006 ernannt; seine Amtszeit läuft vom 1. Januar 2007 bis zum 31. Dezember 2011.

841 Eingerichtet durch GV-Res. 52/12 B vom 19. Dezember 1997, UN-Dok. A/52/12 B. Erste Amtsinhaberin war die Kanadierin *Louise Fréchette*, vom 1. April bis zum 31. Dezember 2006 hatte der Brite *Mark Malloch Brown* das Amt inne. Seit dem 1. Februar 2007 wird das Amt von *Asha-Rose Migiro* (Tansania) ausgeübt.

842 Vgl. die Auflistung bei *Unser* (Fn. 548), S. 166 f.

843 In der Praxis hat der Generalsekretär in einer Vielzahl von Fällen auf dieses Recht verzichten und es delegieren müssen, beispielsweise an den Exekutivdirektor des Umweltprogramms der Vereinten Nationen (UNEP), dessen Mitarbeiter als autonome Einheit des Sekretariats gelten und aus dem Haushalt des Sekretariats finanziert werden. Zu den hiermit verbundenen Problemen vgl. *Meron*, Charter powers of the United Nation's Secretary-General with regard to the Secretariat and the Role of General Assembly Resolutions, in: ZaöRV 1982, S. 731-779; *Meron* (Fn. 835), S. 85 ff., 173 ff. Zur Rekrutierung von Mitarbeitern siehe *Graham/Jordan* (Fn. 418), S. 48 ff.

844 Einzelheiten bei *Bailey/Daws* (Fn. 609), S. 321 ff.

845 Siehe die Regelungen über die Ernennung des Generalsekretärs in GV-Res. vom 24. Januar 1946, UN-Dok. A/RES/11 (I). Nachdem die Amtszeit des ersten Generalsekretärs *Trygve Lie* von der Generalversammlung verlängert

Als höchster Verwaltungsbeamter der Vereinten Nationen (Art. 97 Abs. 1 Satz 3 SVN) hat er eine Reihe von administrativen Aufgaben.[846] Hierzu zählt neben der Vorbereitung des Haushaltsplans und der Durchführung der Finanzverwaltung die rechtliche Vertretung der Vereinten Nationen nach außen. Außerdem leistet der Generalsekretär für die anderen Hauptorgane – außer für den IGH, der zu diesem Zweck eine Kanzlei unterhält – und viele andere Gremien Verwaltungs- und Unterstützungsdienste. Dabei legt sich das Sekretariat eine inhaltliche Zurückhaltung auf und anerkennt die fachliche Nähe des jeweils zuständigen Organs.[847]

Er beruft auf Antrag des Sicherheitsrates oder der Mehrheit der Mitglieder der Vereinten Nationen die außerordentlichen Tagungen der Generalversammlung ein (Art. 20 Abs. 2 SVN).

Als Vorsitzender des bereits im Jahre 1946 eingerichteten Administrative Committee on Co-ordination nimmt der Generalsekretär maßgeblichen Einfluß auf die Fortentwicklung und das interne Zusammenspiel des gesamten Systems der Vereinten Nationen.[848] Der Generalsekretär ist gleichzeitig vorrangig für die Reform[849] der Organisation verantwortlich.

---

worden war, weil sich der Sicherheitsrat zunächst nicht auf einen Nachfolger einigen konnte (Darstellung bei *Volger*, Geschichte (Fn. 481), S. 90 ff.), ist es seit 1962 üblich, daß der Sicherheitsrat in seiner Empfehlung an die Generalversammlung ausdrücklich die Fünfjahresfrist benennt.

[846] Zum hierfür einschlägigen Recht siehe bereits *Jenks*, The Proper Law of International Organisations, 1962; *Bernhardt*, International Organizations, Internal Law and Rules, in: EPIL II (1995), S. 1314-1318.

[847] Dies geht aus Äußerungen hervor, die *Theo van Boven* im Jahre 1981 auf der Sitzung der Menschenrechtskommission über die Rolle des Sekratariats bei der Umsetzung von Entscheidungen der Unterkommission zur Verhütung von Diskriminierung und zum Schutz von Minderheiten (später: Unterkommission für die Förderung und den Schutz der Menschenrechte) gemacht hat; abgedruckt bei *Ramcharan*, The Principle of Legality in International Human Rights Institutions, Introduction, in: ders. (Hrsg.), The Principle of Legality in International Human Rights Institutions, Selected Legal Opinions, 1997, S. 1-19 (S. 7 ff.).

[848] Zu diesem Komitee und seiner Arbeit vgl. *Hill*, The Administrative Committee on Co-ordination, in: Luard (Hrsg.), The Evolution of International Organizations, 1966, S. 104-137.

[849] Hierzu supra Fn. 510.

Dem Generalsekretär kommt daneben eine wichtige politische Funktion zu.[850] Er ist in seiner Eigenschaft als oberster Verwaltungsbeamter bei allen Sitzungen der Generalversammlung, des Sicherheitsrates, des Wirtschafts- und Sozialrates und des Treuhandrates tätig (Art. 98 Satz 1 SVN). Dieses Tätigsein ist nicht auf die Bereitstellung und Überwachung von Sekretariatsdiensten beschränkt.[851] Dem Generalsekretär werden von den anderen vier Organen Aufgaben zur Vorbereitung und Durchführung übertragen;[852] somit ist er in beinahe sämtliche Aktivitäten dieser Organe eingebunden. Überdies kann er gemäß Art. 99 SVN die Aufmerksamkeit des Sicherheitsrates auf jede seiner Meinung nach potentiell friedensgefährdende Angelegenheit lenken.[853] Ihm ist damit insgesamt eine bedeutende Mitwirkung an der Sicherung (und Wiederherstellung) des Weltfriedens zugewiesen. Der Sicherheitsrat hat die Befugnis des Generalsekretärs im Jahre 2001 dahingehend erweitert, dieser könne dem Rat Fälle schwerer Verletzungen des Völkerrechts vorlegen.[854] Damit holte der Sicherheitsrat nach, was 1945 abgelehnt worden

---

[850] Dies unterstreichen beispielsweise *Kelsen* (Fn. 529), S. 302 ff.; *Petrola-Ammaniti*, The Position of the Secretary-General of the United Nations in the Organization and in the International Community, in: Thesaurus Accroasium, The Law of the United Nations (Session September 1973), Bd. II, 1976, S. 353-368 (S. 359f.); *Pérez de Cuéllar*, The Role of the UN Secretary-General, in: Roberts/Kingsbury (Hrsg.), United Nations, Divided World, The UN's Roles in International Relations, 2. Aufl. 1993, 5. Nachdruck 1995, S. 125-142 (S. 126 ff.); *Klein* (Fn. 19), Rn. 167. Aus (organisations)soziologischer Sicht *Cox/Jacobson* (Fn. 561).

[851] Nach Art. 13 (G) GV-GeschO kann er alle Punkte, die ihm notwendig erscheinen, auf die vorläufige Tagesordnung der Generalversammlung setzen. Zu seiner Rolle bei Verhandlungen siehe *Kaufmann* (Fn. 516), S. 102-112.

[852] Die übertragenden Organe müssen dabei im Rahmen ihrer Zuständigkeiten bleiben; Übertragungen durch Unter- oder Nebenorgane sind ebenfalls möglich, bedürfen unter Umständen aber der Bestätigung durch das Hauptorgan. Hierzu die bei *Ramcharan* (Fn. 847), S. 13 ff. abgedruckte Stellungnahme des Rechtsberaters des Generalsekretärs aus dem Jahre 1985.

[853] *Bailey*, The United Nations Secretariat, in: Luard (Hrsg.), The Evolution of International Organizations, 1966, S. 92-103 (S. 94), meint, der Generalsekretär müsse *"act as the eyes and ears of the organization and its members"*. Siehe auch *Franck*, Finding a Voice: How the Secretary-General makes himself heard in the Councils of the Nations, in: Essays in international law in honour of Judge Manfred Lachs, 1984, S. 482-491.

[854] Sicherheitsratsresolution vom 30. August 2001, UN-Dok. S/RES/1366 (2001).

war, aber seither Praxis hatte werden müssen: eine umfassende Wächterrolle des Generalsekretärs.

Der Generalsekretär kann im Rahmen der Friedenssicherung beispielsweise beauftragt werden, die vom Sicherheitsrat beschlossene Aufstellung von friedenserhaltenden Streitkräften zu organisieren, die Durchführung der Aktion zu beobachten und gegebenenfalls Vorschläge für den weiteren Ablauf zu machen.[855] Er kann auch im Rahmen guter Dienste aktiv werden, um die Durchführung von Sicherheitsratsresolutionen nach Buchstaben und Geist sicherzustellen. Dies geschah beispielsweise im Jahre 2000, als der Generalsekretär den Rückzug der israelischen Truppen aus dem Südlibanon begleitete. Konkret erläuterte er, was genau für die Erfüllung der einschlägigen Sicherheitsratsresolutionen[856] erforderlich sei und bestätigte am Ende, daß Israel seine Rückzugsverpflichtung vollständig erfüllt habe.[857]

Die vielfachen Zuständigkeiten des Generalsekretärs und der Aufgabenzuwachs fordern die verfügbaren Ressourcen an Personal und Geldmitteln stark; Versuche der Effizienzsteigerung und Reformbemühungen gehören gleichsam zum Alltag der Sekretariatsarbeit. Nach sechzig Jahren erscheint eine grundlegende Umstrukturierung des Sekretariats unabweislich.[858]

Die im Gefüge der Vereinten Nationen einzigartige Verklammerungsfunktion, die der Generalsekretär ausübt, da er bei den Beratungen der anderen Organe anwesend ist, macht ihn, gekoppelt mit dem Initiativrecht des Art. 99 SVN von einem dienenden „Sekretär" zu einem aktiv

---

[855] Dies geschah beispielsweise in den Sicherheitsratsresolutionen zu Jugoslawien vom 21. Februar 1992 (UN-Dok. S/RES/743 (1992), Nr. 6) und zu Somalia vom 5. Oktober 1993 (UN-Dok. S/RES/872 (1993), Nr. 8 ff.). Ausführlich zu diesem Themenkomplex *Franck*, The Secretary-General's Role in Conflict Resolution: Past, Present and Pure Conjecture, in: 6 EJIL (1995), S. 360-387.

[856] Sicherheitsratsresolutionen vom 19. März 1978, UN-Dok. S/RES/425 (1978), und UN-Dok. S/RES/426 (1978).

[857] Vgl. UN-Dok. S/2000/322 vom 17. April 2000; UN-Dok. S/2000/460 vom 22. Mai 2000; UN-Dok. S/2000/590 vom 16. Juni 2000 .

[858] Vgl. die substantiellen Vorschläge bei *Annan*, In die Vereinten Nationen investieren – die Organisation weltweit stärken, Bericht des Generalsekretärs, UN-Dok. A/60/692 vom 7. März 2006. Ferner *Beigbeder*, Management und Koordinationsprobleme, in: Volger (Hrsg.), Grundlagen und Strukturen der Vereinten Nationen, 2007, S. 393.416.

mitgestaltenden „General“.[859] Dies gilt um so mehr, als in den ersten Jahrzehnten Generalversammlung und Sicherheitsrat nicht so stark agierten, wie in der Charta vorgesehen.[860] Diese wichtige Rolle zu prägen und auszufüllen ist den bisherigen Generalsekretären in unterschiedlichem Ausmaß gelungen, was sowohl auf die jeweiligen Persönlichkeiten der Amtsinhaber als auch auf die weltpolitischen Situationen, die ihrerseits natürlich die Arbeit der Vereinten Nationen insgesamt beeinflußt haben, zurückzuführen ist.[861]

6. *Internationaler Gerichtshof*[862]

a) Allgemeines

Der Internationale Gerichtshof (IGH), der sich am 6. April 1946 konstituierte, ist nach Art. 92 Satz 1 SVN das Hauptrechtsprechungsorgan (*“the principle judicial organ”*) der Vereinten Nationen. Die Charta

---

[859] Dies betont auch *Ferretti* (Fn. 235), S. 111 f.; zur Spannung zwischen beiden Polen vgl. *Kaufmann* (Fn. 516), S. 107 f. Ferner *Johnstone*, The Role of the UN Secretary-General: The Power of Persuasion Based on Law, in: Global Governance 2003, S. 441-458.

[860] Hierauf weist bereits *Bailey* (Fn. 853), S. 95, 101, hin. Zu den Herausforderungen zu Beginn der 1980er Jahre vgl. *Graham/Jordan* (Fn. 418), S. 212 ff.

[861] Illustrativ hierzu die im Jahre 2001 erschienenen sechs Bände über die bisherigen Generalsekretäre in der Reihe: *Lankevich* (Hrsg.), Partners for Peace, 2001. Zu den ersten drei Generalsekretären der Vereinten Nationen vgl. auch *Rovine* (Fn. 416), S. 201-414. Ferner *Fröhlich*, Dag Hammerskjöld und die Vereinten Nationen, Die politische Ethik des UNO-Generalsekretärs, 2002.

[862] Hierzu: *Eyffinger* (Fn. 430), S. 94 ff.; *Schlochauer*, Internationaler Gerichtshof, in: WBVR II (1961), S. 96-117; *Berber* (Fn. 427), § 11; *Steinberger*, The International Court of Justice, in: MPI (Hrsg.) Judicial Settlement of International Disputes, 1974, S. 193-283; *Fitzmaurice*, The Law and Procedure of the International Court of Justice, 2 Bde., 1986; *Schröder*, ICJ – International Court of Justice, in: Wolfrum (Hrsg.), United Nations Law, Policy and Practice, Bd. 1, 1995, S. 673-685; *Abi-Saab*, The International Court as a World Court, in: Lowe/Fitzmaurice (Hrsg.), Fifty Years of the International Court of Justice, Essays in Honour of Sir Robert Jennings, 1996, S. 3-16; *Oellers-Frahm*, IGH – Internationaler Gerichtshof, in: Volger (Hrsg.) Lexikon der Vereinten Nationen, 2000, S. 254-266; *Mosler/Oellers-Frahm*, Art. 92-96, in: Simma (Hrsg.), Charter, Bd. 2, 2. Aufl. 2002, S. 1139-1190; *Thirlway*, The International Court of Justice, in: Evans (Hrsg.), International Law, 2003, S. 559-587; *Shaw* (Fn. 646), S. 959-1005.

weist ihm einerseits dadurch eine herausgehobene Rolle zu, ließ aber andererseits damit von Anfang an die Einrichtung weiterer Rechtsprechungsorgane zu oder akzeptierte deren Fortbestehen.[863]

Eingerichtet wurde zunächst das Verwaltungsgericht der Vereinten Nationen, ein Nebenorgan der Generalversammlung.[864] Die Vereinten Nationen verfügen mit dem bereits im Jahre 1927 eingerichteten Verwaltungsgericht der Internationalen Arbeitsorganisation,[865] dem Verwaltungsgericht der Weltbank[866] und dem des Internationalen Währungs-

---

[863] Hierzu *Kelsen* (Fn. 529), S. 476 f., und *Schröder* (Fn. 862), Rn. 1 f.; *Oellers-Frahm*, Article 92 UN Charter, in: Zimmermann/Tomuschat/dies. (Hrsg.), Statute, 2006, S. 139-152, Rn. 16 ff. 29 ff. Zur „Vervielfältigung der Gerichte" vgl. auch *Fischer-Lescano/Teubner*, „Regime-Kollisionen", Zur Fragmentierung des globalen Rechts, 2006.

[864] United Nations Administrative Tribunal – UNAT, eingerichtet am 24. November 1949 durch GV-Res. 351 (IV), aktuelle, seit dem 1. Januar 2001 geltende Fassung des Statuts in UN-Dok. AT/11/Rev.7. Es ist zuständig für die dienstrechtlichen Streitigkeiten des Personals der Vereinten Nationen, der Internationalen Organisation für Zivilluftfahrt (ICAO), der Internationalen Seeschiffahrtsorganisation (IMO) und des gemeinsamen Pensionsfonds der Vereinten Nationen. Siehe *Prieß*, Internationale Verwaltungsgerichte und Beschwerdeausschüsse, Eine Studie zum gerichtlichen Rechtsschutz für Beamte internationaler Organisationen, 1989, S. 172 ff. und passim; *Schermers/Blokker* (Fn. 515), § 642; *Bastid*, United Nations Administrative Tribunal, in: EPIL IV (2000), S. 1043-1049 (plus Addendum von *von Lernsner*, S. 1049-1051); jeweils m.w.Nw. Seit dem 26. April 2002 gibt es zusätzlich das Amt eines Ombudsmannes im Sekretariat (vgl. Bulletin des Generalsekretärs vom 15. Oktober 2002, UN-Dok. ST/SGB/2002/12), das dem dienstrechtlichen Beschwerdeverfahren eine neue Komponente hinzufügen soll; hierzu *Münch*, Der Ombudsman im UN-Sekretariat, Ein Beitrag zur Modernisierung des Personalmanagements in den Vereinten Nationen, in: VN 2004, S. 131-135.

[865] International Labour Organization Administrative Tribunal – ILOAT, eingerichtet als Verwaltungsgericht des Völkerbundes am 26. September 1927, bereits damals auch für das Personal der ILO zuständig und nach der Auflösung des Völkerbundes als Verwaltungsgericht der ILO fortgeführt. ILOAT ist heute für eine Fülle weiterer Organisationen zuständig, darunter die Unterorganisationen UNESCO und WHO, aber auch Organisationen außerhalb der UN-Familie, wie Interpol oder die Europäische Organisation für Kernforschung (CERN). Siehe *Prieß* (Fn. 864), S. 179 ff.; *Schermers/Blokker* (Fn. 515), § 643; *Knapp*, International Labour Organization Administrative Tribunal, in: EPIL II (1995), S. 1156-1159.

[866] World Bank Administrative Tribunal – WBAT, eingerichtet am 4. März 1980. Siehe *Schermers/Blokker* (Fn. 515), § 645.

fonds[867] über weitere Verwaltungsgerichte.[868] Pläne zur Zusammenführung der damals zwei Gremien schienen bereits in den 1970er Jahren wenig erfolgversprechend und wurden durch die Einrichtung der weiteren Verwaltungsgerichte endgültig konterkariert. Gegen die Entscheidungen von UNAT war ursprünglich ein Rechtsmittel zum IGH gegeben, dieses wurde auf Beschluß der Generalversammlung abgeschafft;[869] gegen Entscheidungen von ILOAT können in bestimmten Fällen Rechtsmittel zum IGH eingelegt werden.

Als weitere Rechtsprechungsorgane der Vereinten Nationen sind der Internationale Seegerichtshof[870] und die beiden vom Sicherheitsrat eingerichteten Ad-hoc-Tribunale (ICTY und ICTR)[871] zu nennen. Der im Jahre 2003 etablierte Internationale Strafgerichtshof[872] hingegen ist kein Rechtsprechungsorgan der Vereinten Nationen.

---

[867] International Monetary Fund Administrative Tribunal, eingerichtet am 13. Januar 1994, vgl. IMF Board of Governors Res. 48-1. Siehe *Schermers/Blokker* (Fn. 515), § 646.

[868] *Szasz*, The Proliferation of Administrative Tribunals, in: Blokker/Schermers (Hrsg.), Proliferation of International Organizations, Legal Issues, 2001, S. 241-249, gibt eine Übersicht über diese und weitere Verwaltungsgerichte internationaler Organisationen.

[869] Entscheidung, das Verfahren zu überprüfen in GV-Res. 48/415 vom 9. Dezember 1993, UN-Dok. A/49/258, S. 2; vgl. auch UN-Dok. A/49/258, S. 16 (Resolutionsentwurf), GV-Res. 50/54 vom 11. Dezember 1995, GAOR 50th Supplement 49 UN-Dok. A/50/49, S. 319 f., mit dem neugefaßten Art. 10 Nr. 2 (heute: Art. 11 Nr. 2) des UNAT-Statuts (Fn. 864). Vgl. zur früheren Rechtslage: *Elias*, New Horizons in International Law, 2. Aufl. 1992, S. 327-363.

[870] Eingerichtet gemäß Anlage 6 zur Seerechtskonvention (UNCLOS). Der Seegerichtshof nahm seine Tätigkeit am 1. Oktober 1996 auf und residiert in Hamburg. Weiterführend *Chandrasekhara Rao*, The International Tribunal for the Law of the Sea, Law and Practice, 2001; *ders.*, ITLOS: The First Six Years, in: MPUNYB 2002, S. 183-300; siehe auch *Janis*, The Law of the Sea Tribunal, in: ders. (Hrsg.), International Courts for the Twenty-First Century, 1992, S. 245-251; *Wolfrum*, Law of the Sea: An Example of the Progressive Development of International Law, in: Tomuschat (Hrsg.), The United Nations at Age Fifty, A Legal Perspective, 1995, S. 309-327.

[871] Siehe supra bei Fn. 709 f.

[872] Zum Internationalen Strafgerichtshof vgl. beispielsweise *Broomhall*, International Justice and the International Criminal Court, Between Sovereignty and the Rule of Law, 2003; *Bruer-Schäfer* (Fn. 725) und *Mahler* (Fn. 725); jeweils m.w.Nw.

Der IGH ist anders als sein Vorläufer der Völkerbundära, der Ständige Internationale Gerichtshof (StIGH),[873] nicht nur eng mit der Organisation verbunden, zu deren obersten Grundsätzen die friedliche Streitbeilegung[874] gehört, sondern ausdrücklich deren integraler Bestandteil.[875] Sein Statut ist Bestandteil der Charta der Vereinten Nationen (Art. 92 Satz 2 SVN), die Mitglieder der Vereinten Nationen sind ohne weiteres Vertragsparteien dieses Statuts (Art. 93 Abs. 1 SVN). Ziel dieser engen Verbindung ist es, die internationale Gerichtsbarkeit aufzuwerten und die Rolle des IGH als besonders wichtigem internationalem Gericht herauszustreichen.[876] Zu beachten ist aber, daß der IGH nicht im Namen der Vereinten Nationen oder ihrer Mitgliedstaaten Recht spricht, sondern dies im eigenen Namen tut.[877]

Allerdings ist das Statut des IGH nahezu mit demjenigen des StIGH identisch; wie der IGH auch insgesamt dessen Tradition fortsetzt. Seine im Statut und in der Charta niedergelegten Kompetenzen sind – vergli-

---

[873] Zu diesem siehe supra Erster Teil B.IV.6.

[874] Hierzu supra bei Fn. 639 und *Claude* (Fn. 243), S. 215 ff.; *McWhinney*, Judicial Settlement of International Disputes: Jurisdiction, Justiciability and Judicial Law-Making on the Contemporary International Court, 1991; *Kimminich*, Das Völkerrecht und die friedliche Streitschlichtung, in: Senghaas (Hrsg.) Den Frieden denken, Si vis pacem, para pacem, 1995, S. 142-161 (S. 156 ff.); *Ratner*, Image and Reality in the UN's Peaceful Settlement of Disputes, in: 6 EJIL (1995), S. 426-444; *Collier*, The International Court of Justice and the Peaceful Settlement of Conflicts, in: Lowe/Fitzmaurice (Hrsg.), Fifty Years of the International Court of Justice, Essays in Honour of Sir Robert Jennings, 1996, S. 364-372; *Peck*, The United Nations as a Dispute Settlement System, Improving Mechanisms for the Prevention and Resolution of Conflict, 1996; *Petersmann*, Proposals for Strengthening the UN Dispute Settlement System, Lessons Learned From International Economic Law, in: MPUNYB 1999, S. 105-156; *Shaw* (Fn. 646), S. 914-928; *Schröder*, Verantwortlichkeit, Völkerstrafrecht, Streitbeilegung und Sanktionen, in: Graf Vitzthum (Hrsg.), Völkerrecht, 4. Aufl. 2007, 7. Abschnitt, S. 577-636, Rn. 58 ff.

[875] Dies unterstreichen auch *Kelsen* (Fn. 529), S. 465, und *Amr*, The Role of the International Court of Justice as the Principal Judicial Organ of the United Nations, 2003, S. 22 ff.

[876] Näher *Mosler/Oellers-Frahm*, Art. 92, in: Simma (Hrsg.), Charter, Bd. 2, 2. Aufl. 2002, Rn. 15 ff. Zutreffend ist freilich der Hinweis bei *Mannoni*, International Dispute Settlement. A Historical Outlook, in: Merle (Hrsg.), Globale Gerechtigkeit, Global Justice, 2005, S. 72-82, daß gerade im Völkerrecht weiterhin Raum für die politische Lösung von Streitigkeiten bleiben müsse.

[877] Hierauf weist zu Recht *Schlochauer* (Fn. 862), S. 98, hin.

chen mit nationalen Gerichten – gering und weisen ihn als klassisches zwischenstaatliches Gericht aus, das zu einem großen Teil noch in der Tradition von Schiedsgerichten steht.

Die Richterbank des IGH ist mit fünfzehn Richtern[878] besetzt (Art. 3 Abs. 1 IGH-Statut), deren Amtszeit neun Jahre beträgt; Wiederwahl ist möglich (Art. 13 Abs. 1 IGH-Statut). Jeweils ein Drittel der Richter wird nach drei Jahren neu gewählt. Hierfür sind Generalversammlung und Sicherheitsrat gemeinsam zuständig; es werden getrennte Wahlen durchgeführt, bei denen die absolute Mehrheit der Stimmen erforderlich ist, und im Sicherheitsrat ist das Vetorecht der fünf ständigen Mitglieder ausgeschlossen.[879]

Bei der Zusammensetzung des Gerichtshofes sind die meistverbreiteten Rechtssysteme der Welt soweit als möglich zu berücksichtigen (Art. 9 IGH-Statut) und die höchstqualifizierten Bewerber zu wählen (Art. 2 IGH-Statut). Aus einem Land kann immer nur ein Richter berufen werden (Art. 3 Abs. 1 IGH-Statut).[880] Die Richter genießen die allgemeinen diplomatischen Vorrechte und Immunitäten (Art. 19 IGH-Statut).

Der IGH wählt sich einen Präsidenten[881] und einen Vizepräsidenten, deren Amtszeit drei Jahre beträgt (Art. 21 IGH-Statut); Wiederwahl ist auch hier möglich. Er gibt sich eine Verfahrensordnung (Art. 30 IGH-Statut).[882]

---

[878] Vgl. zum folgenden auch *Eyffinger* (Fn. 430), S. 150 ff.; *Gill*, Rosenne's The World Court, What It Is And How It Works, 6. Aufl. 2003, S. 43-58; *Elias* (Fn. 869), S. 253 ff.

[879] Ausführlich zu den Wahlen der Richter vgl. *Kelsen* (Fn. 529), S. 466-471. Zu ihrer Qualifikation ebenda, S. 471-475.

[880] Aus der Bundesrepublik Deutschland wurden *Hermann Mosler* (1976-1985), *Carl-August Fleischhauer* (1994-2003) und *Bruno Simma* (ab 2004) zu Richtern gewählt.

[881] Einzelheiten bei *Rosenne*, The President of the International Court of Justice, in: Lowe/Fitzmaurice (Hrsg.), Fifty Years of the International Court of Justice, Essays in Honour of Sir Robert Jennings, 1996, S. 406-423.

[882] Die Verfahrensordnung des IGH (IGH-VerfO) – abgedruckt bei *Knipping u.a.* (Fn. 482), Nr. 110 – wurde am 6. Mai 1946 vom Gerichtshof beschlossen, 1972 und erneut 1978 grundlegend überarbeitet. In jüngerer Zeit behilft man sich mit sogenannten "Practice Directions", um das Statut und die Verfahrensordnung zu interpretieren. Vgl. auch *Thirlway*, Article 30, in: Zimmermann/Tomuschat/Oellers-Frahm (Hrsg.), The Statute of the International Court of Justice, A Commentary, 2006, S. 481-493, Rn. 8 ff., 14 ff.

Gemäß Art. 29 IGH-Statut besteht eine obligatorische Kammer für Eilentscheidungen, die sich aus fünf Richtern zusammensetzt und auf Antrag der Parteien tätig wird. Der Gerichtshof kann darüber hinaus Ad-hoc-Kammern bilden, um Einzelfälle zu entscheiden (Art. 26 Abs. 2 IGH-Statut)[883] oder bestimmte Arten von Streitigkeiten Kammern zur ständigen Erledigung derselben zuweisen (Art. 26 Abs. 1 IGH-Statut).[884] Die Entscheidungen der Kammern gelten als solche des gesamten Gerichtshofs (Art. 27 IGH-Statut). Seine Entscheidungen trifft der IGH bislang gleichwohl überwiegend in Plenarsitzungen, an denen gemäß Art. 25 Abs. 3 IGH-Statut mindestens neun Richter mitwirken müssen. Die Urteile werden mit einfacher Stimmenmehrheit gefällt (Art. 55 IGH-Statut).

Das Verfahren gliedert sich in einen schriftlichen und mündlichen Teil (Art. 43 Abs. 1 IHG-Statut). Das mündliche Verfahren vor dem Gerichtshof ist grundsätzlich öffentlich (Art. 46 IGH-Statut); die anschließende Beratung allerdings geheim (Art. 54 Abs. 3 IGH-Statut).

Zum Gerichtshof, der seinen Sitz im bereits vom Ständigen Internationalen Gerichtshof genutzten Palais de Justice in Den Haag hat (Art. 22

---

[883] Zur Einrichtung einer Ad-hoc-Kammer kam es zum ersten Mal im Jahre 1982 im Case concerning the delimitation of the Maritime Boundary in the Gulf of Maine Area (Canada v. United States of America), Urteil vom 12. Oktober 1984, ICJ-Reports 1984, S. 246 ff. Einzelheiten zur Einrichtung, Zusammensetzung – auf die die Streitparteien Einfluß nehmen – und zur Arbeit der Kammern bei *Fombad*, The Special "ad hoc" Chamber within the International Court of Justice – A Prospective Appraisal, in: Revue de droit international de sciences diplomatiques et politiques 1996, S. 17-36; *Schwebel*, Ad Hoc Chambers of the International Court of Justice, in: AJIL 81 (1987), S. 831-854; *Oda*, Further Thoughts on the Chambers Procedure of the International Court of Justice, in: AJIL 82 (1988), S. 556-562; *Schwebel*, Chambers of the International Court of Justice Formed for Particular Cases, in: ders., Justice in International Law, 1994, S. 93-124 (Erstveröffentlichung 1989); *Meyer*, The Ad-hoc-Chambers: Perspectives of the Parties and the Court, in: AVR 1989, S. 413-441; *Mosler*, The ad hoc Chambers of the International Court of Justice: Evaluation After Five Years of Experience, in: Essays in Honour of Shabtai Rosenne, 1989, S. 449-460; *McWhinney* (Fn. 874), S. 73-90.

[884] Im Jahre 1993 wurde die mit sieben Richtern besetzte Kammer für Umweltfragen eingerichtet. Vgl. zu den Kammern allgemein auch *Valencia-Ospina*, The use of chambers of the International Court of Justice, in: Lowe/Fitzmaurice (Hrsg.), Fifty Years of the International Court of Justice, Essays in Honour of Sir Robert Jennings, 1996, S. 503-527 (S. 521 ff. zur Kammer für Umweltfragen).

Abs. 1 Satz 1 IGH-Statut), gehört eine Kanzlei. Dieser steht ein vom Gerichtshof auf sieben Jahre gewählter Kanzler vor (Art. 21 Abs. 2 IGH-Statut), sie umfaßt mehrere sogenannte Dienste (Art. 26 IGH-VerfO), wie Geschäftsstelle, Übersetzungsabteilung und Abteilung für Publikation der Entscheidungen.

b) Zuständigkeit und Kompetenzen des IGH[885]

Der Gerichtshof ist für zwischenstaatliche Streitigkeiten zuständig (Art. 34 Abs. 1 IGH-Statut).

Grundsätzlich sollen dem IGH die Rechtsstreitigkeiten der Mitgliedstaaten der Vereinten Nationen untereinander unterbreitet werden (Art. 36 Abs. 3 SVN).[886] Den Mitgliedstaaten steht er nach Art. 93 Abs. 1 SVN und Art. 35 Abs. 1 IGH-Statut offen. Aber auch Nichtmitglieder der Vereinten Nationen können dem Statut beitreten (Art. 93 Abs. 2 SVN).

In jedem Fall ist es allerdings erforderlich, daß die Staaten eine Unterwerfungserklärung abgeben, mit der sie die Jurisdiktion des IGH entweder unbefristet, befristet, für bestimmte Streitigkeiten oder gar nur für einen konkreten Fall anerkennen. Diese Erklärung kann durch (Schieds-)Kompromiß der Streitparteien oder durch rügelose Einlassung zur Sache in einem bereits anhängigen Verfahren (forum prorogatum) erfolgen; sie kann Bestandteil zwei- oder mehrseitiger Abkommen sein oder gemäß Art. 36 Abs. 2 IGH-Statut erfolgen. Diese letztgenannte einseitige Unterwerfungserklärung[887] unterliegt allerdings der Gegenseitigkeit, begründet die Zuständigkeit des IGH somit nur in dem Umfang, in dem sich die Erklärung aller beteiligten Streitparteien decken.

Ist die Jurisdiktion des Gerichtshofes streitig, so entscheidet dieser selbst über ihr Vorliegen (Art. 36 Abs. 6 IGH-Statut). Diese Norm begründet freilich diese Kompetenz nicht, sondern dient nur als Beleg für ihre Existenz. Es handelt sich um eine originäre Kompetenz-Kompetenz, die dem IGH kraft seines Gerichtsstatus zukommt.[888]

---

[885] Ausführlich *Gill* (Fn. 878), S. 69-89; *Köck/Fischer* (Fn. 23), S. 278 ff., 283 ff.; *Schröder* (Fn. 874), Rn. 87 ff.; *Amr* (Fn. 875), S. 47 ff., 177 ff.

[886] Näher hierzu *Kelsen* (Fn. 529), S. 478-483.

[887] Die Bundesrepublik Deutschland hat diesen Schritt zum 1. Mai 2008 vorgenommen, vgl. BT-DrS 16/9218 vom 5. Mai 2008.

[888] Ausführlich hierzu: *Shihata,* The Power of the International Court to determine its own jurisdiction, Compétence de la compétence, 1965; *Tomuschat,*

Der IGH ist für die gerichtliche Streiterledigung zwischen Staaten zuständig, sofern die Mitgliedstaaten nicht in Abkommen die Erledigung ihrer Streitigkeiten anderen Gerichten – wie dem Europäischen Gerichtshof in Luxemburg oder dem Internationalen Seegerichtshof in Hamburg – zuweisen (Art. 95 SVN).

Der IGH fungiert de lege lata nicht als „Verfassungsgericht" der Vereinten Nationen, das heißt, Mitgliedstaaten können ihn nicht gegen ihrer Ansicht nach rechtswidrige Akte der Organisation anrufen. Auch besteht keine Möglichkeit, Rechtsstreitigkeiten zwischen verschiedenen Organen der Vereinten Nationen vom Gerichtshof entscheiden zu lassen. In beiden Konstellationen können lediglich Generalversammlung und Sicherheitsrat um ein, allerdings nicht rechtsverbindliches, Rechtsgutachten des IGH nachfragen (Art. 96 SVN, Art. 65 IGH-Statut). Hieran zeigt sich, daß die rechtliche Verfaßtheit der zwischenstaatlichen Gemeinschaft, die die Vereinten Nationen auch heute noch darstellen, Grenzen aufweist.[889] Andere, stärker integrierte Staatenverbindungen wie die Europäischen Gemeinschaften geben hier ein signifikant anderes Bild ab.[890] An dieser Stelle soll nur festgehalten werden, daß der satzungsmäßige Zustand besonders am Beispiel der verbindlichen Entscheidungen des Sicherheitsrates und angesichts dessen in jüngerer Zeit vermehrt zu beobachtender rechtssetzender Tätigkeit hinterfragt wird.[891]

Der IGH *„ist befugt, wenn er es nach den Umständen für erforderlich hält, diejenigen vorsorglichen Maßnahmen zu bezeichnen, die zur Sicherung der Rechte der Parteien getroffen werden müssen."* (Art. 41 Abs. 1 IGH-Statut). Er kann, wie dies in der Verfahrensordnung näher ausgeführt wird, solche Maßnahmen proprio motu ergreifen und ist auch hinsichtlich ihres Inhalts nicht an die Anträge der Parteien gebunden (Art. 75 IGH-VerfO). Zu den Voraussetzungen für vorsorgliche

---

Article 36, in: Zimmermann/Tomuschat/Oellers-Frahm (Hrsg.), Statute, 2006, S. 589-657, Rn. 101 ff.

[889] So im Ergebnis auch das Kapitel „The International Court of Justice as a Constitutional Court: The Question of Judicial Review" bei *Amr* (Fn. 875), S. 279 ff.

[890] Dazu siehe infra Zweiter Teil B II.

[891] Auf die hiermit verbundenen Fragestellungen wird im dritten Teil der Arbeit eingegangen werden.

Maßnahmen[892] hat der IGH im „Fisheries-Jurisdiction"-Fall ausgeführt:

> "Whereas the right of the Court to indicate provisional measures as provided for in Article 41 of the Statute has its object to preserve the respective rights of the Parties pending the decision of the Court, and presupposes that irreparable prejudice should not be caused to rights which are the subject of dispute in judicial proceedings, and that the Court's judgment should not be anticipated by reason of any initiative regarding the measures which are in issue."[893]

In der Praxis stellt sich die Frage, wie intensiv der IGH seine Zuständigkeit in der Hauptsache zu prüfen hat, was bei dringenden Fällen zu Schwierigkeiten führen kann. Der Gerichtshof geht davon aus, daß es ausreicht, wenn eine Zuständigkeitsgrundlage prima facie gegeben ist.[894]

Die Bindungswirkung der vorsorglichen Maßnahmen ist nicht geregelt; der Wortlaut des Statuts und dessen Entstehungsgeschichte scheinen eher gegen eine Bindungswirkung zu sprechen. Grundsätzlich wird man argumentieren können, daß die Maßnahmen verbindlich sein müssen, um ihren Zweck, nämlich die Effektivität des verbindlichen Urteils zu sichern, zu erfüllen.[895] Im LaGrand-Fall[896] – in dem die USA eine

---

[892] Hierzu vor allem *Goldsworthy*, Interim Measures of Protection in the International Court of Justice, in: AJIL 68 (1974), S. 258-277 (S. 262 ff.); *Oellers-Frahm*, Die einstweilige Anordnung in der internationalen Gerichtsbarkeit, 1975, S. 14 ff., 48 ff.; *Thirlway*, The Indication of Provisional Measures by the International Court of Justice, in: Bernhard (Hrsg.), Interim Measures Indicated by International Courts, 1994, S. 1-36 (S. 7 ff., 16 ff.); *Oda*, Provisional Measures, in: Lowe/Fitzmaurice (Hrsg.), Fifty Years of the International Court of Justice, Essays in Honour of Sir Robert Jennings, 1996, S. 541-556; *Oellers-Frahm*, Article 41, in: Zimmermann/Tomuschat/dies. (Hrsg.), Statute, 2006, S. 923-966.

[893] *IGH*, Entscheidung vom 17. August 1972, ICJ-Reports 1972, S. 12, S. 16 – Fisheries Jurisdiction Case, United Kingdom v. Iceland).

[894] *Thirlway* (Fn. 892), S. 17 ff.; *Oellers-Frahm*, Article 41 (Fn. 892), Rn. 35 ff.; jeweils m.w.Nw.

[895] Zum Streitstand *Goldsworthy* (Fn. 892), S. 273 f.; *Oellers-Frahm*, Die einstweilige Anordnung (Fn. 892), S. 107-115; *dies.*, Interim Measures of Protection, in: EPIL II (1995), S. 1027-1034 (S. 1029 f.).

[896] Zur zugrundeliegenden Problematik: *Oellers-Frahm*, Pacta sunt servanda - Gilt das auch für die USA? Überlegungen anläßlich der Mißachtung der einstweiligen Anordnungen des IGH im Breard- und im LaGrand-Fall (EuGRZ 1999, 450 ff.) durch die Vereinigten Staaten, in: EuGRZ 1999, S.

einstweilige Anordnung wegen möglicher Verletzung der Konsularrechtskonvention mißachtet und einen deutschen Staatsangehörigen hingerichtet hatten – hatte der IGH seine bisherige Rechtsprechung hinsichtlich der Voraussetzungen einstweiliger Anordnungen zusammengefaßt und nochmals bekräftigt.[897]

Der IGH entscheidet[898] die ihm unterbreiteten Streitigkeiten auf der Grundlage des Völkerrechts und bedient sich dabei nach Art. 38 Abs. 1 IGH-Statut der völkerrechtlichen Verträge, des Völkergewohnheitsrechts, allgemeiner Rechtsgrundsätze und – als Hilfsmittel – richterlicher Entscheidungen und völkerrechtlicher Lehrmeinungen.

Das streitige Verfahren ist nicht nach Typen aufgefächert; dies gilt auch für die (End-)Urteile: Statut und Verfahrensordnung machen diesbezüglich keine Unterschiede zwischen verschiedenen Formen von Urteilen.

Durch die Anerkennung der Jurisdiktion des IGH sind die Streitparteien verpflichtet, Entscheidungen des Gerichtshofs zu befolgen (Art. 94 Abs. 1 SVN, vgl. auch Art. 59 IGH-Statut).

Eine Durchsetzung kann weder der obsiegende Teil noch der IGH selbst unmittelbar erzwingen. Die Charta und das IGH-Statut sehen kein Vollstreckungsverfahren vor.[899] Allerdings eröffnet Art. 94 Abs. 2 SVN einer Streitpartei die Anrufung des Sicherheitsrates, wenn die andere Seite ihren Verpflichtungen aus einem Urteil des IGH nicht nachkommt. Der Sicherheitsrat kann in diesen Fällen, aber nicht aus eigenem Antrieb, Empfehlungen aussprechen oder Maßnahmen zur Durch-

---

437-449. Zu den Konsequenzen der einschlägigen Rechtsprechung des IGH in den USA vgl.: *Kadish*, Article 36 of the Vienna Convention on Consular Relations: The International Court of Justice in Mexico v. United States (Avena) Speaks Emphatically to the Supreme Court of the United States about the Fundamental Right to Consul, in: Georgetown Journal of International Law 36 (2004), S. 1-60.

[897] *IGH*, Entscheidung vom 3. März 1999, ICJ-Reports 1999 I, S. 9 ff. (= EuGRZ 1999, S. 450 f.)

[898] Zum Verfahren vgl. *Verdross/Simma* (Fn. 22), §§ 192 ff.; *Schröder* (Fn. 874), Rn. 96 ff.; *Schlochauer* (Fn. 877), S. 105 ff.; *Gill* (Fn. 878), S. 91-125; jeweils m.w.Nw.

[899] Grundsätzlich zur Problematik vgl. *Oellers-Frahm*, Zur Vollstreckung der Entscheidungen internationaler Gerichte im Völkerrecht, in: ZaöRV 1976, S. 654-679; *Tanzi*, Problems of Enforcement of Decisions of the International Court of Justice and the Law of the United Nations, in: 6 EJIL (1995), S. 539-572.

setzung des Urteils ergreifen.[900] Hierbei ist er in der Wahl seiner Reaktionsform frei und nicht an weitere Voraussetzungen gebunden, die die Charta der Vereinten Nationen an anderer Stelle – etwa in Art. 39 SVN – aufstellt.

c) Bewertung und Ausblick

In den Jahrzehnten seit seiner Einrichtung hat der IGH – ungeachtet der fortdauernden Vorbehalte wichtiger Staaten wie der USA ihm gegenüber – auf der einen Seite in konkreten Streitsituationen Lösungen gefunden und auf diese Weise einen wichtigen Beitrag zur Herrschaft des Rechts in den internationalen Beziehungen geleistet. Auf der anderen Seite hat er durch seine Rechtsprechung an der Weiterentwicklung des Völkerrechts mitgewirkt. In beiden Ausprägungen seiner Tätigkeit haben Kompetenzfragen internationaler Organisationen eine Rolle gespielt.

Die Generalversammlung, der Sicherheitsrat und die Sonderorganisationen können den IGH um Gutachten bitten; hiervon wurde allerdings bisher – verglichen mit der Inanspruchnahme des StIGH durch den Völkerbundsrat – eher wenig Gebrauch gemacht. Gerade der Sicherheitsrat war hier sehr zurückhaltend,[901] wohl weil er seine eigene Entscheidungsfindung für vorgängig hielt und hält. Der StIGH hatte im Karelien-Streit[902] den Grundsatz entwickelt, zu Streitfällen zwischen Parteien, die die Jurisdiktion des Gerichts nicht anerkannt hatten, keinen Gutachtenauftrag zu streitentscheidenden Punkten entgegenzunehmen. Dies steht der Heranziehung des Gerichtshofs durch den Sicherheitsrat in einem vor ihn gebrachten Streitfall möglicherweise ent-

---

[900] Einzelheiten bei *Kelsen* (Fn. 529), S. 539-544. *Schachter*, The Enforcement of International Judicial and Arbitral Decisions, in: AJIL 54 (1960), S. 1-24 (S. 17 ff.); *Uerpmann*, Internationales Verfassungsrecht, in: JZ 2001, S. 565-573 (S. 569); *Mosler/Oellers-Frahm*, Art. 94, in: Simma (Hrsg.), Charter, Bd. 2, 2. Aufl. 2002, Rn. 7 ff.

[901] *Bowett*, The Court's role in relation to international organizations, in: Lowe/Fitzmaurice (Hrsg.), Fifty Years of the International Court of Justice, Essays in Honour of Sir Robert Jennings, 1996, S. 181-209 (S. 182).

[902] *PCIJ*, Gutachten vom 23. Juni 1923, Series B, Nr. 5 (1923) – Status of Eastern Carelia. Ablehnend *Strupp*, Karelienstreit, in: WdVD I (1924), S. 616-621 (S. 620); zustimmend *Herndl*, Karelien-Streit, in: WBVR II (1961), S. 199-202 (S. 200 f.).

gegen, da der IGH diesen Grundsatz anerkennt, aber inzwischen eng auslegt.[903]

Art. 36 SVN sieht vor, daß der Sicherheitsrat den Parteien eines unter Kapitel VI vor ihn gebrachten Streits die Anrufung des IGH empfehlen kann. Der Sicherheitsrat hat dies allerdings nur im „Corfu Channel"-Fall[904] getan.[905]

Mit zunehmender Tätigkeit internationaler Organisationen, gerade durch ihre Mitwirkung oder, im Falle des Sicherheitsrates der Vereinten Nationen neuerdings: Eigenaktivität im Bereich der Rechtssetzung wird der Ruf nach einer diesbezüglichen gerichtlichen Kontrolle lauter (sieh auch infra Dritter Teil C.II).[906] In diesem Zusammenhang ist darauf hinzuweisen, daß bereits in den 1970er Jahren Forderungen erhoben wurden, wonach auch Staaten und der Generalsekretär Gutachten beantragen dürfen sollten,[907] um das Handeln von Organen der Vereinten Nationen besser kontrollieren zu können.[908]

---

903 Vgl. bereits *IGH*, Gutachten vom 30. März 1950, ICJ-Reports 1950, S. 65 ff. (S. 71) – Interpretation of the Peace Treaties with Bulgaria, Hungary and Romania; und *IGH*, Gutachten vom 16. Oktober 1975, ICJ-Reports 1975, S. 12 ff. – Western Sahara. Vgl. auch *Bowett* (Fn. 901), S. 184.

904 *IGH*, Urteil vom 25. März 1948, ICJ-Reports 1948, S. 15 ff. – Corfu Channel Case/Preliminary Objection; *IGH*, Urteil vom 9. April 1949, IICJ-Reports 1949, S. 4 ff. – Corfu Channel Case/Merits.

905 SR-Res. 22 vom 9. April 1947.

906 Beispielsweise: *Alvarez*, Judging the Security Council, in: AJIL 90 (1996), S. 1-39; *Martenczuk* (Fn. 775); *Akande*, The International Court of Justice and the Security Council: Is There Room for Judicial Control of the Political Organs of the United Nations?, in: ICLQ 1997, S. 309-343; *Herbst,* Rechtskontrolle des UN-Sicherheitsrates, 1999; *Stein* (Fn. 658), S. 347 ff., 377 ff.; *Meyer-Ohlendorf,* Gerichtliche Kontrolle des Sicherheitsrates der Vereinten Nationen durch den Internationalen Gerichtshof, Kann der IGH die Rechtmäßigkeit von Zwangsmaßnahmen nach Kap. VII UNO-Charta kontrollieren?, 2000; *de Wet* (Fn. 687), S. 25 ff., 69 ff., 372 ff. Siehe auch *Generalsekretär* (Fn. 223), Nr. 89 ff., 91, wo es heißt, dem Gerichtshof "*should be granted greater powers*".

907 Dokumentiert in: *Generalsekretär* (Fn. 223), Nr. 97.

908 Zu Chancen und Grenzen solcher Kontrolle durch Gutachten siehe nur *de Wet* (Fn. 687), S. 25 ff.

III. Bewertung

Sechzig Jahre nach ihrer Gründung sind die Vereinten Nationen eine nach wie vor vitale Organisation, auf die die Mitgliedstaaten weiterhin nicht verzichten wollen. Das breite Betätigungsfeld macht eine einfache Bilanzierung des Erfolges der Organisation beinahe unmöglich;[909] oft stehen wenig sichtbare Erfolge spektakulären Mißerfolgen gegenüber. Im vorliegenden Rahmen geht es nicht um eine politische Bewertung der Arbeit der Vereinten Nationen, sondern beispielsweise darum, ob die am Beispiel des Völkerbunds orientierte, aber dennoch theoretisch entworfene Organisationsstruktur und die innerorganisatorische Kompetenzverteilung der Aufgabenerfüllung in der Praxis dienlich (gewesen) sind.

Vorab ist darauf einzugehen, daß die Vereinten Nationen eine internationale Organisation mit einem weitgefächerten Handlungsauftrag sind. Die Vereinten Nationen haben sich – den Prinzipien von Wachstum und Akkumulation folgend – im Laufe ihres Bestehens mit einer wachsenden Zahl von Themen beschäftigt. Durch die Befassung mit diesen Themen haben sie Trends setzen und Handlungsmöglichkeiten von Staaten beeinflussen können. Sie haben also oftmals eine Katalysatorenfunktion ausgeübt und sich zunehmend als eigenständiger Akteur in den internationalen Beziehungen etabliert. In toto sind die Vereinten Nationen in ihrer heutigen Gestalt in der Lage, auf die Verwirklichung der Ziele des Art. 1 SVN aktiv hinzuwirken. Da sie nicht als einziger Akteur auftreten und auf die finanzielle Ausstattung durch die Mitgliedstaaten angewiesen sind, die zudem oftmals versuchen, die Vereinten Nationen zum Instrument eigener Interessenpolitik zu machen, ist der oft vorgebrachte Einwand,[910] sie hätten nur begrenzte Handlungsspielräume und Erfolgsaussichten, wenig originell und heute auch noch

---

[909] Vgl. nur *Steiger*, Völkerbund, Vereinte Nationen und der Nahe Osten, in: Der Staat 1970, S. 433-474, einerseits und *Doehring*, Sind die Vereinten Nationen gescheitert oder erfolgreich?, in: Der Staat 1970, S. 475-480, andererseits.

[910] Etwa *Hoffmann*, International Systems and International Law, in: Knorr/Verba (Hrsg.), The International System, Theoretical Essays, 1961, S. 205-237 (S. 227 f.), der die Vereinten Nationen kritisch beurteilt, da sie es nicht schafften, die Welt nach ihrem Willen zu gestalten: "[I]*t's an 'as if' international community, which leaves the basic character of the world system unchanged, and in which decisions are still made by the states.*"

weniger berechtigt.[911] Die Herstellung von Öffentlichkeit durch Behandlung eines Themas in den zuständigen Gremien, die Information oder Aufklärung von Bevölkerungen, die Durchführung von medizinischen Kampagnen und Hilfeleistungen (meistens durch die zuständigen Sonderorganisationen), Friedenseinsätze in allen Varianten oder die Mitwirkung an der Kodifizierung von Völkerrecht sind Beispiele für die vielfältigen Handlungsmöglichkeiten der Vereinten Nationen, die in der Praxis der vergangenen sechs Jahrzehnte auch umfassend genutzt wurden.

Dieses Nebeneinander von funktionaler Zweckerfüllung und Stätte politischer Diskussion – *Klabbers* spricht im Anschluß an *Hannah Arendt* von Agora –[912] ist wichtig und trägt zu einem vollständigen Erfassen internationaler Organisationen als Wirkeinheit bei.

Nicht vergessen werden darf, daß die Vereinten Nationen aus einer Koalition der im Zweiten Weltkrieg gegen die Achsenmächte kämpfenden Staaten hervorgegangen und gleichzeitig zu dem Zweck gegründet worden waren, einen neuerlichen – in Europa angezettelten – Weltkrieg zu verhindern. Ähnlich wie im Falle des Völkerbunds fand der alliierte Ursprung der Organisation seinen Niederschlag in der anfänglichen Zusammensetzung der Mitgliedschaft – die als Feindstaaten gebrandmarkten Achsenmächte blieben zunächst ausgeschlossen – und in der gegenüber dem Völkerbund weitergehenden Privilegierung der Hauptsiegermächte im Sicherheitsrat. Während ersteres überwunden wurde – die beiden deutschen Staaten traten 1973 bei, Italien bereits 1955 und Japan 1956 – besteht die Sonderstellung der fünf ständigen Sicherheitsratsmitglieder unverändert fort. Die Kriegsverhinderungsabsicht machte – so hatte die Erfahrung mit dem Völkerbund gelehrt – ein kontinuierliches Engagement der damals noch kooperierenden Weltmächte in der Organisation erforderlich; der Preis hierfür war deren Vetorecht im Sicherheitsrat. Die auf die Gründung folgende Blockspaltung schuf andere weltpolitische Rahmenbedingungen als diejenigen, für die die Vereinten Nationen konzipiert worden waren. Dies muß bei doch recht drastischen Bemerkungen über die Vereinten Nationen aus der Zeit vor 1989 stets bedacht werden. Folgendes Beispiel mag genügen:

---

[911] Zutreffend demgegenüber *Claude* (Fn. 243), S. 437 ff.: Die Vereinten Nationen bewirkten ein „*international government*" jenseits von Zwang. *Leprette* (Fn. 509), S. 365, betont denn auch: « *En vérité, les reproches faits à l'Organisation des Nations Unies s'adressent aux gouvernements qui la composent.* ».

[912] *Klabbers* (Fn. 561), S. 282 ff.

> „Die Organisation der Vereinten Nationen ist konstitutionell nicht in der Lage, mehr als eine internationale Scheinordnung zu bieten, die mit der Bereitschaft der Weltmächte, nicht mit Hilfe der Fluchtklauseln der Satzungsartikel 27, 51 und 107 aus ihr auszubrechen, steht und fällt."[913]

Erst nach dem Mauerfall war die Möglichkeit eröffnet, daß die Vereinten Nationen und vor allem ihr System kollektiver Sicherheit so funktionieren konnten, wie in der Charta vorgesehen. Dementsprechend werden ab dieser Zeit verstärkt Konzepte einer zukünftigen Weltordnungspolitik entwickelt.[914] Die gegenseitige Blockade der Großmächte im Kalten Krieg hat aber gleichzeitig dafür gesorgt, daß die Vereinten Nationen nicht „zur Beute" eben dieser Mächte werden konnten, sondern es der rasch wachsenden Mehrheit der neuen Mitgliedstaaten ermöglicht, die Generalversammlung stärker, als die Gründer es vielleicht beabsichtigt hatten, zu einem Kraftzentrum der Organisation werden zu lassen.[915]

Im System der Vereinten Nationen spielen zwischenstaatlich-politische und organisationssoziologische Kategorien eine wichtige Rolle. Die Feststellung, der Betrachter müsse *„bei der Bewertung von Institutionen auf die Schneidigkeit juristischer Kategorien verzichten"*,[916] erscheint gleichwohl überzogen. Angemessener ist es, sämtliche Kategorien zu bedenken und Wechselwirkungen zwischen ihnen anzunehmen. Dies vorausgeschickt, kann thesenartig festgestellt werden:

Das wuchernde System der Vereinten Nationen, auf dessen nicht selten unsystematischen Charakter bereits hingewiesen wurde,[917] spiegelt einerseits das Bestreben, aus faktischen Problemen resultierende Aufgaben zu lösen, ist aber andererseits auch Ausdruck eines bürokratieim-

---

[913] *Schwarzenberger* (Fn. 37), S. 433.

[914] Vgl. statt vieler *Müller/Wallacher* (Hrsg.), Weltordnungspolitik für das 21. Jahrhundert, Historische Würdigung – Ethische Kriterien – Handlungsoptionen, 2000; *Rosenau*, The Study of World Politics, Vol. 2: Globalization and Governance, 2006, S. 7-45; *Mahncke*, A New World Order?, in: Reinisch/Kriebaum (Hrsg.), The Law of International Relations, Liber Amicorum Hanspeter Neuhold, 2007, S. 211-227; jeweils m.w.Nw.

[915] Diesen Aspekt betont auch *Koskenniemi* (Fn. 473), S. 337.

[916] *Tomuschat* (Fn. 515), S. 56.

[917] Supra Fn. 509.

manenten Wachstumsdrucks[918] wie einer Versorgungsmentalität der Mitgliedstaaten.

Die Aufgabenverteilung zwischen den Organen hat in der Praxis nicht stets so funktioniert, wie sich das die Gründerstaaten vorgestellt hatten. Dies gilt etwa für den Bedeutungsverlust des ECOSOC gegenüber der Generalversammlung oder für das Verhältnis zwischen Generalversammlung und Sicherheitsrat. Letzteres betrifft vor allem die Ersatzkompetenz der Generalversammlung, sich in Notstandssondertagungen mit Friedensstörungen zu befassen.[919] Dabei handelte es sich allerdings auf die Reaktion der in der Generalversammlung versammelten Mitgliedstaaten auf die zeitweilige Handlungsunfähigkeit des Sicherheitsrates. Letztendlich stellte diese Entwicklung den Versuch dar, die Organisation handlungsfähig zu erhalten. Sie ist also im Grundsatz positiv zu beurteilen, auch wenn die spätere Praxis der Notstandssondertagungen oftmals unbefriedigend ist.

Gleichzeitig kann aber festgestellt werden, daß in den meisten Fällen die Aufgabenwahrnehmung immer dann möglich war, wenn die Mitgliedstaaten dies entweder aktiv wollten oder zumindest geschehen ließen.[920]

Die Mitwirkung „der" Vereinten Nationen an der Kodifizierung von Völkerrecht – durch die Generalversammlung, deren Rechtsausschuß, die Völkerrechtskommission oder die Menschenrechtskommission – kann insgesamt als erfolgreich bezeichnet werden.[921] Die Vereinten Nationen haben sich in diesem Zusammenhang als Förderer einer auf Recht basierten Ordnung erwiesen und auf diese Weise gleichzeitig zum Ausdruck gebracht, daß sie einem rechtlich gebundenen Handeln hohe Bedeutung beilegen.

---

918 Näher *Vaubel/Dreher/Soylu*, Das Personalwachstum in internationalen Organisationen: Ein Principal-Agent-Problem?, Eine empirische Analyse, in: Pappi u.a. (Hrsg.), Die Institutionalisierung internationaler Verhandlungen, 2004, S. 205-231.

919 Vgl. supra bei Fn. 522 ff.

920 *Smithers* (Fn. 809), S. 7 meint, es komme darauf an, daß *"their limited capacity for problem solution as well as the supporting effort of Governments expressed both in money and services, return a maximum yield in terms of solving priority problems"*. Siehe ferner *Hawkins et al.*, Delegation under anarchy: states, international organizations, and principal-agent-theory, in: dies. (Hrsg.), Integration and agency in international organizations, 2006, S. 3-38.

921 Vgl. supra bei Fn. 582 ff.

Dementsprechend ist auch das Funktionieren der Vereinten Nationen auf rechtlicher Grundlage seit Jahrzehnten hervorzuheben.[922] Daraus folgt aber auch, daß die Beachtung kompetenzrechtlicher Regelungen wichtig war und bleibt, weil sie das Handeln der Organisation geprägt hat und nach wie vor prägt.[923]

An diesem Befund ändert auch der Umstand nichts, daß Mitgliedstaaten in einzelnen Fällen aus der Rechtsordnung der Vereinten Nationen und des Völkerrechts insgesamt ausbrechen. Ebensowenig, wie Rechtsbrüche die nationalen Rechtsordnungen – in denen sie zahlenmäßig recht hoch ausfallen – und die Völkerrechtsordnung in Frage stellen,[924] beseitigen Verstöße gegen die Charta der Vereinten Nationen deren Charakter als rechtlich organisierte und funktionierende Einheit. Dies gilt auch mit Blick auf etwa den Irakkrieg des Jahres 2003. Hier hatte der Sicherheitsrat zwar eine Friedensbedrohung durch den Irak festgestellt. Eine Resolution, die im Anschluß zumindest nach dem im Falle des Kosovo etablierten Musters verfuhr, unterblieb aber, so daß der Waffengang nicht ausdrücklich mandatiert wurde.[925] Die Staatenkoalition sah sich aber gleichwohl legitimiert. Auch die sich damals allmächtig fühlenden USA haben trotz fortdauernder Geringschätzung der Verein-

---

922 Dies unterstreicht *Ramcharan* (Fn. 847), S. 5, 19 und passim, speziell für die Menschenrechtsinstitutionen der Vereinten Nationen.

923 Dazu auch *Schmahl* (Fn. 642), S. 226 f.

924 Vgl. nur *Dixon*, Textbook on International Law, 5. Aufl. 2005, S. 4 ff.; *Kokott/Doehring/Buergenthal* (Fn. 566), Rn. 16. Treffend bereits *Campagnolo* (Fn. 459), S. 9: *« Une notion de droit qui n'admet pas la possibilité qu'il ne soit violé est évidemment absurde. »*

925 Einzelheiten zu möglichen rechtlichen und politischen Rechtfertigungsversuchen bietet *Bothe*, Der Irak-Krieg und das völkerrechtliche Gewaltverbot, in: AVR 2003, S. 255-271. Eindeutig *Bruha*, Irak-Krieg und Vereinte Nationen, in: AVR 2003, S. 295-313 (S. 297): „völkerrechtswidrige[r] Krieg"; *van Walsum*, The Security Council and the Use of Force: The Cases of Kosovo, East Timor, and Iraq, in: Blokker/Schrijver (Hrsg.), The Security Council and the Use of Force, Theory and Reality – A Need for Change?, 2005, S. 65-74 (S. 70 ff.), hält den Einsatz militärischer Gewalt zwar einerseits für unrechtmäßig, möchte aber andererseits auch die Konsequenz vermeiden, daß die dauerhafte Nichtbefolgung von Sicherheitsratsresolutionen ohne Konsequenzen bleibt. Differenzierend *Kotzur*, Die Weltgemeinschaft im Ausnahmezustand? Politische Einheitsbildung im Zeichen der Prävention – eine Skizze, in: AVR 2004, S. 353-388 (S. 375 ff.).

Siehe auch *BVerwG*, Urteil vom 21. Juni 2005 (2 WD 12.04 – TDG N 1 VL 24/03), in: EuGRZ 2005, S. 636-678, Nr. 4.1.4.1.1 (S. 660 ff.).

ten Nationen[926] diesen und ihren Rechtsgrundsätzen nicht den Rücken gekehrt.

Zwar sind die Staaten nach der Struktur des Völkerrechts nicht auf internationale Organisationen angewiesen – umgekehrt brauchen die internationalen Organisationen die Staaten zur Ordnungsstiftung und zur Durchsetzung ihrer Beschlüsse –, aber der politische Preis für eine offene Verweigerung (vor allem gegenüber den Vereinten Nationen) ist heutzutage einfach zu hoch. Die grundsätzliche Beteiligung und gegebenenfalls selektive Befolgung, wie sie beispielsweise die VR China, die Islamische Republik Iran oder die Vereinigten Staaten von Amerika praktizieren, läßt die Nutzung von machtpolitischen Gestaltungsspielräumen bei gleichzeitiger Inanspruchnahme der aus der Mitgliedschaft fließenden Vorteile zu.

Die Reformdebatten der letzten Jahrzehnte erfassen alle Tätigkeitsbereiche;[927] sie reichen von grundsätzlichen Strukturfragen bis hin zu Optimierungswünschen in einzelnen Bereichen. Der letzte Reformbericht des Generalsekretärs "In larger freedom" beschreibt die gewandelten Herausforderungen, denen sich die Vereinten Nationen heute gegenübersehen und schlußfolgert, sie müßten, um ein wirkungsvolles Instrument für ihre Mitgliedstaaten und die Völker der Welt zu sein, den Bedürfnissen und Gegebenheiten des 21. Jahrhunderts angepaßt werden (Nr. 153). Dazu reichten „Verwaltungsreformen“ nicht aus, auch die „intergouvernementalen Organe“ müßten „neues Leben eingehaucht“ bekommen (Nr. 157, Übersetzung N.W.).

So gelte es für die Generalversammlung, ihre Bedeutung unter den Organen der Vereinten Nationen dadurch zu stärken, daß sie effzienter arbeite und sich auf wichtige Themen konzentriere (Nr. 160 f.). Dies läuft auf eine Begrenzung des umfassenden Erörterungsrechts nach Art. 10 SVN hinaus, jedenfalls dergestalt, daß nicht jedes Thema gleichsam um seiner selbst willen jahr(zehnt)elang auf der Tagesordnung der Generalversammlung stehen soll.

Die in der Charta der Vereinten Nationen vorgesehenen drei Räte – Sicherheitsrat, ECOSOC und Treuhandrat – seien im Laufe der Zeit in ein immer größeres Ungleichgewicht geraten (Nr. 165). Den Anforderungen der Jetztzeit entsprechend sollen der Sicherheitsrat reformiert, der Treuhandrat abgeschafft und ein Menschenrechtsrat geschaffen so-

---

[926] Personifiziert durch UN-Botschafter *John Bolton* (1. August 2005 bis 31. Dezember 2006).

[927] Nachweise in Fn. 510.

wie der ECOSOC neuausgerichtet und gestärkt werden (Nr. 166). Sollten diese Vorschläge umgesetzt werden, kommt es zu Verschiebungen bei den Aufgaben und Befugnissen der jeweiligen Organe; bisher erfolgte freilich nur eine halbherzige Umsetzung der Beschlüsse durch die Einrichtung des Menschenrechtsrates.

Da es das Ziel von Reformen sein soll, die Organisation der Vereinten Nationen zu stärken und ihre Arbeit wirksamer zu machen, lag es nahe, in diesem Rahmen auch die Rolle der für das Funktionieren der Organisation in vielen Bereichen inzwischen unverzichtbaren Nichtregierungsorganisationen[928] zu stärken. Diese Aufgabe hatte der Generalsekretär der Gruppe namhafter Persönlichkeiten für die Beziehungen zwischen den Vereinten Nationen und der Zivilgesellschaft unter dem Vorsitz des brasilianischen Präsidenten *Fernando Henrique Cardoso* übertragen. Deren Bericht "We the Peoples ..." wurde im Juni 2004 vorgelegt.[929] Drängende Fragen, die im Verhältnis zu den Nichtregierungsorganisationen behandelt wurden, waren u.a. eine Vereinheitlichung des Akkreditierungsverfahrens, das Verhältnis von Nichtregierungsorganisationen aus den Ländern des Südens zu denen aus dem Norden und schließlich die Beteiligung von Nichtregierungsorganisationen an der Tätigkeit des Sicherheitsrates. Die Vorschläge des *Cardoso*-Berichts, die als Sammlung eher halbherziger Schritte verstanden wurden,[930] fanden jedoch keinen nennenswerten Eingang in das Schlußdokument von 2005.

Kompetenzen, um die Bewertung abzuschließen, sind zur Verwirklichung der umfassenden Ziele der Organisation breit angelegt. So dürfen sich die Vereinten Nationen und ihre Organe mit allen relevanten Themen und Fragestellungen befassen und sich dazu – auch gegenüber konkret benannten Mitgliedstaaten – äußern. Die Schranke, die Art. 2 Abs. 7 SVN mit dem Hinweis auf die Respektierung der innerstaatlichen Angelegenheiten (Grundsatz der Nichteinmischung) errichtet, ist

---

[928] Siehe die Nachweise in Fn. 211.

[929] UN-Dok. A/58/817 vom 11. Juni 2004.

[930] Vgl. *Fues*, Paradigmenwechsel, Die Bedeutung des Cardoso-Berichtes für die Weiterentwicklung von Global Governance in den Vereinten Nationen, in: Zeitschrift für Entwicklungspolitik 18/19/2004, S. 28-30; *Volger*, Mehr Partizipation nicht erwünscht, Der Bericht des Cardoso-Panels über die Reform der Beziehungen zwischen den Vereinten Nationen und der Zivilgesellschaft, in: VN 2005, S. 12-18; positiv demgegenüber die Einschätzung von *Lindblom*, (Fn. 211), S. 406 ff.

angesichts der Werteorientierung der Charta kein wirksames rechtliches Hindernis mehr.[931]

Durch die neuen Handlungsformen des Sicherheitsrates ist die Frage nach seiner Kontrolle drängender denn je geworden. Insbesondere die Inanspruchnahme von Legislativkompetenzen,[932] die angesichts der gewandelten Umstände durchaus angemessen erscheint, geht mit einer Kompetenzminderung auf Seiten der Staaten einher. Um die insoweit verlorengegangene Kontrolle über die völkerrechtliche Rechtssetzung im Rahmen der Mitwirkung zu kompensieren, wird es für die Staaten wichtig, die Ergebnisse der Rechtssetzung durch den Sicherheitsrat gerichtlich überprüfen zu lassen.

---

[931] *Nolte*, Art. 2 Abs. 7, in: Simma (Hrsg.), Charter, Bd. 1, 2. Aufl. 2002, S. 148-171; *Hailbronner/Klein* (Fn. 526), Rn. 11 ff.

[932] Vgl. supra nach Fn. 765.

B. Die europäische Einigung: Ergänzung um die supranationale Dimension

Es konnte im bisherigen Verlauf der Arbeit gezeigt werden, daß sich die zwischenstaatliche, institutionalisierte Kooperation im Laufe der Zeit zunehmend auf eine wachsende Zahl von Feldern erstreckt hat und insgesamt enger geworden ist. Die bereits angesprochene Komplexität der zu lösenden Fragen, die inzwischen von mehr Staaten besser erkannt wird als früher, und die immer offener zutage tretende Unzulänglichkeit nationalstaatlicher Lösungsversuche in bestimmten Politikbereichen gelten gemeinhin als entscheidende Faktoren, die diese Entwicklung vorangetrieben haben.[933] Die faktische Notwendigkeit für die Staaten, miteinander verstärkt in institutionalisierter Form zu kooperieren, ist dabei auf die erhöhte Bereitschaft getroffen, dies auch tatsächlich zu tun.[934] Hierfür ist nicht zuletzt ein gewandeltes Souveränitätsverständnis verantwortlich.[935]

Die (teilweise) Übertragung von Souveränitätsrechten freilich, der formelle und erkennbare Verzicht auf Hoheitsgewalt, die gleichzeitig einer anderen Entität zuwächst und von dort in neuer Form zurückwirkt, gehört nach wie vor nicht zum weltweit akzeptierten Handlungsreper-

---

[933] Hierzu supra Erster Teil B, S. 39 ff.

[934] Eine nicht zu unterschätzende Rolle hat auch das – durch die Wiedervereinigung erneuerte – Bestreben der europäischen Staaten gespielt, eine Dominanz durch Deutschland zu verhindern. Prägnant *Grieco*, The Maastricht Treaty, Economic and Monetary Union, and the Neo-Realist Research Programme, in: Review of International Studies 21 (1995), S. 21-40 (S. 34): "*If states share a common interest and undertake negotiations on rules constituting a collaborative arrangement, then the weaker but still influential partners will seek to ensure that the rules so constructed will provide sufficient opportunities for them to voice their concerns and interests and thereby prevent or at least ameliorate their domination by stonger partners.*"

[935] Siehe dazu neben den in Fn. 50 genannten Autoren *Schmitz*, Integration in der Supranationalen Union, Das europäische Organisationsmodell einer prozeßhaften geo-regionalen Integration und seine rechtlichen und staatstheoretischen Implikationen, 2001, S. 91f., 237 ff. *Schmitz* sieht auch in der engen unionsrechtlichen Einbindung der Mitgliedstaaten keine Beeinträchtigung ihrer völkerrechtlichen Souveränität. Vgl. demgegenüber die Einschätzung von *Doehring* (Fn. 51).

toire von Staaten.[936] Während die Staaten Europas seit Anfang der fünfziger Jahre des zwanzigsten Jahrhunderts im Rahmen der Europäischen Gemeinschaften und der Europäischen Union diesen Weg[937] zumindest bislang kontinuierlich beschritten haben, ist weder in anderen Regionalorganisationen noch gar bei den Vereinten Nationen[938] erkennbar, daß Staaten diese Option in vergleichbarer Intensität umsetzen wollen. Auch Neugründungen internationaler Organisationen setzen mitunter bewußt einen gegenläufigen Akzent: So ist die im Jahre 1995 gegründete Welthandelsorganisation (World Trade Organization – WTO)[939] zwar als eine auf das Funktionieren internationaler Märkte ausgerichtete Organisation nach den Grundsätzen interner Effzienz, externer Effektivität und demokratischer Legitimation strukturiert, doch begreift sich die WTO selbst – und dies im Sinne der Mitglieder – als "*member-*

---

[936] Manche Beobachter, etwa *Weller*, The Reality of the Emerging Universal Constitutional Order, Putting the Pieces of the Puzzle Together, in: Cambridge Review of International Affairs, X/2 (1997), S. 40-63 (S. 45), machen gleichzeitig eine Dekonstruktion des legitimierenden Mythos der Souveränität aus: "*It is becoming increasingly evident that the sovereign state, exclusively controlled and represented by an internationally unaccountable government, no longer exists. The term 'state' no longer describes a metaphysical entity endowed with supreme internal and external authority. Instead, it is a technical term which modestly represents one of many layers of competence to which individuals have transferred public powers.*" Anders *Wallace*, The Sharing of Sovereignty: the European Paradox, in: Jackson (Hrsg.), Sovereignty at the Millenium, 1999, S. 81-99 (S. 99): "*Much of the substance of European state sovereignty has now fallen away; the symbols, the sense of national solidarity, the focus for political representation and accountability, nevertheless remain.*"

[937] Zur Entstehung der Europaidee und der institutionellen Entwicklung siehe ausführlich *Lipgens*, Die Anfänge der europäischen Einigungspolitik 1945-1950, Erster Teil 1945-1947, 1977; *Hallstein*, Die europäische Gemeinschaft, 2. Aufl. 1974, S. 9 ff.; *Constantinesco*, Das Recht der Europäischen Gemeinschaften I, Das institutionelle Recht, 1977, Rn. 2-22; *Bieber*, in: BBPS, Die Europäische Union, 5. Aufl. 2001, Rn. 1-13; *Oppermann*, Europarecht, 3. Aufl. 2005, § 1; *Krüger*, Das unberechenbare Europa, Epochen des Integrationsprozesses vom späten 18. Jahrhundert bis zur Europäischen Union, 2006; jeweils m.w.Nw.

[938] Eine diesbezügliche Entwicklung meinte beispielsweise *Taylor*, The United Nations in the 1990s: Proactive Cosmopolitanism and the Issue of Sovereignty, in: Jackson (Hrsg.), Sovereignty at the Millenium, 1999, S. 116-143; erkennen zu können.

[939] Die WTO-Übereinkommen sind abgedruckt in BGBl. 1994 II 1625.

driven, consensus-based organization"[940], was sich darin niederschlägt, daß dem Sekretariat nur eine dienende und keine politische Funktion zugewiesen wurde (Art 6 WTO-Übereinkommen). Allerdings ist es auch hier in der Praxis rasch zu einer extensiven Auslegung der Befugnisse durch das Sekretariat gekommen; überdies werden Reformvorschläge zu seiner Stärkung diskutiert.[941]

Die aus den drei Europäischen Gemeinschaften hervorgegangene Form der europäischen Einigung ist gekennzeichnet vom Nebeneinander der Merkmale und Funktionen unterschiedlicher Organisationsformen. So sind nach wie vor Formen intergouvernementaler Zusammenarbeit und eher klassische Strukturen internationaler Organisationen neben der supranationalen Gemeinschaft und einer „*staatsähnlichen Verantwortungsgemeinschaft der Bürger*" als prägend erkennbar.[942] Eine endgültige Einordnung dieses „*Versuch*[s], [...] *politische Ordnung zu schaffen*"[943] steht freilich noch aus.[944]

I. Die Hohe Behörde nach dem EGKS-Vertrag

Anders als nach dem Ersten Weltkrieg, da man die Frage der kriegswichtigen Schlüsselindustrien nicht tragfähig hatte lösen können, vielmehr mit der Besetzung des Rheinlandes, des Saarbeckens und dem französisch-belgischen Ruhreinmarsch (1923)[945] einen dauerhaften Revisionsgrund[946] geschaffen hatte, sollte die auf *Jean Monnet* zurückge-

---

[940] *WTO*, Understanding the WTO, 2003, S. 100. Zur WTO siehe nur *Stoll*, Die WTO: Neue Welthandelsorganisation, neue Welthandelsordnung, in: ZaöRV 1994, S. 241-339; *Krajewski*, Verfassungsperspektiven und Legitimation des Rechts der Welthandelsorganisation (WTO), 2001; *Hilf/Oeter*, WTO-Recht, Rechtsordnung des Welthandels, 2005.

[941] Siehe *Hilf*, in: ders./Oeter (Fn. 940), § 8, Rn. 62 f.

[942] Treffend *Schmitz* (Fn. 935), S. 113.

[943] *von Bogdandy*, Zweierlei Verfassungsrecht, Europäisierung als Gefährdung des gesellschaftlichen Grundkonsenses?, in: Der Staat 2000, S. 163-184 (S. 181).

[944] Prägnant *Klein* (Fn. 19), Rn. 255 am Ende: „*Im Buch der Staatenverbindungen ist ein neues Kapitel aufzuschlagen.*"

[945] Ausführlich: *Schwabe* (Hrsg.), Die Ruhrkrise 1923, 1985.

[946] Dies war nicht nur im Deutschen Reich die allgemeine Auffassung – vgl. *Krüger* (Fn. 468), S. 80 ff.; *Winkler* (Fn. 468), S. 87-98; *ders.* (Fn. 69), S. 398-403;

hende Europäische Gemeinschaft für Kohle und Stahl (Montanunion/EGKS) ohne einseitig diskriminierende Kontrollen auskommen.[947]

Der zwischen Belgien, Deutschland, Frankreich, Italien, Luxemburg und den Niederlanden geschlossene Vertrag über die EGKS[948] sah nach seinem Art. 7 vier Organe vor: Hohe Behörde, Rat, parlamentarische Versammlung und Gerichtshof. Hier soll wegen ihrer Pionierrolle kurz auf die Hohe Behörde[949] eingegangen, die anderen Organe dagegen im Zusammenhang mit den anderen Gemeinschaften und der Europäischen Union behandelt werden.

Die Hohe Behörde hatte neun Mitglieder; sie setzte sich aus acht im gegenseitigen Einvernehmen der Mitgliedstaaten (Art. 10 Abs. 1 Satz 1 EGKS-Vertrag) für eine Amtszeit von sechs Jahren (Art. 9 Abs. 1 EGKS-Vertrag; nach Art. 9 Abs. 2 Satz 1 war Wiederernennung möglich) ernannten Mitgliedern zusammen. Nach Art. 10 Abs. 1 Satz 1 und Art. 9 Abs. 3 EGKS-Vertrag konnten nur Staatsangehörige ernannt werden; maximal zwei Mitglieder durften nach Art. 9 Abs. 4 EGKS-Vertrag dieselbe Staatsangehörigkeit haben.

Die acht ernannten Mitglieder konnten nach Art. 10 Abs. 1 Satz 2 EGKS-Vertrag ein neuntes Mitglied kooptieren. Hierin kam das supranationale Prinzip der Hohen Behörde, das ihre Arbeit von Anfang geprägt hatte, deutlich zum Ausdruck. Bereits in den ersten Plänen zur EGKS hatte es geheißen, die Entscheidungen der zu errichtenden Hohe Behörde sollten für die sechs Mächte „*verbindlich sein*"[950], die Hohe

---

jeweils m.w.Nw. –, auch *Churchill* (Fn. 414), S. 1-27, sprach von den „*Torheiten der Sieger*". Siehe auch *Parker* (Fn. 359), S. 7-23, 64-84. Zu den älteren Wurzeln des Problems siehe *Krüger*, Das Problem der Stabilisierung Europas nach 1871: Die Schwierigkeiten des Friedensschlusses und die Friedensregelungen als Kriegsgefahr, in: ders. (Hrsg.), Das europäische Staatensystem im Wandel, 1996, S. 171-188.

[947] Ausführlich zu den Hintergründen und zur Entstehungsgeschichte der EGKS s. die Beiträge in: *Schwabe* (Hrsg.), Die Anfänge des Schuman-Plans 1950/51, The Beginnings of the Schuman-Plan, Beiträge des Kolloquiums in Aachen, 28.-30. Mai 1986, 1988.

[948] Vom 18. April 1951, in Kraft seit dem 23. Juli 1952; BGBl. 1952 II 447. Der Vertrag war auf fünfzig Jahre geschlossen und lief am 23. Juli 2002 aus.

[949] Umfassend: *Spierenburg/Poidevin*, The History of the High Authority of the European Coal and Steel Community, Supranationality in Operation, 1994.

[950] Sechs-Mächte-Erklärung vom 3. Juni 1950, abgedruckt in: *Schulze/Hoeren* (Hrsg.), Dokumente zum Europäischen Recht, Bd. 1: Gründungsverträge, 1999, Teil 1, Nr. 6.

Behörde sei „*Trägerin einer responsabilité commune*"[951] und die „*sozusagen vollkommene Verwirklichung der übernationalen Gemeinschaft*"[952].

Art. 9 Abs. 6 EGKS-Vertrag verpflichtete die Mitgliedstaaten denn auch ausdrücklich, den „*überstaatlichen*[953] *Charakter zu achten und nicht zu versuchen, die Mitglieder der Hohen Behörde bei der Erfüllung ihrer Aufgaben zu beeinflussen*".

Die Hohe Behörde hatte nach Art. 8 EGKS-Vertrag die Aufgabe, „*für die Erreichung der in diesem Vertrag festgelegten Zwecke nach Maßgabe des Vertrages zu sorgen*". Die Hohe Behörde erhielt dabei allerdings – entgegen den ursprünglichen Plänen – den aus Regierungsvertretern zusammengesetzten Ministerrat zur Seite gestellt, der ihr Handeln und das der für die allgemeine Wirtschaftspolitik ihrer Länder verantwortlichen Regierungen harmonisieren sollte (Art. 26 Abs. 1 EGKS-Vertrag). Allerdings blieb die Hohe Behörde das Organ der Montanunion, bei dem die wesentlichen Entscheidungsbefugnisse konzentriert waren; der Rat nahm nur Aufsichts- und Beratungsfunktionen wahr.

Die Hohe Behörde entschied gemäß Art. 13 Abs. 1 EGKS-Vertrag mit Mehrheit. Der Vertrag stellte ihr in Art. 14 die folgenden Handlungsformen zur Verfügung:

- Entscheidung – in allen Teilen verbindlich
- Empfehlung – hinsichtlich der Ziele verbindlich
- Stellungnahme – nicht verbindlich

---

951 Kurzprotokoll der Sitzung im französischen Außenministerium vom 21. Juni 1950, abgedruckt in: *Schulze/Hoeren* (Fn. 950), Teil 1, Nr. 13.

952 Memorandum über die Institutionen des Vorschlages vom 9. Mai 1950 vom 27. Juli 1950 (deutsch vom 4. August 1950), abgedruckt in: *Schulze/Hoeren* (Fn. 950), Teil 1, Nr. 31.

953 Im französischen Text: supra-national. *Chaumont*, La Signification du Principe de Spécialité des Organisations Internationales, in: Mélanges offerts à Henri Rolin, 1964, S. 55-66 (S. 57) legt dem wohl zu Unrecht wenig Bedeutung bei : « *Le mot 'supranational' n'est employé, somme toute, que pour qualifier les fonctions des membres de la Haute Autorité* [...], *ç'est à dire pour souligner la nécéssité de leur indépendance; la même expression pourrait aussi bien s'appliquer aux secrétariats généraux de toutes les organisations internationales.* » Anders *Jaenicke*, Die Sicherung des übernationalen Charakters der Organe internationaler Organisationen, in : ZaöRV 1951/52, S. 46-117 (S. 47 f. und passim).

Durch den Fusionsvertrag[954] wurde die Hohe Behörde in ihrer vertraglich-sprachlichen Charakterisierung auf den Stand der beiden Kommissionen zurückgenommen;[955] der überstaatliche Charakter der fusionierten Kommission wurde weniger dezidiert proklamiert.[956] Allerdings ist der Wortlaut der einschlägigen Bestimmungen nicht allein für den Charakter der jeweiligen Organe entscheidend; wichtig ist neben der formalen Unabhängigkeit gegenüber den nationen Regierungen auch die faktische Unabhängigkeit *„gegenüber direkten und indirekten Einflüssen aus der Machtsphäre der einzelnen Mitgliedstaaten“*[957]. Unter diesem Gesichtspunkt ist die Hohe Behörde während der gesamten Zeit ihres Bestehens – wie auch die Kommission(en) –, unbeschadet der nicht zu leugnenden Versuche staatlicher Einflußnahmen auf ihre Politik,[958] überstaatlich in dem Sinne gewesen, daß sie im Interesse der Gemeinschaft gehandelt hat.

II. Vergemeinschaftung als Programm – von der EWG zur EU[959]

Nach dem wagemutigen Schritt, den die Gründungsstaaten mit der EGKS vollzogen hatten, erlitt die Idee der europäischen Integration[960]

---

[954] Vom 8. April 1965, in Kraft seit dem 1. Juli 1967, BGBl. 1965 II 1435, durch Art. 9 des Amsterdamer Vertrages, jetzt Art. 50 EUV teilweise aufgehoben; erhalten geblieben sind Art. 1 und 9 FusV, mit denen ein gemeinsamer Rat und eine gemeinsame Kommission der damals noch drei Gemeinschaften eingesetzt worden waren.

[955] Zu den Schwierigkeiten der Zusammenarbeit der drei Organe vgl. *Spierenburg/Poidevin* (Fn. 949), S. 380 ff.

[956] Siehe infra Zweiter Teil II.3. Die anfängliche Auffassung, es sollten weitere dezidiert übernationale « Autorités » eingerichtet werden, wie sie etwa von der (damals) Beratenden Versammlung des Europarates am 23. November 1950 ausgesprochen wurde, konnte sich nicht durchsetzen; vgl. den Nachweis bei *Jaenicke* (Fn. 953), S. 49, Fn. 13.

[957] *Jaenicke* (Fn. 953), S. 54.

[958] *Martin*, Building on Coal and Steel, European Integation in the 1950s and the 1960s, in: Dinan (Hrsg.), Origins and Evolution of the European Union, 2006, S. 126-140, zieht eine negative Bilanz.

[959] Eine übersichtliche Beschreibung dieses Prozesses aus politikwissenschaftlicher Sicht bietet *Tömmel*, Das politische System der EU, 2. Aufl. 2005. Siehe auch die Beiträge in *Dinan* (Hrsg.), Origins and Evolution of the European Union, 2006.

bekanntlich angesichts der noch weiter reichenden, aber scheiternden Integrationsvorhaben der Europäischen Verteidigungsgemeinschaft und der Europäischen Politischen Gemeinschaft zunächst einen Dämpfer. Nach einer Neukonzeptionierung und klugen Beschränkung der Integrationsziele (sogenannter funktionalistischer Ansatz) konnten die Römischen Verträge zur Gründung der Europäischen Wirtschaftsgemeinschaft (EWG)[961] und zur Europäischen Atomgemeinschaft (Euratom/EAG)[962] geschlossen werden.[963]

1. Skizze der Entwicklung der Gemeinschaft(en)[964]

EWG-Vertrag (EWGV) und Euratom-Vertrag (EAGV) sahen jeweils vier Organe vor: Versammlung, Rat, Kommission und Gerichtshof. Die somit bestehenden drei Gemeinschaften verfügten über insgesamt zwölf Organe. Um hieraus in der Praxis keine *„unsinnige Folge"*[965] werden zu lassen, wurden im Abkommen über die gemeinsamen Organe der Europäischen Gemeinschaften[966] die Gerichtshöfe und die Versammlungen zu jeweils einem Organ zusammengelegt. Beide handelten aber un-

---

960 Kompakte Darstellung der Integrationskonzepte und -ziele bei *Kuschnick*, Integration in Staatenverbindungen, Vom 19. Jahrhundert bis zur EU nach dem Vertrag von Amsterdam, 1999, S. 67-119.

961 Vom 25. März 1957, in Kraft seit dem 1. Januar 1958; BGBl. 1957 II 753, 1678.

962 Vom 25. März 1957, in Kraft seit dem 1. Januar 1958; BGBl. 1957 II 753, 1014, 1678.

963 Interessant der Ansatz von *Milward*, The European Rescue of the Nation-State, 1992, S. 3 ff., 27 ff. und passim, demzufolge die europäische Integration den Staaten Europas in der Nachkriegsphase geholfen habe, ihre Stellung zu stärken.

964 Vgl. neben den entsprechenden Abschnitten in den Lehrbüchern des Europarechts und in den Kommentaren der Gemeinschaftsverträge auch *Schmitz* (Fn. 935), S. 114-131; und *Sattler*, Die Entwicklung der Europäischen Gemeinschaften von ihrer Gründung bis zum Ende der EWG-Übergangszeit, in: JöR N.F. 19 (1970), S. 1-128; *ders.*, Die Entwicklung der Europäischen Gemeinschaften vom Ende der EWG-Übergangszeit bis zur Erweiterung auf zwölf Mitgliedstaaten (1970-1985), in: JöR N.F. 36 (1987), S. 365-449; *Devuyst*, The European Union at the Crossroads, The EU's Institutional Evolution from the Schuman Plan to the European Convention, 2. Aufl. 2003.

965 *Constantinesco* (Fn. 937), Rn. 267, S. 354.

966 Vom 25. März 1957, in Kraft seit dem 1. Januar 1958; BGBl. 1957 II 1156.

ter dem jeweiligen Vertrag mit den entsprechenden Aufgaben und Befugnissen, wechselten also gleichsam die Rolle und die Rechtsgrundlagen ihres Handelns. Die einheitliche Versammlung nennt sich seit dem 30. März 1958 Europäisches Parlament.

Mit dem Fusionsvertrag (FusV)[967] wurden eine gemeinsame Kommission und ein gemeinsamer Rat der drei Gemeinschaften gebildet. Aber auch diese beiden Gemeinschaftsorgane behielten die ursprünglichen Kompetenzen der jeweiligen Vorläufer bei und handelten jeweils unter dem entsprechenden Vertrag in der dort vorgegebenen Funktion. Überdies wurden die Beamten der drei Gemeinschaften in einer einzigen Verwaltung (Art. 24 FusV) zusammengeführt und ein gemeinsamer Haushaltsplan erstellt (Art. 20 FusV).

Heute zählen Art. 5 des Vertrages über die Europäische Union (EUV), Art. 7 des Vertrages über die Europäische Gemeinschaft (EGV) und Art. 3 Abs. 1 EAGV übereinstimmend die folgenden (Haupt-)Organe auf:

- Europäisches Parlament,
- Rat,
- Kommission,
- Gerichtshof,
- Rechnungshof[968] (gegründet 1975; Hauptorgan erst seit 1993).

Die Hauptorgane sind untereinander gleichrangig.

Der Gründungsphase folgten der Ausbau des Binnenmarktes, die Begründung der Europäischen Politischen Zusammenarbeit (EPZ),[969] die erste Erweiterung (1973)[970] und die Einrichtung des Europäischen Währungssystems (EWS – ab 1979).[971] Unter der im Jahre 1974 einge-

---

[967] Vgl. Fn. 954.

[968] Zu diesem *Ehlermann*, Der Europäische Rechnungshof, Haushaltskontrolle in der Gemeinschaft, 1976; *Freytag*, Der Europäische Rechnungshof, Institution, Funktion und politische Wirkung, 2005.

[969] Hierzu *Müller-Graff*, Europäische Politische Zusammenarbeit und Gemeinsame Außen- und Sicherheitspolitik: Kohärenzgebot aus rechtlicher Sicht, in: Integration 1993, S. 147-157 m.w.Nw.

[970] Aufgenommen wurden Dänemark, Irland und das Vereinigte Königreich.

[971] Beruhend auf Verordnung 3181/78 vom 18. Dezember 1978, ABl.L 379/2. Das EWS wurde mit der Einführung der einheitlichen Gemeinschaftswährung, des Euro, in elf Mitgliedstaaten am 1. Januar 1999 beendet; Griechenland trat der Währungsunion mit Wirkung vom 1. Januar 2001 bei. Einführend *Bieber*,

führten Bezeichnung „Europäischer Rat der Staats- und Regierungschefs“[972] kam es seit 1972 zu zunächst jährlichen, später häufigeren Gipfeltreffen, die die Leitlinien der weiteren Entwicklung der Gemeinschaften vorgaben.[973] Die solcherart begonnene sogenannte Vertiefung der Gemeinschaften mündete Mitte der 1980er Jahre in die „Einheitliche Europäische Akte“ (EEA).[974] Mit ihr erhielten die Gemeinschaften nicht nur die zu dieser Zeit dringend notwendigen, neuen und präzisen politischen Handlungsaufträge. Es wurde auch ein rechtlicher Rahmen für die fortschreitende politische Integration geschaffen. In der EEA wurden einerseits der Europäische Rat und die Europäische Politische Zusammenarbeit jenseits der bisherigen, auf Art. 95 EGKSV, Art. 203 EAGV und Art. 235 EWGV gestützten Praktizierung auch in den Verträgen niedergelegt und andererseits der EWG-Vertrag grundlegend reformiert. Letzteres bedeutete unter anderem den den Gemeinsamen Markt weiterführenden Binnenmarkt, die Übertragung neuer Zuständigkeiten in den Bereichen Forschung, Technologie und Umweltschutz und die Reform der Entscheidungs- und Rechtssetzungsverfahren.[975] Aus der auf begrenzte Sachgebiete und anfänglich sechs Mitgliedstaaten beschränkten Staatengemeinschaft war in dieser zweiten Phase nach Vertiefung, mehreren Erweiterungen und thematischer Ausweitung ein allgemeiner Integrationsverband geworden:

> „Mit diesen weitreichenden Veränderungen machten sie [die Mitgliedstaaten, N.W.] deutlich, daß sie den in der Praxis bereits vollzogenen Wandel der EWG von der supranationalen Spezialorganisation für Wirtschaftsfragen zu einer konzeptionell grundsätzlich für alle Politikbereiche offenen allgemeinen supranationalen Organisation begrüßten und nunmehr rechtlich absichern wollten. Indem sie die EPZ außerhalb des EWGV verrechtlichten und damit nur den euro-

---

in: BBPS, Die Europäische Union, 5. Aufl. 2001, Rn. 957-980; *Oppermann* (Fn. 937), § 14; jeweils m.w.Nw.

[972] Hierzu infra zweiter Teil B.II.4.

[973] Zur Geschichte und zur Bedeutung der Gipfelkonferenzen vgl. *Constantinesco* (Fn. 937), Rn. 429 ff.

[974] Vom 28. Februar 1986, in Kraft seit dem 1. Juli 1987, BGBl. 1986 II 1102.

[975] Zur EEA vgl. *Magiera*, Die Einheitliche Europäische Akte und die Fortentwicklung der Europäischen Gemeinschaft zur Europäischen Union, in: GS Wilhelm Karl Geck, 1989, S. 507-530 m.w.Nw. Zeitlich damit einher ging in Deutschland eine stetig wachsende Außenorientierung der Rechtsordnung; hierzu *Wahl*, Die zweite Phase des Öffentlichen Rechts in Deutschland, Die Europäisierung des Öffentlichen Rechts, in: Der Staat 1999, S. 495-518.

> päischen Gesamtverband, nicht aber die EWG mit Fragen der Außenpolitik befaßten, brachten sie allerdings gleichzeitig zum Ausdruck, daß nicht jeder Schritt zum Zusammenwachsen Europas zwangsläufig mit der Übertragung von Hoheitsrechten verbunden sein muß, daß sie sich vielmehr auch vorstellen konnten, in bestimmten Politikbereichen zunächst von einer Vergemeinschaftung abzusehen und die europäischen Organe Rat Kommission und Parlament vorerst auf eine lockerere Weise an der gemeinsamen Suche nach neuen Problemlösungen zu beteiligen."[976]

Das Projekt zur Verwirklichung einer Wirtschafts- und Währungsunion wurde ab dem 1. Januar 1990 umgesetzt. Um die bereits 1983 feierlich bekräftigte Absicht, eine Europäische Union zu schaffen, umzusetzen, wurde 1991 eine Regierungskonferenz einberufen, die am 10. Dezember 1991 ihre Ergebnisse im „Vertrag über die Europäische Union"[977] vorlegte. Dieser faßt alle Änderungen und Ergänzungen der Gemeinschaftsverträge zusammen. In Art. 3 EUV heißt es, daß die Union über einen *„einheitlichen institutionellen Rahmen"* verfügt, *„der die Kohärenz und Kontinuität der Maßnahmen zur Erreichung ihrer Ziele unter gleichzeitiger Wahrung und Weiterentwicklung des gemeinschaftlichen Besitzstandes sicherstellt"*. Auf einige damit verbundene Fragen wird im Zusammenhang mit dem Europäischen Rat (infra Zweiter Teil B.II.5) eingegangen.

Der Unionsvertrag enthält zum einen Bestimmungen zu den – intergouvernemental angelegten – Feldern Gemeinsame Außen- und Sicherheitspolitik (GASP)[978] und Zusammenarbeit in den Bereichen Justiz

---

[976] *Schmitz* (Fn. 935), S. 124 f. Vgl. auch umfassend die Beiträge in: *Kaiser* (Hrsg.), Transnational European Union, Towards a Common Political Space, 2005.

[977] Auch: Vertrag von Maastricht, vom 7. Februar 1992, in Kraft seit dem 1. November 1993, BGBl. 1992 II 1251. Kritische Würdigung des Vertrags bei *Schachtschneider/Emmerich-Fritsche/Beyer*, Der Vertrag über die Europäische Union und das Grundgesetz, in: JZ 1993, S. 751-760; *Beyer*, Die Ermächtigung der Europäischen Union und ihrer Gemeinschaften, in: Der Staat 1996, S. 189-220. Siehe auch *Isensee*, Integrationsziel Europastaat?, in: FS für Ulrich Everling, Bd. I, 1995, S. 567-592; und *Hrbek* (Hrsg.), Der Vertrag von Maastricht in der wissenschaftlichen Kontroverse, Beiträge für das Jahreskolloquium des Arbeitskreises Europäische Integration e.V., 12.-14. November 1992 in Bonn, 1993.

[978] Hierzu die Beiträge in *Regelsberger* (Hrsg.), Die Gemeinsame Außen- und Sicherheitspolitik der Europäischen Union, Profilsuche mit Hindernissen, 1993; sowie *Jürgens*, Die gemeinsame europäische Außen- und Sicherheitspoli-

und Inneres (ZBJI).[979] Zum anderen wandelte der Vertrag von Maastricht die EWG in die breiter angelegte, mit erweitertem Tätigkeitsbereich[980] versehene Europäische Gemeinschaft (EG) um und führte unter anderem eine Unionsbürgerschaft[981] mit aktivem und passivem Kom-

---

tik, 1994; *Münch*, Die gemeinsame Aktion als Mittel der Gemeinsamen Außen- und Sicherheitspolitik, 1997. Bilanzierend dann *Gottschald*, Die GASP von Maastricht bis Nizza, Die Ergebnisse und Beschlüsse der Gemeinsamen Außen- und Sicherheitspolitik der EU seit ihrer Entstehung bis zum Vertrag von Nizza, 2001; *Regelsberger*, Die gemeinsame Außen- und Sicherheitspolitik der EU (GASP), Konstitutionelle Angebote im Praxistest 1993-2003, 2004. Vgl. auch die Vorausschau bei *Kadelbach*, Die Gemeinsame Außenpolitik nach dem Verfassungsvertrag, in: Hofmann/Zimmermann (Hrsg.), Eine Verfassung für Europa, Die Rechtsordnung der Europäischen Union unter dem Verfassungsvertrag, 2005, S. 145-165. Zur Verteidigungsdimension ausführlich: *Graf Kielmansegg*, Die Verteidigungspolitik der Europäischen Union, Eine rechtliche Analyse, 2005.

Aus politikwissenschaftlicher Sicht: *Soetendorp*, The Evolution of the EC/EU as a Single Foreign Policy Actor, in: Carlsnaes/Smith (Hrsg.), European Foreign Policy, The EC and Changing Perspectives in Europe, 1994, S. 103-119; *Glöckler-Fuchs*, Institutionalisierung der europäischen Außenpolitik, 1997, S. 17-24 und passim (inkl. einer Analyse der EPZ-Nahostpolitik, S. 186 ff.); *Kreft*, Die Europäische Union als Sicherheitsinstitution: Die gemeinsame Außen- und Sicherheitspolitik und die europäische Verteidigungsgemeinschaft im kulturell-institutionellen Kontext der europäischen Integration, 2002; *Wallace*, Foreign and Security Policy, The Painful Path from Shadow to Substance, in: Wallace/ders./Pollack (Hrsg.), Policy Making in the European Union, 5. Aufl. 2005, S. 429-456.

[979] Einführend *Nanz*, Der „3. Pfeiler der Europäischen Union“: Zusammenarbeit in der Innen- und Justizpolitik, in: Integration 1992, S. 126-140; ausführlich *Müller-Graff*, Europäische Zusammenarbeit in den Bereichen Justiz und Inneres, Der dritte Pfeiler der Europäischen Union, 1996; jeweils m.w.Nw.

[980] Vor allem in den Art. 126-129 EGV über Bildung, Kultur und Gesundheitswesen. Ausführlich: *Schmahl*, Die Kulturkompetenz der Europäischen Gemeinschaft, 1996, die freilich nachweisen kann, daß die Einführung der Kulturkompetenz in der Praxis keine wesentlichen Änderungen mit sich gebracht hat.

[981] Vgl. *Hobe*, Die Unionsbürgerschaft nach dem Vertrag von Maastricht, in: Der Staat 1993, S. 245-268; *Degen*, Die Unionsbürgerschaft nach dem Vertrag über die Europäische Union unter besonderer Berücksichtigung des Wahlrechts, in: DöV 1993, S. 749-758; *Beutler*, in: BBPS, Die Europäische Union, 5. Aufl. 2001, Rn. 671-690; jeweils m.w.Nw.

munalwahlrecht und das Recht zur Teilnahme an der Wahl zum Europäischen Parlament im Wohnsitzstaat ein.

Der Vertrag von Maastricht hatte seine Überarbeitung und Weiterentwicklung bereits selbst vorgesehen (in seinem Art. N Abs. 2); die einberufene Regierungskonferenz verabschiedete den Vertrag von Amsterdam,[982] der keine grundsätzlichen Veränderungen an der Architektur der Europäischen Union vornimmt. Wichtig ist der Vertrag vor allem, weil er der Europäischen Gemeinschaft Kompetenzen im Bereich der Innenpolitik zuweist[983] und so zu einer „Verschlankung" der dritten Säule führt. Außerdem stärkt er die Rechte des Europäischen Parlaments bei der Gemeinschaftsrechtssetzung durch die Ausweitung des Mitentscheidungsverfahrens (Art. 251 EGV[984]).

Über die Zwischenschritte „E 10", „E12" und „E15"[985] war der Erweiterungsprozeß zunächst noch weitgehend parallel mit der Vertiefung geführt worden.[986] Diese Engführung erwies sich nach dem überwiegend als unbefriedigend empfundenen Vertrag von Nizza im Jahre 2001[987] als schwierig, weil die Erweiterung um gleich zehn neue Mit-

---

[982] Vom 2. Oktober 1997, in Kraft seit dem 1. Mai 1999, BGBl. 1998 II 386. Siehe *Streinz*, Der Vertrag von Amsterdam, Die institutionellen Veränderungen für die Europäische Union und die Europäische Gemeinschaft, in: Jura 1988, S. 57-65; *ders.*, Der Vertrag von Amsterdam, Einführung in die Reform des Unionsvertrags von Maastricht und erste Bewertung der Ergebnisse, in: EuZW 1998, S. 137-147.

[983] Vgl. den neuen Titel IV des EG-Vertrages: Visa, Asyl, Einwanderung und andere Politiken betreffend den freien Personenverkehr.

[984] Die Artikelangaben des EGV beziehen sich, wenn nichts anderes vermerkt ist, auf den Vertrag von Nizza vom 26. Februar 2001, in Kraft getreten am 1. Februar 2003, BGBl. 2001 II 1666.

[985] Aufnahme von Griechenland im Jahre 1981, von Portugal und Spanien im Jahre 1986 und von Finnland, Österreich und Schweden im Jahre 1995.

[986] Zum Verhältnis beider Bewegungsrichtungen siehe *Karp/Bowler*, Broadening *and* deepening or broadening *versus* deepening: The question of enlargement and Europe's 'hesitant Europeans', in: European Journal of Political Research 45 (2006), S. 369-390. Allgemein zur Geschichte der Erweiterung siehe *Kaiser* (Hrsg.), European Union Enlargement, A Comparative History, 2004.

[987] Zu diesem beispielsweise *Epiney/Freiermuth Abt/Mosters,* Der Vertrag von Nizza, in: DVBl. 2001, S. 941-952; *Hummer/Obwexer*, Der Vertrag von Nizza mit EU- und EG-Vertrag in konsolidierter Fassung sowie EU-Charta der Grundrechte, 2001, S. 1-67 (= Einführung).

gliedstaaten[988] ungebremst[989] vorangetrieben wurde. Die vor diesem Hintergrund im Zuge des sogenannten Post-Nizza-Prozesses[990] verabredete Europäische Verfassung – recte Vertrag über eine Europäische Verfassung – (EV; infra B.III) hat in weiten Teilen denn auch eher konsolidierenden als schöpferischen Charakter.[991] Gleichwohl kann man die Union weiterhin *„auf dem Weg zu ihrer politischen Vollendung"*[992] sehen, auch wenn der Verfassungsvertrag zwischenzeitlich nach ablehnenden Volksabstimmungen in Frankreich und den Niederlanden beerdigt wurde. Sein wesentlicher Inhalt wurde einer allzu staatsähnlichen

---

[988] Mit Wirkung vom 1. Mai 2004 wurden Estland, Lettland, Litauen, Malta, Polen, Tschechien, die Slowakei, Slowenien, Ungarn und Zypern aufgenommen. Grundsätzlich zu Fragen des Beitritts: *Haratsch*, Zugehörigkeit zur Union, in: Höreth/Janowski/Kühnhardt (Hrsg.), Die Europäische Verfassung, Analyse und Bewertung ihrer Strukturentscheidungen, 2005, S. 271-293 (S. 271 ff.).

[989] Rumänien und Bulgarien sind seit dem 1. Januar 2007 Mitgliedstaaten. Kandidaten sind Kroatien, die ehemalige jugoslawische Republik Mazedonien (FYROM) und die Türkei. Letztere hatte bereits im Jahre 2004 erreicht, daß trotz erheblicher Vorbehalte in der Bevölkerung vieler Mitgliedstaaten seit dem 3. Oktober 2005 konkret über die Modalitäten ihres Beitritts zur EU verhandelt wird. Nach den gescheiterten Verfassungsreferenden in Frankreich und den Niederlanden im Sommer 2005 scheint der Erweiterungsschwung führender Politiker etwas gehemmt. Kommissionspräsident *Barroso* erklärte im November 2005 Zeitungsberichten zufolge hingegen, die Union sei eher zu klein als zu groß, um in wirtschaftlicher Hinsicht erfolgreich mit der VR China konkurrieren zu können; vgl. Frankfurter Allgemeine Zeitung vom 17. November 2005, S. 5.

[990] Ausführlich *Bruha/Nowak* (Hrsg.), Die Europäische Union nach Nizza: wie Europa regiert werden soll, Interdisziplinäres Kolloquium zur Regierungsdebatte in der Europäischen Union, 2003. Kritische Bilanz bei *Bauer/Schweitzer*, Nach der Osterweiterung: Grenzen und Chancen der stabilen Systementwicklung der Europäischen Union, in: Österreichisches Studienzentrum für Frieden und Konfliktlösung (Hrsg.), Europa und die Dynamik der globalen Krise, 2006, S. 92-114.

[991] Skeptisch auch *Schäuble*, Die europäische Integration voranbringen, in: Frankfurter Allgemeine Zeitung vom 28. Januar 2005, S. 9: *„Im Ergebnis bleibt die ersehnte Klärung des Verhältnisses von Erweiterung und Vertiefung weiter aufgeschoben und die EU mit einem Mangel an Zielvorstellung belastet, einer Schwäche im Wesentlichen, die in eine gefährliche Erosion des Europäischen umschlagen kann."*

[992] *Weidenfeld*, Rivalität der Partner, Die Zukunft der transatlantischen Beziehungen, Die Chance eines Neubeginns, 2005, S. 87.

Symbolik entkleidet und im Vertrag von Lissabon (2007) erneut auf den Weg gebracht. Dessen Ratifikation nimmt derzeit trotz einer negativen Volksabstimmung in Irland weiter ihren Gang. Das vorgesehene Inkrafttreten zum 1. Januar 2009 ist jedoch unwahrscheinlich.

Im folgenden ist in historischen Zusammenhängen immer von der oder den konkret betroffenen Europäischen Gemeinschaften (EGKS, EAG, E(W)G) die Rede, für die Jetztzeit wird der heutigen Begrifflichkeit folgend von der Europäischen Union gesprochen.[993]

2. Grundfragen der Kompetenzabgrenzung zwischen den Gemeinschaften und den Mitgliedstaaten – Überblick[994]

Die Integration der Mitgliedstaaten in die Gemeinschaften erforderte von Anfang an, daß den Gemeinschaften und ihren Organen Aufgaben und Zuständigkeiten von den Mitgliedstaaten übertragen[995] wurden. Gleichzeitig wurden neue Aufgaben geschaffen, die originäre Kompetenzen bei den Gemeinschaften und ihren Organen erforderlich machten. Beispielsweise ist die gemeinsame Agrarpolitik von signifikant anderer Qualität als die jeweiligen nationalen Agrarpolitiken der Mitgliedstaaten (auch in der Summe). Auch nicht jede Kompetenz, die die Mitgliedstaaten verloren haben, ist den Gemeinschaften zugewachsen; dies gilt beispielsweise für die sogenannten Stillhalteklauseln.[996]

Anders als EGKSV und EAGV, die ja einen sehr speziellen Wirklichkeitsausschnitt umfassend regeln, stellt der E(W)GV einen flexibler angelegten Rahmenvertrag dar, der auf fortschreitende, zunächst ausschließlich wirtschaftliche Integration angelegt ist.[997] Um beispielsweise

---

[993] Zu Schwierigkeiten mit den Begriffen vgl. *Schmitz* (Fn. 935), S. 70 ff., 137 ff.; *von Bogdandy/Nettesheim*, Die Verschmelzung der Europäischen Gemeinschaften in der Europäischen Union, in: NJW 1995, S. 2324-2328 (S. 2324f.).

[994] Ausführlich *Trüe*, Das System der Rechtssetzungskompetenzen der Europäischen Gemeinschaft und der Europäischen Union, 2002.

[995] Hierzu ausführlich *Lorenz*, Die Übertragung von Hoheitsrechten auf die Europäischen Gemeinschaften, 1990.

[996] Zu denken ist etwa an das Verbot, neue Binnenzölle einzuführen, Art. 23 Abs. 1 EGV.

[997] So bereits die Bundesregierung im Jahre 1957 in den Erläuterungen zu den Verträgen zur Gründung der Europäischen Wirtschaftsgemeinschaft und der Europäischen Atomgemeinschaft sowie zu den Abkommen über die ge-

den Gemeinsamen Markt und später den Binnenmarkt[998] zu verwirklichen, müssen die Organe über gestaltende Kompetenzen verfügen, die eine Entwicklung anstoßen und in Gang halten können.[999]

Die Kompetenzverteilung zwischen den Gemeinschaften und den Mitgliedstaaten, wie sie sich heute darstellt,[1000] hat sich im Laufe der Zeit in einzelnen Entwicklungsschritten herausgebildet; sie ist bereits am Anfang nicht einem abstrakten Plan gefolgt, sondern eher pragmatisch den jeweiligen Sachfragen entsprechend konzipiert worden. Spätere Regelungen haben zum Teil Straffungen oder Neugewichtungen vorgenommen, aber auch hierbei ist weniger einem theoretischen Modell als einer angemessenen – manchmal auch nur: im Kompromißwege erreichbaren – Lösung der Sachfragen der Vorzug gegeben worden; stets mußten freilich auch nationale Empfindlichkeiten und machtpolitische Erwägungen berücksichtigt werden. Auch der weiter unten näher zu behandelnde Vertrag von Lissabon ist nur teilweise von einem theoretischen Ordnungsmodell getragen, das etwa eine allfällige Neukonzeption anstreben würde, sondern ist vielmehr von dem Bemühen geprägt, das bereits existierende System zu strukturieren und, wo nötig, geschmeidiger zu machen.[1001]

---

meinsamen Organe für die europäischen Gemeinschaften vom 25. März 1957, in: BT-DruckS. Nr. 3440 (2. Wahlperiode) vom 4. Mai 1957, S. 108: *„Der Vertrag regelt nicht nur wie ein Wirtschafts- und Handelsabkommen Rechte und Pflichten der beteiligten Staaten untereinander; eine derartige Regelung hätte weder dem politischen noch dem wirtschaftlichen Ziel genügt, das die vertragsschließenden Staaten anstrebten. Der Vertrag ruft vielmehr ein europäisches Gebilde verfassungsrechtlicher Gattung ins Leben. Hoheitsfunktionen auf dem Gebiet der Wirtschaft werden aus der Zuständigkeit der Vertragsstaaten ausgegliedert und der Europäischen Wirtschaftsgemeinschaft übertragen.“*

998 Zum Verhältnis von Gemeinsamen Markt (Art. 2 EGV) und Binnenmarkt (Art. 14 EGV) vgl. *Kahl*, in: Calliess/Ruffert (Hrsg.), EUV/EGV, 3. Aufl. 2007, Art. 14 EGV, Rn. 6-12; *von Bogdandy*, in: Grabitz/Hilf (Hrsg.), Art. 14 EGV, Rn. 6 ff. (EL 15, Januar 2000).

999 Hierauf weist zu Recht *Constantinesco* (Fn. 937), Rn. 146, hin.

1000 Hierzu *von Bogdandy/Bast*, Die vertikale Kompetenzordnung der Europäischen Union, Rechtsdogmatischer Bestand und verfassungspolitische Reformperspektiven, in: EuGRZ 2001, S. 441-458.

1001 Zur vertikalen Kompetenzproblematik unter der Europäischen Verfassung vgl. *Streinz*, Kompetenzabgrenzung zwischen Europäischer Union und ihren Mitgliedstaaten, in: Hofmann/Zimmermann (Hrsg.), Eine Verfassung für Europa, Die Rechtsordnung der Europäischen Union unter dem Verfassungsvertrag, 2005, S. 71-103.

Art. 2 EGV beschreibt es als Aufgabe der Gemeinschaft, einen Katalog von Vertragszielen zu erreichen.[1002] Mittel des gemeinschaftlichen Handelns sind die Errichtung eines Gemeinsamen Marktes und einer Wirtschafts- und Währungsunion sowie die Durchführung der in den Art. 3 und 4 EGV aufgeführten gemeinsamen Politiken und Maßnahmen. Erreicht werden soll jeweils eine gemeinschaftsweite Förderung:

- einer harmonischen, nachhaltigen und ausgewogenen Entwicklung des Wirtschaftslebens,
- eines hohes Beschäftigungsniveaus und eines hohen Maßes an sozialem Schutz,
- der Gleichstellung von Männern und Frauen,
- eines beständigen, nichtinflationären Wachstums,
- eines hohen Grades von Wettbewerbsfähigkeit und Konvergenz der Wirtschaftsleistungen,
- eines hohen Maßes an Umweltschutz und Verbesserung der Umweltqualität,
- der Hebung der Lebenshaltung und der Lebensqualität,
- des wirtschaftlichen und sozialen Zusammenhaltes und der Solidarität zwischen den Mitgliedstaaten.

Art. 2 EGV steht, um eine Formulierung des EuGH aufzugreifen, *„an der Spitze der vertragsprägenden allgemeinen Grundsätze"*.[1003] Zusammen mit Art. 5 Abs. 1 EGV, der mit den Worten:

> „Die Gemeinschaft wird innerhalb der Grenzen der ihr in diesem Vertrag zugewiesenen Befugnisse und gesetzten Ziele tätig."

das „Prinzip der begrenzten Einzelermächtigung"[1004] ausdrücklich festschreibt, bildet die Vorschrift den Kernpunkt des Integrationsprogramms und seiner Umsetzung.

[1002] Vgl. allgemein: *Basedow*, Zielkonflikte und Zielhierarchie im Vertrag über die Europäische Gemeinschaft, in: FS für Ulrich Everling, Bd. I, 1995, S. 49-68; *Magiera* (Fn. 975), S. 513 ff. Ausführlich die Beiträge in: *Wallace/Wallace/Pollack* (Hrsg.), Policy Making in the European Union, 5. Aufl. 2005.

[1003] EuGH, Rs. 167/73, Urteil vom 4. April 1974, Slg. 1974, S. 359 ff., Rn. 17 u. 23 – Kommission ./. Frankreich.

[1004] Ausführlich hierzu: *Kraußer*, Das Prinzip begrenzter Ermächtigung im Gemeinschaftsrecht als Strukturprinzip des EWG-Vertrages, 1991; *Müller-Graff*, Die Kompetenzen in der Europäischen Union, in: Weidenfeld (Hrsg.), Die Europäische Union, Politisches System und Politikbereiche, 2004, S. 141-165; zweifelnd *Beyer* (Fn. 977), S. 191 f. *Lukes*, Korrektur beschränkter Er-

Art. 6 Abs. 4 EUV (Nizza-Fassung) enthält die Formulierung:

> „Die Union stattet sich mit den Mitteln aus, die zum Erreichen ihrer Ziele und zur Durchführung ihrer Politiken erforderlich sind."

Nach einer teilweise vertretenen Auffassung sei hierdurch das Prinzip der begrenzten Einzelermächtigung zugunsten des Prinzips offener Ermächtigung aufgegeben und der Union eine Kompetenz-Kompetenz eingeräumt worden.[1005] Diese Auffassung von Art. 6 Abs. 4 EUV verkennt allerdings die Systematik der Verträge mit Vergemeinschaftung und intergouvernementaler Zusammenarbeit, die Anwendbarkeit des Subsidiaritätsprinzips auch auf die Verwirklichung der Ziele der EU (Art. 2 Abs. 2 EUV) und die Bindung bestimmter Entscheidungen an die Ratifikation durch die Mitgliedstaaten (etwa in Art. 42 Satz 2 EUV). Diese Argumente sprechen gegen die Annahme einer Kompetenz-Kompetenz ebenso wie der Umstand, daß Art. 6 Abs. 4 EUV es anders als die Verträge ansonsten unterläßt,[1006] ein zuständiges Organ und das anzuwendende Verfahren zu benennen. Insgesamt ist Art. 6 Abs. 4 EUV – der jedenfalls keine erweiternde Wirkung auf die Kompetenzen der Gemeinschaften hat, vgl. Art. 47 EUV – (nur) als politisch-programmatische Absichtserklärung[1007] zu verstehen, die Union im Rahmen der vorhandenen Kompetenzen mit den notwendigen Finanz- und sonstigen Mitteln auszustatten.[1008]

An der Spitze der Aufgaben der Gemeinschaft steht die Verwirklichung des Binnenmarktes; dabei geht es nach außen um die Stärkung der

---

mächtigungen in Gründungsverträgen am Beispiel der Art. 30 ff. EAG-Vertrag, in: Ipsen u.a. (Hrsg.), Verfassungsrecht im Wandel, 1995, S. 447-467, zeigt die Grenzen dieses Prinzips auf.

[1005] Drastisch *Schachtschneider/Emmerich-Fritsche/Beyer* (Fn. 977), S. 751 ff. m.w.Nw.

[1006] Hierauf weisen auch *Hilf/Schorkopf*, in: Grabitz/Hilf, Art. 6 EUV, Rn. 103 ff. (EL 23, Januar 2004), hin. Ebenso BVerfG E 89, 155 [196 f.]

[1007] BVerfG E 89, 155 [194 f.]; siehe auch *Klein*, Grundrechtsdogmatische und verfassungsprozessuale Überlegungen zur Maastricht-Entscheidung des Bundesverfassungsgerichts, in: GS Grabitz, 1995, S. 271-286 (S. 280): *„völlig zutreffende restriktive Auslegung"*, aus der das BVerfG aber *„zu weitreichende Konsequenzen"* ziehe. Siehe auch *Lerche*, „Kompetenz-Kompetenz" und das Maastricht-Urteil des Bundesverfassungsgerichts, in: Ipsen u.a. (Hrsg.), Verfassungsrecht im Wandel, 1995, S. 409-424. Anders *Hilf/Schorkopf*, in: Grabitz/Hilf, Art. 6 EUV, Rn. 99 (EL 23, Januar 2004).

[1008] So auch *Puttler*, in: Calliess/Ruffert (Hrsg.), EUV/EGV, 3. Aufl. 2007, Art. 6 EUV, Rn. 227 f.

Wettbewerbsfähigkeit der EG, nach innen um die Verwirklichung der vier Grundfreiheiten (freier Kapitalverkehr, Arbeitnehmerfreizügigkeit, Niederlassungs- und Dienstleistungsfreiheit, freier Warenverkehr). Dies soll erreicht werden durch die Harmonisierung nationalen Rechts, durch Rechtsvereinheitlichung, indem gemeinsames Recht geschaffen wird, und durch die gegenseitige Anerkennung des fremden nationalen Rechts.

Während die Gemeinschaft in diesem Bereich eher auf die Mitgliedstaaten – in unterschiedlicher Form – einwirkt, um ihre Aufgaben zu erreichen, fällt die Gemeinschaft bei den eigenen Sachpolitiken, wie der gemeinsamen Agrarpolitik, der gemeinsamen Handelspolitik oder – seit dem Vertrag von Maastricht – der gemeinsamen Währungspolitik, die Entscheidungen selbst und führt diese zum Teil auch selbst,[1009] überwiegend aber durch die Mitgliedstaaten aus.

In einem weiteren, im Laufe der Zeit ausgeweiteten Bereich wirkt die Gemeinschaft steuernd an verschiedenen Politiken der Mitgliedstaaten mit, etwa auf den Feldern des Verbraucher- oder Gesundheitschutzes.

Die Verträge enthalten in Art. 95 Abs. 1 EGKSV, Art. 203 EAGV und Art. 235 E(W)GV/308 EGV jeweils eine Ersatzkompetenz für Kommission, Rat und Parlament. Diese können die geeigneten Vorschriften erlassen, wenn ein Tätigwerden der Gemeinschaft erforderlich erscheint, um im Rahmen des Gemeinsamen Marktes eines ihrer Ziele zu verwirklichen, und die hierfür erforderlichen Befugnisse nicht im Vertrag vorgesehen sind. Diese Vorschriften sind ein deutliches Zeichen dafür, daß die ausdrücklichen Kompetenzzuweisungen an den anderen Stellen der Verträge nicht erschöpfend sind und auch nicht sein können, sollen die Gemeinschaften Ziel und Zweck der Verträge erreichen.

Gemeinschaften wie Union nehmen neben den Mitgliedstaaten am völkerrechtlichen Verkehr teil; zwar verfügen nach bisheriger Rechtslage nur die Gemeinschaften über eine völkerrechtliche Rechtspersönlichkeit,[1010] doch ist die Union aufs engste mit ihnen verbunden und hat

---

[1009] Hierzu *von Borries*, Verwaltungskompetenzen der Europäischen Gemeinschaft, in: FS für Ulrich Everling, Bd. I, 1995, S. 127-147.

[1010] Vgl. nur *Bothe*, Die Stellung der Europäischen Gemeinschaften im Völkerrecht, in: ZaöRV 1977, S. 122-137; *Bernhardt*, Die Europäische Gemeinschaft als neuer Rechtsträger im Geflecht der traditionellen zwischenstaatlichen Rechtsbeziehungen, in: EuR 1983, S. 199-215 (S. 202 ff.); *Pachinger*, Die Völkerrechtspersönlichkeit der EU, L'Union Européenne comme sujet du droit international, 2003, S. 41 ff., 109 ff.

zumindest dergestalt an deren Rechtspersönlichkeit teil,[1011] daß ihre Teilnahme am völkerrechtlichen Rechtsverkehr von dritten Staaten akzeptiert wird. Eine endgültige Kategorisierung ist hier, angesichts des fortschreitenden Integrationsprozesses (noch) nicht möglich.

Zwar ist die traditionelle Außenpolitik bei den Mitgliedstaaten verblieben und im Rahmen der GASP nur intergouvernemental verbunden,[1012] doch sind wichtige Teile der (vormals genuin staatlichen) Außenbeziehungen im Rahmen des EG-Vertrages integriert, wie die Gemeinsame Handels- und Entwicklungspolitik. Die fortschreitende wirtschaftliche Integration hat die Frage der Außenkompetenzen (dazu infra Zweiter Teil B.II.9) der Gemeinschaft im Verhältnis zu den Mitgliedstaaten mit Brisanz versehen. Die Verteidigungspolitik gehört zwar schon seit dem Unionsvertrag zu den Zuständigkeitsbereichen (Art. J.4 Abs. 1, heute Art. 17 Abs. 1 UAbs. 1 EUV), doch erfolgte die Aktualisierung dieses Politikbereichs erst Ende der 1990er Jahre durch die Einrichtung der Europäischen Sicherheits- und Verteidigungspolitik (ESVP).[1013]

3. Die Kommission[1014]

Die dem EGKS-Vertrag nachfolgenden Römischen Verträge hatten die Kommissionen nicht ausdrücklich als supranational konzipiert; weder kam ihnen das Kooptationsrecht zu noch wurden sie im Text als überstaatlich bezeichnet. Durch den Fusionsvertrag wurde auch die Hohe

---

[1011] Hierzu *von Bogdandy/Nettesheim* (Fn. 993), S. 2327 f.

[1012] Als Praxisbeispiel mag das Verhalten der EG/EU in der Generalversammlung der Vereinten Nationen dienen; hierzu neben *Sucharipa* (Fn. 122) und *Arnold* (Fn. 122) auch *Wouters*, The European Union as an Actor Within the United Nations General Assembly, in: Kronenberger (Hrsg.), The European Union and the International Legal Order: Discord or Harmony?, 2001, S. 375-404.

[1013] Zur dreistufig angelegten verteidigungspolitischen Verbandskompetenz der Europäischen Union ausführlich *Graf Kielmansegg* (Fn. 978) und *ders.*, Die verteidigungspolitischen Kompetenzen der Europäischen Union, in: EuR 2006, S. 182-200 (S. 185 ff.). Siehe auch *Weidenfeld* (Fn. 992), S. 97 ff.

[1014] In Art. 124 ff. EAGV und Art. 211 ff. EGV ist nur von der Kommission die Rede, Art. 1 und 9 FusV, die fortgelten, sprechen von der Kommission der Europäischen Gemeinschaften. Die Kommission selbst nennt sich seit 1993 Europäische Kommission, führt bei rechtserheblichen Text aber weiterhin die Bezeichnung Kommission der Europäischen Gemeinschaften; vgl. Entschließung der Kommission vom 17. November 1993, in: Bull.EG 11/1993.

Behörde dieser Elemente beraubt, ohne den supranationalen Charakter freilich der Sache nach zu verlieren.[1015] Art. 10 FusV unterstreicht ausdrücklich die Unabhängigkeit der Kommissionsmitglieder. Auch die Kommissionen nach dem EAG-Vertrag und dem EWG-Vertrag sollten tatsächlich supranational wirken können, ohne jedoch nach dem vorangegangenen Debakel um die EVG durch das Etikett der Supranationalität abschreckend zu wirken. Nach der Außenministerkonferenz in Messina wurde deshalb von dem zuständigen Ausschuß unter dem Vorsitz des damaligen belgischen Außenministers *Spaak* eine pragmatische Herangehensweise entwickelt, die seit der Gründung der Gemeinschaften prägend geblieben ist: keine doktrinären institutionellen Vorstellungen, sondern konkrete Lösungen zur Erreichung praktischer Ziele.[1016] Überdies entsprachen die Regelungen in EAGV und EWAG der bis dahin von der Hohen Behörde und dem Rat der EGKS gepflegten Praxis.[1017]

Die Größe der Kommission hat sich im Lauf der Zeit gewandelt,[1018] da jeder Mitgliedstaat zumindest einen Staatsangehörigen als Kommissar stellt.[1019] In der auf 27 Mitgliedstaaten erweiterten EU sind für eine Übergangszeit alle Mitgliedstaaten mit einem Kommissar an der Europäischen Kommission beteiligt.[1020]

[1015] Dazu supra Dritter Teil B.I.

[1016] Vgl. die Darstellung und Nachweise bei *Jaenicke*, Der übernationale Charakter der Europäischen Wirtschaftsgemeinschaft, in: ZaöRV 1958, S. 153-196 (S. 164 ff.).

[1017] So *Hahn*, Funktionenteilung im Verfassungsrecht europäischer Organisationen, 1977, S. 66 ff.

[1018] Als nie mehr erreichte Idealgröße gilt die *Hallstein*-Kommission mit sechs, später neun Mitgliedern. Zum Problem der Kommissionsgröße vgl. nur *Ehlermann*, Das schwierige Geschäft der Kommission, in: EuR 1981, S. 335-365 (S. 339 f.).

[1019] Die großen Mitgliedstaaten Deutschland, Frankreich, Italien, Spanien und das Vereinigte Königreich stellten bis 2004 jeweils zwei Kommissare (Gesamtzahl: zwanzig; Art. 213 Abs. 1 UAbs. 1 EGV).

[1020] Wenn die Union 27 Mitgliedstaaten umfaßt, so erfolgt nach dem in Nizza vereinbarten Protokoll über die Erweiterung der Europäischen Union eine automatische Änderung von Art. 213 EGV. Danach wird die Zahl der Kommissare unter der Zahl der Mitgliedstaaten liegen und vom Rat ein Rotationsmodell in Kraft gesetzt werden. Diese Änderung gilt allerdings erst ab dem Tag des Amtsantritts der ersten Kommission nach dem Beitritt, wirkt sich regulär also ab 2009 auf die Größe der Kommission aus.

Die Ernennung der Kommissare folgt heute dem in Art. 214 EGV niedergelegten Verfahren. Zunächst benennt der in der Zusammensetzung der Staats- und Regierungschef tagende Rat mit qualifizierter Mehrheit die Persönlichkeit, die er zum Präsidenten der Kommission zu ernennen beabsichtigt. Diese Benennung bedarf der Zustimmung des Europäischen Parlaments (Art. 214 Abs. 2 EGV).[1021] Dieser aktuelle Modus versucht, den Einfluß der Regierungen der Mitgliedstaaten zurückdrängen.

Anschließend nimmt der Rat im Einvernehmen mit dem designierten Präsidenten die Liste der anderen Persönlichkeiten an, die er zu Mitgliedern der Kommission zu ernennen beabsichtigt (Art. 214 Abs. 3 EGV). Diese Liste beruht auf den Vorschlägen der hierbei frei handelnden Mitgliedstaaten. Hernach stellen sich der Präsident und die anderen Kommissare, die auf diese Weise benannt wurden, als Kollegium einem Zustimmungsvotum des Europäischen Parlaments (Art. 214 Abs. 4 Satz 1 EGV). Erfolgte die Zustimmung des Parlaments, so ernennt der Rat den Präsidenten und die übrigen Mitglieder der Kommission mit qualifizierter Mehrheit (Art. 214 Abs. 4 Satz 2 EGV).

Das Europäische Parlament ist heute somit stärker als früher in den Ernennungsprozeß der Kommission eingebunden. Seinem Votum geht eine Anhörung der Kandidaten voraus. Das bei der Auswahl der anderen Kommissare erforderliche Einvernehmen des designierten Präsidenten kann als Stärkung der supranationalen Komponente gewertet werden.

Die Kommissare müssen Staatsangehörige der Mitgliedstaaten sein und die allgemeine Befähigung für ihr Amt[1022] besitzen sowie die volle Gewähr für ihre Unabhängigkeit bieten.

[1021] Einzelheiten bei *Nickel*, Das Europäische Parlament als rekrutierendes Organ – unter besonderer Berücksichtigung der Einsetzung der Europäischen Kommission, in: Maurer/ders. (Hrsg.), Das Europäische Parlament, Supranationalität, Repräsentation und Legitimation, 2005, S. 65-92 (S. 74 ff.).

[1022] Während es bisher ausreichte, die allgemeine Befähigung des Berufspolitikers mitzubringen, galten bei der Ernennung der Kommission im Jahre 2004 neue Kriterien. Der von Italien vorgeschlagene Kandidat für das Justizressort, der Justizminister *Buttiglione*, hatte im Rahmen der Anhörung Äußerungen getan, die den linken Parlamentsfraktionen und weiten Teilen der Medien (gerade in Deutschland) als reaktionär galten. Kritik gab es ebenfalls an den Kandidaten aus den Niederlanden (wegen möglicher Verquickung ihres Arbeitsbereichs mit früheren Geschäftsinteressen) und aus Ungarn (wegen Inkompetenz). Schließlich zeichnete sich eine Ablehnung der gesamten Kommission ab, was den designierten Kommissionspräsidenten *Barroso* Mitte Oktober

Die Kommissare sind keine weisungsgebundenen Vertreter ihrer Regierungen, sondern handeln im Integrationsinteresse der EU. Die Amtszeit beträgt fünf Jahre (Art. 214 Abs. 1 UAbs. 1 EGV), eine Wiederernennung ist möglich (Art. 214 Abs. 1 UAbs. 2 EGV). Eine in den 1970er Jahren zeitweilig vorgenommene Ämterrotation innerhalb der Kommission wurde rasch wieder aufgegeben.

Die Kommission als ganze[1023] kann nach Art. 201 EGV durch ein Mißtrauensvotum des Parlaments mit der Mehrheit von zwei Dritteln der abgegebenen Stimmen und der Mehrheit der Mitglieder des Europäischen Parlaments gestürzt werden. Neun Mißtrauensanträge[1024] blieben bis heute erfolglos, weil sie nicht die erforderliche Mehrheit fanden; allerdings trat die *Santer*-Kommission im Jahre 1999 in der Folge eines (knapp gescheiterten) Mißtrauensantrags geschlossen zurück,[1025] nachdem sie massive Korruptionsvorwürfe nicht hatte ausräumen können.

Die Kommission ist kein Gesandtenkongreß, aber auch kein internationales Sekretariat. Sie ist ein genuin gemeinschaftsrechtliches Organ[1026]

2004 bewog, die Abstimmung verschieben zu lassen und die italienische Regierung zu überreden, *Buttiglione* – als den primären Stein des Anstoßes – nicht zu nominieren. Italien benannte einen anderen Kandidaten, der Ungar erhielt einen anderen Zuständigkeitsbereich und die Niederländerin erläuterte gemeinsam mit dem Kommissionspräsidenten gegenüber den anderen Kommissionsmitgliedern ihre „Identification of actual or potential conflict of interest concerning the Commissioner for Competition", um Interessenskonflikte auszuschließen. Das Parlament bestätigte die Kommission daraufhin am 18. November 2004.

1023 Zu unterscheiden von der Amtsenthebung (Art. 216 EGV) und der Rücktrittsaufforderung (Art. 217 Abs. 4 EGV) einzelner Kommissionsmitglieder.

1024 *Ehlermann* (Fn. 1018), S. 359, hatte bereits früh angenommen, daß das Parlament geneigt sei, Konflikte eskalieren zu lassen und der Kommission das Mißtrauen auszusprechen.

1025 Einzelheiten und Hintergründe bei *Hummer/Obwexer*, Der „geschlossene" Rücktritt der Europäischen Kommission, Von der Nichtentlastung für die Haushaltsführung zur Neuernennung der Kommission, in: Integration 1999, S. 77-94. Dort, S. 84 f., auch der Hinweis, daß es für den „geschlossenen" Rücktritt im Vertrag keine Rechtsgrundlage gegeben habe, die Kommissare seien *„faktisch aus dem Amt geschieden"*. Vgl. ferner ausführlich *Seibold*, Die Kontrolle der Europäischen Kommission durch das Europäische Parlament: Inhalt und Umfang, 2004.

1026 Prägnant *Peterson*, The College of Commissioners, in: ders./Shackleton (Hrsg.), The Institutions of the European Union, 2. Aufl. 2006, S. 81-103 (S. 82, 89 ff., 100).

mit supranationalem Charakter; die Mitglieder üben ihre Tätigkeit in voller Unabhängigkeit zum allgemeinen Wohl der Gemeinschaft aus (Art. 213 Abs. 2 EGV). Die Kommission gilt seit jeher als Integrationsmotor und Wahrer des Gemeinschaftsinteresses. Ihre Aufgabe ist es, die gemeinsamen Interessen der Union zu vertreten, insbesondere das ordnungsgemäße Funktionieren und die Entwicklung des gemeinsamen Marktes zu gewährleisten (Art. 211 EGV). Sie faßt ihre diesbezüglichen Beschlüsse mit Mehrheit. Die Kommission wirkt am Zustandekommen der Ratsbeschlüsse durch das alleinige Vorschlagsrecht nach Art. 250 EGV mit. Sie kann die Rechtmäßigkeit der Rechtsakte des Rates oder dessen Untätigkeit vom Europäischen Gerichthof überprüfen lassen. All dies zeigt ihre Sonderstellung und neuartige Qualität gegenüber den Organen herkömmlicher internationaler Organisationen.

Die Kommission ist vom Kollegialprinzip geprägt (Art. 219 EGV), übt ihre Tätigkeit mittlerweile aber ausdrücklich unter der *„politischen Führung ihres Präsidenten"* aus (Art. 218 Abs. 1 EGV). Im Vergleich zu den ursprünglichen Regelungen ist die Stellung des Kommissionspräsidenten deutlich gestärkt und derjenigen eines Regierungschefs angenähert worden, ohne freilich das (theoretische) Ausmaß der Richtlinienkompetenz des deutschen Bundeskanzlers (Art. 65 Satz 1 GG) zu erreichen. Der Präsident entscheidet über ihre interne Organisation, er gliedert die Zuständigkeiten und verteilt diese auf die einzelnen Kommissare (Art. 217 Abs. 1 und 2 EGV). Die Mitglieder der Kommission üben die ihnen übertragenen Aufgaben unter der Leitung des Präsidenten aus (Art. 217 Abs. 2 Satz 2 EGV). Der Präsident kann die Zuständigkeitsverteilung ändern (Art. 217 Abs. 2 Satz 2 EGV). Der Präsident ernennt Vizepräsidenten (Art. 217 Abs. 3 EGV) und kann Kommissare zum Rücktritt auffordern (Art. 217 Abs. 4 EGV); in beiden Fällen bedarf er der Billigung durch das Kollegium.

Art. 218 Abs. 2 EGV spricht von den Dienststellen der Kommission. Hier wird deutlich, daß neben dem Kollegialorgan Kommission mit den den jeweiligen Kommissar unterstützenden Kabinetten auch eine Behörde unter der gleichen Bezeichnung existiert.[1027]

[1027] Übersicht bei *Oppermann* (Fn. 937), § 5 Rn. 84 ff. Diese Behörde ist aus einer Vielzahl von Dienststellen zusammengesetzt, die sich heute in die allgemeinen Dienste, die politikbezogenen Generaldirektionen, die den Außenbeziehungen gewidmeten Dienste und die internen Dienste untergliedern. Hinzu kommen nachgeordnete Behörden und diplomatische Vertretungen. Sitz der Kommission ist Brüssel; bestimmte Dienststellen sind in Luxemburg untergebracht; hierzu Protokoll (Nr. 9) über die Festlegung der Sitze der Organe und

Die Kommission gibt sich eine Geschäftsordnung (Art. 218 Abs. 2 EGV).[1028] Ihre Arbeit ist durch Stetigkeit – mindestens eine Sitzung pro Woche – und Verwaltungsmäßigkeit – schriftliche und vereinfachte Beschlußverfahren – gekennzeichnet. Auch dies belegt ihre Neuartigkeit gegenüber den Organen herkömmlicher internationaler Organisationen.

Ihre Beschlüsse werden mit der Mehrheit der vertraglich festgelegten Mitglieder gefaßt (Art. 219 Abs. 1 EGV). Für die Beschlußfähigkeit ist es erforderlich, daß elf Mitglieder anwesend sind (Art. 219 Abs. 2 EGV, Art 7 GeschO-Komm). Die Beschlüsse werden eher durch Konsens denn durch Abstimmung gefaßt; vereinfachte Beschlußverfahren sind gebräuchlich.[1029]

Die Aufgaben der Kommission sind über die gesamten Verträge verteilt und in den unterschiedlichen Politikbereichen jeweils konkret benannt. Sie ist legislativ und exekutiv tätig, sie hat Kontroll- und politische Mitwirkungsrechte. Im Bereich der Legislative hat die Kommission das wichtige Initiativrecht[1030] und ist auch danach in das gesamte Verfahren eingebunden. Auf Grund von Ratsermächtigungen nach Art. 202 EGV kann die Kommission daneben im Bereich der Durchführung des Gemeinschaftsrechts selbst die notwendigen Rechtssetzungen vornehmen.[1031] Die Übertragung ist heute der Regelfall und wird durch den sogenannten Komitologiebeschluß[1032] ausgestaltet, der in seiner Neufas-

---

bestimmter Einrichtungen und Dienststellen der Europäischen Gemeinschaften sowie des Sitzes von Europol vom 2. Oktober 1997, ABl.EG 1997 Nr. C 340/112.

[1028] Aktuell vom 18. September 1999, ABl.EG 1999 Nr. L 252, S. 41.

[1029] Näher: *Ruffert*, in: Calliess/Ruffert (Hrsg.), EUV/EGV, 3. Aufl. 2007, Art. 219 EGV, Rn. 3 m.w.Nw.

[1030] Hierzu bereits *Hallstein*, Die Kommission – ein neues Element im internationalen Leben (Vortrag vom 25. März 1965), in: ders., Europäische Reden, hrsg. von Oppermann, 1975, S. 545-559 (S. 548 ff.); ausführlich: *von Buttlar*, Das Initiativrecht der Europäischen Kommission, 2003.

[1031] Hierzu *Bruha/Münch*, Stärkung der Durchführungsbefugnisse der Kommission, Anmerkungen zu Art. 10 der Einheitlichen Europäischen Akte, in: NJW 1987, S. 542-545, die allerdings anmerken, daß die Regeldelegation auf die Kommission zwar geeignet sei, den Rat zu entlasten, aber grundsätzlich von der Entscheidung, weniger zu tun, begleitet werden sollte (S. 545).

[1032] Beschluß des Rates vom 28. Juni 1999 zur Festlegung der Modalitäten für die Ausübung der der Kommission übertragenen Durchführungsbefugnisse (1999/468/EG), in: ABl.EG 1999 Nr. L 184/23. Dazu: *Haibach*, Komitologie

sung aus dem Jahre 1999 die Stellung der Kommission gegenüber dem Rat gestärkt und die Mitwirkung des Parlaments immerhin vergrößert hat. Dies wird zu Recht als positives Element wachsender Konstitutionalisierung eingeordnet.[1033]

Die Kommission hat es für sich in Anspruch genommen, die Geschäfte der Gemeinschaft weiterzuführen, wenn der Rat keine Beschlüsse zu fassen bereit oder in der Lage, ein Handeln der Gemeinschaft aber unerläßlich ist. So hat die Kommission Ratsverordnungen weiter angewandt, deren Gültigkeit abgelaufen war.[1034] Dies kann als Kompetenz der Kommission zur Geschäftsführung für einen handlungsunfähigen Rat in Situationen, in denen die Gemeinschaft handeln muß und die Mitgliedstaaten nicht mehr handeln dürfen, verstanden werden.[1035]

In der Mehrzahl der Fälle, in denen der Rat rechtssetzend tätig wird, kann er das nur auf Vorschlag der Kommission tun. Immerhin kann er sie um einen Vorschlag bitten (Art. 208 EGV). Schwieriger ist es dagegen für den Rat, einen Vorschlag der Kommission abzuändern, weil die Verträge hierfür Einstimmigkeit vorsehen (Art. 250 Abs. 1 EGV). In der Praxis erfolgt die Beratung über der Kommissionsvorschlag im Ausschuß der Ständigen Vertreter des Rates im Beisein eines hohen

---

nach Amsterdam – Die Übertragung von Rechtssetzungsbefugnissen im Rechtsvergleich, in: VerwArch 1999, S. 98-111; *Hauschild*, Das neue Komitologieverfahren – neue Regeln für das Ausschußverfahren der EG, in: ZG 1999, S. 248-252; *Bignami*, The Democratic Deficit in European Community Rulemaking: A Call for Notice and Comment in Comitology, in: Harvard International Law Journal 40 (1999), S. 451-515 (S. 457 ff., 477 ff.); *Mensching*, Der neue Komitologie-Beschluss des Rates, in: EuZW 2000, S. 268-271; *Neuhold*, European governance by committees: the implications of comitology on the democratic arena, in: Benz/Papadopoulos(Hrsg.), Governance and Democracy, Comparing national, European and international experiences, 2006, S. 138-157.

1033 Etwa *Joerges/Neyer*, From Intergovernmental Bargaining to Deliberative Political Processes: The Constitutionalisation of Comitology, in: European Law Journal, 3 (1997), S. 273-299.

1034 Etwa Kommission, Verordnung (EWG) Nr. 846/80 vom 2. April 1980, ABl.L 91/1, und Verordnung (EWG) Nr. 1390/80 vom 1. Juni 1980, ABl.L 136/1. Zum Problem auch *EuGH*, Rs. 332/85, Urteil vom 15. Dezember 1987, Slg. 1987, S. 5143 ff. – Deutschland ./. Kommission, Seefischerei.

1035 Hierzu: *Editorial Comments*, Inactivity of the Council: Implied power for the Commission, in: Common Market Law Review 1981, S. 267-269; *Schramm*, Rechtssetzung durch die EG-Kommission bei Untätigkeit des Rates? Fragen ersatzorganschaftlichen Handelns in der Europäischen Gemeinschaft, 1988, S. 27 ff.

Kommissionsbeamten. Die Kommission ist somit über die Chancen ihrer Vorschläge in Kenntnis und kann somit eventuell notwendige Änderungen selbst vornehmen (Art. 250 Abs. 2 EGV), um einen Vorschlag für den Rat zustimmungsfähig zu machen.

Die Kommission sorgt für die Einhaltung und Ausführung der Verträge. Dies geschieht durch eigene, überwiegend administrative Tätigkeit und durch Überwachung der anderen Organe, vor allem aber der Mitgliedstaaten, deren Unternehmen und Bürger – die Kommission als Hüterin der Verträge. Die eigenen Exekutivbefugnisse sind dort gegeben, wo die Verträge hinreichend konkret sind, wie etwa der gesamte EGKS-Vertrag oder der Wettbewerbssektor des EG-Vertrages. Außerdem bestehen natürlich interne Exekutivbefugnisse der Kommission, so im Haushaltsverfahren und bei der Verwaltung der verschiedenen EG-Fonds und -Programme. Ansonsten überwacht die Kommission die Beachtung des Primär- und Sekundärrechts bei der Ausführung durch die Mitgliedstaaten.

Die zu beobachtende fortschreitende Übernahme von Verwaltungsfunktionen durch die Gemeinschaft und hier die Kommission kann als „*Ausuferung von Kompetenzübertragungen*“[1036] bewertet werden, wie etwa ein Blick auf die – auf ex-Art. 100a EGV (Rechtsangleichung, heute Art. 95 EGV)[1037] gestützte – Produktsicherheitsrichtlinie aus dem Jahre 1992[1038] zeigt: Nach deren Art. 9 kann die Kommission die Mitgliedstaaten verpflichten, „*bestimmte vorläufige Vorkehrungen*“ zu treffen. So kann etwa die Lieferung oder das Inverkehrbringen von Produkten, die sich als gefährlich erwiesen haben, verboten, auch die Rücknahme oder Vernichtung bereits auf dem Markt befindlicher Produkte kann angeordnet werden. Nach der Rechtsprechung des EuGH sind Weisungen an die Mitgliedstaaten (nicht an Individuen) zulässig, „*wenn die Angleichung nur der allgemeinen Vorschriften nicht ausreicht, um die Einheit des Marktes zu gewährleisten*“.[1039] Weitere Beispiele[1040] legen den Schluß nahe, hierbei mit Rücksicht auf das Subsidia-

---

[1036] So *von Borries* (Fn. 1009), S. 128.

[1037] Hierzu statt aller *Tietje*, in: Grabitz/Hilf, Art. 95 EGV (EL 21 April 2003).

[1038] Produktsicherheitsrichtlinie 92/59 des Rates vom 29. Juni 1992, ABl. 1992 Nr. L 228, S. 24.

[1039] *EuGH*, Rs. C-359/92, Urteil vom 9. August 1994, Slg. 1994 I-3698, Nr. 37.

[1040] Dargestellt bei *von Borries* (Fn. 1009), S. 134 ff.

ritätsprinzip vorsichtig vorzugehen, um größtmögliche Sachnähe zu gewährleisten und nicht zuletzt Partizipationsmöglichkeiten sicherzustellen. Andererseits vertrüge sich eine immer fortschreitende Rechtsvereinheitlichung nur schwer mit disparat unterschiedlichem nationalen Rechtsvollzug.

Zu Recht wird dafür plädiert, in der Mehrebenenverwaltung zwar einerseits differenzierende Lösungsmöglichkeiten für die Abgrenzung der Verwaltungszuständigkeiten zu finden, diese aber andererseits gleichwohl systematischen Kriterien zu unterwerfen und nicht ad hoc zu entwickeln.[1041]

Die Kommission ist wesentlich in die Wahrnehmung der Außenbeziehungen der Gemeinschaft involviert.[1042] So macht sie nicht nur Vorschläge zur Durchführung der Handelspolitik (Art. 133 Abs. 2 EGV), sondern ist in den Verträgen an mehreren Stellen (z.B. Art. 133 Abs. 3, 300 EGV, Art. 101 Abs. 2 EAGV) als Verhandlungsführerin (nach Ermächtigung durch den Rat und im Benehmen mit diesem) vorgesehen. Überdies kontrolliert sie die von den Mitgliedstaaten abgeschlossenen einschlägigen Verträge auf ihre Gemeinschaftsrechtskonformität (Art. 102f. EAGV). Bei Assoziierungsverträgen ist die Kommission ebenfalls Verhandlungsführerin (Art. 310, 300 EGV); im Beitrittsverfahren hat sie hingegen nur eine Stellungnahme zum Beitrittsantrag abzugeben (Art. 49 Abs. 1 EUV). In der praktischen Durchführung der Beitrittsverfahren war und ist die Kommission freilich von eminenter Bedeutung.

Im Vertrag von Lissabon ist vorgesehen, daß nach einer Übergangszeit die Zahl der Kommissare sinkt: Nach dem 1. November 2014 wird die Kommission einschließlich des Präsidenten und des vom Europäischen Rat mit Zustimmung des Kommissionspräsidenten ernannten Außenministers der Union, der einer der Vizepräsidenten der Kommission ist, aus einer Anzahl von Mitgliedern bestehen, die zwei Dritteln der Zahl der Mitgliedstaaten entspricht (Art. 17 Abs. 5 EUV (Lissabon-

---

[1041] Beispielsweise *Winter*, Kompetenzverteilung und Legitimation in der Europäischen Mehrebenenverwaltung, in: EuR 2005, S. 255-276 m.w.Nw.

[1042] Vgl. bereits *Hallstein* (Fn. 1030), S. 554 ff.; *Dörr*, Die Entwicklung der ungeschriebenen Außenkompetenzen der EG, in: EuZW 1996, S. 39-43; *Gilsdorf*, Die Außenkompetenzen der EG im Wandel – Eine kritische Auseinandersetzung mit Praxis und Rechtsprechung , in: EuR 1996, S. 145-166. Zum neuesten Stand vgl. *Metz*, Die Außenbeziehugen der Europäischen Union nach dem Vertrag über eine Verfassung für Europa, Eine Untersuchung aus kompetenzrechtlicher Sicht – mit Erläuterungen zu den Außenkompetenzen nach dem Vertrag von Nizza, 2007.

Fassung)). Der neue Vertrag über die Europäische Union beschreibt die Aufgaben der Kommission umfassend:

> „Die Kommission fördert die allgemeinen Interessen der Union und ergreift geeignete Initiativen zu diesem Zweck. Sie sorgt für die Anwendung der Verträge sowie der von den Organen kraft der Verträge erlassenen Maßnahmen. Sie überwacht die Anwendung des Unionsrechts unter der Kontrolle des Gerichtshofs der Europäischen Union. Sie führt den Haushaltsplan aus und verwaltet die Programme. Sie übt nach Maßgabe der Verträge Koordinierungs-, Exekutiv- und Verwaltungsfunktionen aus. Außer in der Gemeinsamen Außen- und Sicherheitspolitik und den übrigen in den Verträgen vorgesehenen Fällen nimmt sie die Vertretung der Union nach außen wahr. Sie leitet die jährliche und die mehrjährige Programmplanung der Union mit dem Ziel ein, interinstitutionelle Vereinbarungen zu erreichen." (Art. 17 Abs. 1 EUV)

Gleichzeitig wird der Kommissionspräsident innerhalb der Kommission weiter gestärkt (Art. 17 Abs. 6 EUV) und, wie die Kommission als Ganzes, noch deutlicher gegenüber dem Parlament verantwortlich (Art. 17 Abs. 7 und 8 EUV).

4. Der Rat[1043]

Im Rat sind alle Mitgliedstaaten mit jeweils einem Vertreter auf Ministerebene, der befugt ist, für die Regierung des Mitgliedstaates verbindlich zu handeln,[1044] vertreten (Art. 203 Abs. 1 EGV). Da die Zusammensetzung des Rates vom Beratungsgegenstand abhängt, es aber stets

---

[1043] Da der Rat nach Art. 3 und 5 EUV auch als Organ der EU auftritt, nannte er sich durch Beschluß vom 8. November 1993 in Rat der Europäischen Union um (Abl.EG 1993 Nr. L 281/93, ber. Abl.EG 1993 Nr. L 285/41. Dementsprechend auch der Titel von *Westlake/Galloway* (Hrsg.), The Council of the European Union, 3. Aufl. 2004.

[1044] Die Frage, wer verbindlich für die Regierung handeln kann, richtet sich nach dem nationalen Recht. Für die Bundesrepublik Deutschland hat sich die Praxis herausgebildet, daß auch beamtete Staatssekretäre, obschon nicht Regierungsmitglieder, im Rat auftreten und abstimmen dürfen. Die Vertretung durch hohe Beamte ist für alle Mitgliedstaaten üblich, allerdings dürfen diese nicht abstimmen. Nach Art. 23 Abs. 6 GG und § 6 des Gesetzes über die Zusammenarbeit von Bund und Ländern in Angelegenheiten der Europäischen Union vom 12. März 1993 (BGBl. 1993 I 313) können auch Mitglieder von Landesregierungen teilnehmen und abstimmen.

„der" Rat ist, unabhängig davon, ob die Landwirtschafts- oder die Finanzminister zusammenkommen, kann das Gremium auch in unterschiedlichen Besetzungen gleichzeitig tagen und Beschlüsse fassen.[1045]

Obwohl die Verträge zu diesem Punkt schweigen, ist davon auszugehen, daß die Ratsmitglieder an die Weisungen ihrer heimischen Regierung gebunden sind. Gleichwohl handelt es sich um ein echtes Gemeinschaftsorgan und nicht um eine Regierungskonferenz klassischen Zuschnitts; Akte des Rates sind Gemeinschaftsakte. Dies ergibt sich unter anderem daraus, daß ein Mitgliedstaat einen Beschluß des Rates auch dann gemäß Art. 230 Abs. 2 EGV anfechten kann, wenn sein Regierungsmitglied dem Beschluß des Rates zugestimmt hat. Die Figur der „im Rat vereinigten Vertreter der Regierungen der Mitgliedstaaten" und ihrer Beschlüsse,[1046] sogenannter außervertraglicher uneigentlicher Ratsbeschlüsse, also gemeinschaftsbezogener völkerrechtlicher Abkommen, wäre überflüssig, wenn der Rat selbst eine Regierungskonferenz darstellte.

Die Mitgliedstaaten wechseln sich im Vorsitz alle sechs Monate[1047] nach einem vom Rat einstimmig beschlossenen Modus ab (Art. 203 Abs. 2 EGV). Der Ratsvorsitzende/Präsident vertritt den Rat nach innen und außen; er trägt die politische Gesamtverantwortung für die Leitung der Geschäfte.[1048] Überdies vertritt er – oft gemeinsam mit dem Präsidenten der Kommission – die Gemeinschaft nach außen.

Der EGV sieht keinen festen Rhythmus für die Ratssitzungen vor; Art. 204 EGV bestimmt, daß der Rat vom Präsidenten aus eigenem Entschluß oder auf Antrag eines seiner Mitglieder oder der Kommission einberufen wird. Normalerweise tagt der Rat in Brüssel, in den Monaten April, Juni und Oktober hingegen in Luxemburg.[1049]

1045 Kritisch hierzu *Wuermeling*, Streicht die Räte und rettet den Rat!, Überlegungen zur Reform des EU-Ministerrats, in: EuR 1996, S. 167-178 (S. 169f., 174) m.w.Nw.

1046 Näher: *Constantinesco* (Fn. 937), Rn. 484 ff.; *Bieber*, in: BBPS, Die Europäische Union, 5. Aufl. 2001, Rn. 250; *Haratsch/Koenig/Pechstein*, Europarecht, 5. Aufl. 2006, Rn. 214.

1047 Kritik an dieser kurzen Amtsperiode wird immer wieder geäußert, s. z.B. *Wuermeling* (Fn. 1045), S. 172 m.w.Nw.

1048 Einen prägnanten Überblick über die Rolle der Präsidentschaft geben *Westlake/ Galloway* (Fn. 1043), S. 325-339.

1049 Vgl. Protokoll Nr. 9, supra Fn. 1027.

Zwischen den Sitzungen agiert der wöchentlich tagende Ausschuß der Ständigen Vertreter (Comité des Représentants Permanents – COREPER),[1050] der die Sitzungen des Rates vorzubereiten und seine Beschlüsse auszuführen hat (Art. 207 Abs. 1 Satz 1 EGV). Ihm können (nur) Verfahrensbeschlüsse übertragen werden (Art. 207 Abs. 1 Satz 2 EGV). Er kann zwar nicht anstelle des Rates entscheiden, in der Praxis ist es allerdings so, daß der Rat in der überwiegenden Zahl der Fälle der Beschlußvorlage des COREPER folgt.[1051] Deshalb besteht die seit langem beklagte Gefahr, daß diese intergouvernementale Bürokratie das sorgsam austarierte Verhältnis zwischen Kommission und Rat mit den jeweiligen rechtlichen und politischen Verantwortlichkeiten überwuchert.[1052]

Diese Ständigen Vertreter sind die Leiter der von den Mitgliedstaaten bei den Gemeinschaften eingerichteten Ständigen Vertretungen, also nationale Diplomaten, die von Ressortbeamten unterstützt werden. Setzt sich der Ausschuß der Ständigen Vertreter wie der Rat also aus Vertretern der Mitgliedstaaten zusammen, so ist er doch stärker als jener in die Beratungs- und Entscheidungsprozesse der Gemeinschaften eingebunden und arbeitet enger und kontinuierlicher mit den anderen Organen zusammen.[1053] Seine Existenz bezeugt die Verdichtung des die Gemeinschaft prägenden komplementären Kompetenzgefüges,[1054] ist aber auch Zeichen der Veränderungen in der ursprünglichen Organisationsarchitektur.[1055]

[1050] Näher: *Salmon*, Les représentations et missions permanentes auprès de la CEE et de l'EURATOM, in: Virally/Gerbet/ders. (Fn. 516), S. 561-830 (S. 650 ff.); *Mentler*, Der Ausschuß der Ständigen Vertreter bei den Europäischen Gemeinschaften, 1996.

[1051] Vgl. *Mentler* (Fn. 1050), S. 139; *Ferretti* (Fn. 235), S. 114 f.

[1052] So *Jacobs/Karst*, The "Federal" Legal Order: The U.S.A. and Europe Compared, A Judicial Perspective, in: Cappelletti/Seccombe/Weiler (Hrsg.), Integration through Law, Bd. I/1, 1986, S. 169-243 (S. 194).

[1053] *Lewis*, National Interests, Coreper in: Peterson/Shackleton (Hrsg.), The Institutions of the European Union, 2. Aufl. 2006, S. 272-292 (S. 282 ff.), betont die integrierende Funktion von COREPER.

[1054] *Mentler* (Fn. 1050), S. 137, 140 f.

[1055] Kritisch zur gewachsenen Rolle des COREPER und zum „Verfall" der dynamischen Organe Kommission und Rat bereits *Constantinesco*, Die Institutionen der Gemeinschaft an der Schwelle der 80er Jahre, Auf der Suche nach einem neuen Gleichgewicht, in: EuR 1981, S. 209-239 (S. 213 ff., 220 und passim). Mit Blick auf die GASP skeptisch auch *Kiso*, COREPER and the Po-

Der Rat hatte sich gemäß Art. 5 FusV eine Geschäftsordnung zu geben; die am 25. Januar 1958 angenommene und mehrfach angepaßte Geschäftsordnung blieb jahrzehntelang vorläufig. Heute beruht die Geschäftsordnung des Rates[1056] auf Art. 207 Abs. 3 EGV. Sie kann vom Rat mit einfacher Mehrheit geändert werden. Ihre – auch von einer breiten Mehrheit getragene – Nichtbeachtung stellt eine beachtliche Verletzung einer wesentlichen Formvorschrift gemäß Art. 230 Abs. 2 EGV dar und führt zur Begründetheit einer Nichtigkeitsklage.[1057]

Diese Geschäftsordnung benannte die Einrichtung[1058] eines Sekretariats, das erst durch die Geschäftsordnung von 1979 als Generalsekretariat bezeichnet wird und seit dem Vertrag von Maastricht (Art. 207 Abs. 2 EGV) im Primärrecht angekommen ist. Als verwaltungsmäßiger Unterbau des Rates koordiniert es vor allem die Tätigkeit der verschiedenen Fomationen des Rates und sichert die Kontinuität von dessen Arbeit über den Wechsel des Vorsitzes hinweg.[1059] Das Generalsekretariat ist inzwischen eine typische internationale Bürokratie und wirkt als Unterbau des Organs Rat. Es steht nicht in Konkurrenz zum Organ Kommission, aber auch nicht zu dessen nachgeordneten Behörden.[1060]

Der Rat sorgt zur Verwirklichung der Ziele und nach Maßgabe dieses Vertrages für die Abstimmung der Wirtschaftspolitik der Mitgliedstaaten und besitzt eine Entscheidungsbefugnis (Art. 202 Spiegelstriche 1 und 2 EGV).

Dieser allgemein gehaltenen Umschreibung treten zahlreiche Einzelbestimmungen zur Seite (beginnend mit Art. 11 Abs. 2 und Art. 12 Abs. 2 EGV), die dem Rat in den jeweiligen Politikbereichen Aufgaben und Befugnisse zuweisen. Die Verwirklichung der Ziele des Vertrages erfordert – in den Worten *Constantinescos* – *„eine schöpferische Tätigkeit,*

---

litical Committee: Damaging for CFSP?, in: Cambridge Review of International Affairs X/2 (1997), S. 141-154. Insgesamt positiv hingegen *Schweitzer*, in: Grabitz/Hilf, Art. 207 EGV, Rn. 8 (EL 28, Oktober 2005).

[1056] Beschluß des Rates vom 5. Juni 2000 (2000/396 EG, EGKS, Euratom), ABl.EG 2000, Nr. L 149/21 mit späteren Änderungen.

[1057] Siehe beispielsweise *EuGH*, Rs. 68/86, Urteil vom 23. Februar 1988, Slg. 1988, S. 855, Rn. 40-48 – Vereinigtes Königreich ./. Rat.

[1058] Ein Sekretariat war bereits seit Semptember 1952 für den Ministerrat der EGKS tätig.

[1059] Einzelheiten bei *Egger*, Das Generalsekretariat des Rates der EU, 1994.

[1060] Ausführlich *Egger* (Fn. 1059), S. 28 ff., 46 ff., 303 ff.

die sich vornehmlich in der Schaffung des sekundären Gemeinschaftsrechts ausdrückt". Hierbei erscheint der Rat als „*Mitgestalter und Vollender des Willens der vertragsschließenden Parteien*".[1061]

Der Rat ist befugt, die Kommission zur Vornahme von Untersuchungen und zur Vorlage von Vorschlägen für den Erlaß von Rechtsakten aufzufordern (Art. 208 EGV, Art. 122 EAG); er kann diese Aufforderungsbefugnis nicht an den COREPER delegieren. Bedeutung kann die Vorschrift vor allem auf Gebieten entfalten, auf denen der Rat ohne Kommissionsvorschlag nicht handeln kann; die Aufforderung kann freilich auch eher politischen Charakter haben, etwa wenn eine zögerlich agierende Kommission zum Handeln motiviert werden soll.[1062]

Außerdem überträgt[1063] der Rat der Kommission in den von ihm angenommenen Rechtsakten die Befugnisse zur Durchführung der Vorschriften, die er erläßt (Art. 202 Spiegelstrich 3 EGV). Die Kommission übt diese Befugnisse nach Art. 211 Spiegelstrich 4 EGV als eigene Befugnisse, nicht als delegierte Ratsbefugnisse aus.[1064] Diese Trennung von Exekutiv- und Legislativbefugnissen soll den Rat (und das Europäische Parlament) entlasten und das Beschlußfassungsverfahren straffen.[1065]

Wenn der Rat es unterläßt, Beschlüsse zu erneuern, so hat die Kommission, wie dargestellt (supra bei Fn. 1034 f.), entsprechende Ratsverordnungen weiter angewandt, um in Situationen, in denen die Gemeinschaft handeln muß und die Mitgliedstaaten nicht mehr handeln dürfen, die Gemeinschaftsaufgaben wahrnehmen zu können.

Wenn der Rat beim Vorliegen einer ausschließlichen Gemeinschaftskompetenz und bei Bestehen eines dringenden Reglungsbedarfs untätig bleibt – wie es in den späten 1970er Jahren mit Bezug auf Fischereiregelungen der Fall war – und es deshalb an einer gemeinschaftsrechtlichen

---

1061 *Constantinesco* (Fn. 937), Rn. 324 (S. 409).

1062 Einzelheiten bei *von Buttlar* (Fn. 1030), S. 160 f.

1063 Der Rat unterliegt dem Grundsatz der Regeldelegation. Er kann wohl nicht zur Übertragung verpflichtet werden; ihn trifft aber, wenn er sich in einem bestimmten Fall die Durchführung selbst vorbehält, eine Begründungspflicht. Vgl. hierzu: *Wichard*, in: Calliess/Ruffert (Hrsg.), EUV/EGV, 3. Aufl. 2007, Art. 202 EGV, Rn. 5; *Schweitzer*, in: Grabitz/Hilf, Art. 202 EGV, Rn. 25 ff. (EL 28, Oktober 2005); jeweils m.w.Nw.

1064 So auch *Ruffert*, in: Calliess/Ruffert (Hrsg.), EUV/EGV, 3. Aufl. 2007, Art. 211 EGV, Rn. 15.

1065 Zu den Einzelheiten vgl. den Komitologiebeschluß des Rates (Fn. 1032); ferner *Wichard* (Fn. 1063), Rn. 5-20, m.w.Nw.

Regelung fehlt, so können die Mitgliedstaaten als „*Sachwalter des gemeinsamen Interesses*" tätig werden.[1066] Hierin wurde die Anerkennung einer „*ungeschriebenen Notstandsklausel*" im Recht der Gemeinschaft durch den EuGH gesehen.[1067] In der vorgenannten Konstellation erscheint diese Sachwalterschaft als Rechtsfigur sinnvoll: „*Eine aufgrund Ratsuntätigkeit bestehende Regelungslücke auf Gemeinschaftsebene wird von den Mitgliedstaaten vorläufig geschlossen. Dies geschieht zur Aufrechterhaltung der Funktionsfähigkeit bestimmter Wirtschaftsbereiche und zwar anscheinend unter Verstoß gegen die vertragliche Kompetenzbestimmung.*"[1068] So kann einem „Gesetzgebungsnotstand" wirksam begegnet werden.

Die beiden vorgenannten Konstellationen sind Beispiele für die „*institutionsrechtlich außerordentlich interessante Konstruktion des Eintretens eines handlungsfähigen Organs (Kommission) bzw. der Mitglieder für das an sich zuständige, aber handlungsunfähige Gemeinschaftsorgan (Rat)*".[1069] Hier dienen ad hoc vorgenommene Kompetenzerweiterungen dazu, drohende Funktionsstörungen zu vermeiden. Sie sind deshalb gerade auch aus der Sicht des Vertrags- und Organisationszwecks notwendig.

Der Rat trifft seine Entscheidungen in den meisten Fällen mit Mehrheit (Art. 205 EGV); Einstimmigkeit ist beispielsweise in Art. 94 EGV, Art. 23 Abs. 1 Satz 1 EUV für die GASP und in Art. 34 Abs. 2 Satz 2 EUV für die PJZS vorgesehen.

Systematisch sieht der EGV die einfache Mehrheit (der Mitglieder des Rates, heute also: 14) als Regelfall vor (Art. 205 Abs. 1 EGV). Tatsächlich handelt es sich um eine Auffangvorschrift für die wenigen Fälle, in denen keine qualifizierte Mehrheit vorgeschrieben ist (z.B. Art. 168 Abs. 2 EGV). Demgegenüber sehen die meisten Kompetenzvorschriften des Vertrages eine Beschlußfassung mit qualifizierter Mehrheit vor (z.B. Art. 99 Abs. 2 EGV).

1066 So *EuGH*, Rs. 804/79, Slg. 1981, S. 1045 ff.; Rs. 124/80, Slg. 1981, S. 1447 ff.; Rs. 21/81, Slg. 1982, S. 381 ff.

1067 *Bleckmann*, Europarecht, Das Recht der Europäischen Wirtschaftsgemeinschaft, 4. Aufl. 1985, S. 494.

1068 *Pechstein*, Die Mitgliedstaaten der EG als »Sachwalter des gemeinsamen Interesses« – Gesetzgebungsnotstand im Gemeinschaftsrecht, 1987, S. 20.

1069 *Klein*, Neuere Entwicklungen des Rechts der Europäischen Gemeinschaften, in: DÖV 1984, S. 1010-1016 (S. 1014).

Ist zu einem Beschluß die qualifizierte Mehrheit erforderlich, so kommt es zur Stimmenwägung nach Art. 205 Abs. 2 EGV. Diese Vorschrift, geändert mit Blick auf die Erweiterung zur „E 25“,[1070] weist den Mitgliedstaaten zwischen 4 und 29 Stimmen zu. Bei Beschlußfassung mit qualifizierter Mehrheit kann jedes Mitglied des Rates beantragen, daß überprüft wird, ob diese qualifizierte Mehrheit der gewichteten Stimmen mehr als die Hälfte der Mitgliedstaaten und mindestens 62 % der Gesamtbevölkerung der Union umfaßt. Dieses Verfahren versucht, die bevölkerungsreichen Staaten angemessener zu berücksichtigen, als dies bisher der Fall war. Der Verfassungsvertrag sieht eine erneute Änderung dieses Mehrheitsfindungsmodus vor (dazu sogleich).

Weitere Modifikationen sind im Lissaboner Vertrag vorgesehen. Der Rat tagt in verschiedenen Zusammensetzungen, der Unionsvertrag sieht den Rat für „Allgemeine Angelegenheiten“ (Art. 16 Abs. 5 UAbs. 2 EUV) und für „Auswärtige Angelegenheiten“ (Art. 16 Abs. 5 UAbs. 3 EUV) auf; weitere Fachkonstellationen sind qua Beschluß des Europäischen Rates möglich (Art. 16 Abs. 6 UAbs. 1 EUV). Bei legislativer Tätigkeit tagt der Rat öffentlich (Art. 16 Abs. 8 S. 1 EUV). Soweit nichts anderes bestimmt ist, entscheidet der Rat mit qualifizierter Mehrheit, die zukünftig bei 55 % der Ratsmitglieder (= 15 Stimmen) liegt; gleichzeitig müssen diese Stimmen aus Staaten kommen, die mindestens 65 % der Unionsbevölkerung ausmachen (Art. 16 Abs. 4 EV). Komplexe Übergangsvorschriften sollen es einigen Mitgliedern ermöglichen, diese Regelungen zu akzeptieren.

5. Der Europäische Rat[1071]

Bei ihm handelt es sich nicht um ein (weder ursprüngliches noch später hinzugekommenes[1072]) Gemeinschaftsorgan. Er ist die institutionalisierte, inzwischen zweimal jährlich stattfindende Fortsetzung der Gipfelkonferenzen, mit denen unter anderem der Integrationsprozeß befeuert

---

[1070] Vgl. das in Nizza vereinbarte Protokoll über die Erweiterung der Europäischen Union, Art. 3. Der Beitritt weiterer Staaten bewirkt jeweils eine Neuberechnung, ohne die Gewichtungen zu verschieben.

[1071] Ausführlich: *Wessels*, Der Europäische Rat, Stabilisierung statt Integration? Geschichte, Entwicklung und Zukunft der EG-Gipfelkonferenzen, 1980; *Ipsen*, Marginalien zum Europäischen Rat, in: EuR 1981, S. 309-334; *Ludlow*, Die Führung der Europäischen Union durch den Europäischen Rat, in: Integration 2005, S. 3-15.

[1072] Vgl. die Aufzählung in Art. 7 EGV.

werden sollte. Und tatsächlich hat der Europäische Rat Handlungsaufträge erteilt, deren Vorläufer während der ersten Jahre den Gemeinschaftsverträgen entnommen worden waren und nach deren Abarbeitung sich eine gewisse „Lustlosigkeit“ einstellte.

Der Europäische Rat ist auf Grund seiner Verankerung in der EEA (Art. 2 EEA) und nunmehr im Unionsvertrag (Art. 4 EUV) schon durch seine Alleinstellung dem (gemeinsam mit den anderen Organen in Art. 5 EUV behandelten) Rat übergeordnet; als Unionsorgan[1073] fördert er das europäische Einigungswerk auf der obersten politischen Leitungsebene durch politische Impulse und Leitlinien (Art. 4 Abs. 1 EUV).

Im Europäischen Rat kommen die Staats- und Regierungschefs mit dem Präsidenten der Kommission zusammen. Sie werden von den Außenministern und einem weiteren Kommissionsmitglied unterstützt, die freilich – anders als der Kommissionspräsident – nicht Mitglieder des Europäischen Rates sind. Der Europäische Rat ist neben der Vorgabe der großen Leitlinien für die Gesamtentwicklung der Union auch zuständig für die Bestimmung von Grundsätzen und Leitlinien der GASP (Art. 13 Abs. 1 und 2 EUV) und der Wirtschafts- (Art. 99 Abs. 2 EGV) und der Beschäftigungspolitik (Art. 128 Abs. 1 EGV). Seine Kompetenz überspannt sowohl die vergemeinschafteten als auch die intergouvernementalen Tätigkeitsbereiche; er trifft in jedem dieser Felder auf die Gemeinschaftsorgane. Damit ist jener „einheitliche institutionelle Rahmen“ gegeben, von dem Art. 3 EUV spricht. Einheitlichkeit sollte richtigerweise so verstanden werden, daß die Organe ihre rechtliche Identität (Unionsorgan/Gemeinschaftsorgan) auch dann beibehalten, wenn sie im „eigentlich“ anderen Aktionsrahmen (vergemeinschaftet/intergouvernemental) tätig werden.[1074] Die fortschreitende Verklammerung der Organe und die behutsame Verbindung der Tätigkeitsbereiche stellt

---

[1073] Hierzu *Klein/Haratsch*, Neuere Entwicklungen des Rechts der Europäischen Gemeinschaften – 1. Teil, in: DÖV 1993, S. 785-798 (S. 788); *Wichard*, in: Calliess/Ruffert (Hrsg.), EUV/EGV, 3. Aufl. 2007, Art. 4 EUV, Rn. 10; *Hilf/Pache*, in: Grabitz/Hilf, Art. 4 EUV, Rn. 7 ff. (EL 27, Juni 2005); jeweils m.w.Nw.

[1074] So *Klein*, Institutionelle Kohärenz in der Europäischen Union und der Europäischen Gemeinschaft, in: Ruffert (Hrsg.), Recht und Organisation: Staatsrecht, Verwaltungsrecht, Europarecht, Völkerrecht, 2003, S. 119-131 (S. 124, 128 f. m.w.Nw.).

die institutionelle Kohärenz her, die in Art. 3 EUV eben auch[1075] angesprochen wird. Als Vehikel der *„immer engeren Verbindung der Völker Europas"* (Art. 1 Abs. 2 EUV) erscheint dies ebenso notwendig wie *„zur Erreichung* [der Unionsziele] *unter gleichzeitiger Wahrung und Weiterentwicklung des gemeinschaftlichen Besitzstandes"* (Art. 3 EUV). In dieser Weiterentwicklung liegt eine Bekräftigung des prozeßhaften Charakters der europäischen Einigung.

Die politische Grundentscheidung über den Einstieg in eine gemeinsame Verteidigungspolitik, die Art. 17 Abs. 1 EUV dem Europäischen Rat zuweist, stellt keine gegenüber Art. 48 EUV erleichterte Möglichkeit zur Änderung der Verträge dar.[1076] Die Anwendung der sogenannten Evolutivklausel als *„autonome Nutzung primärrechtlicher Kompetenzen"*[1077] durch das Unionsorgan Europäischer Rat ist ein Element der dynamischen Weiterentwicklung der Verträge und klar von der allein den Mitgliedstaaten obliegenden Vertragsänderung, die sich ja auch im Text der Verträge niederschlagen müßte, zu unterscheiden.

Der Europäische Rat zählt neben dem Europäischen Parlament zu den Gewinnern des Vertrages von Lissabon und wird nach Art. 15 EUV zum zentralen zwischenstaatlichen Beratungsgremium; sein Präsident amtiert für zweieinhalb Jahre (Art. 15 Abs. 5 S. 1 EUV) mit Möglichkeit der einmaligen Wiederwahl, kann also auch langfristig die Politik der Union beeinflussen. Ihm kommt, neben dem Kommissionspräsidenten, eine Schlüsselstellung für die Tätigkeit der Union zu (Art. 15 Abs. 6 UAbS. 1 EUV); außerdem *„nimmt* [er] *in seiner Eigenschaft auf seiner Ebene, unbeschadet der Befugnisse des Außenministers der Union, die Außenvertretung der Union in Angelegenheiten der Gemeinsamen Außen- und Sicherheitspolitik wahr"* (Art. 15 Abs. 6 UAbs. 2 EUV).

[1075] Anders *Pechstein*, Das Kohärenzgebot als entscheidende Integrationsdimension der Europäischen Union, in: EuR 1995, S. 247-258, der ihm lediglich eine materiell-rechtliche Dimension beilegt.

[1076] So aber *Cremer*, in: Calliess/Ruffert (Hrsg.), EUV/EGV, 3. Aufl. 2007, Art. 17 EUV, Rn. 1; *Kaufmann-Bühler*, in: Grabitz/Hilf, Art. 17 EUV, Rn. 3 (EL 22 August 2002): *„ohne das Erfordernis einer förmlichen Vertragsänderung"*; wie hier *Thym*, Die Begründung einer europäischen Verteidigungspolitik: Anforderungen des europäischen und des deutschen Verfassungsrechts, in: DVBl. 2000, S. 676-682 (S. 679 f.).

[1077] *Thym* (Fn. 1076), S. 679.

Der Europäische Rat setzt sich gemäß Art. 15 Abs. 2 EUV aus den Staats- und Regierungschefs der Mitgliedstaaten sowie dem Präsidenten des Europäischen Rates und dem Präsidenten der Kommission zusammen; der (vom Europäischen Rat mit Zustimmung des Kommissionspräsidenten ernannte) Hohe Vertreter der Union für Außen- und Sicherheitspolitik, der gleichzeitig einer der Vizepräsidenten der Kommission ist, *„nimmt an seinen Arbeiten teil"*.

Der Europäische Rat beschließt über einige Fragen, die der Verfassunggeber nicht selbst entscheiden wollte oder konnte. Dies gilt etwa für die Rotation und Dauer des Vorsitzes im Ministerrat (Art. 16 Abs. 9 EUV) und für das im Zuge der Verkleinerung der Kommission notwendig werdende Rotationssystem der Kommissare (Art. 17 Abs. 5 UAbs. 2 EUV). Mit Zustimmung des Parlaments beschließt der Europäische Rat über die den Mitgliedstaaten im Europäischen Parlament zustehenden Sitze (Art. 14Abs. 2 UAbs. 2 EUV). Er ernennt auch den Hohen Vertreter der Union für Außen- und Sicherheitspolitik (Art. 17 Abs. 7 UAbs. 2 EUV), der an den Arbeiten des Europäischen Rats teilnimmt, einer der Vizepräsidenten der Kommission ist und gleichzeitig dem Rat für Auswärtige Angelegenheiten vorsitzt.

6. Das Europäische Parlament[1078]

a) Allgemeines

Ursprünglich als parlamentarische Versammlung der jeweiligen Gemeinschaft konzipiert und mit Mitgliedern der nationalen Parlamente beschickt (vgl. Art. 138 EWGV, Art. 108 EAGV, Art. 21 EGKSV), wird das Europäische Parlament, das 1958 aus den drei Versammlungen fusioniert[1079] wurde und sich seit dem 21. März 1958 als Parlament bezeichnet, seit 1979 in den Mitgliedstaaten unmittelbar vom Volk[1080] für die Dauer von fünf Jahren gewählt. Wahlberechtigt waren zunächst nur die jeweiligen Staatsangehörigen, seit 1993 dürfen an den Wahlen auch

---

[1078] Siehe nur *Oppermann* (Fn. 937), § 5, Rn. 14-45, m.w.Nw.

[1079] Siehe Fusionsvertrag, supra Fn. 966.

[1080] Geregelt im Direktwahlakt vom 20. September 1976, ABl.EG 1976 Nr. L 278, S. 1. Der Direktwahlakt wurde durch den Vertrag von Amsterdam geändert.

dort aufhältige Staatsangehörige anderer Mitgliedstaaten (Unionsbürger) aktiv und passiv teilnehmen.[1081]

Aus den einzelnen Mitgliedstaaten kommen heute gemäß Art. 190 Abs. II EGV zwischen fünf (Malta) und neunundneunzig (Deutschland) Abgeordnete. Diese Sitzverteilung vermittelt zwischen dem Prinzip der Staatengleichheit und dem Prinzip der Proportionalität; versucht also unter politisch gewollter Inkaufnahme von Verzerrungen zwischen völkerrechtlichen und bundesstaatlich-demokratischen Grundsätzen einen Ausgleich zu finden. Das Europäische Parlament hat seit dem 1. Januar 2007 insgesamt 785 Mitglieder.[1082] Diese organisieren sich als Fraktionen nicht national, sondern nach Parteien(gruppen).[1083]

Sitz des Parlaments ist Straßburg; dort finden die zwölf monatlichen Plenartagungen statt. Weitere Plenartagungen werden in Brüssel abgehalten, wo auch die Ausschüsse tagen. Das Generalsekretariat des Parlaments ist in Luxemburg angesiedelt.[1084] Das Parlament verfügt in allen drei Städten über Tagungsgebäude.

Art. 196 ff. EGV räumen dem nach traditionellen parlamentsrechtlichen Vorstellungen konzipierten Parlament die innere Autonomie ein. Es hat sich eine Geschäftsordnung gegeben, wählt einen Parlamentspräsidenten sowie ein Präsidium und bildet Ausschüsse. Nach Art. 193 EGV

[1081] Vgl. Richtlinie 93/109/EG des Rates vom 6. Dezember 1993 über die Einzelheiten der Ausübung des aktiven und passiven Wahlrechts bei den Wahlen zum Europäischen Parlament für Unionsbürger mit Wohnsitz in einem Mitgliedstaat, dessen Staatsangehörigkeit sie nicht besitzen, ABl.EG 1993 Nr. L 329, S. 34, und Gesetz über die Wahl der Abgeordneten des Europäischen Parlaments aus der Bundesrepublik Deutschland (Europawahlgesetz – EuWG) vom 8. März 1994, BGBl. 1994 I 424.

[1082] Die Mitgliedschaft von Bulgarien und Rumänien ab dem 1. Januar 2007 führt zu einer vorübergehenden Erhöhung der Abgeordnetenzahl. Die Europäische Verfassung (Art. I-20 Abs. 2) sieht vor, die Zahl der Abgeordneten auf 750 zu begrenzen.

[1083] Vgl. Art. 29 bis 31 der Geschäftsordnung des Europäischen Parlaments, 16. Auflage, Fassung vom Juli 2004, ABl.EG 2005 Nr. L 44, S. 1, geändert Januar und Oktober 2006; in der jeweils aktuellen Fassung abgedruckt in Sartorius II, Nr. 260. Vgl. *Neßler*, Die Fraktion im Europäischen Parlament, in: EuR 1997, S. 331-320; *Lang*, Auswirkungen der EU-Erweiterung auf das Fraktionsgefüge im Europäischen Parlament, in: Maurer/Nickel (Hrsg.), Das Europäische Parlament, Supranationalität, Repräsentation und Legitimation, 2005, S. 23-33.

[1084] Vgl. Protokoll Nr. 9, supra Fn. 1027.

können auch nichtständige Untersuchungsausschüsse gebildet werden. Dem Parlament steht für die Erledigung der Verwaltungsgeschäfte, nicht zuletzt für den aufwendigen Sprachendienst, ein Generalsekretariat zur Seite.

Das Parlament entscheidet grundsätzlich mit der absoluten Mehrheit der abgegebenen Stimmen (Art. 198 EGV).

Das Parlament wählt auf der Grundlage von Art. 195 EGV einen unabhängigen Bürgerbeauftragten, der Mißständen bei der Ausübung der Gemeinschaftstätigkeit proprio motu oder auf Antrag von Betroffenen nachgehen kann. Der auch Ombudsmann genannte Beauftragte kann die beteiligten Gemeinschaftsorgane mit der Frage befassen und erstattet dem Parlament und gegebenenfalls dem Beschwerdeführer Bericht über seine Untersuchungen; außerdem legt er dem Parlament einen Jahresbericht vor.[1085]

Im Zuge der Aufnahme Großbritanniens (1973) konnte das Parlament einen ersten wichtigen Machtzuwachs verzeichnen. Es wurde, zusammen mit dem Ministerrat, Haushaltsorgan und erhielt die Befugnis, den Haushalt endgültig festzustellen oder abzulehnen. Seine Befugnisse wurden weiter ausgebaut, indem sein Klagerecht zum Europäischen Gerichtshof ausdrücklich in die Verträge aufgenommen wurde (Artikel 173 Abs. 3, 175 Abs. 1 EGV a.F.). Allerdings hatte der Europäische Gerichtshof dieses Klagerecht bereits früher auch ohne ausdrückliche Erwähnung in den Verträgen zur Rüge der Verletzung eigener Beteiligungsrechte des Parlaments anerkannt.[1086] Heute ist das Parlament privilegiert klageberechtigt (Art. 230 Abs. 2 EGV), muß also nicht die eigene Betroffenheit oder die Verletzung eigener Rechte geltend machen; Organteile des Parlaments unterfallen Abs. 4 der Vorschrift.

b) Kompetenzen

Das Europäische Parlament hat gemäß Artikel 189 Abs. 1 letzter Halbsatz EGV wie die anderen Organe nur begrenzte Kompetenzen, wenn es dort heißt, es übe diejenigen Befugnisse aus, *„die ihm nach diesem*

[1085] Ausführlich: *Guckelberger*, Der Europäische Bürgerbeauftragte und die Petitionen zum Europäischen Parlament, Bestandsaufnahme zu Beginn des 21. Jahrhunderts, 2004.

[1086] Zum Ganzen: *Stauß*, Das Europäische Parlament und seine Untergliederungen als Parteien im Verfahren der Nichtigkeitsklage (Art. 173 EGV), 1996, S. 22 ff., 90 ff. und passim.

Vertrag zustehen". Von der (heute freilich auch beschränkten) Souveränität des britischen Parlaments ist es somit weit entfernt. Es handelt sich um vier Gruppen von Befugnissen: Rechtssetzung, parlamentarische Kontrollrechte, das Kreationsrecht sowie die Hoheit über den Haushalt.

Im Rahmen der Rechtssetzung durch die Gemeinschaften[1087] hat das Parlament gemäß Artikel 192 Abs. 2 EGV das Recht, die Kommission aufzufordern, ihr Initiativrecht auszuüben. Es kann so zwar auf die Setzung von Rechtsakten hinwirken; das Hauptgesetzgebungsorgan bleibt allerdings der Rat.[1088] Die Legitimation des sekundären Gemeinschaftsrechts speist sich mithin aus mehreren Quellen: sie ergibt sich aus der Souveränität der Migliedstaaten, aus der Supranationalität der Gemeinschaft und aus der Mitwirkung demokratisch gewählter Parlamentarier.

Durch den Ausbau seiner Beteiligungsrechte ist das Parlament inzwischen zu einem großen Teil als Mitgesetzgeber herangewachsen.[1089] So ist das in der ursprünglichen Ausgestaltung dominierende Konsultati-

---

[1087] Siehe ausführlich die Studie von *Kühner*, Rechtsetzung in der Europäischen Gemeinschaft, Die Verfahren nach Art. 189 b und Art. 189 c EGV, 1997.

[1088] Zum Streit über das Demokratiedefizit in den Europäischen Gemeinschaften vgl. *Ress*, Über die Notwendigkeit der parlamentarischen Legitimierung der Rechtsetzung der Europäischen Gemeinschaften, in: GS Wilhelm Karl Geck, 1989, S. 625-684; *Heckel*, Der Föderalismus als Prinzip überstaatlicher Gemeinschaftsbildung, 1998, S. 101 ff.; einerseits und, ein Demokratiedefizit anzweifelnd, *Randelzhofer*, Zum behaupteten Demokratiedefizit der Europäischen Gemeinschaft, in: Hommelhoff/Kirchhof (Hrsg.), Der Staatenverbund der Europäischen Union, Beiträge und Diskussionen des Symposions am 21./22. Januar 1994 in Heidelberg, 1994, S. 39-58; andererseits. Interessant ist der Blick von außen bei *Stein* (Fn. 34), S. 515 ff.; vgl. auch den Vergleich mit den USA bei *Bignami* (Fn. 1032), die ihre Kritik an der fehlenden Verantwortlichkeit und an der unzureichenden Beteiligung von Interessengruppen festmacht (S. 466 ff. und passim).

Pointiert aus Sicht der Neuen Politischen Ökonomie *Schmidtchen*, Der eigene Charme Europas, Von einem Demokratiedefizit kann keine Rede sein, in: Frankfurter Allgemeine Zeitung vom 27. November 2004, S. 15.

[1089] So schon *Maurer*, Regieren nach Maastricht: Die Bilanz des Europäischen Parlaments nach fünf Jahren „Mitentscheidung", in: Integration 1998, S. 212-224; aktuell: *Maurer*, Das Europäische Parlament in der Gesetzgebung, in: ders./Nickel (Hrsg.), Das Europäische Parlament, Supranationalität, Repräsentation und Legitimation, 2005, S. 93-119.

ons- bzw. Anhörungsverfahren inzwischen zur Ausnahme geworden (etwa in Artikel 300 Abs. 3 UA 1 und 308 EGV).

Noch immer aber kennen die vertraglichen Kompetenzbestimmungen unterschiedliche Beteiligungsformen für das Parlament, die von der bloßen Anhörung über das Verfahren der Zusammenarbeit, das Mitentscheidungsverfahren bis zum Zustimmungserfordernis (beispielsweise bei der Aufnahme neuer Mitglieder, Art. 49 EUV) reichen. Um den genauen Umfang des Beteiligungsrechts des Parlaments zu ermitteln, muß zunächst die korrekte Ermächtigungsgrundlage für den jeweiligen Rechtsakt gefunden werden. Durch die Verträge von Amsterdam und Nizza ist jedoch das Mitentscheidungs- oder Kodezisionsverfahren nach Art. 251 EGV zum Hauptfall der Parlamentsbeteiligung geworden. Hierbei ist zum Zustandekommen eines Rechtsaktes die Übereinstimmung zwischen Rat und Parlament erforderlich; das mehraktige Verfahren kann bis in einen paritätisch besetzten Vermittlungsausschuß[1090] gebracht werden.

Inzwischen sind auch die parlamentarischen Kontrollrechte deutlich ausgeweitet worden. So haben die Abgeordneten des Europäischen Parlaments das Recht, Anfragen an den Rat und an die Kommission zu richten (Artikel 40 ff. Geschäftsordnung); die Fragen und dazu ergangenen Antworten der Kommission (Art. 197 Abs. 3 EGV) werden in gewissen Abständen im Amtsblatt veröffentlicht. Außerdem erörtert das Parlament den ihm vorzulegenden *„jährlichen Gesamtbericht“* (Art. 200 EGV) der Kommission.

Das Parlament verfügt mit der Befugnis zur Einsetzung von (nichtständigen) Untersuchungsausschüssen nach Artikel 193 EGV über ein wichtiges Kontrollrecht, das der Vertrag von Maastricht eingeführt hatte. Ein Beispiel für die Untersuchungstätigkeit des Europäischen Parlaments sind die nichtständigen Untersuchungsausschüsse zum BSE-Skandal.[1091] Die vom Parlament ausgeübte Kontrolle nährt sich auch aus weiteren Quellen; zu nennen sind das Petitionsrecht der Unionsbürger nach Artikel 194 EGV, die bereits erwähnte Institution des Bürgerbeauftragten sowie die institutionalisierte Zusammenarbeit mit den nationalen Parlamenten der Mitgliedstaaten.

1090 Hierzu *Rutschmann*, Der europäische Vermittlungsausschuß, Eine organisationsrechtliche Untersuchung der interinstitutionellen Vermittlungseinheit im Rechtssetzungsverfahren nach Art. 251 des EG-Vertrages, 2002.

1091 Diese wurden mit Beschluß vom 18. Juli 1996 eingesetzt und das Mandat um drei Monate mit Beschluß vom 24. Oktober 1996 (ABl. Nr. C 347/122) verlängert.

Die Kommission ist verpflichtet, dem Parlament jährlich Rechnung über das abgelaufene Haushaltsjahr zu legen und eine Vermögensübersicht vorzulegen (Artikel 275 EGV). Auf Empfehlung des Rates erteilt das Parlament im Verfahren des Art. 276 EGV der Kommission gegebenenfalls Entlastung; die Kommission ist nach Art. 276 Abs. 3 EGV verpflichtet, alle zweckdienlichen Maßnahmen zu treffen, um Beanstandungen des Parlaments nachzukommen.

Gegenüber dem Rat ist die Kontrolle durch das Parlament in den Verträgen nicht vorgesehen; dies spiegelt die Konstellation der Gründungsphase wieder und ist angesichts der im Laufe der Jahrzehnte stark gewachsenen Bedeutung des Parlaments nicht mehr angemessen. Soweit dem Parlament Kontrollrechte eingeräumt wurden, beruht dies auf der Praxis der Gemeinschaftsorgane. Dies gilt etwa für die Beantwortung parlamentarischer Anfragen durch den Rat.

Bewehrt werden die Kontrollrechte gegenüber Kommission und Rat durch die Möglichkeit, Klage beim Europäischen Gerichtshof einzureichen; in Betracht kommen die Nichtigkeitsklage (seit 1993 Klagebefugnis aus Art. 230 Abs. 2 EGV) und die Untätigkeitsklage (Art. 232).

Dem Europäischen Parlament kommt nur ein eingeschränktes Recht zur Bestellung der Mitglieder von Gemeinschaftsorganen (sogenanntes Kreationsrecht) zu. Es hat kein Mitspracherecht bei der Ernennung der Mitglieder des Rates noch bei denjenigen des Gerichtshofs. Sein Kreationsrecht ist auf die Bestellung der Kommission beschränkt, dort im Laufe der Zeit allerdings signifikant verstärkt worden.

Der Reformvertrag von Lissabon bewirkt eine erneute deutliche Aufwertung des Parlaments. So ist es grundsätzlich gemeinsam mit dem Ministerrat Gesetzgeber – das Mitentscheidungsverfahren wird zur Regel und das Verfahren der Zusammenarbeit entfällt – (Art. 14 Abs. 1 S. 1; Art. 16 Abs. 1 S. 1 EUV; Art. 289 VAEU) und hat mit diesem die Budgethoheit inne (Art. 310, 314 VAEU). Die Kontrollfunktion gegenüber der Kommission wird ausdrücklich betont (Art. 18 Abs. 8 EUV) und in der Sache (Wahl des Kommissionspräsidenten, Art. 17 Abs. 7 UAbs. 1 EUV; Zustimmung zu den Kommissaren, Art. 17 Abs. 7 UAbs. 3 EUV) bekräftigt.

7. Der Europäische Gerichtshof[1092]

a) Vorbemerkung

Auch hier gilt, daß jede der ursprünglich drei Gemeinschaften einen Gerichtshof vorsah; diese drei wurden alsbald – im 1957 vereinbarten Abkommen über die gemeinsamen Organe der Europäischen Gemeinschaften – zu einem Gerichtshof zusammengeführt. Von Anfang an obligatorisch für die Wahrung des Rechts bei der Auslegung und Anwendung der Verträge zuständig, markiert der Europäische Gerichtshof (EuGH) sehr deutlich die besondere Qualität der Gemeinschaften und den Unterschied zu „normalen" internationalen Oganisationen.

Den gemeinsamen Verfassungstraditionen der Mitgliedstaaten folgend, wurde so in den Gemeinschaften eine dritte Gewalt geschaffen,[1093] die gleichsam systemimmanent zur Kontrolle berufen und nicht, wie ansonsten bei der internationalen Gerichtsbarkeit üblich, vorwiegend staatlichen Opportunitätserwägungen unterworfen ist. Überdies ist es Aufgabe des EuGH, sowohl die Rechtmäßigkeit von Gemeinschaftsrechtsakten zu überprüfen, als auch die Vereinbarkeit nationaler Rechtsakte mit dem Gemeinschaftsrecht zu überwachen und dabei auch Individualrechte zu schützen.

b) Aufbau und Zusammensetzung

Da vornehmlich die EG für immer mehr Bereiche zuständig wurde, und die Vervielfachung der Mitgliedstaaten die Zahl der Rechtsstreitigkeiten haben ansteigen lassen, ist aus *dem* Gerichtshof längst die Gemeinschaftsgerichtsbarkeit[1094] geworden. Art. 220 EGV zählt denn auch in Abs. 1 neben dem Gerichtshof das Gericht erster Instanz (EuG) auf und eröffnet in Abs. 2 die Möglichkeit, letzterem sogenannte gerichtliche Kammern beizuordnen. Mittelfristig ist damit der Weg für eine dreigliedrige Gemeinschaftsgerichtsbarkeit eröffnet.

[1092] Ausführlich *Arnull*, The European Union and its Court of Justice, 1999.

[1093] Vgl. *Oppermann*, Die Dritte Gewalt in der Europäischen Union, in: DVBl. 1994, S. 901-908.

[1094] Zu weiteren Reformüberlegungen siehe *Wegener*, in: Calliess/Ruffert (Hrsg.), EUV/EGV, 3. Aufl. 2007, Art. 220 EGV, Rn. 20 m.w.Nw.

aa) Europäischer Gerichtshof

Der EuGH besteht gemäß Art. 221 Abs. 1 EGV aus einem Richter je Mitgliedstaat. War früher die Tagung in Vollsitzungen die Regel, so ist nach dem Vertrag von Nizza das Plenum nur noch in Amtsenthebungsverfahren oder dann vorgesehen, wenn der Gerichtshof selbst zu der Auffassung gelangt, daß eine Rechtssache, mit der er befaßt ist, von so außergewöhnlicher Bedeutung ist, daß sie eine Befassung des Plenums verlangt (Art. 221 Abs. 3 EGV i.V.m. Art. 16 Abs. 4 und 5 der Satzung des EuGH).

Somit tagt der Gerichtshof heute in Kammern (drei oder fünf Richter) oder als Große Kammer mit elf Richtern (Art. 221 Abs. 2 EGV). Die Große Kammer kommt nur zum Einsatz, wenn ein am Verfahren beteiligter Mitgliedstaat oder ein am Verfahren beteiligtes Gemeinschaftsorgan dies verlangt.

Der Gerichtshof wird von acht Generalanwälten unterstützt (Art. 222 Abs. 1 EGV).[1095] Diese haben öffentlich in völliger Unparteilichkeit und Unabhängigkeit begründete Schlußanträge zu den Rechtssachen zu stellen, in denen nach der Satzung des Gerichtshofs ihre Mitwirkung erforderlich ist (Art. 222 Abs. 2 EGV).

Richter und Generalanwälte[1096] werden von den Regierungen der Mitgliedstaaten im gegenseitigen Einvernehmen ernannt (Art. 223 Abs. 1 EGV); (mehrfache) Wiederernennung ist zulässig (Art. 223 Abs. 4 EGV). Ihre Amtszeit beträgt sechs Jahre (Art. 223 Abs. 1 EGV); es gibt keine Altersgrenze.

bb) Gericht erster Instanz[1097]

Das EuG besteht aus mindestens einem Richter je Mitgliedstaat (Art. 224 Abs. 1 EGV), hat heute also fünfundzwanzig Mitglieder, die für sechs Jahre von den Mitgliedstaaten im gegenseitigen Einvernehmen er-

---

1095 Ausführlich zu diesen: *Pichler*, Der Generalanwalt beim Gerichtshof der Europäischen Gemeinschaften, 1983.

1096 Nach einer politischen Absprache steht Deutschland, Frankreich, Italien, Spanien und dem Vereinigten Königreich jeweils ein Generalanwalt zu. Die übrigen drei Positionen rotieren unter den anderen Mitgliedstaaten. Vgl. Gemeinsame Erklärung (Nr. 2) zu Artikel 157 Absatz 4 der Beitrittsakte vom 24. Juni 1994, ABl.EG 1994, Nr. C 241/381.

1097 Hierzu etwa *Jung*, Funktion, Arbeitsweise und Zukunft des Gerichts 1. Instanz der Europäischen Gemeinschaften, 1992.

nannt werden (Art. 224 Abs. 3 EGV). Anders als der EuGH umfaßt das EuG keine ständigen Generalanwälte; ihre Funktion kann einem der Richter übertragen werden, der dann allerdings von der Entscheidung ausgeschlossen ist. Die Richter des EuG wählen aus ihrer Mitte einen Präsidenten (Art. 224 Abs. 4 EGV); das Gericht erster Instanz verfügt über eine eigene Kanzlei, dessen Kanzler das Gericht ernennt (Art. 224 Abs. 5 EGV). Das EuG gibt sich eine Geschäftsordnung.

Das EuG tagt nur ausnahmsweise im Plenum; Kammersitzungen zu drei oder fünf Richtern sind die Regel. Zusätzlich ist die Übertragung einfacher gelagerter Rechtssachen auf den Berichterstatter als Einzelrichter möglich.

cc) Die gerichtlichen Kammern[1098]

Durch einstimmigen Beschluß kann der Rat auf Vorschlag der Kommission oder auf Antrag des Gerichtshofs (jeweils nach Anhörung des Parlaments und in der zweiten Variante der Kommission) gerichtliche Kammern bilden. Diese sind gemäß Art. 225a Abs. 1 EGV *„im ersten Rechtszuge für bestimmte Kategorien von Klagen zuständig“*, *„die in besonderen Sachgebieten erhoben werden“*.

In dem Errichtungsbeschluß des Rates ist die Zuständigkeit der jeweiligen Kammer zu definieren und ihre Zusammensetzung festzulegen (Art. 225a Abs. 2 EGV). Der Vertrag enthält hier eine offene Ermächtigung und begrenzt nicht die Bereiche, in denen durch die Einrichtung von gerichtlichen Kammern eine erstinstanzliche Fachgerichtsbarkeit der Europäischen Union geschaffen werden kann.

Nach Art. 225a Abs. 4 EGV sind Personen zu Mitgliedern der Kammern auszuwählen, die über die Befähigung zur Ausübung richterlicher Tätigkeit verfügen. Die Richter des EuG hingegen müssen für hohe, die des EuGH für höchste Richterämter befähigt sein. Dies macht aus der Perspektive des Deutschen Richtergesetzes zwar keinen Unterschied, liefert aber einen deutlichen Beleg für die Intention des EGV, eine dreigliedrige Gerichtsbarkeit schaffen zu wollen.

Der Vertrag von Lissabon hat die Neuerungen des Vertrages von Nizza bestätigt; die gerichtlichen Kammern sollen zukünftig Fachgerichte heißen und werden aufgund europäischer Gesetze – in heutiger Terminologie: Verordnung – errichtet.

[1098] Zu diesen *Wegener*, Die Neuordnung der EU-Gerichtsbarkeit durch den Vertrag von Nizza, in: DVBl. 2001, S. 1258-1263 (S. 1260 f.).

c) Zuständigkeiten und Verfahren[1099]

Nach den Verträgen ist der EuGH zur Wahrung des Gemeinschaftsrechts bei dessen Anwendung und Auslegung berufen (Art. 220 EGV, Art. 136 EAGV); seine Zuständigkeiten werden in den Verträgen abschließend aufgeführt. Zu unterscheiden sind die Vertragsverletzungsverfahren, die Nichtigkeitsklage, die Untätigkeitsklage, das Vorabentscheidungsverfahren und die Schadenersatzklage.

Das Vertragsverletzungsverfahren ermöglicht es der Kommission oder einem Mitgliedstaat, auf Feststellung eines Vertragsverstoßes gegen einen (anderen) Mitgliedstaat zu klagen (Art. 226 f. EGV, Art. 141 f. EAGV). Die Kommission kommt hiermit ihrer Funktion als Hüterin der Verträge (Art. 211 EGV) nach; dies gilt aber auch für die Mitgliedstaaten, da nicht geltend gemacht werden muß, daß der Kläger in eigenen Rechten verletzt ist – ein Verstoß des anderen Mitgliedstaates gegen objektives Recht genügt.

Mit der Nichtigkeitsklage gemäß Art. 230, 231 EGV können Rechtsakte des Rates und der Kommission angegriffen werden; klagebefugt sind neben den Gemeinschaftsorganen auch die Mitgliedstaaten und Private. Die Nichtigkeitsklage ermöglicht somit auch ein „Organstreitverfahren"; auch ein Insich-Streit innerhalb eines Organs[1100] konturiert sich mittlerweile heraus. Ist die Klage begründet, so erklärt der Gerichtshof den angefochtenen Rechtsakt für nichtig.

Die Untätigkeitsklage nach Art 232 EGV eröffnet den Mitgliedstaaten, den Gemeinschaftsorganen und Privaten den Weg, das Nichthandeln von Rat oder Kommission, das den Vertrag verletzte, zu rügen. Das Verfahren ist nur auf die Feststellung eines Gemeinschaftsrechtsverstoßes gerichtet; die Verurteilung zum Erlaß des unterlassenen Rechtsaktes kann nicht begehrt werden.

[1099] Zum folgenden: *Koenig/Haratsch* (Fn. 1046), Rn. 336 ff. *Bieber*, in: BBPS, Die Europäische Union, 5. Aufl. 2001, Rn. 274 ff.; *Oppermann* (Fn. 937), § 9.

[1100] Etwa *EuGH*, Rs. 294/83, Urteil vom 23. April 1986, Slg. 1986, 1339 – Les Verts.

Mit dem Vorabentscheidungsverfahren[1101] verfügt der EuGH über ein wirksames Instrument, um die Einheitlichkeit des Gemeinschaftsrechts zu wahren. Nach Art. 234 Abs. 1 EGV[1102] entscheidet er über die Frage der Auslegung und Gültigkeit des Gemeinschaftsrechts in Rechtsstreitigkeiten, die ihm von nationalen Gerichten vorgelegt werden. Hierbei sind alle nationalen Gerichte vorlageberechtigt (Art. 234 Abs. 2 EGV), lediglich die letztinstanzlichen nationalen Gerichte müssen vorlegen (Art. 234 Abs. 3 EGV). Dem EuGH kommt im Vorabentscheidungsverfahren die Rolle eines Gutachters zu, der zugrundeliegende Rechtsstreit wird von den nationalen Gerichten auf der verbindlichen Grundlage seiner Ausführungen entschieden.

d) Bewertung des EuGH für die europäische Integration[1103]

Der mitgliedstaatlichen Verfassungstradition folgend, wurden die als Rechtsgemeinschaft[1104] verstandenen Gemeinschaften von Anfang an gewaltenteilig[1105] konzipiert. Die Gemeinschaftsgerichtsbarkeit vereint fachgerichtliche und verfassungsgerichtliche Aufgaben;[1106] sie hat die objektive Aufgabe der Wahrung des Rechts und ist mit dem Schutz in-

---

[1101] Ausführlich bereits *Everling*, Das Vorabentscheidungsverfahren vor dem Gerichtshof der Europäischen Gemeinschaften, Praxis und Rechtsprechung, 1986; neuer: *Schima*, Das Vorabentscheidungsverfahren vor dem EuGH, Unter besonderer Berücksichtigung der Rechtslage in Österreich und Deutschland, 2. Aufl. 2004.

[1102] Deutlich zum Charakter der Vorschrift als befugniszuweisende Norm: *Groh*, Die Auslegungsbefugnis des EuGH im Vorabentscheidungsverfahren, Plädoyer für eine zielorientierte Konzeption, 2005, S. 27-32.

[1103] Ausführlich hierzu: *Sander*, Der Europäische Gerichtshof als Förderer und Hüter der Integration, Eine Darstellung anhand seiner Einwirkungsmöglichkeiten auf die einzelnen Dimensionen des Einigungsprozesses, 1998.

[1104] Hierzu etwa *Zuleeg*, Die Europäische Gemeinschaft als Rechtsgemeinschaft, in: NJW 1994, S. 545-549 m.w.Nw.

[1105] Hierzu mit Blick auf die Gerichtsbarkeit: *Martenczuk*, Die dritte Gewalt in der Europäischen Union, in: Demel u.a. (Hrsg.), Funktionen und Kontrolle der Gewalten, 2001, S. 223-246.

[1106] *Rodriguez Iglesias*, Der Gerichtshof der Europäischen Gemeinschaften als Verfassungsgericht, 1992; *Brandt*, Der Europäische Gerichtshof (EuGH) und das Europäische Gericht erster Instanz (EuG) – Aufbau, Funktionen und Befugnisse, in: JuS 1994, S. 300-305; siehe auch *Jacobs/Karst* (Fn. 1052), S. 233 ff.

dividueller Rechte – korrespondierend zur Ausübung von eigener Hoheitsgewalt durch die Gemeinschaften – betraut.

Der EuGH hat sich frühzeitig klar dazu bekannt, daß die Gemeinschaften eine Rechtsgemeinschaft bilden und mittels der völkerrechtlichen Verträge eine autonome Rechtsordnung geschaffen wurde, *„zu deren Gunsten die Staaten, wenn auch in begrenztem Rahmen, ihre Souveränitätsrechte eingeschränkt haben, eine Rechtsordnung, deren Rechtssubjekte nicht nur die Mitgliedstaaten, sondern auch die einzelnen sind“.*[1107]

Die daraus sich ergebende Konsequenz, daß nämlich das Gemeinschaftsrecht unmittelbar in die nationalen Rechtsordnungen hineinwirkt, hat der EuGH kraftvoll in seiner Rechtsprechung vertreten und fortentwickelt.[1108] Vielfach wird der EuGH deshalb als *„Motor der Integration“*[1109] bezeichnet, aber auch nicht selten wegen einer allzu integrationsfreundlichen Herangehensweise kritisiert.[1110] Die von ihm be-

---

1107 *EuGH*, Rs. 26/62, Urteil vom 5. Februar 1963, Slg. 1963, 1 – Van Gend/Loos.

1108 *EuGH*, Rs. 6/64, Urteil vom 15. Juli 1964, Slg. 1964, 1251 – Costa ./. E.N.E.L; Rs. 147/78, Urteil vom 5. April 1979, Slg. 1979, 1629 – Gefährliche Zubereitungen; Rs. 294/83, Urteil vom 23. April 1986, Slg. 1986, 1339 – Les Verts.

1109 Vgl. nur *Stein*, Richterrecht wie anderswo auch? Der Gerichtshof der Europäischen Gemeinschaften als „Integrationsmotor“, in: FS der Juristischen Fakultät zur 600-Jahr-Feier der Ruprecht-Karls-Universität Heidelberg, 1994, S. 619-641 (S. 622); und *Cappelletti/Golay* (Fn. 47), S. 309 ff., 323 ff.; zurückhaltend *Hirsch*, Die Rolle des Europäischen Gerichtshofs bei der europäischen Integration, in: JöR N.F. 49, 2001, S. 79-88 (S. 83 ff.), der zumindest inzwischen die Antriebsfunktion als Aufgabe der Politik verstanden wissen will und den EuGH auf seine Aufgabe als Wahrer des Rechts i.S.v. Art. 220 EGV beschränkt sieht.

1110 Vgl. die in der vorigen Fußnote genannten Autoren und die Übersicht bei *Oppermann* (Fn. 1093), S. 905. Aus politikwissenschaftlicher Sicht gibt *Höreth*, Stille Revolution im Namen des Rechts? Zur Rolle des Europäischen Gerichtshofes (EuGH) im Prozess der europäischen Integration, 2000, eine umfassende Analyse; siehe auch schon *Burley/Mattli*, Europe Before the Court: A Political Theory of Legal Integration, in: International Organization 47 (1993), S. 41-76. *Von Bogdandy/Bast* (Fn. 1000), S. 454, erinnern zu Recht daran, daß der EuGH heute als Verfassungsgericht der EU antrete, die vertikale Kompetenzordnung auch gegenüber Rat und Kommission zu verteidigen. Die Diskussion erhält immer wieder neue Nahrung; vgl. *Herzog/Gerken*, Stoppt den Europäischen Gerichtshof!, in: Frankfurter Allgemeine Zeitung vom 8. September

triebene Rechtsfortbildung ist zulässig, wenn und soweit sie aus dem Recht der Gemeinschaft abgeleitet ist.

Zu bedenken ist nämlich, daß es dem EuGH möglich ist, sowohl in das innergemeinschaftliche Kompetenzgefüge einzugreifen als auch die Balance zwischen den Mitgliedstaaten einerseits und den Gemeinschaften andererseits zu stören. Diesbezüglich wird er stets zu zurückhaltendem Vorgehen aufgerufen.[1111] Der Gerichtshof hat aber selbst das institutionelle Gleichgewicht innerhalb der Gemeinschaft anerkannt,[1112] weshalb ihm keine, die anderen Organe überspielende Kompetenz-Kompetenz zukommen kann. In jüngerer Zeit ist aber auch zu beobachten, daß der EuGH eine Bestätigung der Verbandskompetenzen der Union nicht als im voraus feststehendes Ergebnis seiner Rechtsprechung ansieht. So hat er etwa im Tabakwerbe-Urteil klare Grenzen gezogen.[1113]

Zu beachten sind aber auch die Beschränkungen, die die Mitgliedstaaten dem EuGH durch vertragliche Abreden aufzuerlegen versuchen. So schließt beispielsweise Art. 150 Abs. 4 EGV, der eine Kompetenz des Rates im Bereich der beruflichen Bildung begründet, *„jegliche Harmonisierung der Rechts- und Verwaltungsvorschriften der Mitgliedstaaten"* aus, um dem EuGH keinen Hebel für eine von den Mitgliedstaaten ungewollte Rechtsfortbildung in die Hand zu geben.

Der Vertrag von Lissabon umreißt in Art. 19 EUV knapp den bisherigen Sachstand, spricht aber in Abs. 1 S. 1 der Vorschrift anstelle der gerichtlichen Kammern (supra b cc) von Fachgerichten, deren Einrichtung in Art. 257 Abs. 1 VAEU geregelt ist und durch ein Europäisches Gesetz zu erfolgen hat.

8. Voraussetzungen und Grenzen gemeinschaftlicher Kompetenzausübung

Die Gemeinschaften und die Union handeln im Rahmen der Verträge und nach Maßgabe der ihnen in den Verträgen eingeräumten Befugnisse. Bevor auf die sich in diesem Rahmen zwangsläufig ergebenden Pro-

---

2008, S. 8; und das Interview mit der Bundesministerin der Justiz, *Brigitte Zypries*, in: Frankfurter Allgemeine Zeitung vom 23. September, S. 6 f.

1111 Vgl. nur *Sander* (Fn. 1103), S. 64 ff. m.w.Nw.

1112 *EuGH*, Rs. C-316/91, Urteil vom 2. März 1994, Slg. 1994-I, 625 – Parlament ./. Rat der EU.

1113 *EuGH*, Rs. C-376/98, Urteil vom 5. Oktober 2000, Slg. 2000, I-6229 – Deutschland ./. Parlament und Rat.

bleme eingegangen werden soll, ist mit *von Bogdandy/Bast* auf das „*Fundamentaldatum des Europäischen Verfassungsrechts*“, den „*Grundsatz verfassungsmäßiger Legalität des Unionshandelns*“[1114] hinzuweisen. Dieser Grundsatz hat in staatsähnlicher Weise eine Hierarchie des Rechts geschaffen: Dem Primärrecht kommt absoluter Vorrang gegenüber jeglichem Rechtshandeln der Gemeinschaft zu. Umgekehrt setzt jedes Rechtshandeln eine Rechtsgrundlage voraus, die entweder unmittelbar oder mittelbar auf die Verträge zurückgeführt werden kann.

Für die Frage der Abgrenzung von Kompetenzen zwischen den Gemeinschaften und der Union auf der einen und den Mitgliedstaaten auf der anderen Seite (vertikale Kompetenzverteilung, Verbandskompetenz) ist es nach bisherigen Kategorien entscheidend, ob schon staatsrechtliche oder noch völkerrechtliche Regelungen maßgeblich sind.[1115] Dabei sind die Prinzipien der Integration, der Autonomie und der Supranationalität maßgebend.

Die Integration ist ein politischer Prozeß, der aber rechtlich gesteuert und begrenzt wird – durch die Verträge und durch die mitgliedstaatlichen Verfassungen. Den Mitgliedstaaten kommt somit eine doppelt begründete Wächterfunktion zu, die sie zum einen im politischen Prozeß wahrnehmen und zum anderen durch die Inanspruchnahme der europäischen Gerichtsbarkeit ausüben sollen. Dieser Auftrag muß freilich oftmals im konkreten Fall (innen-)politischen Opportunitätserwägungen weichen.

Europäisierung der Mitgliedstaaten und Domestizierung der Europäischen Union sowie der mitgliedstaatlichen Außenpolitik sind Stichworte, die die Komplexität des Integrationsprozesses beschreiben.[1116] Es handelt sich um wechselseitige Beeinflussungen, die sich nicht nur auf die jeweiligen Institutionen auswirken, sondern die Strukturen beider Ebenen insgesamt betreffen. Eine einzig angemessene, differenzierende Betrachtung wird feststellen, daß es zu sektorenspezifischen Beeinflussungen kommt, die auf der mitgliedstaatlichen Ebene von Land zu

---

1114 *Von Bogdandy/Bast* (Fn. 1000), S. 442.

1115 *Magiera*, Kompetenzgrenzen und Strukturprinzipien der Europäischen Gemeinschaft, in: FS für Rudolf Morsay, 1992, S. 211-236 (S. 217 ff.)

1116 Hierzu *Harnisch*, Internationale Politik und Verfassung, Die Domestizierung der deutschen Sicherheits- und Verteidigungspolitik, 2006; *Green Cowles/Caporaso/Risse* (Hrsg.), Transforming Europe: Europeanization and Domestic Change, 2001; und die anderen in Fn. 1229 genannten Autoren.

Land variieren können und insgesamt von einer Vielzahl von innerstaatlichen, gemeinschaftlichen und internationalen Faktoren abhängt. Deshalb verbieten sich, wie die einschlägige Literatur feststellt, monokausale Schlußfolgerungen.[1117]

Zu beachten ist überdies, daß die Begrenzung der Integration in den Verträgen von zwei Richtungen her durchlöchert wurde. So wurden einerseits die Aufgaben und Ziele zunächst in der Praxis und danach in den Verträgen kontinuierlich erweitert, andererseits wurden die Befugnisse im Wege detaillierter Spezialermächtigungen, vor allem aber über den Weg des Art. 235/308 EGV, erweitert.[1118] Das Autonomieprinzip besagt, daß die Gemeinschaftsrechtsordnung eigenständig und aus sich heraus zu interpretieren, gleichzeitig aber eng mit derjenigen der Mitgliedstaaten verflochten sei. Dies spricht für immanente Kompetenzgrenzen.[1119] Das Supranationalitäsprinzip wird dadurch begrenzt, daß die Identität der Mitgliedstaaten vertraglich gewährleistet wird. Dieser Befund darf allerdings nicht dazu verleiten, eine festgelegte Kompetenzgrenze anzunehmen:

> „Die Gemeinschaft ist [...] auf Entwicklung angelegt, deren Wesen darin besteht, bisher einzelstaatlich wahrgenommene Kompetenzen fortschreitend zu vergemeinschaften. Die Kompetenzgrenzen sind deshalb beweglich und lassen sich nur für den Einzelfall und nur für den jeweils erreichten Entwicklungsstand der Gemeinschaft bestimmen.“[1120]

Zu beachten ist aber, daß trotz aller Integrationsdynamik (noch) kein unbegrenzter Kompetenzzuwachs intendiert ist; vielmehr muß ein Kompetenzrest bei den Mitgliedstaaten verbleiben. Der EGV in der Gestalt des Vertrages von Maastricht hat dem Subsidiaritätsprinzip in

---

1117 Statt aller: *Green Cowles/Risse*, Transforming Europe: Conclusions, in: dies./Caporaso/ders. (Hrsg.) (Fn. 1116), S. 217-237.

1118 Die Einräumung von Kompetenzen entspricht einer zunehmenden, allerdings in einzelnen Bereichen nach wie vor sehr unterschiedlich weit reichenden „Aufgabeneuropäisierung“; hierzu *Schmidt*, Aufgabeneuropäisierung, in: Schuppert/Pernice/Haltern (Hrsg.) Europawissenschaft, 2005, § 5, S. 129-145, m.w.Nw. Sehr skeptisch hierzu bereits *Steindorff*, Grenzen der EG-Kompetenzen, 1990.

1119 *Magiera* (Fn. 1115), S. 221.

1120 *Magiera* (Fn. 1115), S. 225.

Art. 5 EGV eine zentrale, rechtlich gefestigte Stellung zugewiesen.[1121] Die Vorschrift verpflichtet die Gemeinschaft, die ihr durch den Vertrag gesteckten Grenzen zu beachten (Art. 5 Abs. 1 EGV), sie statuiert das Subsidiaritätsprinzip im engeren Sinne (Abs. 2) und das Erforderlichkeitsgebot (Abs. 3). Treffend ist diesbezüglich von einer *„europarechtlichen Schrankentrias"*[1122] die Rede.

Nicht übersehen werden darf allerdings, daß dem Subsidiaritätsprinzip in Gestalt des Solidaritätsprinzips, welches in Art. 1 Abs. 3 Satz 2 EUV an prominenter Stelle niedergelegt ist, ein für die Fragen der Kompetenzordnung bedeutsames Korrektiv an die Seite gestellt wurde.[1123] Denn aus dem Solidaritätsprinzip folgt, daß zur Sicherung des Gemeinwohls bestimmte Aufgaben von der Gemeinschaft zu regeln sind – beispielsweise Umweltpolitik, Verbraucherschutz oder Gesundheitspolitik – und dieser deshalb entsprechende Kompetenzen zustehen müs-

---

[1121] Um als wirksame Grenze zu dienen, muß das Subsidiaritätsprinzip aber *„richtig angewandt"* werden, hierzu: *Weidenfeld* (Hrsg.), Europa '96, Reformprogramm für die Europäische Union, Strategien und Optionen für Europa, 1994, S. 16 ff.; ähnlich *Jarass*, EG-Kompetenzen und das Prinzip der Subsidiarität nach Schaffung der Europäischen Union, in: EuGRZ 1994, S. 209-219 (S. 214 ff.). Vgl. auch das Memorandum der Regierung der Bundesrepublik Deutschland zum Subsidiaritätsprinzip vom 21. September 1992, abgedruckt in: *Merten* (Hrsg.), Die Subsidiarität Europas, 1993, S. 130 ff. Ferner *Schwarze*, Kompetenzverteilung in der Europäischen Union und föderales Gleichgewicht, Zu den Forderungen der deutschen Bundesländer im Hinblick auf die Regierungskonferenz 1996, in: DVBl. 1995, S. 1265-1269; *Mayer*, Die drei Dimensionen der europäischen Kompetenzdebatte, in: ZaöRV 2001, S. 577-640.

Interessant ist der Versuch, das für unzureichend erachtete Subsidiaritätsprinzip mittels ökonomischer Kriterien zu stärken und so eine Zentralisierung von Zuständigkeiten bei der EG zu bremsen: *Böttger*, Ansätze für eine ökonomische Analyse des Subsidiaritätsprinzips des EG, Art. 5 Abs. 2, 2004.

[1122] *Merten*, Subsidiarität als Verfassungsprinzip, in: ders. (Hrsg.), Die Subsidiarität Europas, 1993, S. 77-96 (S. 78); ähnlich *Jarass* (Fn. 1121), S. 213.

[1123] Ausführlich zum Verhältnis beider Prinzipien *Calliess*, Subsidiaritäts- und Solidaritätsprinzip in der EU, 2. Aufl. 1999. Siehe auch schon *Klein*, Diskussionsbeitrag, in: Hommelhoff/Kirchhof (Hrsg.), Der Staatenverbund der Europäischen Union, Beiträge und Diskussionen des Symposions am 21./22. Januar 1994 in Heidelberg, 1994, S. 103-106 (S. 104); ausführlich *Pieper*, Subsidiarität, Ein Beitrag zur Begrenzung der Gemeinschaftskompetenzen, 1994, S. 175 ff., 208 ff. und passim. Skeptisch *Pescatore*, Mit der Subsidiarität leben, Gedanken zu einer drohenden Balkanisierung der Europäischen Gemeinschaft, in: FS für Ulrich Everling, Bd. II, 1995, S. 1071-1094; *Heckel* (Fn. 1088), S. 158: *„keine Lösung"*.

sen und auch zugewiesen wurden: Art. 174 ff. EGV (Umweltpolitik),[1124] Art. 153 EGV (Verbraucherschutz), Art. 152 EGV (Gesundheitspolitik). In diesen Bereichen leistet die Gemeinschaft laut EGV mit ihren Politiken zur Verbesserung respektive Stärkung des jeweiligen Schutzgutes einen „Beitrag"; es liegen mit anderen Worten konkurrierende Kompetenzen der Gemeinschaft und der Mitgliedstaaten vor. Die Abgrenzung beziehungsweise Zuordnung von Kompetenzen unterliegt hier Solidaritäts- wie Subsidiaritätsprinzip gleichermaßen. Der besonderen Integrationssituation – es geht um nichts Geringeres als die Verwirklichung einer immer engeren Union der Völker Europas (Art. 1 Abs. 2 EUV) – erscheint der Vorschlag angemessen, vermittels einer „progressiv" verstandenen Subsidiarität[1125] die Ausübung einer konkurrierenden Kompetenz nicht abschließend einem Verband zuzuweisen. Der grundsätzlichen Gemeinschaftszuständigkeit tritt die mitgliedstaatliche Optimierungszuständigkeit, die nationale Differenzierungen eröffnet, zur Seite.[1126]

Nach Ansicht mancher würde ein Kompetenzkatalog[1127] für Klarheit sorgen und zur *„Bewahrung der föderalen Balance"*[1128] beitragen, denn eine pragmatische Kompetenzverteilung erscheine zukünftig wenig sinnvoll: *„Von der funktionalen Aufgabenermächtigung der Verträge muß der Integrationsprozeß auf die konkrete Zuweisung der Zuständigkeiten ausgerichtet werden."* Zumal „[e]*in Ausufern der Unionskompetenzen durch extensive Übertragung weiterer Zuständigkeiten auf die*

1124 Hierzu ausführlich: *Eisenberg*, Kompetenzausübung und Subsidiaritätskontrolle im europäischen Umweltrecht, Zu den Voraussetzungen, Vor- und Nachteilen subsidiaritätsorientierter Umweltrechtsetzung in Europa, 2006.

1125 *Calliess* (Fn. 1123), S. 213 f. und *ders.*, in: Calliess/Ruffert (Hrsg.), EUV/EGC, 3. Aufl. 2007, Art. 5 EGV, Rn. 54 ff.

1126 Siehe den aufschlußreichen Politikfeldvergleich bei *Hesse/Grotz*, Europa professionalisieren, Kompetenzordnung und institutionelle Reform im Rahmen der Europäischen Union, 2005, S. 49-125.

1127 *Weidenfeld* (Fn. 1121), S. 20-24, buchstabiert einen Kompetenzkatalog auf der Grundlage des Vertrages von Maastricht aus. Siehe auch *Boeck*, Die Abgrenzung der Rechtsetzungskompetenzen von Gemeinschaft und Mitgliedstaaten in der Europäischen Union, Zur Notwendigkeit und zu den Vorteilen eines Kompetenzkataloges in den Gemeinschaftsverträgen, 2000, S. 242 ff.; *Heckel* (Fn. 1088), S. 161 ff.

1128 *Weidenfeld* (Fn. 1121), S. 19.

europäische Ebene weder die notwendige gesellschaftliche Akzeptanz [finde] *noch* [...] *wirklich sinnvoll* [sei].«[1129]

Systematisch ist zwischen ausschließlichen Kompetenzen der Gemeinschaften, konkurrierenden und parallelen Kompetenzen sowie den ausschließlichen Kompetenzen der Mitgliedstaaten zu unterscheiden.[1130] In diesem Zusammenhang taucht auch immer wieder die Frage auf, ob bei bestehenden (nicht ausschließlichen) gemeinschaftlichen Kompetenzen noch Raum für die Mitgliedstaaten existiert, um selbst neben den Gemeinschaften zu handeln, ob mitgliedstaatliche Kompetenzen also verdrängt werden (Alternativ-Konkurrenz)[1131] oder ob kumulativ-konkurrierende Kompetenzen beider Verbandsebenen[1132] bestehen.

Inhaltlich-systematisch ist zwischen Förderkompetenzen und Regelungskompetenzen der Gemeinschaften zu unterscheiden. Letztere eröffnet den Gemeinschaften die Möglichkeit, durch den Erlaß verbindlicher Rechtsakte nach Art. 249 Abs. 2 und 3 EGV rechtsangleichend oder rechtsvereinheitlichend tätig zu werden. Mit der gemeinschaftlichen Förderkompetenz wird ihr das unterstützende und ergänzende Tätigwerden ermöglicht. Eine solche Förderkompetenz kann ausdrücklich benannt werden (beispielsweise in Art. 137 Abs. 2a; Art. 151 Abs. 5 1. Spiegelstrich EGV) oder gegebenenfalls in der Ermächtigung zum Erlaß von geeigneten Vorschriften erblickt werden. Daneben sind Fördermaßnahmen in Gestalt sogenannter ungekennzeichneter Rechtshandlungen, wie Beschlüsse oder Programme möglich.[1133]

[1129] *Weidenfeld* (Fn. 1121), S. 26. Anders *Pescatore* (Fn. 1123), der sich für eine Kompetenzstärkung der Gemeinschaften ausspricht. *Von Bogdandy/Bast* (Fn. 1000), S. 452, bezweifeln den Nutzen eines derart aufwendigen Projekts: *„Der geltenden Kompetenzordnung fehlt es zwar gewiss an Transparenz, nicht jedoch an Präzision in der Abgrenzung der Zuständigkeiten der verschiedenen Ebenen."*

[1130] Näher *Dittert*, Die ausschließlichen Kompetenzen der Europäischen Gemeinschaft im System des EG-Vertrages, 2001, S. 137 ff.; *Nettesheim* (Fn. 29).

[1131] So *Zacker/Wernicke*, Examinatorium Europarecht, Grundlagen, Institutionelles Recht, Materielles Recht, Rechtsschutz, 3. Aufl. 2004, S. 110; im Ergebnis auch *Trüe* (Fn. 994), S. 360 ff. Siehe auch *Klein*, Der Verfassungsstaat als Glied einer europäischen Gemeinschaft, in: VVDStRL 50 (1991), S. 56-96 (S. 63).

[1132] So *von Bogdandy/Nettesheim*, in: Grabitz/Hilf, EUV/EGV, Art. 3b, Rn. 15 f. (EL 7, September 1994).

[1133] So auch *Schmahl* (Fn. 980), S. 288.

Zur Kompetenzordnung nach dem Reformvertrag von Lissabon siehe infra Zweiter Teil B III 3.

9. *Außenkompetenzen der Europäischen Gemeinschaft*[1134]

a) Begründung

Obschon nach geltendem Recht – der gescheiterte Verfassungsvertrag wie der Reformvertrag von Lissabon sehen hier eine ausdrückliche, die Völkerrechtssubjekitvität bejahende Klarstellung vor – nur die Gemeinschaften unzweifelhaft über Völkerrechtssubjektivität verfügen, ist wegen der engen Verbindung der Europäischen Union mit den Gemeinschaften auch diese als Akteur in den internationalen Beziehungen präsent und von Drittstaaten akzeptiert. Auch die Union schließt Verträge ab, und die Analyse der betreffenden Praxis läßt den Schluß zu, daß sie hierbei im eigenen Namen und als selbständiges Völkerrechtssubjekt handelt.[1135]

Die Verträge benennen vor allem die Gebiete der Handels- und Entwicklungspolitik, der Assoziierung und des Beitritts als solche, in denen die EG die Fähigkeit hat, sich nach außen vertraglich zu binden. Hinzu treten in weiteren Sachbereichen – etwa Kapitalverkehr mit Drittstaaten (Art. 71 ff. EGV) oder Umweltpolitik (Art. 174 Abs. 4 EGV) – ausdrücklich oder sachnotwendig Außenkompetenzen des gemeinsamen Handelns. Abhängig vom Themenbereich sind die Außenkompetenzen zwischen den Mitgliedstaaten und der Gemeinschaft unterschiedlich verteilt: es ist zwischen ausschließlichen Gemeinschaftszuständigkeiten, gemischten Außenzuständigkeiten und konkurrierenden Außenzuständigkeiten zu unterscheiden.

1134 Ausführlich *Oppermann* (Fn. 937), § 30; *MacLeod/Hendry/Hyett*, The external relations of the European Communities, a manual of law and practice, 1996; jeweils m.w.Nw.; unter dem Blickwinkel konkurrierender Souveränität *Krück*, Die auswärtige Gewalt der Mitgliedstaaten und die auswärtigen Befugnisse der Europäischen Gemeinschaften als Problem des Souveränitätsverständnisses, in: Ress (Hrsg.), Souveränitätsverständnis in den Europäischen Gemeinschaften, Europäische Direktwahlen und nationales Souveränitätsverständnis, Auswärtige Befugnisse der Europäischen Gemeinschaften und nationale auswärtige Gewalt, 1980, S. 155-170; *Dauses*, Rechtliche Probleme der Abgrenzung der Vertragsschlußbefugnis der EG und der Mitgliedstaaten und die Auswirkungen der verschiedenen Abgrenzungsmodelle, ebenda, S. 171-202.

1135 Vgl. die Analyse bei *Thym*, Die völkerrechtlichen Verträge der Europäischen Union, in: ZaöRV 2006, S. 863-925 (S. S. 870 ff.).

Wie gesehen, unterliegen bestimmte Politikbereiche der ausschließlichen Zuständigkeit der Gemeinschaften, die dann auch alleine für den Abschluß notwendig werdender Verträge zuständig sind. Der EuGH hat darüber hinaus erklärt, daß sich eine Vertragsabschlußkompetenz der Gemeinschaften nicht nur aus einer ausdrücklichen Zuweisung in den Verträgen ergeben, sondern auch *„aus anderen Vertragsbestimmungen und aus in ihrem Rahmen ergangenen Rechtsakten der Gemeinschaft fließen"* könne.[1136]

Diese Rechtsprechung erschien aus mitgliedstaatlicher Sicht vor allem deshalb bedenklich, weil Passagen des Urteils so gelesen werden konnten, als lege der Gerichtshof dem Erlaß einer sekundärrechtlichen Regelung im Innenbereich konstitutive Bedeutung für das Entstehen einer Außenkompetenz der Gemeinschaft bei. Dies würde die Begründung einer Kompetenz-Kompetenz durch die Hintertür bedeutet haben.[1137] Das Urteil ließ sich allerdings auch so verstehen, daß der EuGH die Vertragsschließungskompetenz aus Art. 75 Abs. 1 EWGV (heute Art. 71 Abs. 1 EGV) herausgelesen hatte und die relevante Verordnung Nr. 543/69 lediglich heranzog, um die Ausschließlichkeit der gemeinschaftlichen Zuständigkeit zu begründen.[1138]

In der Folgezeit[1139] zog der EuGH die Integrationsschraube jedoch weiter an und führte in seinem Gutachten zum europäischen Stillegungsfonds für die Binnenschiffahrt aus,

> „daß, wenn das Gemeinschaftsrecht den Gemeinschaftsorganen im Hinblick auf ein bestimmtes Ziel im Innenverhältnis eine Zustän-

---

[1136] *EuGH*, Rs. 22/70, Urteil vom 31. März 1971, Slg. 1971, 263 – AETR; das Zitat in Nr. 16. Dazu *Gilsdorf* (Fn. 1042), S. 147 ff.

[1137] Siehe *Bleckmann*, Die Kompetenz der Europäischen Gemeinschaft zum Abschluß völkerrechtlicher Verträge, in: EuR 1977, 109-121 (S. 114 f.).

[1138] So *Dörr* (Fn. 1042), S. 41, unter Hinweis auf *EuGH* (Fn. 1136), Nr. 26, und das nachfolgende Urteil in der Rechtssache Kramer, *EuGH*, Verb. Rs. 3,4 und 6/76, Urteil vom 14. Juli 1976, Slg. 1976, 1279 – Cornelis Kramer u.a. Zustimmend zu diesem Urteil bereits *Tomuschat*, Die auswärtige Gewalt der EWG erhält feste Konturen (Anmerkung), in: EuR 1977, S. 157-164.

[1139] Vgl. auch den Überlick über die Entwicklung der Rechtsprechung bei *Klein/Kimms*, Die Kompetenzen der Europäischen Gemeinschaft zum Abschluß umweltschutzrelevanter Verträge, in: Jahrbuch des Umwelt- und Technikrechts 1996, S. 53-75 (S. 67 ff.); neuer: *Bretherton/Vogler*, The European Union and International Environmental Cooperation, in: Nagel (Hrsg.), Policymaking and Prosperity, A Multinational Anthology, 2003, S. 257-284; *Metz* (Fn. 1042), S. 116 ff.

digkeit verleiht, die Gemeinschaft befugt ist, die zur Erreichung dieses Ziels erforderlichen völkerrechtlichen Verpflichtungen einzugehen“.[1140]

Dies komme allerdings nicht nur dann in Betracht, wenn bereits im Innenbereich von dieser Kompetenz Gebrauch gemacht worden sei, sondern vielmehr auch schon dann, wenn eine Beteiligung der Gemeinschaft an der völkerrechtlichen Vereinbarung *„notwendig ist, um eines der Ziele der Gemeinschaft zu erreichen“*.[1141] In einem späteren Gutachten zum ILO-Übereinkommen 170[1142] nahm der Gerichtshof einerseits eine deutliche Trennung zwischen der Herleitung gemeinschaftlicher Außenkompetenzen und ihrer Ausschließlichkeit, d.h. dem korrespondierenden Verlust der mitgliedstaatlichen Zuständigkeit, vor. Ausschlaggebend für die Herleitung der Gemeinschaftskompetenz war hiernach alleine das Primärrecht; das Vorliegen von Sekundärrecht, das Auskunft über die Aktualisierung dieser Kompetenz gab, begründete gegebenenfalls die Ausschließlichkeit.[1143] Andererseits wurde der Parallelitätsansatz des Gutachten zum Stillegungsfonds auf die Spitze getrieben, weil allein der Umstand, daß die Gemeinschaft auf dem Gebiet des Sozialrechts in Art. 118a EWGV über eine interne Rechtssetzungskompetenz verfügte, dafür ausreichte, daß die ILO-Konvention in den Zuständigkeitsbereich der Gemeinschaft fiel.[1144]

Dies lief nun in der Tat auf einen Gleichklang von Innen- und Außenkompetenz hinaus, den die Verträge keineswegs zwingend nahelegen,[1145] ist aber jedenfalls seit der Einfügung von Art. 3 b Abs. 1 EGV, der den Schluß von den Aufgaben auf die Befugnisse gerade ausschließt, nicht mehr zu halten gewesen.

Gleichzeitig hat der EuGH aber in seinem ILO-Gutachten die Voraussetzungen für die Annahme der Ausschließlichkeit gemeinschaftlicher Kompetenzausübung verschärft, indem er diese dann bejahte, wenn einzelstaatliche Verträge geeignet seien, das jeweilige sekundäre Ge-

---

1140 *EuGH*, Gutachten 1/76vom 26. April 1977, Slg. 1977, 741, Nr. 3 – Stillegungsfonds Binnenschiffahrt.

1141 *EuGH* (Fn. 1140), Nr. 4.

1142 *EuGH*, Gutachten 2/91 vom 19. März 1993, Slg. 1993, I-1061 – ILO-Gutachten.

1143 *EuGH* (Fn. 1142), Nr. 7, 9.

1144 *EuGH* (Fn. 1142), Nr. 17.

1145 Kritisch zu diesem Ansatz auch *Dörr* (Fn. 1042), S. 41 f. m.w.Nw.

meinschaftsrecht zu beeinträchtigen.[1146] In seinem Gutachten über die Zuständigkeit der Gemeinschaft zum Abschluß des neuen Welthandelsvertrages (WTO-Gutachten)[1147] unterstrich der EuGH, dem Sekundärrecht komme für die Begründung einer Außenkompetenz keine Bedeutung zu, es sei nur für die Bestimmung von deren Ausschließlichkeit erheblich.[1148] Hinsichtlich der Parallelität von Innen- und Außenkompetenzen befand der Gerichtshof nunmehr, es könne nicht schon aus der bloßen Existenz einer Innenkompetenz auf eine Außenkompetenz geschlossen werden; die Wahrnehmung letzterer durch die Gemeinschaft müsse vielmehr mit der Verwirklichung ersterer untrennbar verbunden und für deren praktische Wirksamkeit notwendig sein.[1149] Diese Rechtsprechung hat der EuGH seither fortgesetzt.[1150]

b) Zuständigkeit

Das Vertragsschließungsverfahren der EG ist in Art. 300 EGV geregelt und verteilt die Aufgaben zwischen Rat, Kommission und Parlament.

Nachdem die Kommission dem Rat die Aushandlung eines Abkommens empfohlen hat, erteilt ihr dieser ein Madat zur Verhandlungsführung. Die Verhandlungsführung erfolgt im Einvernehmen beider Organe und wird mit der Paraphierung des Abkommens durch die Kommission abgeschlossen.[1151] Auf Vorschlag der Kommission beschließt der Rat die Unterzeichnung des Abkommens. Die Unterzeichnung kann mit einem Beschluß über die vorläufige Anwendung des Abkommens verbunden werden. Das Abkommen tritt völkerrechtlich durch den

---

1146 *EuGH* (Fn. 1142), Nr. 18, 26.

1147 *EuGH*, Gutachten 1/94 vom 15. November 1994, Slg. 1994, 5267 – Zuständigkeit der EG für TRIPS.

1148 *EuGH* (Fn. 1147), Nr. 76 f.

1149 *EuGH* (Fn. 1147), Nr. 86, 100. Kritisch hierzu *Gilsdorf* (Fn. 1042), S. 156 f.

1150 So beispielsweise *EuGH*, Gutachten 2/92 vom 24. März 1995, Slg. 1995, 521 – Zuständigkeit der EG zum Beitritt zu einem OECD-Beschluß.

1151 Eine Vertragsabschlußkompetenz der Kommission (von dieser beim Abschluß des Abkommens über die gegenseitige Anwendung der jeweiligen Wettbewerbsbestimmungen vom 23. September 1992 in Anspruch genommen) ergibt sich weder unmittelbar noch durch Auslegung aus dem Gemeinschaftsrecht. Hierzu *Hummer*, Enge und Weite der „Treaty Making Power" der Kommission der EG nach dem EWG-Vertrag, in: GS Grabitz, 1995, S. 195-226.

Abschluß in Kraft; dieser wird mittels eines erneuten Beschlusses des Rates bewirkt. Vor der Beschlußfassung ist das Europäische Parlament zu beteiligen;[1152] die Beteiligung hängt von dem Politikbereich ab, sie reicht von der bloßen Unterrichtung durch die Kommission über die schlichte Anhörung bis zur Anhörung mit Stellungnahme. In vier Fällen – Assoziierungsverträge, Abkommen, die einen institutionellen Rahmen schaffen, solche mit erheblichen finanziellen Folgen für die Gemeinschaft und solche, die interne Rechtsakte der Mitentscheidung ändern – ist die Zustimmung des Parlaments erforderlich (Art. 300 Abs. 3 UA 2 EGV). Bei Beitrittsverhandlungen bedarf nur die Aufnahme der Verhandlungen der Zustimmung des Parlaments (Art. 49 EGV).

Parlament, Rat, Kommission oder ein Mitgliedstaat können vor dem Abschluß eines Abkommens ein Gutachten des EuGH über seine Vereinbarkeit mit dem EGV einholen, um die Wahrung der jeweiligen Zuständigkeiten überprüfen zu lassen.

Der EAG-Vertragsschluß richtet sich nach Art. 101ff. EAG; hiernach ist die Stellung der Kommission stärker als unter dem EGV.

c) Menschenrechtsklauseln

Im Rahmen von Abkommen, die die Europäische Gemeinschaft zur Entwicklungszusammenarbeit schließt, hat sie – wie auch bei Assoziierungsabkommen – für sich in Anspruch genommen, ihre Vertragspartner auf die Beachtung von Menschenrechten zu verpflichten und sich eine Reihe von Reaktionsmöglichkeiten bei Verstößen gegen diese Menschenrechtsklauseln vorbehalten.[1153] Dabei wurde auf strategische Überlegungen der USA in deren Außenbeziehungen zurückgegriffen und ein Beitrag zur Stärkung verantwortungsvoller Regierungsführung in den Partnerstaaten geleistet.[1154] Hierfür ist nach den allgemeinen

---

[1152] Näher *Thym*, Parlamentsfreier Raum? Das Europäische Parlament in der Außen-und Sicherheitspolitik, in: Maurer/Nickel (Hrsg.), Das Europäische Parlament, Supranationalität, Repräsentation und Legitimation, 2005, S. 211-223.

[1153] Hierzu grundlegend *Hoffmeister*, Menschenrechts- und Demokratieklauseln in den vertraglichen Außenbeziehungen der Europäischen Gemeinschaft, 1998; *Wormuth*, Die Bedeutung des Europarechts für die Entwicklung des Völkerrechts, 2004, S. 243 ff.; *Bartels*, Human Rights Conditionality in the EU's International Agreements, 2005; jeweils m.w.Nw.

[1154] Einzelheiten bei *Pflüger*, Die Menschenrechtspolitik der USA, Amerikanische Außenpolitik zwischen Idealismus und Realismus 1972-1982, 1983;

Grundsätzen eine Rechtsgrundlage erforderlich,[1155] nicht nur, weil der EuGH in einem Gutachten erklärt hat, daß es keine Vertragsbestimmung gebe, die der Gemeinschaft die Befugnis übertrage, „*Vorschriften auf dem Gebiet der Menschenrechte zu erlassen oder völkerrechtliche Verträge in diesem Bereich zu schließen*".[1156] Als hinreichende Rechtsgrundlagen können aber die Art. 133, 177 und 310 EGV angesehen werden.[1157]

d) Außenkompetenzen nach der EU-Verfassung (Art. III-292 bis 328 EV)[1158]

Die bisherigen Regelungen werden in großem Umfang beibehalten, erfahren gleichwohl signifikante Ergänzungen. So soll die EU selbständige Völkerrechtspersönlichkeit erhalten und das Amt eines Europäischen Außenministers (Art. III-296 EV) nebst einem eigenständigen Europäischen Auswärtigen Dienst (Art. III-296 Abs. 3 EV) geschaffen werden. Das Vertragsabschlußverfahren bleibt im wesentlichen unverändert, es ist allerdings vorgesehen, die Berichterstattung über den Stand der Verhandlungen an das Europäische Parlament anders als bisher auch bei Handelsabkommen einzuführen (Art. III-315 Abs. 3 UAbs. 3 EV).

Weiß, Die Bedeutung von Menschenrechtsklauseln für die Außenbeziehungen und Entwicklungshilfeabkommen der EG/EU, 2000, S. 9 ff., 24 ff.; jeweils m.w.Nw.

1155 *Bartels* (Fn. 1153), S. 172 f.

1156 *EuGH*, Gutachten 2/94 vom 28. März 1996 – Beitritt der Gemeinschaft zur EMRK, in: EuGRZ 1996, S. 197-207 (S. 206)

1157 Hierzu *Riedel/Will*, Human Rights Clauses in External Agreements of the EC, in: Alston (Hrsg.), The EU and Human Rights, 1999, S. 723-745 (S. 732 ff.).

1158 Ausführlich *Metz* (Fn. 1042), S. 182 ff.

III. Der Vertrag über eine europäische Verfassung[1159]

Der Vertrag über eine europäische Verfassung ist gescheitert. Da einerseits wesentliche Inhalte des Vertrages in Gestalt des Reformvertrages von Lissabon wieder aufgenommen worden sind, und andererseits die Entwicklung und das Schicksal des Vertrages wichtig für die europäische Integration sind, bleibt dieser Abschnitt erhalten und wird durch einen neuen, kurzen Abschnitt zum Reformvertrag von Lissabon ergänzt.

1. Zielsetzung

Die Europäische Einigung hat, wie dies ihre Gründerväter nach dem Krieg erhofft und erstrebt hatten, längst die engen wirtschaftlichen Grenzen der Anfangszeit überschritten. Der Europäische Binnenmarkt, die Wirtschafts- und Währungsunion, die Gemeinsame Außen- und Sicherheitspolitik, der Raum der Freiheit, der Sicherheit und des Rechts und schließlich die Politische Union sind Marksteine des gemeinsamen Weges einer wachsenden Zahl von europäischen Staaten. Über das Verhältnis von Fort- und Rückschritt, über Hemmnisse und Schwierigkeiten ist hier nicht zu handeln. In unserem Zusammenhang ist der Vorgang als solcher, ist die Entwicklung hin zu einer immer engeren Union der Völker Europas (Art. 1 Abs. 2 EUV) in den Blick zu nehmen. Der anhaltend dynamische Charakter dieses Prozesses[1160] wird in Art. 1 Abs. 2 EUV betont, wenn dort von einer *„neuen Stufe"* die Rede ist.

[1159] Grundlegend in den letzten Jahren *Schwarze*, The birth of a European constitutional order, in: ders. (Hrsg.), The Birth of a European Constitutional Order, The Interaction of National and European Constitutional Law, 2001, S. 463-568 (v.a. S. 554 ff.); *Peters*, Elemente einer Theorie der Verfassung Europas, 2001; *Giegerich*, Europäische Verfassung und deutsche Verfassung im transnationalen Konstitutionalisierungsprozeß: Wechselseitige Rezeption, konstitutionelle Evolution und föderale Verflechtung, 2003; *von Bogdandy* (Hrsg.), Europäisches Verfassungsrecht, Theoretische und dogmatische Grundsätze, 2003; jeweils mit umfassenden Nachweisen auf das ältere Schrifttum.

[1160] Dies spreche, so *Beneyto*, Die Kompetenzverteilung zwischen der Europäischen Union und den Mitgliedstaaten: Thesen und Vorschläge, in: Scheuing (Hrsg.), Europäische Verfassungsordnung, 2003, S. 101-114 (S. 104), gegen eine statische Kompetenzordnung, die den Integrationsprozeß zum Erliegen bringen würde.

Als Zielrichtung dieses Prozesses hat man heute,[1161] um neue Begrifflichkeiten[1162] jenseits von Staatenbund und Bundesstaat ringend,[1163] den supranationalen Föderalismus[1164] erkannt – und bewegt sich dabei

---

[1161] Art. 38 des dann nicht ratifizierten Vertrages über die Bildung einer Europäischen Verteidigungsgemeinschaft (EVG-Vertrag) hatte die vorgesehene parlamentarische Versammlung beauftragt, Vorschläge für eine *„endgültige Organisation"* zu unterbreiten, die den *„Bestandteil eines späteren bundesstaatlichen oder staatenbündischen Gemeinwesens bilden kann, das auf dem Grundsatz der Gewaltenteilung beruhen und insbesondere über ein Zweikammernsystem verfügen soll"* (abgedruckt bei *Schulze/Hoeren* (Fn. 950), Teil 2, Nr. 1. Vgl. dazu: *Kordt* (Fn. 188), S. 237 ff.

[1162] Lange Zeit galt die von *Ipsen*, Europäisches Gemeinschaftsrecht, 1972, S. 196 ff., entwickelte Charakterisierung der Gemeinschaft als *„Zweckverband funktioneller Integration"* als treffend.

[1163] Erinnert sei an den „Staatenverbund" in BVerfG E 89, 155 [156, 181] und die nachfolgende Begriffsdiskussion in der deutschsprachigen Staatsrechtslehre. Die Vagheit des Begriffes vom Staatenverbund rechtfertigt sich daraus, daß das BVerfG (aaO., S. 189) ergänzt: *„Wohin ein europäischer Integrationsprozeß* [...] *letztlich führen soll* [...] *bleibt im gemeinten Ziel* [...] *jedoch offen"*. Hierzu *Hommelhoff/Kirchhof* (Hrsg.), Der Staatenverbund der Europäischen Union, Beiträge und Diskussionen des Symposions am 21./22. Januar 1994 in Heidelberg, 1994; *Schmitz* (Fn. 935), S. 169 ff.; und rückschauend *Kirchhof*, Die rechtliche Struktur der Europäischen Union als Staatenverbund, in: von Bogdandy (Hrsg.), Europäisches Verfassungsrecht, Theoretische und dogmatische Grundsätze, 2003, S. 893-929. Kritisch zum Begriff des Staatenverbundes beispielsweise *Doehring*, Identität (Fn. 51), S. 263 f.

Einen neuen, freilich einmal mehr bundesorientierten Begriff bringt *Pernice*, Kompetenzabgrenzung im Europäischen Verfassungsverbund, in: JZ 2000, S. 866-876, ins Spiel. Vgl. bereits *Kuschnick* (Fn. 960), S. 120, 176: *„Verbundhaftigkeit"*. Programmatisch auch *Schönberger*, Die Europäische Union als Bund, Zugleich ein Beitrag zur Verabschiedung des Staatenbund-Bundesstaat-Schemas, in: AÖR 2004, S. 81-120; ferner dezidiert *Rossen-Stadtfeld* (Fn. 209), S. 58 ff. Siehe auch *Klein*, Auf dem Weg zum „europäischen Staat"?, in: Holtmann/Riemer (Hrsg.), Europa: Einheit und Vielfalt, Eine interdisziplinäre Betrachtung, 2001, S. 261-280.

[1164] Vgl. *von Bogdandy*, Supranationaler Föderalismus als Wirklichkeit und Idee einer neuen Herrschaftsform, Zur Gestalt der Europäischen Union nach Amsterdam, 1999; *ders.*, Die Europäische Union als supranationale Föderation, in: Integration 1999, S. 95-112; *Nettesheim* (Fn. 29), S. 420: *„konsoziative Föderation"* (von Staaten). Vgl. auch *Heckel* (Fn. 1088), S. 120 ff.; und die um die vom damaligen Bundesminister des Auswärtigen, *Joseph Fischer*, am 12. Mai 2000 an der Humboldt-Universität zu Berlin gehaltene Rede („Vom Staa-

sprachlich doch immer noch in der Nähe zur Vision *einer „europäischen Föderation"*, die *Robert Schuman* 1950 in Paris[1165] vorgestellt hatte.[1166]

Für eine Abkehr vom Staatsbegriff[1167] plädieren neue politikwissenschaftliche Forschungsansätze, um die neuartige Herrschaftsordnung, die in der Europäischen Union Gestalt angenommen habe, treffender charakterisieren zu können.[1168] Hiernach soll das *„Produkt der politi-*

---

tenbund zur Föderation") gruppierten Beiträge im „Forum – Zukunft der Europäischen Union", in: Integration 2000, 149-197.

Die britische, eher intergouvernementale Perspektive erläutert *Thym*, "A Superpower, not a Superstate" – Der britische Beitrag zur europäischen Verfassungsdiskussion, in: Integration 2001, S. 356-568.

1165 Erklärung der französischen Regierung über eine gemeinsame deutsch-französische Schwerindustrie (Schuman-Plan) vom 9. Mai 1950, abgedruckt in: *Schulze/Hoeren* (Fn. 950), Nr. 3.

1166 Vgl. aber auch die anders akzentuierte Charakterisierung bei *Giegerich*, Von der Montanunion zur Europäischen Verfassung: Grundlinien einer fünfzigjährigen Verfassungsdiskussion, in: Hofmann/Zimmermann (Hrsg.), Eine Verfassung für Europa, Die Rechtsordnung der Europäischen Union unter dem Verfassungsvertrag, 2005, S. 13-69 (S. 28 ff.): *„Staatenverein oder Völkerverein?"*

1167 *Bieber*, Steigerungsform der Europäischen Union: Eine Europäische Verfassung, in: Verfassungsrecht im Wandel, Wiedervereinigung Deutschlands, Deutschland in der Europäischen Union, Verfassungsstaat und Föderalismus, 1995, S. 291-304 (S. 303), bezeichnet die Fixierung auf den Staat als *„Denken gegen die Zukunft"*. Nachdrücklich auch *Schönberger* (Fn. 1163), der für ein *„allgemeines Verfassungsrecht föderaler Ordnung"* (S. 84) und ein *„eigenständiges Analysenraster für derartige Formen föderaler Verdichtung"* (S. 85) plädiert.

1168 *Beck/Grande*, Empire Europa: Politische Herrschaft jenseits von Bundesstaat und Staatenbund, in: ZfP 2005, S. 397-420, das nachfolgende Zitat auf S. 400. Ebenfalls „jenseits" des Staates: *Scharpf*, Legitimationskonzepte jenseits des Nationalstaats, in: Schuppert/Pernice/Haltern (Hrsg.), Europawissenschaft, 2005, § 20, S. 705-741; auch bereits *Zürn* (Fn. 232), allerdings nicht auf die Europäische Union beschränkt.

Angesichts der Tendenz zur Verselbständigung der britischen Dominions in der Zwischenkriegszeit, vor allem auf dem Gebiet der Außenpolitik, bleiben allerdings Zweifel an der Tauglichkeit des Empire-Bildes; vgl. *Hauser* (Fn. 457), S. 21 und passim. Zur Bedeutung des Empire-Begriffs *Donnelly*, Sovereign Inequalities and Hierarchy in Anarchy: American Power and International Society, in: EJIR 2006, S. 139-170 (S. 139 ff.). Zum Begriff des Imperium Romanum vgl. *Richardson*, Imperium Romanum: Empire and the Language of Power, in: The Journal of Roman Studies 81 (1991), S. 1-9.

schen Integration Europas [...] als ein neuartiges, post-imperiales Empire" verstanden werden. Andere kennzeichnen Europa als "*common legal civilization*" und "*rule-bound international community*"[1169] oder erkennen mit Vorbehalten eine Rückentwicklung „*europäischer Staatlichkeit in ihre mittelalterliche Vergangenheit*"[1170]. Diese Versuche eint das Bemühen, „*etwas in dieser Form Nichtdagewesenes* [zu] *bewältigen*", wozu die vorhandene juristische Terminologie nicht ausreicht.[1171]

Um diesem Prozeß in der „*immer engeren Union*", die gleichzeitig signifikant erweitert wurde, neuen Schwung zu verleihen und seine Richtung klarer erkennbar werden zu lassen,[1172] sollte eine „Europäische Verfassung" geschaffen werden.[1173] Hierbei sollte es um mehr gehen, als die bisherige Verfaßtheit[1174] der Europäischen Union, die einer Rechts-

---

Für einen aktuellen und angemessen weitgefaßten Überblick siehe *Schuppert*, "Theorizing Europe", oder von der Überfälligkeit einer disziplinienübergreifenden Europawissenschaft, in: ders./Prenice/Haltern (Hrsg.), Europawissenschaft, 2005, § 1, S. 3-35 (S. 4 ff., 9 und passim).

1169 *Mazover*, An international Civilization? Empire, internationalism and the crisis of the mid-twentieth century, in: International Affairs 2006, S. 553-566 (S. 566).

1170 So vorsichtig *Rossen-Stadtfeld* (Fn. 209), S. 64 ff. m.w.Nw. Ähnlich bereits *Bull* (Fn. 625), S. 25. Siehe auch *Jan Zielonka*, Europe as Empire, The Nature of the Enlarged European Union, 2006, S. 1 ff. und passim, der vom "neo-medieval paradigm" spricht.

1171 *Klein* (Fn. 1074), S. 165 (Diskussion), der damit die Schwierigkeiten kennzeichnet, „*zu sagen, was die Union wirklich ist*". Siehe bereits *dens.* (Fn. 1163), S. 262. Ähnlich *Lübbe*, S. 947: „*Die Europäische Union wird, wenn sie zustande kommt, ein nach Verfassung und Zuständigkeiten noch nie dagewesenes politisches Gemeinwesen sein. Die Phantasie der Verfassungsjuristen sowie der europäischen Verfassungsrechtspolitiker ist herausgefordert.*"

1172 Den Gedanken des Fortschreitens entwickelt auch *Kotzur* (Fn. 925), S. 368 ff.

1173 *Ruffert*, Schlüsselfragen der Europäischen Verfassung der Zukunft, Grundrechte – Institutionen – Kompetenzen – Ratifizierung, in: EuR 2004, S. 165-201, gibt auf S. 166, Fn. 4, eine Übersicht über die Vielzahl der Verfassungsentwürfe. Vgl. auch *Schäfer*, Die Verfassungsentwürfe zur Gründung einer Europäischen Union, Herausragende Dokumente von 1930 bis 2000, 2001, Nr. II.25 ff.

1174 Siehe eine frühe Bestandsaufnahme bei *Pescatore*, Die Gemeinschaftsverträge als Verfassungsrecht – ein Kapitel Verfassungsgeschichte in der Perspektive des europäischen Gerichtshofs, systematisch geordnet, in: FS zum 70. Geburtstag von Hans Kutscher, 1981, S. 319-338. Perspektivisch *von Simson*,

gemeinschaft denknotwendig eignet, sichtbar zu machen. Mehrere Faktoren kommen zusammen: solche aus der mitgliedstaatlichen Perspektive, deren Verfassungsrecht im Zuge fortschreitender Vergemeinschaftung der Ergänzung „von Europa her" bedarf, und solche aus der gemeinschaftlichen Perspektive. Im letzten Fall stehen offensichtliche, eher technische Erfodernisse neben politisch-kulturellen Notwendigkeiten,[1175] wie der Identitätsstiftung,[1176] die den Aufbauprozeß Europas auch zukünftig[1177] vorantreiben sollen.

Wachstumsprobleme einer europäischen Verfassung, ebenda, S. 481-496. Ferner: *von Bogdandy*, Skizzen einer Theorie der Gemeinschaftsverfassung, in: von Danwitz u.a. (Hrsg.), Auf dem Wege zu einer Europäischen Staatlichkeit, 1993, S. 9-29; *Bieber* (Fn. 1167). *Clarke/Edwards*, Introduction, in: dies. (Hrsg.), Global Governance in the Twenty-first Century, 2004, S. 1-20 (S. 1), sprechen von einer *"putative constitutional order"*. *Müller-Graff*, Europäische Verfassungsordnung, Notwendigkeit, Gestalt und Fortentwicklung, in: Scheuing (Hrsg.), Europäische Verfassungsordnung, 2003, S. 11-36 (S. 21), stellt auf die Besonderheiten des *„transnationalen Gemeinwesens"* ab, und begründet so das Erfordernis einer Verfaßtheit. Zweifelnd hinsichtlich der Realisierungschancen *Lecheler*, Braucht die „Europäische Union" eine Verfassung? Bemerkungen zum Verfassungsentwurf des Europäischen Parlaments vom 9. September 1993, in: GS Grabitz, 1995, S. 393-407. Skeptisch zur Angebrachtheit des Verfassungsbegriffs *Schröder*, Die Entstehung einer europäischen Verfassungsordnung – Das Ineinandergreifen von nationalem und europäischem Verfassungsrecht, in: Die Verwaltung 2002, S. 138-143.

[1175] Zu diesen eindringlich *Häberle*, Europa in kulturverfassungsrechtlicher Perspektive, in: JöR 32 (1983), S. 9-30. Siehe auch *Joas/Mandry*, Europa als Werte- und Kulturgemeinschaft, in: Schuppert/Pernice/Haltern (Hrsg.), Europawissenschaft, 2005, § 16, S. 541-572. Beides verbindend *von der Groeben*, Funktionsfähigkeit und demokratische Legitimation des institutionellen Systems der Europäischen Union, in: FS für Hans-Peter Schwarz, 1999, S. 421-433. Harsche Kritik bei *Brunkhorst*, Zwischen transnationaler Klassenherrschaft und egalitärer Konstitutionalisierung, Europas zweite Chance, in: Niesen/Herborth (Hrsg.), Anarchie der kommunikativen Freiheit, Jürgen Habermas und die Theorie der internationalen Politik, 2007, S. 321-349.

[1176] *Kotzur*, Die Ziele der Union: Verfassungsidentität und Gemeinschaftsidee, in: DÖV 2005, S. 313-322 (S. 322), nennt die *„Werte und Ziele der Union* [den] *archimedische*[n] *Punkt europäischer Verfassungsidentität"*. Aus der Sicht der politischen Philosophie formuliert *Angeli*, Überlegungen über die vertragstheoretische Begründung des Föderalismus im Anschluß an die europäische Verfassungsdiskussion, in: Merle (Hrsg.), Globale Gerechtigkeit, Global Justice, 2005, S. 593-604, die Notwendigkeit, eine *„staatsbürgerliche Solidarität jenseits nationalstaatlicher Grenzen"* (S. 603) herauszubilden. Ferner *Jochum* u.a., Legi-

2. *Entstehung und Inhalt*[1178]

Die Staats- und Regierungschefs der Mitgliedstaaten der Europäischen Union beschlossen am 15. Dezember 2001 in Laeken, einen Konvent einzuberufen, der eine Europäische Verfassung ausarbeiten sollte.

Zu den Vorgaben der Deklaration von Laeken[1179] gehörte es, daß die Europäische Union nicht jede Lebensäußerung ihrer Bürger regulieren dürfe, daß Effizienz, Transparenz und Demokratie verbessert werden sollten, außerdem sollte auch über Möglichkeiten nachgedacht werden, Kompetenzen an die Mitgliedstaaten zurückzuverlagern, jedenfalls eine klare Kompetenzabgrenzung zwischen Gemeinschaften und Mitgliedstaaten[1180] gefunden werden.

Der „Konvent zur Zukunft Europas" oder Verfassungskonvent tagte vom 28. Februar 2002 bis zum 19. Juli 2003 unter Vorsitz des ehemaligen französischen Staatspräsidenten *Valéry Giscard d'Estaing*.[1181] Ihm gehörten neben dem Präsidenten und zwei Vizepräsidenten jeweils fünfzehn Vertreter der Staats- und Regierungschefs der Mitgliedstaaten, dreißig Mitglieder der nationalen Parlamente (jeweils Regierungs- und Oppositionsabgeordnete), sechzehn Mitglieder des europäischen Parlaments und zwei Vertreter der Kommission an; insgesamt hatte der

---

timationsgrundlagen einer europäischen Verfassung, Von der Volkssouveränität zur Völkersouveränität, 2007.

[1177] Hierzu die Überlegungen bei *Kühnhardt*, Die Zukunft des europäischen Einigungsgedankens, Reflexionen über ein Thema der Geschichte, in: FS für Hans-Peter Schwarz zum 65. Geburtstag, 1999, S. 371-380.

[1178] Ausführlich hierzu: *Ladenburger*, Die Erarbeitung des Verfassungsentwurfs durch den Konvent – Bericht aus praktischer Beobachtung, in: Schwarze (Hrsg.), Der Verfassungsentwurf des Europäischen Konvents, Verfassungsrechtliche Grundstrukturen und wirtschaftsverfassungsrechtliches Konzept, 2004, S. 397-418; *Brok/Selmayr*, EU-Verfassungskonvent und Regierungskonferenz: Monnet oder Metternich? in: Weidenfeld (Hrsg.), Die Europäische Union, Politisches System und Politikbereiche, 2004, S. 673-693; jeweils m.w.Nw.

[1179] BGBl. 2001 II 1700; hierzu *Wägenbaur*, Die Erklärung von Laeken zur Zukunft der EU, in: EuZW 2002, S. 65.

[1180] Hierzu *Streinz* (Fn. 1001), S. 75 ff. *Beneyto* (Fn. 1160), S. 102, 104 f., betont, es gehe nicht um Rückverlagerung von Kompetenzen, sondern um die Klärung ihrer Verteilung zwischen der EU und den Mitgliedstaaten.

[1181] Zu dessen Rolle siehe *Oppermann*, Valéry Giscard d'Estaing – Vater der Europäischen Verfassung, in: Weltinnenrecht, Liber amicorum Jost Delbrück, 2005, S. 519-533.

Konvent mithin sechsundsechzig Mitglieder.[1182] Hinzu kamen Vertreter der damals dreizehn Beitrittskandidaten ohne Stimmrecht.

Die Verhandlungen wurden nach Vorgaben des Präsidiums sehr ergebnisorientiert geführt.[1183] Eine Verfassungsdebatte fand nicht nur im Konvent[1184] statt, sondern auch in Wissenschaft, Politik und Gesellschaft.[1185] Dabei waren in den verschiedenen Mitgliedstaaten freilich unterschiedliche Schwerpunktsetzungen und Intensitäten zu beobachten.

Der schließlich vom Konvent verabschiedete Entwurf für einen Vertrag über eine Verfassung der Europäischen Union[1186] wurde der Regierungskonferenz, die ab dem 4. Oktober 2003 tagte und erst mit dem Europäischen Rat von Brüssel am 17. und 18. Juni 2004 erfolgreich abgeschlossen wurde, zur endgültigen Beschlußfassung vorgelegt. Der dort beschlossene Text[1187] der Europäischen Verfassung gliedert sich in vier Teile.

Die Teile I, II und IV enthalten bei fast wörtlicher Übernahme der Grundrechte-Charta den organisationsrechtlichen Verfassungstext. Der dritte Teil enthält – in ebenfalls zumeist wörtlicher Übernahme aus dem EGV und 342 Artikeln – die Gemeinschaftspolitiken, ergänzt um die ehemals „zweite und dritte Säule" des EUV.

Insgesamt wird die Säulen- und Dachstruktur von EU, Gemeinschaften und intergouvernementalen Politiken beseitigt und eine einheitliche EU (unter Beibehaltung der EAG) geschaffen; der „Raum der Sicherheit,

---

[1182] Für die Bundesrepublik Deutschland waren beteiligt: *Peter Glotz*, später *Joseph Fischer* (Bundesregierung), *Jürgen Meyer* (Bundestag), *Erwin Teufel* (Bundesrat).

[1183] Vgl. *Hänsch*, Der Konvent – unkonventionell, in: Integration 2003, S. 331-337.

[1184] Siehe auch das Sonderheft: EU-Verfassungsdebatte, Sechs Elemente im Hinblick auf die Regierungskonferenz, in: EuGRZ 2003, S. 649-688.

[1185] Vgl. nur *Grimm*, Braucht Europa eine Verfassung?, in: JZ 1995, S. 581-590; *Kleger/Karolewski/Munke*, Europäische Verfassung, 2. Aufl. 2002; *Feld*, Eine Europäische Verfassung aus polit-ökonomischer Sicht, in: ORDO, Jahrbuch für die Ordnung von Wirtschaft und Gesellschaft 2003, S. 289-317; *Fischer* (Fn. 1164). Einen Überblick über die Debatte gibt *Ruffert* (Fn. 1173), S. 166 ff.

[1186] ABl. 2003 Nr. C 169/1.

[1187] Am 29. Oktober 2004 unterzeichneten die Staats- und Regierungschefs in Rom den Vertrag über eine Verfassung für Europa; ABl. 2004 Nr. C 310/1 vom 16. Dezember 2004.

der Freiheit und des Rechts" sowie die Gemeinsame Außen-, Sicherheits- und Verteidigungspolitik werden ausgebaut.[1188]

3. Kompetenzvorschriften

Wie in der Erklärung von Laeken vorgegeben, sollte die Verfassung zu einer klareren Verteilung der Kompetenzen zwischen der Gemeinschaft und den Mitgliedstaaten führen. Es wird in diesem Zusammenhang argumentiert, daß auf Grund der nach der Erweiterung größeren Heterogenität der Mitgliedstaaten einerseits und angesichts der globalen Herausforderungen, denen sich Europa gegenübersieht, andererseits die Zuständigkeiten der EU nach außen gestärkt werden müßten und nach innen verschlankt werden könnten.[1189] In der europapolitischen Debatte tun sich seit Jahren vor allem Stimmen hervor, die – die vox populi fest im Blick – vor dem unersättlichen Kompetenzhunger der Union warnen und mitunter gar nicht merken, daß die Zeiten sich verändert haben.[1190] Nachdem in den Anfangsjahren und -jahrzehnten der Gemeinschaften ausgiebig von der Auffangkompetenz des Art. 308 (ex Art. 235) EGV Gebrauch gemacht worden war, gingen die Fälle der Inanspruchnahme in den letzten Jahren deutlich zurück.[1191] Auch der

---

[1188] Siehe hierzu auch *Oppermann*, Eine Verfassung für die Europäische Union, Der Entwurf des Europäischen Konvents (1. Teil), in: DVBl. 2003, S. 1165-1176 (S. 1169 ff.); *ders.*, Eine Verfassung für die Europäische Union, Der Entwurf des Europäischen Konvents (2. Teil), in: DVBl. 2003, S. 1234-1246 (S. 1234 ff.); sowie die Beiträge in: *Busek* (Hrsg.), Der Europäische Konvent und sein Ergebnis: eine europäische Verfassung, ausgewählte Rechtsfragen samt Dokumentation, 2004.

[1189] So *Wuermeling*, Kalamität Kompetenz: Zur Abgrenzung der Zuständigkeiten in dem Verfassungsentwurf des EU-Konvents, in: EuR 2004, S. 216-229 (S. 217).

[1190] Beispielsweise *Wuermeling* (Fn. 1189), S. 217 f., der *„die erwünschte Rückführung der ausufernden Kompetenzen"* nicht verwirklicht sieht, *„die immer weitere Ausdehnung der europäischen Tätigkeitsfelder"* aber nicht nur der *„Eigendynamik des europäischen Integrationsprozesses, die insbesondere die EU-Kommission anzufachen weiß"*, sondern auch handfesten politischen Interessen der Mitgliedstaaten zurechnet und deswegen, aber auch aus systematischen Gründen nach einer Neuordnung der Kompetenzbestimmungen ruft.

[1191] Dies zeigten schon vor einiger Zeit die Untersuchungen von *Bungenberg*, Art. 235 EGV nach Maastricht: die Auswirkungen der Einheitlichen Europäischen Akte und des Vertrages über die Europäische Union auf die Handlungsbefugnis des Art. 235 EGV (Art. 308 EGV n.F.), 1999, S. 213; und *Boeck*

EuGH vertritt heute, nach der Entscheidung über das Tabakwerbeverbot,[1192] keine grenzenlose In-dubio-pro-communitate-Ideologie mehr, so dies denn tatsächlich je der Fall war.[1193]

Wissenschaft und Politik haben während der letzten fünfzehn Jahre eine Vielzahl von Vorschlägen zur Abgrenzung der Kompetenzen zwischen Union und Mitgliedstaaten vorgelegt,[1194] die zumeist darauf hinauslaufen, die Zuständigkeiten der Union auf die eine oder andere Weise zu begrenzen. Dies soll entweder auf materiell-rechtlichem Wege, etwa durch einen Kompetenzkatalog, durch Abschaffung der Auffangkompetenz des Art. 308 EGV oder durch Normierung ausdrücklicher Kompetenzsperren geschehen, oder vermittels prozeduraler Sicherungen erreicht werden, beispielsweise durch die Einrichtung eines Kompetenzgerichts.[1195]

Ein unlängst formulierter verfassungsökonomischer Ansatz hält die Zuweisung von Kompetenzen auf die europäische Ebene dann für ge-

---

(Fn. 1127), S. 106 ff. Als Rechtsgrundlage wurde Art. 308 EGV in den letzten Jahren ausweislich der Amtsblatt-Datenbank wie folgt (mit)herangezogen: 2000 in 23 Fällen, 2001 in 21 Fällen, 2002 in 13 Fällen, 2003 in 11 Fällen, 2004 in 10 Fällen und 2005 in 12 Fällen.

1192 Supra Fn. 1113.

1193 Hierzu die Analyse bei *Simm*, Der Gerichtshof der Europäischen Gemeinschaften im föderalen Kompetenzkonflikt, Kontinuität und Neubesinnung in der Rechtsprechung vor und nach „Maastricht", 1998. Siehe auch *Nettesheim* (Fn. 29), S. 427 f.

1194 Erwähnt seien aus neuerer Zeit nur: *Goll/Kenntner*, Brauchen wir ein europäisches Kompetenzgericht? – Vorschläge zur Sicherung der mitgliedstaatlichen Zuständigkeiten, in: EuZW 2002, S. 101-106; *Jennert*, Die zukünftige Kompetenzabgrenzung zwischen der Europäischen Union und den Mitgliedstaaten, in: NVwZ 2003, S. 937-943; *Calliess*, Kontrolle zentraler Kompetenzausübung in Deutschland und Europa: Ein Lehrstück für die Europäische Verfassung, zugleich eine Besprechung des Altenpflegegesetz-Urteils des BVerfG, in: EuGRZ 2003, S. 181-197; *Magiera*, Abgrenzung der Kompetenzen zwischen der Europäischen Union und den Mitgliedstaaten unter besonderer Berücksichtigung der Regionen, in: Sommermann (Hrsg.), Aktuelle Fragen zu Verfassung und Verwaltung im europäischen Mehrebenensystem, 2003, S. 73-86; *Koenig/Lorz*, Stärkung des Subsidiaritätsprinzips, in: JZ 2003, S. 167-173. Zur älteren Diskussion vgl. die Nachweise bei *Steindorff* (Fn. 1118) sowie insgesamt die systematisierenden Überblicke bei *Ruffert* (Fn. 1173), S. 188 f., und *Nettesheim*, Die Kompetenzordnung im Vertrag über eine Verfassung für Europa, in: EuR 2004, S. 511-546.

1195 Kritisch hierzu *Mayer* (Fn. 1121), S. 607 ff.

rechtfertigt, wenn es keine andere Ebene gibt, auf der das bereitzustellende Gut kostengünstiger bereitgestellt werden kann.[1196] So lasse sich etwa eine gemeinschaftliche Verteidigungspolitik wegen der „*aufgrund von Skalenerträgen* [...] *geringeren Kosten*" auf europäischer Ebene rechtfertigen. Für eine gemeinschaftliche Umweltpolitik sprächen die „*grenzüberschreitenden Externalitäten*", also „*Aktivitäten, die in einem Staat erfolgen, aber auch das Nutzenniveau von Bürgern anderer Staaten beeinträchtigen*". Ein Fehler des vorgelegten Verfassungsentwurfs habe darin bestanden, die überkommene Aufgabenverteilung zwischen der Gemeinschaftsebene und den Mitgliedstaaten entgegen dieser Erkenntnisse, die gleichzeitig auch den Präferenzen der Bürger entsprächen, fortzuschreiben.

Der letztgenannte Vorwurf – Fortschreibung – trifft insofern zu, als eine revolutionäre Neuordnung der Kompetenzverteilung zwischen Union und Mitgliedstaaten unterblieben ist.[1197] Die (im Rahmen dieser Arbeit nicht zu untersuchende) Frage ist, ob eine solche Revolutionierung politisch gewollt war und auch durchzusetzen gewesen wäre.[1198] Die weitere Frage lautet, ob der Vorschlag des Konvents tatsächlich so unzureichend ist.[1199]

Die Europäische Verfassung hebt in Art. I-1 EV an, daß die Mitgliedstaaten der Union „*Zuständigkeiten zur Verwirklichung ihrer gemeinsamen Ziele übertragen*" und die Union die entsprechende Politik der

---

[1196] Vgl. etwa *Voigt*, Ein neuer Anlauf für die Europäische Union, Lehren aus dem gigantischen Mißerfolg des Verfassungsentwurfs, in: Frankfurter Allgemeine Zeitung vom 29. Oktober 2005, S. 15. Dort auch die nachfolgenden Zitate im Text.

[1197] So auch *Götz*, Kompetenzverteilung und Kompetenzkontrolle in der Europäischen Union, in: Schwarze (Hrsg.), Der Verfassungsentwurf des Europäischen Konvents: verfassungsrechtliche Grundstrukturen und wirtschaftsverfassungsrechtliches Konzept, 2004, S. 43-61 (S. 45).

[1198] Bereits die Schilderungen *Wuermelings* (Fn. 1189), S. 219 ff., legen eine verneinende Antwort nahe.

[1199] Siehe auch die verhalten positive Bewertung bei *Bünger* u.a., Titel III: Die Zuständigkeiten der Union, in: Höreth/Janowski/Kühnhardt (Hrsg.), Die Europäische Verfassung, Analyse und Bewertung iher Strukturentscheidungen, 2005, S. 93-125. *Metz* (Fn. 1042), S. 210, hebt die erstmalige Trennung von Zielen und Befugnissen hervor, die den dynamischen Kompetenzsteigerungen der Vergangenheit einen Riegel vorschieben dürfte, und lobt den Kompetenzkatalog (S. 219).

Mitgliedstaat koordiniert und *„die ihr von den Mitgliedstaaten übertragenen Zuständigkeiten in gemeinschaftlicher Weise“* ausübt.

Die Europäische Verfassung enthält einen separaten Titel über „Die Zuständigkeiten der Union“, in dem grundlegende Aussagen getroffen werden.[1200] Art. I-11 Abs. 1 EV schreibt die Prinzipien der begrenzten Einzelermächtigung, der Subsidiarität und der Verhältnismäßigkeit fest. Niedergelegt wird auch der bereits früh durch die Rechtsprechung des EuGH entwickelte Vorrang des Gemeinschaftsrechts gegenüber dem Recht der Mitgliedstaaten (Art. I-6 EV). Es folgt eine Systematisierung der bestehenden Legislativbefugnisse, wobei inhaltliche Fragen ausschließlich bei der jeweiligen Sachmaterie in Teil III geregelt werden (Art. I-12 Abs. 6 EV):

- ausschließliche Zuständigkeit (Art. I-13 EV)
  - Währungspolitik für die Staaten der EURO-Zone
  - gemeinsame Handelspolitik
  - Zollunion
  - Erhaltung der biologischen Meeresschätze im Rahmen der Fischereipolitik
  - Außenbeziehungen/Vertragsabschluß
- geteilte Zuständigkeit (Art. I-14 EV)
  - sämtliche anderen Bereiche
- Unterstützungs-, Koordinierungs- und Ergänzungsmaßnahmen (Art. I-17 EV)
  - Gesundheitsschutz
  - Industrie
  - Kultur
  - Tourismus
  - allgemeine berufliche Bildung, Jugend, Sport
  - Katastrophenschutz
  - Verwaltungszusammenarbeit
- Koordinierung der Wirtschafts-, Beschäftigungs- und Sozialpolitik (Art. I-15 EV)
- Gemeinsame Außen- und Sicherheitspolitik (Art. I-16 EV)

[1200] Hierzu *Ruffert* (Fn. 1173); *Nettesheim* (Fn. 1194); *Streinz/Ohler/Herrmann*, Die neue Verfassung für Europa, Einführung mit Synopse, 2005, S. 69-74 jeweils m.w.Nw. Ausführlich *Ritzer*, Europäische Kompetenzordnung, Reform der Kompetenzverteilung zwischen der Europäischen Union und den Mitgliedstaaten durch den Vertrag über eine Verfassung für Europa, 2006.

Bei der geteilten Zuständigkeit nehmen die Mitgliedstaaten ihre Zuständigkeit dann wahr, wenn die Union von der Kompetenzausübung Abstand nimmt (Art. I-11 Abs. 2 EV). Die Unterstützungs-, Koordinierungs- und Ergänzungsmaßnahmen der Union unterliegen nach Art. I-16 Abs. 3 EV einer Harmonisierungssperre.

Zur Vervollständigung bestehen weiterhin die Abrundungskompetenz (Art. I-18 EV) und die allgemeine Rechtsangleichungskompetenz im Binnenmarkt (Art. III-172 EV).[1201] Sie können allerdings nur noch mit Zustimmung des Parlaments ausgeübt werden (Art. I-18 Abs. 1 EV); die nationalen Parlamente sind auf entsprechende Vorschläge hinzuweisen (Art. I-18 Abs. 2 EV). Explizit verboten ist die Umgehung von Harmonisierungssperren (Art. I-18 Abs. 3 EV).

Die Typisierung der verschiedenen Kompetenzen stellt einen systematischen Gewinn gegenüber den Verträgen dar, ohne freilich, wie bereits gezeigt wurde,[1202] alle Fragen klar beantwortet zu haben. Dies gilt für Details der sogenannten geteilten Zuständigkeit ebenso wie für die gesamte GASP, der nach wie vor eine Sonderstellung zugewiesen wird.

Art. II-111 Abs. 2 EV bestimmt, daß es durch die Anwendung von Unionsgrundrechten nicht zur Begründung von Zuständigkeiten und Aufgaben für die Union kommen soll,[1203] und verstärkt so die bereits im Vertrag von Nizza festgelegte Kompetenzwahrung. Dementsprechend werden die Mitgliedstaaten ausschließlich bei der Durchführung des Unionsrechts auf die Unionsgrundrechte verpflichtet (Art. II-111 Abs. 1 EV), während der EuGH[1204] bislang die Gemeinschaftsgrundrechte auch im gesamten *Anwendungsbereich* des Gemeinschaftsrechts gewahrt wissen wollte. Damit wäre die Erwartung zu verbinden, daß

1201 Warnend hierzu *Götz* (Fn. 1197), S. 48.

1202 *Nettesheim* (Fn. 1194), S. 529 ff.

1203 Hier hat die in föderalen Systemen existierende Angst der Gliedstaaten vor der Unitarisierungswirkung der Grundrechte ihren Niederschlag gefunden. Vgl. zur deutschen Diskussion im 19. Jahrhundert *Craig*, Deutsche Geschichte 1866-1945, Vom Norddeutschen Bund bis zum Ende des Dritten Reiches, 1978, deutsch 1980, S. 45 ff.; ferner *Starck*, Unitarisierung des Rechts im Bundesstaat, in: Bayerischer Verfassungsgerichtshof (Hrsg.), Verfassung als Verantwortung und Verpflichtung, 1997, S. 229-239.

1204 Etwa *EuGH*, Rs. C-144/95, Urteil vom 13. Juni 1996, Slg. 1996, I-2909 – Maurin, Nr. 12; Rs. 299/95, Urteil vom 29. Mai 1997, Slg. 1997, I-2629 – Kremzow, Nr. 15.

bestimmte Auswüchse einer *„grundrechtsaktivistischen“*[1205] Rechtsprechung[1206] zukünftig vermieden werden können.[1207] Aus der mitgliedstaatlichen Perspektive geht es auch darum, einer Entparlamentarisierung des „Regierens“ durch weitere Verlagerung von Zuständigkeiten auf die europäische Ebene vorzubeugen.[1208]

4. Schicksal der europäischen Verfassung

Danach begann der Ratifizierungsprozeß in den Mitgliedstaaten. Nachdem zunächst zehn Mitgliedstaaten die Verfassung, teils durch Volksabstimmung,[1209] teils durch Parlamentsbeschluß[1210] ratifiziert hatten, lehnten die Bevölkerungen in Frankreich und den Niederlanden im Jahre 2005 die Verfassung ab. Die Regierung des Vereinigten Königreichs setzte als Reaktion hierauf eine angekündigte Volksabstimmung auf unbestimmte Zeit aus (ähnlich in Dänemark, Irland, Polen, Portugal und der Tschechischen Republik); der Ratifikationsprozeß wurde gleichwohl zunächst fortgesetzt.[1211] Nach den Abstimmungen in Frankreich und den Niederlanden haben Estland, Finnland, Luxemburg (durch Volksabstimmung), Lettland, Malta und Zypern die Verfassung ratifiziert. Ein Vorschlag der österreichischen Ratspräsidentschaft vom Januar 2006, den zwischenzeitlich gestoppten Ratifikationsprozeß wiederaufzunehmen, fand unter den Mitgliedstaaten keine Mehrheit. Die deutsche Ratspräsidentschaft im ersten Halbjahr 2007 verfolgte das Projekt einer mittleren Lösung, bei der die wesentlichen Inhalte des Verfas-

---

[1205] In Anlehnung an *Ruffert* (Fn. 1173), S. 170, 178.

[1206] Beispielsweise in den Fällen Carpenter: *EuGH*, Rs. C-60/00, Urteil vom 11. Juli 2002, Slg. 2002, I-6279 – Mary Carpenter ./. Secretary of State for the Home Department; und ORF: *EuGH*, Rs. 465/00, Urteil vom 20. Mai 2003, Slg. 2003, I-4989 – ORF.

[1207] Insgesamt skeptisch *Schröder*, Vertikale Kompetenzverteilung und Subsidiarität im Konventsentwurf für eine europäische Verfassung, in: JZ 2004, S. 8-13.

[1208] Hierzu *König*, Unitarisierung durch Europäisierung, in: Aus Politik und Zeitgeschichte 2005, S. 28-32.

[1209] Spanien (mit nachfolgender Bestätigung durch das Parlament).

[1210] Beispielsweise Deutschland, Österreich und Italien.

[1211] *„Wege aus der Verfassungskrise“* skizziert *Weidenfeld* (Fn. 992), S. 121 ff. Siehe auch *Kleger*, Erweiterung ohne Vertiefung, Vom Konvent zur Ratifikationskrise, in: WeltTrends 14/50 (2006), S. 11-26.

sungsvertrages gerettet und in Form eines Reformvertrages nach traditioneller Weise zu Primärrecht werden sollten.

Richtig ist, daß *„die Aufplitterung des Verfassungsrechts und die dialektische Spannung zwischen dem Teilverfassungsrecht des Staates und dem Europäischen Verfassungsrecht nicht zu einer endgültigen Kategorie im Prozess der Konstitutionalisierung der Europäischen Union werden"*[1212] sollte. Unabhängig davon, in welcher staatsähnlichen Kategorie man die Europäische Union in den kommenden Jahren und Jahrzehnten verorten wird, ist eine Verfassung auch notwendig, wenn es um die Klarstellung und Neubestimmung von Kompetenzen innerhalb der supranationalen Organisation geht.

Die Europäische Verfassung zählt mehrere zehntausend Wörter, manche sprechen ihr deshalb die Eignung zur Identitätsstiftung ab.[1213] Richtig ist, daß erfolgreiche Verfassungsdokumente seit der amerikanischen Verfassung sich durch eine klare Sprache auszeichnen und in der Regel eine überbordende Wortfülle vermissen lassen. Nicht immer bezeugt der verfassungsändernde Gesetzgeber hier den nötigen Respekt.[1214] Zu beobachten ist auch, daß jüngere Verfassungen in der Regel ausführlicher ausfallen als ältere. Nur zum Teil kann dies – etwa im Grundrechtsbereich – mit dem Aufkommen neuer regelungsbedürftiger Materien wie der Gentechnik begründet werden. Manches, wie immer differenziertere Diskriminierungsverbote, bekundet immerhin, daß bestimmte Ungleichbehandlungen – anders als zuvor – trotz der *„majestätischen Gleichheit des Gesetzes"*[1215] nicht mehr als gerechtfertigt angesehen und hingenommen werden sollen. Anderes soll – wie bestimmte Staatsziele – als Ausweis politischen Bewußtseins dienen oder ist – wie

---

[1212] *Ballaguer Calejón*, Die europäischen Verfassungen auf dem Weg zum Europäischen Verfassungsrecht, in: JöR N.F. 53 (2005), S. 401-410 (S. 408).

[1213] Kritisch beispielsweise *Streit*, Die „Verfassung für Europa" – Bemerkungen zu einem ordnungspolitischen Dauerproblem, in: ORDO, Jahrbuch für die Ordnung von Wirtschaft und Gesellschaft 2004, S. 333-339.

[1214] Sinnfällig gemacht bei *Bauer/Jestaedt*, Das Grundgesetz im Wortlaut, Änderungsgesetze, Synopse, Textstufen und Vokabular zum Grundgesetz, 1997.

[1215] *France*, Die rote Lilie, 1894, dt. 1964, S. 71: *„Dafür dürfen sie* [die Armen] *arbeiten unter der majestätischen Gleichheit des Gesetzes, das Reichen wie Armen verbietet unter Brücken zu schlafen, auf den Straßen zu betteln und Brot zu stehlen."*

etwa Art. 16a Abs. 2-5 GG – schlicht ein *„verfassungsfunktionswidriger Mißgriff“*[1216].

Zu bedenken ist bei einer Bewertung[1217] der Europäischen Verfassung aber auch folgendes: Da die Mehrzahl der Konventsmitglieder als europäische oder nationale Funktionsträger bei der Erarbeitung des Textes wußten, welche Positionen sie später einnehmen oder von welchen Absicherungen sie profitieren würden, war nicht zu erwarten, daß sie hinter dem *Rawlsschen* Schleier des Nichtwissens[1218] so operieren würden, um die Verfassung für alle optimal zu gestalten, sondern vielmehr, daß sie (mindestens auch) ihren institutionellen oder nationalen Interessen den Vorzug geben würden. Solche Entscheidungen über das zukünftige Design einer Organisation und zur Verteilung der jeweiligen Kompetenzen auf deren Teilnehmer werden beeinflußt von formalen und informellen Organisationsstrukturen der beteiligten Regierungen, vor allem im Hinblick auf Qualität, Quantität und die Dynamik von signalisierten Verhandlungspositionen sowie die Verhandlungsperformanz und Durchsetzungskraft.[1219]

Ein Korrektiv für diese Tendenz hätte darin liegen können, wenn der Text europaweit durch Referenden hätte bestätigt werden müssen. Wenn bei der Erarbeitung des Verfassungstextes klar wäre, daß für sein Inkrafttreten die Zustimmung der Bürger in allen Mitgliedstaaten erforderlich sein wird, so müßte der Entwurf stärker auf die Präferenzen der Bürger Rücksicht nehmen. Damit diese sich aber nicht in populistischen Verkürzungen erschöpften, kämen die Regierungen der Mitgliedstaaten und die europäischen Institutionen um eine sachliche und breit angelegte Diskussion nicht herum.

[1216] *Masing*, Art. 16a, in: Dreier (Hrsg.), Grundgesetz-Kommentar, Bd. 1, 2. Aufl. 2004, Art. 16a, Rn. 30.

[1217] Ausgewogen die Bewertung bei *Grabenwarter*, Verfasstes Europa – gefasst worauf? Versuch einer politischen Bewertung der Europäischen Verfassung, in: Khol u.a. (Hrsg.), Österreichisches Jahrbuch für Politik 2004, 2005, S. 493-502.

[1218] *Rawls*, A Theory of Justice, 1971, Teil 1.

[1219] Eine entsprechende Analyse früherer Prozesse bei *Thurner*, Die graduelle Konstitutionalisierung der Europäischen Union, Eine quantitative Fallstudie am Beispiel der Regierungskonferenz 1996, 2006, der sich der Terminologie und Techniken der quantitativen Netzwerkanalyse bedient und die entscheidungsrelevanten Merkmale von Organisationen operationalisiert.

IV. Der Reformvertrag von Lissabon

Am 13. Dezember 2007 unterzeichneten die Staats- und Regierungschefs in Lissabon den sogenannten Reformvertrag, der wesentliche Inhalte des Verfassungsvertrages in die beiden bisherigen Hauptverträge, den EGV und den EUV einarbeitet und diese so auf eine neue Stufe hebt. Der neue Vertrag über die Europäische Union wird von dem so genannten Vertrag über die Arbeitsweise der Europäischen Union begleitet. Letzterer baut auf dem bisherigen EGV auf.

Ob und wann der Vertrag von Lissabon in Kraft treten wird, kann derzeit nicht abgesehen werden; politisch scheint es gewollt zu sein, den Ratifikationprozeß auch nach dem gescheiterten Referendum in Irland fortzuführen und einen geeigneten Zeitpunkt für dessen Wiederholung abzuwarten.

Nachfolgend werden die für die vorliegende Untersuchung wichtigsten Neuerungen kurz angesprochen.

Die EU wird Rechtsnachfolgerin der EG, an deren Stelle sie tritt (Art. 1 Abs. 3 S. 2 EUV). Die Charta der Grundrechte wird anerkannt und den Verträgen im Rang gleichgestellt (Art. 6 Abs. 1 EUV).

Die Verträge unterscheiden zwischen ausschließlicher Zuständigkeit der Union und der mit den Mitgliedstaaten geteilten Zuständigkeit:

Gibt es in einem bestimmten Bereich eine ausschließliche Zuständigkeit der Union, so kann nur diese gesetzgeberisch tätig werden und verbindliche Rechtsakte erlassen. Die Mitgliedstaaten dürfen in einem solchen Fall nur tätig werden, wenn sie von der Union hierzu ermächtigt werden, oder um Rechtsakte der Union durchzuführen (Art. 2 Abs. 1 VAEU).

Ist die Zuständigkeit zwischen Union und Mitgliedstaaten geteilt, so können die Union und die Mitgliedstaaten in diesem Bereich gesetzgeberisch tätig werden und verbindliche Rechtsakte erlassen. Die Mitgliedstaaten nehmen ihre Zuständigkeit wahr, sofern und soweit die Union ihre Zuständigkeit nicht ausgeübt hat. Die Mitgliedstaaten nehmen ihre Zuständigkeit erneut wahr, sofern und soweit die Union entschieden hat, ihre Zuständigkeit nicht mehr auszuüben (Art. 2 Abs. 2 VAEU).

Nach Art. 4 Abs. 2 lit. j VAEU gehört der Raum der Freiheit, der Sicherheit und des Rechts zur geteilten Zuständigkeit, ist also, um die bislang gebräuchliche Terminologie zu verwenden, vergemeinschaftet worden. Dies ist ein wichtiger Politikbereich, in dem neue Kompetenzen der Union begründet worden sind. Das kann als weiteres Beispiel für den stetig fortschreitenden Integrationsprozeß verstanden werden.

V. Fazit: Die europäische Einigung unter Kompetenzgesichtspunkten

Gegenüber herkömmlichen internationalen Organisationen bildet die Europäische Union einen Sonderfall. Ihre Zuständigkeiten erstrecken sich auf weite Bereiche der traditionellen und im Rahmen anderer internationaler Organisationen noch heute üblichen Staatstätigkeit. Die Gemeinschaftsorgane entscheiden dabei in vielen Fällen mit Mehrheit; sie haben die Kompetenz, sekundäres Gemeinschaftsrecht zu setzen,[1220] das die Staaten, zum Teil aber auch die Bürger unmittelbar bindet und Vorrang gegenüber dem nationalen Recht beansprucht. Bei allen Vorbehalten auf Seiten der Staaten und der Bürger und bei allen Unzulänglichkeiten auf Seiten der Union ist die Frage der Verdichtung hin zu einem „Staat" wesentlich virulenter, als sie es bei den allermeisten internationalen Organisationen je sein wird. Besondere Bedeutung kommt deshalb der Sicherung und dem Ausbau europäischer Rechtsstaatlichkeit als wesentlichem Strukturmerkmal der Union zu.[1221] Die Bedeutung des Europäischen Parlaments und des Europäischen Gerichtshofs als Legitimations- und Kontrollorgane wird weiter zunehmen.

Auf völkerrechtlicher Grundlage ist hier eine Entwicklung in Gang gesetzt worden, die sich im Europarecht weitgehend verselbständigt hat und mit den klassischen völkerrechtlichen Kategorien nur noch zum Teil, von staatsrechtlichen Kategorien aber noch nicht erfaßt werden kann. Die vertikale Kompetenzverteilung wird nach dem Inkrafttreten des Verfassungsvertrages transparenter werden. Die horizontale Kom-

---

[1220] Ausführlich zur heutigen Bedeutung *Härtel*, Handbuch Europäische Rechtsetzung, 2006.

[1221] So schon mit Recht *Buchwald*, Zur Rechtsstaatlichkeit der Europäischen Union, in: Der Staat 1998, S. 189-219; und *Kuschnick* (Fn. 960), S. 194 ff. m.w.Nw. Der Europäische Haftbefehl – hierzu BVerfG, Urteil vom 18. Juli 2005, 2 BvR 2236/04 (http://www.bverfg.de/entscheidungen/rs20050718_2bvr223604.html) – markiert hierfür einen prägnanten Testfall, berührt er doch mit dem Habeas corpus eines der Freiheitsrechte, das mit am Anfang der Ausbildung von Grund- und Menschenrechten stand. Dazu jetzt ausführlich *Schorkopf* (Hrsg.) Der Europäische Haftbefehl vor dem Bundesverfassungsgericht, 2006.

petenzverteilung nähert sich dem gewaltenteiligen Modell weiter an; vor allem das Parlament wird gestärkt werden. Der zwischen den „E 15“ erreichte Integrationsstand erlaubte eine klarere rechtliche Formulierung und damit Ausgestaltung der jeweiligen Kompetenzen als in früheren Phasen der Gemeinschaft, während derer eine Dynamik in Gang zu setzen war, die die Integration gewissermaßen zu einem „Selbstläufer“ machen konnte. Zukünftige Entwicklungen bleiben abzuwarten, da heute nicht nur die „üblichen Verdächtigen“ euroskeptische Reflexe zeigen.

Die jahrzehntelange Erfahrung mit der europäischen Einigung im Rahmen der Gemeinschaften hat dazu geführt, daß die Konsequenzen der jeweiligen Integrationsschritte von den Mitgliedstaaten inzwischen besser als früher abgeschätzt werden können und deshalb als bewußte Maßnahmen zur Vertiefung der Union und ihres supranationalen Gefüges verstanden werden dürfen.[1222]

Die europäische Integration mit Schaffung der Union hat auch Vorbildwirkung entfaltet. So nahmen die Staaten der Organisation Afrikanischer Einheit bei Gründung der Afrikanischen Union[1223] im Jahre 2002 (auch) auf die Europäische Union Bezug und schufen zum Teil ähnliche Organe; allerdings wird eine Vergemeinschaftung nach Brüsseler Muster wohl eher rhetorisch angestrebt.

1222 So bereits *Tsebelis/Garrett*, The Institutional Foundations of Intergovernmentalism and Supranationalism in the European Union, in: International Organization 55 (2001), S. 357-390.

1223 Acte Constitutif de l’Union Africaine vom 11. Juli 2000, abrufbar unter www.africa-union.org/home/bienvenue.htm (zuletzt besucht am 28. September 2008); auf dem Gipfel von Durban im Juli 2002 wurde die Afrikanische Union ins Leben gerufen.

C. Zusammenfassung

Staatenverbindungen haben seit 1815 unterschiedliche Formen angenommen; dies war vor allem den Interessen der Mitglieder, deren Zahl und jeweiliger Hetero- oder Homogenität und dem Gegenstand der Zusammenarbeit geschuldet. Die im zweiten Teil untersuchten Vereinten Nationen und die Europäische Union unterscheiden sich signifikant von den im ersten Teil behandelten Zusammenschlüssen und natürlich auch untereinander.[1224]

Die Vereinten Nationen und die aus den Europäischen Gemeinschaften hervorgegangene Europäische Union blicken auf sechzig beziehungsweise über fünfzig Jahre Bestehen zurück. Der Entstehungsgrund der Kriegsverhinderung und Friedensstiftung bleibt auch heute prägend. Die mittlerweile weltumspannenden Vereinten Nationen sind permanent mit Konflikten unter ihren Mitgliedern konfrontiert. Demgegenüber ist die Saat des Friedens unter den Staaten der Europäischen Union aufgegangen, so daß die interne Friedensmission heute selbstverständlich erscheint;[1225] doch als wichtiger Akteur in den internationalen Beziehungen sieht sich die Union gefragt, aktiv bei der Friedensbewahrung oder gar -schaffung mitzuwirken.[1226]

1224 Zum letzten Aspekt *Bernhardt*, Europäisches Gemeinschaftsrecht und das Recht internationaler Organisationen: Gemeinsamkeiten und Unterschiede, in: Liber Amicorum Ignaz Seidl-Hohenveldern, 1988, S. 25-36.

1225 Weshalb wiederholte Aussagen wie die des damaligen Bundeskanzlers *Kohl*, die Einführung der Gemeinschaftswährung EURO sei, wie die europäische Integration insgesamt, eine Frage von Krieg und Frieden, von vielen als unzeitgemäß pathetisch empfunden wurden. Zu *Kohls* Argumentation siehe *Banchoff*, German Policy Towards the European Union: The Effects of Historical Memory, in: German Politics 6 (1997) 1, S. 60-76, mit zahlreichen Nachweisen zu den Äußerungen des Bundeskanzlers.

Nicht vergessen werden sollte allerdings, daß es auch heute noch Völker in den Staaten der Europäischen Union gibt, die wie Basken, Korsen oder Iren um ihr Selbstbestimmungsrecht kämpfen, wobei dieser Kampf auf beiden Seiten oftmals mit (militärischer oder terroristischer) Gewalt geführt wird.

1226 Wofür neben dem Einsatz von EUFOR ALTHEA im Kosovo seit dem 2. Dezember 2004 auch Eurocorps und die neuen „Battle Groups“ Zeugnis ablegen. Weiterführend zu diesem Komplex *Graf Kielmansegg*, (Fn. 978); *Howorth*, From Security to Defence: the Evolution of the CFSP, in: Hill/Smith (Hrsg.), International Relations and the European Union, 2005, S. 179-204. Die

Die Vereinten Nationen haben ihren weitgespannten Katalog von Zielen und Aufgaben mit im Laufe der Zeit unterschiedlichen Akzentsetzungen angenommen und sich den damit verbundenen tatsächlichen Herausforderungen gestellt. Die Wahrnehmung der in der Charta der Vereinten Nationen enthaltenen Kompetenzen ging mit der Einsetzung von Unter- und Nebenorganen sowie der Schaffung von Unter- und Sonderorganisationen einher. Die nur mit Billigung der Mitgliedstaaten mögliche institutionelle Auffächerung hat diese in ein umfassendes Netz verregelter und in weiten Teilen verrechtlichter Beziehungen eingebunden. Damit stellt sich heute freilich auch die Frage nach einer stärkeren Koordination dieser Akteure und nach einer Kohärenz ihrer Tätigkeit.[1227] Letztendlich hat die Institutionalisierung auch einen wesentlichen Einfluß auf das Verhalten der Staaten:[1228] Internationale Beratung, Abstimmung und Beschlußfassung gehören mittlerweile zum Alltag der allermeisten Politikfelder. Dies gilt in gesteigertem Ausmaß für die europäische Einigung, deren ursprünglich sehr sektoraler Charakter (Montanunion!) von den Mitgliedstaaten zügig verbreitert wurde.[1229] In beiden Fällen trat eine nicht zu leugnende institutionsimmanente Eigendynamik hinzu, die den Prozeß jeweils beförderte.

Hinsichtlich der Verbandskompetenzen ist festzuhalten, daß diese sowohl im Falle der Vereinten Nationen als auch in demjenigen der Europäischen Gemeinschaften/Union durch den jeweiligen Gründungsvertrag begründet und begrenzt wurden, durch nachfolgende Vertragsän-

---

Diskussionen im ersten Halbjahr 2006 um mittlerweile laufende Einsätze im Kongo und im Libanon zeigten die Schwierigkeiten auf, mit denen die Union als friedensschaffende Militärmacht momentan konfrontiert ist. Aus der innerstaatlichen Sicht der Bundesrepublik Deutschland behandelt *Harnisch* (Fn. 1116), S. 171-329, die Auswirkungen der zunehmenden Beteiligung „binnenstaatlicher Akteure“ bei solchen Entscheidungen.

1227 So zum Beispiel *Virginia A. Leary*, International Institutions: Towards Coherent Multilateralism, in: Liber Amicorum Georges Abi-Saab, 2001, S. 823-829.

1228 Hierzu nur *Martin/Simmons*, Theories and Empirical Studies of International Institutions, in: International Organization 52 (1998), S. 729-757 (S. 742 ff.)

1229 Unter dem Stichwort „Europeanization“/„Europäisierung“ wird heute der aus dem Integrationsprozeß resultierende Wandel in den Mitgliedstaaten und in den Kandidatenländern diskutiert. Hierzu beispielsweise: *Featherstone/Radaelli* (Hrsg.), The Politics of Europeanization, 2003; *Streinz* (Fn. 208); *Green Cowles* (Fn. 1116); *Kohler-Koch/Knodt* (Hrsg.), Deutschland zwischen Europäisierung und Selbstbehauptung, 2000.

derungen oder spätere, abweichende Praxis der Mitgliedstaaten und der Organe, die von den Mitgliedstaaten geduldet wurde, aber erweitert worden sind. Die Ausbalancierung der horizontalen Organkompetenzen folgte politischen Rahmenbedingungen, die auf das Verhalten der Mitgliedstaaten zurückgingen, und war daneben auch durch organisationsimmanente und -soziologische Einflüsse geprägt. Eine gewaltenteilige Struktur, wie sie aus dem innerstaatlichen Bereich bekannt ist, entwickelt sich vornehmlich im Bereich der Europäischen Union.[1230] Dort ist freilich der Status des Europäischen Parlaments noch nicht mit dem nationaler Volksvertretungen zu vergleichen; hingegen kommt der Gemeinschaftsgerichtsbarkeit eine starke Stellung zu. Bei den Vereinten Nationen sind solche Entwicklungen im Ansatz erst nach dem Ende des Kalten Krieges möglich geworden und erfolgen noch vergleichsweise zaghaft.

Vereinte Nationen wie Europäische Union sind verfaßte Zusammenschlüsse von Staaten, die eine rechtliche Ordnung aufweisen und nach dieser rechtlichen Ordnung funktionieren. Sie sind dabei Entwicklungen unterworfen und für gewandelte Ausrichtungen offen.[1231] Um dabei aber gleichzeitig handlungsfähig und stabil zu bleiben, müssen politische Systeme und damit auch umfassend angelegte Organisationen wie die Europäische Union und die Vereinten Nationen über einen strategischen Grundkonsens über Zweck, Zielsetzung und Ausgestaltung verfügen. Sie unterliegen in dem Prozeß der Weiterentwicklung einer Wechselwirkung von fortschreitender Integration und staatlicher Souveränität. Letztere wird hier oftmals als Bremse wahrgenommen, ist gleichzeitig aber auch die Quelle der gesamten Entwicklung. Eine nicht zu unterschätzende Rolle spielt auch die angesichts der Globalisierung festzustellende gesunkene Gestaltungskraft einzelstaatlichen Handelns,

---

1230 Hierzu: *Haratsch*, Der Grundsatz der Gewaltenteilung als rechtsordnungsübergreifender Rechtssatz – Ansätze einer einheitlichen Europäischen Rechtsordnung, in: Demel u.a. (Hrsg.), Funktionen und Kontrolle der Gewalten, 2001, S. 199-221.

1231 Dies beschreibt *Volger*, Geschichte (Fn.), an Hand vieler Beispiele, S. 433 ff. bieten eine knappe Gesamtübersicht. Aus dem Blickwinkel des „Rational-choice"-Ansatzes als Erklärungsmodell internationaler Beziehungen zu dieser Flexibilität und Offenheit: *Koremenos/Lipson/Snidal*, The Rational Design of International Institutions, in: International Organization 55 (2001), S. 761-799. Demgegenüber *Zangl/Zürn*, Argumentatives Handeln bei internationalen Verhandlungen, Moderate Anmerkungen zur post-realistischen Debatte, in: Zeitschrift für internationale Beziehungen 1996, S. 341-366.

die zur Nutzung internationaler Organisationen animiert.[1232] Dabei ist allerdings nach wie vor offen, ob internationale Organisationen eines von mehreren Mitteln sind, um die Frage, *wie „die kontinuierliche Problembearbeitung globaler Herausforderungen und grenzüberschreitender Phänomene*“[1233] wirksam erreicht werden könne – also Global Governance – zu beantworten. Auch innenpolitisch vermögen Regierungen aus der zwischenstaatlichen Kooperation Kapital zu schlagen, weil sie ihnen weitere Handlungsspielräume eröffnet.[1234]

Politisch gesehen, können weder Integration noch Souveränität als Selbstzweck angesehen werden. Sie konturieren die heutige Völkerrechtsordnung,[1235] in der neben den Staaten vor allem die internationalen Organisationen gestaltend tätig sind. Beide, Integration und Souveränität, gehören heute zum *„kooperationsoffenen Verfassungsstaat*“[1236] und sind daher wie dieser Mittel zum Zweck, den Menschen ein sicheres Dasein zu ermöglichen und diejenigen Chancen zu eröffnen, die die Voraussetzungen zum “pursuit of happiness” bilden.

Die Lage ist, um den Bogen zum Beginn dieses Teils zu schlagen, eine andere als vor sechzig Jahren. Sie ist beileibe nicht das Ergebnis zielgerichteter, kontinuierlich betriebener und klug ersonnener Politik, die theoretische Systeme umsetzt. Vielmehr ist sie von den Wechselfällen des Lebens bestimmt und deshalb gleichermaßen geeignet, Veränderungen aufzunehmen und zu prägen. Und es gilt nach wie vor die Feststellung, daß die Überzeugungskraft von vernünftigen Ideen und Prinzipi-

---

1232 Eine Übersicht der diesbezüglichen Theorien bei *Andreatta*, Theory and the European Union's International Relations, in: Hill/Smith (Hrsg.), International Relations and the European Union, 2005, S. 18-38.

1233 *Messner*, Global Governance und Perspektiven der Entwicklungszusammenarbeit, in: Nuscheler (Hrsg.), Entwicklung und Frieden im 21. Jahrhundert, Zur Wirkungsgeschichte des Brandt-Berichts, S. 267-294 (S. 284).

1234 Hierzu *Moravcsik*, The choice for Europe: Social purpose and state power from Messina to Maastricht, 1998; *Putnam* (Fn. 32).

1235 Sie können als eigenständige Akteure darüber hinaus einen Beitrag dazu leisten, die heutige, ihnen günstige Völkerrechtsordnung auch dann zumindest strukturell aufrechtzuerhalten, wenn in der Zukunft Staaten dominanter werden, die eine als westlich (und damit partikular) begriffene Völkerrechtsordnung ablehnen. Internationale Organisationen üben hier eine wichtige Integrations- und Legitimationsfunktion aus.

1236 *Hobe*, Der kooperationsoffene Verfassungsstaat, in: Der Staat 1998, S. 521-546.

en nicht durch ihre – auch in Gestalt der Vereinten Nationen – unvollkommene Verwirklichung in Frage gestellt wird.[1237]

Die Kooperationsform internationaler Organisationen ist nach wie vor notwendig; um wirkungsvoll funktionieren zu können, müssen Aufgaben klar definiert und Befugnisse ordentlich verteilt sein, ohne daß Starrheit aus Prinzip sinnvolle Entscheidungen ausschließt. Kompetenzfragen stehen darum im Zentrum nicht nur des Rechts, sondern insgesamt gerade auch in dem des Wirkens internationaler Organisationen.

1237 *Oppenheim/Lauterpacht*, International Law, A Treatise, Bd. I.-Peace, 8. Aufl. 1955, 4. Nachdruck 1960, § 167, S. 375.

„Mit der Schaffung effektiverer multilateraler Institutionen müssen einzelne Nationen etwas von ihrer eigenen Unabhängigkeit aufgeben. Mächtige Nationen wollen wirksamere multilaterale Institutionen – aber nur dann, wenn sie der Meinung sind, daß diese Institutionen tun, was sie, die mächtigen Nationen, wollen. Sie fürchten effektive multilaterale Institutionen, die den eigenen Willen durchsetzen. Aber wenn es eine gemeinsame Arbeitsgrundlage gibt – vereinbarte Ziele und Absichten –, dann werden die Länder, ungeachtet dessen, wie mächtig sie sind, von der Möglichkeit profitieren, die Lösung von Problemen, die sie allein nicht meistern können, anderen zu übertragen. Ihr nationales Eigeninteresse wird durch effektives Handeln einer Gemeinschaft verwirklicht.“[1238]

„Wenn ich auftrete, zittert ein Herzogthum.“[1239]

Dritter Teil

Elemente einer Kompetenzlehre internationaler Organisationen

Die entwicklungsgeschichtlichen Betrachtungen des ersten Teils und die beiden Fallstudien des zweiten Teils haben ein wiederkehrendes Muster erkennen lassen, das hier in aller Kürze noch einmal abstrakt nachgezeichnet und zum Ausgangspunkt der nachfolgenden Überlegungen gemacht werden soll.

Wenn Staaten der Meinung sind, daß es sinnvoll sei, bestimmte Zwecke weder (ausschließlich) durch individuelles noch durch gleichgerichtetes Handeln, sondern (auch) durch gemeinschaftliches Tätigwerden im

---

[1238] *Blair*, Idealismus wird zur Realpolitik, in: Frankfurter Allgemeine Zeitung vom 30. Mai 2006, S. 10.

[1239] *Schiller*, Kabale und Liebe, Ein bürgerliches Trauerspiel, 1784, I/7, zit. nach: Schillers Werke, Textrevision von Heinrich Kurz, 2. Bd. (Meyers Klassiker-Ausgaben), o.J., S. 248.

N. Weiß, *Kompetenzlehre internationaler Organisationen*,
Beiträge zum ausländischen öffentlichen Recht und Völkerrecht 209,
DOI 10.1007/978-3-642-03378-0_4, © Springer-Verlag Berlin Heidelberg 2009

Rahmen einer Organisation zu erreichen, dann werden sie eine solche Organisation gründen und mit Handlungsmöglichkeiten ausstatten.[1240]

An dieser Stelle wird die Doppelgesichtigkeit internationaler Organisationen deutlich: Auf der einen Seite erlauben sie den Staaten eine Zentralisierung ihrer gemeinsamen Aktivitäten in einem bekannten und stabilen institutionellen Rahmen, der überdies zumeist einen unterstützenden administrativen Apparat bereitstellt. Es ist dies der Aspekt der *„dienenden Faktoren“*[1241], als die internationale Organisationen (auch) angesehen werden. Hinzu tritt auf der anderen Seite aber ihre Unabhängigkeit. Diese ermöglicht es den internationalen Organisationen, mit einem gewissen Maß an Autonomie innerhalb bestimmter Grenzen zu handeln, das heißt Politikprogramme zu entwickeln und umzusetzen.[1242] Gezogen werden diese Grenzen einerseits durch den abstrakten Rechtsrahmen der Gründungsverträge, andererseits durch die politische Bereitschaft von Mitgliedstaaten, die Organisation gewähren zu lassen, die sich auch an der Fassung konkreter Beschlüsse in den Organen der Organisation ablesen läßt. Diese Bereitschaft ist umso höher, desto größer der zu erwartende Nutzen, der aus dem Handeln der Organisation fließt, für die Mitgliedstaaten ist, solange ihnen gleichzeitig die Möglichkeit gegeben bleibt, die Arbeit der Organisation zu beeinflussen.[1243] Die Feststellung des britischen Premierministers, die diesem Teil vorangestellt ist, ist Ausdruck dieser Haltung. Interaktion und Regelbefolgung sind aber auch von inhaltlichen Gemeinsamkeiten und geteilten Wertorientierungen der beteiligten Staaten abhängig.

[1240] *Goodrich*, The United Nations, 1959, S. 103 ff., beschreibt die unterschiedliche Bereitschaft der Mächte hierzu mit Blick auf den Völkerbund und auf die Vereinten Nationen.

[1241] *Mosler* (Fn. 6), S. 17. Zur „Indienstnahme“ internationaler Organisationen gerade durch mächtige Staaten vgl. *Thompson*, Coercion Through IOs: The Security Council and the Logic of Information Transmission, in: International Organization 60 (2006), S. 1-34. So könnten beispielsweise die Regierungen und Bevölkerungen anderer Staaten über die Absichten dieser Staaten informiert werden.

[1242] Hierzu *Barnett/Finnemore*, The Politics, Power, and Pathologies of Internaitonal Organizations, in: International Organization 53 (1999), S. 699-732.

[1243] Zur Frage von Interessen in diesem Zusammenhang vgl. supra Fn. 838. Siehe auch die knappe, aber überzeugende Analyse bei *Pastor* (Fn. 625).

Beide Ausprägungen, Zentralisierung und Unabhängigkeit,[1244] erhöhen die Wirksamkeit des Agierens in den zwischenstaatlichen Beziehungen, können inhaltliche Neuausrichtungen befördern, ja Themen überhaupt erst auf die Agenda der internationalen Beziehungen bringen. Oftmals agieren internationale Organisationen dabei als Sachwalter eines Gemeinschaftsinteresses und wirken so auf die zwischenstaatlichen, von nationalen Interessen geprägten Beziehungen ein. Die Beurteilung ihres Handelns muß aus zwei Blickrichtungen erfolgen: einerseits gilt es, die *"governing ability of institutions that preside over societies"*, andererseits die *"governability of societies that underlie the institutions"*[1245] zu betrachten.

Beide Ausprägungen sind auch innenpolitisch für die Regierungen von Bedeutung: Während das „Ausweichen" auf die internationale Organisation (zunächst) zusätzliche Handlungsspielräume zu eröffnen vermag und die Stellung der Exekutive stärken kann, wird bei zunehmender Integration das Handeln der Organisation oft als „Einmischung" empfunden und in der innenpolitischen Auseinandersetzung nicht selten instrumentalisiert. Außerdem kann die zunehmende Verfaßtheit der internationalen Organisationen auch die einstmals außenpolitische Prärogative der Regierung einhegen und im nationalen Rahmen eine stärker verfassungsrechtlich strukturierte Kompetenzausübung bewirken.[1246] Erwähnenswert in diesem Zusammenhang ist auch die Diffusionsfunktion internationaler Organisationen,[1247] die dadurch, daß sie Kommunikationsräume für Eliten bereitstellen und einen geistigen Austausch ermöglichen, dazu beitragen, daß Ideen, Wertvorstellungen und Normen verbreitet werden.

Zunehmend gewinnt auch die Kooperation von internationalen Organisationen untereinander an Bedeutung; die Frage der Mitarbeit und Mitgliedschaft der Europäischen Gemeinschaft/Europäischen Union in internationalen Organisationen wird angesichts deren Akteursstatus ver-

---

1244 Ausführlich hierzu: *Abbott/Snidal* (Fn. 42), S. 5 ff.

1245 *Claude* (Fn. 243), S. 441. Vgl. auch die ausführliche Untersuchung von *Wendt*, Social Theory of International Politics, 10. Aufl. 2007.

1246 Zu letzterem, dem Domestizierungsansatz, ausführlich *Harnisch* (Fn. 1116), insbesondere S. 40 ff., 171 ff.

1247 *Wiener*, Demokratischer Konstitutionalismus jenseits des Staates? Perspektiven auf die Umstrittenheit von Normen, in: Niesen/Herborth (Fn. 1175), S. 173-198.

mehrt virulent.[1248] Dies gilt gerade auch deswegen, weil die Mitgliedstaaten viele Zuständigkeiten an die Gemeinschaft abgegeben haben oder bestimmte Bereiche im Rahmen der Union gemeinsam erledigen. Die EU-Mitgliedstaaten können in vielen Bereichen nur noch eingeschränkt als autonome Mitglieder in anderen Organisationen tätig sein. Umgekehrt profitieren sie in vielen Fällen von ihrem – oft freilich schwerfälligen – gemeinsamen Auftreten.[1249]

Liberale Theorien internationaler Beziehungen präferieren heute unter dem Schlagwort der transnationalen „Governance networks" neuartige Konglomerationen von Handlungsfähigkeit.[1250] Die rechtliche Faßbarkeit freilich bleibt hier hinter der vermeintlichen Problemlösungskapazität solcher Netzwerke zurück. Demgegenüber erscheint eine gestärkte Verfaßtheit internationaler Organisationen besser geeignet, der Herrschaft des Rechts in den internationalen Beziehungen Geltung zu verschaffen und so und über den bereits an anderer Stelle angesprochenen Domestizierungseffekt den Menschen zu nutzen.[1251]

Die eben angesprochene Europäische Union ist formal ein Unterfall des Typus internationale Organisation.[1252] Sie ist aus diesem Typus hervor-

---

[1248] Siehe nur *Schermers*, International Organizations as Members of Other International Organizations, in: FS für Hermann Mosler, 1983, S. 823-837; *Sack*, Die Europäische Gemeinschaft als Mitglied internationaler Organisationen, in: GS Grabitz, 1995, S. 631-660; *Vedder*, Die Integrationskompetenz der EG in der Rechtsprechung des EuGH, in: GS Grabitz, 1995, S. 795-817; *Hobe* (Hrsg.), Kooperation oder Konkurrenz internationaler Organisationen, Eine Arbeitstagung zum Verhältnis von Vereinten Nationen und Europäischer Union am Beginn des 21. Jahrhunderts, 2001; *Hill/Smith*, Acting for Europe: Reassessing the European Union's Place in the International Relations, in: dies. (Hrsg.), International Relations and the European Union, 2005, S. 388-406; siehe auch *Wormuth* (Fn. 1153), S. 227 ff. Vgl. auch supra Fn. 122.

[1249] Hierzu etwa *Meng*, Das Verhältnis der Vereinten Nationen und ihrer Sonderorganisationen zur EU im Bereich der Wirtschaft, in: Hobe (Hrsg.) (Fn. 1248), S. 39-71; *Sucharipa* (Fn. 122); *Arnold* (Fn. 122).

[1250] *Slaughter*, Government networks: the heart of the liberal democratic order, in: Fox/Roth (Hrsg.), Democratic Governance and International Law, 2000, S. 199-235; *dies.* (Fn. 214). Zu historischen Beispielen für die Netzwerkstruktur vgl. *Herren/Zela* (Fn. 224), S. 45 ff., 107 ff. und passim.

[1251] Ähnlich *Stetten*, Multilaterale Institutionen: Neue Allianzen bilden, globale Probleme lösen, 2007, der auch den Anpassungsdruck, unter dem internationale Institutionen heute stehen, anschaulich macht.

[1252] So auch *Wormuth* (Fn. 1153), S. 42 ff., 54 ff., der sie als *„besonders weit integrierte Internationale Organisation"* bezeichnet (S. 57).

gegangen, hat sich allerdings, wie im zweiten Teil dieser Arbeit dargestellt, in einen eigenständigen Typus, den der supranationalen Organisation, weiterentwickelt. Die nachstehend entwickelte Kompetenzlehre wird nicht jede Besonderheit der Europäischen Union erfassen können und legt daher den Schwerpunkt auf die klassische internationale Organisation, kann allerdings für viele Grundfragen im Rahmen der Europäischen Union gleichwohl herangezogen werden.

Die Staaten sind in den vorgenannten Fällen von Kooperationsbedarf und -möglichkeit willig und – als geborene, mit Souveränität begabte Völkerrechtssubjekte – in der Lage, einer internationalen Organisation einerseits Völkerrechtssubjektivität zu verleihen, sie mithin zum Träger völkerrechtlicher Rechte und Pflichten zu machen, und sie andererseits völkerrechtlich handlungsfähig werden zu lassen, indem der Organisation und ihren Organen Aufgaben und Befugnisse, Kompetenzen eben, zugewiesen werden.

Instrument dieser ausdrücklichen Kompetenzzuweisung ist zunächst der Gründungsvertrag der internationalen Organisation, in Betracht kommen außerdem spezielle Verträge und Änderungsverträge. Es sind aber auch andere rechtsverbindliche Kompetenzzuweisungen möglich, etwa in Form einer Erklärung der Mitgliedstaaten oder durch eine nachfolgende abweichende Praxis.

Die vorstehend beschriebene ausdrückliche Übertragung von Kompetenzen auf eine internationale Organisation durch die Mitgliedstaaten stellt allerdings – wie im einzelnen noch zu zeigen ist – nicht die alleinige Quelle für die Kompetenzen dieser internationalen Organisation und ihrer Organe dar. Diese « compétences d'attribution » sind um die sogenannten Implied-powers zu ergänzen. Hierunter versteht man diejenigen Kompetenzen, die zur Erreichung des mit der Errichtung der internationalen Organisation und ihrer Organe angestrebten Zweckes unbedingt notwendig sind, aber weder im Gründungsvertrag erwähnt noch durch ihre bisherige Praxis gestützt werden. Das Schweigen des Gründungsvertrages kann beispielsweise daraus folgen, daß die Kompetenzen für die Gründer selbstverständlich waren und deshalb nicht erwähnt wurden.

Bei der Erfüllung ihrer Aufgaben und der Wahrnehmung ihrer Befugnisse kann es vorkommen, daß die Organe ihre Zuständigkeiten überschreiten, sich also beispielsweise um Angelegenheiten kümmern, die ihnen nicht zugewiesen sind, oder Anordnungen treffen, die über ihre Möglichkeiten hinausgehen. Die sich anschließenden Fragen sind: ob die Rechtmäßigkeit des Organhandelns überprüfbar und wer zu dieser Überprüfung berufen ist und welche Folgen Kompetenzüberschreitungen haben können oder gar müssen. Internationale Organisationen verfügen mithin über Strukturen und Mechanismen, die einem „Auftreten" in der Art des Präsidenten *von Walter* – also willkürlicher Machtausübung – grundsätzlich keinen Raum einräumen und, so es doch geschehen sollte, daß ein Organ die Grenzen seiner Kompetenzen testet, das Zittern in Grenzen halten. Es handelt sich um ein wichtiges Element der Verrechtlichung in einer für die heutige Weltordnungskonzeption bedeutsamen Teilordnung.

Die Ausführungen des Dritten Teils gliedern sich dementsprechend wie folgt: Zunächst wird ein theoretischer Bezugsrahmen für eine Kompetenzlehre internationaler Organisationen entworfen (A). Danach erfolgt eine Annäherung an den Begriff der Kompetenz im hier interessierenden Zusammenhang (B). Hierauf aufbauend werden die Rechtssetzungskompetenz (C) und die Vertragsabschlußkompetenz (D) internationaler Organisationen behandelt, bevor auf das Themenfeld von Kompetenzkonflikt, Kompetenzausübungskontrolle und Kompetenzüberschreitung eingegangen wird (E).

Der theoretische Bezugsrahmen soll verdeutlichen, daß angesichts des heute erreichten Grades von Verfaßtheit internationaler Organisationen Kompetenzen zu einem wichtigen, strukturierenden Element internationaler Organisationen geworden sind. Dementsprechend untersucht der dem Begriff der Kompetenz gewidmete Abschnitt verschiedene Kategorien und Funktionen von Kompetenzen, bevor ausführlich die wichtige Frage der Kompetenzbegründung behandelt wird. Überlegungen zur Rechtssetzungs- und zur Vertragsabschlußkompetenz runden diesen Teil ab. Das Schlußkapitel entfaltet dann die Quintessenz einer Kompetenzlehre internationaler Organisationen.

A. Kompetenz als Ordnungselement für die Verfaßtheit internationaler Organisationen

I. Die Verfaßtheit internationaler Organisationen

Für den Begriff der internationalen Organisation gibt es zahlreiche Definitionsversuche, die das Spektrum von lapidar bis komplex abdeken.[1253] Art. 1 Abs. 1 Nr. 1 des noch nicht in Kraft getretenen Wiener Übereinkommens über die Vertretung von Staaten in ihren Beziehungen mit internationalen Organisationen universellen Charakters (1975)[1254] klärt den Begriff für seinen Anwendungsbereich dahingehend, eine internationale Organisation sei eine zwischenstaatliche. Gleiches gilt für das ebenfalls noch nicht in Kraft getretene Wiener Übereinkommen über das Recht der Verträge zwischen Staaten und internationalen Organisationen oder zwischen internationalen Organisationen (1986).[1255] Während der 52. Sitzung der Völkerrechtskommission der Generalversammlung der Vereinten Nationen (1950) war der Begriff diskutiert worden, ohne daß die Kommissionsmitglieder zu einer Verständigung kamen. Die Vorschläge reichten von:

> « Une 'organisation internationale' est une association d'Etats, dotée d'organes communs, qui a été établie aux termes d'un traité. »[1256]

über

> « Une 'organisation internationale' est un organisme, établi par un certain nombre d'Etats, qui possède des organs permanents ayant

---

[1253] Eine Aufzählung solcher Definitionsversuche leitet *Alvarez* (Fn. 233), S. 4 ff., mit dem Hinweis ein: *"Elaborate definitions of IOs raise more problems than they are worth."* (S. 4).

[1254] Wiener Übereinkommen über die Vertretung von Staaten in ihren Beziehungen mit internationalen Organisationen vom 13. März 1975, UN-Dok. A/CONF.67/16; im englischsprachigen Text: intergovernmental organization.

[1255] Art. 2 Abs. 1 lit. i Wiener Übereinkommen über das Recht der Verträge zwischen Staaten und internationalen Organisationen oder zwischen internationalen Organisationen (WVKIO) vom 21. März 1986, noch nicht in Kraft getreten (BGBl. 1990 II 1414). Hierzu *Klein/Pechstein*, Das Vertragsrecht internationaler Organisationen, Der Konventionsentwurf über Verträge zwischen Staaten und Internationalen Organisationen oder zwischen Internationalen Organisationen im Vergleich zur Wiener Vertragsrechtskonvention von 1969, 1985. Ferner: *El-Erian*, La commission du droit international et le sujet des organisations internationales (méthode et approche), in: Mélanges Fernand Dehousse, 1979, S. 45-55; *Zemanek*, The United Nations Conference on the Law of Treaties Between States and International Organizations or Between International Organizations: The unrecorded history of its "general agreement", in: FS Ignaz Seidl-Hohenveldern, 1988, S. 665-677; *Morgenstern*, The Convention on the Law of Treaties Between States and International Organizations or Between International Organizations, in: Essays in Honour of Shabtai Rosenne, 1989, S. 435-447; jeweils m.w.Nw.

[1256] Sitzung vom 22. Juni 1950, UN-Dok: A/CN.4/S.R. 52, S. 9-11 (*Brierly*).

capacité d'agir au nom de ces Etats, dans la sphère de sa compétence. »[1257]

bis zu

« Une 'organisation internationale' est une association d'Etats qui exerce des fonctions politiques ou administratives concernant les intérêts communs essentiels des Etats associés et qui est constituée et reconnue comme une personne de droit international. »[1258]

Diese und spätere Definitionen[1259] heben auf die Mitglieder – ausschließlich Staaten –, auf gemeinsame Organe – typischerweise ein allgemeines und ein engeres Repräsentationsorgan, ein Sekretariat, Gericht und in neuerer Zeit auch parlamentarische Organe – und Organisationszwecke ab.

Der Entwurf der Völkerrechtskommission über die Verantwortlichkeit internationaler Organisationen setzt mit der Betonung der Rechtspersönlichkeit naturgemäß einen anderen Akzent. Die Völkerrechtskommission hält die Mitgliedschaft aber nicht nur von Staaten für möglich:

"For the purposes of the present draft articles, the term 'international organization' refers to an organization established by a treaty or other instrument governed by international law and possessing its own legal personality. International organizations may include as members, in addition to States, other entities."[1260]

Die Struktur internationaler Organisationen wird durch Rechtsakte geschaffen (und weiterentwickelt) und gibt dem politischen Handeln der in der Organisation verbundenen Staaten eine eigene, auf der Gemeinschaftlichkeit beruhende Qualität. Die solcherart festzustellende Ver-

1257 Fn. 1256 (*Hudson*).

1258 Fn. 1256 (*Alfaro*).

1259 Etwa bei *Hahn* (Fn. 1017), S. 20 f.

1260 Report of the International Law Commission on the Work of its Fifty-Fifth Session, in: UN-Dok. A/58/10, Nr. 53. Vgl. auch die kritischen Anmerkungen zu dieser Definition von *Mendelson*, The Definition of 'International Organization' in the International Law Commission's Current Project on the Responsibility of International Organizations, in: Ragazzi (Hrsg.), International Responsibility Today, 2005, S. 371-389. *Mendelsons* Kritik bezieht sich allerdings in erster Linie auf Unklarheiten hinsichtlich des Zustandekommens von internationalen Organisationen (S. 377 ff.).

faßtheit[1261] internationaler Organisationen ist gleichzeitig Rahmen und Grundlage für deren Agieren auf der internationalen Ebene:[1262]

> „Die zu errichtende Organisation erhält Konturen durch die Vorschriften über ihre Organe und deren Kompetenzen."[1263]

Hinsichtlich der Verfaßtheit sind unterschiedliche Entwicklungsstände[1264] zu beobachten, die vom Grundmodell über komplexere Modelle bis hin zu den sogenannten supranationalen Organisationen reichen. Unterschiede lassen sich auch in der (Rechts-) Qualität der von den internationalen Organisationen vorgenommenen Handlungen erkennen:

1261 Zur Weiterentwicklung des Verfassungsbegriffs, seiner Ablösung vom (National-) Staat und normativ-funktionalen Neuaurichtung vgl. *Uerpmann* (Fn. 900); *Schliesky* (Fn. 50), S. 485 ff.; *Onuf*, The Constitution of the International Society, in: EJIL 1994, S. 1-19; *Faßbender*, The United Nations Charter As Constitution of The International Community, in: Columbia Journal of Transnational Law 36 (1998), S. 529-619 (S. 532 ff.); *Bryde*, Konstitutionalisierung des Völkerrechts und Internationalisierung des Verfassungsrechts, in: Der Staat 2003, S. 61-75 (S. 63 ff.); *Rittberger/Zangl* (Fn. 8), S. 95 ff.; *Grimm*, Ursprung und Wandel der Verfassung, in: HStR I, 3. Aufl. 2003, § 1, S. 3-43, Rn. 87 ff., 95 ff.; *de Wet*, The International Constitutional Order, in: International and Comparative Law Quarterly 55 (2006), S. 51-76; jeweils m.w.Nw. Siehe bereits *Dahm*, Völkerrecht, Bd. II, 1961, S. 5 f. und *Hahn* (Fn. 1017), S. 28 ff. Kritisch *Dolzer*, Die Vereinten Nationen im Wandel: Einzelstaatliche Souveränität, Menschenrechte und die internationale Rechtsgemeinschaft, in: Vogel/ders./Herdegen (Hrsg.), Die Zukuft der UNO und des Völkerrechts, Beiträge und Thesen einer internationalen Konferenz, 2004, S. 31-49 (S. 34): *„eurozentrisch geführte Debatte* [...], *die in anderen Teilen der Welt nur ein geringes Echo findet."*

1262 Anschaulich *Sørensen*, „Eigene Rechtsordnungen", Skizze zu einigen systematischen Betrachtungen über ein Problem der internationalen Organisation, in: FS zum 70. Geburtstag von Hans Kutscher, 1981, S. 415-436. Die Nähe zum soziologischen Begriff des Konstitutionlaisierungsprozesses, wie er sich etwa bei *Giddens*, The Constitution of Society, Outline of the Theory of Structuration, 1984, und bei *Tully*, Strange Multiciplity: Constitutionalism in an Age of Diversity, 1995, findet, ist für das Völkerrecht sehr deutlich. Zur Bedeutung von Institutionen in diesem Zusammenhang *Onuf*, Institutions, Intentions, International Relations, in: Review of International Studies 28 (2002), S. 211-228.

1263 *Meng* (Fn. 231), S. 59.

1264 Vor einer gewissen Blauäugigkeit warnt *Schweller*, The Problem of International Order Revisited, in: International Security, 26 (2001), S. 161-186 (S. 173): Man dürfe sich nicht mit einem Pseudo-Multilateralismus zufriedengeben, der eher einer sinnentleerten Tradition folge, als daß er aus Überzeugung das Handeln bestimme.

Anregung, Mitwirkung, selbständiges Entscheiden und Kontrolle – eigenen wie staatlichen Handelns – sind mögliche Elemente ihres Repertoires.

Die Gründung internationaler Organisationen kann mitunter – das soll hier nicht unerwähnt bleiben – eine im Ergebnis beinahe folgenlose Umetikettierung darstellen. So wurde im April 2001 die Internationale Organisation für Rebe und Wein gegründet (O.I.V.).[1265] Diese trat bei Mitgliederidentität an die Stelle des „Internationalen Amtes für Rebe und Wein", in das das im Jahre 1924 eingerichtete internationale Weinamt[1266] dreißig Jahre später umbenannt worden war. An der anerkannten „*Zuständigkeit in den Bereichen Rebe, Wein, weinhaltige Getränke, Tafeltrauben, Rosinen und andere Reberzeugnisse*" (Art. 1 Abs. 2 des Übereinkommens zur Gründung der O.I.V. – ÜOIV) hat sich allerdings ebensowenig geändert, wie an den Handlungsmöglichkeiten: hinweisen, unterstützen, beitragen, empfehlen, informieren. Organe der O.I.V. sind die einmal jährlich tagende Generalversammlung, der Präsident, die Vizepräsidenten, der Generaldirektor, der Exekutivausschuß, der wissenschaftlich-technische Ausschuß, das Präsidium, die Kommissionen, Unterkommissionen und Sachverständigengruppen und zuletzt das Sekretariat (Art. 3 Abs. 1 ÜOIV).

Die institutionelle Verfestigung in einer internationalen Organisation kann aber auch die Wirkungsmächtigkeit einer Staatenverbindung schwächen. Dies hat die Organisation für Sicherheit und Zusammenarbeit in Europa (OSZE) erfahren müssen, die im Jahre 1994 aus der während des Kalten Krieges bewußt unverbindlich und nicht-rechtlich konzipierten *Konferenz* über Sicherheit und Zusammenarbeit in Europa (KSZE) hervorging. Die – keineswegs zu unterschätzende! – bloß politische Bindung innerhalb der KSZE ließ den Staaten, vor allem denen des damaligen Ostblocks, mehr Diskussionen und Verpflichtungen

---

1265 Gegründet am 3. April 2001 von den damals 45 Mitgliedstaaten des Internationalen Amtes für Rebe und Wein; BGBl. 2002 II 2733.

1266 Gegründet am 29. November 1924 von Frankreich, Griechenland, Italien, Luxemburg, Portugal, Spanien, Tunesien und Ungarn; 80 LTS 293. Zu dessen Aufgaben gehörte es einerseits, „*die wohltätigen Wirkungen des Weins aufzuzeigen*" sowie „*die hygienischen Wirkungen des Weines und seine Bedeutung als Mittel zur Bekämpfung des Alkoholismus zur Darstellung zu bringen*", andererseits wissenschaftliche Analysen, Gesundheits- und Vertriebsschutz zu fördern. Das internationale Weinamt bestand aus dem Vorstand (Konferenz der Staatenvertreter), dem Bureau (Präsident und zwei Vizepräsidenten), dem Direktor sowie Beamten und Angestellten.

möglich, weil vorgeblich irrelevant, erscheinen. „Östlich von Wien" gilt die OSZE heute vielen Regierungen als Agent des Westens und stand im Jahre 2005 kurz vor dem politischen Aus. Auch ein zuvor viel in Anspruch genommener Überwachungsmechanismus der OSZE im Bereich der Menschenrechte, der sogenannte Moskauer Mechanismus, verkam nach seiner institutionellen Stärkung zu einem ungenutzten Stück Papier.[1267]

Mit diesen beiden Beispielen soll hier nur gezeigt werden, daß Institutionalisierung und Verstetigung nicht zwangsläufig zur verbesserten Zielerreichung führen müssen und deshalb nicht als Selbstzweck betrachtet werden sollten.

Abhängig vom Zweck der internationalen Organisation, vom Grad der zwischenstaatlichen Verflechtung und von der Werteorientierung wird die zunächst bloß strukturelle Verfaßtheit angereichert mit materiellen Verfassungselementen.[1268] Beginnen letztere, wie im Falle der Vereinten Nationen nach 1989/90, zu pulsieren und der Organisation dank veränderter Rahmenbedingungen neue Lebendigkeit einzuhauchen, dann zeigt sich klar: Neben der Konstituierung von Organen mit sachlichen Aufgaben braucht es eine aufgaben- und befugnisregelnde Kompetenzordnung[1269] sowie Verfahren zur Konfliktbewältigung und zur Entscheidung anstehender (Richtungs-)Fragen. Nur so kann einer offenen, auf Entwicklung hin angelegten Organisation und ihrer Verfassung sowie den Mitgliedstaaten der Spielraum eröffnet werden, um zwischen Bewahrung und Entwicklung ihren Weg zu finden, hin zum Modell des „Weltregierens ohne (Welt-)Staat"[1270], das den internationalen Beziehungen eine Perspektive jenseits von Anarchie der Staatenwelt, Gründung eines Weltstaats oder Errichtung einer Welthegemonialordnung

[1267] Zum ganzen *Weiß*, Menschenrechtsschutz (Fn. 573) m.w.Nw.

[1268] Hier spielen die Menschenrechte eine wichtige Rolle. Dazu aus soziologischer Sicht: *Bonacker*, Inklusion und Integration durch Menschenrechte, Zur Evolution der Weltgesellschaft, in: Zeitschrift für Rechtssoziologie 2003, S. 121-149; aus völkerrechtlicher Perspektive *Faßbender* (Fn. 3).

[1269] Darauf, daß die Kompetenzordnung ein konkretes Element „des Konstitutionalismus" sei, hat erneut *Peter Häberle* hingewiesen; vgl. *Häberle*, Neue Horizonte und Herausforderungen des Konstitutionalismus, in: EuGRZ 2006, S. 533-540 (S. 540).

[1270] *Rittberger/Zangl* (Fn. 8), S. 322 ff.

eröffnet und so das „konstitutionelle Utopiequantum"[1271] der Völkerrechtsordnung zu realisieren sucht.

II. Die Rolle von Kompetenz in internationalen Organisationen

Die soeben konstatierte Verfaßtheit internationaler Organisationen macht es notwendig, über Kompetenzen[1272] nachzudenken,[1273] denn „[i]*n der Kompetenz liegt, soweit es um öffentlich-rechtliche Rechtsmacht geht, die Voraussetzung für die Ausübung von Hoheitsgewalt.*"[1274] So drängen sich die folgenden Fragen geradezu auf: Welche

---

[1271] *Häberle* (Fn. 1269), S. 537.

[1272] Fern erscheint uns mittlerweile die enge Vorstellung *Grobs* (Fn. 398), der seine Untersuchung über Kompetenzen des Völkerbundrates und der Völkerbundsversammlung mit der Vorrede eingeleitet hatte, *„Dem Ausdruck „Kompetenzen" des Völkerbundrates und der Völkerbundversammlung liegt hier, wohl verstanden, eine falsche Vorstellung über die rechtliche Natur des Völkerbundes nicht zugrunde. Von „Kompetenzen" des Völkerbundrates und der Völkerbundversammlung kann immer nur unter Vorbehalt die Rede sein. Unter Kompetenz wird gemeinhin verstanden die selbständige Fähigkeit von Behörden, von Gesetzes wegen rechtswirksam zu handeln. Hier aber ist die Rede von freier vertraglicher Zuständigkeit des Völkerbundrates und der Völkerbundversammlung kraft Auftrages der beteiligten Mitglieder. Diese Komptenzen beruhen auf Rechtsgeschäft; sie stehen und fallen mit der Einwilligung der Teilnehmer am Rechtsgeschäft.* [...] *Die Kompetenzen im Landesrecht unterscheiden sich von den Kompetenzen des Rates und der Versammlung des Völkerbundes nicht nur dem Rechtsgrunde, sondern in der Regel auch der Ausübung nach. Während die staatlichen Behörden kraft ihrer Kompetenzen unabhängig vom Willen der Rechtsunterworfenen handeln, handeln Rat und Versammlung des Völkerbundes kraft ihrer Kompetenzen gemäß Art. 5 Abs. 1 P. in der Regel nur einstimmig, d.h. mit der Zustimmung des von einer Maßnahme betroffenen Mitgliedes. Sollen die Begriffe „Kompetenz" im Landesrecht und im Völkerbundsrecht aber nicht zu völlig disparaten Begriffen werden, so muß beiden Begriffen gemeinsam bleiben wenigstens die Vorstellung des Handelns, der Anordnungen von Maßnahmen. Nicht als Kompetenzabrede bezeichnen wird man daher eine Abrede, wonach Versammlung bzw. Rat Maßnahmen lediglich diskutieren, für die das andere Organ kompetent ist oder die ganz außerhalb des Tätigkeitbereiches des Bundes liegen."*

[1273] Hierzu sehr anschaulich *Hahn* (Fn. 1017), S. 36 ff., 42 ff. Konzentriert auf die Europäische Union *Mayer* (Fn. 1121), *Nettesheim* (Fn. 1194).

[1274] *Nettesheim* (Fn. 29), S. 416.

Aufgaben und Befugnisse sind den Mitgliedern, welche der Organisation vorbehalten (Verbandskompetenz), welches Organ ist im letzten Fall zuständig (Organkompetenz)? Wer ist befugt, Satzungen auszulegen und die Rechmäßigkeit von Handlungen zu beurteilen, und welche Folgen haben unrechtmäßige Handlungen einzelner Organe?

Diese Fragen sind vor dem Hintergrund zu beantworten, daß durch die Gründung einer internationalen Organisation *„eine Einheit mit eigenem Willen entstanden ist, den sie mit Billigung der Mitglieder durch das Handeln ihrer Organe betätigen kann“.*[1275] Die Organisation darf handeln, solange und soweit die Mitglieder es entweder im Einzelfall oder aber generell zulassen und sie muß handeln, soweit die Mitglieder es ihr aufgeben.

Typische staatsrechtliche Kategorien wie die Lehre von der Gewaltenteilung oder das System der Checks and Balances sind der internationalen Organisation nicht von vorneherein wesenseigen. Zu sehr stand anfangs der Charakter als intergouvernementaler, auf völkerrechtlichem Vertrag begründetem Verband im Vordergrund.[1276] Doch mit zunehmender Integration, mit der Durchgriffswirkung organschaftlichen Handelns auf die mitgliedstaatliche Ebene stellt sich die Frage der Austarierung und Kontrolle innerhalb der Organisation selbst.[1277]

Insgesamt trägt ein systematisch durch Kompetenzstrukturen gegliederter Aufbau internationaler Organisationen dazu bei, daß deren Handeln nicht nur geformt ist, sondern auch berechenbar und transparent wird. Dies erhöht im Idealfall die Verstehbarkeit für andere Akteure – Mitgliedstaaten, Drittstaaten, andere (auch nichtstaatliche) Organisationen und Individuen – und befördert die Rechtssicherheit. Mit anderen Worten wird die *“Governing ability”*[1278] verstärkt.

[1275] *Meng* (Fn. 231), S. 59. Siehe aber supra Fn. 838. Ferner *Barnett/Finnemore* (Fn. 1242), S. 704 ff.

[1276] Vgl. etwa die Ausführungen bei *Marburg* (Fn. 401), S. 72; *Seidl-Hohenveldern*, Arbitration by Organs of International Organizations, in: ders., Collected Essays on International Investments and on International Organizations, 1998, S. 335-340 (S. 336). Zu Recht warnt *Alvarez* (Fn. 233), S. 65 ff. davor, Analogien zum innerstaatlichen Recht zu weit zu treiben.

[1277] Eindringlich *Mosler*, Die europäische Integration aus der Sicht der Gründungsphase, in: FS Everling, Bd. II, 1995, S. 911-924 (S. 922 f.); *Jacobs/Karst* (Fn. 1052), S. 194 ff. Vgl. auch die scharfsinnige Analyse bei *Möllers*, Gewaltengliederung, Legitimation und Dogmatik im nationalen und internationalen Rechtsvergleich, 2005, S. 209-396.

[1278] *Claude* (Fn. 243), S. 441.

Rechtssicherheit muß sich aber nicht selten den Vorwurf der Unflexibilität gefallen lassen; es lassen sich immer (mitunter absurde) Konstellationen auffinden, in denen ein „Abgehen von den Vorschriften" sachgemäße Lösungen – die deutsche Diskussion stellt in diesem Zusammenhang regelmäßig die schönen Attribute „schnell und unbürokratisch" bereit – ermöglichen würde. Größere Gefahr als von diesem letztendlich auf Effektivitätssteigerung bedachten dezisionistischen Ansatz droht der auf Rechtssicherheit abzielenden Kompetenzordnung aber dann, wenn nicht der absurde Einzelfall zum Ausgangspunkt der Kritik gemacht wird,[1279] sondern das Denken vom Extremfall her die Durchbrechung der rechtlichen Ordnung als Manifestation souveräner Entscheidungsgewalt empfiehlt und in letzter Konsequenz die Beseitigung rechtsstaatlicher Sicherungselemente anstrebt.[1280] Eine solche Herangehensweise könnte im Rahmen der Vereinten Nationen darin bestehen, daß die USA aus Geringschätzung der Vereinten Nationen wie aus innenpolitischen Gründen ihre unilaterale Handlungsoption realisieren[1281] und so *„ausnahmsweise und mit souveräner Macht Handlungen* [vornehmen], *welche aus dem normalen System der geregelten Zuständigkeiten herausfallen oder es durchbrechen"*[1282]. Einer derartigen, die gesamte verfaßte Ordnung beseitigenden oder zumindest immens schwächenden Vorgehensweise kann und muß durch eine funktionierende Kompetenzordnung und durch diese bewußt nutzende Akteure[1283] begegnet werden. Kompetenzen und Kompetenzordnung sind

---

[1279] Daß hierbei freilich auch ausbalancierte Kompetenzstrukturen gestört werden können, ohne daß der erhoffte Effektivitätszuwachs systematisch erreicht würde, weil das Instrument in unkalkulierbarer Weise gehandhabt wird, zeigt im innerstaatlichen Rahmen beispielsweise die Rechtsprechung des Bundesverfassungsgerichts zur „objektiven Willkür"; vgl. *Weiß* (Fn. 578), S. 187 ff., 227 ff.

[1280] Exemplarisch bei *Schmitt*, Verfassungslehre, 8. Aufl. 1993 (Erstveröffentlichung 1928).

[1281] Näher *Rudolf*, George W. Bushs außenpolitische Strategie, 2005, S. 18 ff. m.w.Nw. Stellvertretend für die kritischen Stimmen aus den USA sei genannt: *Chomsky*, Hegemony or Survival, America's Quest for Global Dominance, 2003, S. 11 ff. Vgl. auch die Beiträge zum Stichwort „Empire?" auf den Seiten des Global Policy Forum, http://www.globalpolicy.org/empire/analysis/index.htm (besucht am 15. September 2008) und *Donelly* (Fn. 1168).

[1282] *Schmitt*, Besprechung des Kommentars von G. Anschütz, in: JW 1926 II, S. 2270 ff. (S. 2271 f.).

[1283] Wenn es, wie es nicht selten vorkommt, an diesen fehlt, erhebt sich freilich die Frage, ob es gute Gründe für ein „Ausbrechen" geben kann, oder ob

mithin nicht nur Elemente der Verfaßtheit internationaler Organisationen, sie sind zugleich ein Mittel zur Bewahrung und Weiterentwicklung derselben.

Nur hingewiesen werden kann darauf, daß die Existenz einer Groß-, ja Hegemonialmacht[1284] als solche den Bestand und das Funktionieren einer internationalen Organisation und der internationalen Ordnung als Ganzes nicht gefährdet, solange sich diese Macht oder diese Mächte (wie UdSSR und USA nach 1945) in der Ordnung bewegen und als ihr zugehörig begreifen. Auch aufsteigende Mächte wie Indien und die VR China können die Grundmuster bisheriger Koooperations- und Ordnungsmodelle empfindlich durcheinanderbringen; erste Auswirkungen sind bereits heute spürbar, gehen aber gerade in wirtschaftlicher Hinsicht auch mit vielfältigen positiven Impulsen einher.[1285]

Zu bedenken ist daneben die Beobachtung, daß Institutionalisierung (beispielsweise in internationalen Organisationen) das Verhalten der beteiligten Akteure verändert, indem sie es in eine bestimmte Richtung kanalisiert. Überdies kommt internationalen Organisationen eine sehr prägende Wirkung zu, die staatliches Tätigwerden und staatliche Strukturen verändern kann. Dies gilt nicht nur für die an Bedingungen geknüpfte Aufnahme neuer Mitglieder aus dem Kreise der einstigen Ostblockstaaten in die Europäischen Gemeinschaften, wo dies exemplarisch und mit beispielloser Deutlichkeit vorgeführt wurde.[1286] Diese Beobachtung ist vielmehr grundlegender Natur:

---

die Beachtung von (Form-)Vorschriften in jedem Fall über die Erreichung von Zielen und die Verteidigung von Werten gehen muß; vgl. dazu *Klein*, Die Herausforderung durch den internationalen Terrorismus – hört hier das Völkerrecht auf?, in: Isensee (Hrsg.), Der Terror, der Staat und das Recht, 2004, S. 9-39. Warnend hingegen *Kotzur* (Fn. 925), S. 356 ff.

1284 Aus der Fülle neuerer Literatur zum Problem der Hegemonie seien nur genannt: *Reifer* (Hrsg.), Globalization, Hegemony & Power, Antisystemic Movements & the Global System, 2004; *Chomsky* (Fn. 1281); *Tudyka*, Hegemonie und Globokratie, Der Richtungsstreit um die Weltordnungspolitik zwischen Europa und den USA, 2003.

1285 Hierzu *Humphrey/Messner*, Instabile Multipolarität: Indien und China verändern die Weltpolitik (Deutsches Institut für Entwicklungspolitik, Analysen und Stellungnahmen I/2006), 2006.

1286 Die Aufnahme wurde an die Erfüllung der sogenannten Kopenhagener Kriterien aus dem Jahre 1993 (Bulletin der Bundesregierung 1993, S. 629 ff.) geknüpft, die politische Bedingungen (freiheitliche, parlamentarisch-rechtsstaatliche Demokratie), wirtschaftliche Anforderungen (offene Marktwirtschaft

> "international organizations [are] "teaching" states in the periphery that to be modern states means to have these things [namely rationalized bureaucratic structures, science ministries in countries that have no scientific capacity]".[1287]

Diese Art[1288] der Wirkungsmächtigkeit von internationalen Organisationen muß nicht ausschließlich darauf beruhen, daß ihnen Kompetenzen zur Erreichung bestimmter Organisationszwecke übertragen wurden. Vielmehr handelt es sich auch um eine Folgewirkung von Institutionalisierung, deren Einordnung und Bewertung soziologischer Methoden bedarf und hier deshalb nur erwähnt, aber nicht vorgenommen werden soll.[1289] Die Verstetigung von Diskussionsforen und die kontinuierliche Behandlung von Themen wie Abrüstung, Menschenrechte und Umweltschutz mögen als Beispiele dafür dienen, daß solche Prozesse Früchte tragen. Ergebnisse sind etwa die Konvention über die

---

mit freiem Wettbewerb) und weitere Verpflichtungen aus der Mitgliedschaft (politische Pflichten: Mitwirkung an GASP und an den Aufgaben des Raums der Sicherheit, der Freiheit und des Rechts; Übernahme des Acquis communautaire – mit Verpflichtung zur Schaffung der entsprechenden Justiz- und Verwaltungskapazitäten) enthalten. Ausführlich: *Richter*, Die Erweiterung der Europäischen Union. Unter besonderer Berücksichtigung der Beitrittsbedingungen, 1997, S. 62 ff. Mit Blick auf den Minderheitenschutz siehe *Mahler/Toivanen*, Nationale und ethnische Minderheiten im Prozess der Erweiterung der Europäischen Union, in: Europa ethnica 2004, S. 16-20; *Gawrich*, Die EU-Minderheitenpolitik und die Erweiterungsprozesse, in: ZfP 2006, S. 487-504.

1287 *Ruggie*, Introduction: What makes the world hang together?, Neo-utilitarism and the social constructivist challenge, in: ders. (Fn. 222), S. 1-39 (S. 15) m.w.Nw.

1288 Eine andere Möglichkeit der Einflußnahme besteht im institutionalisierten Kontakt, wie sie etwa die Parlamentarische Versammlung des Europarates durch ihr Committee on Parliamentary and Public Relations (bis 1999) beziehungsweise durch ihr Political Affairs Committee (seit 1999) genutzt hat. Hierzu etwa die frühe Studie von *Mower*, The Official Pressure Group of the Council of Europe's Consultative Assembly, in: International Organization 1964, S. 292-306.

1289 Vgl. nur die grundlegenden Arbeiten von: *Weber*, Wirtschaft und Gesellschaft, Grundriß der verstehenden Soziologie (posthume Erstausgabe 1922), 5. revidierte Aufl. 1972, nachgedruckte Studienausgabe, 1985; *Luhmann*, Soziale Systeme, Grundriß einer allgemeinen Theorie, 1984. Für den heutigen Diskussionsstand vgl. *Stark/Lahusen* (Hrsg.), Theorien der Gesellschaft, Einführung in zentrale Paradigmen der soziologischen Gegenwartsanalye, 2002. Speziell zu internationalen Organisationen vgl. *Barnett/Finnemore* (Fn. 1242) m.w.Nw.

Rechte von Menschen mit Behinderungen, die von der Generalversammlung im Dezember 2006 beschlossen wurde,[1290] oder die Konvention gegen Korruption, die am 14. Dezember 2005 in Kraft getreten ist.[1291]

1290 UN-Dok. A/RES/61/106 vom 13. Dezember 2006, hierzu *Weiß*, Die neue UN-Konvention über die Rechte von Menschen mit Behinderungen – weitere Präzisierung des Menschenrechtsschutzes, in: MRM 2006, S. 293-300; *Schmahl*, Menschen mit Behinderungen im Spiegel des internationalen Menschenrechtsschutzes, in: AVR 2007, S. 517-540.

1291 Hierzu den Überblick bei *Horn/Weiß*, „Korruption verletzt die Armen" – Die Vereinten Nationen erweitern ihre Strategie gegen Korruption, in: MRM 2006, S. 338-343.

B. Kompetenz – Annäherung an einen Begriff

Der Begriff der Kompetenz wird im Lexikon[1292] schlicht als Zuständigkeit definiert. Das allgemeine Verwaltungsrecht operiert mit der klassisch gewordenen griffigen Kurzformel, es handele sich um *„die Zuständigkeit, eine Aufgabe wahrzunehmen"*[1293], ausführlicher ist eine auf das Verfassungsrecht gemünzte deskriptive, die vielgestaltige Lebenswirklichkeit erfassende Umschreibung bei *Hesse*, die auch auf internationale Organisationen paßt:

> „Im Rahmen der von ihm wahrzunehmenden Funktionen werden jedem besonderen Organ bestimmte und begrenzte Aufgabenbereiche zugewiesen. Die Begrenzung kann durch positive Umschreibung der Zuständigkeiten vorgenommen werden; sie kann sich nur oder auch aus negativen Kompetenzvorschriften [...] oder aus dem Verbot der Einmischung in eine fremde Funktion ergeben. Immer sind jedoch die von der Verfassung begründeten Zuständigkeiten begrenzt, und zwar unabhängig von der bundesstaatlichen Verteilung und Abgrenzung der Aufgabenbereiche (‚vertikale Gewaltenteilung'), die die prinzipielle Begrenzung der Zuständigkeiten nur durch eine weitere Begrenzung überlagert und verstärkt.
>
> Soweit hiernach die Zuständigkeit eines bestimmten Organs reicht, werden ihm auch die Machtbefugnisse anvertraut, die zur sachgemäßen Wahrnehmung der dem Organ obliegenden Aufgaben erforderlich sind: es werden **Kompetenzen** begründet, kraft deren im Rahmen der jeweiligen Zuständigkeit der Gesetzgeber verbindliche Regelungen treffen, die vollziehende Gewalt verbindlich gebieten und verbieten, die rechtsprechende Gewalt autoritativ entscheiden kann. In diesen, auf einen bestimmten und begrenzten Aufgabenbereich bezogenen, einem funktionsgerecht aufgebauten besonderen

---

[1292] Etwa Meyers enzyklopädisches Lexikon in 25 Bänden, Bd. 14: Ko-Les, 9. Aufl. 1975, S. 109.

[1293] *Rudolf*, Verwaltungsorganisation, in: Erichsen (Hrsg.), Allgemeines Verwaltungsrecht, 10. Auflage 1995, § 53, Rn. 44. Siehe auch *Kluth*, Zuständigkeits- und Leitungsordnung, in: Wolff/Bachof/Stober, Verwaltungsrecht Bd. 3, 5. Aufl. 2004, § 84 Rn. 13: *„Durch die Zuweisung einer bestimmten Verwaltungsaufgabe zu einem Verwaltungsträger und einem seiner Organe wird die sachliche Zuständigkeit begründet (**Zuweisung einer Sachaufgabe**).“* (Hervorhebung im Original).

> Organ anvertrauten Hoheitsbefugnissen und im Umfang dieser Befugnisse konturiert das Grundgesetz verfassungsmäßige staatliche Gewalt.«[1294]

Kennzeichnend für Kompetenzen ist also, wenn wir uns vom innerstaatlichen Zusammenhang lösen, daß einer bestimmten Stelle eine Aufgabe zugewiesen, Entscheidungsbefugnis und gegebenenfalls auch die notwendigen Mittel zur Durchsetzung der getroffenen Entscheidung eingeräumt werden.

I. Kategorisierung von Kompetenzen

1. Einleitung

Eine vertiefte Auseinandersetzung mit dem Begriff der Kompetenz hat in der Vergangenheit naturgemäß vor allem im Bezugsrahmen des nationalen Rechts stattgefunden. Die Frage, welcher Akteur wann handeln und wieweit er dabei gehen darf, ist jeder Form organisierten menschlichen Zusammenlebens immanent. Sie ist für die Geschichte der Staatsgewalt[1295] von zentraler Bedeutung. Erinnert sei an den seit dem 12. Jahrhundert in Europa geführten Monarchiediskurs, der durch die Wiederentdeckung der aristotelischen Schriften neue Impulse erhielt und in vielen Variationen bis zur Französischen Revolution geführt wurde.[1296] In England war die Institutionenbildung bereits um 1200 n.Chr. weit vorangeschritten; Frankreich – um ein weiteres Beispiel zu nennen – folgte mit nur leichter Verzögerung. Gerichte und Ämter unterstützen den Monarchen bei der Ausübung der Hoheitsgewalt; die Verschriftlichung stärkt die Bedeutung der Kanzleien und der Kanzler, eines Amtes, das es in England und Frankreich ebenso gibt wie im Heiligen Römischen Reich Deutscher Nation oder beim Papst. Hinzu kommen Räte, Sekretäre, Minister, Kollegien; es entsteht ein Geflecht von Akteuren, die teils Weisungen ausführen, teils mit anderen Akteu-

---

1294 *Hesse*, Grundzüge des Verfassungsrechts der Bundesrepublik Deutschland, 18. Aufl. 1991, Rn. 490 f. (Hervorhebung im Original).

1295 So der Titel des Werks von *Reinhard* (Fn. 209), das diese Frage durchgängig – wenn auch naturgemäß nicht vorrangig in rechtlichen Kategorien – erörtert. Aus dem staatsrechtlichen Schrifttum mit Blick auf die deutsche Entwicklung siehe nur den umfangreichen Band von *Stern* (Fn. 66).

1296 Vgl. nur *Reinhard* (Fn. 209), S. 100-124; *Berber*, Das Staatsideal im Wandel der Weltgeschichte, 1973, S. 143 ff.

ren um Aufgaben und deren Erledigung konkurrieren. Umgekehrt ist Kompetenzzuweisung im Sinne von divide et impera ein probates Mittel der Herrschaftsausübung; extrem zeigt sich dies in Diktaturen und Einparteienstaaten.[1297] Kurz: Die Frage nach der Kompetenz ist im Staat, verstanden als organisierte Form von Herrschaftsausübung, allgegenwärtig.

Der Diskurs über die Kompetenz im Staat hat stil- und begriffsbildend gewirkt für die Diskussion über Kompetenz im Rahmen von internationalen Organisationen. Dies nimmt nicht wunder, da ja auch der Staat eine Organisationsform darstellt, beiden Gebilden Verfaßtheit eignet und internationale Organisationen von Staaten geschaffen werden, die gleichzeitig ihre Mitglieder sind. Die Übertragung ursprünglich im innerstaatlichen Kontext gebrauchter Begriffe und Denkfiguren ist allerdings nicht nur sprachlich naheliegend, sondern aus den vorgenannten Gründen – jedenfalls mit Augenmaß[1298] – auch inhaltlich angemessen.

Für internationale Organisationen wie für Staaten gilt, daß es sich bei ihnen um rechtlich legitimierte Ordnungen handelt, denen ein *„positiver Kompetenzgedanke“*[1299] innewohnt, wie er in den Stichworten „Legitimation durch Verfahren“[1300] und „Herrschaft des Rechts“[1301] ver-

---

[1297] Erinnert sei nur an die Doppel- und Mehrfachbefehlsstrukturen im Dritten Reich, hierzu ursprünglich bereits *Fraenkel*, The Dual State, 1941 (dt. 1984: Der Doppelstaat) sowie *Fest*, Hitler, Eine Biographie, 1973, 2. Aufl. 1999 der Neuausgabe 1998, S. 366: *„Schattenstaat“*, S. 367: *„labyrinthische Zuständigkeitssysteme“*, S. 955: *„Prinzip der rivalisierenden Instanzen“*.

[1298] Siehe *Alvarez* (Fn. 220), S. 65 ff.

[1299] Näher zu diesem Ansatz *Ehmke*, Prinzipien der Verfassungsinterpretation, in: VVDStRL 20 (1963), S. 53-102 (S. 89 f.).

[1300] Hierzu grundlegend *Luhmann*, Legitimation durch Verfahren, 1969; für die Rechtswissenschaft nur *Zippelius*, Legitimität durch Verfahren?, in: FS für Karl Larenz, 1973, S. 293-304.

[1301] Hierzu *Tamanaha*, On the Rule of Law: History, Politics, Theory, 2004, konkret zur internationalen Ebene S. 127 ff.; *Sampford*, Reconceiving the rule of law for a globalizing world, in: Zifcak (Hrsg.), Globalisation and the Rule of Law, 2005, S. 9-31; *Hafner*, The Rule of Law and International Organizations, in: Weltinnenrecht, Liber amicorum Jost Delbrück, 2005, S. 307-314. Rechtsvergleichend *Heuschling*, État de droit, Rechtsstaat, Rule of Law, 2002.

Mit Blick auf die Bundesrepublik Deutschland: *Kunig*, Das Rechtsstaatsprinzip, Überlegungen zu seiner Bedeutung für das Verfassungsrecht der Bundesrepublik Deutschland, 1986; *Karpen*, Der Rechtsstaat des Grundgesetzes, 1992; *Heintschel von Heinegg*, Rechtsstaatlichkeit in Deutschland, in: Rainer Hof-

deutlicht wird. Kompetenz bedeutet nicht nur Beschränkung, sondern auch Integration in den Gesamtzusammenhang von Staat oder Organisation.[1302] Letzteres wird am Beispiel der Europäischen Gemeinschaften geradezu mustergültig deutlich, die sich als *„Prozeß der durch kompetente Organe geförderten Integration“*[1303] charakterisieren lassen.

Die nachfolgende Kategorisierung hat den Zweck, die strukturierende und integrierende Wirkung von Kompetenzen und damit ihre Bedeutung für die Verfaßtheit internationaler Organisationen sichtbar zu machen. Dabei ist davon auszugehen, daß jede verfassungstheoretische Konzeption mit Kompetenzen arbeitet, es dabei aber von dem verfolgten Ziel, der angestrebten „Verfassung“ abhängt, wie die mitgedachte Kompetenzordnung ausgestaltet ist.[1304] Der Wandel verfaßter Ordnungen – im nationalen Bezugsrahmen oftmals mit dem Hinweis verbunden, Verfassungsrecht sei politisches Recht[1305] – ist den veränderten Anforderungen der Zielerreichung ebenso geschuldet wie veränderten Zielen selbst; er kann auch nicht ohne Auswirkungen auf die Kompetenzordnung bleiben.

2. *Kompetenzkategorien*

Bevor Kompetenzen kategorisiert werden können, sind sie von den Aufgaben abzugrenzen: Obwohl sie miteinander zu tun haben, sind sie auseinanderzuhalten.

a) Aufgaben und Befugnisse

Organisationen erhalten – meist im Gründungsvertrag – Aufgaben, manchmal auch Ziele genannt und dann mitunter eher weit gefaßt und abstrakter formuliert, zugewiesen:

---

mann u. a. (Hrsg.), Rechtsstaatlichkeit in Europa, 1996, S. 107-139; *Sobota*, Das Prinzip Rechtsstaat, Verfassungs- und verwaltungsrechtliche Aspekte, 1997; *Schmidt-Aßmann*, Der Rechtsstaat, in: HStR II (3. Aufl. 2004), § 26, S. 541-612.

1302 Näher *Stettner* (Fn. 16), S. 9 ff., m.w.Nw.

1303 *Stettner* (Fn. 16), S. 15; siehe auch *Kuschnick* (Fn. 960), S. 85 ff.; *Hillgruber*, Der Nationalstaat in übernationaler Verflechtung, in: HStR I (3. Aufl. 2004), § 32, S. 929-992.

1304 *Nettesheim* (Fn. 29), S. 415 ff.

1305 Etwa bei *Grimm* (Fn. 1261), Rn. 37, 40 ff.

Erinnert sei nur an Art. 2 DBA, der die Bundeszwecke *„Erhaltung der äußeren und inneren Sicherheit Deutschlands und der Unabhängigkeit und Unverletzlichkeit der einzelnen deutschen Staaten“* beschreibt, oder an die in Art. 1 SVN benannten vier Hauptziele der Vereinten Nationen: (1) Wahrung des Weltfriedens und der internationalen Sicherheit; (2) Entwicklung freundschaftlicher Beziehungen zwischen den Nationen; (3) Herbeiführung internationaler Zusammenarbeit zur Lösung internationaler Probleme wirtschaftlicher, sozialer, kultureller und humanitärer Art; (4) Bildung eines Mittelpunkts, in dem die Bemühungen der Nationen zur Verwirklichung dieser gemeinsamen Ziele aufeinander abgestimmt werden.

Da wir uns im Rahmen einer rechtlich verfaßten Ordnung bewegen, handelt es sich bei diesen Aufgaben, ähnlich der Staatsaufgabe,[1306] jeweils um einen Rechtsbegriff. Diese Aufgaben zielen darauf, konkrete Organe mit der Umsetzung zu betrauen, ihr Handeln in eine bestimmte Richtung zu leiten und ihnen dabei rechtliche Bindungen aufzuerlegen. Um die Aufgaben zu verwirklichen, müssen Befugnisse zugewiesen werden. Anders gewendet heißt das, *„daß eine Kompetenz immer das Vorliegen einer Aufgabe voraussetzt“*.[1307]

Die zur Verwirklichung der Aufgaben dienen sollenden Befugnisse sind typischerweise den Organen zugeordnet. Dies kann attributiv geschehen, so enthält bereits die Beschreibung eines Organs oft Aussagen über dessen Befugnisse. Es ist die Bundesversammlung das *„beständige verfassungsmäßige Organ des Willens und Handelns des Bundes“* (Art. 7 WSA), der IGH *„das Hauptrechtsprechungsorgan der Vereinten Nationen“* (Art. 92 SVN) und trägt der Sicherheitsrat *„die Hauptverantwortung für die Wahrung des Weltfriedens und der internationalen Sicherheit“* (Art. 24 Abs. 1 SVN). Diese bildhafte Sprache kennzeichnet das jeweilige Organ auch im Hinblick auf seine Kompetenzen, macht aber in der Regel weitere Konturierungen nicht entbehrlich.

Solche Konkretisierungen erfolgen zumeist ebenfalls im Gründungsdokument, entweder in einem Abschnitt über das betreffende Organ oder – wie besonders augenfällig im Falle der Europäischen Gemeinschaften

---

[1306] Grundlegend hierzu *Bull* (Fn. 15), S. 99 ff., 118 ff., 132 ff.; *Häberle*, Artenreichtum (Fn. 483), S. 240 ff.

[1307] *Zimmer*, Funktion – Kompetenz – Legitimation, Gewaltenteilung in der Ordnung des Grundgesetzes, Staatsfunktionen als gegliederte Wirk- und Verantwortungsbereiche – Zu einer verfassungsgemäßen Funktions- und Interpretationslehre, 1979, S. 177.

– im Zusammenhang mit der jeweiligen (Gemeinschafts-)Politik. Sie können aber auch durch eine spätere Praxis begründet werden, wie dies hinsichtlich des Einsatzes von Friedenstruppen der Vereinten Nationen geschehen ist. Hier zeigt sich einmal mehr, daß es zu den systemimmanenten Charakteristika einer bestehenden Zuständigkeitsordnung gehört, „aufgabenhungrig" zu sein und die vorhandenen Machtmittel neu zu verteilen.[1308]

Eine zentrale Frage, die sich in diesem Zusammenhang immer stellt, ist die nach der Zulässigkeit des Schlusses von der Aufgabe auf die Befugnis. Im innerstaatlichen Bezugsrahmen steht diesem Schluß in erster Linie der Vorbehalt des Gesetzes entgegen, der in seiner klassischen Form für Eingriffe in (persönliche) Freiheit und Eigentum, nach der Rechtsprechung des Bundesverfassungsgerichts bei allen „wesentlichen" Maßnahmen[1309] es der Verwaltung verwehrt, ohne gesetzliche Grundlage tätig zu werden. Es braucht nicht weiter vertieft zu werden, daß sich dieser individualrechtsschützende Ansatz, der insbesondere vor dem Hintergrund eines ausgreifenden polizeilichen Handelns entwickelt wurde, nur mutatis mutandis auf internationale Organisationen übertragen läßt. Zu bedenken ist hierbei insbesondere, daß die Staaten erstens in der Regel unmittelbarer in die Befugniswahrnehmung der Organe internationaler Organisationen eingebunden sind als Bürger in den Erlaß polizeilicher Maßnahmen und anderer Verwaltungsakte und zweitens gegenüber dem Organhandeln andere Reaktionsmöglichkeiten haben. Dieses aus ihrer Stellung als Völkerrechtssubjekte resultierende Plus drohen die Staaten allerdings im Rahmen einer supranationalen Organisation wie der Europäischen Union einzubüßen, wo mit dem Vorrang des Gemeinschaftsrechts die Kategorie des Über-/Unterordnungsverhältnisses in bestimmter Hinsicht Einzug gehalten hat. Daher ist im Bereich der Europäischen Union die Frage, ob von der Aufgabe auf die Befugnis geschlossen werden dürfe, wesentlich bedeutsamer als bei klassischen internationalen Organisationen.

Dies gilt umso mehr, als der EuGH, wie supra Zweiter Teil B II 7-9 dargelegt, zunächst in seiner Rechtsprechung bemüht war, die Aufgaben der Gemeinschaften extensiv auszulegen und Zuständigkeiten zu

---

1308 Im innerstaatlichen Zusammenhang bereits *Lerche*, Verfassungsfragen um Sozialhilfe und Jugendwohlfahrt, Rechtsgutachten, 1963, S. 14. Vgl. auch infra Fn. 1439.

1309 BVerfGE 49, 89 [126 f.]; 53, 30 [56]; 83, 130 [142, 152]. Näher auch *Ossenbühl*, Vorrang und Vorbehalt des Gesetzes, in: HStR III (2. Aufl. 1996), § 62, Rn. 32 ff., 41 ff.

begründen, die den Mitgliedstaaten mitunter überraschend vorkamen. Die Diskussion um den Vertrag über eine Europäische Verfassung hat aber gezeigt, daß die Mitgliedstaaten es nach wie vor – oder vielleicht auch: mehr denn je – ablehnen, die Kompetenzen der Europäischen Union ungebremst anwachsen zu lassen.

Während im Rahmen des Deutschen Bundes die Großmächte den Schluß von der Aufgabe auf die Befugnis zogen,[1310] um die Verhältnisse in den kleineren Gliedstaaten unter Kontrolle halten zu können,[1311] ist die Situation in den modernen internationalen Organisationen anders gelagert. Hier sind es die Organisation als solche oder die in ihr und ihren Organen gebündelten und somit auf eine neue Stufe gehobenen Interessen und Intentionen der Mitgliedstaaten, die zur Verwirklichung des Organisationszwecks oder der diesen konkretisierenden Aufgaben handeln und hierdurch steuernd auf die Mitgliedstaaten einwirken wollen. Diese Integrationsdynamik, die sich in manchen Sektoren bereits als „Regieren"[1312] begreifen läßt, ähnelt nun wiederum der überkommenen Situation, die aus der Sicht des Rechtsunterworfenen den Schluß von der Aufgabe auf die Befugnis nicht gestattet.

Zur Frage der Abgrenzung dieses Problems von den Implied-Powers siehe infra Dritter Teil B III.

b) Unterschiedliche Befugnisarten

Hier ist zu unterscheiden zwischen der Befugnis, Rechtsakte zu setzen und derjenigen, Realakte vorzunehmen (Kompetenzmodus). Die Wirkung der befugtermaßen gesetzten Akte kann auf das Innenleben der Organisation beschränkt sein oder nach außen zielen. Es wird geregelt, ob sie Wirkung gegenüber anderen Völkerrechtssubjekten, beispielsweise den Mitgliedstaaten, oder auch gegenüber Privatpersonen beanspruchen können.

Es kann, um einige Beispiele zu nennen, unter anderem die Kompetenz zugewiesen werden, bestimmte Themen zu beraten, Pläne aufzustellen, Unterorgane einzusetzen, Mitglieder anderer Organe zu wählen, von

---

[1310] Vgl. supra bei und in Fn. 84.

[1311] Damit formulierte die Bundesversammlung entgegen Art. 10 WSA nicht unbedingt den *„Gesamtwillen des Bundes"*.

[1312] Hierzu supra bei und in Fn. 794 ff. Speziell zur Europäischen Union siehe *Kohler-Koch/Conzelmann/Knodt*, Europäische Integration – Europäisches Regieren, 2004, S. 169 ff.

anderen Organen Berichte entgegenzunehmen, über die Aufnahme neuer Mitglieder zu entscheiden, Personal einzustellen, Sanktionen zu verhängen und Streitigkeiten zwischen Mitgliedstaaten politisch zu schlichten oder verbindlich auf rechtlicher Grundlage zu entscheiden.

Die Art der konkret zugewiesenen Kompetenz hängt nicht nur vom Grad der Integration in die gemeinschaftliche Organisation ab, sondern beispielsweise auch von der Zahl und Art der Organe. Verfügt eine internationale Organisation über mehrere Organe, so erfolgt die Kompetenzzuweisung sinnvollerweise in differenzierter Form, um deren arbeitsteiliges Vorgehen zur Zielerreichung zu ermöglichen. So ist etwa dem Treuhandrat der Vereinten Nationen ein ganz spezielles Zuständigkeitsgebiet zugewiesen worden. Bei aller Spezialisierung bleibt freilich durch Berichtspflichten an die Generalversammlung und durch die Mitgliedschaft ständiger Sicherheitsratsmitglieder im Treuhandrat eine Verschränkung bestehen und auf diese Weise eine Einheitlichkeit des Vorgehens der Organisation gewahrt. Die größte organisatorische Eigenständigkeit ist in der Regel bei den Gerichten zu beobachten, die im Rahmen einer internationalen Organisation bestehen. Im Falle des IGH ist oftmals aber Nichtinanspruchnahme der Preis für diese Eigenständigkeit, die sich darin zeigt, daß Staaten die Entscheidung – hier wegen der Unabhängigkeit der Richter – nicht beeinflussen können. Auf der anderen Seite führt die Unabhängigkeit der Richter und Gerichte[1313] in der Regel auch zu einer erhöhten Bereitschaft gerade kleinerer, weniger mächtiger Staaten, diese um Entscheidungen anzugehen und sie am Ende zu akzeptieren.

Aber auch Doppelzuständigkeiten von Organen sind möglich. Dem Sicherheitsrat fällt die *Haupt*verantwortung für den Weltfrieden zu; dies ist aber eben nicht die alleinige Verantwortung. Damit bleibt der oben (Zweiter Teil A.II.1.a) dargestellte Spielraum für die Generalversammlung. Bei (temporärer) Handlungsunfähigkeit eines Organs stellt sich die Frage nach der ersatzweisen Kompetenzwahrnehmung durch andere Organe oder gegebenenfalls durch die Mitgliedstaaten.

Gibt es im Extremfall – wie im Deutschen Bund – nur ein Organ, so ist dieses umfassend zuständig. In besonderen Fällen muß allerdings auch

---

[1313] Einführend zu diesem Thema: *Shetreet* (Hrsg.), Judicial Independence, The Contemporary Debate, 1985; siehe auch *Weiß*, Unabhängigkeitsgarantie und Gerichtsorganisation, in: Klein/Schulze (Hrsg.), Der gerichtliche Schutz der Grundrechte in Brandenburg und Baschkortostan, Deutsch-russisches Kolloquium, 2003, S. 52-66, m.w.Nw.; ferner *Baer*, Die Unabhängigkeit des Richters in der Bundesrepublik Deutschland und in der DDR, 1999.

hier zumindest für spezielle Aufgaben wie Kriegsführung oder Ausübung von Rechtsmittelgerichtsbarkeit im Wege der Organleihe auf mitgliedstaatliche Einrichtungen zurückgegriffen (Austrägalgerichte) oder es müssen Organe ad hoc eingerichtet werden (Bundesoberfeldherr).

Die Rechtssetzungskompetenz, der wegen der Besonderheiten völkerrechtlicher Rechtserzeugung ein besonderer Stellenwert zukommt, wird nachfolgend gesondert unter C. behandelt.

c) Weitere Charakterisierungsmöglichkeiten von Kompetenzen

Kompetenzen können ferner unter dem Gesichtspunkt der Breite und der Tiefe betrachtet werden. Ersteres bezeichnet den Umfang des lebensweltlichen Sachbereichs, der der Regelungs- oder Handlungsbefugnis unterfällt; letzteres beschreibt die Reichweite in die innerstaatliche Rechtsordnung hinein (vor allem im Rahmen der Europäischen Union). Das Kriterium der Dichte einer Kompetenz kennzeichnet das Maß der inhaltlichen Detailliertheit, mit der Regelungen getroffen werden können.

II. Funktionen von Kompetenzen

Hier lassen sich – in Anlehnung an verfassungsrechtliche Kategorien[1314] – mehrere Funktionen von Kompetenzzuweisungen unterscheiden:

1. Ordnungsfunktion

Um das Ziel nachvollziehbarer und wirksamer Ausübung von Hoheitsgewalt zu erreichen, ist eine eindeutige Abgrenzung der Aufgaben und Zuständigkeiten sinnvoll. Das Bedürfnis für eine solche Ordnung steigt mit der Komplexität der Organisation und der Zahl von Akteuren. Bei internationalen Organisationen kommt – ähnlich wie im Bundesstaat – der ordnenden Funktion der Verbandskompetenz eine wichtige Bedeutung zu. Die Zuständigkeitsverteilung zwischen den Organen kann, wie im Falle von Völkerbundsversammlung und -rat, unscharf bleiben, um auf die souveräne Gleichheit der Staaten als Mitglieder der Organisation

[1314] Vgl. hierzu *Stettner* (Fn. 16), S. 19 f.

Rücksicht zu nehmen; dafür ist dann allerdings der Preis geminderter Effektivität zu entrichten. Bei der Gründung der Vereinten Nationen wurde daraus die Konsequenz gezogen, der Ordnungsfunktion höhere Bedeutung beizulegen.[1315] Ordnend kann Kompetenz auch dann wirken, wenn sie dazu dient, den Handlungsspielraum eines anderen Organs (beispielsweise des Sekretariats) zu definieren und somit stärker an die Vorgaben der Mitgliederorgane zu binden.[1316]

Für die supranationale Europäische Gemeinschaft mit ihrer quasi gewaltenteiligen Struktur ist die Ordnungsfunktion der Kompetenzbestimmungen unverzichtbar,[1317] hat aber mit der mitunter wenig systematischen Zuweisung von Zuständigkeiten für bestimmte Politikbereiche zu kämpfen.

In der Realität jedweder Verfassungsordnung ist allerdings zu beobachten, daß die unterschiedlichen Akteure die Grenzen, die ihnen gesetzt sind, testen und gegebenenfalls verschieben wollen. Die Ordnungsfunktion von Kompetenznormen kann und soll diese Form des friedlichen Verfassungswandels, die Ausweis des politischen Charakters der Verfassungsordnung ist, nicht aufhalten.[1318] Auch hierfür mag die Europäische Union als anschauliches Beispiel gelten: Der Kompetenzzuwachs des Europäischen Parlaments von der (beratenden) Versammlung zum echten Mitentscheidungsorgan belegt diesen von den beteilig-

---

[1315] *Morgenstern* (Fn. 612) weist auf eine Vielzahl von gleichwohl bestehengebliebenen Unschärfen hin.

[1316] Mit Blick auf die innerstaatliche Situation der USA *Huber/Shipan* (Fn. 419), S. 44 ff.

[1317] So auch *Haratsch* (Fn. 1230), S. 207 ff., 215; *Nettesheim* (Fn. 29), 416: *„eine der wichtigsten Funktionen der Kompetenzordnung: Aufgabenzuteilung und Gewaltenverschränkung"*; anschaulich: *Schütze*, Co-operative federalism constitutionalised: the emergence of complementary competences in the EC legal order, in: European Law Review 31 (2006), S. 167-184. *Isensee*, Transformation von Macht in Recht – das Amt, in: ZBR 2004, S. 3-12 (S. 6), setzt hingegen mehr Hoffnung in das durch Gemeinwohlverpflichtung, Uneigennützigkeit und Freiheitswahrung gekennzeichnete Amtsprinzip, das als *„tiefste Schicht in den Tiefenschichten des Verfassungsstaates" „auf die neuesten Formen politischer Organisation wie die Europäische Union"* übertragen werden könne. Ob das entsprechende Ethos sich in ausreichendem Maße erhalten hat, um prägende Kraft für die ganze Europäische Union gewinnen zu können, erscheint eher zweifelhaft.

[1318] Ebenso *Nettesheim* (Fn. 1194), S. 533 f.

ten Akteuren – Mitgliedstaaten, den Europäischen Gemeinschaften und den Parlamentariern – gewollten Wandel.

2. *Schutzfunktion*

Begünstigte der Schutzfunktion von Kompetenznormen sind einerseits die Mitgliedstaaten,[1319] deren verbleibender Zuständigkeitsbereich von dem der Organisation abgegrenzt wird; abhängig von Integrationsgrad und -dynamik einer Organisation kann es erforderlich sein, dem entsprechenden Schutzbedürfnis durch ein eigenes Prinzip Ausdruck zu verleihen.[1320] Erinnert sei in diesem Zusammenhang an den Subsidiaritätsgrundsatz des Gemeinschaftsrechts, demzufolge die Gemeinschaft nur tätig wird, *„sofern und soweit die Ziele der in Betracht gezogenen Maßnahmen auf Ebene der Mitgliedstaaten nicht ausreichend erreicht werden können und daher wegen ihres Umfangs oder ihrer Wirkungen besser auf Gemeinschaftsebene erreicht werden können“* (Art. 5 Abs. 2 EGV).

Andererseits profitieren die verschiedenen Organe insofern von der Schutzfunktion der Kompetenznormen, als ihr jeweiliger Tätigkeitsbereich geklärt und idealiter gegen Übergriffe anderer Organe oder der Mitgliedstaaten geschützt ist. Für den Fall, daß die Tätigkeiten der Organe Wirkung auch für den einzelnen Bürger entfalten, ist dieser ebenfalls Adressat der Schutzfunktion von Kompetenznormen, dienen diese doch der Disziplinierung, Formung und Vorhersehbarkeit organschaftlichen Handelns.[1321] In jedem Fall bilden die Kompetenznormen einen Maßstab, an dem eine Überprüfung von hoheitlicher Gewaltausübung vorgenommen werden kann, erfolge diese (nur) politisch oder (auch) gerichtlich.

[1319] Auch deren innere Gewaltenbalance kann indirekt von Kompetenznormen betroffen sein, wenn als Konsequenz politischer Auseinandersetzungen über die Beteiligung an kollektiven Sicherheitssystem beispielsweise dem Parlament mehr Kontrollrechte gegenüber dem auswärtigen Regierungshandeln eingeräumt werden. Zum Domestizierungseffekt vgl. *Harnisch* (Fn. 1116), insbesondere S. 40 ff., 171 ff.

[1320] Illustrativ spricht *von Bogdandy*, Europäische Prinzipienlehre, in: ders. (Hrsg.), Europäisches Verfassungsrecht, Theoretische und dogmatische Grundsätze, 2003, S. 149-203 (S. 193 ff.), von *„Vielfalt schützenden Prinzipien“*.

[1321] Vgl. hierzu die ausführliche Darstellung bei *Walter*, Grundrechtsschutz gegen Hoheitsakte internationaler Organisationen, in: AÖR 2004, S. 39-80 m.w.Nw.

Ordnungs- und Schutzfunktion treffen in der Konstellation der Notfall- oder Notstandskompetenz zusammen. Wenn das ordnungsgemäße Funktionieren der Organisation „an sich" nicht mehr gewährleistet werden kann, etwa weil ein Organ temporär handlungsunfähig ist, so sind Ersatz- oder Notfallkompetenzen sinnvoll:[1322] Sie ordnen den Ausnahmefall nach rechtlichen Kriterien und schützen so den Fortbestand der Organisation, sichern deren Arbeitsfähigkeit und erlauben letztendlich die Überwindung der Krisensituation und die geordnete Rückkehr zur Normallage.

Rechtliche Ordnungen, die sich der Gefahr durch die Ausnahmelage bewußt sind, werden je nach dem Grad ihrer Verfaßtheit entweder versuchen, vorausschauend Mechanismen zu entwickeln und bereitzuhalten, oder zumindest über genügend Geschmeidigkeit zu verfügen, um in der jeweiligen Ausnahmesituation flexibel reagieren zu können.[1323] Der Ausnahmezustand soll weder verdrängt noch perpetuiert, sondern im Falle seines Eintretens als zu bewältigende Herausforderung begriffen werden.

Auch wenn eine solche Notstandskompetenz – wie in den meisten Fällen – nicht ausdrücklich im Organisationsvertrag genannt ist, kann sie als implizite Kompetenz begründet werden, weil sie der Erhaltung der Funktionsfähigkeit dient. Das Handeln „an sich" unzuständiger Organe oder der Mitgliedstaaten ist in dieser besonderen Situation dann gerechtfertigt.

3. Garantie- und Legitimationsfunktion

Die Tage der Heiligen Allianz, die unter Anrufung der *„allerheiligsten und unteilbaren Dreieinigkeit"* begründet wurde und die göttliche Vorsehung sowie die Heilige Schrift als Maßstab und Bezugsgrößen nannte, sind längst vergangen. Eine Staatenverbindung könnte heute (jedenfalls außerhalb der islamischen Welt[1324]) auf dieser Legitimationsquelle nicht

---

[1322] Für die Situation in der Bundesrepublik Deutschland vgl. *Klein*, Funktionsstörungen in der Staatsorganisation, in: HStR VII, 1993, § 168, S. 361-386.

[1323] Grundlegend zur Bedeutung des Ausnahmefalles *Böckenförde*, Der verdrängte Ausnahmezustand, Zum Handeln der Staatsgewalt in außergewöhnlichen Lagen, in: NJW 1978, S. 1881-1890.

[1324] Die Charta der im Jahre 1972 gegründeten Organisation der Islamischen Konferenz enthält eingangs der Präambel die Formulierung:

mehr begründet werden[1325] – das haben der Streit um den Gottesbezug im Europäischen Verfassungsvertrag[1326] und seine semantisch unbefriedigende Lösung[1327] deutlich gemacht. Auch *Wilsons* Vierzehn Punkte oder die Atlantik-Charta können bei allem echten Gründungspathos nicht als eine solche (alleinige) Quelle dienen. Wie für den Staat[1328] gilt auch für internationale Organisationen, daß sie von den Rechtsunterworfenen kontinuierlich akzeptiert und bejaht werden müssen.[1329] Hierzu trägt die regelkonforme Ausübung von Herrschaftsgewalt und Organisationsfunktionen maßgeblich bei.[1330] Dies gilt auch für den Fall,

---

"convinced that their common belief constitutes a strong factor for rapprochement and solidarity among Islamic people; resolved to preserve Islamic spiritual, ethical, social and economic values, which will remain one of the important factors of achieving progress for mankind"; abrufbar unter www.oicun.org/categories/The-OIC/About-OIC/OIC-Charter/ (besucht am 18. September 2008). Zu den Zielen der Organisation gehört es, die islamische Solidarität unter den Mitgliedstaaten zu fördern.

1325 Daß *Metternich* die religiösen Schwärmereien des russischen Zaren *Alexander I.* aufgriff und dazu benutzte, den machtpolitischen Zuschnitt des Bündnisses rhetorisch zu verschleiern, steht außer Frage. Dies gilt allerdings auch dafür, daß alle Beteiligten diese Ordnung als legitim ansahen.

1326 Hierzu nur *Riedel*, Gott in der Europäischen Verfassung?, Zur Frage von Gottesbezug, Religionsfreiheit und Status der Kirchen im Vertrag über eine Verfassung für Europa, in: Europarecht 2005, S. 676-683; *Bayerlein*, In Verantwortung vor Gott und den Menschen: die Frage nach dem Gottesbezug in der Europäischen Verfassung, in: Stimmen der Zeit 2005, S. 389-400; *Heit*, Europäische Identitätspolitik in der EU-Verfassungspräambel, Zur ursprungsmythischen Begründung eines universalistischen europäischen Selbstverständnisses, in: ARSP 2004, S. 461-477.

1327 Die Präambel hebt mit den Worten *„schöpfend aus dem kulturellen, religiösen und humanistischen Erbe Europas"* an.

1328 Hierzu grundlegend *Würtenberger*, Die Legitimität staatlicher Herrschaft, Eine staatsrechtlich-politische Begriffsgeschichte, 1973; *Isensee* (Fn. 208), Rn. 171 ff.

1329 Das muß keineswegs ausdrücklich geschehen; im Ergebnis genauso wichtig sind die dauerhafte Beteiligung an den Aktivitäten der internationalen Organisation und nicht zuletzt die Entrichtung der finanziellen Beiträge. Daß diese „finanzielle Bejahung" hinsichtlich der Vereinten Nationen oft unbefriedigend ausfällt, zeigen die Untersuchungen *Hüfners*, vgl. Fn. 542.

1330 Hierzu *Wolfrum*, Legitimacy in International Law, in: Reinisch/Kriebaum (Hrsg.), The Law of International Relations, Liber Amicorum Hanspeter Neuhold, 2007, S. 471-482 (S. 475 ff.).

daß durch die Wahrnehmung von Notstandskompetenzen ein regelgerechtes Funktionieren der Organisation über eine temporäre Ausnahmesituation hinweg gewährleistet werden soll.

Umgekehrt profitieren das Tätigwerden der internationalen Organisation und dessen Ergebnisse gleichermaßen von der Garantie- und Legitimationsfunktion der Kompetenzzuweisung:[1331]

Agiert der Sicherheitsrat zur Sicherung des Weltfriedens auf der Grundlage und im Rahmen von Kapitel VII, so ist sein Handeln, sind seine Äußerungen durch die einschlägigen Bestimmungen der UN-Charta legitimiert und Adressaten haben Gewißheit über Vorrang und Verbindlichkeit des an sie gerichteten Rechtsakts (ohne daß deshalb eine politische oder rechtliche Kontrolle ausgeschlossen wäre). Solchermaßen wirkt kompetenzkonformes Verhalten garantierend und legitimierend in beide Richtungen und trägt auf diese Weise zur Stärkung der internationalen Organisationen und damit zur gesteigerten Legitimität des Regierens jenseits der Staaten bei.

4. Rechenschafts- und Verantwortungsfunktion

Mit den drei genannten Funktionen von Kompetenz hängt eine vierte, nämlich die Rechenschafts- und Verantwortungsfunktion eng zusammen. Als Element von organisatorischer Verfaßtheit beinhaltet Kompetenzwahrnehmung auch die Übernahme von Verantwortung: für die Wahrnehmung als solche, für deren Rechtmäßigkeit, im politischen Sinne sogar für deren Richtigkeit. Dementsprechend wird diese Funktion abgesichert durch eine generelle politische, aber unter Umständen auch durch eine justizförmige Kontrolle. Diese Kontrolle erstreckt sich dann natürlich auch auf dasjenige Organhandeln oder mitgliedstaatliche Handeln, das in Ausnahmesituationen auf eine ausdrückliche oder implizit begründete Notfallkompetenz gestützt worden ist.

Eine wichtige Voraussetzung für die Ausübung von Kontrolle ist Transparenz. Im Rahmen der Vereinten Nationen wird diese hergestellt durch die Berichtspflicht von Organen an die Generalversammlung und deren breites Diskussionsmandat. Gegenläufig kann sich allerdings die

---

[1331] Angesichts einer wachsenden Anzahl von Akteuren in den internationalen Governance-Prozessen gewinnt dieser Aspekt zunehmend an Bedeutung; hierzu *Peters/Pierre*, Governance, accountability and democratic legitimacy, in: Benz/Papadopoulos (Hrsg.), Governance and Democracy, Comparing national, European and international experiences, 2006, S. 29-43 (S. 37 ff.).

Praxis des Sicherheitsrates auswirken, Sitzungsprotokolle nur in redigierter Form zu veröffentlichen und Beratungen zunehmend in den informellen Bereich zu verlagern.[1332] Neueste Entwicklungen lassen demgegenüber deutlich erkennen, daß dem Sicherheitsrat inzwischen an gesteigerter Transparenz gelegen ist, die durch ein breit angelegtes Spektrum von Einbindung und Unterrichtung von Nichtmitgliedstaaten und anderen Akteuren erreicht wird.[1333]

Justizförmige Kontrolle ermöglicht eine gesteigerte Form, Kompetenzwahrnehmung zu überprüfen. Hierbei sind vom Integrationsstand abhängige Abstufungen gebräuchlich; die Jurisdiktion internationaler Gerichte und staatliche Souveränität stehen in einem nachgerade klassischen Spannungsverhältnis. Dementsprechend kann der IGH in typischen zwischenstaatlichen Streitigkeiten nur nach vorheriger Unterwerfungserklärung der Beteiligten tätig werden. Die Antragsbefugnisse traditioneller internationaler Organisationen und ihrer Organe sind überdies eingeschränkt; gänzlich anders sieht es bei den Europäischen Gemeinschaften aus, in deren Rahmen die Gerichtsbarkeit als echte dritte Gewalt agiert und dementsprechend in Interorganstreitigkeiten ebenso angerufen werden kann wie gegenüber den Mitgliedstaaten.

Je einschneidender die Ausübung der Befugnis wirkt (unter Umständen sogar Durchgriff), desto mehr erscheint der Ruf nach einer zusätzlichen Kontrolle der getroffenen Maßnahmen berechtigt. Die Ausübung einer entsprechenden Kontrollkompetenz durch den IGH gegenüber dem Sicherheitsrat, von der ausführlicher infra E.II zu handeln sein wird, gewinnt hier eine zusätzliche Begründung.

5. *Auftrags- und Direktivfunktion*

Die Frage, ob aus dem Vorhandensein einer Kompetenznorm auf eine Verpflichtung zum Tätigwerden geschlossen werden kann, muß differenziert beantwortet werden.

Zunächst ist nach der Formulierung der Kompetenzzuweisung zu unterscheiden: Je konkreter eine Bestimmung ist, umso eher begründet sie eine Pflicht zum Tätigwerden. Folgendes Beispiel mag das verdeutlichen:

[1332] Siehe supra bei und in Fn. 618.

[1333] Vgl. „Note by the President" vom 19. Juli 2006, UN-Dok. S/2006/507, in der die Ergebnisse der informellen Arbeitsgruppe über Dokumentation und andere Verfahrensfragen niedergelegt sind (supra Fn. 620).

„Es [das Ministerkomitee des Europarates] *erläßt zu diesem Zweck die erforderlichen Haushalts- und Verwaltungsordnungen.“* (Art. 16 S. 2 Satzung Europarat[1334])

Hierin liegt ein klarer Auftrag zum Erlaß von Rechtsakten. Überhaupt ist bei organisationsinternen Fragen („gibt sich eine Geschäftsordnung“, „wählt die Mitglieder des Organs X“) von Handlungsaufträgen auszugehen.[1335]

Hingegen kann aus der demgegenüber eher vagen Formulierung in Art. 1 lit b Satzung Europarat ein konkretes Tätigwerden nicht mit der gleichen Deutlichkeit abgeleitet werden:

> „Diese Aufgabe wird von den Organen des Rates erfüllt durch Beratung von Fragen von gemeinsamem Interesse, durch den Abschluß von Abkommen und durch gemeinschaftliches Vorgehen auf wirtschaftlichem, sozialem, kulturellem und wissenschaftlichem Gebiet und auf den Gebieten des Rechts und der Verwaltung sowie durch den Schutz und die Fortentwicklung der Menschenrechte und Grundfreiheiten.“

Solche Kompetenznormen eröffnen, vor allem in Verbindung mit allgemein gehaltenen Zielen (*„engere Verbindung zwischen den Mitgliedern herstellen“, „wirtschaftlichen und sozialen Fortschritt fördern“*; Art. 1 lit a Satzung Europarat), den Erwägungen zwischenstaatlicher Politik und internationaler Beziehungen Einfluß auf die Frage, ob ein Tätigwerden der internationalen Organisation opportun ist oder nicht. Einen daraus resultierenden Auftrag, konkret etwa die „Europäische Anti-Doping Charta für den Sport“[1336] zu verabschieden, kann man nicht feststellen.

Sodann kommt es für die Frage, ob Kompetenznormen eine Auftrags- und Direktivfunktion innewohnen kann, auch auf den mit der internationalen Organisation beabsichtigten Integrationsgrad an. Der Kompetenzkatalog in Art. 3 Abs. 1 EGV etwa wäre für die Vereinten Nationen oder den Europarat unangemessen. Die Direktivfunktion der Kompetenzzuweisungen findet für die Europäische Gemeinschaft überdies ihre Entsprechung in der Untätigkeitsklage nach Art. 232 EGV, die aller-

---

[1334] Vom 5. Mai 1949, BGBl. 1950 I 263, zuletzt geändert BGBl. 2003 II 703. Abgedruckt in: Sartorius II, Internationale Verträge/Europarecht, Nr. 110.

[1335] Zur Pflicht der Generalversammlung, ein nichtständiges Mitglied des Sicherheitsrates zu wählen, vgl. *Suy* (Fn. 546), S. 678 ff.

[1336] Vom Ministerkomitee des Europarates am 25. September 1984 angenommen.

dings nur zulässig ist, wenn das betreffende Organ aus dem Gemeinschaftsrecht grundsätzlich verpflichtet war, tätig zu werden, und zusätzlich einer besonderen Aufforderung zum Tätigwerden nicht nachgekommen ist bzw. binnen zweier Monate keine Stellungnahme abgegeben hat (Art. 232 Abs. 2 EGV).[1337]

III. Begründung von Kompetenzen

1. Ausdrückliche Kompetenzzuweisung

Ähnlich den juristischen Personen des Privatrechts werden internationale Organisationen von den natürlichen Personen, die im Falle des Völkerrechts eben die Staaten sind, geschaffen. Der aus dieser Konstellation folgenden Logik entsprechend, verfügen internationale Organisationen (nur) über diejenigen Kompetenzen, die ihre Gründer ihnen zugestehen, mit anderen Worten im Gründungsvertrag oder einem späteren Rechtsakt ausdrücklich zuweisen:

> "In the absence of a "super-State", each international organization has only the competence which has been conferred on it by the States which founded it, and its powers are strictly limited to whatever is necessary to perform the functions which its constitutive charter has defined. This is thus a compétence d'attribution, i.e., only such competence as States have "attributed" to the organization."[1338]

Bei den ausdrücklich zugewiesenen Kompetenzen handelt es sich um die standardmäßige Ausstattung internationaler Organisationen mit Aufgaben und Befugnissen.

[1337] Heute ist in erster Instanz das EuG zuständig (Art. 225 EGV), in der Praxis werden eher selten Untätigkeitsklagen erhoben. Zur Entwicklung vgl. *Czasche*, Die Untätigkeitsklage vor dem Europäischen Gerichtshof, Eine rechtsvergleichende Untersuchung, 1969; *Daig*, Nichtigkeits- und Untätigkeitsklagen im Recht der Europäischen Gemeinschaften, Unter besonderer Berücksichtigung der Rechtsprechung des Gerichtshofs der Europäischen Gemeinschaften und der Schlußanträge der Generalanwälte, 1985.

[1338] *IGH*, Gutachten vom 20. Dezember 1980, Sondervotum Richter *Gros*, ICJ-Reports 1980, S. 99-107 (S. 103) – Interpretation of the Accord of 25 March 1951 Between the WHO and Egypt.

2. *Nicht ausdrücklich im Vertrag niedergeschriebene Kompetenzen*

Wenn ein Vertrag zu einer bestimmten Frage schweigt, muß das noch nicht heißen, daß ein Tätigwerden mangels ausdrücklicher Rechtsgrundlage verboten sei. Vielmehr ist danach zu fragen, ob eine notwendige Kompetenz nicht anderweitig im Vertrag enthalten ist.

a) Immanente Kompetenzen?

Zum Teil wird angenommen, daß internationale Organisationen eine objektive Rechtsfähigkeit besäßen, die derjenigen von Staaten entspreche: Aus der Existenz folge die Völkerrechtssubjektivität und aus dieser die umfassende völkerrechtliche Handlungsfähigkeit.[1339] Internationale Organisationen könnten daher auch solche Handlungen vornehmen, die nach der Organisationsverfassung, dem Gründungsvertrag, gar nicht vorgesehen seien, sofern sie mit dem Zweck der Organisation vereinbar und vom Vertrag nicht ausdrücklich verboten seien.

Dies ist allerdings zu weitgehend. Zwar führte auch der IGH in seinem Rechtsgutachten in der Sache Reparation for Injuries suffered in the Services of the United Nations aus, daß die Vereinten Nationen eine selbständige internationale Rechtspersönlichkeit darstellten.[1340] Doch sprach er sich ausdrücklich gegen die Gleichstellung mit einem Staat aus und verwarf die Idee der „immanenten" Kompetenz:

1339 *Seyersted*, United Nations Forces, Some Legal Problems, in: BYIL 37 (1961), S. 351-475 (454); *ders.*, Objective International Personality of Intergovernmental Organizations, Do their capacities really depend upon the Conventions establishing them?, in: NTIR 34 (1964), S. 1-112 (44f., 100); *Rama-Montaldo*, International Legal Personality and Implied Powers of International Organizations, in: BYIL 44 (1970), S. 111-155 (122, 155). Letzterer differenziert aber zutreffend zwischen den aus der Völkerrechtssubjektivität fließenden Rechten und den impliziten Kompetenzen, die für jede Organisation individuell bestimmt werden müßten. Kritisch zu *Seyersted* äußert sich *Seidl-Hohenveldern*, The Legal Personality of International Organizations, in: ders., Collected Essays on International Investments and on International Organizations, 1998, S. 3-35 (S. 6 ff., 26 f.).

1340 *IGH*, Gutachten vom 11. April 1949, ICJ-Reports 1949, S. 174 ff. (S. 185); hierzu *Klein*, Reparation for Injuries Suffered in Service of the UN (Advisory Opinion), in: EPIL IV (2000), S. 174-176.

> "the rights and duties of an entity such as the Organization must depend upon its purposes and function as specified or implied in its constituent documents".[1341]

Dem ist die Lehre mit Recht nahezu einhellig beigetreten.[1342]

Dies erinnert an eine vergleichbare Diskussion im innerstaatlichen Bezugsrahmen: Eine zentrale Rolle nahm diese Frage auch in dem im Norddeutschen Bund von 1866 geführten politischen Streit über die Erweiterung der Befugnisse des Norddeutschen Bundes bei der Gesetzgebung, der Streit um die sogenannte Kompetenz-Kompetenz, ein.[1343] Der Reichstag ging davon aus, Art. 78 Verfassung des Norddeutschen Bundes gebe ihm die Kompetenz, über die Erweiterung der Kompetenzen selbst zu befinden und durch Gesetz zu entscheiden. Die Vorschrift lautet: *„Veränderungen der Bundesverfassung erfolgen im Wege der Gesetzgebung."*

Böhlau hält in seiner Untersuchung zu Art. 78 Verfassung des Norddeutschen Bundes entgegen, dies würde bedeuten, daß der Bund eine Vereinigung sei, welche grundsätzlich keine Zweckbeschränkung kenne, statt dessen alles als ihren Zweck anzusehen haben, *„was im Staatszwecke begriffen sei"*.[1344] Dies habe den Einheitsstaat zur Folge. In seiner Untersuchung stellt und erörtert *Böhlau* die Rechtsfrage:

> „kann aus Art. 78 der Verfassung für den Norddeutschen Bund eine Competenz des Bundes abgeleitet werden, sich selbst seine Competenzen zu erweitern?"

Unter Heranziehung von Protokollen über die Beratung und Verabschiedung der Bundesverfassung weist *Böhlau* nach, daß dem Bund keine Kompetenz-Kompetenz habe zukommen sollen. Aus Rücksicht auf die fortdauernde Eigenstaatlichkeit der Bundesmitglieder sei am Prinzip der begrenzten Einzelermächtigung festgehalten worden.[1345]

Böhlau stellt einen Vergleich zwischen natürlichen Personen und Personenvereinigungen einerseits und Staaten und Staatenverbindungen

---

1341 *IGH*, ebenda, S. 180.

1342 Vgl. nur *Seidl-Hohenveldern/Loibl* (Fn. 23), S. 230 m.w.Nw.

1343 Vgl. auch die kurze Darstellung bei *Lerche* (Fn. 1007), S. 409 ff. Eine Übersicht über zeitgenössische Beiträge bietet *Faber*, Die nationalpolitische Publizistik Deutschlands von 1866-1871, Eine kritische Bibliographie, 1. Bd., 1963, Nr. 381-386.

1344 *Böhlau* (Fn. 18), S. 3. Das nachfolgende Zitat auf S. 4.

1345 *Böhlau* (Fn. 18), S. 13 ff.

andererseits an. Wie der von Gott geschaffene Mensch sei auch der Staat in seinen Rechten komplett (= Souveränität). Demgegenüber seien Zusammenschlüsse Geschöpfe der Einzelmenschen oder Einzelstaaten, verfügten also nur über die ihnen von jenen übertragenen Kompetenzen. Er spricht von der *„Competenz-Incompetenz"* juristischer Personen[1346] und überträgt dieses Ergebnis auf den Zusammenschluß von Staaten.

Demgegenüber erklärt *Haenel*, der Bundesstaat sei eine selbständige, unmittelbar wesentliche Potenz für den Staatszweck und die Vollendung des Staatsgedankens.[1347] Daraus folge, so *Haenel*, daß es der Bundesstaat *„selber sein wird, der die zweckmäßige Vertheilung der Aufgaben zwischen dem Gesamtstaat und den Einzelstaaten vollzieht und verbürgt.* [...] *Er wird sich damit als eine übergreifende Potenz auch im Verhältnis zu den Rechtspositionen erweisen, welche die Verfassung den Einzelstaaten zusichert."*[1348] Demzufolge seien Veränderungen der Reichsverfassung im Wege der Gesetzgebung auch dann möglich, wenn sie Kompetenzzuweisungen enthalten.[1349]

Ohne diesen Streit über die Auslegung der Verfassung des Norddeutschen Bundes von 1866/der Reichsverfassung von 1871 hier entscheiden zu wollen, kann daraus jedenfalls für unsere Zwecke a majore ad minus geschlossen werden, daß einer internationalen Organisation solche aus ihrer Rechtspersönlichkeit fließenden Kompetenz-Kompetenzen nicht zustehen.

Einen der Vollständigkeit halber zu erwähnenden Spezialfall bildet die aus dem Selbstorganisationsrecht fließende Organisationsgewalt, von der auch internationale Organisationen Gebrauch machen können.[1350] Sie können also grundsätzlich Nebenorgane einrichten, dürfen dabei freilich nicht die im Organisationsstatut vorgesehene Aufgaben- und

---

1346 *Böhlau* (Fn. 18), S. 41.

1347 *Haenel*, Die vertragsmäßigen Elemente der Deutschen Reichsverfassung, 1873, S. 154 f.

1348 *Haenel* (Fn. 1347), S. 155.

1349 *Haenel* (Fn. 1347), S. 177.

1350 Prägnant hierzu *Prieß* (Fn. 864), S. 92 f.; ausführlich bereits *Meier*, Das Recht internationaler Organisationen zur Schaffung und Bevollmächtigung eigener Organe, in: AVR 1964, S. 14-33. Mit Blick auf die Europäischen Gemeinschaften umfassend *Hilf*, Die Organisationsstruktur der Europäischen Gemeinschaften, Rechtliche Gestaltungsmöglichkeiten und Grenzen, 1982, v.a. S. 297 ff.

Funktionsverteilung der Hauptorgane verändern. Sie müssen vielmehr, das zeigt ein Blick auf Art. 7 Abs. 2 SVN, für die Funktionserfüllung der Organisation als ganzer oder eines ihrer Organe erforderlich sein. Die Schaffung von Nebenorganen ist überdies kein Mittel der Kompetenzerweiterung für die Organisation als solche. Ein aktuelles Beispiel hier für ist die Einrichtung der "Peace-building-commission" durch gleichlautende Resolutionen von Generalversammlung und Sicherheitsrat der Vereinten Nationen im Dezember 2005.[1351] Deren Zweck soll es dem Vorschlag des Generalsekretärs entsprechend sein, unmittelbar nach einem Krieg die Planung der Vereinten Nationen für einen dauerhaften Wiederaufbau zu verbessern und sich dabei insbesondere auf frühzeitige Anstrengungen zur Schaffung der notwendigen Institutionen zu konzentrieren. Die Kommission für Friedenskonsolidierung soll dazu beitragen, daß ausreichende finanzielle Ressourcen für einen vernünftigen Zeitrahmen in verläßlicher Weise zur Verfügung stehen. Sie wird in regelmäßigen Abständen die Fortschritte bei der Verwirklichung der mittelfristigen Wiederaufbauziele überprüfen, und sie soll dafür sorgen, daß dem Wiederaufbau nach Konflikten länger politische Aufmerksamkeit gewidmet wird.[1352]

b) Implizierte Kompetenzen, sogenannte Implied-powers?

Das Fehlen einer ausdrücklichen Handlungsermächtigung bedeutet nicht automatisch, daß ein Tätigwerden ausgeschlossen und unrechtmäßig wäre. Gründe dafür, daß das Organisationsstatut schweigt, können der bloße Umstand sein, daß die Frage beim Abfassen nicht be-

---

[1351] GV-Res. 60/180 vom 30. Dezember 2005; SR-Res. 1645 vom 20. Dezember 2005.

[1352] Vgl. *Generalsekretär*, In Larger Freedom (Fn. 510), Nr. 115; und die operativen Teile der Resolutionen in Fn. 1351. Siehe auch schon *Peck* (Fn. 874), S. 101 ff., zu dieser wichtigen Aufgabe der Vereinten Nationen. Eine Analyse neuerer Nachkonfliktszenarien bieten *Brzoska/Law* (Hrsg.), Security Sector Reconstruction and Reform in Peace Support Operations, in: International Peacekeeping 13 (2006), Sonderheft; *Weinlich*, Weder Feigenblatt noch Allheilmittel, Die neue Kommission für Friedenskonsolidierung der Vereinten Nationen, in: VN 2006, S. 2-11; *Gareis*, Neue Perspektiven in der Friedenssicherung?, Die Peacebuilding Commission der Vereinten Nationen, in: Varwick/Zimmermann (Hrsg.), Die Reform der Vereinten Nationen, Bilanz und Perspektiven, 2006, S. 187-199; *Schweisfurth*, The United Nation's Peacebuilding Commission's first year, in: Frieden in Freiheit, Festschrift für Michael Bothe zum 70. Geburtstag, 2008, S. 297-331.

dacht wurde, oder die fortschreitende technische Entwicklung. Die Lebendigkeit und Überlebensfähigkeit einer Organisation (wie diejenige eines Staates) hängen nicht zuletzt davon ab, wie sie mit sich wandelnden Herausforderungen umgehen kann. Bei impliziten Kompetenzen geht es aber, dies sei bereits an dieser Stelle mit aller Deutlichkeit unterstrichen, nicht um eine Erweiterung der Kompetenzen einer Organisation, sondern darum, ihr bereits zustehende – sozusagen verdeckt mitgeschriebene – Kompetenzen sichtbar zu machen.[1353]

Im US-amerikanischen Verfassungsrecht wurde bereits früh die Lehre von den Implied-powers entwickelt.[1354] Seit der Entscheidung des Obersten Gerichtshofs in der Sache McMulloch ./. Maryland werden implizite, aus der Verfassung ableitbare und mit deren übrigen Regelungen nicht in Widerspruch stehende Kompetenzen, die der Erreichung von in der Verfassung vorgegebenen Zielen dienen, anerkannt.[1355]

Anders als bei *Metternich* (supra Fn. 84) wird hier aber nicht allein vom Zweck auf die Mittel geschlossen, sondern es erfolgt eine ausdrückliche Rückbindung an den Rahmen, an Geist und Buchstaben der Verfassung im übrigen. Nur so kann sichergestellt werden, daß sich der Staat (Entsprechendes gilt auch für die internationale Organisation) nicht völlig vom Willen seiner Gründer[1356] loslöst.

[1353] Diesen systematischen Aspekt haben *Triepel*, Die Kompetenzen des Bundesstaats und die geschriebene Verfassung, in: Festgabe für Laband, Bd. II, 1908, S. 249-335; und *Küchenhoff*, Ausdrückliches, stillschweigendes und ungeschriebenes Recht in der bundesdeutschen Kompetenzverteilung, zugleich ein Beitrag zur Lehre von der Rechtsgewinnung und zum Verfassungsrecht der USA, in: AöR 1957, S. 413-479, für den innerstaatlichen Zusammenhang herausgearbeitet.

[1354] Einzelheiten bei *Joswig*, Die implied powers-Lehre im amerikanischen Verfassungsrecht, Eine Analyse anhand der Rechtsprechung des U.S. Supreme Court, 1996, S. 3 ff., 49 ff.

[1355] US Supreme Court, McMulloch ./. Maryland, 4 Wheat. 400-437, 421 (1819), wo es heißt: "*Let the end be legitimate, let it be within the scope of the constitution, and all means which are appropriate, which are plainly adapted to that end, which are not prohibited but consist within the letter and the spirit of the constituiton, are constitutional.*" Hierzu *Joswig* (Fn. 1354), S. 34 ff. m.w.Nw. Der Supreme Court greift hier auf Überlegungen zurück, die *James Madison* in den Federalist Papers (Nr. 44) dargelegt hatte.

[1356] Erhaben zum Ausdruck gebracht in der Präambel der Verfassung der Vereinigten Staaten von Amerika:
"*We the People of the United States, in order to form a more perfect Union, establish Justice, insure domestic Tranquility, provide for the common defence,*

Die Lehre von den Implied-powers hat sich dann auch im Völkerrecht mit Bezug auf internationale Organisationen durchgesetzt. Bereits der Ständige Internationale Gerichtshof hatte in mehreren Entscheidungen darauf im Rahmen der Auslegung von Vorschriften für die Begründung der Zuständigkeit internationaler Organisationen zurückgegriffen.[1357]

Dem Gutachten betreffend die Competence of the International Labour Organization lag die folgende Frage der französischen Regierung zugrunde:

> « L'Organisation International du Travail est-elle compétente pour les questions de travail agricole? Dans l'affirmative, quelle est l'étendue de sa compétence en ces domaines? »

Der StIGH kam zu dem Ergebnis, daß die Tätigkeit in der Landwirtschaft zweifelsfrei eine Arbeit sei, also in den Zuständigkeitsbereich der Arbeitsorganisation falle. Zwar ist in einigen Artikeln das Adjektiv industriell enthalten, doch schließe das nicht jede andere Form der Arbeit aus, zumal der Vertrag als Einheit zu betrachten sei. Die Ausklammerung eines derart wichtigen Bereichs der Produktion aus dem internationalen Arbeitsschutz könne das Ziel, weltweit menschlichere Arbeitsbedingungen zu schaffen, dem die ILO verpflichtet sei, gefährden.[1358]

In seinem Gutachten betreffend die Competence of the International Labour Organization to Regulate, Incidentally, the Personal Work of the Employer führte der StIGH im Jahre 1926 aus:

> "It results from the consideration of the provisions of the Treaty that the High Contracting Parties clearly intended to give the International Labour Organization a very broad power of co-operating with them in respect of measures to be taken in order to assure humane conditions of labour and the protection of workers. It is not conceivable that they intended to prevent the Organization from

promote the general Welfare, and secure the Blessings of Liberty to ourselves and our Posterity, do ordain and establish this Constitution for the United States of America."

[1357] Vgl. hierzu: *Rouyer-Hameray,* Les compétences implicites des organisations internationales, 1962, S. 28 ff., 45 ff., 51 ff.; *Köck*, Die „implied powers" der Europäischen Gemeinschaften als Anwendungsfall der „implied powers" internationaler Organisationen überhaupt, in: FS Seidl-Hohenveldern, 1988, S. 279-299 (S. 284 ff.).

[1358] *PCIJ*, Gutachten vom 12. August 1922, Series B, Nr. 2 und 3, S. 23 ff.

> drawing up and proposing measures essential to the accomplishment of that end."[1359]

Nach kurzer Zeit bestätigte der StIGH diese Auffassung in seinem Gutachten betreffend die Jurisdiction of the European Commission of the Danube between Galatz and Braila (1927):

> "As the European Commission is not a State, but an international institution with a special purpose, it only has the functions bestowed upon it by the Definite Statute with a view to the fulfilment of that purpose, but it has the powers to exercise that functions to their full extent, in so far as the Statute does not impose restrictions upon it."[1360]

Der StIGH ergänzte in seinem Gutachten vom 28. August 1928 betreffend die Interpretation of the Greco-Turkish Agreement of December 1st, 1926:

> « Tout organe possédant des pouvoirs juridictionnels a le droit de se prononcer en premier lieu lui-même sur l'étendue de ses attributions dans ce domaine. »[1361]

Nach dem Krieg schloß sich auch der IGH dieser mittlerweile gefestigten Auffassung an und folgerte bereits in seinem Gutachten Reparation for Injuries suffered in the Service of the United Nations (1949) aus den Zielen der Vereinten Nationen auf ihre Kompetenzen:

> "Under international law, the Organization must be deemed to have these powers which, though not expressly provided in the Charter, are conferred upon it by necessary implication as being essential to the performance of its duties."[1362]

Weitere Gutachten setzten diese Linie fort. So heißt es im Gutachten über Effect of Awards of Compensation made by the United Nations Administrative Tribunal (1954):

> "[T]he Court finds that the power to establish a tribunal [...] was essential to ensure the efficient working of the Secretariat, and to give effect to the paramount consideration of securing the highest stan-

---

1359 *PCIJ*, Gutachten vom 23. Juli 1926, Series B, Nr. 13, S. 18.

1360 *PCIJ*, Series B, Nr. 14, S. 64.

1361 *PCIJ*, Series B, Nr. 16, S. 20.

1362 Fn. 1340, S. 182.

> dards of efficiency, competence and integrity. Capacity to do so arises by necessary intendment out of the Charter."[1363]

Die von Richter *Hackworth* in beiden Fällen formulierten Sondervoten[1364] standen der Implied-powers-Lehre kritisch gegenüber, konnten sich aber nicht durchsetzen. Denn bereits im Jahre 1962 hatte der IGH im Gutachten Certain Expenses of the United Nations Gelegenheit, festzustellen:

> "When the Organization takes action which warrants the assertion that it was appropriate for the fulfillment of one of the stated purposes of the United Nations, the presumption is that such action is not ultra vires the Organization." [1365]

Der IGH hat bis heute an dieser Rechtsprechung festgehalten.

Auch der Europäische Gerichtshof hat sich schon früh dahingehend geäußert, er halte

> „ohne sich dabei an eine extensive Auslegung zu begeben, die Anwendung einer sowohl im Völkerrecht als auch im innerstaatlichen Recht allgemein anerkannten Auslegungsregel für zulässig, wonach die Vorschriften eines völkerrechtlichen Vertrages oder eines Gesetzes zugleich diejenigen Vorschriften enthalten, bei deren Fehlen sie sinnlos wären oder nicht in vernünftiger und zweckmäßiger Weise zur Anwendung gelangen könnten".[1366]

[1363] *IGH*, Gutachten vom 13. Juli 1954, ICJ-Reports 1954, S. 47 ff. (S. 57).

[1364] Fn. 1340, S. 196 (S. 198): *"Powers not expressed cannot truly be implied."* und Fn. 1340, S. 76 (S. 80): *"The doctrine of implied powers is designed to implement, within reasonable limitations, and not to supplant or vary, expressed powers."* Vgl. auch das Sondervotum von Richter *Fitzmaurice*, ICJ-Reports 1971, S. 220 (S. 281): *"All* [General Assembly's] *powers, whether they be executive or only recommendatory, are precisely formulated in the Charter and there is no residuum. Naturally any organ must be deemed to have the powers necessary to enable it to perform the specific functions it is invested with.* [...] *This is acceptable if it is read as being related and confined to existing and specified duties; but it would be quite another matter, by a process of implication, to seek to bring about an extension of functions* [...]."

[1365] *IGH* (Fn. 523), S. 168. Kritisch zur Argumentation des IGH *Steiger* (Fn. 909), S. 465.

[1366] *EuGH* Rs. 8/55, Slg. Bd. II, S. 297 (S. 312) – FÉDÉCHAR.

Diese Rechtsprechung setzte der EuGH fort,[1367] so daß der Grundsatz der Implied-powers auch im Gemeinschaftsrecht kompetenzbegründend ist.[1368] Wegen der Regelung in Art. 308 EGV (ex Art. 235 EGV) ist die praktische Bedeutung im Gemeinschaftsrecht allerdings nicht besonders hoch. Systematisch ist für sie auch nur dort Raum, wo die Verträge Interpretationsspielräume eröffnen: „*Kompetenzfortbildung setzt Vagheit der Vertragsbestimmungen voraus.*"[1369] Sachlich ein Anwendungsfall von Implied-powers ist die Wahrnehmung von Organkompetenzen durch ein anderes Organ oder durch die Mitgliedstaaten in einer temporär begrenzten Ausnahmesituation, um Funktionsstörungen abzuwehren.

Internationale Organisationen als die relevanten Akteure haben sich der Implied-powers-Lehre vielfach bedient, wenn dies aus ihrer Sicht zur Aufgabenerfüllung notwendig erschien; insofern kann auf die in den ersten beiden Teilen geschilderten Beispiele (etwa 1841, als die Zentralkommission für die Rheinschiffahrt unter Rückgriff auf den Octroivertrag von 1804 Ausweichregelungen bei Gegenverkehr vereinheitlichte – supra Fn. 259) verwiesen werden.

Das Schrifttum hat dem sowohl für das Völkerrecht als auch für das Europarecht zugestimmt.[1370] Die Lehre von den Implied-powers ist ei-

---

[1367] Etwa *EuGH* Rs. 22/70, Urteil vom 31. März 1971, Slg. 1971, S. 274 f. – European Road Agreement.

[1368] *Cappelletti/Golay* (Fn. 47), S. 316 ff., bieten einen Vergleich zwischen EG und USA.

[1369] *Nettesheim* (Fn. 29), S. 424.

[1370] Zum Völkerrecht siehe nur: *Khan*, Implied Powers of the United Nations, 1970; *Skubiszewski*, Implied Powers of the International Organizations, in: Essays in Honour of Shabtai Rosenne, 1989, S. 855-868; *Zuleeg*, International Organizations, Implied Powers, in: EPIL II (1995), S. 1312-1314; *Klein* (Fn. 19), Rn. 98.

Ablehnend demgegenüber die sowjetische Lehre, vgl. *Tunkin*, The Legal Bases of International Organization Action, in: Dupuy (Hrsg.), A Handbook on International Organizations, 1988, S. 261-276, der unter Bezugnahme auf die Sondervoten *Hackworths* (Fn. 1364) eine Kompetenzvermutung zugunsten internationaler Organisationen als "*completely wrong*" bezeichnet.

Zum Europarecht vgl. *Nicolaysen*, Zur Theorie von den Implied Powers in den Europäischen Gemeinschaften, in: EuR 1966, S. 129-142; *Becker*, Die Anwendbarkeit der Theorie von den Implied Powers im Recht der Europäischen Gemeinschaften, Diss. iur., Münster 1976; *Peruzzo*, Das Problem der Implied powers der Organe der Europäischen Gemeinschaften, Diss. iur., Marburg

nerseits auf internationale Organisationen insgesamt anzuwenden, wenn es um die Ermittlung ihrer Kompetenzen als ganzes (Verbandskompetenz) geht, und andererseits intern, sofern die Kompetenzverteilung innerhalb der Organisation (Organkompetenz) in Rede steht. Hier liegt es nahe, dem – nach der zu respektierenden normalen Aufgabenverteilung[1371] – kompetenznächsten Organ die implizierte Kompetenz zuzuerkennen, subsidiär dem unmittelbar legitimierten Mitgliederorgan.[1372]

Diese Methode der Kompetenzermittlung bietet sich gerade mit Blick auf die Vereinten Nationen nicht zuletzt deswegen an, weil deren Satzung in ihrem Wortlaut nicht einfach abzuändern ist (vgl. Art. 108, 109 SVN), und es praktisch ausgeschlossen ist, textliche Klarstellungen vorzunehmen. Die Satzung untersagt auch nicht ausdrücklich die Herleitung von Implied-powers, so daß diese möglich ist, allerdings dem Gutachten des IGH in der Sache Reparation for Injuries suffered in the Service of the United Nations (1949) entsprechend auf wesentliche Fälle (*"as being essential to the performance of its duties"*)[1373] beschränkt bleiben muß.[1374] Gerade auch die Notfall- oder Notstandskompetenz ist ein Anwendungsfall der implizit begründeten Kompetenz eines ersatzweise anstelle eines temporär handlungsunfähigen Organs handelnden anderen Organs.

Festzuhalten ist, daß einer internationalen Organisation vermittels der Implied-powers-Lehre nur solche Kompetenzen zugerechnet werden können, die sich durch Auslegung aus dem Recht dieser Organisation ergeben. Es handelt sich also um Kompetenzen, die der Organisation von Anfang an zukommen, aber nicht ausdrücklich im Gründungsvertrag oder anderen Rechtsakten benannt sind, sondern erst aus einem konkreten Anlaß *ge*funden – und nicht: *er*funden oder geschaffen – werden. Letzteres, also die Zuschreibung einer auch nicht implizit im Recht einer internationalen Organisation enthaltenen Kompetenz, de-

---

1979; *Böhm*, Kompetenzauslegung und Kompetenzlücken im Gemeinschaftsrecht, Ein Beitrag zur Klärung und Abgrenzung von effet utile, implied powers, resulting powers und Lückenklauseln, 1985, S. 174 ff.; *Köck* (Fn. 1357).

[1371] Dies hat der IGH bereits im Jahre 1950 unterstrichen, vgl. Gutachten vom 3. März 1950 (Fn. 539), S. 9.

[1372] So *Klein* (Fn. 19), Rn. 191.

[1373] Supra Fn. 1340.

[1374] Siehe auch *Zuleeg* (Fn. 1370), S. 1313.

ren Ausübung und Anerkennung kann allerdings gewohnheitsrechtlich eine *neue* Kompetenz begründen.

Auch das dem europäischen Primärrecht innewohnende Prinzip der begrenzten Einzelermächtigung beraubt die Kompetenzordnung nicht ihrer Fähigkeit zur dynamischen Anpassung, allerdings muß die Kompetenznorminterpretation die Grenze zur Vertragsänderung (Art. 48 EUV) wahren.[1375]

c) Kompetenzen auf Grund des „Effet utile"?

Unter diesem Stichwort[1376] ist darüber diskutiert worden, ob völkerrechtliche Verträge, und in unserem Zusammenhang vor allem die Gründungsverträge internationaler und supranationaler Organisationen unter Zugrundelegung des Effektivitätsprinzips so auszulegen sind, daß derjenigen Auslegung der Vorzug gebühre, bei der der erkennbare Zweck des Vertrages und seiner Einzelvorschriften am besten erreicht werde.[1377] Heute wird dieser Grundsatz in Rechtsprechung[1378] und Literatur[1379] allgemein anerkannt. Auch im europäischen Gemeinschaftsrecht hat der Grundsatz des „effet utile" seinen Platz gefunden, wenn auch in vielgestaltiger Form.[1380] Der EuGH hat den Grundsatz des „effet utile" zwar vor allem *„in bezug auf unmittelbar anwendbares Gemeinschaftsrecht positiv wirksamkeitssteigernd"*[1381] und hinsichtlich

---

[1375] So dezidiert *Nettesheim* (Fn. 29), S. 422 ff.

[1376] Und unter der Maxime „ut res magis valeat quam pereat"; hierzu *Verdross/Simma* (Fn. 22), § 780; vgl. *Streinz*, Der „Effet utile" in der Rechtsprechung des Gerichtshofs der Europäischen Gemeinschaften, in: FS für Ulrich Everling, Bd. II, 1995, S. 1491-1510.

[1377] *Bernhardt*, Die Auslegung völkerrechtlicher Verträge, insbesondere in der neueren Rechtsprechung internationaler Gerichte, 1963, S. 96; vgl. auch *Böhm* (Fn. 1370), S. 64 ff. m.w.Nw.

[1378] Vgl. nur *IGH*, Urteil vom 18. Juli 1966, ICJ-Reports 1966, S. 6 ff. (S. 48 f.) – South West Africa Cases, Ethopia v. South Africa, Liberia v. South Africa, Second Phase.

[1379] Ausführlich *Mosiek*, Effet utile und Rechtsgemeinschaft – Zugleich ein Beitrag zur Kompetenzordnung der Europäischen Gemeinschaft, 2003 m.w.Nw.

[1380] Vgl. die Darstellung bei *Böhm* (Fn. 1370), S. 72-85; *Alvarez* (Fn. 233), S. 184 ff., 273 ff.; jeweils m.w.Nw.

[1381] *Mosiek* (Fn. 1379), S. 52.

mitgliedstaatlichen Vollzugsrechts beschränkend angewandt, aber auch eingesetzt, um Kompetenzen der Gemeinschaft aus den Verträgen durch sehr tiefschürfende Auslegung[1382] zu begründen.

1382 So etwa *EuGH*, Urteil vom 30. Mai 1989, Rs. 242/87, Slg. 1989, S. 1425 ff. – ERASMUS. Hierzu *Streinz* (Fn. 1376), S. 1504 f. Weitere Beispiele bei *Mosiek* (Fn. 1379), S. 54 ff.

C. Die Rechtssetzungskompetenz internationaler Organisationen

I. Einleitung

Das vorstehend Ausgeführte soll exemplarisch an der Rechtssetzungskompetenz internationaler Organisationen[1383] noch einmal durchdekliniert werden. Diese Kompetenz wurde ausgewählt, weil sie regelnd und steuernd nicht nur im Innenbereich der internationalen Organisation wirkt, sondern in besonderer Weise dazu dienen kann, in die Rechtsordnungen der Mitgliedstaaten hineinzuwirken, und gegebenenfalls sogar unmittelbar die Rechtsstellung des Individuums zu betreffen vermag. Überdies kommt in der Rechtsordnung des Völkerrechts der Rechtssetzungskompetenz eine zentrale Bedeutung zu. Der klassische Rechtsquellenkanon des Art. 38 Abs. 1 IGH-Statut ist in der Praxis längst durch weitere Quellen, darunter das von internationalen Organisationen gesetzte Recht, ergänzt worden.[1384]

Es sei daran erinnert, daß Organisationsstatute internationaler Organisationen einerseits Völkervertragsrechts darstellen, sie aber andererseits strukturelle Ähnlichkeiten zum Verfassungsrecht aufweisen. Eine Verfassung hat eine Ordnungsfunktion, sie gibt normativ vor, was sein soll. Ausgangspunkt dafür ist oftmals auch eine Momentaufnahme des praktischen Verfassungs*lebens*, wie die deutschen Verfassungen von 1848, 1871, 1919 und 1949 deutlich zeigen. Ist die verfaßte Organisation aber lebendig, dann wird sie sich weiterentwickeln. Den Verträgen über die EG und die EU beispielsweise wohnt dieser dynamische Charakter ausdrücklich inne. Um dem angemessen Rechnung zu tragen, ist die Verfassungsinterpretation darauf angewiesen, ein ausgewogenes und angemessenes Verhältnis zwischen Bewahrung und Ordnung einerseits und problemlösungsorientierter Weiterentwicklung und Wandlung andererseits zu finden.[1385] Im Grundsatz gehört ein Organisationsstatut

---

1383 Hierzu bereits *Scheuner* (Fn. 51), S. 234 ff.; siehe auch supra bei und in Fn. 597. *Skubiszewski*, Enactment of Law by International Organizations, in: BYIL 41 (1965/66), S. 198-274; *Hahn* (Fn. 1017), S. 102 ff. Ausführlich neuestens *Aston* (Fn. 793).

1384 Siehe *Stein* (Fn. 596) und *Tietje* (Fn. 596).

1385 Zu diesem Punkt unlängst *Klein*, Staat und Zeit, 2006, S. 41 ff., 48 f., 60 ff.

deshalb zu der Kategorie von Verträgen, die eine gewisse Interpretationsoffenheit haben, wenn sie bei aller Neigung zur Dynamik angesichts ihrer eben auch gegebenen Ordnungsfunktion nicht sämtlich als „lebendiges Instrument“[1386] bezeichnet werden können.[1387] Die Europäische Menschenrechtskonvention, die mit diesem Attribut versehen worden ist, stellt ja gerade kein Organisationsstatut einer internationalen Organisation dar; die im Laufe der Zeit notwendig gewordenen Anpassungen der auf Gerichtshof und Kommission gemünzten institutionellen Vorschriften ist immer im Rahmen von Vertragsänderungen (durch Protokolle oder im Konventionstext selbst) vorgenommen worden.

Die bisherige Darstellung hat deutlich zu machen versucht, daß die Entwicklung der internationalen Organisationen nicht nur von einer Ausweitung ihrer Gegenstände geprägt war, sondern auch gekennzeichnet ist von gewachsenen Kompetenzen. Dies gilt gerade auch für den Bereich der Rechtssetzung.[1388] Der Sprachgebrauch ist hier uneinheitlich;[1389] Rechtssetzung erscheint gegenüber dem Begriff der Gesetzgebung mit ihren innerstaatlichen Konnotationen, vor allem der heute naheliegenden Verbindung zu einem durch demokratische Wahlen legitimierten Parlament[1390] vorzugswürdig.

1386 Hierzu *Prebensen*, Evolutive interpretation of the European Convention on Human Rights, in: GS Ryssdal, 2000, S. 1123-1137; *Liu*, Les Méthodes d'interprétation dynamique de la Convention Européenne des Droits de l'Homme utilisées par la Cour Européenne des Droits de l'Homme, 2000; *Grabenwarter*, Europäische Menschenrechtskonvention, Ein Studienbuch, 3. Aufl. 2008, § 5 IV, Rn. 12 ff.

1387 Auch *Bernhardt* (Fn. 24), S. 602, räumt ein, daß erst ein hoher Grad von Konsens unter den Mitgliedstaaten eine Weiterentwicklung von Organisationsstatuten als „lebendiger Instrumente“ zulasse.

1388 So schon *Glaesner*, Übertragung rechtsetzender Gewalt auf internationale Organisationen in der völkerrechtlichen Praxis, in: DÖV 1959, S. 653-658 (S. 654 ff.). Eher zurückhalten ist die Beurteilung bei *Bernhardt* (Fn. 1224), S. 26 f.

1389 Siehe *Skubiszewski*, International Legislation, in: EPIL II (1995), S. 1255-1262 (S. 1255 f.).

1390 Darauf, daß dies nicht (mehr) zwangsläufig so sein muß, hat vor nicht allzu langer Zeit *Klein*, Gesetzgebung ohne Parlament?, Vortrag, gehalten vor der Juristischen Gesellschaft zu Berlin am 24. September 2003, 2004, aufmerksam gemacht, und eine „*Reduktion parlamentarischer Beteiligung*“ (S. 8) beklagt.

Bereits die Verwaltungsunionen des 19. Jahrhunderts[1391] haben nicht nur intern wirkende Verfahrensordnungen erlassen, sondern auf ihren jeweiligen Arbeitsgebieten auch Richtlinien und Regulative, teils bindender, teils empfehlender Natur, erlassen. Dabei war der Grad der erforderlichen Mitwirkung der Vertragsstaaten unterschiedlich: Es gab die Bestätigung durch einen völkerrechtlichen Akt oder durch ein innerstaatliches Gesetz ebenso wie die bloße Mitwirkung am Beschluß im Organ, wobei in der Regel Einstimmigkeit erfoderlich war, mitunter aber auch Mehrheitsentscheidungen ausreichend sein konnten (etwa im Deutschen Zollverein nach 1867).

Den größten Teil der Rechtssetzung internationaler Organisationen machten zunächst freilich Regelungen aus, die sich auf das eigene Verfahren oder die Durchführung ihrer Aufgaben bezogen.[1392] Da solche Verwaltungsverordnungen zu dieser Zeit auch innerstaatlich nur selten einer besonderen gesetzlichen Ermächtigung bedurften,[1393] erschien es den Staaten wohl selbstverständlich, daß die internationalen Verwaltungsunionen „ihre Arbeit machten". Der unmittelbare Durchgriff von Akten der Organisation auf die nationale Rechtsordnung oder die Rechtsstellung des einzelnen blieb damals die Ausnahme,[1394] war allerdings beispielsweise durch die Gesetzgebung des Deutschen Zollvereins nach 1867 oder durch die Rechtsprechung der Rheinschiffahrtskommission möglich.

Es finden sich in den Organisationsstatuten vieler internationaler Organisationen Vorschriften, die Rechtssetzungskompetenzen begründen;[1395] zu nennen sind beispielsweise:

- Art. 21 WHO-Vertrag
- Art. 13 ITU-Vertrag
- Art. 22 UPU-Vertrag
- Art. 4 UNESCO-Vertrag
- Art. 19 Abs. 1 ILO-Vertrag

1391 Siehe supra Erster Teil B.I.

1392 Einzelheiten bei *Detter* (Fn. 583), S. 44 ff.

1393 Traditionell war der Vorbehalt des Gesetzes auf Eingriffe in (persönliche) Freiheit und Eigentum beschränkt; näher *Ossenbühl* (Fn. 1309).

1394 Erinnert sei an das Gutachten einer Kommission der Bundesversammlung von 1817, dazu supra bei und nach Fn. 86.

1395 Vgl. die Darstellung bei *Aston* (Fn. 793), S. 62-124 (Vereinte Nationen) und 125-166 (Sonderorganisationen der Vereinten Nationen).

Hinzu kommen die vielfältigen Rechtssetzungskompetenzen, die den Europäischen Gemeinschaften/der Europäischen Union in den Verträgen zugewiesen worden sind. Hierbei ist zu beachten, daß die Verträge den Organen zum Teil die Form des Rechtsakts vorschreiben (Art. 52 Abs. 1 EGV: Richtlinien); hieran sind die Organe gebunden. Meistens freilich ist den Organen eine begrenzte Rechtsaktformwahl eröffnet (Art. 40 EGV: Richtlinien oder Verordnungen), oft können sie auch *„alle zweckdienlichen Vorschriften“* (so in Art. 71 Abs. 1 lit. d EGV) erlassen. Maßnahmen der Gemeinschaft, so heißt es in Art. 5 Abs. 3 EGV, gehen nicht über das zur Erreichung der Ziele dieses Vertrages erforderliche Maß hinaus; dies betrifft auch die Auswahl der Rechtsaktform.

Kennzeichnend für die Rechtserzeugung im Rahmen zwischenstaatlicher Organisationen ist es, daß sie von Organen vorgenommen wird, die sich aus Vertretern der Regierungen der Mitgliedstaaten zusammensetzen. Dies gilt für die technischen internationalen Organisationen wie für den Sicherheitsrat der Vereinten Nationen und den Rat der Europäischen Union. Alle sind Organe der jeweiligen Organisation, so daß ihr Handeln solches der Organisation ist. Die Mitwirkung von Rechtsunterworfenen an einer Entscheidung spricht nicht dagegen, hier den Begriff der Kompetenz zu gebrauchen.[1396] Das Verhalten der Staatenvertreter in diesen Organen ist aber auch Gegenstand der nationalen Außenpolitik, die nicht selten von innenpolitischen Erwägungen bestimmt wird. Die Mitgliedstaaten vermitteln durch ihr Handeln (nicht zwingend demokratische) Legitimation in die Ebene der Organisation und sie verschaffen gleichzeitig ihren Interessen Geltung. *Möllers* spricht in diesem Zusammenhang sehr anschaulich von *„intergouvernementalen Kopplungsorganen“*.[1397] Deren Grenzen auf den Feldern Repräsentation und Deliberation führten zwar zu den bekannten Legitimationsproblemen, aber ein leistungsfähigeres Modell sei – und hier ist ihm nachdrücklich zuzustimmen –noch nicht etabliert.[1398]

Parlamentarische Organe sind als solche noch die Ausnahme in internationalen Organisationen,[1399] eine Direktwahl durch die Völker der Mitgliedstaaten gibt es überhaupt nur beim Europäischen Parlament. Des-

---

1396 So aber *Grob* (Fn. 398), in dem supra Fn. 1272 angeführten Zitat.

1397 *Möllers* (Fn. 1277), S. 234.

1398 *Möllers* (Fn. 1277), S. 243.

1399 Ausführlich *Kißling*, Die Interparlamentarische Union im Wandel, Rechtspolitische Ansätze einer repräsentativ-parlamentarischen Gestaltung der Weltpolitik, 2006.

sen Einfluß auf die Rechtssetzungstätigkeit der Europäischen Union ist gegenüber der ursprünglichen Konstellation erheblich ausgeweitet worden. Eine Repräsentation der Rechtsunterworfenen auf der Ebene der Vereinten Nationen ist die Generalversammlung, in der jeder Mitgliedstaat mit einer Stimme gleichberechtigt vertreten ist. Sie stellt – wie andere Mitgliederorgane internationaler Organisationen – gewissermaßen ein „Staatenparlament" dar, in dem der aus Staaten bestehende Demos der Vereinten Nationen sich artikulieren kann.[1400] Je nach dem von der Organisation gewählten Modus kann die Rechtssetzung in diesem Mitgliederorgan selbst oder in einem engeren Repräsentationsorgan stattfinden.

II. Fallgruppen

Neben den rechtlich unverbindlichen Empfehlungen oder Standards, die von internationalen Organisationen verabschiedet werden können und deren oftmals weitreichender Einfluß auf die Praxis der Staaten nicht unterschätzt werden sollte,[1401] lassen sich mehrere Fallgruppen[1402] der Rechtsakte gegenüber Staaten unterscheiden:

- Rechtsakte, die von einer Organisation erlassen werden und die Mitgliedstaaten im Außenverhältnis unmittelbar rechtlich binden (infra 1).
- Rechtsakte, die von einer Organisation erlassen werden und die Mitgliedstaaten im Außenverhältnis unmittelbar rechtlich binden, wenn sie nicht ausdrücklich erklären, nicht gebunden zu sein (infra 2).

[1400] Ein Faktum, das vom Pathos der Präambel (*"We the peoples"*) nur verdeckt, nicht verändert wird.

[1401] Ausführlich dazu die Beiträge in: *Shelton* (Fn. 393) und in: *Zürn/Joerges* (Hrsg.), Law and Governance in Postnational Europe, Compliance beyond the Nation-State, 2005. Außerdem *Luck*, Gaps, Commitments, and the Compliance Challenge, in: ders./Doyle (Hrsg.) (Fn. 393), S. 303-330.

[1402] Während *Sørensen* (Fn. 1262), S. 422, noch beklagt, es gebe kaum *„grundsätzliche theoretische Überlegungen oder Bestrebungen, ein einheitliches Modell zu entwickeln"*, hat unlängst *Aston* (Fn. 793), S. 166 ff., ganz ähnliche Fallgruppen gebildet.

- Rechtsakte, die von einer Organisation erlassen werden und die Mitgliedstaaten im Außenverhältnis nur dann rechtlich binden, wenn sie ausdrücklich erklären, gebunden zu sein (infra 3).

Hinzu kommen Rechtsakte, die von einer Organisation erlassen werden und die Bürger der Mitgliedstaaten entweder unmittelbar rechtlich binden, ohne daß weiteres Zutun der Mitgliedstaaten erforderlich wäre (infra 4) oder die zur Bindung der Bürger der Mitgliedstaaten eines Konkretisierungs- oder Umsetzungsaktes durch die Mitgliedstaaten bedürfen (infra 5).

1. Unmittelbar gegenüber den Staaten wirksame Rechtsakte

Systematisch kommen solche Rechtsakte dem am nächsten, was aus dem innerstaatlichen Bereich als materielles Gesetz bekannt ist. Sie werden von einem hierfür zuständigen Organ erlassen und binden alle Rechtsunterworfenen als Normadressaten unmittelbar. Diese Charakterisierung läßt sie in der klassischerweise von Koordination geprägten Rechtsordnung des Völkerrechts atypisch erscheinen, erfordern sie doch eine den Staaten übergeordnete Rechtssetzungsinstanz. So begegnen sie uns zunächst nur im Rahmen des zweiten Deutschen Zollvereins und dann lange Zeit vor allem im Rahmen der Europäischen Gemeinschaften in Gestalt der Richtlinien (Art. 249 Abs. 3 EGV), die die Mitgliedstaaten zum Erlaß innerstaatlicher Umsetzungsrechtsakte verpflichten. Richtlinien sind inhaltlich nur hinsichtlich des vorgegebenen Ziels verbindlich und lassen den Mitgliedstaaten einen Spielraum hinsichtlich der Durchführung. Richtlinien sind nach dem allgemeinen Grundsatz des Art. 10 EGV allerdings vollständig, genau und innerhalb der in ihnen genannten Frist umzusetzen. Verordnungen (Art. 249 Abs. 2 EGV) gelten nicht nur für die Mitgliedstaaten, sondern auch in den Mitgliedstaaten und sind von Behörden und Gerichten als Recht anzuwenden. Aufgrund des Vorrangs des Gemeinschaftsrechts tritt entgegenstehendes innnerstaatliches Recht zurück und bleibt außer Anwendung.

Zu nennen sind aber auch die Rechtsakte des Rates der Weltzivilluftfahrtorganisation über den Luftraum über der hohen See gemäß Art. 12 S. 3 ICAO und bestimmte Rechtsakte des Weltpostvereins, so beispielsweise die Allgemeinen Vollzugsregeln des Kongresses (Art. 22 Abs. 2 UPU) oder die Briefpost- und Paketpostvollzugsordnungen des Postvollzugsrats nach Art. 22 Abs. 3 i.V.m. Abs. 5 UPU. Hierbei handelt es sich ebenfalls um Rechtsakte, die unmittelbar rechtswirksame Außenwirkung entfalten.

Beschlüsse des Sicherheitsrates sind nach Art. 25 SVN verbindlich und binden die Mitgliedstaaten der Vereinten Nationen ohne weitere Erfordernisse. Inhaltlich sind diese Beschlüsse des Sicherheitsrats nicht auf Fragen der Sicherheit zu begrenzen, aber klar ist, daß der Sicherheitsrat keine Tageshöchstlenk- und Tagesmindestruhezeiten für LKW-Fahrer[1403] festlegen kann.

Eine neue Qualität erreichte diese Form der Rechtserzeugung allerdings mit Resolution 1373 des Sicherheitsrates aus dem Jahr 2001. Auch hierbei handelt es sich um einen unmittelbar für die Mitgliedstaaten verbindlichen Rechtsakt. Die legislativ wirkende Beschlußpraxis des Sicherheitsrates wurde nach dem Präzedenzfall von Resolution 1373 mit Resolution 1540 vom 28. April 2004 zur Weiterverbreitung von Massenvernichtungswaffen fortgesetzt. Der Sicherheitsrat handelt hier mit einem klassischen Mittel, der Resolution. Er beschreitet aber neue Wege hinsichtlich des geregelten Gegenstandes und des Einsatzes der Bindungswirkung (s. supra Zweiter Teil A.II.2.e.dd).

2. Rechtsakte, die durch stillschweigende Zustimmung unmittelbar gegenüber den Staaten rechtsverbindlich werden

Auch diese Rechtsakte werden von einem hierfür zuständigen Organ mit dem Anspruch erlassen, alle Rechtsunterworfenen als Normadressaten unmittelbar zu binden. Diese Bindung kann allerdings ausgeschlossen werden, wenn ein Mitgliedstaat (meistens innerhalb einer bestimmten Frist) ausdrücklich widerspricht. Es handelt sich mit anderen Worten um ein Rechtssetzungsverfahren mit stillschweigender Zustimmung. Zustimmung durch Schweigen ist auch[1404] in der Rechtsord-

---

1403 So aber das von der Europäischen Kommission mit ihrem Vorschlag für eine Richtlinie des Europäischen Parlaments und des Rates über Mindestbedingungen für die Durchführung der Richtlinie 2002/15/EG sowie der Verordnungen (EWG) Nr. 3820/85 und (EWG) Nr. 3821/85 des Rates über Sozialvorschriften für Tätigkeiten im Kraftverkehr, KOM (2003) 628 endg. vom 21. Oktober 2003, angestoßene Rechtssetzungsverfahren.

1404 Für das Zivilrecht siehe beispielsweise: *Basse*, Das Schweigen als rechtserhebliches Verhalten im Vertragsrecht, Eine rechtsvergleichende Untersuchung unter Berücksichtigung von England, Schottland und Deutschland, 1986; *Betz*, Vertragsschluß durch Schweigen, Rechtsvergleichende Untersuchung zwischen Deutschland, Österreich und der Schweiz unter besonderer Berücksichtigung des kaufmännischen Bestätigungsschreibens, Diss. Marburg 1984; *Krause*, Schweigen im Rechtsverkehr, Beiträge zur Lehre vom Bestätigungsschreiben, von der Vollmacht und von der Verwirkung, 1933.

nung des Völkerrechts möglich,[1405] stellt freilich nicht den Regelfall der Erzeugung von Bindungswirkung dar. Es steht Staaten allerdings frei, diesen Modus im Rahmen einer internationalen Organisation ausdrücklich vorzusehen.

Im Bereich der Rechtssetzung technischer Vorschriften ist es denn auch etabliert, nicht zuletzt deshalb, weil auf diesem Wege eine Beschleunigung der Rechtssetzung erreicht wird. Das Inkrafttreten von Normen, mit denen eine Standardisierung und Harmonisierung abgegrenzter technischer Bereiche vorangetrieben werden soll, wird nämlich dadurch erleichtert, daß es nicht von der ausdrücklichen Zustimmung einer qualifizierten Mehrheit der Mitgliedstaaten abhängig ist. Umgekehrt ist der Schutz staatlicher Souveränität durch die Möglichkeit jedes Mitgliedstaates gesichert, sich der Bindungswirkung durch ausdrücklichen Widerspruch ("Opting-out") entziehen zu können. Berechtigung und Erfolg dieser Form internationaler Rechtssetzung werden daran deutlich, daß die Internationale Seeschiffahrtsorganisation (IMO) sich mit Blick auf ihr sogenanntes Vertragsanpassungsverfahren dafür entschieden hat, vom zunächst praktizierten Modus der positiven Zustimmung in denjenigen der stillschweigenden Zustimmung zu wechseln. Gründe hierfür waren Probleme, die sich innerhalb der IMO selbst bemerkbar machten (lange Zeiträume, bis die Regelungen endlich in Kraft traten), und die im Vergleich erkennbar gewordenen Vorzüge des Verfahrens der stillschweigenden Zustimmung bei der Weltgesundheitsorganisation,[1406] der Zivilluftfahrtorganisation, der Weltmeteorologieorganisation und der ITU. In der Revidierten Rheinschiffahrtsakte sind einstimmig angenommene Entschließungen verbindlich; ein Mitgliedstaat kann aber innerhalb eines Monats seine Genehmigung, sofern er diesen Vorbehalt bei der Stimmabgabe angebracht hat, versagen. Dies führt dazu, daß die Entschließung für alle Mitgliedstaaten nur noch empfehlenden Charakter hat (vgl. Art. 46 RevRheinschiffA, supra Fn. 256).

[1405] Erinnert sei an Art. 20 Abs. 5 WVK.

[1406] Stellvertretend für den hier behandelten Rechtssetzungstyp: *Vierheilig*, Die rechtliche Einordnung der von der Weltgesundheitsorganisation beschlossenen regulations, 1984, S. 62 ff., 111 ff.

3. Rechtsakte, die der ausdrücklichen Zustimmung bedürfen, um gegenüber den Staaten rechtsverbindlich zu werden

Hierunter fallen Rechtsakte, die von Organen internationaler Organisationen gesetzt werden, aber erst dann rechtswirksam werden, wenn sich eine hinreichende Anzahl von Staaten ausdrücklich zu ihnen bekannt hat; hinzu kommt, daß die Bindungswirkung nur gegenüber diesen Staaten eintritt. Mit Recht spricht *Aston* von „Contracting-in"-Verfahren.[1407] In der Tat schlägt das Organ eine Norm vor, die die Staaten hernach auf traditionellem völkerrechtlichem Wege erzeugen – oder eben nicht, worin die Schwäche dieses wenig effizienten „Rechtssetzungsverfahrens" liegt. Beispiele sind, um nur zwei Verfahren zu nennen, die Internationalen Abkommen der Staatenkonferenz der ILO nach Art. 19 Abs. 1 i.V.m. Abs. 5 des ILO-Vertrags und Rechtsakte des Exekutivrates der Welternährungsorganisation nach Art. XIV Abs. 2 i.V.m. Abs. 4 FAO.

Beliebtheit erfreut sich dieses Verfahren hingegen weiterhin als Mittel, um die Übernahme vertraglicher Verpflichtungen aus der Staatenperspektive überschaubar zu halten, etwa was die Jurisdikiton menschenrechtlicher Überwachungsmechanismen angeht. Klassische Beispiele sind etwa die Art. 21 und 22 des Übereinkommens gegen Folter (CAT)[1408] und Art. 41 des Internationalen Paktes über bürgerliche und politische Rechte. Allerdings ist auch auf diesem Gebiet der Versuch zu erkennen, allzu „weichgespülte" Ratifikationen durch großzügiges Bereitstellen solcher „Opting-in"-Klauseln nicht mehr zuzulassen. Als Belege mag neben dem Protokoll Nr. 11 zur EMRK,[1409] das die Individualbeschwerde zum Europäischen Gerichtshof für Menschenrechte

---

1407 *Aston* (Fn. 793), S. 172 ff.

1408 Übereinkommen gegen Folter und andere grausame, unmenschliche oder erniedrigende Behandlung oder Strafe vom 10. Dezember 1984, UNTS Bd. 1465, S. 85; BGBl. 1990 II 247.

1409 Protokoll Nr. 11 zur Konvention zum Schutze der Menschenrechte und Grundfreiheiten über die Umgestaltung des durch die Konvention eingeführten Kontrollmechanismus vom 11. Mai 1994, ETS Nr. 155; BGBl. 1995 II 579. Die Literatur zu diesem Protokoll ist sehr umfassend; vgl. statt aller *Drzemczewski/Meyer-Ladewig*, Grundzüge des neuen EMRK-Kontrollmechanismus nach dem am 11. Mai 1994 unterzeichneten Reform-Protokoll (Nr. 11), Ein ständiger Europäischer Gerichtshof für Menschenrechte als einziges Kontrollorgan, in: EuGRZ 1994, S. 317-322; *Schlette*, Das neue Rechtsschutzsystem der Europäischen Menschenrechtskonvention. Zur Reform des Kontrollmechanismus durch das 11. Protokoll, in: ZaöRV 1996, S. 905-976.

obligatorisch machte und die alte „Opting-in"-Klausel des Art. 25 Abs. 1 Satz 1 EMRK a.F. abschaffte, das Fakultativprotokoll zum Frauenrechtsübereinkommen (FP-CEDAW)[1410] dienen, das nicht nur ein Individualbeschwerdeverfahren[1411] einführt, sondern gleichzeitig ein Untersuchungsverfahren des CEDAW-Ausschusses (Art. 8 FP-CEDAW) etabliert.

4. Rechtsakte, die unmittelbar gegenüber den Bürgern der Mitgliedstaaten rechtsverbindlich sind

Verordnungen (Art. 249 Abs. 2 EGV) und Entscheidungen (Art. 249 Abs. 4 EGV) richten sich abstrakt-generell beziehungsweise konkret-individuell an den Marktbürger und bleiben deshalb in dieser Untersuchung außer Betracht. Richtlinien (Art. 249 Abs. 3 EGV) können ausnahmsweise unmittelbare Wirkung gegenüber den Bürgern zu deren Gunsten entfalten, wenn ein Mitgliedstaat sie nicht fristgemäß oder nur unzulänglich in nationales Recht umgesetzt hat.[1412]

5. Rechtsakte, die zur Wirksamkeit gegenüber den Bürgern der Mitgliedstaaten eines Umsetzungsaktes bedürfen

Dies sind etwa die klassischen Sanktionsbeschlüsse des Sicherheitsrates der Vereinten Nationen (supra bei und in Fn. 704). Richtlinien (Art. 249 Abs. 3 EGV) als Typ der „Rahmengesetzgebung" sind zwar für den Staat unmittelbar verbindlich, als er sie umzusetzen hat, für den Bürger bedarf es in der Regel aber eben des nationalen Umsetzungsakts, damit er an den von dem jeweiligen Mitgliedstaat gegebenenfalls modifizierten Richtlinieninhalt gebunden ist, wenn nicht die Ausnahme der unmittelbaren Anwendbarkeit der Richtlinie gegeben ist.

1410 Fakultativprotokoll zum Übereinkommen zur Beseitigung jeder Form von Diskriminierung der Frau vom 6. Oktober 1999, UN Dok. A/RES/54/4, Annex; BGBl. 2001 II 1238.

1411 Siehe nur: *Golze*, Die Individualbeschwerde nach dem Übereinkommen zur Beseitigung jeder Form von Diskriminierung der Frau (CEDAW), in: Hasse/Müller/Schneider (Hrsg.), Menschenrechte: Bilanz und Perspektiven, 2002, S. 511-533.

1412 Näher: *Epiney*, Unmittelbare Anwendbarkeit und objektive Wirkung von Richtlinien, in: DVBl 1996, S. 409-414.

D. Verträge internationaler Organisationen

Auch die Kompetenz zum Vertragsabschluß kann hier erwähnt werden. Der vorrangigen Frage nach dem grundsätzlichen „Ob“ (Verbandskompetenz) ist diejenige nach dem „Wer“ (Organkompetenz) nachgelagert.

Ob eine internationale Organisation überhaupt handeln darf, kann nicht ohne weiteres aus der völkerrechtlichen Rechtspersönlichkeit geschlossen werden,[1413] sondern wird in erster Linie vom Gründungsdokument und eventuellen weiteren Elementen ihrer Satzung bestimmt.[1414] Auch die Vertragsabschlußkompetenz ist eine zugewiesene Kompetenz.

Diese Zuweisung kann ausdrücklich erfolgen, etwa in Art. 43 SVN (Sonderabkommen über Streitkräfte, Hilfe oder Begünstigungen), oder stillschweigend, wenn etwa hinsichtlich des Sitzes einer Organisation nichts bestimmt ist, wie in der UN-Charta. Dann muß es der Organisation selbst möglich sein, einen Sitz auszuwählen und das erforderliche Sitzstaatsabkommen[1415] mit dem Gastland abzuschließen.[1416] Für die EG ergeben sich Vertragsabschlußkompetenzen zum Beispiel aus Art. 133, 174 Abs. 4 und 310 EGV.

Ülicherweise ist die Zuweisung konkret und bestimmt die Verbandskompetenz eindeutig. In bestimmten Konstellationen kann es allerdings notwendig werden, daß die Mitgliedstaaten und die Organisation gemeinsam mit Dritten einen Vertrag schließen. Vor allem für die Euro-

---

[1413] Art. 6 der noch nicht in Kraft getretenen Konvention über Verträge zwischen Staaten und Internationalen Organisationen oder zwischen Internationalen Organisationen läßt diese Frage offen; näher *Klein/Pechstein* (Fn. 1255), S. 23 ff.

[1414] Anders *Seyerstedt*, Treaty-Making Competence of International Organizations: Article 6 of the International Law Commission's Draft Articles on the Law of Treaties Between States and International Organizations or Between International Organizations, in: ÖZöR 1983, S. 261-267. Wie hier *Klein* (Fn. 19), Rn. 97.

[1415] Für den Hauptsitz der Vereinten Nationen in New York siehe das Agreement regarding the Headquarters of the United Nations between the United Nations and the United States of America vom 26. Juni 1947 (UNTS Bd. 11, Nr. 147).

[1416] Ebenso *Zemanek* (Fn. 276), S. 47.

päischen Gemeinschaften ist der Typ dieser „gemischten“ Verträge oder Abkommen wichtig geworden, wenn Sachbereiche sowohl in die Zuständigkeit der Mitgliedstaaten und in die der Gemeinschaft fielen.[1417] In solchen Fällen konnte durch diese „gemischten“ Verträge Handlungsfähigkeit gewahrt werden.

Welches Organ innerhalb der Organisation zuständig ist, bleibt deren internem Recht überlassen. Die Satzung der Vereinten Nationen erklärt in Art. 43 den Sicherheitsrat, in Art. 63 die Generalversammlung für den Abschluß der dort jeweils bezeichneten Abkommen für zuständig. Wo es an solchen Zuständigkeitsregelungen fehlt, sind systematische Überlegungen gefragt. So könnte in allen Fällen entweder das Mitgliederorgan, das Exekutivorgan oder das Sekretariat ausschließlich zuständig sein; denkbar wäre auch die Übertragung dieser Kompetenz auf das mächtigste Organ einer Organisation oder die Erforderlichkeit des Zusammenwirkens mehrerer Organe.[1418] Hieran ist vor allem dann zu denken, wenn die Organisation, wie die EG/EU, über ein parlamentarisches Organ verfügt. Da grundsätzlich das in jeder Organisation mindestens vorhandene Mitgliederorgan handlungsbefugt ist, soweit nicht ausdrücklich anderen Organen Aufgaben und Befugnisse zugewiesen worden sind, ist das Mitgliederorgan auch zum Abschluß von Verträgen hinsichtlich der in den Rahmen der Organisation fallenden Angelegenheiten kompetent.[1419] Falls das kompetente Organ temporär handlungsunfähig ist, kann – um die Handlungsfähigkeit der Organisation insgesamt sicherzustellen – ein anderes Organ tätig werden. Denkbar ist auch, daß die Mitgliedstaaten als „Sachwalter des Gemeinschaftsinteresses“ anstelle des „ausgefallenen“ Organs handeln, um diese notstandsähnliche Situation zu überbrücken.

Die noch nicht in Kraft getretene Konvention über Verträge zwischen Staaten und Internationalen Organisationen oder zwischen Internationalen Organisationen (1986) stellt für die Verträge, an denen internationale Organisationen beteiligt sind, Regeln auf, die sich am zwischen den Staaten geltenden Recht der Verträge orientieren. Damit belegt die Konvention, daß die internationalen Organisationen zu einem gleich-

---

1417 Ausführlich *Stein*, Der gemischte Vertrag im Recht der Außenbeziehungen der Europäischen Wirtschaftsgemeinschaft, 1986.

1418 Darstellung und Bewertung der verschiedenen Konstellationen bei *Detter*, The Organs of International Organizations Exercising their Treaty-Making Power, in: BYIL 38 (1962), S. 421-444.

1419 *Zemanek* (Fn. 276), S. 69 f.

wertigen Akteur in den internationalen Beziehungen avanciert sind. Der Umstand, daß die Konvention noch nicht in Kraft getreten ist, zeigt gleichzeitig, daß die Staaten sich mehrheitlich mit dieser Entwicklung noch etwas schwertun.

E. Kompetenzkonflikt, Kompetenzausübungskontrolle und Kompetenzüberschreitung

Die bisherigen historischen, praktischen und theoretischen Überlegungen sollen nun in verdichteter Form zusammengeführt und entlang dreier Grundlinien zu einer Kompetenzlehre entwickelt werden.

I. Kompetenzen im Konflikt

1. Mögliche Konfliktkonstellationen

Eingangs ist zu betonen, daß Kompetenzkonflikte wertfrei zu betrachten sind, weil sie in jedweder Organisation – inner- wie zwischenstaatlich – mit mehreren potentiellen Akteuren geradezu denknotwendig sind.[1420] Sie können weder durch ein perfektes Organisationsrecht „weggeregelt" werden – das zu glauben, wäre illusionär – noch können sie unter den Bedingungen einer rechtsförmigen Ordnung (Rule of Law), die hoheitliche Befugnisse gegenüber Privatpersonen und gegenüber den Mitgliedstaaten ausübt, ungelöst hingenommen werden. Kompetenzkonflikte treten zwangsläufig auf und müssen im Interesse der in der internationalen Organisation institutionalisierten Ordnung und in dem der Mitgliedstaaten gelöst werden.

Kompetenzkonflikte können unterschiedliche Gestalt annehmen. So kann über die Frage der Inanspruchnahme von Kompetenzen gestritten werden: Welche Ebene ist zuständig? Die Frage der sogenannten Verbandskompetenz lautet im Hinblick auf internationale Organisationen, ob die Organisation oder die Mitgliedstaaten zuständig sind. Liegt die Verbandskompetenz bei der internationalen Organisation, schließt sich die Frage nach dem zuständigen Organ, nach der sogenannten Organkompetenz an.[1421]

[1420] So beispielsweise *Stettner* (Fn. 16), S. 372 f., und *Mayer* (Fn. 1121), S. 592 f.

[1421] Diese Reihenfolge unterstreicht auch *Köck* (Fn. 1357), S. 281 f.

Von der Frage der Inanspruchnahme von Kompetenzen ist diejenige nach der Überschreitung von Kompetenzen zu unterscheiden. Diese Überschreitung ist wiederum in verschiedene Richtungen vorstellbar:[1422] Einerseits kann ein Akteur seine Kompetenzen dadurch überschreiten, daß er eine solche in Anspruch nimmt, die ihm gar nicht zusteht. Als Beispiel mag ein bloß beratendes Organ dienen, das gleichwohl Entscheidungen fällt. Die Kompetenzüberschreitung kann aber auch darin liegen, daß eine an sich zustehende Kompetenz zu weitgehend aufgefaßt und ausgeübt wird. Dies könnte etwa darin bestehen, daß ein entscheidungsbefugtes Organ eine konkret-individuelle Regelung trifft, obwohl es nur zur Verabschiedung abstrakt-genereller Regelungen befugt ist. Man kann zusätzlich zwischen horizontalen (innerhalb der Organisation) und vertikalen Kompetenzüberschreitungen (gegenüber den oder durch die Mitgliedstaaten) unterscheiden.

Solche Kompetenzüberschreitungen werden in Anlehnung an eine ursprünglich aus dem britischen Zivilrecht stammende Rechtsfigur[1423] als ultra vires bezeichnet.[1424]

Die Übertragbarkeit des privatrechtlichen Ultra-vires-Gedankens auf Handlungen internationaler Organisationen bietet sich an,[1425] weil auch sie durch ihren Gründungsvertrag einen Wirkungskreis gezogen bekommen, den sie möglicherweise überschreiten. Auch mit Blick auf supranationale Organisationen wie die EG ist die Anwendbarkeit der Ul-

---

[1422] Vgl. auch die Kategorisierung bei *Mayer* (Fn. 1121), S. 593 f.

[1423] Im britischen Ashbury-Fall ging es um die Wirksamkeit eines Vertrages, den die Ashbury Railway Carriage mit der gegnerischen Partei unter anderem über den Bau einer Bahnlinie von Antwerpen nach Tournay geschlossen hatte, obwohl eine solche Tätigkeit in der Satzung der Gesellschaft nicht vorgesehen war. In seiner Entscheidung aus dem Jahre 1875 erklärte das House of Lords (*Ashbury Railway Carriage and Iron Co. Ltd v. Riche* (1875) L.R. 7 H.L. 653), daß eine Gesellschaft nur für die von den Gründern bezeichneten Gegenstände zuständig sei und daß nichts über diesen Umfang hinaus getan werden solle.

Damit war der Ausgangspunkt für die angelsächsische Ultra-vires-Lehre gelegt, die besagt, daß die Rechtsfähigkeit einer juristischen Person auf den Wirkungskreis, die Aufgaben und den Zweck ihrer Errichtung beschränkt ist. Ein Ultra-vires-Handeln ist hiernach allerdings nicht schon dann anzunehmen, wenn eine juristische Person gegen ihre konkreten Befugnisse verstößt, sondern erst dann, wenn sie außerhalb ihres Zweck und ihrer Aufgaben tätig wird.

[1424] Dazu: *Bernhardt* (Fn. 24); *Doehring*, Unlawful Resolutions (Fn. 24).

[1425] Siehe nur *Lauterpacht* (Fn. 24), S. 92 ff.; *Bernhardt* (Fn. 24), S. 600.

tra-vires-Lehre zu bejahen.[1426] Insgesamt ist jedoch zu beachten, daß ein Überschreiten des (oftmals weit gezogenen) Wirkungskreises eher selten vorkommt und der Sprachgebrauch von Rechtsprechung[1427] und Lehre[1428] ein Handeln ultra vires bereits früher, nämlich schon dann annimmt, wenn die internationale Organisation als solche oder ein Organ ihre konkreten Kompetenzen überschreiten.

2. *Bestimmung des konkreten Kompetenzkonflikts*

Zur Klärung von Kompetenzkonflikten sind zunächst die zugrundeliegenden Kompetenznormen heranzuziehen. Für internationale Organisationen gilt hier freilich, daß in der Regel nur eher organisationsrechtliche Fragen auf den ersten Blick und klar gelöst werden können. So ergibt sich zwar eindeutig aus der Satzung der Vereinten Nationen, daß nur die fünf ständigen Mitglieder des Sicherheitsrates ein Vetorecht haben. Die Satzung benennt auch die fünf ständigen Mitglieder. Doch war es eine politische Entscheidung, daß bis 1971 nicht die kommunistische Volksrepublik China, sondern das kapitalistische Nationalchina (Taiwan) diesen Sitz innehatte und als das rechtmäßige China in den Vereinten Nationen galt. Entscheidungen des Sicherheitsrates, an denen Taiwan beteiligt war, sind – unbeschadet sonstiger etwaiger Mängel – genauso wirksam, wie diejenigen, an denen die Volksrepublik China mitgewirkt hat.

Klar kompetenzwidrig wäre etwa die Ernennung der Richter des IGH durch den Generalsekretär der Vereinten Nationen, da hier die Charta die Wahl durch Generalversammlung und Sicherheitsrat vorsieht.

Das Heranziehen der Kompetenznorm hat somit für die Klärung eines Kompetenzkonflikts am Anfang zu stehen;[1429] die politischen Implikationen des zugrundeliegenden Sachverhalts sind gleichwohl nicht aus dem Blick zu verlieren.

[1426] Vgl. statt aller: *Flick*, Handeln „ultra vires" der Europäischen Gemeinschaft, Eine Darstellung der Rechtsfolgen aus der Sicht des Völkerrechts, des Europäischen Unionsrechts und des deutschen Verfassungsrechts unter besonderer Berücksichtigung der bundesverfassungsgerichtlichen Rechtsschutzmöglichkeiten, 2001, m.w.Nw.

[1427] *IGH* (Fn. 523), S. 168 – Certain Expenses of the United Nations.

[1428] So beispielsweise *Akande* (Fn. 23), S. 285; *Flick* (Fn. 1426), S. 7; siehe auch *Elberling* (Fn. 785).

[1429] Ebenso *Bernhardt* (Fn. 24), S. 600.

Gibt es „*kompetenztypische Argumentationsfiguren*" – zur Interpretation von Konpetenznormen –, die als „*eigengeartete Auslegungsbehelfe* [...] *nicht mit denen der allgemeinen Gesetzesauslegung identisch sind, sondern der (relativen) Offenheit*" dieser Kompetenzvorschriften gerecht werden können?[1430]

Für das Verfassungsrecht ist diese Frage mit der Begründung bejaht worden, dessen Kompetenzvorschriften seien in den Gesamtzusammenhang der Verfassung eingebettet und wiesen gegenüber einfachen Gesetzen eine atypische „*bruchstückhafte Struktur*" auf.[1431] Als besonders wichtiger Auslegungstopos hat sich – gerade in der Judikatur des Bundesverfassungsgerichts – die auch vorkonstitutionelle Verfassungstradition herausgebildet, der von der systematischen Auslegung und dem Gesichtspunkt der Effizienz flankiert wird.[1432]

Demgegenüber sind hinsichtlich der für internationale Organisationen einschlägigen Kompetenznormen, bei denen es sich um Elemente völkerrechtlicher Verträge handelt, die für solche Verträge entwickelten Auslegungsmethoden[1433] anzuwenden.[1434] Dies folgt daraus, daß das in-

---

1430 *Stettner* (Fn. 16), S. 378 ff., die Zitate auf S. 378 und S. 380. Eine Bilanz der Interpretation des Grundgesetzes zieht *Würtenberger*, Auslegung von Verfassungsrecht – realistisch betrachtet, in: FS für Alexander Hollerbach, 2001, S. 223-241.

1431 *Stettner* (Fn. 16), S. 381 f., das Zitat auf S. 382.

1432 Ausführliche Darstellungen bei *Böckenförde*, Die Methoden der Verfassungsinterpretation, in: NJW 1976, S. 2089 ff.; *Stettner* (Fn. 16), S. 384 ff.; *Riedel*, Methoden der Verfassungsinterpretation im Wandel, in: FS Peter Schneider, 1990, S. 382-408; *Starck*, Die Verfassungsauslegung, in: HStR VI (1992), § 164, S. 189-230; *Würtenberger* (Fn. 1430).

1433 Siehe *Heintschel von Heinegg*, Die völkerrechtlichen Verträge als Hauptrechtsquelle des Völkerrechts, in: Ipsen (Hrsg.), Völkerrecht, 5. Aufl. 2004, S. 112-209 (S. 137-147); *Bernhardt*, Interpretation and Implied (Tacit) Modification of Treaties, in: ZaöRV 1967, S. 491-506; jeweils m.w.Nw. Mit Blick auf das Gemeinschaftsrecht betont *Ress*, Die Bedeutung der nachfolgenden Praxis für die Vertragsinterpretation nach der Wiener Vertragsrechtskonvention (WVRK), in: Bieber/ders. (Hrsg.), Die Dynamik des Europäischen Gemeinschaftsrechts/The Dynamics of EC-law, 1987, S. 49-79 (S. 52 f.), dessen Nähe zum nationalen Verfassungsrecht und daraus resultierende besondere Auslegungsregeln.

1434 Für die UN-Charta eindeutig *Conforti* (Fn. 511), S. 12 ff.; *Alvarez* (Fn. 233), S. 83 ff.; *Skubiszewski*, Remarks on the Interpretation of the United Nations Charter, in: FS für Hermann Mosler, 1983, S. 891-902 (S. 893f.). Eine Übersicht des Diskussionsstandes der frühen 1980er Jahre bei *Macdonald*, The

haltliche und formale Spektrum völkerrechtlicher Verträge uneinheitlicher ist als dasjenige von (deutschen) Gesetzen. Deshalb sind die Gründungsverträge internationaler Organisationen – wenngleich sie auch deren Verfaßtheit gestalten – und die in diesen enthaltenen Kompetenznormen keine atypischen völkerrechtlichen Verträge und Vertragsbestimmungen, für die spezielle Auslegungsmethoden gelten müßten.[1435]

Bei ihrer Auslegung ist von einem objektiven Ansatz auszugehen und der Vertragstext als Grundlage dafür zu nehmen, den Gehalt der Norm zu konkretisieren und auf den Sachverhalt anzuwenden. Die Methoden der Auslegung völkerrechtlicher Verträge sind in Art. 31 und 32 WVK (und den gleichlautenden Art. 31 f. WVKIO, die auf die von den internationalen Organisationen abgeschlossene Verträge Anwendung finden) niedergelegt.

Art. 31 Abs. 1 WVK bestimmt, daß ein Vertrag

> „nach Treu und Glauben in Übereinstimmung mit der gewöhnlichen, seinen Bestimmungen in ihrem Zusammenhang zukommenden Bedeutung und im Lichte seines Zieles und Zweckes auszulegen"

ist. Hiermit ist die wörtliche Auslegungsmethode, die "ordinary meaning rule", zu *einem* Element des Auslegungsvorgang geworden und ausdrücklich mit dem Zusammenhang, in dem ein Vertragsbegriff steht, und dem Ziel und Zweck des Vertrages verbunden. Als wichtiger Regelungszusammenhang ist freilich auch der Charakter dieser Verträge als „Verfassungsdokument" zu sehen.[1436]

Die nach diesen Vorschriften auf den Regelungszusammenhang abstellende Auslegung (Art. 31 Abs. 2 WVK) muß neben dem Vertragswortlaut auch die Präambel und Anlagen sowie weitere Übereinkünfte zwischen allen Parteien anläßlich des Vertragsschlusses (lit. a) und andere

---

United Nations Charter: Constitution or Contract? in: ders./Johnston (Hrsg.), The Structure and Process of International Law: Essays in Legal Philosophy Doctrine and Theory, 1983, S. 889-912.

1435 Für das Recht der Europäischen Union hingegen werden solche Besonderheiten angenommen; siehe den aktuellen Überblick bei *Dann*, Thoughts on a Methodology of European Constitutional Law, in: 6 German Law Journal Nr. 11 (1. November 2005), abrufbar unter: www.germanlawjournal.com/article.php?id=647#_ftn1 (besucht am 26. September 2008). Klassisch die Analyse bei *Bleckmann*, Teleologie und Auslegung des Europäischen Gemeinschaftsrechts, in: EuR 1979, S. 239-260.

1436 So bereits *Detter* (Fn. 583), S. 25.

Urkunden, die von einer oder mehreren Vertragsparteien – ebenfalls aus Anlaß des Vertragsabschlusses – abgefaßt und von den anderen beteiligten Staaten als sich auf den Vertrag beziehende Urkunden angenommen wurden (lit. b), herangezogen werden.

Mit Blick auf die Praxis in einer internationalen Organisation wichtiger ist, daß Art. 31 Abs. 3 WVK bestimmt, für die Auslegung seien in gleicher Weise zu berücksichtigen:

> „a) jede spätere Übereinkunft zwischen den Vertragsparteien über die Auslegung des Vertrages oder die Anwendung seiner Bestimmungen;
>
> b) jede spätere Übung bei der Anwendung des Vertrages, aus der die Übereinstimmung der Vertragsparteien über seine Auslegung hervorgeht;
>
> c) jeder in den Beziehungen zwischen der Vertragsparteien anwendbare einschlägige Völkerrechtssatz."

Der in Art. 31 Abs. 3 lit b WVK zum Ausdruck kommende Rückgriff auf die spätere Vertragspraxis[1437] war bereits vom StIGH vorgenommen worden,[1438] vermag sie doch als wertvolles Indiz dafür zu dienen, wie die Parteien einen Vertrag übereinstimmend verstehen und anwenden.

Auch die spätere Praxis der Organisation selbst, respektive ihrer Organe kann auf das Verständnis der Gründungsverträge einwirken,[1439] obwohl diese naturgemäß nicht Parteien der Gründungsverträge sind.[1440]

[1437] Grundlegend *Karl*, Vertrag und spätere Praxis im Völkerrecht, 1983.

[1438] Vgl. *PCIJ* (Fn. 1358), S. 39. Dem hat sich später auch der IGH angeschlossen; vgl. nur *IGH* (Fn. 904), ICJ-Reports 1949, S. 25.

[1439] Zu Recht weist *Ferretti* (Fn. 235), S. 121 f. darauf hin, daß keine Organisation genau so funktioniere, wie sich ihre Gründer dies vorgestellt hatten. Deshalb gebe es schließlich hinter den offiziellen Strukturen eine weitere Ebene offizöser Strukturen, die nach ihren eigenen Regeln, nach ihrer eigenen Logik funktionierten. Gerade die Sekretariate, aber auch andere Organe versuchten, den engen Rahmen, den die Gründer ihnen hatten ziehen wollen, zu überschreiten. Dies sei an sich nichts Schlechtes, doch bestehe die Gefahr, daß ein Organ dazu neige, mehr um der Ausweitung des eigenen Einflusses willen zu handeln, als zur Verwirklichung der Organisationsziele. Organisationssoziologisch spreche man insoweit von einer Dysfunktion (S. 123). Vgl. auch die eindringlichen Ausführungen bei *Hahn* (Fn. 1017), S. 54 ff. Lapidar *Schwarzenberger* (Fn. 434), S. 149: *„Wenn internationale Institutionen erst einmal funktionieren, entwickeln sie rasch ihr Eigenleben."*

[1440] Hierzu ausführlich *Klein*, Vertragsauslegung und »spätere Praxis« Internationaler Organisationen, in: Bieber/Ress (Hrsg.), Die Dynamik des Euro-

Festzuhalten ist freilich an der Unterscheidung zwischen der organschaftlichen und der mitgliedstaatlichen Praxis und dem in dieser zum Ausdruck kommenden Willen der jeweiligen Akteure auch dann, wenn alle Mitgliedstaaten in dem handelnden Organ vertreten sind und Entscheidungen einstimmig fallen. Organisationssoziologisch und rechtlich ist ein Organ eben qualitativ unterschiedlich gegenüber einer Vertragsstaatenkonferenz, selbst bei Identität der Akteure;[1441] besonders augenfällig wird dies in der Figur der im Rat vereinigten Vertreter der Regierungen der Mitgliedstaaten.[1442]

Die zu beachtende Praxis muß konstant und ständig sein und darf nicht auf ausdrücklichen oder konkludenten Widerstand der Mitgliedstaaten getroffen sein, um Berücksichtigung zu finden. Gibt es solchen Widerstand, fehlt es an der in Art. 31 Abs. 3 lit. b WVK angesprochenen Übereinstimmung. Konsequenz ist dann zunächst nur, daß diese (teilweise) abgelehnte Praxis nicht „in gleicher Weise" (Art. 31 Abs. 3 WVK) zur Auslegung herangezogen werden kann. Solange sie nicht gegen den Vertragstext verstößt – dann freilich wäre sie irrelevant – kann eine solche Praxis als weiteres Interpretationsmittel zur Auslegung einer Vertragsbestimmung herangezogen werden.[1443]

Relevant für die Auslegung sind ferner die bereits angesprochenen Grundsätze des „effet utile" und der „implied powers". Beide Grundsätze berühren den Bereich der sogenannten dynamischen Auslegung, mit der ein vertraglich begründeter, dauerhaft angelegter Ordnungsrahmen lebendig erhalten werden soll.[1444] Wie die spätere Vertragspraxis ist freilich auch die dynamische Auslegung immer wieder an den Wort-

---

päischen Gemeinschaftsrechts/The Dynamics of EC-law, 1987, S. 101-112; *ders.* (Fn. 582), dort nach Fn. 164; jeweils m.w.Nw.

[1441] Ebenso *Klein* (Fn. 1440), S. 104. Dementsprechend wurde eine Praxis der Zentralkommission für die Rheinschiffahrt hinsichtlich der gemeinsam erlassenen Verordnungen bei einer späteren Vertragsrevision von den Mitgliedstaaten, die sie jahrelang in der Kommission gutgeheißen hatten, auch formell anerkannt und zu einem vertraglich anerkannten Verfahren gemacht; siehe supra bei und in Fn. 259.

[1442] Vgl. supra Fn. 1046.

[1443] Prägnant *Karl*, Die spätere Praxis im Rahmen eines dynamischen Vertragsbegriffs, in: Bieber/Ress (Hrsg.), Die Dynamik des Europäischen Gemeinschaftsrechts/The Dynamics of EC-law, 1987, S. 81-100 (S. 88 ff.); ebenso *Klein* (Fn. 1440), S. 104f.

[1444] Hierfür plädiert auch *Bernhardt* (Fn. 24), S. 602.

laut des Vertrages rückzubinden;[1445] der Unterschied zur Vertragsänderung, die oft qualifizierte Mehrheiten erfordert, darf jedenfalls nicht verwischt werden.[1446]

Im Verhältnis zwischen internationaler Organisation und Mitgliedstaaten galt nach dem Prinzip der begrenzten Einzelermächtigung anfänglich,[1447] daß alle nicht konkret der Organisation übertragenen Aufgaben bei den Mitgliedstaaten verbleiben. Im Zweifelsfall war zugunsten der staatlichen Zuständigkeit zu entscheiden; Eingriffe in die staatliche Freiheit hatten restriktiv zu erfolgen, ohne freilich die Wirksamkeit des Vertrages zu gefährden (effet utile). Führte das Wirksamkeitserfordernis zur Ableitung ungeschriebener Kompetenzen (Implied-powers-Lehre), so war von diesen wiederum zurückhaltend Gebrauch zu machen, um so wenig wie möglich in die Freiheit der Mitgliedstaaten einzugreifen. Diese Herangehensweise wurde für notwendig erachtet, damit die Staaten sich mit Kompetenzen der Organisation „abfinden".[1448] Dies gelinge nur dann, wenn deren Umfang, und damit der eigene Kompetenzverlust, klar erkennbar sei, was besonders für kleine Staaten mit beschränktem Einfluß auf die Organisation gelte.

Dieser Ansatz, Kompetenzen internationaler Organisationen wie umgekehrt die Beschränkungen staatlicher Souveränität restriktiv zu interpretieren, kann in seiner Striktheit freilich nicht (mehr) überzeugen.[1449] Wenn der Sinn und Zweck einer internationalen Organisation zur Annahme von impliziten Kompetenzen führt, so kann der Umstand, daß hierdurch staatliche Kompetenzen und letztlich staatliche Souveränität eingeschränkt werden, nicht dazu führen, daß die impliziten Kompetenzen restriktiv zu interpretieren seien. Schließlich bedeutet die Schaffung einer internationalen Organisation zur Verwirklichung bestimmter

---

1445 *Heintschel von Heinegg* (Fn. 1433), S. 143, 147. Auch das BVerfG hat versucht, hier Pflöcke einzuschlagen: eine Auslegung von Befugnisnormen des Unionsvertrages dürfe im Ergebnis nicht einer Vertragserweiterung gleichkommen, BVerfG E 89, 155 [210].

1446 Einen kontrovers diskutierten Fall stellt die Neuorientierung der NATO dar:, hierzu: *Warg*, Von Verteidigung zu kollektiver Sicherheit – Der Nato-Vertrag auf Rädern, 2004. Vgl. auch BVerfGE 104, 151 [199 ff.].

1447 Vgl. etwa die Ausführungen von *Bindschedler* (Fn. 276), S. 73 f.; ähnlich noch *Bernhardt*, Qualifikation und Anwendungsbereich des internen Rechts internationaler Organisationen, 1973, S. 26 ff.

1448 *Bindschedler* (Fn. 276), S. 74.

1449 Ebenso *Köck* (Fn. 1357), S. 283.

Ziele und Zwecke und die Mitgliedschaft in ihr, daß die Staaten ein bestimmtes Maß an Souveränitätsverzicht und die damit verbundene Kompetenzeinschränkung hinzunehmen bereit sind.[1450]

Ist die einschlägige Kompetenznorm ermittelt und ausgelegt, so ist zu überprüfen, ob sie eine Rechtsgrundlage einerseits für das Tätigwerden als solches und andererseits für das konkrete Handeln darstellt. Solange es an einem Über-Unterordnungsverhältnis fehlt, ist zunächst einmal jeder Akteur, ob Mitgliedstaat oder Organ einer internationalen Organisation, selbst zu dieser Entscheidung berufen.

II. Kontrolle von Kompetenzausübung

Streit darüber, ob die von der Satzung einer internationalen Organisation festgelegten Kompetenzgrenzen überschritten wurden, kann zwischen den Organen der Organisation, zwischen Organen und den Mitgliedstaaten oder zwischen Mitgliedstaaten untereinander entstehen. Zur Kontrolle der Rechtmäßigkeit der Kompetenzausübung können – falls die Satzung der Organisation nichts regelt[1451] – theoretisch das betroffene Organ, andere Organe oder die Mitgliedstaaten berechtigt sein.

Für den Fall der Durchgriffswirkung von Organentscheidungen auf Individuen ist zu überlegen, wann und in welcher Form der einzelne Mensch eine Kontrolle der Kompetenzausübung initiieren kann – daß er sie nicht selbst vornehmen kann, ist evident. Dementsprechend kann der einzelne den EuGH im Rahmen der Nichtigkeitsklage nach Art. 230, 231 EGV und der Untätigkeitsklage nach Art. 232 anrufen, sofern er in eigenen Rechten betroffen ist. Für eine Organisation wie die Vereinten Nationen ist die Frage eher neueren Datums.

Die neuen Sanktionsregime des Sicherheitsrates haben zu gerichtlichen Überprüfungen der sanktionsbegründenden Resolutionen geführt, obwohl dies im Rahmen der Vereinten Nationen selbst gar nicht möglich ist. Die Einschaltung der Europäischen Gemeinschaft in den Vollzug der Resolutionen machte diese gerichtliche Kontrolle durch die Gemeinschaftsgerichtsbarkeit möglich; auch eine Überprüfung durch den Europäischen Gerichtshof für Menschenrechte ist angestrengt worden (dazu infra 5.).

1450 Vgl. *Detter* (Fn. 583), S. 25 ff.

1451 Art. XVII FAO und Art. 69 IMO weisen diese Aufgabe dem Mitgliederorgan zu; Art. 84 ICAO überträgt sie dem beschränkten Mitgliederorgan.

Bereits Kelsen hatte zwar im Zusammenhang mit Art. 39 SVN darauf hingewiesen, daß *"The decision enforced by the Security Council may create new law for the concrete case"*[1452], doch läßt dies nicht den Schluß zu, der Sicherheitsrat und die anderen politischen Organe der Vereinten Nationen stünden über dem Recht. Angesichts der Praxis „transformierender militärischer Besatzung“ stellt sich heute mehr denn je die Frage, ob der Sicherheitsrat die Anwendung des humanitären Völkerrechts und der allgemeinen Menschenrechte in bestimmten Situationen modifizieren kann.[1453] Konkret gemeint ist die dem humanitären Völkerrecht eigentlich fremde Praxis (vgl. Art. 43, 48 HLKO), die Besatzungszeit zu nutzen, das Recht des besetzten Landes neu zu ordnen (Regimewechsel). Soweit der Sicherheitsrat damit der Wiederherstellung von Frieden und Sicherheit dient und andere grundlegende Prinzipien des Völkerrechts verwirklicht, wie den Schutz der Menschenrechte, kann man ihn für befugt ansehen, solche Regeln des humanitären Völkerrechts für den konkreten Fall außer Kraft zu setzen.[1454]

Das bedeutet allerdings keine generelle Bindungslosigkeit des Sicherheitsrates, vielmehr begrenzt die Charta gerade auch seine Kompetenzen, indem sie in Art. 24 und 25 SVN den „Einklang mit der Charta“ betont. Dem rechtsgebundenen Handeln ist aber die Kontrolle an rechtlichen Maßstäben notwendig zugeordnet.[1455] Solange die zugrundeliegende Rechtsordnung eher rudimentär ausgeprägt ist, kann diese Kontrolle den Rechtsgenossen selbst, hier also den Staaten, zugewiesen sein. Bei zunehmender Komplexität der Rechtsordnung, wie sie durch eine verfaßte internationale Organisation gegeben ist, ist die Rechtkontrolle sinnvollerweise zu institutionalisieren. Hierfür kann ein eigenes Organ, vorzugsweise ein internationales Gericht, geschaffen werden. Dem Charakter der Völkerrechtsordnung entspricht es aber auch, daß politische Verfahren als ordnungsgemäße Mittel der Kontrolle möglich sein können.[1456]

1452 *Kelsen* (Fn. 529), S. 295.

1453 So *Roberts*, Transformative Military Occupation: Applying the Law of War and Human Rights, in: AJIL 100 (2006), S. 580-622.

1454 Ebenso *Roberts* (Fn. 1453), S. 622.

1455 So auch *Amr* (Fn. 875), S. 304 ff.

1456 Dies unterstreicht zu Recht *Mannoni* (Fn. 876).

1. Kontrolle durch das handelnde Organ selbst

Zunächst einmal wird jedes Organ selbst eine (politische) Entscheidung darüber treffen, ob es zuständig und handlungsbefugt ist;[1457] Kompetenzwahrnehmung schließt Sichvergewisserung über die Voraussetzungen ein.[1458] Diese Entscheidung wird selten separat gefällt und kundgetan. Eine wichtige Ausnahme stellen hierbei natürlich Gerichte dar, die sich oftmals mit dem Einwand der Unzuständigkeit auseinandersetzen und daher gegebenenfalls auch getrennt über ihre Zuständigkeit befinden müssen. Bei anderen Organen wird die Entscheidung, man dürfe und wolle sich einer Sache annehmen, in der Regel dadurch manifest, daß eine Sachentscheidung getroffen wird.

Dies ist scharf von der Frage zu trennen, ob dasselbe Organ, nachdem seine Sachentscheidung von dritter Seite angezweifelt wurde, dazu berufen ist, sich mit diesem Einwand auseinanderzusetzen. Auf den ersten Blick scheint dem der althergebrachte Grundsatz des „Nemo judex in sua causa" entgegenzustehen.[1459] Doch ist zumindest in den (heute als unvollständig anzusehenden) internationalen Organisationen, die lediglich über ein Organ verfügen, dessen Rekurszuständigkeit zu bejahen. Überdies ist grundsätzlich davon auszugehen, daß Organe internationaler Organisationen, deren Zuständigkeit und Kompetenz in einer bestimmten Sachfrage bestritten wurde, berufen sind, über die Stichhaltigkeit dieser Einwände zumindest auf einer ersten Stufe zu urteilen.[1460] Dies läßt sich damit begründen, daß ihnen so die Möglichkeit eingeräumt wird, eventuelle Fehler zu korrigieren.

Auch das Vorhandensein mehrerer Organe legt deren Zuständigkeit, die Rechtmäßigkeit des Handelns eines anderen Organs von sich aus oder

---

[1457] Ebenso *Detter* (Fn. 583), S. 23.

[1458] So auch *Mayer* (Fn. 1121), S. 599.

[1459] So beispielsweise *Sir Gerald Fitzmaurice* in seinem Sondervotum zum Namibia-Fall, ICJ Rep. 1971, S. 299: *"In the institutional field, the justification for the act of some organ or body may turn upon considerations of a political or technical character, or of professional conduct or discipline, and if so, the political, technical or professional organ or body concerned will, in principle, be competent to make the necessary determinations, but where the matter turns, and turns exclusively, on considerations of a legal character, a political organ, even if it is competent to take any resulting action, is not itself competent to make the necessary legal determinations on which the justification for such action must rest. This can only be done by a legal organ competent to make such determinations."*

[1460] Ähnlich *Osieke* (Fn. 24), S. 241 f.

als berufener Dritter zu beurteilen, nicht zwingend und in jedem Fall nahe. Warum sollte etwa der Treuhandrat, immerhin ein Hauptorgan der Vereinten Nationen, Entscheidungen des ECOSOC, ebenfalls ein Hauptorgan, beurteilen, wenn ein Mitgliedstaat deren Rechtmäßigkeit anzweifelte? Daran wäre aber durchaus dann zu denken, wenn die Entscheidung des ECOSOC eine durch die Charta dem Treuhandrat zugewiesene Materie beträfe. In dieser Konstellation wäre es sogar die Pflicht des Treuhandrates als dem sachnächsten Organ, einen entsprechenden „Übergriff" des ECOSOC zurückzuweisen. Dabei würde es sich freilich nur um eine Stellungnahme handeln, weder um einen Actus contrarius noch um eine rechtsgestaltende Maßnahme (Unwirksamkeits- oder Nichtigkeitserklärung).

Aus dem Vorhandensein mehrerer Organe allein läßt sich jedenfalls nicht ableiten, daß das handelnde Organ nicht über Einwendungen hinsichtlich seiner Kompetenzausübung befinden könnte. Der IGH hat sich ebenfalls dafür ausgesprochen, daß das handelnde Organ in erster Linie selbst zuständig sein solle. Er argumentierte dabei auch mit dem gutachterlichen Charakter seiner Entscheidung, der belege, daß die eigentliche Sachentscheidung anderenorts getroffen werde.

> "In the Legal System of States, there is often some procedure for determing the validity of even a legislative or governmental act, but no analogous procedure is to be found in the structure of the United Nations. Proposals made during the drafting of the Charter to place the ultimate authority to interpret the Charter in the International Court of Justice were not accepted; the opinion which the Court is in course of rendering is an *advisory* opinion. As anticipated in 1945, therefore, each organ must, in the first place at least, determine its own jurisdiction."[1461]

Demzufolge kam der IGH im Namibia-Fall auch mehrheitlich nicht zu der Einschätzung, die Generalversammlung habe sich mit Resolution 2145 (XXI) zum Richter in eigener Sache gemacht:

> "To deny a political organ of the United Nations which is a successor of the League in this respect the right to act, on the argument that it lacks competence to render what is described as a judicial decision, would not only be inconsistent but would amount to a complete denial of the remedies available against fundamental breaches of an international undertaking."[1462]

[1461] ICJ Rep. 1962, S. 168 (Hervorhebung im Original).

[1462] ICJ Rep. 1971, S. 49.

Mit anderen Worten formulierte der IGH: Gerade weil es kein besonderes Kontrollorgan gibt, ist jedes Organ selbst zuständig, sich mit Streitigkeiten über die Rechtmäßigkeit seiner Maßnahmen zu befassen. Hierfür spricht, daß die Verneinung der entsprechenden Kompetenz eine Gefahr der Lähmung für die internationalen Organisationen birgt. Vor allem könnten die Mitgliedstaaten ohne großen Aufwand die Arbeit internationaler Organisationen blockieren, indem sie einen beliebigen Akt als Kompetenzüberschreitung bezeichnen.

2. *Kontrolle durch andere Organe der Organisation*

Wie gesagt führt alleine der Umstand, daß eine Organisation über mehrere gleichrangige Organe verfügt, nicht per se dazu, daß diese zur wechselseitigen Kontrolle ihres Handelns berufen sind. Falls die Organisation über ein gerichtliches Organ verfügt, das nicht nur ein begrenztes Mandat hat (wie UNAT),[1463] so liegt es nahe, dieses als befugt anzusehen, über die Kompetenzausübung eines anderen Organs zu entscheiden. Diese Aufgabenverteilung verwirklicht die Herrschaft des Rechts innerhalb der internationalen Organisation. Der EuGH (und die Gemeinschaftsgerichtsbarkeit in ihrer Gesamtheit) ist ein klarer Ausdruck dieses Konzepts, das sich in dieser Deutlichkeit freilich nicht auf die klassischen internationalen Organisationen übertragen läßt.

Fehlt ein solches umfassend zuständiges Gericht, sind demzufolge andere Überlegungen heranzuziehen. So liegt es in einem solchen Fall nahe, daß das Mitgliederorgan, das kraft seiner Zusammensetzung über die höchste Legitimierung verfügt, eine Kontrolle der Entscheidungen anderer Organe vornimmt. Dafür spricht im Falle der Generalversammlung der Vereinten Nationen, daß alle anderen Organe ihr berichten, zum Teil „unter ihrer Autorität" handeln und zum Teil von ihr eingesetzte Unterorgane sind. Mit dem IGH verfügen die Vereinten Nationen zwar über ein „Hauptrechtsprechungsorgan", doch ist der IGH nicht allumfassend zuständig, sondern entscheidet nur zwischenstaatliche Streitigkeiten, hingegen nicht, wie ein Verfassungsgericht Inter- oder gar Intraorganstreitigkeiten. Das Gutachtenverfahren, das Generalversammlung und Sicherheitsrat beim IGH anstrengen können (Art. 96 SVN, Art. 65 IGH-Statut), schließt eine Bewertung von Akten anderer Organe durch die Generalversammlung selbst nicht aus.

[1463] S. supra Fn. 864.

Erscheint die Kontrolle von Akten anderer Organe der Vereinten Nationen durch die Generalversammlung also grundsätzlich möglich, so entfällt diese Zuständigkeit, wenn der Grundsatz der Spezialität eingreift. So liefe es der Satzung der Vereinten Nationen zuwider, wollte man die Generalversammlung für befugt halten, Entscheidungen des IGH zu kontrollieren. Es bleibt der Generalversammlmung freilich unbenommen, sich ein Gutachtenergebnis des IGH politisch zu eigen zu machen oder nicht. Hierin liegt eine Form der indirekten Kontrolle, die mit der antezipierten Akzeptanzfähigkeit des Richterspruchs zusammenhängt.

Auch erscheint es ausgeschlossen, daß die Generalversammlung über die Rechtmäßigkeit von Entscheidungen des Sicherheitsrates nach Kapitel VII befinden könnte;[1464] andere Entscheidungen des Sicherheitsrates sind einer Überprüfung durch die Generalversammlung hingegen zugänglich. Würde beispielsweise bei der Wahl eines IGH-Richters im Sicherheitsrat ein Veto eingelegt, so könnte die Generalversammlung dies unter Hinweis auf Art. 10 Abs. 2 IGH-Statut für einen Verstoß gegen die Charta erklären.

Eine Kompetenzkontrolle durch die Organe untereinander kann auch mit dem Nachteil behaftet sein, daß die verschiedenen Organe unterschiedliche Integrationsinteressen und Zielvorstellungen haben können, beispielsweise in Abhängigkeit von der Zusammensetzung. Das Moment der Unabhängigkeit sollte auch für die Legitimität der Kontrollausübung eine Rolle spielen.

Dies bringt neben den Gerichten auch parlamentarische Organe – sofern vorhanden – als typischerweise besonders geeignete Kontrollorgane ins Spiel.[1465] Gerichtliche wie parlamentarische Kontrolle ist grundsätzlich geeignet, die formelle und materielle Rechtmäßigkeit von Rechtsakten zu überprüfen. In der Regel wird die parlamentarische Kontrolle allerdings in stärkerem Maße politisch orientiert sein und eher Opportunitätserwägungen anstellen. Überdies ist parlamentarische Kontrolle üblicherweise bereits Teil der Rechtsakterzeugung, während

---

[1464] Dessen insoweit bestehende Hauptverantwortung schließt zwar nicht die politische Behandlung von Situationen durch die Generalversammlung aus, wie supra Zweiter Teil A.I.1.6 gezeigt, läßt aber keinen Spielraum für eine Kontrollbefugnis.

[1465] Eher skeptisch *Vaubel*, Principal-Agent-Probleme in internationalen Organisationen, 2003, S. 8 f. *Lotter*, Die Parlamentarische Versammlung der Westeuropäischen Union: demokratische Kontrolle europäischer Sicherheitspolitik, 1997.

die gerichtliche Kontrolle in der Regel eine nachträgliche Überprüfung bedeutet. Das Europäische Parlament kann sicher nicht als typisches parlamentarisches Organ einer internationalen Organisation gelten, wird es doch als einziges direkt von den Bevölkerungen der Mitgliedstaaten gewählt und hat seit 1957 einen deutlichen Kompetenzzuwachs erfahren. Aber auch die Parlamentarische Versammlung des Europarates – beschickt mit nationalen Parlamentariern – hat ihre Kontrollbefugnisse ausgeweitet, wie sich am sogenannten Monitoringverfahren bei der Aufnahme neuer Mitglieder zeigt.

Von der Frage, ob ein Organ Akte eines anderen Organs kontrollieren kann, ist die Frage zu trennen, welche Konsequenzen diese Kontrolle hat (dazu infra Dritter Teil E.III.).

Festzuhalten ist also erstens, daß beim Vorhandensein mehrerer Organe ein gegebenenfalls vorhandenes gerichtliches Organ die Akte anderer Organe überprüfen kann, sofern es nicht – wie auch der IGH – in seiner Zuständigkeit beschränkt ist. Zweitens ist – aufgrund seiner hohen Legitimation – das Mitgliederorgan hierfür zuständig, sofern nicht bestimmte Gegenstände primär einem Organ zur Entscheidung zugewiesen sind, wie die Friedenswahrung dem Sicherheitsrat der Vereinten Nationen nach Art. 24 SVN; hierfür spricht auch die Regelung in Art. 12 SVN.

3. Kontrolle durch die Mitgliedstaaten

Daraus, daß die meisten Gründungsverträgen nichts darüber aussagen, ob die Mitgliedstaaten einen Rechtsakt der internationalen Organisation in Frage stellen können, dies also gerade nicht ausschließen, wird überwiegend abgeleitet, daß ihnen ein diesbezügliches Recht zusteht. Bei den Organisationsstatuten handelt es sich um völkerrechtliche Verträge, über deren Einhaltung zu wachen sämtliche Parteien berechtigt und verpflichtet sind. Die Vertragsherrschaft der Mitgliedstaaten[1466] würde in ihr Gegenteil verkehrt, wenn die internationale Organisation ihrem Ziel und Zweck zuwiderhandelte und die Grundlagen der Mit-

---

[1466] Das Konzept der Vertragsherrschaft soll hier nicht im Sinne eines akteurszentrierten Ansatzes verwendet werden, der Institutionenbildung prinzipiell für umkehrbar hält. Angesichts der Verstetigung von Institutionen gerade auch in den internationalen Beziehungen, insbesondere im Bereich der europäischen Einigung erschiene ein solcher Ansatz auch fragwürdig. Näher zu diesem Problem beispielsweise *Pierson*, The Path to European Integration: A Historical Institutionalist Analysis, Comparative Political Studies 1996, S. 123-163.

gliedschaft der Vertragsparteien verließe. Allerdings waren die Mitgliedstaaten für lange Zeit sehr zögerlich, wenn es darum ging, die Entscheidungen internationaler Organisationen in Frage zu stellen. Zu erinnern ist in diesem Zusammenhang daran, daß beispielsweise die Sanktionspolitik gegenüber Südafrika oder auf die Aufnahme von Namibia in verschiedene internationale Organisationen unter den Staaten, die dies ablehnten, wenig Widerspruch hervorrief: Die gegen ihre Stimme mit Mehrheit in den zuständigen Gremien der Organisation getroffene Entscheidung wurde als Rechtsakt akzeptiert, gegebenenfalls (nur) politisch in Frage gestellt.

Immerhin hat die bloße Möglichkeit einer Infragestellung und Überprüfung von Akten internationaler Organisationen durch die Mitgliedstaaten ebenso wie die Inanspruchnahme dieses Rechts in einigen Fällen – so bei den Reaktionen gegenüber Maßnahmen der ILO und der Internationalen Organisation für Zivilluftfahrt –[1467] krasse Abweichungen von den Aufgaben und den Verfassungen der Organisationen verhindert.

So kann also festgehalten werden, daß es den Mitgliedstaaten zukommt, Akte der Organe und der Organisation mit Blick auf deren Ordnungsgemäßheit und Rechtmäßigkeit in Frage zu stellen. Darauf folgt normalerweise zunächst eine politische Reaktion, doch hat diese Prüfung auch rechtliche Konsequenzen?

Die Verträge internationaler Organisationen äußern sich in der Regel nicht zu dieser Frage. Die Mitgliedstaaten der Organsation könnten als Herren der Verträge allerdings dazu berufen sein, die Rechtmäßigkeit der Kompetenzausübung nicht nur anzuzweifeln, sondern sie sogar abschließend zu beurteilen. Ein Bedürfnis hierfür gibt es vor allem dann, wenn die in Rede stehende Kompetenzausübung von einem begrenzten Mitgliederorgan stammt; hier ist Kontrolle aus Sicht aller übrigen, nicht an der Entscheidung beteiligten Mitgliedstaaten besonders notwendig.[1468] Dies darf aber nicht dazu führen, daß der Zweck eines begrenzten Mitgliederorgans, als Spezial- oder gar als Leitungsorgan zu fungieren, in jeder denkbaren Konstellation durch die Mitglieder konterkariert werden kann.

[1467] Siehe die Erläuterungen bei *Osieke*, "Ultra-Vires" Acts in International Organizations – The Experience of the International Labour Organization, BYIL 48 (1976-77), S. 259-280; *ders.*, Unconstitutional Acts in International Organizations: The Law and Practice of the International Civic Aviation Organization (ICAO), Int'l & Comp. L.Q. 28 (1979), S. 1-26.

[1468] *Bernhardt* (Fn. 24), S. 600.

Ein Kontrollbedürfnis der Mitglieder besteht auch, wenn die Entscheidung mit Mehrheit getroffen wurde. Sobald ein Mitgliedstaat dieser Entscheidung aber vorher zugestimmt hatte, würde ein nachheriger Ultra-vires-Einwand nach allgemeinen Grundsätzen unglaubwürdig. Anders ist dies innerhalb der Europäischen Union zu beurteilen, wo auch Staaten, die im Rat zugestimmt haben, ein Verfahren nach Art. 230 EGV anstrengen können.[1469]

Mit Blick auf die Generalversammlung der Vereinten Nationen, die mit Mehrheit entscheidet und, etwa in Budgetfragen, bindende Entscheidungen treffen kann, und den Sicherheitsrat, dessen Entscheidungen nach Art. 25 SVN verbindlich sind, ist davon auszugehen, daß diesen Entscheidungen beider Organe grundsätzlich nicht von den Mitgliedstaaten mit dem pauschalen Hinweis, die Entscheidungen seien ultra vires, begegnet und so deren Verbindlichkeit beseitigt werden kann. Die Befolgbarkeit einer Entscheidung setzt freilich auch voraus, daß der Inhalt eindeutig ist. Sicherheitsratsresolutionen, die – wie Res. 1441 (2003) – bereits von den Ratsmitgliedern in entgegengesetzter Weise ausgelegt werden (können), berauben sich selbst ihrer handlungsleitenden Kraft und rufen die Mitgliedstaaten geradezu dazu auf, sie in einem ihnen günstigen Sinne zu verstehen.

Grundsätzlich ist davon auszugehen, daß die Mitgliedstaaten internationaler Organisationen jede Entscheidung eines Organs politisch diskutieren und gegebenenfalls ablehnen können. Sie können sich dabei selbstverständlich auch auf rechtliche Erwägungen stützen. Ergebnis dieser mitgliedstaatlichen Kritik kann – und wird es in manchen Fällen auch – sein, daß das betroffene Organ seine Entscheidung überdenkt oder sich auf Antrag des Mitgliedstaates erneut mit der Frage befassen muß.

Eine Verwerfungskompetenz kommt dem einzelnen Mitgliedstaat keinesfalls zu, auch dann nicht, wenn der in Frage stehende Rechtsakt evident ultra vires sein sollte. Der vom Organ gesetzte Rechtsakt bleibt existent. Der Staat hat natürlich die Möglichkeit, den von der Organisation gesetzten Rechtsakt nicht zu befolgen; er muß dann gegebenenfalls seinerseits die politischen und möglicherweise rechtlichen Konsequenzen seines Verhaltens tragen. Unter Umständen kann der Staat auch aus

---

[1469] Hierauf weist zu Recht *Bernhardt* (Fn. 24), S. 607, hin. Siehe auch die Diskussion: Who in the Law is the Ultimate Judicial Umpire of European Community Competences? The Schilling–Weiler/Haltern Debate, 1996, online verfügbar unter www.jeanmonnetprogram.org/papers/96/9610.html (zuletzt besucht am 25. September 2008).

der Organisation austreten. Dies würde die Wirksamkeit des Rechtsaktes gegenüber diesem Staat beseitigen, soweit die Wirksamkeit an die Mitgliedschaft geknüpft ist; bestimmte Rechtsakte des Sicherheitsrates der Vereinten Nationen soll(t)en allerdings auch gegenüber Nichtmitgliedern[1470] gelten.

Die Mitgliedstaaten als Gesamtheit können demgegenüber im Extremfall die Organisation auflösen, um einem „unkontrollierten Treiben“ der Organe ein Ende zu setzen. Eine solche Konstellation ist allerdings hypothetisch, da die hier behandelten Organisationen keine derart selbständig und abgelöst vom mitgliedstaatlichen Willen handelnden Organe kennen. Die Mitgliedstaaten werden daher eher innerhalb der Organe tätig werden, erneute Diskussionen anstoßen und neue Mehrheiten organisieren, damit der streitige Rechtsakt durch das Organ selbst abgeändert oder aufgehoben wird.

Damit zeigt sich, daß auch dann, wenn eine gerichtliche Rechtskontrolle innerhalb einer internationalen Organisation fehlt, die Einbindung in diese Form der Rechtsgemeinschaft es den Staaten unmöglich macht, gleichsam qua Faustrecht ihre individuelle Rechtsauffassung durchzusetzen. Eine solche Herangehensweise würde das gesamte System der internationalen Organisationen auf den Kopf stellen. Die Einbindung in eine internationale Organisation hat eben zur Folge, daß Entscheidungsbefugnisse auf diese Organisation übertragen werden und dementsprechend von deren Organen gefaßte Beschlüsse existieren. Auffassungsunterschiede müssen innerhalb der Organisation und mit den dort zur Verfügung gestellten Mechanismen ausgetragen werden. Rudimentäre Mechanismen dürfen nicht zum Vorwand genommen werden, um auszusteigen, sondern müssen als Ansporn zum Ausbau verstanden werden.

Ebenfalls aus der Sphäre der Mitgliedstaaten, nämlich in der Regel von dort ansässigen Individuen, kommt die Kontrolle von Akten internationaler Organisationen durch die mitgliedstaatlichen Gerichte; diese Kategorie soll hier aber nicht erfaßt werden. Das Problem wird infra II.5 angesprochen.

[1470] Problemübersicht bei *Klein* (Fn. 791), S. 201 ff.

4. Lösungsvorschlag – variables Modell – gerichtliche Kontrolle auch des Sicherheitsrates durch den IGH möglich

Als im Völkerbund die hier behandelte Frage aufkam, erhielt der Ständige Internationale Gerichtshof bereits im Jahre 1922 die Aufforderung, sich im Wege des Gutachtenverfahrens zur Auslegung der Satzung der Internationalen Arbeitsorganisation zu äußern (vgl. supra Dritter Teil B.III.2.b). Der Ständige Internationale Gerichtshof hielt sich unzweifelhaft für zuständig, die Satzung der Internationalen Arbeitsorganisation autoritativ auszulegen; auch die ILO selbst war dieser Auffassung. Von dritter Seite ist diese gerichtliche Zuständigkeit ebenfalls nicht bestritten worden. Sie gilt seither unverändert auch für den Internationalen Gerichtshof, der ebenfalls in seinem ersten Gutachten, als es um die Aufnahme von Staaten in die Vereinten Nationen ging, die Satzung der Vereinten Nationen auslegte und die Kompetenzen der Generalversammlung bestimmte.

Während der Beratungen über die Satzung der Vereinten Nationen war demgegenüber eine Überlegung geäußert worden, die aber keinen ausdrücklichen Niederschlag gefunden hatte, daß nämlich:

> "the power of interpretation only arises in relation to application of a Charter provision to a given, specific situation, and resides in the organ that applies such a provision".[1471]

Der Vorteil der vom IGH eingeschlagenen Vorgehensweise gegenüber diesem Ansatz liegt für die Organisation und ihre Organe darin, daß die richterliche Feststellung von Kompetenzen zu einer autoritativen Klärung der Rechtslage führt und daher denjenigen, die im Einklang mit dem Gutachten handeln, kaum der Vorwurf gemacht werden kann, sie handelten rechtswidrig.[1472] Andererseits liegt der Vorzug des „San-Francisco-Statements“ in der Flexibilität und fehlenden, oftmals abschreckend auf die Staaten wirkenden Institutionalisierung.

Vorstellbar wäre es zwar, daß jedes Organ ausschließlich selbst über die Einhaltung seiner Kompetenzen im Einzelfall entscheidet, und daß weder andere Organe noch Mitgliedstaaten diese Entscheidung in Frage stellen können. Auch wenn den Organen eine solche Beurteilungskompetenz in den meisten Gründungsverträgen nicht übertragen wird, so ist doch (siehe supra Dritter Teil C.II.1) von einer impliziten Kompe-

---

[1471] Sog. San Francisco Statement on Charter Interpretation, in: UNCIO Documents, Bd. 13, S. 703-712 (S. 709 f.).

[1472] Ebenso *Bernhardt*, „Verfassungen“ und „Verfassungsgerichtsbarkeit“ internationaler Organisationen, in: FS Tono Eitel, 2003, S. 281-290 (S. 283 f.).

tenz auszugehen. Diese muß freilich wie gezeigt nicht ausschließlich sein. Außerdem würde ein solches Entscheidungsmonopol ein Organ in eine gleichsam souveräne Stellung versetzen. Jedenfalls für den Fall, daß ein Rechtsakt offensichtlich ultra vires ist, sollten die Mitgliedstaaten ihn, soweit möglich, gerichtlich oder vom Mitgliederorgan überprüfen lassen. Dort, wo das nicht möglich ist, können sie ihn – wie soeben ausgeführt – in letzter Konsequenz selbst in Frage stellen,[1473] das heißt ihm keine Folge leisten. Allerdings müssen die daraus resultierenden politischen und gegebenenfalls rechtlichen Konsequenzen getragen werden.

Aus systematischen Gründen können nachgeordnete Organe Rechtsakte eines übergeordneten Organs grundsätzlich nicht verwerfen. Soweit es rechtliche Verfahren zur Überprüfung von Rechtsakten gibt, sollten diese nachgeordneten Organe diese in Anspruch nehmen und den Rechtsakten nicht mit dem schlichten Hinweis, diese seien ultra vires, die Gefolgschaft verweigern können.[1474] Das ergibt sich auch aus dem Grundsatz der Organtreue.[1475] Dieser führt überdies dazu, daß gleichgeordnete Organe wechselseitig ihre Kompetenz anerkennen sollten, über die jeweiligen Zuständigkeiten und Befugnisse zu entscheiden. Die hier bestehenden Grenzen können aber nur im Einzelfall bestimmt werden. Dies zu tun ist die natürliche Aufgabe von Gerichten. Daher kann festgestellt werden, daß diese – sofern innerhalb einer Organisation selbst vorhanden oder wie UNAT für mehrere Organisationen zuständig[1476] – dazu berufen sind, die Akte eines Organs zu beurteilen und gegebenenfalls als ultra vires zu bezeichnen. Für Gerichte gilt, daß sie auch Rechtsakte von Organen, von denen sie möglicherweise geschaffen wurden, beurteilen können.[1477] Auf die sich hieran anschließende Frage einer möglicherweise bestehenden Verwerfungskompetenz wird weiter unten eingegangen werden.

So kann die Frage, ob ein internationales Gericht in einem streitigen Verfahren eine Resolution des Sicherheitsrats einer rechtlichen Prüfung unterziehen könne,[1478] heute klar mit ja beantwortet werden.[1479] Das

---

[1473] Hierfür plädiert mit Recht auch *Bernhardt* (Fn. 24), S. 605.

[1474] *Bernhardt* (Fn. 24), S. 605.

[1475] Hierzu *Schmahl* (Fn. 642), S. 224 f.

[1476] Siehe supra Fn. 864.

[1477] Zutreffend *Bernhardt* (Fn. 24), S. 605 f.

[1478] Etwa *Franck*, The "Powers of Appreciation": Who is the Ultimate Guardian of UN Legality?, AJIL 86 (1992), S. 519-523 (S. 519).

ICTY hat, als im ersten von ihm behandelten Fall seine Zuständigkeit bestritten wurde, die seine Jurisdiktion begründende Sicherheitsratsresolution 827 überprüft.[1480] Während die Kammer dem Argument, mit der Errichtung des Tribunals habe der Sicherheitsrat ultra vires gehandelt, entgegenhielt, es handele sich bei der auf Kapitel VII gestützten Resolution um eine „politische Frage“,[1481] nahm die Berufungskammer eine echte Prüfung der Resolution vor. Die Berufungskammer verwies auf ihre Kompetenz, die Richtigkeit ihrer eigenen Zuständigkeit festzustellen. Diese Kompetenz erlaube ihr, die Rechtmäßigkeit der Sicherheitsratsresolution, auf deren Grundlage das ICTY errichtet wurde, zu überprüfen. Die Berufungskammer kam dann zu dem Ergebnis, die Errichtung des ICTY durch die einschlägige Sicherheitsratsresolution sei rechtmäßig gewesen, und bejahte auf dieser Grundlage ihre Zuständigkeit.

Damit ist allerdings noch nichts darüber gesagt, ob eine solche Überprüfungskompetenz mit Blick auf den Sicherheitsrat auch dem IGH zusteht.[1482] Der Gerichtshof selbst hatte im Namibia-Gutachten ja erklärt, er *“does not possess powers of judicial review or appeal in respect of the decisions taken by the United Nations organs”*.[1483] Gleichwohl ist der IGH der Frage, ob die Entscheidung eines Organs rechtmäßig getroffen wurde, im Namibia-Gutachten selbst, wie zuvor schon im Gutachten zu „Certain Expenses“, nicht ausgewichen. Ansatzpunkt der Überlegungen sollte der Umstand sein, daß die Charta der Vereinten Nationen dem IGH eine solche Überprüfungskompetenz zwar nicht ausdrücklich zuweist, sie aber genausowenig ausdrücklich ausschließt.[1484] Überdies dient es *„der Verwirklichung des jeder Rechtsordnung innewohnenden Ideals* [...], *Streitigkeiten zwischen den Rechtsgenossen auf der*

1479 Aktueller Diskussionsstand bei *Payandeh*, Rechtskontrolle des UN-Sicherheitsrates durch staatliche und überstaatliche Gerichte, ZaöRV 2006, S. 41-71.

1480 Vgl. supra bei und in Fn. 720.

1481 Die Kammer stellte gleichwohl eine Reihe von Kriterien auf, aus denen sie die Rechtmäßigkeit der Resolution herleitete.

1482 Zusammenfassung der Diskussion bei *Stein* (Fn. 658), S. 347 ff.

1483 *IGH* (Fn. 699), S. 45.

1484 Diesen Punkt betont zu Recht *Akande* (Fn. 906), S. 326.

Grundlage dieser Rechtsordnung beizulegen",[1485] worunter auch interne Streitigkeiten über die Kompetenzen einzelner Organe fallen.[1486] All dies spricht dafür, daß der IGH den Sicherheitsrat kontrollieren darf; Maßstab hierfür ist die Satzung der Vereinten Nationen, mit der das Handeln des Sicherheitsrates in Einklang stehen muß. Der Sicherheitsrat ist ein rechtlich gebundenes Organ; zu den Aufgaben des IGH gehört es, rechtliche Bindungen zu konkretisieren. Der IGH kann Entscheidungen des Sicherheitsrates sowohl in zwischenstaatlichen streitigen Verfahren als auch in Gutachtenverfahren überprüfen;[1487] entsprechende Rechtsprechung liegt seit Beginn der Tätigkeit des IGH auch vor.[1488]

Einige sehen demgegenüber die Frage der Kontrolle des Sicherheitsrats durch den IGH als Bestandteil des Systems kollektiver Sicherheit an.[1489] Da sich nach dieser Auffassung die UN-Charta nicht als Verfassung mit eingebauten Checks and Balances darstellt, sondern ein hierarchisches Sicherheitssystem mit dem Sicherheitsrat an der Spitze bildet, besteht das Gegenwicht zu dessen Handlungen nur im Rahmen der Realpolitik, nämlich aus dem Veto und der Aussicht, daß der Sicherheitsrat Sanktionen oder Gewaltmaßnahmen vorschlägt und niemand ihm folgt. Realisten argumentieren deshalb in Fällen wie dem Libyens[1490], daß die Rolle des Internationalen Gerichtshofs darauf beschränkt sei, entweder die Vorschläge des Sicherheitsrats abzusegnen oder sich zurückzuhalten.[1491] Eine gerichtliche Überprüfung des Sicherheitsrats durch den Internationalen Gerichtshof sei unmöglich, da keine Regeln existierten,

---

1485 *Seidl-Hohenveldern*, Die Grenzen rechtlicher Steiterledigung im Völkerrecht und in Internationalen Organisationen, in: Verhandlungen der 10. Tagung der Deutschen Gesellschaft für Völkerrecht, 1969, S. 45-75 (S. 46).

1486 Ebenda, S. 49.

1487 So auch *Bernhardt* (Fn. 24), S. 606; *Akande* (Fn. 906), S. 310, 314 ff., 325 ff. Ablehnend *Skubiszewski*, The International Court of Justice and the Security Council, in: Lowe/Fitzmaurice (Hrsg.), Fifty Years of the International Court of Justice, Essays in Honour of Sir Robert Jennings, 1996, S. 606-629 (S. 623 ff.).

1488 So in den Lockerbie-Fällen (Fn. 641); weitere Beispiele bei *Amr* (Fn. 875), S. 308 ff.

1489 Beispielsweise *Reisman*, The Constitutional Crisis in the United Nations, in: AJIL 87 (1993), S. 83-100.

1490 Supra Fn. 641.

1491 *Reisman* (Fn. 1489), S. 92 ff.

um Handlungen nach Kapitel VII zu überprüfen.[1492] Hierfür spricht zwar, daß es neben dem Gutachtenverfahren, das gegenüber dem Sicherheitsrat nur von der Generalversammlung eingeleitet werden kann, gerade keine spezielle Verfahrensart ähnlich etwa der abstrakten Normenkontrolle gibt, um eine verbindliche Entscheidung herbeizuführen. Doch kann das nicht das endgültige Argument sein.

Dementsprechend vertreten auf der anderen Seite „Legalisten" die Auffassung, erstens müsse der Internationale Gerichtshof als letzter Hüter der Legitimität des Systems auftreten, und weisen zweitens darauf hin, daß die Charta eine Verfassung begrenzter Einzelermächtigungen darstelle und der Herrschaft des Rechts unterliege.[1493] Auf dieser Linie hat der IGH denn auch im Kongo-Fall vorläufige Maßnahmen angeordnet, obwohl der Sicherheitsrat zuvor eine Resolution verabschiedet hatte, in der die Einstellung der bewaffneten Auseinandersetzung gefordert worden war.[1494] Drittens sei der Internationale Gerichtshof eine Institution innerhalb des Systems, die die Herrschaft des Rechts bekräftigen könne, und viertens herrsche zwischen Sicherheitsrat und Internationalem Gerichtshof keine hierarchische Struktur, sondern „funktionelle Parallelität". Deshalb hätten Rat und Gericht einander ergänzende,

---

[1492] Genau diesen Einwand hat der *IGH*, Entscheidung vom 26. November 1984, ICJ-Reports 1984, S. 392 ff. – Military and Paramilitary Activities in and against Nicaragua (Nicaragua v. United States of America), Jurisdiction of the Court and Admissibility of the Application, im Nicaragua-Fall, S. 436, aber zurückgewiesen.

[1493] So etwa *Bernhardt* (Fn. 1472), S. 84 f.: „*In diesem Zusammenhang ist in letzter Zeit mehrfach die Frage diskutiert worden, ob prinzipiell bindende Entscheidungen des Sicherheitsrates nach Kapitel VII der UN-Satzung vom Internationalen Gerichtshof auf ihre Satzungsgemäßkeit geprüft und gegebenenfalls verworfen werden können. Die prinzipielle Befugnis des Gerichtshofs hierzu erscheint mir unbestreitbar, wenn man anerkennt, daß auch der Sicherheitsrat an die Satzung gebunden ist und deren Auslegung dem Internationalen Gerichtshof nicht untersagt werden kann. Nicht die Prüfungskompetenz ist meines Erachtens zweifelhaft, sondern das Ausmaß des weiten Ermessens des Sicherheitsrates bei der Feststellung des Sachverhaltes und der Anordnungen der erforderlichen Maßnahmen.*" Ähnlich Richter *Shahabuddeen* in seinem Sondervotum zu den vorläufigen Maßnahmen im Lockerbie-Fall, ICJ-Reports 1992, S. 140 ff.

[1494] *IGH*, Anordnung vom 1. Juli 2000, Armed Activities on the Territory of the Congo (Democratic Republic of the Congo v. Uganda), Nr. 32-46. Zitiert nach http://www.icj-cij.org/docket/files/116/8058.pdf (besucht am 18. Oktober 2008).

gleichwohl unterschiedliche Funktionen; der eine zuförderst politische, der andere rechtliche, und jeder solle so handeln, daß der andere seine Rolle ebenfalls erfüllen könne.[1495] Beide Organe können mithin aus unterschiedlichen Blickwinkeln mit derselben Angelegenheit befaßt werden.[1496] Obwohl der Sicherheitsrat einen weiteren Beurteilungsspielraum ausnutzen könne, sei er nicht allmächtig und dürfe Grundsätze des Völkerrechts nicht verletzen, vor allem nicht die Charta selbst.[1497] Die Frage, die sich angesichts der Entscheidungen des IGH zu Libyen und Bosnien auftat, wurde oft mit der Situation des US-Supreme Court aus dem Jahre 1803 verglichen,[1498] als dieser im Fall Marbury ./. Madison sich vor die Entscheidung gestellt sah, die gerichtliche Kontrolle des Gesetzgebers auszuüben oder nicht.

Man kann mit gewisser Berechtigung annehmen, daß die Entscheidung des Internationalen Gerichtshofs im Rahmen eines streitigen Verfahrens, eine Entscheidung des Sicherheitsrats sei ultra vires, einen vergleichbaren Effekt auf die Vereinten Nationen haben würde, wie es ein Urteil des Supreme Court hat, das der Exekutive oder Legislative Verfassungsbruch vorwirft.[1499] Allerdings würde solch ein Effekt davon abhängen, ob der Respekt der Staaten vor dem – nur inter partes entscheidenden – Gerichtshof verglichen mit dem vor dem Sicherheitsrat und seinen erga omnes verbindlichen Entscheidungen größer ist. Sie müßten in diesem Fall die Entscheidung des Sicherheitsrats ignorieren. Die Entscheidung des IGH kann de lege lata eine Resolution des Sicherheitsrates nicht ungültig machen oder aufheben; solche Gestaltungswirkung kommt der Entscheidung nicht zu.

1495 Hierzu bereits supra bei und in Fn. 640 ff. Zustimmend auch *Stein* (Fn. 658), S. 357 f., 360 f.

1496 Eine parallele Zuständigkeit befürwortet auch *Klein* (Fn. 640), S. 474 ff.

1497 Ausführliche Darlegung etwa bei *Akande* (Fn. 906), S. 314 ff. Siehe auch *Doehring* (Fn. 24), S. 92 ff., der nachweist, daß es zugunsten des Sicherheitsrates keine Figur gebe, die ihm ein Reservat gleich den Lehren über « actes de gouvernement », “political question” oder “act of state doctrine” einräume.

1498 Vgl. nur *Franck* (Fn. 1478), S. 519 und passim.

1499 So *Alvarez* (Fn. 906), S. 5 m.w.Nw.

Damit eine IGH-Entscheidung eine Resolution des Sicherheitsrats ungültig machen könnte, müßten die Staaten der Gerichtsentscheidung eine stärkere Kraft beilegen, als ihr von Rechts wegen zusteht.[1500]

Außerdem sind die rechtlichen Auswirkungen der Urteile des IGH selbst in streitigen Verfahren nicht „automatisch", sie sind – wie die politischen Entscheidungen des Sicherheitsrates – zu einem gewissen Grad unvorhersehbar und fallbezogen. Nach den bisherigen Erfahrungen ist es allerdings unwahrscheinlich, daß der Internationale Gerichtshof eine Handlung des Sicherheitsrats unter Kapitel VII für null und nichtig erklären würde. Höchstwahrscheinlich würde der Internationale Gerichtshof sich äußerstenfalls dazu durchringen, daß die Durchführung einer Entscheidung des Sicherheitsrats gegenüber den Parteien des bei ihm anhängigen Verfahrens unter den gegebenen Umständen rechtswidrig wäre, und damit dem Grundsatz der gegenseitigen Rücksichtnahme von Organen der Vereinten Nationen folgen.

Es sollte bei der Diskussion der hier erörterten Frage aber nicht außer acht gelassen werden, daß der IGH nicht die einzige Institution ist, die innerhalb der Vereinten Nationen das Recht wahrt und Strukturen entwickelt.[1501] In einem völkerrechtlichen Regime, wie es die Vereinten Nationen darstellen, ist das allseitige Einverständnis der Mitgliedstaaten der regelmäßige Indikator für die Rechtmäßigkeit einer Maßnahme oder eines Rechtsakts. Angesichts dessen und der Notwendigkeit permanenter Entscheidungen aller (politischen) Organe einerseits und der geringen Zahl von Fällen, die den IGH erreichen, andererseits ist schon aus praktischen Gründen jedes Organ der Vereinten Nationen selbst dafür zuständig, die Rechtmäßigkeit seiner Handlungen zu überprüfen. Vor diesem Hintergrund wäre es unzureichend, die Weiterentwicklung einer internationalen Organisation – wie diejenige einer nationalen Verfassung – alleine von Gerichtsurteilen abhängig zu machen. Wenn ein System, wie die Vereinten Nationen, über eher locker gefügte Strukturen verfügt, erscheint es wenig effizient, nur auf ein Organ zu setzen.[1502] Dieser Einwand gilt freilich für den IGH wie für den Sicherheitsrat.

Auch wenn sich keine allgemeingültigen, für jede internationale Organisation zutreffenden Aussagen über Zuständigkeit eines bestimmten Organtyps für die Kontrolle von Entscheidungen von Organen interna-

---

[1500] Die fehlende Kompetenz des IGH, Resolutionen des Sicherheitsrates zu verwerfen, unterstreicht auch *Doehring* (Fn. 24), S. 91 f.

[1501] Ähnlich auch *Bianchi* (Fn. 786), S. 272.

[1502] *Alvarez* (Fn. 906), S. 9.

tionaler Organisationen machen lassen, so kann doch festgestellt werden:

Neben einer Erstzuständigkeit des handelnden Organs selbst sind eventuell vorhandene andere Organe und die Mitgliedstaaten der internationalen Organisation mögliche Kontrolleure des Organhandelns. Welches andere Organ zuständig ist, hängt von der Art der Organe, von ihren Zuständigkeiten und der zwischen ihnen bestehenden Hierarchie ab. Für ein gerichtliches Organ streitet die Vermutung, es sei zur Entscheidung rechtlicher Fragen (Beachtung oder Überschreitung von Zuständigkeitsgrenzen durch das handelnde Organ) berufen. Aber auch das (vollständige) Mitgliederorgan kommt kraft seiner umfassenden Legitimation als Kontrollinstanz in Betracht.

Die Mitgliedstaaten schließlich können als Herren der Verträge zur Kontrolle von Organhandeln berufen sein; dabei ist allerdings zu beachten, daß die meisten Organisationsverfassungen hierzu keine Aussagen treffen. Selbst dort, wo es wie mit dem IGH ein allgemein zuständiges Gericht gibt, können die Mitgliedstaaten ihn nicht zur „verfassungsgerichtlichen" Überprüfung von Organakten anrufen. Zu erinnern ist an den Umstand, daß es in der supranationalen Organisation der Europäischen Gemeinschaft die Möglichkeit gibt, einen solchen Antrag zu stellen, was dazu führt, daß die Entscheidung bei dem gerichtlichen Organ monopolisiert ist. Hieraus kann man schlußfolgern, daß es den Mitgliedstaaten in Ermangelung einer solchen Antragsbefugnis und gerichtlichen Rechtsschutzgewährung möglich sein muß, in Extremfällen die Rechtmäßigkeit einer Entscheidung von politischen Organen selbst rechtlich zu bewerten und ihnen bei Einstufung als ultra vires die Gefolgschaft zu verweigern. Daraus resultierende politische Risiken muß der jeweilige Mitgliedstaat dann freilich in Kauf nehmen.

5. Sonderfall: Kontrolle durch Gerichte anderer Organisationen

a) Problemstellung

Das oftmals beschworene Mehrebenensystem[1503] führt nicht nur dazu, daß Akte deutscher Hoheitsgewalt neben einer Prüfung am Maßstab des Grundgesetzes auch an den Maßstäben europäischer Gemeinschaftsgrundrechte, den Rechten der Europäischen Menschenrechtskonvention und denen internationaler Menschenrechtsverträge gemessen werden. Es stellt sich die Frage, ob Akte der Gemeinschaftsgewalt am Maßstab des Grundgesetzes („Wie lange?") und an demjenigen der Europäischen Menschenrechtskonvention zu überprüfen sind.[1504] In dem Maße, in dem der Sicherheitsrat aber, wie gesehen, mit seinen Resolutionen die Europäische Gemeinschaft oder die Mitgliedstaaten dazu verpflichtet, unmittelbar in die Rechtsstellung von Idividuen einzugreifen, kann der Frage nach der Rechtskontrolle auch seiner Resolutionen auf diesen Ebenen nicht länger ausgewichen werden.

b) Fälle

Mit seinen Resolutionen 1267, 1333 und 1390 hat der Sicherheitsrat die Grundlage dafür geschaffen, Namenslisten terrorverdächtiger Personen anzulegen, und die Beschlagnahme ihrer Konten angeordnet. Die Mitgliedstaaten der Vereinten Nationen sind verpflichtet, die Konten der gelisteten Personen oder Personengruppen einzufrieren. Die Mitgliedstaaten der Europäischen Union[1505] haben ihre Außenwirtschaftskom-

---

[1503] Vgl. beispielsweise *König* (Hrsg.), Das europäische Mehrebenensystem, 1996; *Bauschke u.a.* (Hrsg.), Pluralität des Rechts – Regulierung im Spannungsfeld der Rechtsebenen, 2003; *Schröder*, Grundrechtsdemokratie als Raison offener Staaten, Verfassungspolitik im europäischen und im globalen Mehrebenensystem, 2003; *Schliesky* (Fn. 50); *Lorz*, Kompetenzverteilung im europäischen Mehrebenensystem, in: Schwarze (Hrsg.), Europäische Verfassung und Grundrechtecharta, Bd. 1, 2006, S. 43-61; *Nettesheim* (Fn. 1194), S. 515 ff.; *Gehler* (Fn. 207).

[1504] Vgl. den Überblick bei *Schmahl*, Die Verzahnung der deutschen, europäischen und internationalen Rechtsebenen bei der Gewährleistung von Grund- und Menschenrechten, in: Bauschke u.a. (Hrsg.) (Fn. 1503), S. 163-198.

[1505] Einzelheiten zum Vorgehen der EU finden sich bei *Reinisch*, The Action of the European Union to Combat International Terrorism, in: Bianchi (Hrsg.), Enforcing International Law Norms Against Terrorism, 2004, S. 119-162.

petenz weitgehend auf die Europäische Gemeinschaft übertragen, so daß diese entsprechende Verordnungen erließ, um die genannten Resolutionen umzusetzen. Hiervon betroffen waren auch *A. Yusuf* und die *Al Barakaat International Foundation*, die Nichtigkeitsklage gegen die einschlägige Verordnung erhoben und die fehlende Kompetenzgrundlage im Primärrecht ebenso rügten wie einen Verstoß gegen Gemeinschaftsgrundrechte.[1506] Das EuG hatte zunächst ausführlich dargelegt, daß der Rat kompetent war, die Verordnung zu erlassen (S. 597 ff./Nr. 79-180), und prüfte im Anschluß, ob die Verordnung als Einzelfallregelung zu gelten habe und daher nicht mit Art. 249 EGV zu vereinbaren sei. Das EuG nutzte die Gelegenheit, den Unterschied zwischen dem Adressaten und dem Gegenstand eines Rechtsaktes herauszuarbeiten und befand, daß kein Verstoß gegen Art. 249 EGV vorliege (S. 605 f./ Nr. 181-189).

Schließlich hatten die Kläger vorgetragen, die angefochtene Verordnung verletze ihre Grundrechte, insbesondere das Verfügungsrecht über ihr Eigentum und ihre sich aus Art. 6 EMRK ergebenden Verteidigungsrechte, da sie sich nicht gegen die Maßnahmen hätten wehren können; die Gemeinschaftsorgane und das Vereinigte Königreich verwiesen vor allem auf die einschlägigen Resolutionen des Sicherheitsrates (S. 606 ff./ Nr. 190-225). Das EuG stellte fest, es könne sich zu diesem Klagegrund nur äußern, sofern er seiner gerichtlichen Kontrolle unterliege und begründetenfalls zur Nichtigerklärung der angefochtenen Verordnung führen könne (S. 609/Nr. 226). Da die Klagegegner auf den Vorrang der Sicherheitsratsresolutionen hingewiesen hatten, nahm das EuG eine Untersuchung der Verknüpfung von Völkerrechtsordnung einerseits und Gemeinschaftsrechtsordnung andererseits vor und prüfte, inwieweit die Gemeinschaftsorgane an die Resolutionen des Sicherheitsrates gebunden sind (S. 609 ff./Nr. 231-259). Das EuG betont, daß die Gemeinschaft bereits aus dem Gemeinschaftsrecht selbst zum Erlaß der Verordnung verpflichtet war (S. 611/Nr. 257).

In der Europäischen Gemeinschaft als Rechtsgemeinschaft sind alle Akte der Gemeinschaftsorgane und der Mitgliedstaaten auf ihre Vereinbarkeit mit dem Primärrecht hin zu untersuchen. Dies geschieht durch

---

[1506] Ausführlich zum Sachverhalt *EuG*, Rs. Yusuf u.a. gegen Rat, in: EuGRH 2005, S. 592-618 (S. 593 ff./Nr. 10 ff.). Nachfolgend werden die Nachweise durch Klammerzusätze im Text gegeben. Am selben Tag entschied das Gericht erster Instanz die weitgehend parallel gelagerte Rs. Yassin Abdullah Kadi (T-315/01); gegen beide Entscheidungen wurden Rechtsmittel eingelegt; hierzu supra bei Fn. 1513 ff.

eine gerichtliche Kontrolle, die Ausdruck eines allgemeinen Rechtsgrundsatzes ist, der sich aus den Verfassungstraditionen der Mitgliedstaaten fließt und auch in Art. 6 und 13 EMRK verankert ist. Vorliegend sei aber zu klären, *„ob es strukturelle, durch das allgemeine Völkerrecht selbst vorgegebene Grenzen für die Kontrolle gibt, die das Gericht hinsichtlich dieser Verordnung auszuüben hat“* (S. 612/Nr. 263). Da die Gemeinschaftsorgane aufgrund einer *„gebundenen Befugnis“* tätig wurden, würde jede Kontrolle der angefochtenen Verordnung bedeuten, daß das Gericht inzident die Rechtmäßigkeit der zugrundeliegenden Sicherheitsratsresolutionen überprüfen müßte (S. 612/Nr. 265 f.). *„Die Kläger verlangen mit anderen Worten vom Gericht, implizit festzustellen, dass die fragliche Völkerrechtsnorm in die durch die Gemeinschaftsrechtsordnung geschützten Grundrechte des Einzelnen eingreift.“* (S. 612/Nr. 267).

Das EuG führt dann im einzelnen – und in überzeugender Weise – aus, daß es zu einer Kontrolle der Sicherheitsratsresolutionen am Maßstab des Gemeinschaftsrechts nicht befugt ist (S. 612 f./Nr. 269-276). Es sei *„vielmehr verpflichtet, das Gemeinschaftsrecht so weit wie möglich in einer Weise auszulegen und anzuwenden, die mit den Verpflichtungen der Mitgliedstaaten aus der Charta der Vereinten Nationen vereinbar ist“* (S. 613/Nr. 277). Dann stellt es allerdings bruchlos fest, es könne *„die Rechtmäßigkeit der fraglichen Resolutionen des Sicherheitsrats im Hinblick auf das Jus cogens, verstanden als internationaler Ordre public, der für alle Völkerrechtssubjekte einschließlich der Organe der UNO gilt und von dem nicht abgewichen werden darf, inzident zu prüfen“* (S. 613/Nr. 277).

Das EuG begründet die Bindung des Sicherheitsrates an die *„zwingenden fundamentalen Bestimmungen des Jus cogens“* (S. 613/Nr. 281) und erklärt, daß es bei der Rechtmäßigkeitsprüfung eines gebundenen Gemeinschaftsrechtsakts die diesen anstoßenden Resolutionen inzident daraufhin untersuchen kann, ob sie diesem Ius cogens genügen.

In der Sache argumentiert das EuG dann bei den von den Klägern gerügten Grundrechten (S. 613 ff.: Eigentum/Nr. 285-303, Verteidigungsrechte/Nr. 304-331, effektive gerichtliche Kontrolle/Nr. 332-346) jeweils so, daß es offenläßt, ob diese Bestandteil des vom Sicherheitsrat zu beachtenden Ius cogens sind, weil selbst bejahendenfalls im konkreten Fall das Vorgehen des Sicherheitsrats mit Hinblick auf jedes der drei Rechte gerechtfertigt war.

Bereits neun Jahre früher war der EuGH mit einer Sanktionsresolution des Sicherheitsrates befaßt. In der Rechtssache *Bosphorus*[1507] hatte der irische Supreme Court die von den nationalen Behörden durchgeführte Beschlagnahme eines Flugzeuges zu beurteilen. Die Beschlagnahme stützte sich auf eine EG-Verordnung, die ihrerseits eine Resolution des Sicherheitsrates umsetzte. Der EuGH unterstrich, daß bei der Auslegung einer Gemeinschaftsvorschrift sowohl ihr Wortlaut als auch ihr Kontext und ihre Ziele zu berücksichtigen seien. In diesem Kontext spielen die der Verordnung inhaltlich zugrundeliegenden Sicherheitsratsresolutionen 713 (1991), 752 (1992), 787 (1992) und 820 (1993) eine Rolle und wurden vom Gerichtshof dementsprechend ergänzend herangezogen (Nr. 12 ff.). Was den geltend gemachten Grundrechtsverstoß durch die Verordnung anging, stellte der EuGH klar, daß die geltend gemachten Grundrechte nach ständiger Rechtsprechung keine uneingeschränkte Geltung beanspruchen könnten; ihre Ausübung könne Beschränkungen unterworfen werden, die durch dem Gemeinwohl dienende Ziele der Gemeinschaft gerechtfertigt sind (Nr. 21). Hierzu führte der Gerichtshof aus:

> „Die Bestimmungen der Verordnung Nr. 990/93 tragen u. a. zur Durchführung der in mehreren Resolutionen des Sicherheitsrates der Vereinten Nationen beschlossenen und später verschärften Sanktionen gegen die Bundesrepublik Jugoslawien auf Gemeinschaftsebene bei. In der dritten Begründungserwägung der Verordnung Nr. 990/93 wird ausgeführt, daß die „anhaltenden direkten und indirekten Eingriffe der Bundesrepublik Jugoslawien (Serbien und Montenegro) in der und in bezug auf die Republik Bosnien-Herzegowina ... die Hauptursache der dramatischen Ereignisse in der Republik Bosnien-Herzegowina [sind]“, und in der vierten Begründungserwägung heisst [sic] es, daß die „Fortdauer dieser Eingriffe ... zu unvertretbaren weiteren Verlusten an Menschenleben und Sachschäden führen und den internationalen Frieden und die Sicherheit in der Region weiterhin verletzen [wird]“. Ferner wird in der siebten Begründungserwägung der Verordnung festgestellt, daß die „serbische Volksgruppe in Bosnien ... bisher den Friedensplan der internationalen Konferenz über das ehemalige Jugoslawien trotz der Appelle des Sicherheitsrates nicht in vollem Umfang akzeptiert [hat]“.“ (Nr. 24)

[1507] *EuGH*, Bosphorus Hava Yolları Turizm ve Ticaret Anonim Şirketi ./. Minister for Transport, Energy and Communications und andere (Rs. C-84/95), Urteil vom 30. Juli 1996 – Slg. 1996 I-3953.

Demzufolge besitze das mit den Sanktionen verfolgte Ziel eine erhebliche Bedeutung, die darin bestehe, einerseits die Bundesrepublik Jugoslawien von weiteren Verletzungen der Integrität und Sicherheit der Republik Bosnien-Herzegowina abzuhalten und andererseits die serbische Volksgruppe in Bosnien dazu zu veranlassen, bei der Wiederherstellung des Friedens in dieser Republik mitzuarbeiten. Dabei handele es sich um für die internationale Völkergemeinschaft grundlegende, dem Gemeinwohl dienende Ziele, weshalb die Beschlagnahme des fraglichen Luftfahrzeugs nicht als unangemessen oder unverhältnismäßig angesehen werden könne (Nr. 25 f.).

Eine Überprüfung der Resolutionen selbst wurde hingegen vom EuGH in dieser frühen Entscheidung nicht erörtert.[1508]

Derselbe Fall beschäftigte anschließend den Europäischen Gerichtshof für Menschenrechte (EGMR).[1509] Dieser prüfte nur die Frage, ob es eine Ausübung eigenständiger Beurteilungs- und Ermessensspielräume durch die irischen Behörden gab und ob diese eine Verletzung des Eigentumsschutzes aus dem Protokol Nr. 1 darstellte. Der EGMR verneinte die erste Frage, da das EG-Recht, ausgelegt durch den EuGH, unmißverständliche Vorgaben gemacht habe. Allerdings könne die Pflicht, den EG-Vertrag einzuhalten, nicht von den Bindungen der EMRK befreien. Deshalb komme es entscheidend darauf an, ob innerhalb der EG ein der EMRK vergleichbarer Menschenrechtsschutz gewährleistet werde. Dies bejahte der EGMR grundsätzlich und auch im konkreten Fall, ohne dabei näher auf die Bedeutung der Sicherheitsratsresolutionen einzugehen oder diese am Maßstab der EMRK zu überprüfen.

Die komplexe Gemengelage hat inzwischen vielfache Beachtung gefunden.[1510] An dieser Stelle steht die Überprüfbarkeit von Sicherheitsratsre-

---

1508 Ebensowenig in *EuG*, Dorsch Consult Ingenieurgesellschaft mbH ./. Rat und Kommission (Rs. T-184/95), Urteil vom 28. April 1998 – Slg. 1998 II-667.

1509 *EGMR*, Bosphorus Hava Yolları Turizm ve Ticaret Anonim Şirketi ./. Irland, Urteil vom 30. Juni 2005, abrufbar unter http://cmiskp.echr.coe.int/tkp197/search.asp?skin=hudoc-en (November 2006).

1510 Beispielsweise *Kotzur*, Eine Bewährungsprobe für die europäische Grundrechtsgemeinschaft, Zur Entscheidung des EuG in der Rs. Yusuf u.a. ./. Rat, EuGRZ 2005, S. 592 ff., EuGRZ 2006, S. 19-26; *von Arnauld*, UN-Sanktionen und gemeinschaftsrechtlicher Grundrechtsschutz, Die „Soweit-Rechtsprechung" des Europäischen Gerichts Erster Instanz, AVR 2006, S. 201-216; *Hörmann*, Völkerrecht bricht Rechtsgemeinschaft? Zu den rechtlichen

solutionen im Zentrum der Betrachtung. Klar ist zunächst, daß weder die Gemeinschaftsgerichte noch der EGMR befugt sind (und sich auch nicht für befugt gehalten haben), die Resolutionen direkt und als solche an der Charta der Vereinten Nationen oder am allgemeinen Völkerrecht zu messen. Hier lagen aber jeweils Gemeinschaftsrechtsakte vor, nämlich die die Resolutionen jeweils umsetzenden EG-Verordnungen. Deren Überprüfung am Maßstab des Gemeinschaftsrechts bringt eine inzidente Prüfung auch der Sicherheitsratsresolutionen mit sich; die völkerrechtliche Bindungskraft ihrerseits wirkt sich auf den Maßstab selbst aus: Art. 25 SVN darf nicht leerlaufen. Individualschützende Grund- und Menschenrechte haben jedoch nicht zum Ziel, Sicherheitsratsresolutionen als solche zu verhindern; ihre Aufgabe ist es vielmehr, die Durchführung der Herrschaft des Rechts zu unterwerfen, insbesondere an verfahrensrechtliche Mindestgarantien zu knüpfen, die einer jeden Rechtsordnung zugrundeliegen sollten, sofern in die Rechte von Einzelpersonen eingegriffen wird.

Der EuGH hatte im *Bosphorus*-Fall die Resolutionen lediglich als Rechtfertigung für die Einschränkung von Gemeinschaftsgrundrechten herangezogen. Das EuG hingegen hielt in der Rs. *Yusuf* eine Überprüfung der dort einschlägigen Sicherheitsratsresolutionen am Maßstab des völkerrechtlichen Ius cogens für angezeigt. Die hierunter fallenden Menschenrechtsstandards zählten zum internationalen wie europäischen Ordre public.[1511] Im Ergebnis konnte das EuG keine Verletzung des menschenrechtlichen Ius cogens feststellen.[1512]

Der EGMR hatte vordergründig die von den irischen Behörden auf der Grundlage der EG-Verordnung verfügte Beschlagnahme an der EMRK zu messen. Da einerseits die EG-Verordnung als „fremder" Hoheitsakt nicht unmittelbar an der EMRK gemessen werden kann, andererseits aber die Vertragsstaaten sich nicht qua EG aus der ihnen nach der EMRK obliegenden Verantwortung für die Menschenrechte entziehen dürfen, stellte der EGMR darauf ab, ob dem einzelnen innerhalb der EG ein hinreichender, der EMRK vergleichbarer Rechtsschutz gegeben sei. Dies bejahend, ging er auf die Sicherheitsratsresolutionen nicht ein.

Folgen einer Umsetzung von Resolutionen des UN-Sicherheitsrates durch die EG, AVR 2006, S. 267-327; *Payandeh* (Fn. 1479); *Osteneck* (Fn. 705).

[1511] Zu den damit verbundenen Problemen vgl. *Kotzur* (Fn. 1510), S. 25.

[1512] Dies als *„Rechtsverweigerung"* zu bezeichnen, so *Hörmann* (Fn. 1510), S. 267, erscheint unangemessen. Der differenzierenden Sichtweise *von Arnaulds* (Fn. 1510), S. 210 ff., und *Kotzurs* (Fn. 1510), S. 22 ff., gebührt hier der Vorzug.

Das Vorgehen der verschiedenen europäischen Gerichte zeigt, daß noch keine endgültige Lösung für das Problem gefunden ist. Die Rechtsmittelentscheidung des EuGH in der Rs. *Kadi* liegt inzwischen vor.[1513] Der Europäische Gerichtshof hat die Urteile des Gerichts erster Instanz der Europäischen Gemeinschaften gegen Yassin Abdullah Kadi und die Al Barakaat International Foundation aufgehoben und die Anti-Terror-Verordnung der EU für nichtig erklärt.

Das lag allerdings nicht an der Rechtsgrundlage für die angegriffene Verordnung, führte der Gerichtshof aus. Zwar könne die Einbeziehung des Art. 308 EG in die Rechtsgrundlage der streitigen Verordnung nicht damit gerechtfertigt werden, daß mit diesem Rechtsakt ein Ziel der GASP verfolgt werde, doch konnte diese Bestimmung gleichwohl zur Stützung der betreffenden Verordnung herangezogen werden, denn mit der Verordnung solle erstens ein Ziel der Gemeinschaft verwirklicht werden. Zweitens stehe sie im Sinne von Art. 308 EG mit dem Gemeinsamen Markt in Verbindung. Zudem ermöglichte die Hinzufügung von Art. 308 EG zur Rechtsgrundlage der streitigen Verordnung dem Europäischen Parlament die Teilnahme am Entscheidungsprozeß in bezug auf die fraglichen, speziell Einzelpersonen betreffenden Maßnahmen, während im Rahmen der Art. 60 EG und 301 EK keine Rolle für dieses Organ vorgesehen ist.

Der EuGH wies deshalb die Rechtsmittelgründe, die gegen die angefochtenen Urteile gerichtet wurden, soweit das Gericht erster Instanz darin entschieden hatte, daß die Art. 60 EG, 301 EG und 308 EG die Rechtsgrundlage für die streitige Verordnung bildeten, in vollem Umfang als unbegründet zurück.

Der EuGH verwarf hingegen die Auffassung, die Verordnung sei aufgrund ihrer Verbindung zur Sicherheitsratsresolution nicht justitiabel. Die Gemeinschaft sei eine Rechtsgemeinschaft mit einem autonomen Rechtssystem, dessen Rechtsgrundsätze, insbesondere die Grundrechte, vom Gerichtshof zu sichern seien:

> „Aus alledem folgt, dass die Verpflichtungen aufgrund einer internationalen Übereinkunft nicht die Verfassungsgrundsätze des EG-Vertrag beeinträchtigen können, zu denen auch der Grundsatz zählt, dass alle Handlungen der Gemeinschaft die Menschenrechte achten müssen, da die Achtung dieser Rechte eine Voraussetzung für ihre Rechtmäßigkeit ist, die der Gerichtshof im Rahmen des umfassen-

---

[1513] *EuGH* (Große Kammer), Urteil vom 3. September 2008, Rs. C 402/05 P, abrufbar unter http://curia.europa.eu/ (25. September 2008).

den Systems von Rechtsbehelfen, das dieser Vertrag schafft, überprüfen muss."[1514]

Der EuGH betont zu Recht, daß ein Urteil eines Gemeinschaftsgerichts, mit dem festgestellt wird, daß ein Gemeinschaftsrechtsakt zur Umsetzung einer Sicherheitsratsresolution gegen eine höherrangige Norm der Gemeinschaftsrechtsordnung verstößt, nicht den völkerrechtlichen Vorrang der betreffenden Resolution in Frage stellt.

Festzuhalten ist somit schon heute, daß eine inzidente Rechtskontrolle auch von Sicherheitsratsresolutionen in einem der Herrschaft des Rechts verpflichteten Mehrebenensystem durch Gerichte auf den jeweiligen Ebenen in Zukunft zum Alltag gehören wird.[1515] Das Urteil des EuGH in der Rechtssache Kadi macht dies deutlich.

III. Die Rechtsfolgen von Kompetenzüberschreitungen

1. Konstellationen

Aus der Kompetenzüberschreitung resultiert die Fehlerhaftigkeit des dabei gesetzten Rechtsaktes. Wird die Kompetenzüberschreitung bemerkt oder nur der Rechtsakt inhaltlich abgelehnt, kommt es zu einer politischen Reaktion oder Stellungnahme anderer Organe der internationalen Organisation oder einzelner Mitgliedstaaten. Auf dieser Grundlage überprüft das handelnde Organ seinen angegriffenen Rechtsakt.

Erkennt das Ausgangsorgan selbst eine Kompetenzüberschreitung, kann es den Rechtsakt durch einen Actus contrarius beseitigen. Hierzu ist das Organ aus dem Grundsatz der Organisationstreue und aus seiner Verantwortung gegenüber den Mitgliedstaaten auf die satzungsgemäße Handlungsweise verpflichtet. Hält das Ausgangsorgan seine Vorgehensweise hingegen auch nach Prüfung der vorgebrachten Einwände für korrekt, wird es an dem Rechtsakt festhalten.

Andere Organe oder Mitgliedstaaten können de lege lata nur in wenigen Fällen eine gerichtliche Kontrolle des streitigen Rechtsaktes anstrengen. Nur einzelnen internationalen Gerichten kommt eine ent-

---

1514 *EuGH* (Fn. 1513), Rn. 285.

1515 Siehe *Klabbers*, Kadi Justice at the Security Council?, International Organizations Law Review 4/2 (2007), S. 293-304.

sprechende Kontrollkompetenz zu; die europäische Gemeinschaftsgerichtsbarkeit bildet hier eine deutliche Ausnahme.

In den Vereinten Nationen können die Generalversammlung und der Sicherheitsrat nach Art. 96 Abs. 1 SVN zu jeder Rechtsfrage Gutachten des IGH anfordern; anderen Organen und einzelnen Mitgliedstaaten steht dieser Weg nicht offen. Der IGH kann allerdings im Rahmen zwischenstaatlicher Streitigkeiten inzident mit der Prüfung von von Organen der Vereinten Nationen gesetzten Rechtsakten befaßt werden.

2. Fehlerhaftigkeit des Rechtsaktes und Reaktionsmöglichkeiten

Das in Rede stehende Verhalten kann entweder schlicht kompetenzlos sein oder zwar grundsätzlich kompetenzgemäß, aber in concreto rechtswidrig, weil es gegen die rechtlichen Voraussetzungen und Grenzen der Kompetenzausübung[1516] verstößt, also etwa verfahrensfehlerhaft oder inhaltlich falsch ist. Es kann die Organkompetenz überschritten werden, indem beispielsweise ein unzuständiges Organ handelt oder ein Organ mehr tut, als es eigentlich darf. Dieses Handeln kann sich entweder noch im Rahmen dessen bewegen, was die Organisation als solche darf, oder es kann ihre Verbandskompetenzen überschreiten.

Allein der Umstand, daß sich kompetenzwidriges Organhandeln noch im Rahmen der Verbandskompetenz bewegt, macht die Kompetenzüberschreitung nicht bedeutungslos, wie das folgende Beispiel zeigen mag. Der Versuch der Generalversammlung der Vereinten Nationen oder des ECOSOC, eine bindende Resolution unter Kapitel VII zu verabschieden und deren Einhaltung zu fordern, wäre rechtswidrig. Daran ändert auch der Umstand nichts, daß diese Resolution vom zuständigen Verband, „den“ Vereinten Nationen käme. Dementsprechend spricht die Uniting-for-Peace-Resolution lediglich davon, die Generalversammlung *“shall consider the matter immediately with a view to making appropriate recommendations to Member States for collective measures”*:[1517] Wenn der Sicherheitsrat keine bindende Entscheidung fällen kann oder will, kann das niemand sonst tun. Aber das gemeinsame Ziel der Friedenswahrung legt es nahe, in der Generalversammlung Ziele zu entwickeln, die dann von den Staaten durch zwischenstaatliche

---

1516 *Nettesheim* (Fn. 29), S. 417 spricht vom Verstoß gegen *„Wahrnehmungsbedingungen“*.

1517 Supra Fn. 522.

Zusammenarbeit realisiert werden sollen. Es wird mithin ein Lösungsweg „in der Nähe“ der Organisationsstrukturen angeboten.

Der Sicherheitsrat einschließlich der Vetomächte könnte in einer friedensbedrohenden Situation allerdings auch nicht verhindern, daß die Generalversammlung mit (wohlmöglich absoluter) Mehrheit eine Resolution verabschiedete, in der sie verbindliche Maßnahmen im Sinne der Art. 41, 42 SVN anordnet. Diese Resolution wäre rechtswidrig, obwohl der Sicherheitsrat selbst sie ohne weiteres auf der Grundlage von Kapitel VII hätte verabschieden können. Auch durch eine eilends verabschiedete Resolution könnte der Sicherheitsrat diese Entscheidung der Generalversammlung nicht aus der Welt schaffen. Er hätte lediglich die Möglichkeit, ein Gutachten beim IGH zu beantragen.

Mitgliedstaaten können beispielsweise das Thema in der Generalversammlung ansprechen oder im Sicherheitsrat eine Beschlußfassung anregen, die zur Beantragung eines IGH-Gutachtens führt. Sie können außerdem der kompetenzwidrig verabschiedeten Resolution die Gefolgschaft verweigern, also die darin geforderten Sanktionen nicht ausführen. Andere Organe der Vereinten Nationen, etwa der Generalsekretär, können kein Gutachtenverfahren einleiten; ihnen bleibt nur der organisationsinterne Dialog oder der Umweg über die Mitgliedstaaten.

3. Wirkungen der Rechtskontrolle

Die Kontrolle von Rechtsakten durch den IGH im Wege des Gutachtenverfahrens kann nur von Generalversammlung und Sicherheitsrat initiiert werden; dies resultiert aus ihrer herausgehobenen Stellung im Kreis der Hauptorgane und aus ihrer Allzuständigkeit und damit auch Verantwortlichkeit für die Ziele der Organisation und für die Beachtung der diese prägenden Grundsätze.

Der IGH könnte in dem eben gebildeten Fall der von der Generalversammlung oder vom ECOSOC verabschiedeten Resolution „nach“ Kapitel VII im Rahmen eines vom Sicherheitsrat angestrengten Gutachtens die Rechtswidrigkeit der Resolution feststellen. Im Gutachtenverfahren könnte er sie auch bei evidenter Rechtswidrigkeit jedoch nicht für nichtig erklären. Es bliebe wiederum den Staaten überlassen, die Resolution nicht zu beachten; dieses Mal aber gestützt auf die Autorität des IGH. Außerdem bestünde die Rechtspflicht der Generalversammlung, ihr Verhalten zu beenden und auf den Boden der Charta zurückzukehren.

Würde die im Streit stehende Resoultion den Generalsekretär zur Vornahme von Handlungen verpflichten, so könnte er diese nach der Entscheidung im Gutachtenverfahren unter Hinweis auf die festgestellte Rechtswidrigkeit der Resolution verweigern. Solange es kein Urteil gibt oder noch gar kein Gutachten angestrengt wurde, hätte der Generalsekretär diese Entscheidung auf eigene Verantwortung zu treffen. Im Falle eines evidenten Ultra-vires-Handelns der Generalversammlung, wie es vorliegend zu bejahen wäre, dürfte, ja müßte der Generalsekretär die Resolution nicht beachten, schon um zu vermeiden, selbst auf einer fehlerhaften Rechtsgrundlage tätig zu werden.

Ein weiteres Beispiel soll den Kontext illustrieren: So könnte etwa der Sicherheitsrat die Mitglieder des ECOSOC wählen. Laut Charta ist hierfür jedoch die Generalversammlung zuständig, die die Mitglieder des ECOSOC mit Zweidrittelmehrheit auf drei Jahre wählt (Art. 61 Abs. 2 Satz 1, Art. 18 Abs. 2 SVN). Auch hier wäre es der Generalversammlung nur möglich, den IGH im Rahmen eines Gutachtenverfahrens um Klärung zu bitten. Dieser würde die Rechtswidrigkeit des Vorgehens feststellen und erklären, der ECOSOC sei rechtsfehlerhaft bestellt worden.

Nachgelagert ist die Frage nach den Konsequenzen dieser Feststellung. Wäre die satzungswidrige Bestellung von ECOSOC durch den Sicherheitsrat als von Anfang an nichtig anzusehen? Angenommen, der rechtsfehlerhaft bestellte ECOSOC sei zwischenzeitlich zusammengetreten und habe bereits seinerseits Rechtsakte gesetzt, so wäre im Interesse der Rechtssicherheit zu fragen, ob diese Rechtsakte trotz der fehlerhaften Bestellung des ECOSOC rechtmäßig sein können.

Ein Beispiel aus der Rechtsprechung des IGH und der Praxis internationaler Organisationen soll dies anschaulich machen: So hatte der IGH in seinem Gutachten über „Constitution of the Maritime Safety Committee of the Inter-Governmental Maritime Consultative Organization"[1518] (ICMO) festgestellt, daß das am 15. Januar 1959 gewählte Komitee nicht in Übereinstimmung mit der Satzung der Organisation konstituiert worden war. Daraufhin entschied die im Jahr 1961 erneut zusammengetretene Versammlung der IMCO, das Komitee aufzulösen und ein neues Komitee gemäß der Interpretation, die der IGH von Art. 28 der Satzung gegeben hatte, einzurichten. Gleichzeitig bestätigte die Versammlung die von dem unzulänglich konstituierten Komitee zwischen 1959 und 1961, vor seiner Auflösung, getroffenen Maßnahmen

[1518] *IGH*, Gutachten vom 8. Juni 1960, ICJ-Reports 1960, S. 150 ff.

und nahm dessen Vorschläge an. Darin zeigt sich, daß die Versammlung die Maßnahmen und Vorschläge des Komitees nicht als von Anfang an nichtig ansah;[1519] gleichzeitig macht der Vorgang deutlich, daß dem Gutachten des IGH keine Gestaltungswirkung zukommt: Der streitige Rechtsakt wird vom IGH nicht aufgehoben oder für nichtig erklärt. Die Entscheidung über die Rechtsfolgen der Rechtswidrigkeit wird an die politischen Organe zurückgegeben.

4. Zusammenfassung

Wenn ein unzuständiges Organ handelt oder ein Organ mehr beziehungsweise qualitativ anderes tut, als es darf, wenn es mit anderen Worten seine Kompetenzen überschreitet, dann ist das Ergebnis seines Handelns – in der Regel ein Rechtsakt – fehlerhaft. Die Unzuständigkeit begründet ausnahmsweise dann keine Fehlerhaftigkeit, falls das handelnde Organ – oder gegebenenfalls sogar ein Mitgliedstaat – in Wahrnehmung einer sogenannten Notstandskompetenz tätig wird, um eine drohende Funktionsstörung der Organisation abzuwehren. Die Beurteilung dieses – implizit komptenzgemäßen – Handelns im übrigen unterliegt freilich den gleichen Maßstäben wie sonstige Akte.

Ob sich die durch Kompetenzüberschreitung begründete Fehlerhaftigkeit dahingehend auswirkt, daß der Rechtsakt unwirksam ist, beseitigt werden kann oder nicht beachtet werden braucht oder nicht doch wirksam und verbindlich bleibt, ist eine komplexe Frage.[1520]

Eine internationale Organisation kann ein Gericht zur verbindlichen Entscheidung solcher Fragen einrichten. Die Vereinten Nationen haben dies mit ihrem Verwaltungsgericht UNAT für einen Teilbereich ihrer Tätigkeit, nämlich das interne Personalrecht, getan. Der IGH – immerhin das Hauptrechtsprechungsorgan der Organisation – fungiert nicht als das umfassend zuständige Verfassungsgericht der Vereinten Nationen, sondern kann nur in bestimmten Fallkonstellationen im Wege von Gutachten entsprechende Rechtsfragen klären. Anders ist die Lage im stärker integrierten Feld der EU, wo der EuGH eine solche Verfassungsgerichtsfunktion wahrnimmt.

Mit diesem Befund stehen die Vereinten Nationen allerdings nicht allein; in den meisten internationalen Organisationen ist kein der Gemeinschaftsgerichtsbarkeit vergleichbares Gericht mit monopolisierter

---

[1519] Darstellung bei *Osieke* (Fn. 24), S. 244.

[1520] So auch *Bernhardt* (Fn. 846), S. 1316.

Entscheidungsbefugnis vorhanden. Dies legt es, zusammen mit dem Umstand, daß auch Praxis und Lehre bislang keine allgemein akzeptierte und anerkannte Lösung entwickelt haben, nahe, andere Lösungsvorschläge vorzulegen. Diese orientieren sich an den vorstehenden Beispielen. Dabei bietet es sich an, zwischen intern und extern wirkendem Recht zu unterscheiden.

Wenn ein Organ internes Recht setzt und dabei offensichtlich ultra vires handelt, so ist dieser Rechtsakt als nichtig anzusehen, und Mitgliedstaaten und gleichrangige Organe sind nicht an dieses Recht gebunden. Die Schwierigkeit besteht in dieser Konstellation in erster Linie in der Feststellung, wann ein Rechtsakt offensichtlich ultra vires ist. Von dieser Offensichtlichkeit ist auszugehen, wenn sich aus dem Wortlaut der Kompetenzbestimmungen beispielsweise die Unzuständigkeit des handelnden Organs oder die Nichterfüllung der *„Wahrnehmungsbedingungen“* ergibt.

Auch ist – angesichts der vielgestaltigen Lebenswirklichkeit beinahe zwangsläufig – offen, ob und unter welchen Voraussetzungen Mitgliedstaaten oder Organe einen Rechtsakt als ultra vires bezeichnen und ihm die Gefolgschaft verweigern können. Eine klare, in jedem Fall und für jede internationale Organisation gültige Lösung scheint hier nicht möglich und der Verweis auf die Betrachtung des Einzelfalles unumgänglich.

In jedem Fall ist daran zu erinnern, daß gleichrangige Organe, die den Organisationsvertrag – nicht nur im Hinblick auf ihre eigenen Kompetenzen – eigenständig auszulegen befugt sind, ihre Interpretation den anderen Organen nicht vorschreiben können, so daß es durchaus zu divergierenden Beurteilungen hinsichtlich der Gültigkeit von Rechtsakten kommen kann. An diese, möglicherweise auch gegenüber den Mitgliedstaaten bestehende, Divergenz kann – und sollte – sich unter den Gesichtspunkten von Organtreue und Rechtsgebundenheit eine Neubewertung des fraglichen Rechtsaktes durch das Ausgangsorgan ergeben. Sofern ein gerichtliches Organ vorhanden ist, kann es unter den hierfür vorgesehenen Bedingungen angerufen werden und eine endgültige Klärung herbeiführen.

Wenn es um nach außen wirkendes Recht geht,[1521] streiten Überlegungen zur Rechtssicherheit dafür, daß nur evident kompetenzwidrigen

---

[1521] Zu den möglichen haftungsrechtlichen Konsequenzen *Meng*, Internationale Organisationen im völkerrechtlichen Deliktsrecht, ZaöRV 1985, S. 324-371; ferner *Schmalenbach* (Fn. 543).

Akten von den Mitgliedstaaten (nach erfolglos gebliebener politischer Kritik) die Gefolgschaft verweigert werden kann.[1522] Offensichtliche Kompetenzüberschreitungen des Sicherheitsrates nehmen den Resolutionen die Bindungswirkung und befreien die Mitgliedstaaten von der Pflicht zur Befolgung. Diese – nicht auf schlichten politischen Dissens gestützte –Nichtbefolgung impliziert die Rechtsfolge der Unwirksamkeit, die allerdings in der Regel erst ex nunc, bei evident rechtswidrigen Akten auch ex tunc eintritt.[1523] Solange es keine Möglichkeit gibt, eine richterliche Prüfung anzustrengen, muß es letztlich dem einzelnen Staat überlassen bleiben, die Folgen der Rechtswidrigkeit eines von einer internationalen Organisation gesetzten Rechtsaktes zu ziehen.[1524] Die sogenannte Interpositionstheorie, derzufolge keine Verpflichtung besteht, rechtswidrige Entscheidungen von UN-Organen zu befolgen, dient dazu, die Vereinten Nationen zu disziplinieren. Die Organe dürften sich im eigenen Interesse anstrengen, korrekt zu entscheiden, sodaß die Mitgliedstaaten ihnen auch folgen können.[1525] Die evidente Kompetenzüberschreitung erlaubt es neueren Ansichten zufolge dem IGH im Falle eines Verfahrens, das vor ihn gebracht werden kann, inzident nicht nur die Rechtswidrigkeit, sondern auch die Unwirksamkeit festzustellen.[1526]

Eindeutige Lösungen, es sei wiederholt, sind in unserem Zusammenhang schwer zu finden, denn beispielsweise kann die Chile-Resolution der Generalversammlung vom 9. Dezember 1975[1527] als *„die erste eindeutige Inanspruchnahme eines durch keinerlei zusätzliche Kriterien qualifizierten Rechts bezeichnet werden, sich für die Respektierung der Menschenrechte durch die Regierung eines Mitgliedslandes im Verhältnis zu deren eigenen Staatsangehörigen einzusetzen“*.[1528] Gleichwohl ist hierdurch ein Handlungsrepertoire der Generalversammlung begründet worden, das heute längst etabliert ist. Die akzeptierte Kompetenzüberschreitung kann als sogenannte spätere Praxis den Vertrag abändern und weiterentwickeln.

[1522] *Bernhardt* (Fn. 1447), S. 34.

[1523] *Bernhardt* (Fn. 24), S. 603.

[1524] So auch *Sørensen* (Fn. 1262), S. 431. Ablehnend *Alvarez* (Fn. 233), S. 78 f.

[1525] *Kaplan/Katzenbach* (Fn. 706), S. 181.

[1526] *Herdegen* (Fn. 801), S. 38 m.w.Nw.

[1527] Supra Fn. 559.

[1528] So die Bewertung von *Tomuschat* (Fn. 515), S. 51.

Somit zeigt sich, daß spezifische Charakteristika der völkerrechtlichen Rechtsordnung einerseits eine bis ins letzte durchgeregelte Kompetenzordnung und -kontrolle partiell erschweren, andererseits aber flexiblen Weiterentwicklungen hinreichend Raum geben und solcherart für Stabilität sorgen.

Vierter Teil

Zusammenfassung und Schlußbemerkung

Kompetenzen als wichtiges Element für das Verständnis internationaler Organisationen

Der vorgelegten Untersuchung läßt sich entnehmen, daß Kompetenzen ein geeignetes Instrument sind, um internationale Organisationen als rechtlich geordnetes Wirksystem[1529] zu begreifen.

(1) Die durchgeführte historische Betrachtung[1530] hat die an praktischen Erfordernissen zwischenstaatlicher Zusammenarbeit orientierte Umsetzung abstrakter Ideen der internationalen Organisation deutlich werden lassen.

Die besondere Situation in Deutschland während des 19. Jahrhunderts vor Erlangung der staatlichen Einheit hat spezifische Formen der Zusammenarbeit in Gestalt von Deutschem Bund und Deutschem Zollverein hervorgebracht. Diese zwischenstaatlichen Organisationen haben Beiträge für die Entwicklung von Strukturen und Kompetenzen moderner internationaler Organisationen geliefert. Hieraus haben sich die drei klassischen Organe abgeleitet: unbeschränktes Mitgliederorgan, engeres Mitgliederorgan und Sekretariat. Während das unbeschränkte Mitgliederorgan sich zwar regelmäßig, aber seltener trifft, kommt das engere Mitgliederorgan häufiger zusammen. Das Sekretariat arbeitet permanent.

[1529] In Anlehnung an die von *Böckenförde* charakterisierte *„organisierte Wirkeinheit"*, supra Fn. 35.

[1530] Vgl. den ersten Teil mit Erläuterungen zum Deutschen Bund, den internationalen Flußkommissionen, zu Verwaltungsunionen (Internationale Fernmelde-Union und Weltpostverein), zum Deutschen Zollverein und zum Völkerbund sowie den zweiten Teil, der sich mit den Vereinten Nationen und der Europäischen Union beschäftigt.

N. Weiß, *Kompetenzlehre internationaler Organisationen*,
Beiträge zum ausländischen öffentlichen Recht und Völkerrecht 209,
DOI 10.1007/978-3-642-03378-0_5, © Springer-Verlag Berlin Heidelberg 2009

Im weiteren Verlauf fand im Verhältnis der Nationalstaaten untereinander eine Entwicklung statt, die von den Verwaltungsunionen des 19. Jahrhunderts über die breiter angelegten, echten internationalen Organisationen des 20. Jahrhunderts (Völkerbund und Vereinte Nationen) bis hin zum dichter integrierten Sonderfall der Europäischen Gemeinschaften/Europäischen Union führt.

(2) Bestimmte Kriterien und Strukturen sind heute typisch für internationale Organisationen. Internationale Organisationen sind auf einen bestimmten Organisationszweck ausgerichtet, nach dessen Vorgaben der Gründungsvertrag ihnen Kompetenzen gegenüber den Mitgliedstaaten einräumt und zwischen ihren Organen verteilt. Internationale Organisationen unterliegen klar dem Prinzip der begrenzten Einzelermächtigung; sie dürfen ihren Aufgabenbereich und ihre Handlungsbefugnisse nicht eigenständig erweitern und verfügen nicht über Kompetenzkompetenz in dem Sinne, daß sie sich selbst Kompetenzen zuerkennen könnten. Die Struktur und Ausstattung internationaler Organisationen ist mit der Komplexität der durch zwischenstaatliche Zusammenarbeit zu lösenden Aufgaben gewachsen, hängt aber auch stark vom Gegenstand der Zusammenarbeit ab.

Das Verhalten internationaler Akteure, also auch die Ausübung von internationalen Organisationen eingeräumten Kompetenzen wird nicht nur durch rechtliche Rahmenbedingungen gesteuert, sondern ebenso von sozialen Realitäten in den Herkunftsstaaten beeinflußt. Hierzu zählen die Sozialisation und Funktion der handelnden Personen, aber auch politische Rahmenbedingungen innerhalb der Staaten, außenpolitische Optionen von Regierungen und das Geflecht der internationalen Beziehungen insgesamt.

(3) Die Vereinten Nationen sind als moderne internationale Organisationen umfassend angelegt und auf eine rechtlich gestaltete, reichlich ausdifferenzierte Ordnung gegründet.[1531] Dies wird – trotz bestimmter Defizite – auch daran deutlich, daß der Internationale Gerichtshof als Hauptrechtsprechungsorgan institutionell stärker verankert ist als sein Vorgänger im Völkerbund. Die den breit angelegten Zielen der Organisation dienenden Kompetenzen erlauben es den Vereinten Nationen und ihren Organen, sich mit allen relevanten Themen und Fragestellungen zu befassen und sich dazu – auch gegenüber konkret benannten Mitgliedstaaten – zu äußern.

[1531] Supra Zweiter Teil A.

Der Sicherheitsrat als beschränktes Mitgliederorgan entscheidet mit Mehrheit und kann bindende Beschlüsse fassen. Die hierin manifestierte Stärkung der internationalen Organisation wird durch das Vetorecht der ständigen Ratsmitglieder als Einfallstor realistischer Politikmodelle allerdings abgeschwächt. Der Sicherheitsrat hat aber auch gezeigt, daß die Staaten die Chance der Kooperation zu nutzen bereit sind, als nach 1990 eine Phase der bislang ungekannten Effektivität des Sicherheitsrates zu beobachten war:[1532] Mit der Einrichtung der Ad-hoc-Tribunale für das ehemalige Jugoslawien und für Ruanda, mit den gezielten Sanktionen, durch die Errichtung von UN-Protektoraten im Kosovo (UNMIK) und in Osttimor (UNTAET) sowie mit den als Reaktion auf die Terroranschläge vom 11. September 2001 gefaßten Beschlüssen hat der Sicherheitsrat neue Handlungsformen ergriffen. Formal handelt es sich dabei in allen Fällen um Resolutionen, inhaltlich reagiert der Sicherheitsrat auf Friedensbedrohungen. Die Kompetenzvorschriften der UN-Charta werden beachtet, aber das Vorgehen bedeutet dennoch eine Neuaustarierung. Insbesondere die Inanspruchnahme von Legislativkompetenzen geht im Ergebnis mit einer Kompetenzminderung auf Seiten der Staaten einher. Hierdurch ist die Frage nach der Kontrolle des Sicherheitsrates drängender geworden. Inzwischen sind Ansätze einer gerichtlichen Kontrolle des Sicherheitsrates zu beobachten; weniger im System der Vereinten Nationen, sondern dort, wo Rechtsbehelfe gegen Eingriffe in die Rechtsstellung des Individuums bereitstehen: in den Rechtsschutzsystemen der Europäischen Union und der Europäischen Menschenrechtskonvention.

(4) Die Europäische Union bildet im Vergleich mit herkömmlichen internationalen Organisationen einen kategorialen Sonderfall.[1533] Ihre Zuständigkeiten erstrecken sich auf weite Bereiche der traditionellen Staatstätigkeit. Die Gemeinschaftsorgane entscheiden dabei in vielen Fällen mit Mehrheit; sie haben die Kompetenz, sekundäres Gemeinschaftsrecht zu setzen, das die Staaten, zum Teil aber auch die Bürger unmittelbar bindet und Vorrang gegenüber dem nationalen Recht beansprucht. Die Gemeinschaftsrechtsordnung ist deutlich gewaltenteiliger ausgebaut als dies bei klassischen internationalen Organisationen der Fall ist. Kompetenzfragen haben insoweit eine andere Qualität. Durch die Gemeinschaftsgerichtsbarkeit, die sowohl verwaltungsgerichtliche als auch verfassungsgerichtliche Züge trägt, steht die rechtliche Konfliktlösung weiter im Vordergrund als beispielsweise bei den Vereinten

---

1532 Supra Zweiter Teil A II 2 e).

1533 Supra Zweiter Teil B.

Nationen. Gleichzeitig verfügt die Union über ein direkt von den Bevölkerungen der Mitgliedstaaten gewähltes Parlament, das die aus der staatlichen Souveränität fließende Legitimation der EU durch eine demokratische Komponente ergänzt.

Kernpunkte einer Kompetenzlehre internationaler Organisationen

(5) Ein systematisch durch Kompetenzstrukturen gegliederter Aufbau internationaler Organisationen trägt dazu bei, daß deren Handeln nicht nur geformt ist, sondern berechenbar und transparent wird.[1534] Dies erhöht im Idealfall die Verstehbarkeit für andere Akteure – Mitgliedstaaten, Drittstaaten, andere (auch nichtstaatliche) Organisationen und Individuen – und dient der Rechtssicherheit. Kompetenzen werden bei allen interationalen Organisationen ausdrücklich durch den Gründungsvertrag der internationalen Organisation und andere Rechtsakte oder implizit übertragen. Solche Implied-powers sind diejenigen Kompetenzen, die zur Erreichung des mit der Errichtung der internationalen Organisation und ihrer Organe angestrebten Zweckes unbedingt notwendig sind, aber im Gründungsvertrag nicht erwähnt werden.

(6) Kompetenzen und Kompetenzordnung sind nicht nur Elemente der Verfaßtheit internationaler Organisationen, sondern auch ein Mittel zu deren Bewahrung und Weiterentwicklung.[1535] Kompetenzen lassen sich in bestimmte Kategorien unterteilen und nach Funktionen gliedern. Sinnvoll ist es, dabei auch Notfälle zu bedenken und Vorkehrungen zu treffen, um ein effektives Weiterarbeiten der Organisation auch bei temporärer Funktionsunfähigkeit eines Organes zu gewährleisten. Einerseits kann ein anderes Organ solche Notstands- oder Notfallkompetenzen wahrnehmen, andererseits können gegebenfalls auch die Mitgliedstaaten als „Sachwalter“ des Gemeinschaftsinteresses auftreten.

(7) Zunehmende Bedeutung kommt der Rechtssetzungskompetenz zu, die regelnd und steuernd nicht nur im Innenbereich der internationalen Organisation wirkt, sondern in besonderer Weise dazu dienen kann, in die Rechtsordnungen der Mitgliedstaaten hineinzuwirken, und gegebenenfalls sogar unmittelbar die Rechtsstellung des Individuums betreffen

---

1534 Supra Dritter Teil A.

1535 Supra Dritter Teil B I-III.

kann.[1536] Wichtig ist außerdem die Kompetenz internationaler Organisationen zum Vertragsschluß, die letztere als vollwertige Akteure in den internationalen Beziehungen ausweist.[1537]

(8) Kompetenzkonflikte sind nichts Atypisches; sie gehören zum „Verfassungsleben“ auch internationaler Organisationen und müssen im Interesse sowohl der in ihnen institutionalisierten Ordnung als auch in dem der Mitgliedstaaten gelöst werden.[1538] Zur Bestimmung von Kompetenzkonflikten sind zunächst die zugrundeliegenden Kompetenznormen heranzuziehen. Dann ist herauszufinden, wer zur Kontrolle einer möglichen Kompetenzüberschreitung berufen ist, und welche Folgen eine solche hätte. Zur Kontrolle der Rechtmäßigkeit der Kompetenzausübung sind zunächst das betroffene Organ und am Ende die Mitgliedstaaten als Adressaten berechtigt. Abhängig von der Struktur der jeweiligen internationalen Organisation, von den Zuständigkeiten anderer Organe und der zwischen ihnen bestehenden Hierarchie können auch diese zur Kontrolle berufen sein. Wenn eine Organisation über Gerichte verfügt und diesen entsprechende Kontrollkompetenzen zugewiesen sind, sind die Gerichte zur Kontrolle berufen. Kompetenzwidrige Akte sind rechtsfehlerhaft. War das Handeln offensichtlich ultra vires, so kann dieser Rechtsakt als nichtig angesehen werden, und Mitgliedstaaten und andere Organe sind nicht an ihn gebunden. Liegt ein die Rechtswidrigkeit feststellendes Gerichtsurteil vor, erleichtert das den anderen Akteuren die Nichtbefolgung, in den anderen Fällen müssen sie sich auf möglichen politischen Druck einstellen.

Fazit und Ausblick

Festzuhalten ist somit, daß die Kompetenzen internationaler Organisationen für die interne Struktur der Organisation und das Verhältnis zu den Mitgliedstaaten wichtig sind. Sie haben sich im Untersuchungszeitraum unter den Gesichtspunkten von Breite und Tiefe erweitert. Die Breite einer Kompetenz bezieht sich auf den Umfang des lebensweltlichen Sachbereichs, der der Regelungs- oder Handlungsbefugnis unterfällt. Inhalt der Kompetenztiefe ist die Reichweite in die innerstaatliche Rechtsordnung (bedeutsam insbesondere im Rahmen der Europäischen

---

[1536] Supra Dritter Teil C.

[1537] Supra Dritter Teil D.

[1538] Supra Dritter Teil E.

Union). Zu beobachten ist auch eine stärkere Kompetenzdichte; dieses Kriterium kennzeichnet die inhaltliche Detailliertheit. Kompetenzen internationaler Organisationen machen auf diese Weise das Maß der Integration sichtbar. Sie stehen demzufolge in einem natürlichen Spannungsverhältnis zur staatlichen Souveränität. Mächtige wie schwächere Staaten versuchen ständig, dieses Spannungsverhältnis neu auszutarieren: durch die Inanspruchnahme der Kompetenzen in den Organen ebenso wie durch Abwehr (vermeintlicher) Kompetenzübergriffe in die eigene Hoheitssphäre.

Sind die Kompetenzen internationaler Organisationen solchermaßen untrennbar in die Sphäre des Politischen eingebunden, so handelt es sich bei ihnen gleichzeitig um eine rechtliche Kategorie. Einerseits führt die zunehmende Verrechtlichung internationaler Beziehungen dazu, daß sich die rudimentäre Rechtsordnung des Völkerrechts komplettiert; insbesondere ist eine zunehmende Verfaßtheit der Völkerrechtsordnung als solcher, aber vor allem auch der internationalen Organisationen zu beobachten. Gleichzeitig muß allerdings auch eine fortschreitende Fragmentierung des Völkerrechts konstatiert werden. Vor diesem Hintergrund ist die rechtliche Kontrolle der Ausübung von Kompetenzen gleichermaßen notwendig wie möglich. Verbesserungen des Rechtsschutzinstrumentariums werden sich der Tradition völkerrechtlicher Entwicklungen entsprechend im Laufe der Zeit entwickeln und so dazu beitragen, die verschiedenen Funktionen der Kompetenzen internationaler Organisationen zu stärken. Hiervon werden nicht nur die internationalen Organisationen selbst, sondern auch die Staaten und letztendlich die Menschen profitieren.

Summary

I

Since the beginning of the 20th century, international organisations have become important actors in international relations and have emerged as new objects and subjects of public international law. International organisations serve as fora for discussions and diplomatic dialogue, promoting cooperation and integration, initiating and stimulating the law-making process, and organising international humanitarian aid, as well as acting as guardians of public international law. Thus, international organisations fulfil a plethora of tasks.

Given that, one should ask how and by whom these tasks are defined and attributed to international organisations. The question arises whether and to what extent the definition and attribution of tasks leads to the powers or competencies of international organisations.

Following the terrorist attacks of September 11, 2001, the United Nations Security Council, in Res. 1368 (2001), regards

> "such acts, like any act of international terrorism, as a threat to international peace and security".

With Resolution 1373 (2001), the Security Council passed a multitude of measures on various levels, imposing several duties on states to combat terrorism effectively on various levels, including prevention and early warning, measures against financial and/or logistical support for terrorists, and the improved exchange of information. To put it simply, the Security Council put the International Convention for the Suppressing of the Financing of Terrorism – not yet in force at that time – into practice.

Res. 1373 (2001) has, therefore, law-making effects and the Security Council has done what states were unable or unwilling to do until then. The active role of an international organisation and one of its main organs sheds light on the issue of international organisations' competencies.

II

The powers of legal subjects are one of the major structural elements of any legal order. Whereas states are primary subjects of public international law possessing a full range of powers or competencies, international organisations derive their status as legal subjects and their powers from their creators, states. This study develops a theory of the powers of international organisations. We deal with the question how powers of international organisations are established and developed, how powers are distributed – vertically – between the organisation and its members and – horizontally – between the organs.

The powers of international organisations are attributed to them by a founding treaty or by other special statutory acts, but new situations and problems can lead to new tasks and ask for new powers. Not being vested with *Kompetenzkompetenz*, international organisations must develop their existing powers, find implied powers in their charters and statutes, respectively, or, eventually, the member states must attribute new powers to them by a special act, such as a treaty amendment.

This book also considers questions of legitimacy deriving from the relationship between growing integration and decreasing state sovereignty.

Literature has dealt with these questions either in a more basic way in textbooks on public international law – or with a narrower focus – when dealing with special questions such as illegal acts of international organisations or certain resolutions of the United Nations Security Council.

A general theory of the powers of international organisations provides the instruments for analysing this form of international co-operation in order to understand more profoundly and deal adequately with the conditions, effects, and problems of international organisations.

This analysis has to be undertaken from a legal perspective that includes elements from other disciplines. A fruitful approach should integrate historical and comparative aspects, elements of foreign policy analysis and should build on insights of organisation theory.

III

The idea that European states should co-operate in order to create and secure peace dates at least back to the 17th century, when the Duke de Sully sketched out his 'Grand Dessin' followed among others by Abbé de Saint Pierre's 'Projet pour rendre la paix perpétuelle en Europe' (1713) and by Immanuel Kant's famous book, 'Perpetual Peace' of 1795.

During the 19th century, European States established a system of balance of power, regulating their affairs by ad hoc conferences. After the Congress of Vienna (1815), the German Confederation constituted an international institutionalised solution for the German question. German governments co-operated in the Federation which acted through permanent organs, whilst more specialised organs in the field of military and judicial co-operation were created on an ad hoc basis. Economic co-operation could only be institutionalised after 1834, when the German Zollverein was established. The unified custom area to a certain degree paved the way for national unification in 1871.

On the European level, modern international co-operation between states began with internationalised river regimes on the Rhine and on the Danube. A railway regime followed. The International Telegraphic Union (1865) and later the Universal Postal Union (1874) were the prototypes of today's international organisations. The Administrative Unions that still exist today possess a plenary organ, a smaller, restricted organ and a secretariat that acts permanently. It is this structure that was adopted by the League of Nations (1919), the first international organisation with a universal approach, with founding members from all parts of the world and mandated with a broad-ranging set of tasks.

After World War II, the United Nations Organisation was modelled upon the League but its Charter sought to avoid – at least to some extent – the flaws in the Covenant of the League of 1919. The organs' powers are separated more clearly and the prohibition of the use of force is a cornerstone of the whole system.

In post-war Europe, six States founded the European Community for Coal and Steel (1952) in order to avoid further conflicts on what were important industries and coal deposits located in the border area of France, Belgium, Luxemburg, and Germany. The ECCS was the starting point for an international organisation *sui generis* with a supranational element and, consequently, with a more far-reaching integration.

IV

Today, international organisations are typically clearly structured, fulfilling a special purpose and are, therefore, vested by the founding treaty with certain powers. These powers are defined with regard to member States and are distributed between the organs of the international organisation. It is the attribution of powers that underlies the principle of conferral: international organisations do not have a *Kompetenzkompetenz*.

As the problems faced by international co-operation grow and become more complex, the structure of international organisations and the list of issues they are dealing with have simultaneously grown. But the readiness of states to co-operate and to invest in an international organisation depends on a variety of factors. The social and functioning competence of the states representatives are of relevance, as are political conditions in member states, the states' foreign policy options, and international relations as a whole.

The United Nations is designed as a modern international organisation and covers a broad range of tasks. It is based on a legal order which is rather complex. This orientation towards the rule of law becomes particularly obvious if one takes into account the International Court of Justice. This Court, serving as the principal judicial organ of the United Nations, is strongly connected with the organisation and differs from the Permanent Court of International Justice, its predecessor, in numerous respects. The organisation's broad range of competencies makes it possible for the United Nations as a whole and for its organs to cope with all relevant issues and questions and to address them in the place and with the mandate of the member states.

Within the UN System, the Security Council bears primary responsibility for international peace and security. The Security Council, as a non-plenary organ, decides with majority and has the power to adopt decisions which are legally binding on member states. This combination has strengthened the UN compared to the League of Nations; however the veto-power of the five permanent members brings back elements of power-based policy characterized by the ideology of "realism". Nevertheless, the member states of the Council have shown their willingness to co-operate after 1991, when more than 40 years of confrontation ended and a phase of efficient governance by the UN and the Security Council could be observed. Indeed, the Security Council has developed new forms of action by setting up the International Criminal Tribunals for the former Yugoslavia and for Rwanda, by passing targeted sanctions, by establishing UN protectorates in Kosovo (UNMIK) and in East-Timor (UNTAET), and finally, by reacting jointly to the terrorist attacks on September 11, 2001.

In each case, the UN Security council adopted a resolution as it had done many times before. Each situation dealt with constituted a threat to peace and international security, and, the provisions of the UN Charter were respected. But, seen from a broader perspective, something new has happened, particularly when the Security Council adopted Resolution 1373 and acted as a quasi-legislator, creating new international law: the balance of competencies between the UN and its organs on the on hand and the member states on the other was disturbed. The issue of controlling the Security Council with judicial means has become more pressing and has been dealt with before courts. These steps have been undertaken in special regimes offering remedies to individuals and characterised by a very strong devotion to the rule of law: under the auspices of the European Convention on Human Rights with its specialised European Court on Human Rights and within the European Union, where the European Court of Justice has the power to control the lawfulness of community acts.

The European Union is a category of its own compared to classical international organisations. The Union's tasks cover a plethora of issues that normally fall into a state's competency. Its organs decide in many cases by majority and they have legislative powers. The so-called secondary EU law is binding on member states and, under certain circumstances, on EU individuals. Furthermore, EU law overrides national law. The EU's legal order follows a concept of separation of powers that is further developed than in most other international organisations. This renders a special quality to the issue of competencies: arising conflicts can be solved in a judicial manner by the European Court of Justice.

V

If the competencies of an international organisation and its organs are clearly laid out in the founding treaty, their actions will be well-structured, foreseeable and transparent. Other actors on the international level – member states, other states, other governmental and non-governmental organisations and individuals – will profit and better understand what this organisation does. Besides the founding treaty and other legal instruments, which set out competencies explicitly, an international organisation may have implied powers.

Competencies and their structure are an important element of the constitutionalisation of international organisations and may contribute to further progress in this area. One important purpose of competencies is to secure the functioning of the organisation as a whole should one organ temporarily fail to work properly. In this particular situation, another organ should be competent to take over the other's tasks or this competence may fall back to the member states.

As the legislative competency is no longer restricted to the internal affairs of the international organisation but can affect directly member states and in some cases even individuals, it deserves greater attention. Judicial control is, therefore, not only discussed in academic circles but has emerged as an important element of multi-level governance.

Conflicts resulting from and referring to competencies are normal elements of the "constitutional life" of international organisations. They have to be resolved in the interest of the organisational order and in the interest of member states. Normally, the organ which made use of a competency is entitled to review the relevant action. In the end, this control is to be exercised by the member states. If there are several organs, the question arises whether they are entitled to control each other. This again is not only an issue of competencies but also of hierarchy. In case an organisation has a judicial organ, it is not necessarily competent to review the other organs' actions, as the case of the International Court of Justice shows. If an action was taken without the relevant competency, it is unlawful. If it was apparently *ultra vires*, the action is null and void and member states or other organs of the respective international organisation are not bound by this action.

Today, competencies of international organs cover more issues than in the middle of the 19th century, when these organisations emerged. Competencies are thus broader, but also more far-reaching, as their effects are much more concrete with regard to the national legal orders. Their density is higher as well as they cover more details of a single issue. In sum, competencies show the degree of integration already reached in an international organisation. Thus, competencies of international organisations tend increasingly to get in conflict with state sovereignty. As a result, states and organisations are in permanent struggle to find a balance between these two points.

The competencies of international organs are both an important element in the political sphere and a legal category. They are part of the process of constitutionalisation of public international law on the one hand and are affected by the fragmentation of this legal order on the other. The legal and judicial control of competencies is, therefore, very important and, over time, has become an emerging reality. This control and the relevant mechanisms will be further developed and refined, thus giving more relevance and efficacy to competencies. International organisations, member states and individual will profit from this development.

Literaturverzeichnis

(Kommentierungen sind im Literaturverzeichnis nicht einzeln ausgewiesen)

Abi-Saab, Georges, The International Court as a World Court, in: Vaughan Lowe/Malgosia Fitzmaurice (Hrsg.), Fifty Years of the International Court of Justice, Essays in Honour of Sir Robert Jennings, 1996, S. 3-16.

Abbott, Kenneth W./Snidal, Duncan, Why States Act Through Formal International Organizations, in: Journal of Conflict Resolution 1998, S. 3-32.

Abraham, Martin/Büschges, Günter, Einführung in die Organisationssoziologie, 3. Aufl. 2004.

Ackerman, John E./O'Sullivan, Eugene, Practice and Procedure of the International Criminal Tribunal for the Former Yugoslavia, With Selected Materials from the International Criminal Tribunal for Rwanda, 2000.

Acquaviva, Guido, Subjects of International Law: A Power-Based Analysis, in: Vanderbilt Journal of Transnational Law 38 (2005), 345-396.

Ago, Roberto, The State and International Organization, in: Clarence W. Jenks (Hrsg.), International Law in a Changing World, 1963, S. 12-21.

Akande, Dapo, The International Court of Justice and the Security Council: Is There Room for Judicial Control of the Political Organs of the United Nations?, in: ICLQ 1997, S. 309-343.

Akande, Dapo, International Organizations, in: Malcolm D. Evans (Hrsg.) International Law, 2003, S. 269-297.

Albrow, Martin, Abschied vom Nationalstaat, Staat und Gesellschaft im Globalen Zeitalter, 1996, dt. 1998.

Alexandrowicz, Charles Henry, The Law-Making Function of the Specialised Agencies of the United Nations, 1973.

Alfredsson, Gudmundur/Eide, Asbjørn (Hrsg.), The Universal Declaration of Human Rights, A Common Standard of Achievement, 1999.

Alston, Philip, The Commission on Human Rights, in: ders. (Hrsg.), The United Nations and Human Rights, A Critical Appraisal, 1992, Nachdruck 1996, S. 126-210.

Alston, Philip, Critical Appraisal of the UN Human Rights Regime, in: ders. (Hrsg.), The United Nations and Human Rights, A Critical Appraisal, 1992, Nachdruck 1996, S. 1-21.

Alston, Philip (Hrsg.), The United Nations and Human Rights, A Critical Appraisal, 1992, Nachdruck 1996.

Alston, Philip /Crawford, James (Hrsg.), The Future of Human Rights Treaty Monitoring, 2000.

Alvarez, José E., International Organizations as Law-makers, 2005.

Alvarez, José E., International Organizations: Then and Now, in: AJIL 100 (2006), S. 324-347.

Alvarez, José E., Judging the Security Council, in: AJIL 90 (1996), S. 1-39.

Ambos, Kai/Arnold, Jörg (Hrsg.), Der Irak-Krieg und das Völkerrecht (Juristische Zeitgeschichte, Abteilung 5: juristisches Zeitgeschehen, Rechtspolitik und Justiz aus zeitgenössischer Perspektive, Bd. 14), 2004.

Amr, Mohamed Sameh M., The Role of the International Court of Justice as the Principal Judicial Organ of the United Nations (Legal Aspects of International Organization, Bd. 40), 2003.

Andreatta, Filippo, Theory and the European Union's International Relations, in: Christopher Hill/Michael Smith (Hrsg.), International Relations and the European Union, 2005, S. 18-38.

Angeli, Oliviero, Überlegungen über die vertragstheoretische Begründung des Föderalismus im Anschluß an die europäische Verfassungsdiskussion, in: Jean-Christophe Merle (Hrsg.), Globale Gerechtigkeit, Global Justice, 2005, S. 593-604.

Angermeier, Heinz, Deutschland zwischen Reichstradition und Nationalstaat, Verfassungspolitische Konzeptionen und nationales Denken zwischen 1801 und 1815, in: Zeitschrift der Savigny-Stiftung für Rechtsgeschichte, Germanistische Abteilung 1990, S. 19-101.

Anghie, Antony, Finding the Peripheries, Sovereignty and Colonialism in Nineteenth-Century International Law, in: Harvard International Law Journal 40 (1999), S. 1-80.

Anghie, Antony, Imperialism, Sovereignty and the Making of International Law, 2005.

Arangio-Ruiz, Gaetano, Friedly Relations Resolution, in: EPIL II (1995), S. 485-490.

Armstrong, David, Revolution and World Order, 1993.

Arnold, Hans, Die Politik der EU in der UNO als Möglichkeit und Maßstab für ihre Gemeinsame Außen- und Sicherheitspolitik (GASP) und ihre Europäische Sicherheits- und Verteidigungspolitik (ESVP), in: Sabine von Schorlemer (Hrsg.), Praxishandbuch UNO, Die Vereinten Nationen im Lichte globaler Herausforderungen, 2003, S. 157-175.

Arnull, Anthony, The European Union and its Court of Justice, 1999.

Aston, Jurij Daniel, Die Bekämpfung abstrakter Gefahren für den Weltfrieden durch legislative Maßnahmen des Sicherheitsrates – Resolution 1737 (2001) im Kontext, in: ZaöRV 2002, S. 257-291.

Aston, Jurij Daniel, Sekundärgesetzgebung internationaler Organisationen zwischen mitgliedstaatlicher Souveränität und Gemeinschaftsdisziplin (Schriften zum Völkerrecht, Bd. 158), 2005.

Ausstellungskatalog 500 Jahre Post – Thurn und Taxis, Ausstellung anläßlich der 500jährigen Wiederkehr der Anfänge der Post in Mitteleuropa 1490-1990, 1990.

Bachmann, Dietmar W., Transnational Corporations, in: Rüdiger Wolfrum (Hrsg.), United Nations: Law, Policies and Practice, Bd. 2, 1995, S. 1239-1247.

Baer, Andrea, Die Unabhängigkeit des Richters in der Bundesrepublik Deutschland und in der DDR, 1999.

Bailey, Sidney D., The General Assembly of the United Nations, A Study of Procedure and Practice, 2. Aufl. 1964, Nachdruck 1978.

Bailey, Sidney D., The United Nations Secretariat, in: Evan Luard (Hrsg.), The Evolution of International Organizations, 1966, S. 92-103.

Bailey, Sidney D./Daws Sam, The Procedure of the UN Security Council, 3. Aufl. 1998.

Bain, William, Between Anarchy and Society, 2003.

Baldtschun, Jens, Der Status der Donauschiffahrt im Falle bewaffneter Konflikte (Schriften zum Völkerrecht, Bd. 164), 2006.

Ballaguer Calejón, Francisco, Die europäischen Verfassungen auf dem Weg zum Europäischen Verfassungsrecht, in: JöR N.F. 53 (2005), S. 401-410.

Ballreich, Hans, Wesen und Wirkung des »Konsens« im Völkerrecht, in: FS für Hermann Mosler, 1983, S. 1-24.

Banchoff, Thomas, German Policy Towards the European Union: The Effects of Historical Memory, in: German Politics 6 (1997) 1, S. 60-76.

Barandon, Paul, Das Kriegsverhütungsrecht des Völkerbundes, 1933.

Barandon, Paul, Völkerbund, in: WBVR III (1962), S. 597-611.

Barberis, Julio A., International Rivers, in: EPIL II (1995), S. 1364-1368.

Bardehle, Peter, Soldaten für den Frieden, Grundlagen und Formen des UN-Peacekeeping, in: EA 1988, S. 591-598.

Barnett, Michael N./Finnemore, Martha, The Politics, Power, and Pathologies of Internaitonal Organizations, in: International Organization 53 (1999), S. 699-732.

Barraclough, Geoffrey, Das britische Reich und der Frieden, in: Rößler (Hrsg.) Ideologie und Machtpolitik 1919, Plan und Werk der Pariser Friedenskonferenzen 1919, 1966, S. 58-77.

Barria, Lilian A./Roper, Steven D., How Effective are International Criminal Tribunals? An Analysis of the ICTY and the ICTR, in: The International Journal of Human Rights 2005, S. 349-368.

Bartels, Lorand, Human Rights Conditionality in the EU's International Agreements (Oxford Studies in European Law), 2005.

Barton, John H., Disarmament, in: EPIL I (1992), S. 1072-1076.

Basedow, Jürgen, Zielkonflikte und Zielhierarchie im Vertrag über die Europäische Gemeinschaft, in: FS für Ulrich Everling, Bd. I, 1995, S. 49-68.

Basse, Alexander, Das Schweigen als rechtserhebliches Verhalten im Vertragsrecht, Eine rechtsvergleichende Untersuchung unter Berücksichtigung von England, Schottland und Deutschland, 1986.

Bastid, Suzanne, United Nations Administrative Tribunal, in: EPIL IV (2000), S. 1043-1049 (plus Addendum von *York von Lernsner*, S. 1049-1051).

Bauer, Angelika/Jestaedt, Matthias, Das Grundgesetz im Wortlaut, Änderungsgesetze, Synopse, Textstufen und Vokabular zum Grundgesetz (Motive, Texte, Materialien, Bd. 78), 1997.

Bauer, Hartmut, Die Bundestreue, Zugleich ein Beitrag zur Dogmatik des Bundesstaatsrechts und zur Rechtsverhältnislehre, 1992.

Bauer, Hartmut, Zustand und Perspektive des deutschen Föderalismus aus der Sicht der Wissenschaft, in: Michael Kloepfer (Hrsg.) Umweltföderalismus, 2002, S. 31-62.

Bauer, Patricia/Schweitzer, Bertold, Nach der Osterweiterung: Grenzen und Chancen der stabilen Systementwicklung der Europäischen Union, in: Österreichisches Studienzentrum für Frieden und Konfliktlösung (Hrsg.), Europa und die Dynamik der globalen Krise (Friedensbericht 2006, Dialog, Beiträge zur Friedensforschung, Bd. 50), 2006, S. 92-114.

Baumgart, Winfried, Vom Europäischen Konzert zum Völkerbund – Friedensschlüsse und Friedenssicherung von Wien bis Versailles, 2. Aufl. 1987.

Baumgart, Winfried, Österreich und Preußen im Krimkrieg 1853-1856, in: Oswald Hauser (Hrsg.), Vorträge und Studien zur preußisch-deutschen Geschichte (Neue Forschungen zur brandenburgisch-preußischen Geschichte, Bd. 2), 1982, S. 45-70.

Bauschke, Gabriele u.a. (Hrsg.), Pluralität des Rechts – Regulierung im Spannungsfeld der Rechtsebenen (Assistententagung Öffentliches Recht, Hamburg 2002), 2003.

Bayerlein, Walter, In Verantwortung vor Gott und den Menschen: die Frage nach dem Gottesbezug in der Europäischen Verfassung, in: Stimmen der Zeit 2005, S. 389-400.

Beck, Ulrich/Grande, Edgar, Empire Europa: Politische Herrschaft jenseits von Bundesstaat und Staatenbund, in: ZfP 2005, S. 397-420.

Becker, H.J., Reichdeputationshauptschluß, in: HRG IV (1990), Sp. 554-557

Becker, Joachim, Die Anwendbarkeit der Theorie von den Implied Powers im Recht der Europäischen Gemeinschaften, Diss. iur., Münster 1976.

Bederman, David J., The Hague Peace Conferences 1899 and 1907, in: Mark W. Janis (Hrsg.), International Courts for the Twenty-First Century, 1992, S. 9-11.

Beestermöller, Gerhard, Die Völkerbundsidee, 1995.

Behnen, Michael, Rüstung – Bündnis – Sicherheit, Dreibund und informeller Imperialismus 1900-1908, 1985.

Beigbeder, Yves, Management und Koordinationsprobleme, in: Helmut Volger (Hrsg.), Grundlagen und Strukturen der Vereinten Nationen, 2007, S. 393.416.

Beigbeder, Yves, New Challenges for UNICEF: Children, Women and Human Rights, 2001.

Beigbeder, Yves, The United Nations Secretariat: Reform in Progress, in: Paul Taylor/A.J.R. Groom (Hrsg.), The United Nations at the Millenium, The Principal Organs, 2000, S. 196-223.

Bender, Peter, Weltmacht Amerika, Das neue Rom, 2003.

Bendix, Reinhard, Modernisierung in internationaler Perspektive, in: Wolfgang Zapf (Hrsg.), Theorien des sozialen Wandels, 4. Aufl. 1984, S. 505-512.

Beneyto, José Maria, Die Kompetenzverteilung zwischen der Europäischen Union und den Mitgliedstaaten: Thesen und Vorschläge, in: Dieter H. Scheuing (Hrsg.), Europäische Verfassungsordnung, 2003 (Ius Europaeum, Bd. 22), S. 101-114.

Bennett, Alvin LeRoy, International Organizations, Principles and Issues, 5. Aufl. 1991.

Berber, Friedrich, Lehrbuch des Völkerrechts, Bd. II: Kriegsrecht, 1962.

Berber, Friedrich, Lehrbuch des Völkerrechts, Band III: Streiterledigung, Kriegsverhütung, Integration, 1964.

Berber, Friedrich, Das Staatsideal im Wandel der Weltgeschichte, 1973.

Berber, Friedrich, Völkerrecht, Dokumentensammlung, Bd. 1 (Friedensrecht), 1967.

Berding, Helmut, Die Entstehung des Deutschen Zollvereins als Problem historischer Forschung, in: FS für Theodor Schieder zu seinem 70. Geburtstag, 1978, S. 225-237.

Bergstraesser, Arnold, Geschichtliches Bewußtsein und politische Entscheidung, Eine Problemskizze, in: FS für Hans Rothfels zum 70. Geburtstag, 1963, S. 9-38.

Bernhardt, Rudolf, Die Auslegung völkerrechtlicher Verträge, insbesondere in der neueren Rechtsprechung internationaler Gerichte (Beiträge zum ausländischen öffentlichen Recht und Völlkerrecht, Bd. 40), 1963.

Bernhardt, Rudolf (Hrsg.), Encyclopedia of Public International Law, 4 Bde, 1992-2000 (zit. Autor, Beitragstitel, in: EPIL Bd.-Nr. (Erscheinungsjahr), Seitenzahlen).

Bernhardt, Rudolf, Die Europäische Gemeinschaft als neuer Rechtsträger im Geflecht der traditionellen zwischenstaatlichen Rechtsbeziehungen, in: EuR 1983, S. 199-215.

Bernhardt, Rudolf, Europäisches Gemeinschaftsrecht und das Recht internationaler Organisationen: Gemeinsamkeiten und Unterschiede, in: Liber amicorum Ignaz Seidl-Hohenveldern, 1988, S. 25-36.

Bernhardt, Rudolf, International Organizations, Internal Law and Rules, in: EPIL II (1995), S. 1314-1318.

Bernhardt, Rudolf, Interpretation and Implied (Tacit) Modification of Treaties, in: ZaöRV 1967, S. 491-506.

Bernhardt, Rudolf, Qualifikation und Anwendungsbereich des internen Rechts internationaler Organisationen (BDGVR, Bd. 12), 1973.

Bernhardt, Rudolf, Ultra vires Activities of International Organizations, in: Theory of International Law at the Threshold of the 21st Century, Essays in Honour of Krzysztof Skubszewski, 1996, S. 599-609 (zit. in FS Skubiszewski).

Bernhardt, Rudolf, „Verfassungen“ und „Verfassungsgerichtsbarkeit“ internationaler Organisationen, in: Jochen Abraham Frowein u.a. (Hrsg.), Verhandeln für den Frieden, Negotiating for Peace, Liber amicorum Tono Eitel, 2003, S. 281-290 (zitiert FS Tono Eitel).

Bernstein, Eduard, Völkerbund oder Staatenbund, 1919.

Bertrand, Maurice, The Historical Development of Efforts to Reform the UN, in: Adam Roberts/Benedict Kingsbury (Hrsg.), United Nations, Divided World, The UN's Role in International Relations, 2. Aufl. 1993, 5. Nachdruck 1995, S. 420-436.

Bertrand, Maurice, UNO, Geschichte und Bilanz, 1995.

Besson, Waldemar, Geschichte als politische Wissenschaft, Zum Verhältnis von nationalstaatlichem und historischem Denken, in: FS für Hans Rothfels zum 70. Geburtstag, 1963, S. 66-85.

Betz, Helmut, Vertragsschluß durch Schweigen, Rechtsvergleichende Untersuchung zwischen Deutschland, Österreich und der Schweiz unter besonderer Berücksichtigung des kaufmännischen Bestätigungsschreibens, Diss. Marburg 1984.

Beutler, Bengt/Bieber, Roland/Pipkorn, Jörn/Streil, Jochen, Die Europäische Union, Rechtsordnung und Politik, 5. Aufl. 2001 (zit. als: Bearbeiter, in: BBPS, Die Europäische Union, 5. Aufl. 2001, Rn.).

Beyer, Thomas C.W., Die Ermächtigung der Europäischen Union und ihrer Gemeinschaften, in: Der Staat 1996, S. 189-220.

Beyerlin, Ulrich, Umweltvölkerrecht, 2000.

Bianchi, Andrea, Ad-hocism and the Rule of Law, in: EJIL 13 (2002), S. 263-272.

Bianchi, Andrea (Hrsg.), Enforcing International Law Norms Against Terrorism (Studies in International Law, Bd. 4), 2004.

Bieber, Roland, Steigerungsform der Europäischen Union: Eine Europäische Verfassung, in: Verfassungsrecht im Wandel, Wiedervereinigung Deutschlands, Deutschland in der Europäischen Union, Verfassungsstaat und Föderalismus, 1995, S. 291-304.

Bignami, Francesca E., The Democratic Deficit in European Community Rulemaking: A Call for Notice and Comment in Comitology, in: Harvard International Law Journal 40 (1999), S. 451-515.

Bindschedler, Rudolf L., International Organizations, General Aspects, in: EPIL II (1995), S. 1289-1309.

Bindschedler, Rudolf L., Internationale Organisation (Grundfragen), in: WBVR II (1961), S. 70-89.

Bindschedler-Robert, Denise, Red Cross, in: EPIL IV (2000), S. 56-62 (plus Addendum von *Gasser, Hans-Peter*, S. 62-63).

Binter, Richard, Das Verhältnis von Vermittlung und Schiedsgerichtsbarkeit nach dem Völkerbundspakt Art. 11-13, 15 (Frankfurter Abhandlungen zum Kriegsverhütungsrecht, Heft 11), 1929.

Blair, Tony, Idealismus wird zur Realpolitik, in: Frankfurter Allgemeine Zeitung vom 30. Mai 2006, S. 10.

Bleckmann, Albert, Europarecht, Das Recht der Europäischen Wirtschaftsgemeinschaft, 4. Aufl. 1985.

Bleckmann, Albert, Die Kompetenz der Europäischen Gemeinschaft zum Abschluß völkerrechtlicher Verträge, in: EuR 1977, 109-121.

Bleckmann, Albert, Teleologie und Auslegung des Europäischen Gemeinschaftsrechts, in: EuR 1979, S. 239-260.

Bleiber, Fritz, Der Völkerbund, Die Entstehung der Völkerbundssatzung (Handbuch des Völkerrechts, Bd. 4: Völkerrecht und internationales politisches Staatensystem), 1939.

Blix, Hans, Disarming Iraq, The Search for Weapons of Mass Destruction, 2004.

Blokker, Niels M., Towards a Second Enlargement of the Security Council? A Comparative Perspective, in: ders./Nico Schrijver (Hrsg.), The Security Council and the Use of Force, Theory and Reality – A Need for Change? (Legal Aspects of International Organization, Bd. 44), 2005, S. 253-260.

Blokker, Niels M./Schermers, Henry G. (Hrsg.), Proliferation of International Organizations, Legal Issues (Legal Aspects of International Organization, Bd. 37), 2001.

Blum, Rolf, Das System der verbotenen und erlaubten Kriege in Völkerbundssatzung, Locarno-Verträgen und Kellogg-Pakt (Frankfurter Abhandlungen zum modernen Völkerrecht, Heft 31), 1932.

Boeck, Ilka, Die Abgrenzung der Rechtsetzungskompetenzen von Gemeinschaft und Mitgliedstaaten in der Europäischen Union, Zur Notwendigkeit und zu den Vorteilen eines Kompetenzkataloges in den Gemeinschaftsverträgen (Schriftenreihe Europäisches Recht, Politik und Wirtschaft, Bd. 228), 2000.

Böckenförde, Ernst-Wolfgang, Die Bedeutung der Unterscheidung von Staat und Gesellschaft im demokratischen Sozialstaat der Gegenwart, in: ders., Recht, Staat, Freiheit, Studien zur Rechtsphilosophie, Staatstheorie und Verfassungsgeschichte, 1991, S. 209-243.

Böckenförde, Ernst-Wolfgang, Die Methoden der Verfassungsinterpretation, in: NJW 1976, S. 2089ff.

Böckenförde, Ernst-Wolfgang, Der verdrängte Ausnahmezustand, Zum Handeln der Staatsgewalt in außergewöhnlichen Lagen, in: NJW 1978, S. 1881-1890.

Böckenförde, Ernst-Wolfgang, Verfassungsprobleme und Verfassungsbewegung des 19. Jahrhunderts, in: ders., Recht, Staat, Freiheit, Studien zur Rechtsphilosophie, Staatstheorie und Verfassungsgeschichte, 1991, S. 244-262 (Erstveröffentlichung 1971).

Bodin, Jean, Les six livres de la République, Paris 1576.

Böhlau, Hugo, Competenz-Competenz? Erörterungen zu Art. 78 der Verfassung des Norddeutschen Bundes, 1869.

Böhm, Reinhard, Kompetenzauslegung und Kompetenzlücken im Gemeinschaftsrecht, Ein Beitrag zur Klärung und Abgrenzung von effet utile, implied powers, resulting powers und Lückenklauseln, 1985.

Boldt, Hans, Staat und Souveränität, Souveränität: 19. und 20. Jahrhundert, in: Otto Brunner/Werner Conze/Reinhart Koselleck (Hrsg.), Geschichtliche Grundbegriffe, Historisches Lexikon zur politisch-sozialen Sprache in Deutschland, Bd. 6, 1990, S. 129-154.

Bonacker, Thorsten, Inklusion und Integation durch Menschenrechte, Zur Evolution der Weltgesellschaft, in: Zeitschrift für Rechtssoziologie 2003, S. 121-149.

Böse, Otto, Die Entthronung des Herzogs Karl II. von Braunschweig, 1935.

Bossuyt, Marc, The adverse consequences of economic sanctions on the enjoyment of human rights, UN-Dok. E/CN.4/Sub.2/2000/33.

Bothe, Michael, ABC-Weapons, in: Rüdiger Wolfrum (Hrsg.), United Nations: Law, Policies and Practice, Bd. 1, 1995, S. 1-12.

Bothe, Michael, Chemical Warfare, in: EPIL I (1992), S. 566-569.

Bothe, Michael, Durchsetzung der Menschenrechte und des humanitären Völkerrechts – ein Paradigmenwechsel?, in: Thilo Marauhn (Hrsg.), Die Rechtsstellung des Menschen im Völkerrecht, 2003, S. 115-130.

Bothe, Michael, Der Irak-Krieg und das völkerrechtliche Gewaltverbot, in: AVR 2003, S. 255-271.

Bothe, Michael, Die Stellung der Europäischen Gemeinschaften im Völkerrecht, in: ZaöRV 1977, S. 122-137.

Bothe, Michael, Streitkräfte internationaler Organisationen, Zugleich ein Beitrag zu völkerrechtlichen Grundfragen der Anwesenheit fremder Truppen (Beiträge zum ausländischen öffentlichen Recht und Völkerrecht, Bd. 47), 1968.

Bothe, Michael/Graf Vitzthum, Wolfgang, Rechtsfragen der Rüstungskontrolle im Vertragsvölkerrecht der Gegenwart (BDGVR, Bd. 30), 1989.

Bothe, Michael/Marauhn, Thilo, The United Nations in Kosovo and East Timor: Problems of a Trusteeship Administration, in: International Peacekeeping 6 (2000), S. 152-156.

Böttger, Ulrich, Ansätze für eine ökonomische Analyse des Subsidiaritätsprinzips des EG, Art. 5 Abs. 2 (Schriften zur wirtschaftswissenschaftlichen Analyse des Rechts, Bd. 50), 2004.

Bowett, D.W., The Court's role in relation to international organizations, in: Vaughan Lowe/Malgosia Fitzmaurice (Hrsg.), Fifty Years of the International Court of Justice, Essays in Honour of Sir Robert Jennings, 1996, S. 181-209.

Boyle, Alan/Chinkin, Christine, The Making of International Law, 2007.

Brammer, Silke, Conflicts, Korea, in: Rüdiger Wolfrum (Hrsg.), United Nations: Law, Policies and Practice, Bd. 1, 1995, S. 278-285.

Brandt, Kerstin, Der Europäische Gerichtshof (EuGH) und das Europäische Gericht erster Instanz (EuG) – Aufbau, Funktionen und Befugnisse, in: JuS 1994, S. 300-305.

Brauch, Hans Günter, Abrüstung, in: Helmut Volger (Hrsg.), Lexikon der Vereinten Nationen, 2000, S. 1-12.

Breitmeier, Helmut, Weltordnung im Umbruch, Verrechtlichung und Privatisierung in der Weltgesellschaft, in: Dieter Senghaas/Michèle Roth (Red.), Global Governance für Entwicklung und Frieden, Perspektiven nach einem Jahrzehnt, 2006, S. 104-130.

Bretherton, Charlotte/Vogler, John, The European Union and International Environmental Cooperation, in: Stuart Nagel (Hrsg.), Policymaking and Prosperity, A Multinational Anthology (Studies in Public Policy), 2003.

Breuer, Marten/Weiß, Norman (Hrsg.), Das Vertragswerk von Locarno und seine Bedeutung für die internationale Gemeinschaft nach 80 Jahren, Ergebnisse eines interdisziplinären Rundtischgesprächs, 2007

Breycha-Vauthier, Artur C., Internationales Sekretariat, in: WBVR II (1961), S. 134-136.

Brok, Elmar/Selmayr, Martin, EU-Verfassungskonvent und Regierungskonferenz: Monnet oder Metternich? in: Werner Weidenfeld (Hrsg.), Die Europäische Union, Politisches System und Politikbereiche, 2004, S. 673-693.

Broomhall, Bruce, International Justice and the International Criminal Court, Between Sovereignty and the Rule of Law, 2003.

Bruer-Schäfer, Aline, Der Internationale Strafgerichtshof, Die Internationale Strafgerichtsbarkeit im Spannungsfeld von Recht und Politik, 2001.

Bruha, Thomas, Gewaltverbot und humanitäres Völkerrecht nach dem 11. September 2001, in: AVR 2002, S. 383-421.

Bruha, Thomas, Irak-Krieg und Vereinte Nationen, in: AVR 2003, S. 295-313.

Bruha, Thomas, Security Council, in: Rüdiger Wolfrum (Hrsg.), United Nations Law, Policy and Practice, Bd. 2, 1995, S. 1147-1161.

Bruha, Thomas/Münch, Wolfgang, Stärkung der Durchführungsbefugnisse der Kommission, Anmerkungen zu Art. 10 der Einheitlichen Europäischen Akte, in: NJW 1987, S. 542-545.

Bruha, Thomas/Nowak, Carsten (Hrsg.), Die Europäische Union nach Nizza: wie Europa regiert werden soll, Interdisziplinäres Kolloquium zur Regierungsdebatte in der Europäischen Union (Schriftenreihe des Europa-Kollegs Hamburg zur Intergationsforschung, Bd. 39), 2003.

Bruha, Thomas/Tams, Christian J., Die Vereinten Nationen und das Völkerrecht, in: Aus Politik und Zeitgeschichte, Beilage zur Wochenzeitung das Parlament, 22/2005, S. 32-39.

Bruns, Viktor, Das Völkerrecht als Rechtsordnung, Teil I, in: ZaöRV 1929, S. 1-56.

Bruns, Viktor, Das Völkerrecht als Rechtsordnung, Teil II, in: ZaöRV 1933, S. 445-487.

Brustmann, Georg, Der erste Wilsonsche Völkerbundentwurf und die tatsächlichen Völkerbundssatzungen, 1930.

Bryde, Brun-Otto, Konstitutionalisierung des Völkerrechts und Internationaisierung des Verfassungsrechts, in: Der Staat 2003, S. 61-75.

Brzoska, Miachel/Law, David M. (Hrsg.), Security Sector Reconstruction and Reform in Peace Support Operations, in: International Peacekeeping 13 (2006), Sonderheft.

Buchwald, Delf, Zur Rechtsstaatlichkeit der Europäischen Union, in: Der Staat 1998, S. 189-219.

Bühler, Hans, Der Weltpostverein, Eine völkerrechtsgeschichtliche und wirtschaftspolitische Untersuchung, 1930.

Bull, Hans Peter, Die Staatsaufgaben nach dem Grundgesetz, 1973.

Bull, Hedley, The Anarchical Society, A Study of Order in World Politics, 1977 (Nachdruck 1995).

Bungenberg, Marc, Art. 235 EGV nach Maastricht: die Auswirkungen der Einheitlichen Europäischen Akte und des Vertrages über die Europäische Union auf die Handlungsbefugnis des Art. 235 EGV (Art. 308 EGV n.F.) (Schriftenreihe Europäisches Recht, Politik und Wirtschaft, Bd. 221), 1999.

Bünger, Klaus u.a., Titel III: Die Zuständigkeiten der Union, in: Marcus Höreth/Cordula Janowski/Ludger Kühnhardt (Hrsg.), Die Europäische Verfassung, Analyse und Bewertung iher Strukturentscheidungen (Schriften des Zentrums für Europäische Integrationsforschung, Bd. 65), 2005, S. 93-125.

Burkard, Franz-Peter (Hrsg.), Kulturphilosophie (Alber-Texte Philosophie, Bd. 10), 2000.

Burley, Anne-Marie/Mattli, Walter, Europe Before the Court: A Political Theory of Legal Integration, in: International Organization 47 (1993), S. 41-76.

Burton, Margaret E., The Assembly of the League of Nations, 1974.

Busek, Erhard (Hrsg.), Der Europäische Konvent und sein Ergebnis: eine europäische Verfassung, ausgewählte Rechtsfragen samt Dokumentation, 2004.

Büssem, Eberhard, Die Karlsbader Beschlüsse von 1819, Die endgültige Stabilisierung der restaurativen Politik im Deutschen Bund nach dem Wiener Kongreß von 1814/15, 1974.

Butler, William E., The Hague Permanent Court of Arbitration, in: Mark W. Janis (Hrsg.), International Courts for the Twenty-First Century, 1992, S. 43-53.

Calliess, Christian, Kontrolle zentraler Kompetenzausübung in Deutschland und Europa: Ein Lehrstück für die Europäische Verfassung, zugleich eine Besprechung des Altenpflegegesetz-Urteils des BVerfG, in: EuGRZ 2003, S. 181-197.

Calliess, Christian, Subsidiaritäts- und Solidaritätsprinzip in der EU, 2. Aufl. 1999.

Calliess, Christian/Ruffert, Matthias (Hrsg.), Kommentar zu EU-Vertrag und EG-Vertrag, 3. Aufl. 2007 (zit.: *Bearbeiter*, in: Calliess/Ruffert (Hrsg.), EUV/EGV, 3. Aufl. 2007, Art., Rn.).

Campagnolo, Umberto, Nations et droit, Le développement du droit international entendu comee développement de l'Etat, 1938.

Caplan, Richard, Partner or Patron? International Civil Administration and Local Capacity-building, in: International Peacekeeping 11/2 Sommer 2004, S. 229-247.

Cappelletti, Mauro/Golay, David, The Judicial Branch in the Federal and Transnational Union: Its Impact on Integration, in: Mauro Cappelletti/Minoca Seccombe/Joseph Weiler (Hrsg.), Integration through Law, Bd. I/2, 1986, S. 261-351.

Caron, David D., The Legitimacy of the Collective Authority of the Security Council, in: AJIL 87 (1993), S. 552-588.

Cassese, Antonio, International Law in a Divided World, 1986, 5. Nachdruck 1994.

Cassese, Antonio, International Law, 2. Aufl. 2005.

Cassese, Antonio (Hrsg.), The New Humanitarian Law of Armed Conflict, 1979.

Castañeda, Jorge, Legal Effects of United Nations Resolutions (Columbia University Studies in International Organization, Bd. 6), 1969.

Cauer, Amphiktyonia, in: Paulys Realencyclopädie der classischen Altertumswissenschaft, Band I.2, 1894, unveränd. Nachdruck 1990, Sp. 1904-1935.

Cede, Franz, The International Community and Non-State Actors, in: August Reinisch/Ursula Kriebaum (Hrsg.), The Law of International Relations, Liber Amicorum Hanspeter Neuhold, 2007, S. 19-31.

Chamberlain, Joseph Perkins, The Regime of the International Rivers: Danube and Rhine (Studies in Historiy, Economics and Public Law, Bd. XV Nr. 1), 1923.

Chandrasekhara Rao, Patibandla, The International Tribunal for the Law of the Sea, Law and Practice, 2001.

Chandrasekhara Rao, Patibandla, ITLOS: The First Six Years, in: MPUNYB 2002, S. 183-300.

Charnovitz, Steve, Nongovernmental Organizations and International Law, in: AJIL 100 (2006), S. 348-372.

Chaumont, Charles M., La Signification du Principe de Spécialité des Organisations Internationales, in: Problèmes de Droit de Gens, Mélanges offerts à Henri Rolin, 1964, S. 55-66.

Choate, Joseph H., The Two Hague Conferences, The Stafford Little Lectures for 1912, 1913.

Chomsky, Noam, Hegemony or Survival, America's Quest for Global Dominance, 2003.

Churchill, Robin R./Ulfstein, Geir, Autonomous Institutional Arrangements in Multinational Environmental Agreements: A Little-Noticed Phenomenon in International Law, in: AJIL 94 (2000), S. 623-659.

Churchill, Winston Spencer, Der Zweite Weltkrieg (einbändige Fassung), 1948, zitiert nach der 2003 broschiert vorgelegten deutschen Übersetzung.

Clarke, John N./Edwards, Geoffrey R., Introduction, in: dies. (Hrsg.), Global Governance in the Twenty-first Century, 2004, S. 1-20.

Claude, Inis L., The Security Council, in: Evan Luard (Hrsg.), The Evolution of International Organizations, 1966, S. 68-91.

Claude, Inis L., Swords into Plowshares, The Problems and Progress of International Organization, 4. Aufl. 1983.

Codding, George Arthur, The International Telecommunication Union, in: Paul Taylor/A.J.R. Groom (Hrsg.), International Institutions at Work, 1988, S. 167-183.

Codding, George Arthur, The International Telecommunication Union, An Experiment in International Cooperation, 1952.

Codding, George Arthur, The Universal Postal Union, Coordinator of the International Mails, 1964.

Colliard, Quelques Réflexions sur la Structure et le Fonctionnement des Organisation Internationales, in: Problèmes de Droit de Gens, Mélanges offerts à Henri Roulin, 1964, S. 67-79.

Collier, The International Court of Justice and the Peaceful Settlement of Conflicts, in: Vaughan Lowe/Malgosia Fitzmaurice (Hrsg.), Fifty Years of the International Court of Justice, Essays in Honour of Sir Robert Jennings, 1996, S. 364-372.

Conetti, Giorgio, Gli organi per la codificazione progressiva del diritto internazionale nella Società delle Nazioni, in: Le droit international à l'heure de sa codification, Etudes en l'honneur de Roberto Ago, Bd. 1, 1987, S. 231-246.

Conforti, Benedetto, The Law and Practice of the United Nations (Legal Aspects of International Organization, Bd. 42), 3. Aufl. 2005.

Conrad, Sebastian/Randari, Shalini (Hrsg.), Jenseits des Eurozentrismus, Potskoloniale Perspektiven in den Geschichts- und Kulturwissenschaften, 2002.

Constantinesco, Léontin-Jean, Die Institutionen der Gemeinschaft an der Schwelle der 80er Jahre, Auf der Suche nach einem neuen Gleichgewicht, in: EuR 1981, S. 209-239.

Constantinesco, Léontin-Jean, Das Recht der Europäischen Gemeinschaften I, Das institutionelle Recht, 1977.

Corten, Olivier, La résolution 940 du Conseil de sécurité autorisant une intervention militaire en Haïti: L'émergence d'un principe de légitimité démocratique en droit international?, in : 6 EJIL (1995), S. 116-133.

Cox, Robert W./Jacobson, Harold K. (Hrsg.), The Anatomy of Influence, Decision Making in International Organization, 1973.

Craig, Gordon A., Deutsche Geschichte 1866-1945, Vom Norddeutschen Bund bis zum Ende des Dritten Reiches, 1978, deutsch 1980.

Craig, Gordon A., Der Triumph des Borussismus: Theodor Fontane und Wilhelm II., in: ders., Das Ende Preußens, Acht Porträts, 1984, dt. 1985, S. 67-93.

Crawford, Neta C., The Justice of Preemption and Preventine War Doctrines, in: Mark Evans (Hrsg.), Just War Theory, A Reappraisal, 2005, S. 25-49.

Crusen, Georg, Versailler Frieden (Danzig), in: WdVD III (1929), S. 134-148.

Czasche, Hedda, Die Untätigkeitsklage vor dem Europäischen Gerichtshof, Eine rechtsvergleichende Untersuchung (Studien zum internationalen Wirtschaftsrecht und Atomenergierecht, Bd. 40), 1969.

Dahm, Georg, Völkerrecht, Bd. II, 1961.

Daig, Hans-Wolfram, Nichtigkeits- und Untätigkeitsklagen im Recht der Europäischen Gemeinschaften, Unter besonderer Berücksichtigung der Rechtsprechung des Gerichtshofs der Europäischen Gemeinschaften und der Schlußanträge der Generalanwälte, 1985.

Danilenko, G.M., Sources of International Law in a Changing International Community: Theory and Practice, in: William E. Butler (Hrsg.), Prestroika and International Law, 1990, S. 61-79.

Dann, Philip, Thoughts on a Methodology of European Constitutional Law, in: 6 German Law Journal Nr. 11 (1. November 2005), abrufbar unter: www.germanlawjournal.com/article.php?id=647#_ftn1

Dauses, Manfred, Rechtliche Probleme der Abgrenzung der Vertragsschlußbefugnis der EG und der Mitgliedstaaten und die Auswirkungen der verschiedenen Abgrenzungsmodelle, in: Georg Ress (Hrsg.), Souveränitätsverständnis in den Europäischen Gemeinschaften, Europäische Direktwahlen und nationales Souveränitätsverständnis, Auswärtige Befugnisse der Europäischen Gemeinschaften und nationale auswärtige Gewalt, 1980, S. 171-202.

Davidsson, Elias, Legal Boundaries to UN Sanctions, in: International Journal of Human Rights 2003 Nr. 4, S. 1-50.

de Traz, Robert, Vom Bündnis der Könige zur Liga der Menschheit, Heilige Allianz und Völkerbund, 1935.

de Visscher, Charles, Stages in the Codification of International Law, in: Wolfgang Friedmann/Louis Henkin/Oliver Lissitzyn (Hrsg.), Transnational Law in a Changing Society, Essays in Honour of Philipp C. Jessup, 1972, S. 17-33.

de Wet, Erika, The Chapter VII Powers of the United Nations Security Council (Studies in International Law, Bd. 3), 2004.

de Wet, Erika, The International Constitutional Order, in: International and Comparative Law Quarterly 55 (2006), S. 51-76.

Dedring, Jürgen, The Security Council, in: Paul Taylor/A.J.R. Groom (Hrsg.), The United Nations at the Millenium, The Principal Organs, 2000, S. 61-99.

Degen, Manfred, Die Unionsbürgerschaft nach dem Vertrag über die Europäische Union unter besonderer Berücksichtung des Wahlrechts, in: DöV 1993, S. 749-758.

Delbrück, Jost, Collective Security, in: EPIL I (1992), S. 646-656.

Delbrück, Jost, Die Entwicklung des Verhältnisses von Sicherheitsrat und Vollversammlung der Vereinten Nationen, diss. iur. , Kiel 1964.

Delbrück, Jost (Hrsg.), International Law of Cooperation and State Sovereignty, Proceedings of an International symposium of the Kiel Walther-Schücking-Institute of International Law May 23-26, 2001 (Veröffentlichungen des Walther-Schücking-Instituts für Internationales Recht an der Universität Kiel, Bd. 139), 2002.

Delbrück, Jost, Internationale Gerichtsbarkeit – Zur Geschichte ihrer Entstehung und der Haltung Deutschlands, in: Andreas Zimmermann (Hrsg.), Deutschland und die internationale Gerichtsbarkeit (Veröffentlichungen des Walther-Schücking-Instituts für Internationales Recht an der Universität Kiel, Bd. 149), 2004, S. 13-28.

Delbrück, Jost, Die Überwachung von Abrüstungs- und Rüstungsbeschränkungsmaßnahmen (Verifikation), in: ders., (Hrsg.), Friedensdokumente aus fünf Jahrhunderten, Abrüstung, Kriegsverhütung, Rüstungskontrolle, Zweiter Teilband, 1984, S. 1327-1340.

Demel, Walter, Vom aufgeklärten Reformstaat zum bürokratischen Staatsabsolutismus (Enzyklopädie deutscher Geschichte, Bd. 23), 1993.

Denninger, Erhard, Vom Ende nationalstaatlicher Souveränität in Europa, in: JZ 2000, S. 1121-1126.

Detter, Ingrid, Law Making by International Organizations, 1965.

Detter, Ingrid, The Law of War, 2. Aufl. 2000.

Detter, T.I.H., The Organs of International Organizations Exercising their Treaty-Making Power, in: British Year Book of International Law 38 (1962), S. 421-444.

Deutsche Atlantische Gesellschaft e.V. (Hrsg.), Auf der Suche nach ethisch-rechtlichen Kritierien für vorbeugende Militäreinsätze, Lehren auch aus dem Irak-Krieg, Ein Diskurs zwischen Prof. Dr. iur. utr. Norbert Brieskorn SJ und Prof. Dr. Matthias Herdegen (Atlantische Positionen), 2005.

Devuyst, Youri, The European Union at the Crossroads, The EU's Institutional Evolution from the Schuman Plan to the European Convention (European Policy, Bd. 27), 2. Aufl. 2003.

DGVN (Hrsg.), Eine sicherere Welt: Unsere gemeinsame Verantwortung, Bericht der Hochrangigen Gruppe für Bedrohungen, Herausforderungen und Wandel, 2004.

Dicke, Klaus, Die Ideengeschichte des Friedens in der ersten Hälfte des 20. Jahrhunderts, in: Weltinnenrecht, Liber amicorum Jost Delbrück (Veröffentlichungen des Walther-Schücking-Instituts für Internationales Recht an der Universität Kiel, Bd. 155), 2005, S. 147-158.

Dicke, Klaus, Reform of the United Nations, in: Rüdiger Wolfrum (Hrsg.), United Nations: Law, Policies and Practice, Bd. 2, 1995, S. 1012-1024.

Dinan, Desmond (Hrsg.), Origins and Evolution of the European Union, 2006.

Dittert, Daniel, Die ausschließlichen Kompetenzen der Europäischen Gemeinschaft im System des EG-Vertrages, 2001.

Dixon, Martin, Textbook on International Law, 5. Aufl. 2005.

Doehring, Karl, Internationale Organisationen und staatliche Souveränität, in: FG für Ernst Forsthoff zum 65. Geburtstag, 1967, S. 105-132.

Doehring, Karl, Die nationale „Identität" der Mitgliedstaaten der Europäischen Union, in: FS für August Everling, Bd. I, 1995, S. 263-271.

Doehring, Karl, Sind die Vereinten Nationen gescheitert oder erfolgreich?, in: Der Staat 1970, S. 475-480.

Doehring, Karl, Systeme kollektiver Sicherheit, in: HStR VII (1. Aufl. 1992), § 177, S. 669-686.

Doehring, Karl, Völkerrecht, Ein Lehrbuch, 2. Aufl. 2004.

Doehring, Karl, Unlawful Resolutions of the Security Council and their Legal Consequences, in: MPUNYB 1997, S. 91-109.

Döhring, Erich, Geschichte der deutschen Rechtspflege seit 1500, 1953.

Dolzer, Rudolf, Die Vereinten Nationen im Wandel: Einzelstaatliche Souveränität, Menschenrechte und die internationale Rechtsgemeinschaft, in: Bernhard Vogel/ders./Matthias Herdegen (Hrsg.), Die Zukuft der UNO und des Völkerrechts, Beiträge und Thesen einer internationalen Konferenz, 2004, S. 31-49.

Dolzer, Rudolf, Wirtschaft und Kultur im Völkerrecht, in: Wolfgang Graf Vitzthum (Hrsg.), Völkerrecht, 4. Aufl. 2007, 6. Abschnitt, S. 491-576.

Dommermuth, Nikolaus, Das angebliche europäische Garantierecht über den Deutschen Bund von 1815 bis 1866, 1928.

Donelly, Jack, Sovereign Inequalities and Hierarchy in Anarchy: American Power and International Society, in: EJIR 2006, S. 139-170.

Dörr, Oliver, Die Entwicklung der ungeschriebenen Außenkompetenzen der EG, in: EuZW 1996, S. 39-43.

Dreier, Horst (Hrsg.), Grundgesetz-Kommentar, 3 Bde., 1. Aufl. 1996-2000; 2. Aufl. 2004-2008.

Drzemczewski, Andrew/Meyer-Ladewig, Jens, Grundzüge des neuen EMRK-Kontrollmechanismus nach dem am 11. Mai 1994 unterzeichneten Reform-Protokoll (Nr. 11), Ein ständiger Europäischer Gerichtshof für Menschenrechte als einziges Kontrollorgan, in: EuGRZ 1994, S. 317-322.

Drescher, Seymour/Engermann, Stanley L. (Hrsg.), A Historical Guide to World Slavery, 1998.

Droß, Elisabeth (Hrsg.), Quellen zur Ära Metternich (Ausgewählte Quellen zur Deutschen Geschichte der Neuzeit, Bd. XXIIIa), 1999.

Dubin, Martin D., Toward the Bruce Report: the economic and social programs of the League of Nations in the Avenol era, in: The League of Nations in retrospect, Proceedings of the symposium, Geneva, 6-9 November 1980, 1983, S. 42-72.

Duchhardt, Heinz, Gleichgewicht der Kräfte, Convernance, Europäisches Konzert, Friedenskongresse und Friedensschlüsse vom Zeitalter Ludwigs XIV. bis zum Wiener Kongreß (Erträge der Forschung, Bd. 56), 1976.

Dugard, John, Obstacles in the Way of an International Criminal Court, in: Cambridge Law Journal 1997, S. 329-342.

Dülffer, Jost, Joseph Görres und Friedrich Gentz – Modelle der Friedenssicherung in Deutschland seit der Französischen Revolution, in: ders./Bernd Martin/Günter Wollstein (Hrsg.), Deutschland in Europa, Kontinuität und Bruch, GS für Andreas Hillgruber, 1990, S. 52-72.

Dülffer, Jost, Regeln gegen den Krieg? Die Haager Friedenskonferenzen von 1899 und 1907 in der internationalen Politik, 1981.

Dunant, Henri, Die Barmherzigkeit auf dem Schlachtfelde: eine Erinnerung an Solferino, 1862, dt. 1864.

Dupuis, Charles, Le principe d'équilibre et le concert européen: de la paix de Westphalie à l'acte d'Algésiras, 1909.

Durward, Rosemary, Security Council Authorization for Regional Peace Operations: A Critical Analysis, in: International Peacekeeping 13 (2006), S. 350-365.

Ebers, Godehard Josef, Der Deutsche Bund, in: Gerhard Anschütz/Richard Thoma (Hrsg.), Handbuch des Deutschen Staatsrechts, Bd. 1, 1930, S. 26-31.

Editorial Comments, Inactivity of the Council: Implied power for the Commission, in: Common Market Law Review 1981, S. 267-269.

Efraim, Athena Debbie, Sovereign (In)equality in International Organizations (Legal Aspects of International Organization, Bd. 34), 2000.

Egger, Alexander, Das Generalsekretariat des Rates der EU (Schriftenreihe Europäisches Recht, Politik und Wirtschaft, Bd. 173), 1994.

Ehlermann, Claus-Dieter, Der Europäische Rechnungshof, Haushaltskontrolle in der Gemeinschaft, 1976.

Ehlermann, Claus-Dieter, Das schwierige Geschäft der Kommission, in: EuR 1981, S. 335-365.

Ehmke, Horst, Prinzipien der Verfassungsinterpretation, in: VVDStRL 20 (1963), S. 53-102.

Eibach, Gerhard, UNICEF – United Nations Children's Fund, in: Rüdiger Wolfrum (Hrsg.), United Nations Law, Policy and Practice, 1995, Bd. 2, S. 1323-1328.

Eick, Christophe, „Präemption", „Prävention" und die Weiterentwicklung des Völkerrechts, in: ZRP 2004, S. 200-203.

Eisele, Manfred, Friedenstruppen, in: Helmut Volger (Hrsg.), Lexikon der Vereinten Nationen, 2000, S. 160-167.

Eisele, Manfred, Wandel durch Anpassung, Sechzig Jahre Friedenssicherung durch die Vereinten Nationen, in: VN 2005, S. 179-186.

Eisenberg, Sonja, Kompetenzausübung und Subsidiaritätskontrolle im europäischen Umweltrecht, Zu den Voraussetzungen, Vor- und Nachteilen subsidiaritätsorientierter Umweltrechtsetzung in Europa (Schriften zum Umweltrecht, Bd. 149), 2006.

Eitel, Tono, Reform of the United Nations Sanctions Regime, in: Sabine von Schorlemer (Hrsg.), Praxishandbuch UNO, 2003, S. 707-714.

Elberling, Björn, The Ultra Vires Character of Legislative Action by the Security Council, in: International Organizations Law Review 2 (2005), S. 337-360.

El-Erian, Abdullah, La commission du droit international et le sujet des organisations internationales (méthode et approche), in: Mélanges Fernand Dehousse, Bd. 1 : Les progrès du droit de gens, 1979, S. 45-55.

Elias, Taslim Olawale, New Horizons in International Law, 2. Aufl. 1992.

Engelhardt, Hanns, Wilsons vierzehn Punkte, in: WBVR III (1962), S. 849-850.

Epiney, Astrid, Zur Einführung – Umweltvölkerrecht, in: JuS 2003, S. 1066-1072.

Epiney, Astrid, Unmittelbare Anwendbarkeit und objektive Wirkung von Richtlinien, in: DVBl 1996, S. 409-414.

Epiney, Astrid/Freiermuth Abt, Marianne/Mosters, Robert, Der Vertrag von Nizza, in: DVBl. 2001, S. 941-952.

Epping, Volker, Internationale Organisationen, in: Knut Ipsen (Hrsg.), Völkerrecht, 5. Aufl. 2004, S. 444-552.

Epping, Volker, Völkerrechtssubjekte, in: Knut Ipsen (Hrsg.), Völkerrecht, 5. Aufl. 2004, S. 55-111.

Erbe, Michael, Belgien, Niederlande, Luxemburg: Geschichte des niederländischen Raumes, 1993.

Erler, Adelbert, Demagogenverfolgung, in: HRG I (1971), Sp. 678-680.

Erler, Adelbert/Kaufmann, Ekkehard/Dieter Werkmüller (ab Bd. V) (Hrsg.), Handbuch zur Deutschen Rechtsgeschichte, 5 Bände, 1. Aufl. 1971-1998 (zit. Autor, Beitragstitel, in: HRG Bd.-Nr. (Erscheinungsjahr), Spaltenzahlen).

Erler, Georg, Das Grundgesetz und die öffentliche Gewalt internationaler Staatengemeinschaften, in: VVDStRL 18 (1960), S. 7-49.

Ermacora, Felix, Confederation and Other Unions of States, in: EPIL I (1992), S. 735-739.

Ermacora, Felix, Das Problem der Rechtssetzung durch internationale Organisationen (insbesondere im Rahmen der UN), in: Verhandlungen der 11. Tagung der Deutschen Gesellschaft für Völkerrecht (BDGVR, Bd. 10), 1971, S. 51-95.

Ernst, Friedhelm, UNRWA – United Nations Relief and Works Agency for Palestine Refugees, in: Rüdiger Wolfrum (Hrsg.), United Nations Law, Policy and Practice, Bd. 2, 1995, S. 1355-1360.

Everling, Ulrich, Das Vorabentscheidungsverfahren vor dem Gerichtshof der Europäischen Gemeinschaften, Praxis und Rechtsprechung (Schriftenreihe Europäisches Recht, Politik und Wirtschaft, Bd. 121), 1986.

Euschen, Karl, Das Kriegsverhütungsrecht des Deutschen Bundes und des Völkerbundes, Eine rechtshistorisch-völkerrechtliche Studie, 1934.

Eyffinger, Arthur, The International Court of Justice 1946-1996, 1996.

Faber, Karl-Georg, Die nationalpolitische Publizistik Deutschlands von 1866-1871, Eine kritische Bibliographie, 1. Bd., 1963.

Fabre-Luce, Alfred, Locarno sans rêves, 1927.

Falk, Richard A., On the Quasi-Legislative Competence of the General Assembly, in AJIL 60 (1966), S. 782-791.

Faßbender, Bardo, All Illusions Shattered? Looking Back on a Decade of Failed Attempts to Reform the UN Security Council, in: MPUNYB 2003, S. 183-218.

Faßbender, Bardo, Der Schutz der Menschenrechte als zentraler Inhalt des völkerrechtlichen Gemeinwohls, in: EuGRZ 2003, S. 1-16.

Faßbender, Bardo, The United Nations Charter As Constitution of The International Community, in: Columbia Journal of Transnational Law 36 (1998), S. 529-619.

Faßbender, Bardo, The UN Security Council and International Terrorism, in: Andrea Bianchi (Hrsg.), Enforcing International Law Norms Against Terrorism, 2004, S. 83-102.

Faßbender, Bardo, Die verfassungs- und völkerrechtsgeschichtliche Bedeutung des Westfälischen Friedens von 1648, in: Ingo Erberich u.a. (Hrsg.), Frieden und Recht (Assistententagung Öffentliches Recht 1998), 1998, S. 9-52.

Fastenrath, Ulrich (Hrsg.), KSZE/OSZE, Dokumente der Konferenz und der Organisation über Sicherheit und Zusammenarbeit in Europa, Loseblattsammlung, 1992ff.

Featherstone, Kevin/Radaelli , Claudio M. (Hrsg.), The Politics of Europeanization, 2003.

Fehrenbach, Elisabeth, Vom Ançien Régime zum Wiener Kongreß, 3. Aufl. 1993.

Fehrenbach, Elisabeth, Die Reichsgründung in der deutschen Geschichtsschreibung, in: Theodor Schieder/Ernst Deuerlein (Hrsg.), Reichsgründung 1870/71, 1970, S. 259-290.

Feiveson, Harold A./Shire, Jacqueline W., Dilemmas of Compliance with Arms Control and Disarmaments Agreements, in: Edward C. Luck/Michael W. Doyle (Hrsg.), International Law and Organization, Closing the Compliance Gap, 2004, S. 205-245.

Feld, Lars P., Eine Europäische Verfassung aus polit-ökonomischer Sicht, in: ORDO, Jahrbuch für die Ordnung von Wirtschaft und Gesellschaft 2003, S. 289-317.

Feld, Werner J./Jordan, Robert S./Hurwitz, Leon, International Organizations, A Comparative Approach, 3. Aufl. 1994.

Fellner, Fritz, Der Dreibund – Europäische Diplomatie vor dem Ersten Weltkrieg, in: ders., Vom Dreibund zum Völkerbund, Studien zur Geschichte der internationalen Beziehungen 1882-1919, 1994, S. 19-82.

Fellner, Fritz, Die Friedensordnung von Paris 1919/1920 – Machtdiktat oder Rechtsfriede?, in: ders., Vom Dreibund zum Völkerbund, Studien zur Geschichte der internationalen Beziehungen 1882-1919, 1994, S. 305-319.

Fellner, Fritz, Perspektiven für eine historiographische Neubewertung des Deutschen Bundes, in: Helmut Rumpler (Hrsg.), Deutscher Bund und Deutsche Frage 1815-1866, 1990, S. 21-30.

Fenske, Hans, Politisches Denken im 20. Jahrhundert, in: Hans-Joachim Lieber (Hrsg.), Politische Theorien von der Antike bis zur Gegenwart, 2. Aufl. 1993, S. 657-880.

Ferdowsi, Mir A., UNCTAD – Handels- und Entwicklungskonferenz der Vereinten Nationen, in: Helmut Volger (Hrsg.), Lexikon der Vereinten Nationen, 2000, S. 537-544.

Ferretti, Raymond, La coordination de l'action des organisations internationales au niveau européen (Organisation internationale et relations internationales, Bd. 13), 1984.

Fetherston, A.B., Towards a Theory of United Nations Peacekeeping, 1994.

Fesser, Gerd, Der Traum vom Platz an der Sonne: Deutsche „Weltpolitik" 1897-1914, 1996.

Fest, Joachim, Hitler, Eine Biographie, 1973, 2. Aufl. 1999 der Neuausgabe 1998.

Fetscher, Iring, Was wir sind, sind wir nicht durch Verträge, in: Frankfurter Allgemeine Zeitung vom 20. März 2004, S. 38.

Fink, Udo, Kollektive Friedenssicherung, Kapitel VII UN-Charta in der Praxis des Sicherheitsrats der Vereinten Nationen (Kölner Schriften zu Recht und Staat, Bd. 3), 2 Bde., 1999.

Finke, Jasper/Wandscher, Christiane, Terrorismusbekämpfung jenseits militärischer Gewalt, Ansätze der Vereinten Nationen zur Verhütung und Beseitigung des internationalen Terrorismus, in: VN 2001, S. 168-173.

Finlay, Luke W., The Seventh Emergency Special Session of the UN General Assembly: An Exercise in Procedural Abuse, in: AJIL 80 (1986), S. 587-601.

Finnemore, Martha, Norms, culture, and world politics: insights from sociology's institutionalism, in: International Organization 50 (1996), S. 325-347.

Firnkes, Manfred, „Restauration" und „Vormärz", Reaktion und Fürstenmacht und liberale Bürgeropposition 1815-1848, in: Heinrich Pleticha (Hrsg.), Deutsche Geschichte, Bd. 9, 1984, S. 17-77.

Fisch, Jörg, Die europäische Expansion und das Völkerrecht, Die Auseinandersetzungen um den Status der überseeischen Gebiete vom 15. Jahrhundert bis zur Gegenwart, 1984.

Fischer, Joseph, Für eine Reform des Systems der Vereinten Nationen, in: VN 2004, S. 209-210.

Fischer, Horst, Die Resolutionen des Sicherheitsrates der Vereinten Nationen zum Golfkrieg, Handlungsgrundlagen, Ziele, Akteure, in: HuV 1990, S. 121-124.

Fischer, Wolfram, Der Deutsche Zollverein, die Europäische Wirtschaftsgemeinschaft und die Freihandelszone, in: EA 1961, S. 105-114.

Fischer-Lescano, Andreas/Teubner, Gunther, „Regime-Kollisionen", Zur Fragmentierung des globalen Rechts, 2006.

Fitzmaurice, Sir Gerald, The Law and Procedure of the International Court of Justice, 2 Bde., 1986.

Fleck, Dieter (Hrsg.), The Handbook of international humanitarian law, 2. Aufl. 2008.

Flick, Jens Uwe, Handeln „ultra vires" der Europäischen Gemeinschaft, Eine Darstellung der Rechtsfolgen aus der Sicht des Völkerrechts, des Europäischen Unionsrechts und des deutschen Verfassungsrechts unte besonderer Berücksichtigung der bundesverfassungsgerichtichen Rechtsschutzmöglichkeiten, 2001.

Flint, Thomas, Die Übertragung von Hoheitsrechten, Zur Auslegung der Art. 23 Abs. 1 Satz 2 und Art. 24 Abs. 1 GG (Schriften zum Öffentlichen Recht, Bd. 770), 1998.

Fombad, Charles Manga, The Special "ad hoc" Chamber within the International Court of Justice – A Prospective Appraisal, in: Revue de droit international de sciences diplomatiques et politiqiues 1996, S. 17-36.

Ford Foundation (Hrsg.): The United Nations in its second half century. A report of the Independent Working Group on the Future of the United Nations, 1995.

Forsthoff, Ernst, Deutsche Verfassungsgeschichte der Neuzeit, 4. Aufl. 1961.

Forum für Philosophie Bad Homburg (Hrsg.), Die Ideen von 1789 in der deutschen Rezeption, 1989.

Fraenkel, Ernst, The Dual State, 1941 (dt. 1984: Der Doppelstaat).

France, Anatol, Die rote Lilie, 1894 dt. 1964 [übersetzt von F. Gräfin zu Reventlow].

Franck, Thomas M. (Hrsg.), Delegating State Powers: The Effect of Treaty Regimes on Democracy and Sovereignty, 2000.

Franck, Thomas M., Finding a Voice: How the Secretary-General makes himself heard in the Councils of the Nations, in: Essays in international law in honour of Judge Manfred Lachs, 1984, S. 482-491.

Franck, Thomas M., Individuals and Groups of Individuals as Subjects of International Law, in: Rainer Hofmann (Hrsg.), Non-State Actors as New Subjects of International Law, International Law – From the Traditional State Order Towards thew Law of the Global Community (Veröffentlichungen des Walther-Schücking-Instituts für Internationales Recht an der Universität Kiel, Bd. 125), 1999, S. 97-113.

Franck, Thomas M., Legitimacy and the democratic entitlement, in: Gregory H. Fox/Brad R. Roth (Hrsg.), Democratic Governance and International Law, 2000, S. 25-47.

Franck, Thomas M., The "Powers of Appreciation": Who is the Ultimate Guardian of UN Legality?, in: AJIL 86 (1992), S. 519-523.

Franck, Thomas M., The Secretary-General's Role in Conflict Resolution: Past, Present and Pure Conjecture, in: 6 EJIL (1995), S. 360-387.

Freytag, Michael, Der Europäische Rechnungshof, Institution, Funktion und politische Wirkung (Integration Europas und Ordnung der Weltwirtschaft, Bd. 29), 2005.

Friedmann, Wolfgang, The Changing Structure of International Law, 1964.

Friedrich, Jürgen, UNMIK in Kosovo: Struggling with Uncertainty, in: MPUNYB 2005, S. 225-293.

Friesenhahn, Ernst, Menschenrechtsdeklaration der Vereinten Nationen, in: WBVR II (1961), S. 511-515.

Fröhlich, Manuel, Dag Hammerskjöld und die Vereinten Nationen, Die politische Ethik des UNO-Generalsekretärs, 2002.

Fröhlich, Manuel, Lesarten der Souveränität, in: Neue politische Literatur 2005, S. 19-42.

Frowein, Jochen Abraham, Der Beitrag der internationalen Organisationen zur Entwicklung des Völkerrechts, in: ZaöRV 1976, S. 147-167.

Frowein, Jochen Abraham, Freundschaft und Zusammenarbeit unter den Staaten, Die UN-Resolution über freundschaftliche Beziehungen als Ausdruck wichtiger Strömungen im heutigen Völkerrecht, in: EA 1973, S. 70-76.

Frowein, Jochen Abraham, Issues of Legitimacy around the United Nations Security Council, in: ders. u.a. (Hrsg.), Verhandeln für den Frieden, Negotiating for Peace, Liber amicorum Tono Eitel, 2003, S. 121-139 (zitiert FS Tono Eitel).

Frowein, Jochen Abraham, Die Notstandsverwaltung von Gebieten durch die Vereinten Nationen, in: FS für Walter Rudolf, 2001, S. 43-54.

Fues, Thomas, Paradigmenwechsel, Die Bedeutung des Cardoso-Berichtes für die Weiterentwicklung von Global Governance in den Vereinten Nationen, in: Zeitschrift für Entwicklungspolitik 18/19/2004, S. 28-30.

Gading, Heike, Der Schutz grundlegender Menschenrechte durch militärische Maßnahmen des Sicherheitsrates – das Ende staatlicher Souveränität, 1995.

Gall, Lothar, Bismarck, Der weiße Revolutionär, 1980.

Galtung, Johan, Menschenrechte – anders gesehen, 2. Aufl. 1997.

Gamillscheg, Franz, Internationale Arbeits-Organisation, in: WBVR II (1961), S. 38-43.

Gangl, Hans, Der Deutsche Weg zum Verfassungsstaat im 19. Jahrhundert, in: Ernst-Wolfgang Böckenförde (Hrsg.), Probleme des Konstitutionalismus im 19. Jahrhundert (Beihefte zu „Der Staat", Heft 1), 1975, S. 23-58.

Gareis, Sven Bernhard, Neue Perspektiven in der Friedenssicherung?, Die Peacebuilding Commission der Vereinten Nationen, in: Johannes Verwick/Andreas Zimmermann (Hrsg.), Die Reform der Vereinten Nationen, Bilanz und Perspektiven, 2006, S. 187-199

Garner, James W., Punishment of Offenders Against the Laws and Customs of War, in: AJIL 14 (1920), S. 70-94.

Garrett, Geoffrey/Lange, Peter, Internationalization, Institutions and Political Change, in: Helen V. Milner/Robert O. Keohane (Hrsg.), Internationalization and Domestic Politics (Cambridge Studies in Comparative Politics), 1996, S. 48-75.

Gatzke, Hans W., Europa und der Völkerbund, in: Golo Mann (Hrsg.), Propyläen Weltgeschichte, Eine Universalgeschichte, Bd. IX: Das Zwanzigste Jahrhundert, 1960, S. 311-350.

Gawrich, Andrea, Die EU-Minderheitenpolitik und die Erweiterungsprozesse, in: ZfP 2006, S. 487-504.

Geck, Wilhelm Karl, Völkerrechtliche Verträge und Kodifikation, in: ZaöRV 1976, S. 96-146.

Gehler, Michael, Zeitgeschichte im dynamischen Mehrebenensystem, Zwischen Regionalisierung, Nationalstaat, Europäisierung, internationaler Arena und Globalisierung (Herausforderungen: Historisch-politische Analysen, Bd. 12), 2001.

Geiss, Imanuel (Hrsg.), Der Berliner Kongreß 1878, Protokolle und Materialien, 1978.

Geißler, Nils, Einfluss und Rolle der Nichtregierungsorganisationen beim Schutz der Menschenrechte, in: Erwin Müller/Patricia Schneider/Kristina Thony (Hrsg.), Menschenrechtsschutz, Politische Maßnahmen, zivilgesellschaftliche Strategien, humanitäre Intervention, 2002, S. 62-78.

Generalsekretär, Analytical study submitted by the Secretary-General pursuant to General Assembly resolution 3499 (XXX), UN-Dok. A/AC.182/L.2 vom 2. Februar 1976.

Generalsekretär, In die Vereinten Nationen investieren – die Organisation weltweit stärken, UN-Dok. A/60/692 vom 7. März 2006.

Generalsekretär, In Larger Freedom, Towards Development, Security and Human Rights for All, UN-Dok. A/59/2005 vom 21. März 2005.

Generalsekretär, Introduction to the Annual Report of the Secretary-General on the Work of the Organization, 16 June 1960–15 June 1961, GAOR 16th Session Supplement No. 1A (A/4800/Add.1).

Generalsekretär, UN Secretary-General's Report on aspects of establishing an international tribunal for the prosecution of persons responsible for serious violations of international humanitarian law committed in the territory of the former Yugoslavia, UN-Dok. S/25704 vom 3. Mai 1993 (= ILM 32 (1993), 1159-1202).

Generalsekretär, We the Peoples, The Role of the United Nations in the 21st Century, Report of the Secretary General, UN-Dok. A/54/2000, Juni 2004.

Genius-Devime, Barbara, Bedeutung und Grenzen des Erbes der Menschheit im völkerrechtlichen Kulturgüterschutz (Saarbrücker Studien zum Internationalen Recht, Bd. 3), 1996.

Ghebali, Victor Yves, Les délégations permanentes auprès de la Société de Nations, in: Michel Virally/Pierre Gerbert/Jean J.A. Salmon, Les missions permanentes auprès des organisations internationales, 1971, S. 23-135.

Gibson, John S., International Organizations, Constitutional Law, and Human Rights, 1991.

Giddens, Anthony, The Constitution of Society, Outline of the Theory of Structuration, 1984.

Giegerich, Thomas, Europäische Verfassung und deutsche Verfassung im transnationalen Konstituierungsprozeß: Wechselseitige Rezeption, konstitutionelle Evolution und föderale Verflechtung, 2003.

Giegerich, Thomas, Von der Montanunion zur Europäischen Verfassung: Grundlinien einer fünfzigjährigen Verfassungsdiskussion, in: Rainer Hofmann/Andreas Zimmermann (Hrsg.), Eine Verfassung für Europa, Die Rechtsordnung der Europäischen Union unter dem Verfassungsvertrag (Veröffentlichungen des Walther-Schücking-Instituts für Internationales Recht an der Universität Kiel, Bd. 154), 2005, S. 13-69.

Gill, Terry D., Legal and some Political Limitations on the Power of the UN Security Council to Exercise its Enforcement Powers under Chapter VII of the Charter, in: Netherlands Yearbook of International Law 1995, S. 33-138.

Gill, Terry D., Rosenne's The World Court, What It is and how It works, 6. Aufl. 2003.

Gilsdorf, Peter, Die Außenkompetenzen der EG im Wandel – Eine kritische Auseinandersetzung mit Praxis und Rechtsprechung , in: EuR 1996, S. 145-166.

Ginther, Konrad, International Organizations, Responsibility, in: EPIL II (1995), S. 1336-1340.

Girardet, Klaus Martin, Bundesstaaten im antiken Griechenland und das römische Imperium als ‚supranationale' Ordnung – Modelle für ein vereintes Europa von morgen?, in: Dieter Holtmann/Peter Riemer (Hrsg.), Europa: Einheit und Vielfalt, Eine interdisziplinäre Betrachtung (Region, Nation, Europa, Bd. 10), 2001, S. 103-128.

Glaesner, Hans Joachim, Übertragung rechtsetzender Gewalt auf internationale Organisationen in der völkerrechtlichen Praxis, in: DÖV 1959, S. 653-658.

Glöckler-Fuchs, Juliane, Institutionalisierung der europäischen Außenpolitik (Lehr- und Handbücher der Politikwissenschaft), 1997.

Göhler, Gerhard/Klein, Ansgar, Politische Theorien des 19. Jahrhunderts, in: Hans-Joachim Lieber (Hrsg.), Politische Theorien von der Antike bis zur Gegenwart, 2. Aufl. 1993, S. 259-656.

Goldblat, Jozef, Agreements for Arms Control: A critical survey, 1982.

Goldblat, Jozef, Arms Control, The New Guide to Negotiations and Agreements, 2. Aufl. 2002.

Goldsworthy, Peter J., Interim Measures of Protection in the International Court of Justice, in: AJIL 68 (1974), S. 258-277.

Goll, Ulrich/Kenntner, Markus, Brauchen wir ein europäisches Kompetenzgericht? – Vorschläge zur Sicherung der mitgliedstaatlichen Zuständigkeiten, in: EuZW 2002, S. 101-106.

Gollwitzer, Heinz, Geschichte des weltpolitischen Denkens, Bd. I: Vom Zeitalter der Entdeckungen bis zum Beginn des Imperialismus, 1972.

Gollwitzer, Heinz, Geschichte des weltpolitischen Denkens, Bd. II: Zeitalter des Imperialismus und der Weltkriege, 1982.

Golsong, Heribert, Das Problem der Rechtssetzung durch internationale Organisationen (insbesondere im Rahmen der UN), in: Verhandlungen der 11. Tagung der Deutschen Gesellschaft für Völkerrecht (BDGVR, Bd. 10), 1971, S. 1-50.

Golze, Anna, Die Individualbeschwerde nach dem Übereinkommen zur Beseitigung jeder Form von Diskriminierung der Frau (CEDAW), in: Jana Hasse/Erwin Müller/Patricia Schneider (Hrsg.), Menschenrechte: Bilanz und Perspektiven (Demokratie, Sicherheit, Frieden, Bd. 137: Frieden durch Recht II), 2002, S. 511-533.

Goodrich, Leland M., The United Nations, 1959.

Goodspeed, Stephen Spencer, The Nature and Function of International Organization, 2. Aufl. 1967.

Goodwin, Geoffrey, The General Assembly of the United Nations, in: Evan Luard (Hrsg.), The Evolution of International Organizations, 1966, S. 42-67.

Gordenker, Leon/Saunders, Paul R., Organisation Theory and International Organisation, in: Paul Taylor/A.J.R. Groom (Hrsg.), International Organisation, A Conceptual Approach, 1978, S. 84-107.

Gordenker, Leon/Weiss, Thomas G., NGO Participation in the International Policy Process, in: Thomas G. Weiss/Leon Gordenker (Hrsg.), NGOs, The UN, and Global Governance, 1996, S. 209-221.

Gordenker, Leon/Weiss, Thomas G., Pluralizing Global Governance: Analytical Approaches and Dimensions, in: Thomas G. Weiss/Leon Gordenker (Hrsg.), NGOs, The UN, and Global Governance, 1996, S. 17-47.

Gornig, Gilbert-Hanno, Refugees, including UNHCR, in: Rüdiger Wolfrum (Hrsg.), United Nations Law, Policy and Practice, Bd. 2, 1995, S. 1025-1039.

Gorst, Anthony/Johnman, Lewis, The Suez Crisis (Routledge Sources in History), 1997.

Gottschald, Marc, Die GASP von Maastricht bis Nizza: die Ergebnisse und Beschlüsse der Gemeinsamen Außen- und Sicherheitspolitik der EU seit ihrer Entstehung bis zum Vertrag von Nizza, 2001.

Götz, Volkmar, Kompetenzverteilung und Kompetenzkontrolle in der Europäischen Union, in: Jürgen Schwarze (Hrsg.), Der Verfassungsentwurf des Europäischen Konvents: verfassungsrechtliche Grundstrukturen und wirtschaftsverfassungsrechtliches Konzept (Schriftenreihe Europäisches Recht, Politik und Wirtschaft, Bd. 301), 2004, S. 43-61.

Gowlland-Debbas, Vera, The Relationship Between the International Court of Justice and the Security Council in the Light of the *Lockerbie* Case, in: AJIL 88 (1994), S. 643-677.

Grab, Walter, „Freiheit, Gleichheit, Brüderlichkeit", Die Kontroverse über die Menschenrechte in Deutschland im Zeitalter der Französischen Revolution, in: Das Plateau Nr. 29, Juni 1995, S. 4-17.

Grabenwarter, Christoph, Europäische Menschenrechtskonvention, Ein Studienbuch, 3. Aufl. 2008.

Grabenwarter, Christoph, Verfasstes Europa – gefasst worauf? Versuch einer politischen Bewertung der Europäischen Verfassung, in: Andreas Khol u.a. (Hrsg.), Österreichisches Jahrbuch für Politik 2004, 2005, S. 493-502

Graham, Norman A./Jordan, Robert S. (Hrsg.), The International Civil Service, Changing Role and Concepts, 1980.

Graf Kielmansegg, Sebastian, Die Verteidigungspolitik der Europäischen Union, Eine rechtliche Analyse (Schriften zum öffentlichen, europäischen und internationalen Recht, Bd. 16), 2005.

Graf Kielmansegg, Sebastian, Die verteidigungspolitischen Kompetenzen der Europäischen Union, in: EuR 2006, S. 182-200.

Graf Sponeck, Hans-C., Vor dem Krieg, Das Sanktionsregime der UNO im Irak, 2005.

Graf Vitzthum, Wolfgang (Hrsg.), Völkerrecht, 4. Aufl. 2007.

Graf Vitzthum, Wolfgang, Begriff, Geschichte und Quellen des Völkerrechts, in: ders. (Hrsg.), Völkerrecht, 4. Aufl. 2007, 1. Abschnitt, S. 1-79.

Green Cowles, Maria/Caporaso, James/Risse, Thomas (Hrsg.), Transforming Europe: Europeanization and Domestic Change, 2001.

Green Cowles, Maria/Risse, Thomas, Transforming Europe: Conclusions, in: dies./James Caporaso/ders. (Hrsg.), Transforming Europe: Europeanization and Domestic Change, 2001, S. 217-237.

Grefe, Ernst-Hermann, Gefährdung monarchischer Autorität im Zeitalter der Restauration, Der braunschweigische Umsturz von 1830 und die zeitgenössische Publizistik, 1987.

Grzeszick, Bernd, Vom Reich zur Bundesstaatsidee, Zur Herausbildung der Föderalismusidee als Element des modernen deutschen Staatsrechts (Schriften zum Öffentlichen Recht, Bd. 705), 1996.

Grewe, Wilhelm G., Epochen der Völkerrechtsgeschichte, 1984.

Grieco, Joseph, The Maastricht Treaty, Economic and Monetary Union, and the Neo-Realist Research Programme, in: Review of International Studies 21 (1995), S. 21-40.

Griewank, Karl, Der Wiener Kongreß und die europäische Restauration 1814/1815, 2. Aufl. 1954, S. 271-277.

Griffin, Matthew, Accrediting Democracies: Does the Credentials Committee of the United Nations Promote Democracy through its Accreditation Process, and should it?, in: NYUJ of Int'l Law & Pol 32 (2000), S. 725-785.

Grimm, Dieter, Braucht Europa eine Verfassung?, in: JZ 1995, S. 581-590.

Grimm, Dieter, Deutsche Verfassungsgeschichte Bd. 1: 1776-1866, Vom Beginn des modernen Verfassungsstaats bis zur Auflösung des Deutschen Bundes, 1988.

Grimm, Dieter, Ursprung und Wandel der Verfassung, in: HStR I, 3. Aufl. 2003, § 1, S. 3-43.

Grob, Fritz, Die Kompetenzen des Völkerbundrates und der Völkerbundversammlung zur Streitschlichtung und Kriegsverhütung, 1933.

Groh, Thomas, Die Auslegungsbefugnis des EuGH im Vorabentscheidungsverfahren, Plädoyer für eine zielorientierte Konzeption (Schriften zum Europäischen Recht, Bd. 113), 2005.

Groom, A.J.R., The Advent and Capacity of International Institutions, in: Paul Taylor/ders. (Hrsg.), International Institutions at Work, 1988, S. 3-20.

Groom, A.J.R., Getting to 'Go': The Birth of the United Nations System, in: Paul Taylor/ders. (Hrsg.), The United Nations at the Millenium, The Principal Organs, 2000, S. 1-20.

Groom, A.J.R., The Trusteeship Council: A Successful Demise, in: Paul Taylor/ders. (Hrsg.), The United Nations at the Millenium, The Principal Organs, 2000, S. 142-176.

Gruner, Erich, Die schweizerische Eidgenossenschaft von der Französischen Revolution bis zur Reform der Verfassung, in: Hans von Greyerz u.a., Geschichte der Schweiz, 1991, S. 112-137.

Gruner, Wolf D., Der Deutsche Bund als Band der deutschen Nation 1815-1866, in: Bernd Jürgen Wendt (Hrsg.), Vom schwierigen Zusammenwachsen der Deutschen, Nationale Identität und Nationalismus im 19. und 20. Jahrhundert, 1992, S. 49-95.

Gruner, Wolf D., Der Deutsche Bund als „Centralstaat von Europa" und die Sicherung des Friedens, Aspekte britisch-deutscher Beziehungen in der internationalen Krise von 1819/20, in: FS für Paul Kluke, 1981, S. 79-102.

Gruner, Wolf D., Der Deutsche Bund und die europäische Friedensordnung, in: Helmut Rumpler (Hrsg.), Deutscher Bund und Deutsche Frage 1815-1866, 1990, S. 235-263.

Gruner, Wolf D., Europa, Deutschland und die internationale Ordnung im 19. Jahrhundert, in: ders., Deutschland mitten in Europa, Aspekte und Perspektive der deutschen Frage in Geschichte und Gegenwart, 1992 (Beiträge zur deutschen und europäischen Geschichte, Bd. 5), S. 71-106 (Erstveröffentlichung 1984).

Gruner, Wolf D., Kriegsverhütung und Friedenssicherung durch überstaatliche Organisationen: Anmerkungen zur Diskussion vor dem und im Ersten Weltkrieg, in: FS für Klaus-Jürgen Müller, 1995, S. 75-94.

Gruner, Wolf D., Die Rolle und Funktion von „Kleinstaaten" im Internationalen System 1815-1914: Die Bedeutung des Endes der Deutschen Klein- und Mittelstaaten für die Europäische Ordnung, in: ders., Deutschland mitten in Europa, Aspekte und Perspektive der deutschen Frage in Geschichte und Gegenwart, 1992 (Beiträge zur deutschen und europäischen Geschichte, Bd. 5), S. 107-172.

Gruner, Wolf D., Die Verfassungsordnung des Deutschen Bundes – Modell für die Wiedervereinigung, in: Politik und Kultur, 4/1986, S. 64-92.

Gruner, Wolf D., Völkerbund, Europäische Föderation oder Internationales Schiedsgericht? Die Diskussion über neue Formen der europäischen und internationalen Beziehungen im 19. und frühen 20. Jahrhundert, in: ders., Deutschland mitten in Europa, Aspekte und Perspektive der deutschen Frage in Geschichte und Gegenwart, 1992 (Beiträge zur deutschen und europäischen Geschichte, Bd. 5), S. 173-224 (Erstveröffentlichung 1989).

Grünfeld, Fred, The Effectiveness of United Nations Economic Sanctions, in: Willem J.M. van Genugten/Gerard A. de Groot (Hrsg.), United Nations Sanctions: Effectiveness and Effects, Especially in the Field of Human Rights. A Multi-disciplinary Approach, 1999, S. 113-134.

Guckelberger, Annette, Der Europäische Bürgerbeauftragte und die Petitionen zum Europäischen Parlament, Bestandsaufnahme zu Beginn des 21. Jahrhunderts (Schriftenreihe der Hochschule Speyer, Bd. 162), 2004.

Häberle, Peter, Artenreichtum und Vielschichtigkeit von Verfassungstexten, eine vergleichende Typologie, in: FS für Ulrich Haefelin, 1989, S. 225-255.

Häberle, Peter, Europa in kulturverfassungsrechtlicher Perspektive, in: JöR 32 (1983), S. 9-30.

Häberle, Peter, Neue Horizonte und Herausforderungen des Konstitutionalismus, in: EuGRZ 2006, S. 533-540.

Häberle, Peter, Das „Weltbild" des Verfassungsstaates – eine Textstufenanalyse zur Menschheit als verfassungsstaatlichem Grundwert und „letztem" Geltungsgrund des Völkerrechts, in: FS für Martin Kriele, 1997, S. 1277-1306.

Häberle, Peter, Zur gegenwärtigen Diskussion um das Problem der Souveränität, in: AöR 1967, S. 259-287.

Habermas, Jürgen, Aus Katastrophen lernen? Ein zeitdiagnostischer Rückblick auf das kurze 20. Jahrhundert, in: ders., Die postnationale Konstellation, Politische Essays, 1998, S. 65-90.

Habermas, Jürgen, Die postnationale Konstellation und die Zukunft der Demokratie, in: ders., Die postnationale Konstellation, Politische Essays, 1998, S. 91-169.

Hacke, Christian, Die großen Mächte, in: Karl Kaiser/Hans-Peter Schwarz (Hrsg.), Weltpolitik im neuen Jahrhundert (Bundeszentrale für politische Bildung, Schriftenreihe, Bd. 364), 2000, S. 383-403.

Häder, Ulf, Das gemeinschaftliche Oberappellationsgericht thüringischer Staaten in Jena, Ein Beitrag zur Geschichte des Gerichtswesens im 19. Jahrhundert, 1996 (zugl. Magisterarbeit, Jena 1993).

Haedrich, Martina, Menschenrechtskonventionen und ihre Durchführungsorgane, in: Helmut Volger (Hrsg.), Lexikon der Vereinten Nationen, 2000, S. 351-354.

Haenel, Albert, Die vertragsmäßigen Elemente der Deutschen Reichsverfassung, 1873.

Hafkemeyer, Georg Bernhard, Der Rechtsstatus des Souveränen Malteser-Ritter-Ordens als Völkerrechtssubjekt ohne Gebietshoheit, 1955.

Hahn, Hans-Werner, Mitteleuropäische oder kleindeutsche Wirtschaftsordnung in der Epoche des Deutschen Bundes, in: Helmut Rumpler (Hrsg.), Deutscher Bund und Deutsche Frage 1815-1866, 1990, S. 186-214.

Hahn, Hans-Werner, Die industrielle Revolution in Deutschland (Enzyklopädie deutscher Geschichte, Bd. 49), 1998.

Hahn, Hugo J., Funktionenteilung im Verfassungsrecht europäischer Organisationen (Schriftenreihe Europäische Wirtschaft, Bd. 89), 1977.

Haibach, Georg, Komitologie nach Amsterdam – Die Übertragung von Rechtssetzungsbefugnissen im Rechtsvergleich, in: VerwArch 1999, S. 98-111.

Hailbronner, Kay, Der Staat und der Einzelne als Völkerrechtssubjekte, in: Wolfgang Graf Vitzthum (Hrsg.), Völkerrecht, 4. Aufl. 2007, 3. Abschnitt, S. 157-264.

Hallstein, Walter, Die europäische Gemeinschaft, 2. Aufl. 1974.

Hallstein, Walter, Die Kommission – ein neues Element im internationalen Leben (Vortrag vom 25. März 1965), in: ders., Europäische Reden, hrsg. von Thomas Oppermann, 1975, S. 545-559.

Hamerow, Theodore S., Restoration, Revolution, Reaction. Economics and Politics in Germany 1815-1871, 1958 (Tb. 1970).

Hamerow, Theodore S., The Social Foundations of German Unification 1858-1871, Bd. 1: Ideas and Institutions, 1969.

Hamerow, Theodore S., The Social Foundations of German Unification 1858-1871, Bd. 2: Struggles and Accomplishments, 1972.

Hänsch, Klaus, Der Konvent – unkonventionell, in: Integration 2003, S. 331-337.

Happold, Matthew, Security Council Resolution 1373 and the Constitution of the United Nations, in: Leiden Journal of International Law 16 (2003), S. 593-610.

Haratsch, Andreas, Die Allgemeine Erklärung der Menschenrechte – ein Ideal für alle Völker, in: Themenheft MRM, 1997, S. 23-33.

Haratsch, Andreas, Der Grundsatz der Gewaltenteilung als rechtsordnungsübergreifender Rechtssatz – Ansätze einer einheitlichen Europäischen Rechtsordnung, in: Michael Demel u.a. (Hrsg.), Funktionen und Kontrolle der Gewalten (Assistententagung Öffentliches Recht 2000), 2001, S. 199-221.

Haratsch Andreas, Zugehörigkeit zur Union, in: Marcus Höreth/Cordula Janowski/ Ludger Kühnhardt (Hrsg.), Die Europäische Verfassung, Analyse und Bewertung ihrer Strukturentscheidungen (Schriften des Zentrums für Europäische Integrationsforschung, Bd. 65), 2005, S. 271-293.

Haratsch, Andreas/Koenig, Christian/Pechstein, Matthias, Europarecht, 5. Aufl. 2006.

Haratsch, Andreas/Schmahl, Stefanie, Internationaler Terrorismus als Herausforderung an das Völkerrecht, in: WeltTrends Nr. 32 (Herbst 2001), S. 111-117.

Hardtwig, Wolfgang, Verein, in: Otto Brunner/Werner Conze/Reinhart Koselleck (Hrsg.), Geschichtliche Grundbegriffe, Historisches Lexikon zur politisch-sozialen Sprache in Deutschland, Bd. 6, 1. Aufl. 1990, S. 789-829.

Harnisch, Sebastian, Internationale Politik und Verfassung, Die Domestizierung der deutschen Sicherheits- und Verteidigungspolitik (Weltpolitik im 21. Jahrhhundert, Bd. 14), 2006.

Härtel, Ines, Handbuch Europäische Rechtsetzung, 2006.

Hartung, Fritz, Deutsche Verfassungsgeschichte vom 15. Jahrhundert bis zur Gegenwart, 9. Aufl. 1969.

Haschke, Herbert/Paubel, Willi, Einführung, in: dies. (comp.), Der Internationale Fernmeldeverein (Die Vereinten Nationen und ihre Spezialorganisationen, Dokumente, Bd. 11), 1977, S. 15-73.

Hasse, Jana/Müller, Erwin/Schneider, Patricia (Hrsg.), Humanitäres Völkerrecht, Politische, rechtliche und strafgerichtliche Dimensionen (Demokratie, Sicherheit, Frieden, Bd. 133: Frieden durch Recht I), 2001.

Hathaway, Oona A., Between Power and Principle, An Integrated Theory of International Law, in: The University of Chicago Law Review 72 (2005), S. 469-536.

Hattenhauer, Hans, Europäische Rechtsgeschichte, 3. Aufl. 1999.

Haug, Hans, Rotes Kreuz. Werden, Gestalt, Wirken, 1966.

Haug, Hans, Über die Grundprinzipien des Roten Kreuzes, besonders den Grundsatz der Neutralität, in: FS für Dietrich Schindler zum 65. Geburtstag, 1989, S. 241-254.

Hauschild, Matthias, Das neue Komitologieverfahren – neue Regeln für das Ausschußverfahren der EG, in: ZG 1999, S. 248-252.

Hauser, Oswald, Das Problem von Freiheit und Einheit im britischen Commonwealth 1917-1931, in: Hellmuth Rößler/Erwin Hölzle (Hrsg.), Locarno und die Weltpolitik 1924-1932, 1969, S. 9-25.

Haviland, H. Field, The Political Role of the General Assembly (United Nations Studies, Nr. 7), 1951, Nachdruck 1978.

Hawkins, Darren G. et al., Delegation under anarchy: states, international organizations, and principal-agent-theory, in: dies. (Hrsg.), Integration and agency in international organizations, 2006, S. 3-38.

Hebeisen, Michael W., Souveränität in Frage gestellt, Die Souveränitätslehren von Hans Kelsen, Carl Schmitt und Hermann Heller im Vergleich, 1995.

Heckel, Katharina, Der Föderalismus als Prinzip überstaatlicher Gemeinschaftsbildung (Tübinger Schriften zum Staats- und Verwaltungsrecht, Bd. 41), 1998.

Heeren, Arnold Hermann Ludwig, Der Deutsche Bund in seinen Verhältnissen zu dem Europäischen Staatensystem; bey Eröffnung des Bundestages dargestellt, 1816.

Heideking, Jürgen, Völkerbund und Vereinte Nationen in der internationalen Politik, in: Aus Politik und Zeitgeschichte, Beilage zur Wochenzeitung Das Parlament 36/83 vom 10. September 1983, S. 3-16.

Heinemann, Ulrich, Die verdrängte Niederlage, Politische Öffentlichkeit und Kriegsschuldfrage in der Weimarer Republik (Kritische Studien zur Geschichtswissenschaft, Bd. 59), 1983.

Heintschel von Heinegg, Wolff, Rechtsstaatlichkeit in Deutschland, in: Rainer Hofmann u. a. (Hrsg.), Rechtsstaatlichkeit in Europa, 1996, S. 107-139.

Heintschel von Heinegg, Wolff, Die völkerrechtlichen Verträge als Hauptrechtsquelle des Völkerrechts, in: Knut Ipsen (Hrsg.), Völkerrecht, 5. Aufl. 2004, S. 112-209.

Heintschel von Heinegg, Wolff/Epping Volker (Hrsg.), International Humanitarian Law Facing New challenges, Symposium in Honour of Knut Ipsen, 2007.

Heinz, Ursula/Philipp, Christiane/Wolfrum, Rüdiger, Zweiter Golfkrieg: Anwendungsfall von Kapitel VII der UN-Charta, in: VN 1991, S. 121-128.

Heinz, Wolfgang S., Ursachen und Folgen von Menschenrechtsverletzungen in der Dritten Welt, Mit Fallstudien zu Afghanistan, Äquatorialguinea, Äthiopien, Chile, Guatemala, Indonesien, den Philippinen, Uganda und Uruguay (Sozialwissenschaftliche Studien zu internationalen Problemen, Bd. 116), 1986.

Heinz, Wolfgang S., Die VN-Menschenrechtskommission (MRK), in: Erwin Müller/Patricia Schneider/Kristina Thony (Hrsg.), Menschenrechtsschutz,

Politische Maßnahmen, zivilgesellschaftliche Strategien, humanitäre Intervention, 2002, S. 114-135.

Heiser, Hans Joachim, Abrüstung, in: WBVR I (1960), S. 5-9.

Heit, Helmut, Europäische Identitätspolitik in der EU-Verfassungspräambel, Zur ursprungsmythischen Begründung eines universalistischen europäischen Selbstverständnisses, in: ARSP 2004, S. 461-477.

Heje, Claus, United Nations Peacekeeping – An Introduction, in: Edward Moxon-Browne, (Hrsg.), A Future for Peacekeeping?, 1998, S. 1-25.

Held, Hermann J., Der Friedensvertrag von Versailles in den Jahren 1919-1923, in: JöR XII (1923/24), S. 313-403.

Heller, Hermann, Staatslehre, 1934.

Hempel, Michael, Die Völkerrechtssubjektivität internationaler nichtstaatlicher Organisationen (Veröffentlichungen des Walther-Schücking-Insituts für Internationales Recht an der Universität Kiel, Bd. 124), 1999.

Henkel, Michael, Frieden und Politik, Eine Interaktionistische Theorie (Beiträge zur Politischen Wissenschaft, Bd. 108), 1999.

Henkin, Louis, How Nations Behave: Law and Foreign Policy, 2. Aufl. 1979.

Henning, Friedrich-Wilhelm, Handbuch der Wirtschafts- und Sozialgeschichte Deutschlands, Bd. 2: Deutsche Wirtschafts- und Sozialgeschichte im 19. Jahrhundert, 1996.

Herbst, Jochen, Rechtskontrolle des UN-Sicherheitsrates (Kölner Schriften zu Recht und Staat, Bd. 8), 1999.

Herdegen, Matthias, Die Befugnisse des UN-Sicherheitsrates, Aufgeklärter Absolutismus im Völkerrecht? (Schriftenreihe, Juristische Studiengesellschaft, Heft 236), 1998.

Herdegen, Matthias, Völkerrecht, 4. Aufl. 2005.

Héritier, Adrienne (Hrsg.), Policy-Analyse, Kritik und Neuorientierung, 1993.

Herndl, Kurt, Karelien-Streit, in: WBVR II (1961), S. 199-202.

Herren, Madeleine, Hintertüren zur Macht, Internationalismus und modernisierungsorientierte Außenpolitik in Belgien, der Schweiz und den USA 1865-1914, 2000.

Herren, Madeleine/Zela, Sacha, Netzwerk Aussenpolitik, Internationale Kongresse und Organisationen als Instrumente der schweizerischen Aussenpolitik 1914-1950, 2002.

Hertz, Friedrich, Die Rechtsprechung der höchsten Reichsgerichte im römischdeutschen Reich und ihre politische Bedeutung, in: Mitteilungen des Instituts für österreichische Geschichtsforschung 1961, S. 331-358.

Herzog, Roman/Gerken, Lüder, Stoppt den Europäischen Gerichtshof!, in: Frankfurter Allgemeine Zeitung vom 8. September 2008, S. 8.

Hesse, Joachim Jens/Grotz, Florian, Europa professionalisieren, Kompetenzordnung und institutionelle Reform im Rahmen der Europäischen Union (Abhandlungen zur Staats- und Europawissenschaft, Bd. 2), 2005.

Hesse, Konrad, Grundzüge des Verfassungsrechts der Bundesrepublik Deutschland, 18. Aufl. 1991.

Heuschling, Luc, État de droit, Rechtsstaat, Rule of Law, 2002.

Higgins, Rosalyn, The Development of International Law Through the Political Organs of the United Nations, 1963.

Higgins, Rosalyn, The United Nations and Lawmaking: The Political Organs, in: AJIL 64 (1970) (= Proceedings of the American Society of International Law 1970), S. 37-48.

Hilf, Meinhard, Die Organisationsstruktur der Europäischen Gemeinschaften, Rechtliche Gestaltungsmöglichkeiten und Grenzen (Beiträge zum ausländischen öffentlichen Recht und Völkerrecht, Bd. 79), 1982.

Hilf, Meinhard/Oeter, Stefan, WTO-Recht, Rechtsordnung des Welthandels, 2005.

Hill, Christopher/Smith, Michael, Acting for Europe: Reassessing the European Union's Place in the International Relations, in: dies. (Hrsg.), International Relations and the European Union, 2005, S. 388-406.

Hill, Martin, The Administrative Committee on Co-ordination, in: Evan Luard (Hrsg.), The Evolution of International Organizations, 1966, S. 104-137.

Hillgruber, Christian, Der Nationalstaat in übernationaler Verflechtung, in: HStR I (3. Aufl. 2004), § 32, S. 929-992.

Hillgruber, Christian, Souveränität – Verteidigung eines Rechtsbegriffs, in: JZ 2002, S. 1074-1080.

Hintze, Otto, Nationale und europäische Orientierung in der heutigen politischen Welt, in: ders., Soziologie und Geschichte, Gesammelte Abhandlungen zur Soziologie, Politik und Theorie der Geschichte, 2. Aufl. 1964, S. 193-199 (Erstveröffentlichung 1925).

Hintze, Otto, Wesen und Wandlung des modernen Staats, in: ders., Staat und Verfassung, Gesammelte Abhandlungen zur Allgemeinen Verfassungsgeschichte, 3. Aufl. 1970, S. 470-496 (Erstveröffentlichung 1931).

Hirsch, Günter, Die Rolle des Europäischen Gerichtshofs bei der europäischen Integration, in: JöR N.F. 49, 2001, S. 79-88.

Hoare, Sir Samuel, The UN Commission on Human Rights, in: Evan Luard (Hrsg.), The International Protection of Human Rights, London 1967, S. 59-98.

Hobe, Stephan (Hrsg.), Kooperation oder Konkurrenz internationaler Organisationen, Eine Arbeitstagung zum Verhältnis von Vereinten Nationen und Europäischer Union am Beginn des 21. Jahrhunderts (Kölner Arbeitspapiere zum europäischen und internationalen Recht, Bd. 2), 2001.

Hobe, Stephan, Der kooperationsoffene Verfassungsstaat, in: Der Staat 1998, S. 521-546.

Hobe, Stephan, Der Rechtsstatus von Nichtregierungsorganisationen nach gegenwärtigem Völkerrecht, in: AVR 1999, S. 152-176.

Hobe, Stephan, Die Unionsbürgerschaft nach dem Vertrag von Maastricht, in: Der Staat 1993, S. 245-268.

Hobe, Stephan/Kimminich, Otto, Einführung in das Völkerrecht, 8. Aufl. 2004.

Höbelt, Lothar, Zur Militärpolitik des Deutschen Bundes, in: Helmut Rumpler (Hrsg.), Deutscher Bund und Deutsche Frage 1815-1866, 1990, S. 114-135.

Hobsbawm, Eric, The Age of Extremes, 1994.

Hoederath, Roland, Großbritannien und das internationale Rheinregime, Die Rolle Großbritanniens bei der Ausgestaltung der internationalen Rechtsordnung für den Rhein und die Entwicklung der britischen Rechtsstellung im Rahmen dieser Ordnung (Schriften zum Völkerrecht, Bd. 69), 1981.

Hoffmann, Gerhard, Die Grenzen rechtlicher Steiterledigung im Völkerrecht und in Internationalen Organisationen, in: Verhandlungen der 10. Tagung der Deutschen Gesellschaft für Völkerrecht (BDGVR, Bd. 9), 1969, S. 1-43.

Hoffmann, Stanley, International Systems and International Law, in: Klaus Knorr/Sidney Verba (Hrsg.), The International System, Theoretical Essays, 1961, S. 205-237.

Hoffmeister, Frank, Menschenrechts- und Demokratieklauseln in den vertraglichen Außenbeziehungen der Europäischen Gemeinschaft (Beiträge zum ausländischen öffentlichen Recht und Völkerrecht, Bd. 132), 1998.

Hofmann, Hanns Hubert (Hrsg.), Quellen zum Verfassungsorganismus des Heiligen Römischen Reiches Deutscher Nation 1495-1815 (Ausgewählte Quellen zur Deutschen Geschichte der Neuzeit, Bd. XIII), 1976.

Hohmann, Harald/John, Klaus, Ausfuhrrecht, Kommentar, 2002.

Höhne, Gerd/Rose, Harald (Hrsg.), Handbuch der internationalen Organisationen, 1967.

Holste, Heiko, Der deutsche Bundesstaat im Wandel (1867-1933) (Schriften zur Verfassungsgeschichte, Bd. 65), 2002.

Hömig, Klaus Dieter, Der Reichsdeputationshauptschluß vom 25. Februar 1803 und seine Bedeutung für Staat und Kirche, 1969.

Hommelhoff, Peter/Kirchhof, Paul (Hrsg.), Der Staatenverbund der Europäischen Union, Beiträge und Diskussionen des Symposions am 21./22. Januar 1994 in Heidelberg (Motive – Texte – Materialien, Bd. 65), 1994.

Höreth, Marcus, Stille Revolution im Namen des Rechts? Zur Rolle des Europäischen Gerichtshofes (EuGH) im Prozess der europäischen Integration, 2000.

Hörmann, Saskia, Völkerrecht bricht Rechtsgemeinschaft? Zu den rechtlichen Folgen einer Umsetzung von Resolutionen des UN-Sicherheistrates durch die EG, in: AVR 2006, S. 267-327.

Horn, Kathrin/Weiß, Norman, „Korruption verletzt die Armen" – Die Vereinten Nationen erweitern ihre Strategie gegen Korruption, in: MRM 2006, S. 338-343.

Howard, Michael, The Historical Development of the UN's Role in International Security, in: Adam Roberts/Benedict Kingsbury (Hrsg.), United Nations, Divided World, The UN's Roles in International Relations, 2. Aufl. 1993, 5. Nachdruck 1995, S. 63-80.

Howorth, Jolyon, From Security to Defence: the Evolution of the CFSP, in: Christopher Hill/Michael Smith (Hrsg.), International Relations and the European Union, 2005, S. 179-204.

Hrbek, Rudolf (Hrsg.), Der Vertrag von Maastricht in der wissenschaftlichen Kontroverse, Beiträge für das Jahreskolloquium des Arbeitskreises Europäische Integration e.V., 12.-14. November 1992 in Bonn, 1993.

Huber, Ernst Rudolf, Deutsche Verfassungsgeschichte seit 1789, Bd. 1, durchgesehener Nachdruck der zweiten, verbesserten Auflage, 1990.

Huber, Ernst Rudolf, Deutsche Verfassungsgeschichte seit 1789, Bd. 2, Der Kampf um Einheit und Freiheit 1830 bis 1850, 3. Aufl. 1988.

Huber, Ernst Rudolf, Deutsche Verfassungsgeschichte seit 1789, Bd. 3, Bismarck und das Reich, 1963.

Huber, Ernst Rudolf, Dokumente zur deutschen Verfassungsgeschichte, Bd. 1: Deutsche Verfassungsdokumente 1803-1850, 1961.

Huber, Ernst Rudolf, Dokumente zur Deutschen Verfassungsgeschichte, Bd. 2: Deutsche Verfassungsdokumente 1851-1918, 1964.

Huber, John D./Shipan, Charles R., Deliberate Discretion? The Institutional Foundations of Bureaucratic Autonomy, 2002.

Huber, Max, Beiträge zur Kenntnis der soziologischen Grundlagen des Völkerrechts und der Staatengesellschaft, in: JöR IV (1910), S. 56-134.

Huber, Max, Die Fortbildung des Völkerrechts auf dem Gebiete des Prozeß- und Landkriegsrechts durch die II. internationale Friedenskonferenz im Haag 1907, in: JöR II (1908), S. 470-649.

Huber, Ulrich, Das Reichsgesetz über die Einführung einer allgemeinen Wechselordnung für Deutschland vom 26. November 1848, in: JZ 1978, S. 785-791.

Hübner, Jan, Das Verbrechen des Völkermordes im internationalen und nationalen Recht, 2004.

Hudson, Manley O., The Permanent Court of International Justice, A Treatise, 1943.

Hufeld, Ulrich, Einleitung, in: ders. (Hrsg.), Der Reichsdeputationshauptschluß von 1803, Eine Dokumentation zum Untergang des Alten Reiches, 2003, S. 1-32.

Hüfner, Klaus, Die Finanzierung der Vereinten Nationen, in: ders. (Hrsg.), Die Reform der Vereinten Nationen, Die Weltorganisation zwischen Krise und Erneuerung, 1994, S. 205-223.

Hüfner, Klaus, Die Finanzierung des VN-Systems, 1971-2003/2005, 2006.

Hüfner, Klaus (Hrsg.), Die Reform der Vereinten Nationen, Die Weltorganisation zwischen Krise und Erneuerung, 1994.

Hüfner, Klaus, UNESCO – Organisation der Vereinten Nationen für Erziehung Wissenschaft und Kultur, in: Helmut Volger (Hrsg.), Lexikon der Vereinten Nationen, 2000, S. 553-556.

Hüfner, Klaus, UNESCO – United Nations Education Science and Culture Organisation, in: Rüdiger Wolfrum (Hrsg.), United Nations Law, Policy and Practice, 1995, Bd. 2, S. 1305-1313.

Hüfner, Klaus, UN-System, in: Rüdiger Wolfrum (Hrsg.), United Nations Law, Policy and Practice, Bd. 2, 1995, S. 1361-1386.

Hüfner, Klaus/Martens, Jens, UNO-Reform zwischen Utopie und Realität, Vorschläge zum Wirtschafts- und Sozialbereich der Vereinten Nationen (Internationale Beziehungen, Bd. 6), 2000.

Hüfner, Klaus/Reuther, Wolfgang (Hrsg.), UNESCO-Handbuch, 2005.

Hüfner, Klaus/Reuther, Wolfgang/Weiß, Norman, Menschenrechtsverletzungen – Was kann ich dagegen tun?, 2. Aufl. 2003.

Huhn, Jochen/Witt, Peter-Christian (Hrsg.), Föderalismus in Deutschland, Tradition und gegenwärtige Probleme (Schriften zur Innenpolitik und zur kommunalen Wissenschaft und Praxis, Bd. 8), 1992.

Hummer, Waldemar, Enge und Weite der „Treaty Making Power" der Kommission der EG nach dem EWG-Vertrag, in: GS Grabitz, 1995, S. 195-226.

Hummer, Waldemar/Obwexer, Walter, Der „geschlossene" Rücktritt der Europäischen Kommission, Von der Nichtentlastung für die Haushaltsführung zur Neuernennung der Kommission, in: Integration 1999, S. 77-94.

Hummer, Waldemar/Obwexer, Walter, Der Vertrag von Nizza mit EU- und EG-Vertrag in konsolidierter Fassung sowie EU-Charta der Grundrechte, 2001.

Humphrey, John P., The UN Charter and the Universal Declaration of Human Rights, in: Evan Luard (Hrsg.), The International Protection of Human Rights, 1967, S. 39-59.

Humphrey, John/Messner, Dirk, Instabile Multipolarität: Indien und China verändern die Weltpolitik (Deutsches Institut für Entwicklungspolitik, Analysen und Stellungnahmen I/2006), 2006.

Hurd, Ian, Myths of Membership: The Politics of Legitimation in UN Security Council Reform, in: Global Governance 14 (2008), S. 199-217.

Ikenberry, Gilford John, After Victory: Institutions, Strategic Restraint, and the Rebuilding of Order after Major Wars, 2001.

International Commission on Intervention and State Sovereignty (ICISS), The Responsibility to Protect, Report of the ICISS, 2001.

International Law Association, Berlin Conference (2004), Accountability of International Organizations, 2004.

Ipsen, Hans Peter, Europäisches Gemeinschaftsrecht, 1972.

Ipsen, Hans Peter, Marginalien zum Europäischen Rat, in: EuR 1981, S. 309-334.

Irmscher, Tobias H., Die Behandlung privater Beschwerden über systematische und grobe Menschenrechtsverletzungen in der UN-Menschenrechtskommission (Schriften zum Staats- und Völkerrecht, Bd. 99), 2002.

Isensee, Josef, Integrationsziel Europastaat?, in: FS für Ulrich Everling, Bd. I, 1995, S. 567-592.

Isensee, Josef, Staat und Verfassung, in: HStR II (3. Aufl. 2004), § 15, S. 3-106.

Isensee, Josef, Transformation von Macht in Recht – das Amt, in: ZBR 2004, S. 3-12.

Isensee, Josef, Die vielen Staaten in der einen Welt – Eine Apologie, in: Zeitschrift für Staats- und Europawissenschaften 2003, S. 7-31.

Isensee, Josef/Kirchhof, Paul (Hrsg.): Handbuch des Staatsrechts der Bundesrepublik Deutschland, 2. Aufl./3. Aufl. ab 1996/2004 (zit. Autor, Beitragstitel, in: HStR Bd.-Nr. (Aufl. Erscheinungsjahr), Paragraph, Seitenzahlen).

Jackson, John H., Sovereignty-Modern: A New Approach to an Outdated Concept, in: AJIL 97 (2003), S. 782-802.

Jaberg, Sabine, Systeme kollektiver Sicherheit in und für Europa in Theorie, Praxis und Entwurf, Ein systemwissenschaftlicher Versuch (Demokratie, Sicherheit und Frieden, Bd. 112), 1998.

Jacobs, Francis J./Karst, Kenneth L., The "Federal" Legal Order: The U.S.A. and Europe Compared, A Judicial Perspective, in: Mauro Cappelletti/Monica Seccombe/Joseph Weiler (Hrsg.), Integration through Law, Bd. I/1, 1986, S. 169-243.

Jacobson, Harold K., Networks of Interdependence, International Organizations and the Global Political System, 1979.

Jacobson, Jon, Locarno Diplomacy, Germany and the West 1925-1929, 1972.

Jaenicke, Günther, Die Sicherung des übernationalen Charakters der Organe internationaler Organisationen, in : ZaöRV 1951/52, S. 46-117.

Jaenicke, Günther, Der übernationale Charakter der Europäischen Wirtschaftsgemeinschaft, in: ZaöRV 1958, S. 153-196.

Jahr, Walter, Der Ungarisch-Rumänische Optantenstreit vor dem Ungarisch-Rumänischen Gemischten Schiedsgericht und vor dem Völkerbunds-Rat in den Jahren 1927-1929, 1931 (Teildruck Diss. Jena).

James, Alan, States and Sovereignty, in: Trevor C. Salmon (Hrsg.), Issues in International Relations, 2000, S. 1-24.

Janis, Mark W., The Law of the Sea Tribunal, in: ders. (Hrsg.), International Courts for the Twenty-First Century, 1992, S. 245-251.

Jarass, Hans D., EG-Kompetenzen und das Prinzip der Subsidiarität nach Schaffung der Europäischen Union, in: EuGRZ 1994, S. 209-219.

Jellinek, Georg, Die Lehre von den Staatenverbindungen, 1882 (hrsg. und eingeleitet von Walter Pauly; Bibliothek des Öffentlichen Rechts, Bd. 3, 1996).

Jenks, C. Wilfred, The Proper Law of International Organisations, 1962.

Jennert, Carsten, Die zukünftige Kompetenzabgrenzung zwischen der Europäischen Union und den Mitgliedstaaten, in: NVwZ 2003, S. 937-943.

Jensen, Merrill, The Articles of Confederation: An Interpretation of the Social-Constitutional History of the American Revolution, 1774-1781, 1940.

Jetzlsperger, Christian, ILO – Internationale Arbeitsorganisation, in: Helmut Volger (Hrsg.), Lexikon der Vereinten Nationen, 2000, S. 270-271.

Jing, Chao/Kaempfer, William H./Lowenberg, Anton D., Instrument Choice and the Effectiveness of International Sanctions: A Simultaneous Equations Approach, in: Journal of Peace Research 40 (2003), S. 519-535.

Joas, Hans/Mandry, Christof, Europa als Werte- und Kulturgemeinschaft, in: Gunnar Folke Schuppert/Ingolf Pernice/Ulrich Haltern (Hrsg.), Europawissenschaft, 2005, § 16, S. 541-572.

Jochum, Georg/Petersson, Niels P./Schröder, Wolfgang M./Ulrich, Katrin, Legitimationsgrundlagen einer europäischen Verfassung, Von der Volkssouveränität zur Völkersouveränität (Schriften zum Europäischen Recht, Bd. 125), 2007.

Joerges, Christian/Neyer, Jürgen, From Intergovernmental Bargaining to Deliberative Political Processes: The Constitutionalisation of Comitology, in: European Law Journal, 3 (1997), S. 273-299.

Johnson, Howard C./Niemeyer, Gerhart, Collective Security: The Validity of an Ideal, in: International Organization 8 (1954), S. 19-35.

Johnstone, Ian, The Role of the UN Secretary-General: The Power of Persuasion Based on Law, in: Global Governance 2003, S. 441-458.

Johnston, Douglas M., Functionalism in the Theory of International Law, in: Canadian Yearbook of International Law 26 (1988), S. 3ff.

Jones, John R.W.D., The Practice of the International Criminal Tribunals for the Former Yugoslavia and Rwanda, 2. Aufl. 2000.

Jönsson, Christer, International Theory and International Organization, in: International Studies Quarterly 1986, S. 39-57.

Joswig, Ivo, Die implied powers-Lehre im amerikanischen Verfassungsrecht, Eine Analyse anhand der Rechtsprechung des U.S. Supreme Court, 1996.

Jung, Hans, Funktion, Arbeitsweise und Zukunft des Gerichts 1. Instanz der Europäischen Gemeinschaften (Zentrum für Europäisches Wirtschaftsrecht, Vorträge und Berichte, Nr. 14), 1992.

Jürgens, Thomas, Die gemeinsame europäische Außen- und Sicherheitspolitik (Studien zum internationalen Wirtschaftsrecht und Atomenergierecht, Bd. 90), 1994.

Kadelbach, Stefan, Die Gemeinsame Außenpolitik nach dem Verfassungsvertrag, in: Rainer Hofmann/Andreas Zimmermann (Hrsg.), Eine Verfassung für Europa, Die Rechtsordnung der Europäischen Union unter dem Verfassungsvertrag (Veröffentlichungen des Walther-Schücking-Instituts für Internationales Recht an der Universität Kiel, Bd. 154), 2005, S. 145-165.

Kadish, Mark J., Article 36 of the Vienna Convention on Consular Relations: The International Court of Justice in Mexico v. United States (Avena) Speaks Emphatically to the Supreme Court of the United States about the Fundamental Right to Consul, in: Georgetown Journal of International Law 36 (2004), S. 1-60.

Kaernbach, Andreas, Bismarcks Bemühungen um eine Reform des Deutschen Bundes 1849-1866, in: Oswald Hauser (Hrsg.), Preußen, Europa und das Reich (Neue Forschungen zur brandenburgisch-preußischen Geschichte, Bd. 7), 1987, S. 199-221.

Kaiser, Joseph H., Heiliger Stuhl, in: WBVR I (1960), S. 780-783.

Kaiser, Wolfram (Hrsg.), European Union Enlargement, A Comparative History (Routledge Advances in European Politics, Bd. 18), 2004.

Kaiser, Wolfram (Hrsg.), Transnational European Union, Towards a Common Political Space (Routledge Research in Transnationalism, Bd. 19), 2005.

Kant, Immanuel, Grundlegung zur Metaphysik der Sitten, 1785 (hrsg. von Theodor Valentiner) 1991.

Kant, Immanuel, Zum Ewigen Frieden, 1795, in: ders., Kleinere Schriften zur Geschichtsphilosophie, Ethik und Politik (hrsg. von Karl Vorländer), 1964.

Kaplan, Morton A./Katzenbach, Nicholas de B(elleville), Die politischen Grundlagen des Völkerrechts, in: Modernes Völkerrecht, Form oder Mittel der Außenpolitik? Eine Gegenüberstellung der Lehren von M.A. Kaplan/N. de B. Katzenbach – USA – und G.J. Tunkin – UdSSR, 1965, S. 17-208 (Zitiert als: *Kaplan/Katzenbach*, Die politischen Grundlagen des Völkerrechts, dt. 1965).

Karl, Wolfram, Die spätere Praxis im Rahmen eines dynamischen Vertragsbegriffs, in: Roland Bieber/Georg Ress (Hrsg.), Die Dynamik des Europäischen Gemeinschaftsrechts/The Dynamics of EC-law, Die Auslegung des Europäischen Gemeinschaftsrechts im Lichte nachfolgender Praxis der Mitgliedstaaten und der EG-Organe, 1987, S. 81-100.

Karl, Wolfram, Vertrag und spätere Praxis im Völkerrecht, 1983.

Karp, Jeffrey A./Bowler, Shaun, Broadening *and* deepening or broadening *versus* deepening: The question of enlargement and Europe's 'hesitant Europeans', in: European Journal of Political Research 45 (2006), S. 369-390.

Karpen, Ulrich, Der Rechtsstaat des Grundgesetzes, 1992.

Kaufmann, Johan, Conference Diplomacy, An introductory analysis, 1968.

Kaufmann, Johan, The United Nations at 50, some Unsolved Problems, in: ders., The Diplomacy of International Relations, Selected Writings, 1998, S. 147-154.

Kaufmann, Johan, United Nations Decision Making, 1980.

Kaul, Hans-Peter, Arbeitsweise und informelle Verfahren des Sicherheitsrats, in: VN 1998, S. 6-13.

Kelly, Michael J., Restoring and Maintaining Order in Complex Peace Operations, The Search for a Legal Framework, 1999.

Kelsen, Hans, Das Problem der Souveränität und die Theorie des Völkerrechts, Beitrag zu einer reinen Rechtslehre, 2. Neudruck der 2. Auflage Tübingen 1928, 1981.

Kelsen, Hans, Souveränität, in: WBVR III (1962), S. 278-285.

Kelsen, Hans, Souveränität, völkerrechtliche, in: WdVD II (1925), S. 554-559.

Kelsen, Hans, The Law of the United Nations, A Critical Analysis of its Fundamental Problems, 1951/1964.

Kennedy, David, The Move to Institutions, in: 8 Cardozo Law Review (1987), S. 841-988.

Kerr, Rachel, The International Criminal Tribunal for the former Yugoslavia, An Exercise in Law, Politics, and Diplomacy, 2003.

Kersting, Wolfgang, Philosophische Friedenstheorie und internationale Friedensordnung, in: Christine Chwaszcza/ders. (Hrsg.), Politische Philosophie der internationalen Beziehungen, 1998, S. 523-554.

Khan, Rahmatulla, Implied Powers of the United Nations, 1970.

Kimminich, Otto, Das Völkerrecht und die friedliche Streitschlichtung, in: Dieter Senghaas (Hrsg.) Den Frieden denken, Si vis pacem, para pacem, 1995, S. 142-161.

Kimminich, Otto, Disarmament, in: Rüdiger Wolfrum (Hrsg.), United Nations: Law, Policies and Practice, Bd. 1, 1995, S. 407-417.

Kipp, Heinrich, UNESCO, Recht, sittliche Grundlage, Aufgabe (Veröffentlichungen des Instituts für Staatslehre und Politik e.V. Mainz, Bd. 8), 1957.

Kirchhof, Paul, Die rechtliche Struktur der Europäischen Union als Staatenverbund, in: Armin von Bogdandy (Hrsg.), Europäisches Verfassungsrecht, Theoretische und dogmatische Grundsätze, 2003, S. 893-929.

Kirgis, Frederic L. Jr., Editorial Comment: Security Council Governance of Postconflict Societies: A Plea for Good Faith and Informed Decision Making, in: AJIL 95 (2001), S. 579-582.

Kirgis, Frederic L. Jr., The Security Council's First Fifty Years, in: AJIL 89 (1995), S. 506-539.

Kirgis, Frederic L. Jr., United Nations Economic and Social Council, in: EPIL IV (2000), S. 1089-1093.

Kisker, Gunter, Staatshaushalt, in: HStR IV (1. Aufl. 1990), § 89, S. 235-293.

Kiso, Jan Ole, COREPER and the Political Committee: Damaging for CFSP?, in: Cambridge Review of International Affairs X/2 (1997), S. 141-154.

Kissinger, Henry A., Das Gleichgewicht der Großmächte, Metternich, Castlereagh und die Neuordnung Europas 1812-1822, 1957, dt. 1962, Neuauflage 1991.

Kißling, Claudia, Die Interparlamentarische Union im Wandel, Rechtspolitische Ansätze einer repräsentativ-parlamentarischen Gestaltung der Weltpolitik (Studien zum Öffentlichen Recht, Völker- und Europarecht, Bd. 12), 2006.

Klabbers, Jan, Kadi Justice at the Security Council?, in: International Organizations Law Review (2007), S. 293-304.

Klabbers, Jan, Two Concepts of International Organization, in: International Organizations Law Review 2 (2005), S. 277-293.

Klappe, Ben F., Acting under Chapter VII of the Charter of the United Nations, in: FS Dieter Fleck, 2004, S. 329-343.

Kleger, Heinz, Erweiterung ohne Vertiefung, Vom Konvent zur Ratifikationskrise, in: WeltTrends 14/50 (2006), S. 11-26.

Kleger, Heinz/Karolewski, Ireneusz Pawel/Munke, Matthias, Europäische Verfassung, 2. Aufl. 2002.

Klein, Eckart, Diskussionsbeitrag, in: Peter Hommelhoff/Paul Kirchhof, (Hrsg.), Der Staatenverbund der Europäischen Union, Beiträge und Diskussionen des Symposions am 21./22. Januar 1994 in Heidelberg (Motive – Texte – Materialien, Bd. 65), 1994, S. 103-106.

Klein, Eckart, Funktionsstörungen in der Staatsorganisation, in: HStR VII (1992), § 168, S. 361-386.

Klein, Eckart, Gesetzgebung ohne Parlament?, Vortrag, gehalten vor der Juristischen Gesellschaft zu Berlin am 24. September 2003 (Schriftenreihe der Juristischen Gesellschaft zu Berlin, Heft 175), 2004.

Klein, Eckart, Grundrechtsdogmatische und verfassungsprozessuale Überlegungen zur Maastricht-Entscheidung des Bundesverfassungsgerichts, in: GS Grabitz, 1995, S. 271-286.

Klein, Eckart, Die Herausforderung durch den internationalen Terrorismus – hört hier das Völkerrecht auf?, in: Josef Isensee (Hrsg.), Der Terror, der Staat und das Recht, 2004, S. 9-39.

Klein, Eckart, Der innere Notstand, in: HStR VII (1992), § 169, S. 378-414.

Klein, Eckart, Institutionelle Kohärenz in der Europäischen Union und der Europäischen Gemeinschaft, in: Mattthias Ruffert (Hrsg.), Recht und Organisation: Staatsrecht, Verwaltungsrecht, Europarecht, Völkerrecht, Vorträge und Diskussionen zum Symposium anläßlich des 60. Geburtstags von Prof. Dr. Meinhard Schröder in Trier (Schriften zum Öffentlichen Recht, Bd. 913), 2003, S. 119-131.

Klein, Eckart, Die Internationalen und Supranationalen Organisationen, in: Wolfgang Graf Vitzthum (Hrsg.), Völkerrecht, 4. Aufl. 2007, 4. Abschnitt, S. 265-385.

Klein, Eckart, Menschenrechte – Stille Revolution des Völkerrechts und Auswirkungen auf die innerstaatliche Rechtsanwendung, 1997.

Klein, Eckart (Hrsg.), Menschenrechtsschutz durch Gewohnheitsrecht (Schriften des MenschenRechtsZentrums der Universität Potsdam, Bd. 18), 2003.

Klein, Eckart (Hrsg.), The Monitoring System of Human Rights Treaty Obligations (Schriften des MenschenRechtsZentrums der Universität Potsdam, Bd. 5), 1998.

Klein, Eckart, Namibia, in: EPIL III (1997), S. 485-495.

Klein, Eckart, Neuere Entwicklungen des Rechts der Europäischen Gemeinschaften, in: DÖV 1984, S. 1010-1016.

Klein, Eckart, Paralleles Tätigwerden von Sicherheitsrat und Internationalem Gerichtshof bei friedensbedrohenden Streitigkeiten, Zu Fragen der Zuständigkeit und Organtreue, in: FS Mosler, 1983, S. 467-491.

Klein, Eckart, Reparation for Injuries Suffered in Service of the UN (Advisory Opinion), in: EPIL IV (2000), S. 174-176.

Klein, Eckart, Die Rolle internationaler Organisationen bei der Normierung und Durchsetzung der Menschenrechte, in: Benita von Behr u.a. (Hrsg.), Perspektiven der Menschenrechte, Beiträge zum fünfzigsten Jubiläum der UN-Erklärung (Moderne Geschichte und Politik, Bd. 15), 1999, S. 147-170.

Klein, Eckart, Sanctions by International Organizations and Economic Communities, in: AVR 1992, S. 101-113.

Klein, Eckart, Staat und Zeit (Schönburger Gespräche zu Recht und Staat), 2006.

Klein, Eckart, Statusverträge im Völkerrecht, Rechtsfragen territorialer Sonderregime (Beiträge zum ausländischen öffentlichen Recht und Völkerrecht, Bd. 76), 1980.

Klein, Eckart, United Nations, Specialized Agencies, in: EPIL IV (2000), S. 1172-1193.

Klein, Eckart, Vereinte Nationen und Selbstbestimmungsrecht, in: Dieter Blumenwitz/Boris Meissner (Hrsg.), Das Selbstbestimmungsrecht der Völker und die deutsche Frage, 1984, S. 107-122.

Klein, Eckart, Die Vereinten Nationen und die Entwicklung des Völkerrechts, in: Helmut Volger (Hrsg.), Grundlagen und Strukturen der Vereinten Nationen, 2007, S. 21-65.

Klein, Eckart, Der Verfassungsstaat als Glied einer europäischen Gemeinschaft, in: VVDStRL 50 (1991), S. 56-96.

Klein, Eckart, Vertragsauslegung und »spätere Praxis« Internationaler Organisationen, in: Roland Bieber/Georg Ress (Hrsg.), Die Dynamik des Europäischen Gemeinschaftsrechts/The Dynamics of EC-law, Die Auslegung des Europäischen Gemeinschaftsrechts im Lichte nachfolgender Praxis der Mitgliedstaaten und der EG-Organe, 1987, S. 101-112.

Klein, Eckart, Auf dem Weg zum „europäischen Staat"?, in: Dieter Holtmann/Peter Riemer (Hrsg.), Europa: Einheit und Vielfalt, Eine interdisziplinäre Betrachtung (Region, Nation, Europa, Bd. 10), 2001, S. 261-280.

Klein, Eckart/Haratsch, Andreas, Neuere Entwicklungen des Rechts der Europäischen Gemeinschaften, in: DÖV 1993, S. 785-798.

Klein, Eckart/Kimms, Frank, Die Kompetenzen der Europäischen Gemeinschaft zum Abschluß umweltschutzrelevanter Verträge, in: Jahrbuch des Umwelt- und Technikrechts 1996, S. 53-75.

Klein, Eckart/Pechstein, Matthias, Das Vertragsrecht internationaler Organisationen, Der Konventionsentwurf über Verträge zwischen Staaten und Internationalen Organisationen oder zwischen Internationalen Organisationen im Vergleich zur Wiener Vertragsrechtskonvention von 1969 (Veröffentlichungen des Instituts für Internationales Recht an der Universität Kiel, Bd. 92), 1985.

Klingebiel, Stephan, UNDP – Entwicklungsprogramm der Vereinten Nationen, in: Helmut Volger (Hrsg.), Lexikon der Vereinten Nationen, 2000, S. 544-550.

Klip, André/Sluiter, Göran (Hrsg.), Annotated Leading Cases of International Criminal Tribunals, Bd. 1: The International Criminal Tribunal for the former Yugoslavia 1993-1998, 1999.

Klippel, Diethelm, Staat und Souveränität, Souveränität bis zum 18. Jahrhundert, in: Otto Brunner/Werner Conze/Reinhart Koselleck (Hrsg.), Geschichtliche Grundbegriffe, Historisches Lexikon zur politisch-sozialen Sprache in Deutschland, Bd. 6, 1990, S. 98-128.

Klüber, Johann Ludwig, Öffentliches Recht des Teutschen Bundes und der Bundesstaaten, 4. Aufl. 1840.

Kluth, Winfried, Zuständigkeits- und Leitungsordnung, in: Hans J. Wolff/Otto Bachof/Rolf Stober, Verwaltungsrecht Bd. 3, 5. Aufl. 2004, § 84.

Knapp, Blaise, International Labour Organisation Administrative Tribunal, in: EPIL II (1995), S. 1156-1159.

Knecht, Ingo, Der Reichsdeputationshauptschluß vom 25. Februar 1803, Rechtmäßigkeit, Rechtswirksamkeit und verfassungsgeschichtliche Bedeutung (Schriften zur Verfassungsgeschichte, Bd. 77), 2007.

Knipping, Franz/v. Mangoldt, Hans/Rittberger, Volker (Hrsg.), Das System der Vereinten Nationen und seine Vorläufer, Bd. I/1: Vereinte Nationen, 1995.

Knipping, Franz/v. Mangoldt, Hans/Rittberger, Volker (Hrsg.), Das System der Vereinten Nationen und seine Vorläufer, Bd. II, 19. Jahrhundert und Völkerbundszeit, 1996.

Knodt, Michèle/Jachtenfuchs, Markus, Regieren in internationalen Institutionen, in: Markus Jachtenfuchs/Michèle Knodt (Hrsg.), Regieren in internationalen Institutionen, 2002, S. 9-28.

Knubben, Rolf, Völkerbund und Kriegsverhütung, in: WdVD III (1929), S. 1151-1187.

Koch, Guido, Nation und Nationalismus bei Meinecke, in: Zeitschrift für Politikwissenschaft 2005, S. 419-445.

Köchler, Hans, Das Abstimmungsverfahren im Sicherheitsrat der Vereinten Nationen, Rechtsphilosophische Überlegungen zu einem normenlogischen Widerspruch und seinen Folgen für die internationalen Beziehungen (Veröffentlichungen der Arbeitsgemeinschaft für Wissenschaft und Politik an der Universität Innsbruck, Bd. VI), 1991.

Köck, Heribert Franz, Die „implied powers" der Europäischen Gemeinschaften als Anwendungsfall der „implied powers" internationaler Organisationen überhaupt, in: FS Seidl-Hohenveldern, 1988, S. 279-299.

Köck, Heribert Franz, Die völkerrechtliche Stellung des Heiligen Stuhls, Dargestellt an seinen Beziehungen zu Staaten und internationalen Organisationen, 1975.

Köck, Heribert Franz/Fischer, Peter, Das Recht der Internationalen Organisationen, Das Recht der Weltfriedensorganisationen (VB und UNO), der UN-Spezialorganisationen und der wichtigsten regionalen Organisationen im Dienste von kollektiver Sicherheit und Zusammenarbeit, 3. Aufl. 1997.

Koenig, Christian/Lorz, Ralph Alexander, Stärkung des Subsidiaritätsprinzips, in: JZ 2003, S. 167-173.

Koenig-Archibugi, Mathias, Mapping Global Governance, in: David Held/Anthony McGrew (Hrsg.), Governing Globalization, Power, Authority and Global Governance, 2002, 2. Nachdruck 2004, S. 46-69.

Kohl, Horst (Hrsg.), Die politischen Reden des Fürsten Bismarck, Bd. 3: Die Reden des Ministerpräsidenten und Bundeskanzlers Grafen von Bismarck im Preußischen Landtage und Reichstage des Norddeutschen Bundes 1866-1868, Neudruck der Ausgabe Stuttgart 1892, 1970 (zit. als: *Kohl* (Hrsg.), Otto von Bismarck, Politische Reden, Bd. 3, 1970).

Kohler-Koch, Beate/Knodt, Michèle (Hrsg.), Deutschland zwischen Europäisierung und Selbstbehauptung, 2000.

Kohler-Koch, Beate/Conzelmann, Thomas/Knodt, Michèle, Europäische Integration – Europäisches Regieren (Grundwissen Politik, Bd. 34), 2004.

Köhler, Peter A., ILO – International Labour Organization, in: Rüdiger Wolfrum (Hrsg.), United Nations Law, Policy and Practice, 1995, Bd. 1, S. 714-723.

Kokott, Juliane, Menschenrechtsschutz im Rahmen der Rechtsordnung der Europäischen Gemeinschaften, in: FS Buergenthal, 1996, S. 135-158.

Kokott, Juliane/Doehring, Karl/Buergenthal, Thomas, Grundzüge des Völkerrechts, 3. Aufl. 2003.

Kolb, Eberhard, Der Friede von Versailles, 2005.

Kondylis, Panajotis, Reaktion, Restauration, in: Otto Brunner/Werner Conze/Reinhart Koselleck (Hrsg.), Geschichtliche Grundbegriffe, Historisches Lexikon zur politisch-sozialen Sprache in Deutschland, Bd. 5, 1984, S. 179-230.

König, Kai-Michael, Die völkerrechtliche Legitimation der Strafgewalt internationaler Strafjustiz, 2003.

König, Thomas u.a. (Hrsg.), Das europäische Mehrebenensystem (Mannheimer Jahrbuch für europäische Sozialforschung, Bd. 1), 1996.

König, Thomas, Unitarisierung durch Europäisierung, in: Aus Politik und Zeitgeschichte 2005, S. 28-32.

Kordt, Erich, Überlegungen zur Rechtsgestalt einer europäischen Integration, in: FS für Walter Schätzel zu seinem 70. Geburtstag, 1970, S. 237-253.

Koremenos, Barbara/Lipson, Charles/Snidal, Duncan, The Rational Design of International Institutions, in: International Organization 55 (2001), S. 761-799.

Korey, William, NGOs and the Universal Declaration of Human Rights, A Curious Grapevine, 1998, broschiert 2001.

Koselleck, Reinhart, Die agrarische Grundverfassung Europas zu Beginn der Industrialisierung, in: Louis Bergeron/François Furet/ders., Das Zeitalter der europäschen Revolutionen 1780-1848 (Fischer Weltgeschichte, Vom Absolutismus zum bürgerlichen Zeitalter, Bd. 3), 1969, Nachdruck 2003, S. 230-261.

Koselleck, Reinhart, Bund, in: Otto Brunner/Werner Conze/ders. (Hrsg.), Geschichtliche Grundbegriffe, Historisches Lexikon zur politisch-sozialen Sprache in Deutschland, Bd. 1, 4. Aufl. 1994, S. 583-671.

Koselleck, Reinhart, Preußen zwischen Reform und Revolution, Allgemeines Landrecht, Verwaltung und soziale Bewegung von 1791 bis 1848, 3. Aufl. 1981.

Koselleck, Reinhart, Die Restauration und ihre Ereigniszusammenhänge 1815-1830, in: Louis Bergeron/François Furet/ders., Das Zeitalter der europäischen Revolutionen 1780-1848 (Fischer Weltgeschichte, Vom Absolutismus zum bürgerlichen Zeitalter, Bd. 3), 1969, Nachdruck 2003, S. 199-229.

Koskenniemi, Martti, The Police in the Temple, Order, Justice and the UN: A Dialectical View, in: EJIL 1995, S. 325-348.

Kotthaus, Hans Peter, UNRWA – Hilfswerk der Vereinten Nationen für Palästinaflüchtlinge im Nahen Osten, in: Helmut Volger (Hrsg.), Lexikon der Vereinten Nationen, 2000, S. 590-592.

Kotulla, Michael, Die Entstehung der Kriegsverfassung des Deutschen Bundes vor dem Hintergrund verfassungsrechtlicher und verfassungspolitischer Kontroversen in der Bundesversammlung 1816-1823, in: Zeitschrift der Savigny-Stiftung für Rechtsgeschichte, Germanistische Abteilung 2000, S. 122-237.

Kotzur, Markus, Eine Bewährungsprobe für die europäische Grundrechtsgemeinschaft, Zur Entscheidung des EuG in der Rs. Yusuf u.a. ./. Rat, EuGRZ 2005, S. 592ff., in: EuGRZ 2006, S. 19-26.

Kotzur, Markus, Souveränitätsperspektiven – entwicklungsgeschichtlich, verfassungsstaatlich, staatenübergreifend betrachtet, in: JöR N.F. 52 (2004), S. 197-218.

Kotzur, Markus, Die Weltgemeinschaft im Ausnahmezustand? Politische Einheitsbildung im Zeichen der Prävention – eine Skizze, in: AVR 2004, S. 353-388.

Kotzur, Markus, Die Ziele der Union: Verfassungsidentität und Gemeinschaftsidee, in: DÖV 2005, S. 313-322.

Kraus, Hans-Christof, Das Ende das alten Deutschland, Krise und Auflösung des Heiligen Römischen Reiches Deutscher Nation 1806 (Wissenschaftliche Abhandlungen und Reden zur Philosophie, Politik und Geistesgeschichte, Bd. 37), 2006.

Krause, Hermann, Schweigen im Rechtsverkehr, Beiträge zur Lehre vom Bestätigungsschreiben, von der Vollmacht und von der Verwirkung (Arbeiten zum Handels-, Gewerbe- und Landwirtschaftsrecht, Bd. 67), 1933.

Kraußer, Hans-Peter, Das Prinzip begrenzter Ermächtigung im Gemeinschaftsrecht als Strukturprinzip des EWG-Vertrages (Schriften zum Europäischen Recht, Bd. 11), 1991.

Kraehe, Enno E., The United Nations in the Light of the Experiences of the German Confederation, 1815-1866, in: The South Atlantic Quarterly 49 (1950), S. 138-149.

Krajewski, Markus, Verfassungsperspektiven und Legitimation des Rechts der Welthandelsorganisation (WTO), 2001.

Kreft, Michael, Die Europäische Union als Sicherheitsinstitution: Die gemeinsame Außen- und Sicherheitspolitik und die europäische Verteidigungsgemeinschaft im kulturell-institutionellen Kontext der europäischen Integration, 2002.

Krisch, Nico, Selbstverteidigung und kollektive Sicherheit (Schriften zum ausländischen öffentlichen Recht und Völkerrecht, Bd. 151), 2001.

Krökel, Michael, Die Bindungswirkung von Resolutionen des Sicherheitsrates der Vereinten Nationen gegenüber Mitgliedstaaten, 1977.

Kronenbitter, Günther, Friedrich von Gentz (1764-1832), in: Bernd Heidenreich (Hrsg.), Politische Theorien des 19. Jahrhunderts, I. Konservatismus, 1999, S. 93-110.

Krück, Hans, Die auswärtige Gewalt der Mitgliedstaaten und die auswärtigen Befugnisse der Europäischen Gemeinschaften als Problem des Souveränitätsverständnisses, in: Georg Ress (Hrsg.), Souveränitätsverständnis in den Europäischen Gemeinschaften, Europäische Direktwahlen und nationales Souveränitätsverständnis, Auswärtige Befugnisse der Europäischen Gemeinschaften und nationale auswärtige Gewalt (Schriftenreihe des Arbeitskreises Europäische Integration e.V., Bd. 9), 1980, S. 155-170.

Krüger, Herbert, Internationalisierte Flüsse, in: WBVR II (1961), S. 136-138.

Krüger, Herbert, Souveränität und Staatengemeinschaft, in: ders./Georg Erler, Zum Problem der Souveränität (BDGVR, Bd. 1), 1957, S. 1-28.

Krüger, Kersten, Die landständische Verfassung (Enzyklopädie deutscher Geschichte, Bd. 67), 2003.

Krüger, Peter, Das Problem der Stabilisierung Europas nach 1871: Die Schwierigkeiten des Friedensschlusses und die Friedensregelungen als Kriegsgefahr, in: ders. (Hrsg.), Das europäische Staatensystem im Wandel, 1996, S. 171-188.

Krüger, Peter, Versailles, Deutsche Außenpolitik zwischen Revisionismus und Friedenssicherung (Deutsche Geschichte der neuesten Zeit vom 19. Jahrhundert bis zur Gegenwart), 1986.

Krüger, Peter, Das unberechenbare Europa, Epochen des Integrationsprozesses vom späten 18. Jahrhundert bis zur Europäischen Union, 2006.

Küchenhoff, Erich, Ausdrückliches, stillschweigendes und ungeschriebenes Recht in der bundesdeutschen Kompetenzverteilung, zugleich ein Beitrag zur Lehre von der Rechtsgewinnung und zum Verfassungsrecht der USA, in: AöR 1957, S. 413-479.

Kühne, Winrich, Die Friedenseinsätze der VN, in: Aus Politik und Zeitgeschichte, Beilage zur Wochenzeitung das Parlament, 22/2005, S. 25-32.

Kühner, Hubertus, Rechtsetzung in der Europäischen Gemeinschaft, Die Verfahren nach Art. 189 b und Art. 189 c EGV, 1997.

Kühnhardt, Ludger, Die Zukunft des europäischen Einigungsgedankens, Reflexionen über ein Thema der Geschichte, in: FS für Hans-Peter Schwarz zum 65. Geburtstag, 1999, S. 371-380.

Kulessa, Manfred, UNFPA – Bevölkerungsfonds der Vereinten Nationen, in: Helmut Volger (Hrsg.), Lexikon der Vereinten Nationen, 2000, S. 556-558.

Kunig, Philip, Das Rechtsstaatsprinzip, Überlegungen zu seiner Bedeutung für das Verfassungsrecht der Bundesrepublik Deutschland, 1986.

Kunz, Josef L., Die intrasystematische Stellung des Art. XI des Völkerbundpaktes (Frankfurter Abhandlungen zum modernen Völkerrecht, Heft 21), 1931.

Kuschnick, Michael, Integration in Staatenverbindungen, Vom 19. Jahrhundert bis zur EU nach dem Vertrag von Amsterdam (Schriften des Rechtszentrums für Europäische und Internationale Zusammenarbeit, Bd. 11), 1999.

Lachs, Manfred, Le Rôle des Organisations Internationales dans la Formation du Droit International, in: Problèmes de Droit des Gens, Mélanges offerts à Henri Roulin, 1964, S. 157-170.

Ladenburger, Clemens, Die Erarbeitung des Verfassungsentwurfs durch den Konvent – Bericht aus praktischer Beobachtung, in: Jürgen Schwarze (Hrsg.), Der Verfassungsentwurf des Europäischen Konvents, Verfassungsrechtliche Grundstrukturen und wirtschaftsverfassungsrechtliches Konzept (Schriftenreihe Europäisches Recht, Politik und Wirtschaft, Bd. 301), 2004, S. 397-418.

Lagoni, Rainer, ECOSOC – Economic and Social Council, in: Wolfrum (Hrsg.), United Nations Law, Policy and Practice, Bd. 1, 1995, S. 461-469.

Lagoni, Rainer, Resolution, Declaration, Decision, in: Rüdiger Wolfrum (Hrsg.), United Nations: Law, Policies and Practice, Bd. 2, 1995, S. 1081-1091.

Lailach, Martin, Die Wahrung des Weltfriedens und der internationalen Sicherheit als Aufgabe des Sicherheitsrates der Vereinten Nationen, 1998.

Lake, David A./McCubbins, Mathew, The logic of delegation to international organizations, in: Darren G. Hawkins et al. (Hrsg.), Delegation and Agency in International Organizations, 2006, S. 341-368.

Lammasch, Heinrich, Haager Schiedshof, in: WdVD I (1924), S. 486f.

Lang, Kai-Olaf, Auswirkungen der EU-Erweiterung auf das Fraktionsgefüge im Europäischen Parlament, in: Andreas Maurer/Dietmar Nickel (Hrsg.), Das Europäische Parlament, Supranationalität, Repräsentation und Legitimation, 2005, S. 23-33.

Lange, Stefan, Diagnosen der Entstaatlichung, Eine Ortsbestimmung der aktuellen politischen Zeitdiagnostik, in: Leviathan 2002, S. 455-481.

Langewiesche, Dieter, Zentralstaat – Föderativstaat: Nationalstaatsmodelle in Europa im 19. und 20. Jahrhundert, in: ZSE 2004, S. 173-190.

Langhorne, Richard, The Collapse of the Concert of Europe, International Politics 1890-1914, 1981.

Langrod, Georges, The International Civil Service, Its Origins, its Nature, its Evolution, 1963.

Lankevich, George J. (Hrsg.), Partners for Peace, 2001.

Larenz, Karl/Wolf, Manfred, Allgemeiner Teil des Bürgerlichen Rechts, 9. Aufl. 2004.

Laufs, Adolf, Die Reichskammergerichtsordnung von 1555 (Quellen und Forschungen zur höchsten Gerichtsbarkeit im Alten Reich, Bd. 3), 1976.

Laufs, Adolf, Reichskammergericht, in: HRG IV (1990), Sp. 655-662.

Lautemann, Wolfgang (Bearb.), Amerikanische und Französische Revolution (Geschichte in Quellen, Bd. 4), 1981.

Lauterpacht, Eli, The Legal Effects of Illegal Acts of International Organizations, in: Cambridge Essays in International Law, 1965, S. 90-121.

Leary, Virginia A., International Institutions: Towards Coherent Multilateralism, in: Liber Amicorum Georges Abi-Saab, 2001, S. 823-829.

Lecheler, Helmut, Braucht die „Europäische Union" Eine Verfassung? Bemerkungen zum Verfassungsentwurf des Europäischen Parlaments vom 9. September 1993, in: GS Grabitz, 1995, S. 393-407.

Lederle, Alfred, Internationale Flüsse, in: WdVD III (1929), S. 869-873.

Lee, William Robert (Hrsg.), German industry and German industrialization, Essays in German economic and business history in the nineteenth and twentieth centuries, 1991.

Lehmann, Gustav Adolf, Die Rezeption der achaiischen Bundesverfassung in der Verfassung der USA, in: Wolfgang Schuller (Hrsg.), Antike in der Moderne, 1985, S. 171-182.

Leisering, Walter (Hrsg.), Putzger Historischer Weltatlas, 102. Aufl. 1999.

Leiß, Elisabeth, Interventionen des Sicherheitsrates bei innerstaatlich begangenen Menschenrechtsverletzungen nach Kapitel VII der Charta der Vereinten Nationen, Versuch einer Standardisierung, 2000.

Lempinen, Miko, Challenges Facing the System of Special Procedures of the United Nations Commission on Human Rights, 2001.

Lenz, Friedrich, Friedrich List's [sic] Staats- und Gesellschaftslehre, Eine Studie zur politischen Soziologie, 1967.

Leonhardi, Friedrich Wilhelm Freiherr von, Das Austrägalverfahren des Deutschen Bundes, Bd. 1, 1838, Bd. 2, 1845.

Leprette, Jacques, Réflexions sur le concept d'efficacité dans le système des Nations Unies, in: Daniel Bardonnet (Hrsg.), L'adaption des structures et méthodes des Nations Unies (Académie de Droit International de La Haye, Université des Nations Unies), 1986, S. 363-371.

Lerche, Peter, Die Gesetzgebungskompetenz von Bund und Ländern auf dem Gebiet des Presserechts, in: JZ 1972, S. 468-474.

Lerche, Peter, „Kompetenz-Kompetenz" und das Maastricht-Urteil des Bundesverfassungsgerichts, in: Jörn Ipsen u.a. (Hrsg.), Verfassungsrecht im Wandel, 1995, S. 409-424.

Lerche, Peter, Verfassungsfragen um Sozialhilfe und Jugendwohlfahrt, Rechtsgutachten zur Verfassungsmäßigkeit des Bundessozialhilfegesetzes vom 30. Juni 1961 (BGBl. I S. 815) und des Bundesgesetzes vom 11. August 1961 (BGBl. I S. 1191/1206) zur Änderung und Ergänzung des Reichsjugendwohlfahrtsgesetzes erstattet im Auftrage der Stadt Dortmund (Studien und

Gutachten aus dem Institut für Staatslehre, Staats- und Verwaltungsrecht der Freien Universität Berlin, Heft 3), 1963.

Lewis, Jeffrey, National Interests, Coreper, in: John Peterson/Michael Shackleton (Hrsg.), The Institutions of the European Union, 2. Aufl. 2006, S. 272-292.

Lindblom, Anna-Karin, Non-Governmental Organizations in International Law, 2005.

Lindemann, Beate/Hesse-Kreindler, Dagmar, Committees, System of, in: Rüdiger Wolfrum, United Nations: Law, Politics and Practice, Bd. 1, 1995, S. 129-137.

Lipgens, Walter, Die Anfänge der europäischen Einigungspolitik 1945-1950, Erster Teil 1945-1947, 1977.

Litt, Theodor, Individuum und Gemeinschaft, Grundlegung der Kulturphilosophie, 3., abermals durchgesehene und erweiterte Aufl. 1926.

Liu, Wei, Les Méthodes d'interprétation dynamique de la Convention Européenne des Droits de l'Homme utilisées par la Cour Européenne des Droits de l'Homme, 2000.

Lord Cecil, Robert, A Great Experiment, An Autobiography, 1941.

Lorenz, Norbert, Die Übertragung von Hoheitsrechten auf die Europäischen Gemeinschaften, 1990.

Lorz, Ralph Alexander, Kompetenzverteilung im europäischen Mehrebenensystem, in: Jürgen Schwarze (Hrsg.), Europäische Verfassung und Grundrechtecharta, Bd. 1, 2006, S. 43-61.

Lotter, Christoph, Die Parlamentarische Versammlung der Westeuropäischen Union: demokratische Kontrolle europäischer Sicherheitspolitik, 1997.

Lowe, Vaughn, The Politics of Law-Making: Are the Method and Character of Norm Creation Changing?, in: Michael Byers (Hrsg.), The Role of Law in International Politics, Essays in International Relations and International Law, 2000, S. 207-226.

Löw, Adolf, Die Frankfurter Bundeszentralbehörde von 1833-1842, 1932.

Luard, Evan, A History of the United Nations, Vol. 1: The Years of Western Domination, 1945-1955, 1982.

Luard, Evan, A History of the United Nations, Vol. 2: The Age of Decolonization, 1955-1965, 1989.

Luard, Evan, International Agencies: The Emerging Framework of Interdependence, 1977.

Luard, Evan, Promotion of Human Rights by UN Political Bodies, in: ders. (Hrsg.), The International Protection of Human Rights, London 1967, S. 132-159.

Luck, Edward C., Gaps, Commitments, and the Compliance Challenge, in: ders./ Michael W. Doyle (Hrsg.), International Law and Organization, Closing the Compliance Gap, 2004, S. 303-330.

Lüder, Sascha Rolf, Völkerrechtliche Verantwortlichkeit bei Teilnahme an „Peace-keeping"-Missionen der Vereinten Nationen (Juristische Zeitgeschichte, Abteilung 5: juristisches Zeitgeschehen, Rechtspolitik und Justiz aus zeitgenössischer Perspektive, Bd. 16), 2004.

Ludlow, Peter, Die Führung der Europäischen Union durch den Europäischen Rat, in: Integration 2005, S. 3-15.

Luhmann, Niklas, Legitimation durch Verfahren, 1969.

Luhmann, Niklas, Politische Theorie im Wohlfahrtsstaat, 1981.

Luhmann, Niklas, Soziale Systeme, Grundriß einer allgemeinen Theorie, 1984.

Lukes, Rudolf, Korrektur beschränkter Ermächtigungen in Gründungsverträgen am Beispiel der Art. 30ff. EAG-Vertrag, in: Jörn Ipsen u.a. (Hrsg.), Verfassungsrecht im Wandel, 1995, S. 447-467.

Lutz, Dieter S. (Hrsg.), Der Kosovo-Krieg, Rechtliche und rechtsethische Aspekte (Demokratie, Sicherheit, Frieden, Bd. 127), 1999/2000.

Lutz, Heinrich, Zwischen Habsburg und Preußen, Deutschland 1815-1866 (Die Deutschen und ihre Nation, Neuere deutsche Geschichte in 6 Bänden, Bd. 2), 1985.

McCorquodale, Robert, The Individual and the International Legal System, in: Malcolm D. Evans (Hrsg.), International Law, 2003, S. 299-325.

Macdonald, Ronald St.J., The United Nations Charter: Constitution or Contract? in: ders./Douglas M. Johnston (Hrsg.), The Structure and Process of International Law: Essays in Legal Philosophy Doctrine and Theory, 1983, S. 889-912.

MacGregor Dawson, Robert, The Development of the Dominion Status 1900-1936, 1965.

McLean, Alasdair, From international organisation to international organisations, in: Trevor C. Salmon (Hrsg.), Issues in International Relations, 2000, S. 159-188.

MacLean, George A., Expanding the Existing Nuclear Disarmament Regime, Prospects for Bilateral U.S.-Russian Cooperation, in: Stuart S. Nagel (Hrsg.), Handbook of Global international Policy, 2000, S. 439-462.

MacLeod, Ian/Hendry, Ian D./Hyett, Stephen, The external relations of the European Communities, a manual of law and practice, 1996.

McMahon, John, The International Labour Organization, in: Evan Luard (Hrsg.), The Evolution of International Organizations, 1966, S. 177-199.

McNair, Arnold Duncan, The Law of Treaties, 1961.

McWhinney, Edward, Judicial Settlement of International Disputes: Jurisdiction, Justiciability and Judicial Law-Making on the Contemporary International Court, 1991.

Mager, Wolfgang, Das Problem der landständischen Verfassungen auf dem Wiener Kongreß 1814/1815, in: HZ 1974, S. 296-346.

Magiera, Siegfried, Abgrenzung der Kompetenzen zwischen der Europäischen Union und den Mitgliedstaaten unter besonderer Berücksichtigung der Regionen, in: Karl-Peter Sommermann (Hrsg.), Aktuelle Fragen zu Verfassung und Verwaltung im europäischen Mehrebenensystem (Speyerer Forschungsberichte, Bd. 230), 2003, S. 73-86.

Magiera, Siegfried, Die Einheitliche Europäische Akte und die Fortentwicklung der Europäischen Gemeinschaft zur Europäischen Union, in: GS Wilhelm Karl Geck, 1989, S. 507-530.

Magiera, Siegfried, ITU – International Telecommunication Union, in: Rüdiger Wolfrum (Hrsg.), United Nations: Law, Policies and Practice, 1995, Bd. 2, S. 821-826.

Magiera, Siegfried, Kompetenzgrenzen und Strukturprinzipien der Europäischen Gemeinschaft, in: FS für Rudolf Morsay, 1992, S. 211-236.

Mahler, Claudia, Der Internationale Strafgerichtshof, in: dies./Norman Weiß (Hrsg.), Menschenrechtsschutz im Spiegel von Wissenschaft und Praxis (Schriften des Menschenrechtszentrums der Universität Potsdam, Bd. 22), 2004, S. 257-291.

Mahler, Claudia/Toivanen, Reetta, Nationale und ethnische Minderheiten im Prozess der Erweiterung der Europäischen Union, in: europa ethnica 2004, S. 16-20.

Mahncke, Dieter, A New World Order?, in: August Reinisch/Ursula Kriebaum (Hrsg.), The Law of International Relations, Liber Amicorum Hanspeter Neuhold, 2007, S. 211-227.

Maikowski, Tatjana, Staatliche Kooperationspflichten gegenüber dem Internationalen Strafgerichtshof (Schriften des MenschenRechtsZentrums der Universität Potsdam, Bd. 16), 2002.

Maiwald, Serge, Der Berliner Kongreß und das Völkerrecht, Die Lösung des Balkanproblems im 19. Jahrhundert, 1948.

Makarczyk, Jerzy, Legal Basis for Suspension and Expulsion of a State from an International Organization, in: GYLI 1982, S. 476-489.

Mango, Anthony, The Role of the Secretariats of International Institutions, in: Paul Taylor/A.J.R. Groom (Hrsg.), International Institutions at Work, 1988, S. 21-38.

Mann, Klaus, Der Wendepunkt, ein Lebensbericht, 1949, Sonderausgabe 1958.

Mann, Michael, Has Globalization Ended the Rise and Rise of the Nation-State?, in: Review of International Public Economy 1997, S. 472-496.

Mann, Thomas, Buddenbrooks, Verfall einer Familie, 1901, Frankfurter Ausgabe 1981.

Mann, Thomas, Königliche Hoheit, 1909, Große kommentierte Fankfurter Ausgabe, Bd. 4.1, 2004.

Mannoni, Stefano, International Dispute Settlement. A Historical Outlook, in: Jean-Christophe Merle (Hrsg.), Globale Gerechtigkeit, Global Justice, 2005, S. 72-82.

Marauhn, Thilo, The Implementation of Disarmament and Arms Control Obligations Imposed upon Iraq by the Security Council, in: ZaöRV 1992, S. 781-803.

Marauhn, Thilo, Verhaltenssteuerung durch Völkerrecht? Perspektiven der rechtlichen Ausgestaltung von Rüstungskontrolle, in: Sicherheit und Frieden 2003, S. 141-149.

Marburg, Ernst, Der rumänisch-ungarische Optantenstreit vor dem Gemischten Schiedsgericht und dem Völkerbund, Zugleich ein Beitrag zur Lehre von der Enteignung im Völkerrecht (Frankfurter Abhandlungen zum Kriegsverhütungsrecht, Heft 8), 1928.

Marks, Stephen P., Human Rights, Activities of International Organizations, in: EPIL II (1995), S. 893-902.

Martenczuk, Bernd, Die dritte Gewalt in der Europäischen Union, in: Michael Demel u.a. (Hrsg.), Funktionen und Kontrolle der Gewalten (Assistententagung Öffentliches Recht 2000), 2001, S. 223-246.

Martenczuk, Bernd, Rechtsbindung und Rechtskontrolle des Weltsicherheitsrats, Die Überprüfung nichtmilitärischer Zwangsmaßnahmen durch den Internationalen Gerichtshof (Schriften zum Völkerrecht, Bd. 125), 1996.

Martin, Lisa L./SimmonsBeth A., Theories and Empirical Studies of International Institutions, in: International Organization 52 (1998), S. 729-757.

Martin, Stephen, Building on Coal and Steel, European Integration in the 1950s and the 1960s, in: Desmond Dinan (Hrsg.), Origins and Evolution of the European Union, 2006, S. 126-140.

Marxen, Ralf, UNCTAD – United Nations Conference on Trade and Development, in: Wolfrum (Hrsg.), United Nations: Law, Policies and practice, Bd. 2, 1995, S. 1274-1283.

Matheson, Michel J., United Nations Governance of Postconflict Societies, in: AJIL 95 (2001), S. 76-85.

Maull, Hanns W., Welche Akteure beeinflussen die Weltpolitik?, in: Karl Kaiser/Hans-Peter Schwarz (Hrsg.), Weltpolitik im neuen Jahrhundert, 2000, S. 369-382.

Maunz, Theodor, Verfassungshomogenität von Bund und Ländern, in: HStR IV (2. Aufl. 1999), § 95, S. 443-456.

Maunz, Theodor/Dürig, Günter/Herdegen, Matthias/Scholz, Rupert (Hrsg.), Kommentar zum Grundgesetz, Loseblattsammlung, seit 1958 (zitiert als: Bearbeiter, in: Maunz/Dürig, Komm. z. GG., ...).

Maurer, Andreas, Das Europäische Parlament in der Gesetzgebung, in: ders./Dietmar Nickel (Hrsg.), Das Europäische Parlament, Supranationalität, Repräsentation und Legitimation, 2005, S. 93-119.

Maurer, Andreas, Regieren nach Maastricht: Die Bilanz des Europäischen Parlaments nach fünf Jahren „Mitentscheidung", in: Integration 1998, S. 212-224.

Mayer, Franz C., Die drei Dimensionen der europäischen Kompetenzdebatte, in: ZaöRV 2001, S. 577-640.

Mayr-Singer, Jelka, Unheilige Allianz oder segensreiche Partnerschaft – Der Heilige Stuhl und die Vereinten Nationen, in: VN 2000, S. 193-198.

Mazover, Mark, An international Civilization? Empire, internationalism and the crisis of the mid-twentieth century, in: International Affairs 2006, S. 553-566,

Mearsheimer John J., The False Promise of International Institutions, in: International Security 19 (1994/95) 3, S. 3-49.

Meessen, Karl M., Sovereignty, in: Rüdiger Wolfrum (Hrsg.), United Nations: Law, Policies and Practice, Bd. 2, 1995, S. 1193-1201.

Meier, Gert, Das Recht internationaler Organisationen zur Schaffung und Bevollmächtigung eigener Organe, in: AVR 1964, S. 14-33.

Meinecke, Friedrich, Weltbürgertum und Nationalstaat, zuerst 1907, in: ders., Werke, Bd. V, 1962.

Meißner, Friedrich, Rhine River, in: EPIL IV (2000), S. 237-244.

Meißner, Jörg, Die Zusammenarbeit mit dem Internationalen Strafgerichtshof nach dem Römischen Statut (Münchener Universitätsschriften, Reihe der Juristischen Fakultät, Bd. 177), 2003.

Melvern, Linda, A People Betrayed, The Role of the West in Rwanda's Genocide, 2000.

Melville, Ralph/Schröder, Hans-Jürgen (Hrsg.), Der Berliner Kongreß von 1878, Die Politik der Großmächte und die Probleme der Modernisierung in Südosteuropa in der zweiten Hälfte des 19. Jahrhunderts, 1982.

Mendelson, Maurice, The Definition of 'International Organization' in the International Law Commission's Current Project on the Responsibility of International Organizations, in: Maurizio Ragazzi (Hrsg.), International Responsibility Today, 2005, S. 371-389.

Meng, Werner, Internationale Organisationen im völkerrechtlichen Deliktsrecht, in: ZaöRV 1985, S. 324-371.

Meng, Werner, Das Recht der internationalen Organisationen – eine Entwicklungsstufe des Völkerrechts, Zugleich eine Untersuchung zur Rechtsnatur des Rechtes der Europäischen Gemeinschaften (Völkerrecht und Außenpolitik, Bd. 31), 1979.

Meng, Werner, Das Verhältnis der Vereinten Nationen und ihrer Sonderorganisationen zur EU im Bereich der Wirtschaft, in: Stephan Hobe (Hrsg.), Kooperation oder Konkurrenz internationaler Organisationen, Eine Arbeitstagung zum Verhältnis von Vereinten Nationen und Europäischer Union am Beginn des 21. Jahrhunderts, 2001, S. 39-71.

Menger, Christian-Friedrich, Deutsche Verfassungsgeschichte der Neuzeit, Eine Einführung in die Grundlagen, 8. Aufl. 1993.

Mensching, Christian, Der neue Komitologie-Beschluss des Rates, in: EuZW 2000, S. 268-271.

Mentler, Michael, Der Ausschuß der Ständigen Vertreter bei den Europäischen Gemeinschaften (Schriftenreihe Europäisches Recht, Politik und Wirtschaft, Bd. 181), 1996.

Menzel, Eberhard, Mandate, in: WBVR II (1961), S. 460-468.

Merkel, Reinhard, Der Kosovo-Krieg und das Völkerrecht, 2000.

Meron, Theodor, Charter powers of the United Nation's Secretary-General with regard to the Secretariat and the role of General Assembly resolutions, in: ZaöRV 1982, S. 731-779.

Meron, Theodor, The United Nations Secretariat, The Rules and the Practice, 1977.

Merten, Detlef, Subsidiarität als Verfassungsprinzip, in: ders. (Hrsg.), Die Subsidiarität Europas (Schriften zum europäischen Recht, Bd. 16), 1993, S. 77-96.

Mertens, Hans-Joachim, Lex mercatoria: A Self-applying System Beyond National Law?, in: Gunther Teubner (Hrsg.), Global law without a State, 1997, S. 31-43.

Messner, Dirk, Global Governance und Perspektiven der Entwicklungszusammenarbeit, in: Franz Nuscheler (Hrsg.), Entwicklung und Frieden im 21. Jahrhundert, Zur Wirkungsgeschichte des Brandt-Berichts, S. 267-294.

Metz, Andreas, Die Außenbeziehungen der Europäischen Union nach dem Vertrag über eine Verfassung für Europa, Eine Untersuchung aus kompetenzrechtlicher Sicht mit Erläuterungen zu den Außenkompetenzen nach dem Vertrag von Nizza (Veröffentlichungen des Walther-Schücking-Instituts für Internationales Recht an der Universität Kiel, Bd. 164), 2007.

Meurer, Christian, Wilsons 14 Punkte und das Völkerrecht, in: WdVD III (1929), S. 529-536.

Meyer, Alfred, Der Zollverein und die deutsche Politik Bismarcks, 2. Aufl. 1987.

Meyer, Lukas H., The Ad-hoc-Chambers: Perspectives of the Parties and the Court, in: AVR 1989, S. 413-441.

Meyer-Lindenberg, Hermann, Gran Chaco-Konflikt, in: WBVR I (1960), S. 702-704.

Meyer-Ohlendorf, Nils, Gerichtliche Kontrolle des Sicherheitsrates der Vereinten Nationen durch den Internationalen Gerichtshof, Kann der IGH die Rechtmäßigkeit von Zwangsmaßnahmen nach Kap. VII UNO-Charta kontrollieren?, 2000.

Michelmann, Hans J./Soldatos, Panayotis (Hrsg.), Federalism and International Relations, The Role of Subnational Units, 1990.

Mill, John Stuart, On liberty, 1859. Zitiert nach *ders.*, On Liberty and Utilitarianism, 1992.

Milward, Alan S., The European Rescue of the Nation-State, 1992.

Ministry of Foreign Affairs and Trade (Hrsg.), United Nations Handbook 2005/06, 2005.

Minnich, Daniel J., Veto players, electoral incentives and international commitments: The impact of domestic institutions on intergovernmental organization membership, in: European Journal of Political Research 44 (2005), S. 295-325.

Möller, Horst, Fürstenstaat oder Bürgernation, Deutschland 1763-1815 (Siedler Deutsche Geschichte/Die Deutschen und ihre Nation), 1989.

Möllers, Christoph, Gewaltengliederung, Legitimation und Dogmatik im nationalen und internationalen Rechtsvergleich, 2005.

Moravcsik, Andrew, The choice for Europe: Social purpose and state power from Messina to Maastricht, 1998.

Moraw, Peter, Reichshofrat, in: HRG IV (1990), Sp. 630-638.

Morgenstern, Felice, The Convention on the Law of Treaties Between States and International Organizations or Between International Organizations, in: Essays in Honour of Shabtai Rosenne, 1989, S. 435-447.

Morgenstern, Felice, Legality in International Organizations, in: British Year Book of International Law 45 (1976-1977), S. 241-257.

Morris, Virginia/Scharf, Michael P., The International Criminal Tribunal for Rwanda, 1998.

Morvay, Werner, Souveränitätsübergang und Rechtskontinuität im Britischen Commonwealth, Ein Beitrag zur Lehre von der Staatensukzession, 1974.

Mosiek, Marcus, Effet utile und Rechtsgemeinschaft – Zugleich ein Beitrag zur Kompetenzordnung der Europäischen Gemeinschaft (Kölner Schriften zum Internationalen und Europäischen Recht, Bd. 7), 2003.

Mosler, Hermann, The ad hoc Chambers of the International Court of Justice: Evaluation After Five Years of Experience, in: Essays in Honour of Shabtai Rosenne, 1989, S. 449-460.

Mosler, Hermann, Zur Entwicklung des Völkerrechts durch die Vereinten Nationen, in: VN 1985, S. 174-179.

Mosler, Hermann, Die Erweiterung des Kreises der Völkerrechtssubjekte, in: ZaöRV 1962, S. 1-48.

Mosler, Hermann, Die europäische Integration aus der Sicht der Gründungsphase, in: FS Everling, Bd. II, 1995, S. 911-924.

Mosler, Hermann, Subjects of International Law, in: EPIL IV (2000), S. 710-727.

Mosler, Hermann, Die Übertragung von Hoheitsgewalt, in: HStR VII (1. Aufl. 1992), § 175, S. 599-646.

Mosler, Hermann, Völkerrecht als Rechtsordnung, in: ZaöRV 1976, S. 6-49.

Mössner, Jörg Manfred, Hague Peace Conferences of 1899 and 1907, in: EPIL II (1995), S. 671-677.

Most, Eckhard, Großbritannien und der Völkerbund, Studien zur Politik der Friedenssicherung 1925-1934, 1981.

Mower, A. Glenn Jr., The Official Pressure Group of the Council of Europe's Consultative Assembly, in: International Organization 1964, S. 292-306.

Müller, Harald, Die Chance der Kooperation, Regime in den internationalen Beziehungen, 1993.

Müller, Joachim (Hrsg.), Reforming the United Nations, Bd. IV: The Quiet Revolution, 2001.

Müller, Johannes/Wallacher, Johannes (Hrsg.), Weltordnungspolitik für das 21. Jahrhundert, Historische Würdigung – Ethische Kriterien – Handlungsoptionen (Globale Solidarität, Schritte zu einer neuen Weltkultur, Bd. 5), 2000.

Müller, Joseph, Das Friedenswerk der Kirche in den letzten drei Jahrhunderten, Die Diplomatie des Vatikans im Dienste des Weltfriedens seit dem Kongreß von Vervins 1598, Sammlung ausgewählter Aktenstücke über die Friedenstätigkeit des Hl. Stuhls, 1927.

Müller-Graff, Peter-Christian, Europäische Politische Zusammenarbeit und Gemeinsame Außen- und Sicherheitspolitik: Kohärenzgebot aus rechtlicher Sicht, in: Integration 1993, S. 147-157.

Müller-Graff, Peter-Christian, Europäische Verfassungsordnung, Notwendigkeit, Gestalt und Fortentwicklung, in: Dieter H. Scheuing (Hrsg.), Europäische Verfassungsordnung (Ius Europaeum, Bd. 22), 2003, S. 11-36.

Müller-Graff, Peter-Christian, Europäische Zusammenarbeit in den Bereichen Justiz und Inneres, Der dritte Pfeiler der Europäischen Union, 1996.

Müller-Graff, Peter-Christian, Die Kompetenzen in der Europäischen Union, in: Werner Weidenfeld (Hrsg.), Die Europäische Union, Politisches System und Politikbereiche, 2004, S. 141-165.

Müller-Kinet, Hartmut, Die höchste Gerichtsbarkeit im deutschen Staatenbund 1806-1866, 1975.

Müller-Schmid, Peter Paul, Adam Müller (1779-1829), in: Bernd Heidenreich (Hrsg.), Politische Theorien des 19. Jahrhunderts, I. Konservatismus, 1999, S. 111-142.

Münch, Fritz, Veto, in: EPIL IV (2000), S. 1283-1286.

Münch, Lars, Die gemeinsame Aktion als Mittel der Gemeinsamen Außen- und Sicherheitspolitik, 1997.

Münch, Wolfgang, Der Ombudsman im UN-Sekretariat, Ein Beitrag zur Modernisierung des Personalmanagements in den Vereinten Nationen, in: VN 2004, S. 131-135.

Mußgnug, Reinhard, Wendemarken in der Verfassungsgeschichte?, in: FS Thieme zum 70. Geburtstag, 1993, S. 141-165.

Mutz, Gerfried, Railway Transport, International Regulation, in: EPIL IV (2000), S. 14-18.

Näf, Werner, Die deutsche Bundesakte und der schweizerische Bundesvertrag von 1815, in: Festgabe für Fritz Hartung, 1958, S. 133-144.

Näf, Werner, Versuche gesamteuropäischer Organisation und Politik in den ersten Jahrzehnten des 19. Jahrhunderts (Antrittsvorlesung, gehalten an der Universität Bern, den 12. Dezember 1925), in: ders., Staat und Staatsgedanke, Vorträge zur neueren Geschichte, 1935.

Näf, Werner, Zur Geschichte der Heiligen Allianz (Berner Untersuchungen zur Allgemeinen Geschichte, Heft 1), 1928.

Nanz, Klaus-Peter, Der „3. Pfeiler der Europäischen Union": Zusammenarbeit in der Innen- und Justizpolitik, in: Integration 1992, S. 126-140.

Narizny, Kevin, The Political Economy of Alignment, Great Britain's Commitments to Europe, 1905-1939, in: International Security, 27 (2003), S. 184-219.

Neack, Laura/Hey, Jeanne A. K./Haney, Patrick J. (Hrsg.) Foreign policy analysis, Continuity and change in its second generation, 1995.

Neßler, Volker, Die Fraktion im Europäischen Parlament, in: EuR 1997, S. 331-320.

Nettesheim, Martin, Kompetenzen, in: Armin von Bogdandy (Hrsg.), Europäisches Verfassungsrecht, Theoretische und dogmatische Grundsätze, 2003, S. 415-477.

Nettesheim, Martin, Die Kompetenzordnung im Vertrag über eine Verfassung für Europa, in: EuR 2004, S. 511-546.

Neuhold, Christine, European governance by committees: the implications of comitology on the democratic arena, in: Arthur Benz/Yannis Papadopoulos(Hrsg.), Governance and Democracy, Comparing national, European and international experiences (Routledge/ECPR studies in European political science, Bd. 44), 2006, S. 138-157.

Nickel, Dietmar, Das Europäische Parlament als rekrutierendes Organ – unter besonderer Berücksichtigung der Einsetzung der Europöischen Kommission, in: Andreas Maurer/ders. (Hrsg.), Das Europäische Parlament, Supranationalität, Repräsentation und Legitimation, 2005, S. 65-92.

Nicolaysen, Gert, Zur Theorie von den Implied Powers in den Europäischen Gemeinschaften, in: EuR 1966, S. 129-142.

Niehoff, Martina, Die von den internationalen Strafgerichtshöfen anwendbaren Normen des Völkerstrafrechts, 1998.

Nipperdey, Thomas, Der Föderalismus in der deutschen Geschichte, in: ders., Nachdenken über die deutsche Geschichte, Essays, 2. Aufl. 1986, S. 60-109.

Nipperdey, Thomas, Deutsche Geschichte 1800-1866, Bürgerwelt und starker Staat, 1983.

Nipperdey, Thomas, Deutsche Geschichte 1866-1918, Bd. I: Arbeitswelt und Bürgergeist, 1990.

Nipperdey, Thomas, Deutsche Geschichte 1866-1918, Bd. II: Machtstaat vor der Demokratie, 1992.

Nipperdey, Thomas, Probleme der Modernisierung in Deutschland, in: ders., Nachdenken über die deutsche Geschichte, Essays, 2. Aufl. 1986, S. 44-59.

Nippold, Otfried, Das Problem der obligatorischen Schiedsgerichtsbarkeit, in: JöR VIII (1914), S. 1-55.

Noll, Alfons A.E., International Telecommunication Union, in: EPIL II (1995), S. 1379-1385.

Noll, Alfons A.E., The International Telecommunication Union (ITU), Its Inception, Evolution and Innate, constant Reform Process, in: Multimedia und Recht 1999, S. 465-469.

Noll, Alfons A.E., "Telecom"-Developments, Selected Aspects Relating to the international Telecommunication Law, in: Multimedia und Recht 1999, S. 597-602.

Nolte, Barbara, Uniting for Peace, in: Rüdiger Wolfrum (Hrsg.), United Nations: Law, Policies and Practice, Bd. 2, 1995, S. 1341-1348.

Nolte, Georg, Lawmaking through the Security Council, A Comment on Erika de Wet's Contribution, in: Rüdiger Wolfrum/Volker Röben (Hrsg.), Developments of International Law in Treaty Making (Schriften zum ausländischen öffentlichen Recht und Völkerrecht, Bd.177), 2005, S. 237-243.

Nolte, Georg, Practice of the UN Security Council with Respect to Humanitarian Law, in: Weltinnenrecht, Liber amicorum Jost Delbrück (Veröffentlichungen des Walther-Schücking-Instituts für Internationales Recht an der Universität Kiel, Bd. 155), 2005, S. 487-501.

Nolte, Georg, Zum Wandel des Souveränitätsbegriffs, in: Frankfurter Allgemeine Zeitung vom 6. April 2005, S. 8.

Normand, Roger, Human Rights Assessment of Sanctions: The Case of Iraq, 1990-1997, in: Willem J.M. van Genugten/Gerard A. de Groot (Hrsg.),

United Nations Sanctions, Effectiveness and Effects, Especially in the Field of Human Rights, a Multi-disciplinary Approach, 1999, S. 19-33.

Nour, Soraya, Weltöffentlichkeit als völkerrechtliche Kategorie: normative Konstruktion und Widersprüche, in: ARSP 2004, S. 391-405.

Nowak, Manfred, Einführung in das internationale Menschenrechtssystem, 2002.

Obermann, Karl, Einheit und Freiheit, Die deutsche Geschichte von 1815 bis 1849 in zeitgenössischen Dokumenten, 1950, S. 77-80.

Oberthür, Sebastian, Auf dem Weg zum Weltumweltrecht? Tendenzen und Wirkungen der Verrechtlichung der internationalen Umweltpolitik, in: Bernhard Zangl/Michael Zürn (Hrsg.), Verrechtlichung – Baustein für Global Governance?, 2004, S. 119-139.

O'Connell, Mary Ellen, The United Nations Security Council and the Authorization of Force: Renewing the Council Through Law, in: Niels Blokker/Nico Schrijver (Hrsg.), The Security Council and the Use of Force, Theory and Reality – A Need for Change?, 2005, S. 47-63.

Oda, Shigeru, Further Thoughts on the Chambers Procedure of the International Court of Justice, in: AJIL 82 (1988), S. 556-562.

Oda, Shigeru, Provisional Measures, in: Vaughan Lowe/Malgosia Fitzmaurice (Hrsg.), Fifty Years of the International Court of Justice, Essays in Honour of Sir Robert Jennings, 1996, S. 541-556.

O'Donovan, Declan, The Economic and Social Council, in: Philip Alston (Hrsg.), The United Nations and Human Rights, A Critical Appraisal, 1992, Nachdruck 1996, S. 107-125.

Oellers-Frahm, Karin, Die einstweilige Anordnung in der internationalen Gerichtsbarkeit (Schriften zum ausländischen öffentlichen Recht und Völkerrecht, Bd. 66), 1975.

Oellers-Frahm, Karin, IGH – Internationaler Gerichtshof, in: Helmut Volger (Hrsg.) Lexikon der Vereinten Nationen, 2000, S. 254-266.

Oellers-Frahm, Karin, The International Court of Justice and Article 51 of the UN Charta, in: Weltinnenrecht, Liber amicorum Jost Delbrück (Veröffentlichungen des Walther-Schücking-Instituts für Internationales Recht an der Universität Kiel, Bd. 155), 2005, S. 503-517.

Oellers-Frahm, Karin, Pacta sunt servanda - Gilt das auch für die USA? Überlegungen anläßlich der Mißachtung der einstweiligen Anordnungen des IGH im Breard- und im LaGrand-Fall (EuGRZ 1999, 450 ff.) durch die Vereinigten Staaten, in: EuGRZ 1999, S. 437-449.

Oellers-Frahm, Karin, Zur Vollstreckung der Entscheidungen internationaler Gerichte im Völkerrecht, in: ZaöRV 1976, S. 654-679.

Oeter, Stefan, Die internationalen „Protektorate“ in Bosnien-Herzegowina und im Kosovo, in: FS Dieter Fleck, 2004, S. 427-452.

Office of Legal Affairs, Practice of the United Nations as regards the consideration of the same questions by the Security Council and the General Assembly, vom 10. September 1964, in: United Nations Juridical Yearbook 1964, S. 228-237.

Ogata, Sadako, UNHCHR – Hoher Flüchtlingskommissar der Vereinten Nationen in: Volger (Hrsg.), Lexikon der Vereinten Nationen, 2000, S. 559-561.

Olberg, Lars, Massenvernichtungswaffen kontrollieren, Bilanz nach zwei Jahren UN-Sicherheitsratsresolution 1540, in: VN 2006, S. 189-193.

Oliver, Covey T., The Future of Idealism in International Law, in: Ronald St.J. Macdonald/Douglas M. Johnston (Hrsg.), The Structure and Process of International Law: Essays in Legal Philosophy Doctrine and Theory, 1983, S. 1207-1221.

Olivier, Clémentine, Human Rights Law and the International Fight Against Terrorism: How do Security Council Resolutions Impact on States' Obligations Under International Human Rights Law? (Revisiting Security Council Resolution 1373), in: Nordic Journal of International Law 2004, S. 399-419.

Olshausen, Hans-Peter, Friedrich List und der Deutsche Handels- und Gewerbeverein (List Studien, Heft 6), 1935.

Onuf, Nicholas, The Constitution of the International Society, in: EJIL 1994, S. 1-19.

Onuf Nicholas, Institutions, Intentions, International Relations, in: Review of International Studies 28 (2002), S. 211-228.

Opitz, Peter J., Zur Gründungsgeschichte und zum Aufbau der Vereinten Nationen, in: ders./Volker Rittberger (Hrsg.), Forum der Welt, 40 Jahre Vereinte Nationen, 1986, S. 15-43.

Opitz, Peter J., Die Vereinten Nationen im Wandel: Struktur und Funktionsveränderungen, in: ders./Volker Rittberger (Hrsg.), Forum der Welt, 40 Jahre Vereinte Nationen, 1986, S. 45-76.

Oppenheim, Lassa Francis Lawrence/Lauterpacht, Hersch, International Law, A Treatise, Bd. I.-Peace, 8. Aufl. 1955, 4. Nachdruck 1960.

Oppermann, Thomas, Die Dritte Gewalt in der Europäischen Union, in: DVBl. 1994, S. 901-908.

Oppermann, Thomas, Europarecht, 3. Aufl. 2005.

Oppermann, Thomas, Valéry Giscard d'Estaing – Vater der Europäischen Verfassung, in: Weltinnenrecht, Liber amicorum Jost Delbrück (Veröffentlichungen des Walther-Schücking-Instituts für Internationales Recht an der Universität Kiel, Bd. 155), 2005, S. 519-533.

Oppermann, Thomas, Eine Verfassung für die Europäische Union, Der Entwurf des Europäischen Konvents (1. Teil), in: DVBl. 2003, S. 1165-1176.

Oppermann, Thomas, Eine Verfassung für die Europäische Union, Der Entwurf des Europäischen Konvents (2. Teil), in: DVBl. 2003, S. 1234-1246.

Orde, Anne, Great Britain and International Security 1920-1926 (Royal Historical Studies in History), 1978.

Osiander, Andreas, Rereading Early Twentieth-Century IR Theory, in: International Studies Quarterly 1998, S. 409-432.

Osieke, Ebere, The Legal Validity of Ultra Vires Decisions of International Organizations, in: AJIL 77 (1983), S. 239-256.

Osieke, Ebere, „Ultra-Vires" Acts in International Organizations – The Experience of the International Labour Organization, in: British Year Book of International Law 48 (1976-77), S. 259-280.

Osieke, Ebere, Unconstitutional Acts in International Organizations: The Law and Practice of the International Civic Aviation Organization (ICAO), Int'l & Comp. L.Q. 28 (1979), S. 1-26.

Ossenbühl, Fritz, Vorrang und Vorbehalt des Gesetzes, in: HStR III (2. Aufl. 1996), § 62.

Osteneck, Kathrin, Die Umsetzung von UN-Wirtschaftssanktionen durch die Europäische Gemeinschaft, Völker- und europarechtliche Rahmenbedingungen für ein Tätigwerden der Europäischen Gemeinschaft im Bereich von UN-Wirtschaftssanktionen unter besonderer Berücksichtigung der Umsetzungspraxis der EG-Organe (Schriften zum ausländischen öffentlichen Recht und Völkerrecht, Bd. 168), 2004.

Österdahl, Inger, Preach What You Practice. The Security Council and the Legalisation *ex post facto* of the Unilateral Use of Force, in: Nordic Journal of International Law 74 (2005), S. 231-260.

Ott, Hermann E., Umweltregime im Völkerrecht, Eine Untersuchung zu neuen Formen internationaler institutionalisierter Kooperation am Beispiel der Verträge zum Schutz der Ozonschicht und zur Kontrolle grenzüberschreitender Abfallverbringung (Völkerrecht und Außenpolitik, Bd. 53), 1998.

Pachinger, Michael M., Die Völkerrechtspersönlichkeit der EU, L'Union Européenne comme sujet du droit international, 2003.

Paech, Norman/Stuby, Gerhard, Machtpolitik und Völkerrecht in den internationalen Beziehungen, 1994.

Papanti Pelletier de Berminy, Paolo, Das neue Verfassungssystem des Souveränen Malteserordens, in: JöR N.F. 48 (2000), S. 325-350.

Pappi, Franz Urban u.a. (Hrsg.), Die Institutionalisierung internationaler Verhandlungen (Mannheimer Jahrbuch für Europäische Sozialforschung, Bd. 8), 2004.

Parker, R.A.C., Das Zwanzigste Jahrhundert I: Europa 1918-1945 (Fischer Weltgeschichte, Vom Imperialismus bis zum Kalten Krieg, Bd. 2), 1967, Nachdruck 2003.

Parry, Clive, League of Nations, in: EPIL III (1997), S. 177-186.

Partan, Daniel G., United Nations Educational, Scientific and Cultural Organisation, in: EPIL IV (2000), S. 1093-1097 (plus Addendum von *Bank, Roland*, S. 1097-1100)

Partsch, Karl Josef, Human Rights in General, in: Rüdiger Wolfrum (Hrsg.), United Nations: Law, Policies and Practice, Bd. 1, 1995, S. 603-611.

Partsch, Karl Josef, Individuum im Völkerrecht, in: WBVR II (1961), S. 12-17.

Paschke, Karl Theodor, UNO von innen – die Besonderheiten einer multinationalen Bürokratie, in: Sabine von Schorlemer (Hrsg.), Praxishandbuch UNO, 2003, S. 553-567.

Pastor, Robert A., The Great Powers in an Age of Global Governance: Are They Still Great?, in: John N. Clarke/Geoffrey Edwards (Hrsg.), Global Governance in the Twenty-first Century, 2004, S. 139-174.

Paul, James A., A Short History of the NGO Working Group on the Security Council, 2001; online verfügbar unter: http://www.globalpolicy.org/securit y/ngowkgrp/history.htm.

Paulus, Andreas L., Die internationale Gemeinschaft im Völkerrecht, Eine Untersuchung zur Entwicklung des Völkerrechts im Zeitalter der Globalisierung (Münchener Universitätsschriften, Reihe der Juristischen Fakultät, Bd.159), 2001.

Pauly, Walter, Souveräner Staat und Staatenverbindungen, in: Jellinek, Georg, Die Lehre von den Staatenverbindungen, 1882 (hrsg. und eingeleitet von Pauly, Walter; Bibliothek des Öffentlichen Rechts, Bd. 3, 1996), S. VII-XLV (zitiert als: *Pauly*, Einleitung zu Jellinek, 1996, S. …).

Payandeh, Mehrdad, Rechtskontrolle des UN-Sicherheitsrates durch staatliche und überstaatliche Gerichte, in: ZaöRV 2006, S. 41-71.

Pechstein, Matthias, Das Kohärenzgebot als entscheidende Integrationsdimension der Europäischen Union, in: EuR 1995, S. 247-258.

Pechstein, Matthias, Die Mitgliedstaaten der EG als »Sachwalter des gemeinsamen Interesses« – Gesetzgebungsnotstand im Gemeinschaftsrecht, 1987.

Peck, Connie, The United Nations as a Dispute Settlement System, Improving Mechanisms for the Prevention and Resolution of Conflict, 1996.

Pérez de Cuéllar, Javier, The Role of the UN Secretary-General, in: Adam Roberts/Benedict Kingsbury (Hrsg.), United Nations, Divided World, The UN's Roles in International Relations, 2. Aufl. 1993, 5. Nachdruck 1995, S. 125-142.

Pernice, Ingolf, Kompetenzabgrenzung im Europäischen Verfassungsverbund, in: JZ 2000, S. 866-876.

Peruzzo, Giovanni Guido, Das Problem der Implied powers der Organe der Europäischen Gemeinschaften, Diss. iur., Marburg 1979.

Pescatore, Pierre, Die Gemeinschaftsverträge als Verfassungsrecht – ein Kapitel Verfassungsgeschichte in der Perspektive des europäischen Gerichtshofs, systematisch geordnet, in: FS zum 70. Geburtstag von Hans Kutscher, 1981, S. 319-338.

Pescatore, Pierre, Mit der Subsidiarität leben, Gedanken zu einer drohenden Balkanisierung der Europäischen Gemeinschaft, in: FS für Ulrich Everling, Bd. II, 1995, S. 1071-1094.

Peters, Anne, Elemente einer Theorie der Verfassung Europas (Veröffentlichungen des Walther-Schücking-Instituts für Internationales Recht an der Universität Kiel, Bd. 137), 2001.

Peters, B. Guy/Pierre, Jon, Governance, accountability and democratic legitimacy, in: Arthur Benz/Yannis Papadopoulos (Hrsg.), Governance and Democracy, Comparing national, European and international experiences (Routledge/ECPR studies in European political science, Bd. 44), 2006, S. 29-43.

Petersmann, Ernst-Ulrich, Proposals for Strengthening the UN Dispute Settlement System, Lessons Learned From International Econimoc Law, in: MPUNYB 1999, S. 105-156.

Peterson, John, The College of Commissioners, in: ders./Michael Shackleton (Hrsg.), The Institutions of the European Union, 2. Aufl. 2006, S. 81-103.

Peterson, M.J., The General Assembly in World Politics, 1986.

Petrola-Ammaniti, Mary, The Position of the Secretary-General of the United Nations in the Organization and in the International Community, in: Thesaurus Accroasium, the Law of the United Nations (Session September 1973), Bd. II, 1976, S. 353-368.

Pfeil, Alfred, Der Völkerbund: Literaturbericht und kritische Darstellung seiner Geschichte, 1976.

Pflüger, Friedbert, Die Menschenrechtspolitik der USA, Amerikanische Außenpolitik zwischen Idealismus und Realismus 1972-1982, 1983.

Phillips, Walter Alison, The Confederation of Europe, A Study of the European Alliance, 1813-1823, as an Experiment in the International Organization of Peace, 1914.

Pichler, Otfried, Der Generalanwalt beim Gerichtshof der Europäischen Gemeinschaften (Europarecht, Studien und Materialien, Bd. 3), 1983.

Piendl, Max, Thurn und Taxis 1517-1867 zur Geschichte des fürstlichen Hauses und der Thurn und Taxisschen Post, 1967.

Pieper, Stefan Ulrich, Subsidiarität, Ein Beitrag zur Begrenzung der Gemeinschaftskompetenzen (Völkerrecht, Europarecht, Staatsrecht, Bd. 6), 1994.

Pierson, Paul, The Path to European Integration: A Historical Institutionalist Analysis, in: Comparative Political Studies 1996, S. 123-163.

Pinto, M.C.W., Modern Conference Techniques: Insights from Social Psychology and Anthropology, in: Ronald St.J. Macdonald/Douglas M. Johnston (Hrsg.), The Structure and Process of International Law: Essays in Legal Philosophy Doctrine and Theory, 1983, S. 305-339.

Piotrowicz, Marike/Zanetti, Corina, Sanktionen und Menschenrechte – eine Auswertung des *Bossuyt*-Berichts, in: MRM 2004, S. 274-284.

Plessner, Helmut, Die verspätete Nation, Über die Verführbarkeit bürgerlichen Geistes, 3. Aufl. 1962.

Pleuger, Gunter, Die Reform des Sicherheitsrates der Vereinten Nationen, in: Sabine von Schorlemer (Hrsg.), Praxishandbuch UNO, Die Vereinten Nationen im Lichte globaler Herausforderungen, 2003, S. 683-693.

Plucknett, Theodore F.T., Taswell-Langmead's English Constitutional History, 11. Aufl. 1960.

Pohle, Ludwig, Der allgemeine Verlauf der wirtschaftlichen Entwicklung Deutschlands im letzten Jahrhundert, insbesondere die Wandlung der deutschen Volkswirtschaft durch den Übergang vom Agrar- zum Industriestaat, in: ders., Die Entwickelung [sic] des deutschen Wirtschaftslebens im letzten Jahrhundert, Fünf Vorträge, 3. Aufl. 1914, S. 1-32.

Pöllinger, Sigrid, Der KSZE/OSZE-Prozeß, Ein Abschnitt europäischer Friedensgeschichte, 1998.

Pomerance, Michla, Self-Determination in Law and Practice, The New Doctrine in the United Nations, 1982.

Potter, Pitman B., Origin of the Term International Organization, in: AJIL 39 (1945), S. 803-806.

Prebensen, Søren C., Evolutive interpretation of the European Convention on Human Rights, in: GS Ryssdal, 2000, S. 1123-1137.

Preiser, Wolfgang, Über die Ursprünge des modernen Völkerrechts, in: FS für Walter Schätzel zu seinem 70. Geburtstag, 1960, S. 373-387.

Preu, Peter, Polizeibegriff und Staatszwecklehre, Die Entwicklung des Polizeibegriffs durch die Rechts- und Staatswissenschaften des 18. Jahrhunderts (Göttinger Rechtswissenschaftliche Studien, Bd. 124), 1983.

Preuß, Ulrich K., Entmachtung des Staates?, in: Stefan Gosepath/Jean-Christophe Merle (Hrsg.), Weltrepublik, Globalisierung und Demokratie, 2002, S. 99-110.

Prieß, Hans-Joachim, Internationale Verwaltungsgerichte und Beschwerdeausschüsse, Eine Studie zum gerichtlichen Rechtsschutz für Beamte internationaler Organisationen (Veröffentlichungen des Instituts für Internationales Recht an der Universität Kiel, Bd. 107), 1989.

Pritsch, E., Mossulfrage, in: WdVD III (1929), Anhang, S. 1029-1035.

Proidl, Karin, Die Reform des Sicherheitsrates, in: Franz Cede/Lilly Sucharipa-Behrmann (Hrsg.), Die Vereinten Nationen, 1999, S. 281-287.

Putnam, Robert, Diplomacy and Domestic Policies: The Logic of Two-Level Games, in: International Organization 42 (1988), S. 427-460.

Quaritsch, Helmut, Bodins Souveränität und das Völkerrecht, in: AVR 1977, S. 257-273.

Quaritsch, Helmut, Staat und Souveränität, Bd. 1 : Die Grundlagen, 1970.

Quaritsch, Helmut, Über Gegenwart und Zukunft des deutschen Nationalstaats, in: GS für Roman Schnur, 1997, S. 83-105.

Raisch, Peter, Die Abgrenzung des Handelsrechts vom Bürgerlichen Recht, Ein Kodifikationsproblem im 19. Jahrhundert, 1962.

Rama-Montaldo, Manuel, International Legal Personality and Implied Powers of International Organizations, in: British Year Book of International Law 44 (1970), S. 111-155.

Ramcharan, Bertand G., The Principle of Legality in International Human Rights Institutions, Introduction, in: ders. (Hrsg.), The Principle of Legality in International Human Rights Institutions, Selected Legal Opinions, 1997.

Ramonat, Wolfgang, Der Völkerbund und die Freie Stadt Danzig 1920-1934, 1979.

Randelzhofer, Albrecht, Zum behaupteten Demokratiedefizit der Europäischen Gemeinschaft, in: Peter Hommelhoff/Paul Kirchhof (Hrsg.), Der Staatenverbund der Europäischen Union, Beiträge und Diskussionen des Symposions am 21./22. Januar 1994 in Heidelberg (Motive – Texte – Materialien, Bd. 65), 1994, S. 39-58

Randelzhofer, Albrecht, Use of Force, in: EPIL IV (2000), S. 1246-1258.

Raneva, Raymond, Les organisations non gouvernementales et la mise en œuvre du droit international, in: Recueil des Cours 1997/270, 1999, S. 9-106.

Ranshofen-Wertheimer, Egon F., The International Secretariat, A Great Experiment in International Administration (Studies in the Administration of International Law and Administration, Bd. 3), 1945.

Ratner, Steven R., Image and Reality in the UN's Peaceful Settlement of Disputes, in: 6 EJIL (1995), S. 426-444

Ratner, Steven R., The New UN Peacekeeping, Building Peace in Lands of Conflict After the Cold War, 1995.

Rauch, Elmar, Biological Warfare, in: EPIL I (1992), S. 404-407.

Rauschning, Dietrich, United Nations Trusteeship System, in: EPIL IV (2000), S. 1193-1200.

Rawls, John, A Theory of Justice, 1971.

Reanda, Laura, The Commission on the Status of Women, in: Philip Alston (Hrsg.), The United Nations and Human Rights, A Critical Appraisal, 1992, Nachdruck 1996, S. 265-303.

Reifer, Thomas Ehrlich (Hrsg.), Globalization, Hegemony & Power, Antisystemic Movements & the Global System (Political Economy of the World-System Annuals, Bd. XXVI-a), 2004.

Regelsberger, Elfriede (Hrsg.), Die Gemeinsame Außen- und Sicherheitspolitik der Europäischen Union, Profilsuche mit Hindernissen, 1993.

Regelsberger, Elfriede, Die gemeinsame Außen- und Sicherheitspolitik der EU (GASP), Konstitutionelle Angebote im Praxistest 1993-2003, 2004.

Reinhard, Wolfgang, Geschichte der Staatsgewalt, Eine vergleichende Verfassungsgeschichte Europas von den Anfängen bis zur Gegenwart, 2. Aufl. 2000.

Reinisch, August, The Action of the European Union to Combat International Terrorism, in: Andrea Bianchi (Hrsg.), Enforcing International Law Norms Against Terrorism, 2004, S. 119-162.

Reisman, W. Michael, The Constitutional Crisis in the United Nations, in: AJIL 87 (1993), S. 83-100.

Reisman, W. Michael/Armstrong, Andrea, The Past and Future of the Claim of Preemptive Self-Defense, in: AJIL 100 (2006), S. 525-550.

Ress, Georg, Die Bedeutung der nachfolgenden Praxis für die Vertragsinterpretation nach der Wiener Vertragsrechtskonvention (WVRK), in: Roland Bieber/ders. (Hrsg.), Die Dynamik des Europäischen Gemeinschaftsrechts/The Dynamics of EC-law, Die Auslegung des Europäischen Gemeinschaftsrechts im Lichte nachfolgender Praxis der Mitgliedstaaten und der EG-Organe, 1987, S. 49-79.

Ress, Georg, Über die Notwendigkeit der parlamentarischen Legitimierung der Rechtsetzung der Europäischen Gemeinschaften, in: GS Wilhelm Karl Geck, 1989, S. 625-684.

Richardson, John S., Imperium Romanum: Empire and the Language of Power, in: The Journal of Roman Studies 81 (1991), S. 1-9.

Richter, Pascal, Die Erweiterung der Europäischen Union. Unter besonderer Berücksichtigung der Beitrittsbedingungen, 1997.

Riedel, Eibe, Commission on Human Rights, in: Rüdiger Wolfrum (Hrsg.), United Nations Law, Policy and Practice, Bd. 1, 1995, S. 116-128.

Riedel, Eibe, Methoden der Verfassungsinterpretation im Wandel, in: FS Peter Schneider, 1990, S. 382-408.

Riedel, Eibe, Universeller Menschenrechtsschutz – Vom Anspruch zur Durchsetzung, in: Gerhart Baum/ders./Michael Schäfer (Hrsg.), Menschenrechtsschutz in der Praxis der Vereinten Nationen, Baden-Baden 1998, S. 25-55.

Riedel, Eibe/Will, Martin, Human Rights Clauses in External Agreements of the EC, in: Philip Alston (Hrsg.), The EU and Human Rights, 1999, S. 723-745.

Riedel, Norbert K., Gott in der Europäischen Verfassung?, Zur Frage von Gottesbezug, Religionsfreiheit und Status der Kirchen im Vertrag über eine Verfassung für Europa, in: Europarecht 2005, S. 676-683.

Rittberger, Volker, Conferences, in: Rüdiger Wolfrum (Hrsg.), United Nations: Law, Policies and Practice, Bd. 1, 1995, S. 160-168.

Rittberger, Volker, Über die Friedensleistung internationaler Regime, in: Dieter Senghaas (Hrsg.) Den Frieden denken, Si vis pacem, para pacem, 1995, S. 341-362.

Rittberger, Volker/Zangl, Bernhard, Internationale Organisationen – Politik und Geschichte, Europäische und weltweite internationale Zusammenschlüsse, 3. Aufl. 2003.

Roberts, Adam, Transformative Military Occupation: Applying the Law of War and Human Rights, in: AJIL 100 (2006), S. 580-622.

Rodriguez Iglesias, Gil Carlos, Der Gerichtshof der Europäischen Gemeinschaften als Verfassungsgericht (Zentrum für Europäisches Wirtschaftsrecht, Vorträge und Berichte, Nr. 15), 1992.

Roggemann, Herwig, Der Internationale Strafgerichtshof der Vereinten Nationen von 1993 und der Krieg auf dem Balkan, Berlin 1994.

Rosas, Allan, Notes on the legal status of National Red Cross Societies, in: Christophe Swinarski (Hrsg.), Studies and essays on international humanitarian law and Red Cross principles in honour of Jean Pictet, 1984, S. 959-973.

Roscher, Wilhelm, Zur Gründungsgeschichte des Zollvereins, 1870.

Rosenau, James N., The Study of World Politics, Vol. 2: Globalization and Governance, 2006, S. 7-45.

Rosenne, Shabtai, Codification of International Law, in: EPIL I (1992), S. 632-640.

Rosenne, Shabtai, Codification Revisited After 50 Years, in: MPUNYB 1998, S. 1-22.

Rosenne, Shabtai, Conferences and Congresses, International, in: EPIL I (1992), S. 739-746.

Rosenne, Shabtai, The Hague Codification Conference of 1930, in: ders. (Hrsg.), League of Nations Conference for the Codification of International Law [1930], 1975, Bd. 1, S. XI-LVI.

Rosenne, Shabtai (Hrsg.), League of Nations Committee of Experts for the Progressive Codification of International Law [1925-1928], 1972, Bd. 1, S. XXIX-CXXIV (Einleitung des Herausgebers).

Rosenne, Shabtai, The President of the International Court of Justice, in: Vaughan Lowe/Malgosia Fitzmaurice (Hrsg.), Fifty Years of the International Court of Justice, Essays in Honour of Sir Robert Jennings, 1996, S. 406-423.

Rossen-Stadtfeld, Helge, Demokratische Staatlichkeit in Europa: ein verblassendes Bild, in: JÖR N.F. 53, 2005, S. 45-77.

Rößler, Hellmuth (Hrsg.), Ideologie und Machtpolitik 1919, Plan und Werk der Pariser Friedenskonferenzen 1919, 1966.

Rothbarth, Margarete, Völkerbund (Geschichte), in: WdVD III (1929), S. 170-181.

Rouyer-Hameray, Bernard, Les compétences implicites des organisaitons internationales (Bibliothèque de droit international, Bd. 25), 1962.

Rovine, Arthur W., The first fifty years, The Secretary-General in World Politics 1920-1970, 1970.

Rudolf, Beate, Die thematischen Berichterstatter und Arbeitsgruppen der UN-Menschenrechtskommission, Ihr Beitrag zur Fortentwicklung des internationalen Menschenrechtsschutzes, 2000.

Rudolf, Peter, George W. Bushs außenpolitische Strategie (SWP-Studie, S 25), 2005.

Rudolf, Walter, Verwaltungsorganisation, in: Hans-Uwe Erichsen (Hrsg.), Allgemeines Verwaltungsrecht, 10. Auflage 1995, § 53.

Rudolf, Walter, Wandel des Staatsbegriffs im Völkerrecht (Schriftenreihe des Walther-Schücking-Kollegs, Bd. 4), 1986.

Ruffert, Matthias, The Administration of Kosovo and East Timor by the International Community, in: ICLQ 50 (2000), S. 613-631.

Ruffert, Matthias, Zuständigkeitsgrenzen internationaler Organisationen im institutionellen Rahmen der internationalen Gemeinschaft, in : AVR 2000, S. 129-168.

Ruffert, Matthias, Schlüsselfragen der Europäischen Verfassung der Zukunft, Grundrechte – Institutionen – Kompetenzen – Ratifizierung, in: EuR 2004, S. 165-201.

Ruggie, John Gerard, The new institutionalism in international relations, in: ders., Constructing the World Polity, Essays on International Institutionalism, 1998, S. 45-61.

Ruggie, John Gerard, Interests, identity, and American foreign policy, in: ders., Constructing the World Polity, Essays on International Institutionalism, 1998, S. 203-228.

Ruggie, John Gerard, Introduction: What makes the world hang together?, Neo-utilitarism and the social constructivist challenge, in: ders., Constructing the World Polity, Essays on International Institutionalism, 1998, S. 1-39.

Rumpler, Helmut, Das „Allgemeine Deutsche Handelsgesetzbuch“ als Element der Bundesreform im Vorfeld der Krise von 1866, in: ders. (Hrsg.), Deutscher Bund und Deutsche Frage 1815-1866, 1990, S. 215-234.

Rumpler, Helmut (Hrsg.), Deutscher Bund und Deutsche Frage 1815-1866 (Wiener Beiträge zur Geschichte der Neuzeit, Bd. 16/17), 1990.

Rutschmann, Frank, Der europäische Vermittlungsausschuß, Eine organisationsrechtliche Untersuchung der interinstitutionellen Vermittlungseinheit im Rechtssetzungsverfahren nach Art. 251 des EG-Vertrages (Beiträge zum Parlamentsrecht, Bd. 56), 2002.

Saager, Adolf, Völkerbund, Geschichte von 1920 bis zur Gegenwart, in: WdVD III (1929), Anhang, S. 1129-1151.

Sack, Jörn, Die Europäische Gemeinschaft als Mitglied internationaler Organisationen, in: GS Grabitz, 1995, S. 631-660.

Säcker, Franz Jürgen, Fundamente der Privatrechtsgesellschaft nach dem Anti-Diskriminierungsgesetz, in: Zeitschrift für Gesetzgebung ZG 2005, S. 154-164.

Sahlmann, Herbert/Blank, Bernd, UNDP – United Nations Development Programme, in: Rüdiger Wolfrum (Hrsg.), United Nations Law, Policy and Practice, 1995, Bd. 2, S. 1284-1290.

Saladin, Peter, Wozu noch Staaten? Zu den Funktionen eines modernen demokratischen Rechtsstaats in einer zunehmend überstaatlichen Welt, 1995.

Salmon, Jean J.A., Les représentations et missions permanentes auprès de la CEE et de l'EURATOM, in: Michel Virally/Pierre Gerbet/ders., Les missions permanentes auprès des organisations internationales, Bd. 1, 1971, S. 561-830.

Sampford, Charles, Reconceiving the rule of law for a globalizing world, in: Spencer Zifcak (Hrsg.), Globalisation and the Rule of Law, 2005, S. 9-31.

Samson, Klaus Theodor, International Labour Organisation, in: EPIL II (1995), S. 1150-1156.

Sánchez, Pierre, L'Amphictionie des Pyles et de Delphes, Recherches sur son rôle historique, des origines au IIe siècle de notre ère (Historia Einzelschriften, Heft 148), 2001.

Sander, Gerald G., Der Europäische Gerichtshof als Förderer und Hüter der Integration, Eine Darstellung anhand seiner Einwirkungsmöglichkeiten auf die einzelnen Dimensionen des Einigungsprozesses (Tübinger Schriften zum internationalen und europäischen Recht, Bd. 44), 1998.

Sarooshi, Danesh, The Powers of the United Nations International Criminal Tribunals, in: MPUNYB 1998, S. 141-167.

Sattler, Andreas, Die Entwicklung der Europäischen Gemeinschaften von ihrer Gründung bis zum Ende der EWG-Übergangszeit, in: JöR N.F. 19 (1970), S. 1-128.

Sattler, Andreas, Die Entwicklung der Europäischen Gemeinschaften vom Ende der EWG-Übergangszeit bis zur Erweiterung auf zwölf Mitgliedstaaten (1970-1985), in: JöR N.F. 36 (1987), S. 365-449.

Sautter, Udo, Deutsche Geschichte seit 1815: Daten, Fakten, Dokumente, Bd. II: Verfassungen, 2004.

Sautter, Udo, Deutsche Geschichte seit 1815: Daten, Fakten, Dokumente, Bd. III: Historische Quellen, 2004.

Schachter, Oscar, The Enforcement of International Judicial and Arbitral Decisions, in: AJIL 54 (1960), S. 1-24.

Schachtschneider, Karl Albrecht/Emmerich-Fritsche, Angelika/Beyer, Thomas C.W., Der Vertrag über die Europäische Union und das Grundgesetz, in: JZ 1993, S. 751-760.

Schack, Friedrich, Mandate des Völkerrechts, in: WdVD III (1929), Anhang, S. 1005-1021.

Schaefer, Michael, Brückenbau – Herausforderung an die Menschenrechtskommission, in: Gerhart R. Baum/Eibe Riedel/ders. (Hrsg.), Menschenrechtsschutz in der Praxis der Vereinten Nationen, 1998, S. 57-84.

Schaefer, Michael, Notstandssondertagungen der Generalversammlung, Kritische Würdigung einer rezenten Entwicklung, in: VN 1983, S. 78-83.

Schäfer, Andreas, Der Begriff der „Bedrohung des Friedens" in Artikel 39 der Charta der Vereinten Nationen, Die Praxis des Sicherheitsrates, 2006.

Schäfer, Anton, Die Verfassungsentwürfe zur Gründung einer Europäischen Union, Herausragende Dokumente von 1930 bis 2000, 2001.

Schaller, Christian, Internationales Sanktionsmanagement im Rahmen von Artikel 41 UN-Charta, 2003.

Schaller, Christian, Die Richtigen treffen, Die Vereinten Nationen und die Probleme zielgerichteter Sanktionen, in: VN 2005, S. 132-138.

Scharff, Alexander, Deutscher Bund und deutsche Verfassungsbewegung, in: Peter Rassow (Hrsg.), Deutsche Geschichte im Überblick, 2. Aufl. 1962, S. 392-429.

Scharpf, Fritz W., Legitimationskonzepte jenseits des Nationalstaats, in: Gunnar Folke Schuppert/Ingolf Pernice/Ulrich Haltern (Hrsg.), Europawissenschaft, 2005, § 20, S. 705-741.

Scharnagl, Anton, Zur Geschichte des Reichsdeputationshauptschlusses von 1803, in: Historische Jahrbücher 70 (1950), S. 238-259.

Schäuble, Wolfgang, Die europäische Integration voranbringen, in: Frankfurter Allgemeine Zeitung vom 28. Januar 2005, S. 9.

Scherl, Bernhard Martin, Rechtswissenschaftliche Überlegungen zu Kontinuitäten und Zäsuren am Beispiel der Wenden vom 18. zum 19., vom 19. zum 20. Jahrhundert und des I. Weltkrieges, in: Andreas Thier/Guido Pfeifer/Philipp Grzimek (Hrsg.), Kontinuitäten und Zäsuren in der Europäischen Rechtsgeschichte, 1999, S. 253-274.

Schermers, Henry G., International Organizations as Members of Other International Organizations, in: FS für Hermann Mosler, 1983, S. 823-837.

Schermers, Henry G., The quorum in intergovernmental organs, in: FS für Ignaz Seidl-Hohenveldern, 1988, S. 527-535.

Schermers, Henry G./Blokker, Niels M., International Institutional Law, Unity within diversity, 3. Aufl. 1995.

Scheuner, Ulrich, Kollektive Sicherheit, in: WBVR II (1961), S. 242-251.

Scheuner, Ulrich, Die Rechtsetzungsbefugnis internationaler Gemeinschaften, in: FS für Alfred Verdross, 1960, S. 229-242.

Scheuner, Ulrich, Rhein, in: WBVR III (1962), S. 117-124.

Schickel, Matthias, Wilsons Vision, Amerikas Mission, in: Die Zeit vom 14. Dezember 2006, S. 110.

Schieder, Theodor, Crimean War, in: EPIL I (1992), S. 867-869.

Schieder, Theodor, Vom Deutschen Bund zum Deutschen Reich, in: Herbert Grundmann (Hrsg.), Gebhardt: Handbuch der Deutschen Geschichte, Bd. 3: Von der Französischen Revolution bis zum Ersten Weltkrieg, 9. Aufl. 1970, S. 97-220

Schieder, Theodor, Partikularismus und nationales Bewußtsein im Denken des Vormärz, in: Werner Conze (Hrsg.), Staat und Gesellschaft im deutschen Vormärz 1815-1848 (Industrielle Welt, Schriftenreihe des Arbeitskreises für moderne Sozialgeschichte, Bd. 1), 3. Aufl. 1978, S. 9-38.

Schieder, Theodor, Zum Problem des Staatenpluralismus in der modernen Welt (Arbeitsgemeinschaft für Forschung des Lansdes Nordrhein-Westfalen, Geisteswissenschaften, Heft 157), 1969.

Schieder, Theodor, Staatensystem als Vormacht der Welt 1848-1917 (Propyläen Geschichte Europas, Bd. 5), 2. Aufl. 1980, Nachdruck 1992.

Schiller, Friedrich, Don Karlos, Infant von Spanien, Ein dramatisches Gedicht, 1787.

Schiller, Friedrich, Kabale und Liebe, Ein bürgerliches Trauerspiel, 1784.

Schima, Bernhard, Das Vorabentscheidungsverfahren vor dem EuGH, Unter besoderer Berücksichtigung der Rechtslage in Österreich und Deutschland, 2. Aufl. 2004.

Schindler, Dietrich, Die Völkerrechtskommission der Vereinten Nationen, in: WBVR III (1962), S. 761-766.

Schindler, Dietrich, Die Verbindlichkeit der Beschlüsse des Völkerbundes (Schweizerische Vereinigung für internationales Recht, Druckschrift Nr. 20), 1927.

Schindler, Dietrich, Verfassungsrecht und Soziale Struktur, 1932.

Schlette, Volker, Das neue Rechtsschutzsystem der Europäischen Menschenrechtskonvention. Zur Reform des Kontrollmechanismus durch das 11. Protokoll, in: ZaöRV 1996, S. 905-976.

Schlichtmann, Klaus, Japan, Germany and the Idea of the Hague Peace Conferences, in: Journal of Peace Research 40 (2003), S. 377-394.

Schliesky, Utz, Souveränität und Legitimität von Herrschaftsgewalt, Die Weiterentwicklung von Begriffen der Staatslehre und des Staatsrechts im europäischen Mehrebenensystem, 2003.

Schlochauer, Hans-Jürgen, Arbitration, in: EPIL I (1992), S. 215-230.

Schlochauer, Hans-Jürgen, Die Idee des ewigen Friedens, Ein Überblick über Entwicklung und Gestaltung des Friedenssicherungsgedankens auf der Grundlage einer Quellenauswahl, 1953.

Schlochauer, Hans-Jürgen, Internationaler Gerichtshof, in: WBVR II (1961), S. 96-117.

Schlochauer, Hans-Jürgen, Permanent Court of Arbitration, in: EPIL III (1997), S. 981-987 (plus Addendum von *Karin Oellers-Frahm*, S. 987f.).

Schlochauer, Hans-Jürgen, Permanent Court of International Justice, in: EPIL III (1997), S. 988-1004.

Schlochauer, Hans-Jürgen, Schiedsgerichtsbarkeit, Internationale, in: WBVR III (1962), S. 177-195.

Schlochauer, Hans-Jürgen, Ständiger Internationaler Gerichtshof, in: WBVR III (1962), S. 341-364.

Schlochauer, Hans-Jürgen, Ständiger Schiedshof, in: WBVR III (1962), S. 364-371.

Schlögel, Anton, IRC – International Red Cross, in: Rüdiger Wolfrum (Hrsg.), United Nations: Law, Policies and Practice, Bd. 2, 1995, S. 814-819.

Schmahl, Stefanie, Die Kulturkompetenz der Europäischen Gemeinschaft (Nomos Universitätsschriften Recht, Bd. 223), 1996.

Schmahl, Stefanie, Menschen mit Behinderungen im Spiegel des internationalen Menschenrechtsschutzes, in: AVR 2007, S. 517-540.

Schmahl, Stefanie, Die "Rule of Law" in den Vereinten Nationen, Überlegungen anhand der Lockerbie-Affäre, in: RuP 2001, S. 219-235.

Schmahl, Stefanie, Das Verfahren nach dem VII. Kapitel der UN-Satzung unter besonderer Berücksichtigung des zweiten Golfkrieges 1990/91, in: Ignaz Seidl-Hohenveldern/Hans Jörg Schrötter (Hrsg.), Vereinte Nationen, Menschenrechte und Sicherheitspolitik – Völkerrechtlliche Fragen zu internationalen Konfliktbegrenzungen (Schriftenreihe der Deutschen Gruppe der AAA, Bd. IX), 1994, S. 153-193.

Schmahl, Stefanie, Die Verzahnung der deutschen, europäischen und internationalen Rechtsebenen bei der Gewährleistung von Grund- und Menschenrechten, in: Gabriele Bauschke u.a. (Hrsg.), Pluralität des Rechts – Regulierung im Spannungsfeld der Rechtsebenen (Assistententagung Öffentliches Recht, Hamburg 2002), 2003, S. 163-198.

Schmalenbach, Kirsten, Die Haftung internationaler Organisationen im Rahmen von Militäreinsätzen und Territorialverwaltungen (Kölner Schriften zu Recht und Staat, Bd. 18), 2004.

Schmalenbach, Kirsten, Multinationale Unternehmen und Menschenrechte, in: AVR 2001, S. 57-81.

Schmidt, Karsten, Handelsrecht, 5. Aufl. 1999.

Schmidt, Manfred G., Aufgabeneuropäisierung, in: Gunnar Folke Schuppert/Ingolf Pernice/Ulrich Haltern (Hrsg.) Europawissenschaft, 2005, § 5, S. 129-145.

Schmidt-Aßmann, Eberhard, Der Rechtsstaat, in: HStR II (3. Aufl. 2004), § 26, S. 541-612.

Schmidtchen, Dieter, Der eigene Charme Europas, Von einem Demokratiedefizit kann keine Rede sein, in: Frankfurter Allgemeine Zeitung vom 27. November 2004, S. 15.

Schmitt, Carl, Besprechung des Kommentars von G. Anschütz, in: JW 1926 II, S. 2270ff.

Schmitt, Carl, Die Kernfrage des Völkerbundes (Völkerrechtsfragen, 18. Heft), 1926.

Schmitt, Carl, Verfassungslehre, 8. Aufl. 1993.

Schmitz, Katja, Durchgriffswirkung von Maßnahmen der UN und ihrer Sonderorganisationen unter besonderer Berücksichtigung von Resolutionen des UN-Sicherheitsrates – Die Entwicklung supranationaler Strukturen (Schriften zum internationalen und zum öffentlichen Recht, Bd. 49), 2003.

Schmitz, Thomas, Integration in der Supranationalen Union, Das europäische Organisationsmodell einer prozeßhaften geo-regionalen Integration und seine rechtlichen und staatstheoretischen Implikationen (Schriftenreihe Europäisches Recht, Politik und Wirtschaft, Bd. 245), 2001.

Schnabel, Franz, Deutsche Geschichte im neunzehnten Jahrhundert, Zweiter Band: Monarchie und Volkssouveränität, 2. Aufl. 1949.

Schnabl, Walter, Die Kriegs- und Finanzverfassung des Deutschen Bundes, Diss. Marburg, 1966.

Schneider, Patricia/Thony, Kristina/Müller, Erwin (Hrsg.), Frieden durch Recht, Friedenssicherung durch internationale Rechtsprechung und Rechtsdurchsetzung (Demokratie, Sicherheit und Frieden, Bd. 157: Frieden durch Recht V), 2003.

Schneider, Peter, Dogger Bank Incident, in: EPIL I (1992), S. 1090.

Schneider, Peter, Doggerbank-Zwischenfall, in: WBVR I (1960), S. 392-393.

Schneider, Peter, Haager Friedenskonferenzen von 1899 und 1907, in: WBVR I (1960), S. 739-745.

Schneider, Peter, Internationales Komitee vom Roten Kreuz, in: WBVR II (1961), S. 125-127.

Schoen, Paul, Dogger-Bank-Zwischenfall, in: WdVD I (1924), S. 250.

Schönberger, Christoph, Die Europäische Union als Bund, Zugleich ein Beitrag zur Verabschiedung des Staatenbund-Bundesstaat-Schemas, in: AÖR 2004, S. 81-120.

Schorkopf, Frank (Hrsg.) Der Europäische Haftbefehl vor dem Bundesverfassungsgericht (Jus Internationale et Europaeum, Bd. 5), 2006.

Schramm, Hartmut, Rechtssetzung durch die EG-Kommission bei Untätigkeit des Rates? Fragen ersatzorganschaftlichen Handelns in der Europäischen Gemeinschaft (Vorträge, Reden und Berichte aus dem Europa-Institut, Nr. 128), 1988.

Schramm, Karl-Heinz, Einleitung, in: ders. (comp.), Der Weltpostverein (Die Vereinten Nationen und ihre Spezialorganisationen, Dokumente, Bd. 12), 1983, S. 19-44.

Schreuer, Christoph, Die Bedeutung internationaler Organisationen im heutigen Völkerrecht, in: AVR 1984, S. 363-404.

Schröder, Meinhard, Codification and Progressive Development of International Law Within the UN, in: Rüdiger Wolfrum (Hrsg.), United Nations Law, Policy and Practice, 1995, Bd. 1, S. 100-109.

Schröder, Meinhard, Die Entstehung einer europäischen Verfassungsordnung – Das Ineinandergreifen von nationalem und europäischem Verfassungsrecht, in: Die Verwaltung 2002, S. 138-143.

Schröder, Meinhard, ICJ – International Court of Justice, in: Wolfrum (Hrsg.), United Nations Law, Policy and Practice, Bd. 1, 1995, S. 673-685.

Schröder, Meinhard, Verantwortlichkeit, Völkerstrafrecht, Streitbeilegung und Sanktionen, in: Wolfgang Graf Vitzthum (Hrsg.), Völkerrecht, 4. Aufl. 2007, 7. Abschnitt, S. 577-636.

Schröder, Meinhard, Vertikale Kompetenzverteilung und Subsidiarität im Konventsentwurf für eine europäische Verfassung, in: JZ 2004, S. 8-13.

Schröder, Wolfgang M., Grundrechtsdemokratie als Raison offener Staaten, Verfassungspolitik im europäischen und im globalen Mehrebenensystem, 2003.

Schroeder, Paul W., The Vienna System and Its Stability: The Problem of Stabilizing a State System in Transition, in: Peter Krüger (Hrsg.), Das europäische Staatensystem im Wandel, 1996, S. 107-122.

Schubert, Klaus/Bandelow, Nils C. (Hrsg.), Lehrbuch der Politikfeldanalyse (Lehr- und Handbücher der Politikwissenschaft), 2003.

Schücking, Walther, Der Staatenverband der Haager Konferenzen (Das Werk vom Haag, Bd. 2), 1912.

Schücking, Walther / Wehberg, Hans, Völkerbundsatzung, 2. Aufl. 1924.

Schulze, Hagen, Phoenix Europa, Die Moderne, Von 1740 bis heute (Siedler Geschichte Europas, Bd. 5), 1998, S. 185-250.

Schulze, Hagen, Europa: Nation und Nationalstaat im Wandel, in: Werner Weidenfeld (Hrsg.), Die Europäische Union, Politisches System und Politikbereiche, 2004, S. 49-79.

Schulze, Reiner/Hoeren, Thomas (Hrsg.), Dokumente zum Europäischen Recht, Bd. 1: Gründungsverträge, 1999.

Schümperli, Walter, Die Vereinten Nationen und die Dekolonisation, 1970.

Schuppert, Gunnar Folke, „Theorizing Europe", oder von der Überfälligkeit einer disziplinen-übergreifenden Europawissenschaft, in: ders./Ingolf Pernice/Ulrich Haltern (Hrsg.), Europawissenschaft, 2005, § 1, S. 3-35.

Schuppert, Gunnar Folke /Pernice, Ingolf /Haltern, Ulrich (Hrsg.), Europawissenschaft, 2005.

Schuster, Detlev, Bemühungen um allgemeine und vollständige Abrüstung, in: Jost Delbrück (Hrsg.), Friedensdokumente aus fünf Jahrhunderten, Abrüstung, Kriegsverhütung, Rüstungskontrolle, Erster Teilband, 1984, S. 73-85.

Schütze, Robert, Co-operative federalism constitutionalised: the emergence of complementary competences in the EC legal order, in: European Law Review 31 (2006), S. 167-184.

Schwabe, Klaus (Hrsg.), Die Ruhrkrise 1923, 1985.

Schwabe, Klaus (Hrsg.), Die Anfänge des Schuman-Plans 1950/51, The Beginnings of the Schuman-Plan, Beiträge des Kolloquiums in Aachen, 28.-30. Mai 1986 (Veröffentlichungen der Historiker-Verbindungsgruppe bei der Kommission der europäischen Gemeinschaften, Bd. 2), 1988.

Schwarz, Wilhlem, Die Heilige Allianz, Tragik eines europäischen Friedensbundes, 1935.

Schwarze, Jürgen, The birth of a European constitutional order, in: ders. (Hrsg.), The Birth of a European Constitutional Order, The Interaction of National and European Constitutional Law, 2001, S. 463-568.

Schwarze, Jürgen, Kompetenzverteilung in der Europäischen Union und föderales Gleichgewicht, Zu den Forderungen der deutschen Bundesländer im Hinblick auf die Regierungskonferenz 1996, in: DVBl. 1995, S. 1265-1269.

Schwarzenberger, Georg, Machtpolitik, Eine Studie über die internationale Gesellschaft, 1955.

Schwarzenberger, Georg, Zum Recht der internationalen Institutionen, in: FS für Walter Schätzel zu seinem 70. Geburtstag, 1960, S. 429-440.

Schwebel, Stephen M., Ad Hoc Chambers of the International Court of Justice, in: AJIL 81 (1987), S. 831-854.

Schwebel, Stephen M., Chambers of the International Court of Justice Formed for Particular Cases, in: ders., Justice in International Law, 1994, S. 93-124 (Erstveröffentlichung 1989).

Schwebel, Stephen M., The International Character of the Secretariat of the United Nations, in: BYBIL 30 (1953), S. 71-115.

Schweisfurth, Theodor, Danzig, in: EPIL I (1992), S. 938-943.

Schweisfurth, Theodor, The United Nation's Peacebuilding Commission's first year, in: Frieden in Freiheit, Festschrift für Michael Bothe zum 70. Geburtstag, 2008, S. 297-331.

Schweitzer, Michael/Rudolf, Walter (Hrsg.), Friedensvölkerrecht, 3. Aufl. 1985.

Schweizer, Rainer J./Sprecher, Franziska, Menschenwürde im Völkerrecht, in: Kurt Seelmann (Hrsg.), Menschenwürde als Rechtsbegriff (ARSP Beiheft 101), 2004, S. 127-161.

Schweller, Randall L., The Problem of International Order Revisited, A Review Essay, in: International Security, 26 (2001), S. 161-186.

Schwengler, Walter, Völkerrecht, Versailler Vertrag und Auslieferungsfrage, Die Strafverfolgung wegen Kriegsverbrechen als Problem des Friedensschlusses 1919/1920 (Beiträge zur Militär- und Kriegsgeschichte, Bd. 24), 1982.

Schwenk, Rahul, UN-Platz New York, in: Helmut Volger (Hrsg.), Lexikon der Vereinten Nationen, 2000, S. 584-587.

Scott, W. Richard, Grundlagen der Organisationstheorie, 1981, dt. 1986.

Seidel, Gerd, Die Palästinafrage und das Völkerrecht, in: AVR 2006, S. 121-158.

Seidel, Gerd, Quo vadis Völkerrecht?, in: AVR 2003, S. 449-483.

Seidl-Hohenveldern, Ignaz, Arbitration by Organs of International Organizations, in: ders., Collected Essays on International Investments and on International Organizations, 1998, S. 335-340.

Seidl-Hohenveldern, Ignaz, Danube River, in: EPIL I (1992), S. 934-938.

Seidl-Hohenveldern, Ignaz, Donau, in: WBVR I (1960), S. 393-396.

Seidl-Hohenveldern, Ignaz, Die Grenzen rechtlicher Steiterledigung im Völkerrecht und in Internationalen Organisationen, in: Verhandlungen der 10. Tagung der Deutschen Gesellschaft für Völkerrecht (BDGVR, Bd. 9), 1969, S. 45-75.

Seidl-Hohenveldern, Ignaz, The Legal Personality of International Organizations, in: ders., Collected Essays on International Investments and on International Organizations, 1998, S. 3-35.

Seidl-Hohenveldern, Ignaz/Loibl, Gerhard, Das Recht der Internationalen Organisationen einschließlich der Supranationalen Gemeinschaften, 7. Aufl. 2000.

Seiler, Christian, Der souveräne Verfassungsstaat zwischen demokratischer Rückbindung und überstaatlicher Einbindung (Ius Publicum, Bd. 124), 2005.

Seiler, Hans Hermann, Der Deutsche Bund als Forschungsproblem, in: Helmut Rumpler (Hrsg.), Deutscher Bund und Deutsche Frage 1815-1866, 1990, S. 31-58.

Seitz, Konrad, Die Dominanz der Dritten Welt in den Vereinten Nationen, in: EA 1973, S. 403-412.

Senghaas, Dieter, Über die Kultur des Friedens, in: Weltinnenrecht, Liber amicorum Jost Delbrück (Veröffentlichungen des Walther-Schücking-Instituts für Internationales Recht an der Universität Kiel, Bd. 155), 2005, S. 665-675.

Seyersted, Finn, Objective International Personality of Intergovernmental Organizations, Do their capacities really depend upon the Conventions establishing them?, in: NTIR 34 (1964), S. 1-112.

Seyerstedt, Finn, Treaty-Making Competence of International Organizations: Article 6 of the International Law Commission's Draft Articles on the Law of Treaties Between States and International Organizations or Between International Organizations, in: ÖZöR 1983, S. 261-267.

Seyersted, Finn, United Nations Forces, Some Legal Problems, in: British Year Book of International Law 37 (1961), S. 351-475.

Sharp, Walter R., The United Nations Economic and Social Council, 1969.

Shaw, Malcolm N., International Law, 5. Aufl. 2003.

Sheehan, James J., The Future of the European State: Some Historical Reflections on the German Case, in: GHI-Bulletin Nr. 42 (2008), S. 9-20.

Shelton, Dinah, (Hrsg.), Commitment and Compliance, The Role of Non-Binding Norms in the International Legal System, 2000.

Shetreet, Shimon (Hrsg.), Judicial Independence, The Contemporary Debate, 1985.

Shihata, Ibrahim F.I., The Power of the International Court to determine its own jurisdiction, Compétence de la compétence, 1965.

Shinoda, Hideaki, Re-examining sovereignty, From Classical Theory to the Global Age, 2000.

Siemann, Wolfram, Vom Staatenbund zum Nationalstaat (Neue deutsche Geschichte, Bd. 7), 1995.

Simai, Mihály, Some Problems of International Secretariats, in: Paul Taylor/A.J.R. Groom (Hrsg.), International Organisation: A Conceptual Appproach, 1978, S. 109-115.

Simm, Marion, Der Gerichtshof der Europäischen Gemeinschaften im föderalen Kompetenzkonflikt, Kontinuität und Neubesinnung in der Rechtsprechung vor und nach „Maastricht" Schriftenreihe Europäisches Recht, Politik und Wirtschaft, Bd. 200), 1998.

Simma, Bruno (Hrsg.), The Charter of the United Nations, A Commentary, 2 Bde., 2002 (zit. Autor, Art. Nr., in: Simma (Hrsg.), Charter, Bd. Nr., 2. Aufl. 2002, Seitenzahlen, Rn.).

Simma, Bruno, Human Rights, in: Christian Tomuschat (Hrsg.), The United Nations at Age Fifty, A Legal Perspective, 1995, S. 263-280.

Simma, Bruno/Alston, Philip, The Sources of Human Rights Law: Custom, Jus Cogens, and General Practice, in: Australian Year Book of International Law 12 (1992), S. 82-108.

Simma, Bruno/Fastenrath, Ulrich (Hrsg.), Menschenrechte, Ihr internationaler Schutz, 5. Aufl. 2004.

Simon, Annette, UN-Schutzzonen – Ein Schutzinstrument für verfolgte Personen? Eine Analyse anhand der internationalen Schutzzonen im Irak, in Ruanda und Bosnien-Herzegowina mit besonderem Blick auf die schweren Menschenrechtsverletzungen in der *safe area* Srebrenica, 2005.

Sinclair, Sir Ian, Principles of international Law concerning Friedly Relations and Co-operation among States, in: Essays in International Law in Honour of Krishna Rao, 1976, S. 107-140.

Singh, Nagendra, The Role of International Organisations, in: Mélanges offerts à Henri Rolin, 1964, S. 350-373.

Singh, Nagendra, The UN and the Development of International Law, in: Adam Roberts/Benedict Kingsbury (Hrsg.), United Nations, Divided World, The UN's Roles in International Relations, 2. Aufl. 1993, 5. Nachdruck 1995, S. 384-419.

Siotis, Jean, The Institutions of the League of Nations, in: The League of Nations in retrospect, Proceedings of the Symposium, Geneva, 6-9 November 1980, 1983, S. 19-30.

Skubiszewski, Krzysztof, Enactment of Law by International Organizations, in: British Year Book of International Law 41 (1965/66), S. 198-274.

Skubiszewski, Krzysztof, Implied Powers of the International Organizations, in: Essays in Honour of Shabtai Rosenne, 1989, S. 855-868.

Skubiszewski, Krzysztof, The International Court of Justice and the Security Council, in: Vaughan Lowe/Malgosia Fitzmaurice (Hrsg.), Fifty Years of the International Court of Justice, Essays in Honour of Sir Robert Jennings, 1996, S. 606-629.

Skubiszewski, Krzysztof, International Legislation, in: EPIL II (1995), S. 1255-1262.

Skubiszewski, Krzysztof, Remarks on the Interpretation of the United Nations Charter, in: FS für Hermann Mosler, 1983, S. 891-902.

Skubiszewski, Krzysztof, Resolutions of the U.N. General Assembly and Evidence of Custom, in: Le droit international à l'heure de sa codification, Etudes en l'honneur de Roberto Ago, Bd. 1, 1987, S. 503-519.

Slaughter, Anne-Marie, Government networks: the heart of the liberal democratic order, in: Gregory H. Fox/Brad R. Roth (Hrsg.), Democratic Governance and International Law, 2000, S. 199-235.

Slaughter, Anne-Marie, International Law and International Relations, in: Recueil des Cours 285 (2000), S. 9-250.

Slaughter, Anne-Marie, A New World Order, 2004.

Sloan, Blaine, United Nations General Assembly Resolutions in Our Changing World, 1991.

Smend, Rudolf, Die politische Gewalt im Verfassungsstaat und das Problem der Staatsform, in: ders., Staatsrechtliche Abhandlungen und andere Aufsätze, 2. erw. Aufl. 1968, S. 68-88 (Erstveröffentlichung 1923).

Smend, Rudolf, Das Reichskammergericht, Geschichte und Verfassung, 1911.

Smend, Rudolf, Verfassung und Verfassungsrecht, in: ders., Staatsrechtliche Abhandlungen und andere Aufsätze, 2. erw. Aufl. 1968, S. 119-276 (als selbständige Schrift erschienen 1928).

Smouts, Marie-Claude, The General Assembly: Grandeur and Decadence, in: Paul Taylor/A.J.R. Groom (Hrsg.), The United Nations at the Millenium, The Principal Organs, 2000, S. 21-60.

Smithers, Sir Peter, Governmental Control, A Prerequisite for Effective Relations between the United Nations and non-United Nations Regional Organizations, 1973.

Smyrek, Daniel Sven, Internationally Administered Territories – International Protectorates? An Analysis of Sovereignty over Internationally Administered Territories with Special Reference to the Legal Status of Post-War Kosovo, 2006.

Sobota, Katharina, Das Prinzip Rechtsstaat, Verfassungs- und verwaltungsrechtliche Aspekte, 1997.

Soetendorp, Ben, The Evolution of the EC/EU as a Single Foreign Policy Actor, in: Walter Carlsnaes/Steve Smith (Hrsg.), European Foreign Policy, The EC and Changing Perspectives in Europe, 1994, S. 103-119.

Sombart, Werner, Die deutsche Volkswirtschaft im neunzehnten Jahrhundert, 3. Aufl. 1913.

Sonnenfeld, Renata, Resolutions of the United Nations Security Council (Legal Aspects of International Organization, Bd. 8), 1988.

Sørensen, Max, „Eigene Rechtsordnungen", Skizze zu einigen systematischen Betrachtungen über ein Problem der internationalen Organisation, in: Wilhelm G. Grewe (Hrsg.), Europäische Gerichtsbarkeit und nationale Verfassungsgerichtsbarkeit, FS zum 70. Geburtstag von Hans Kutscher, 1981, S. 415-436.

Spenz, Jürgen, Die diplomatische Vorgeschichte des Beitritts Deutschlands zum Völkerbund 1924-1926, Ein Beitrag zur Außenpolitik der Weimarer Republik, 1966.

Spierenburg, Dirk/Poidevin, Raymond, The History of the High Authority of the European Coal and Steel Community, Supranationality in Operation, 1994.

Spiermann, Ole, A Permanent Court of International Justice, in: Nordic Journal of International Law 2003, S. 399-418.

Spiermann, Ole, "Who Attempts Too Much Does Nothing Well": The 1920 Advisory Committee of Jurists and the Statute of the Permanent Court of International Justice, in: British Year Book of International Law 2002, S. 187-260.

Spröte, Wolfgang, Wirtschafts- und Sozialrat (ECOSOC), in: Helmut Volger (Hrsg.), Lexikon der Vereinten Nationen, 2000, S. 662-665.

Stahn, Carsten, Governance Beyond the State: Issues of Legitimacy in International Territorial Administration, in: International Organizations Law Review 2 (2005), S. 9-56.

Stahn, Carsten, International Territorial Administraiton in the Former Yugoslavia: Origins, Developments and Challenges Ahead, in: ZaöRV 2001, S. 108-172.

Stammen, Theo/Eberle, Friedrich, Einleitung, in: dies. (Hrsg.), Deutschland und die Französische Revolution (Quellen zum politischen Denken der Deutschen im 19. und 20. Jahrhundert, Freiherr vom Stein-Gedächtnisausgabe, Bd. 1), 1988.

Starck, Christian, Unitarisierung des Rechts im Bundesstaat, in: Bayerischer Verfassungsgerichtshof (Hrsg.), Verfassung als Verantwortung und Verpflichtung, 1997, S. 229-239.

Starck, Christian, Die Verfassungsauslegung, in: HStR VI (1992), § 164, S. 189-230.

Stark, Carsten/Lahusen, Christian (Hrsg.), Theorien der Gesellschaft, Einführung in zentrale Paradigmen der soziologischen Gegenwartsanalye, 2002.

Stauß, Michael, Das Europäische Parlament und seine Untergliederungen als Parteien im Verfahren der Nichtigkeitsklage (Art. 173 EGV) (Nomos Universitätsschriften Recht, Bd. 218), 1996.

Steiger, Heinhard, Frieden durch Institution, Frieden und Völkerbund bei Kant und danach, in: Matthias Lutz-Bachmann/James Bohmann (Hrsg.), Frieden durch Recht, Kants Friedensidee und das Problem einer neuen Weltordnung, 1996, S. 140-169.

Steiger, Heinhard, Völkerbund, Vereinte Nationen und der Nahe Osten, in: Der Staat 1970, S. 433-474.

Stein, Andreas, Der Sicherheitsrat der Vereinten Nationen und die Rule of Law, Auslegung und Rechtsfortbildung des Begriffs der Friedensbedrohung bei humanitären Interventionen auf der Grundlage des Kapitels VII der Charta der Vereinten Nationen (Veröffentlichungen aus dem Institut für Internationale Angelegenheiten der Universität Hamburg, Bd. 23), 1999.

Stein, Eric, International Integration and Democracy: No Love at First Sight, in: AJIL 95 (2001), S. 489-534.

Stein, Eric/Morrissey, Richard C., Uniting for Peace Resolution, in: EPIL IV (2000), S. 1232-1235.

Stein, Klaus D., Der gemischte Vertrag im Recht der Außenbeziehungen der Europäischen Wirtschaftsgemeinschaft (Schriften zum Völkerrecht, Bd. 84), 1986.

Stein, Torsten, Richterrecht wie anderswo auch? Der Gerichtshof der Europäischen Gemeinschaften als „Integrationsmotor", in: FS der Juristischen Fakultät zur 600-Jahr-Feier der Ruprecht-Karls-Universität Heidelberg, 1994, S. 619-641.

Stein, Ursula, Lex mercatoria: Realität und Theorie, 1995.

Steinberger, Helmut, Bemühungen zur Kodifizierung und Weiterbildung des Völkerrechts im Rahmen der Organisation der Vereinten Nationen, in: ZaöRV 1968, S. 617-645.

Steinberger, Helmut, The International Court of Justice, in: Max-Planck-Institut für ausländisches öffentliches Recht und Völkerrecht (Hrsg.), Judicial Settlement of International Disputes, International Court of Justice, Other Courts and Tribunals, Arbitration and Conciliation, An International Symposium, 1974, S. 193-283 (zit. als: MPI (Hrsg.), Judicial Settlement of International Disputes).

Steinberger, Helmut, Sovereignty, in: EPIL IV (2000), S. 500-521.

Steindorff, Ernst, Grenzen der EG-Kompetenzen (Abhandlungen aus dem gesamten Bürgerlichen Recht, Handelsrecht und Wirtschaftsrecht, Beihefte der Zeitschrift für das gesamte Handelsrecht und Wirtschaftsrecht, Bd. 65), 1990.

Steiner, Zara, The Lights that Failed: European International History, 1919-1933, 2005.

Stern, Klaus, Das Staatsrecht der Bundesrepublik Deutschland, Bd. V: Die geschichtlichen Grundlagen des deutschen Staatsrechts, Die Verfassungsentwicklung vom Alten Deutschen Reich bis zur wiedervereinigten Bundesrepublik Deutschland, 2000.

Stetten, Jürgen, Multilaterale Institutionen: Neue Allianzen bilden, globale Probleme lösen (Kompass 2020: Deutschland in den internationalen Beziehungen – Ziele Instrumente, Perspektiven), 2007.

Stettner, Rupert, Grundfragen einer Kompetenzlehre (Schriften zum Öffentlichen Recht, Bd. 447), 1983.

Stickler, Armin, Nichtregierungsorganisationen, soziale Bewegungen und Global Governance, Eine kritische Bestandsaufnahme, 2005.

Stirk, Peter, Integration and Disintegration before 1945, in: Desmond Dinan (Hrsg.), Origins and Evolution of the European Union, 2006, S. 9-28.

Stoecker, Felix William, NGOs und die UNO, Die Einbindung von Nichtregierungsorganisationen (NGOs) in die Strukturen der Vereinten Nationen (Studien zum Internationalen, Europäischen und Öffentlichen Recht, Bd. 6), 2000.

Stoll, Peter-Tobias, Die WTO: Neue Welthandelsorganisation, neue Welthandelsordnung, in: ZaöRV 1994, S. 241-339.

Stolleis, Geschichte des öffentlichen Rechts in Deutschland, Bd. 1: Reichspublizistik und Policeywissenschaft 1600-1800, 1988.

Stolleis, Michael, Geschichte des öffentlichen Rechts in Deutschland, Bd. 2: Staatsrechtslehre und Verwaltungswissenschaft 1800-1914, 1992.

Stolleis, Michael, Der lange Abschied vom 19. Jahrhundert, Die Zäsur von 1914 aus rechtshistorischer Perspektive (Schriftenreihe der Juristischen Gesellschaft zu Berlin, Heft 150), 1997.

Stolleis, Michael, Triumph des Rechtsglaubens, Das Gesetzbuch der Egalité und Liberté: Zum zweihundertsten Geburtstag des Code civil, in: Frankfurter Allgemeine Zeitung vom 20. März 2004, S. 37.

Strauß, Ekkehard, Prävention von Menschenrechtsverletzungen als Aufgabe internationaler Organisationen, Rechtsgrundlagen und inhaltliche Ansätze, 2001.

Streinz, Rudolf, Der „Effet utile" in der Rechtsprechung des Gerichtshofs der Europäischen Gemeinschaften, in: FS für Ulrich Everling, Bd. II, 1995, S. 1491-1510.

Streinz, Rudolf, Kompetenzabgrenzung zwischen Europäischer Union und ihren Mitgliedstaaten, in: Rainer Hofmann/Andreas Zimmermann (Hrsg.), Eine Verfassung für Europa, Die Rechtsordnung der Europäischen Union unter dem Verfassungsvertrag, 2005, S. 71-103.

Streinz, Rudolf, Sinn und Zweck des Nationalstaates in der Zeit der Europäisierung und Globalisierung, in: FS für Georg Ress zum 70. Geburtstag, 2005, S. 1277-1293.

Streinz, Rudolf, Der Vertrag von Amsterdam, Einführung in die Reform des Unionsvertrags von Maastricht und erste Bewertung der Ergebnisse, in: EuZW 1998, S. 137-147.

Streinz, Rudolf, Der Vertrag von Amsterdam, Die institutionellen Veränderungen für die Europäische Union und die Europäische Gemeinschaft, in: Jura 1988, S. 57-65.

Streinz, Rudolf/Ohler, Christoph/Herrmann, Christoph, Die neue Verfassung für Europa, Einführung mit Synopse, 2005.

Streit, Manfred E., Die „Verfassung für Europa" – Bemerkungen zu einem ordnungspolitischen Dauerproblem, in: ORDO, Jahrbuch für die Ordnung von Wirtschaft und Gesellschaft 2004, S. 333-339.

Stroh, Dagmar Patricia, Die nationale Zusammenarbeit mit den Internationalen Straftribunalen für das ehemalige Jugoslawien und für Ruanda, 2002.

Stroh, Dagmar Patricia, State Cooperation with the International Criminal Tribunals for the Former Yugoslavia and for Rwanda, in: MPUNYB 2001, S. 249-283.

Strupp, Karl, Cour permanente de justice internationale, in: WdVD III (1929), S. 773-817.

Strupp, Karl, Internationale Verwaltungsgemeinschaften, in: WdVD II (1925), S. 573-577.

Strupp, Karl, Karelienstreit, in: WdVD I (1924), S. 616-621.

Strupp, Karl, Kodifikation, in: WdVD I (1924), S. 638-641.

Strupp, Karl, Schiedsgerichtsbarkeit und Schiedsgerichtsverträge, in: WdVD II (1925), S. 451-474.

Strupp, Karl/Hatschek, Julius (Hrsg.), Wörterbuch des Völkerrechts und der Diplomatie, 3 Bde., 1924-1929 (zit. Autor, Beitragstitel, in: WdVD, Bd.-Nr. (Erscheinungsjahr), Seitenzahlen).

Strupp, Karl/Schochauer, Hans-Jürgen (Hrsg.), Wörterbuch des Völkerrechts, 3 Bde, 1960-1962 (zit. Autor, Beitragstitel, in: WBVR, Bd.-Nr. (Erscheinungsjahr), Seitenzahlen).

Sucharipa, Ernst, Die Gemeinsame Außen- und Sicherheitspolitik (GASP) der Europäischen Union im Rahmen der Vereinten Nationen Bestandsaufnahme, Defizite, Chancen, in: Eckart Klein/Helmut Volger (Hrsg.), Die Vereinten Nationen und Regionalorganisationen vor aktuellen Herausforderungen (Potsdamer UNO-Konferenzen, Bd. 3), 2002, S. 7-31.

Sucharipa-Behrmann, Lilly, The Enlargement of the Security Council, The Question of Equitable Representation of and Increase in the Membership of the Security Council, in: Austrian Journal of Public Iinternationa Law 1994, S. 1-16.

Suy, Frédéric, Consensus, in: EPIL I (1992), S. 759-761.

Suy, Frédéric, Some Legal Questions Concerning the Security Council, in: FS Schlochauer, 1981, S. 677-689.

Sywottek, Arnold, Staatenbund und Bundesstaat in der deutschen Geschichte des 19. und 20. Jahrhunderts, in: Bernd Jürgen Wendt (Hrsg.), Vom schwierigen Zusammenwachsen der Deutschen, Nationale Identität und Nationalismus im 19. und 20. Jahrhundert, 1992.

Szasz, Paul C., Centralized and Decentralized Law Enforcement: The Security Council and the General Assembly Acting under Chapters VII and VIII, in: Jost Delbrück (Hrsg.), Allocation of Law Enforcement Authority in the International System, Proceedings of an International Symposium of the Kiel Institute of International Law, March 23 to 25, 1994 (Veröffentlichungen des Instituts für Internationales Recht an der Universität Kiel, Bd. 117), 1995, S. 17-38.

Szasz, Paul C., The Complexification of the United Nations System, in: MPUNYB 1999, S. 1-37.

Szasz, Paul C., Introduction to Administrative and Expert Monitoring of International Treaties, in: ders., Selected Essays on Understanding International Institutions and the Legislation Process, 2001, S. 63-81 (zuvor erschienen in: ders. (Hrsg.), Administrative and Expert Monitoring of International Treaties, 1999).

Szasz, Paul C., The Proliferation of Administrative Tribunals, in: Niels Blokker/Henry G. Schermers (Hrsg.), Proliferation of International Organizations, Legal Issues, 2001, S. 241-249.

Szasz, Paul C., The Security Council Starts Legislating, in: AJIL 96 (2002), S. 901-905.

Tamanaha, Brian Z., On the Rule of Law: History, Politics, Theory, 2004.

Tanzi, Attila, Problems of Enforcement of Decisions of the International Court of Justice and the Law of the United Nations, in: 6 EJIL (1995), S. 539-572.

Tausend, Klaus, Amphiktyonie und Symmachie, Formen zwischenstaatlicher Beziehungen im archaischen Griechenland, 1992.

Taylor, Paul, Managing the Economic and Social Affairs of the United Nations Sysytem: Developing the Role of ECOSOC, in: ders./A.J.R. Groom (Hrsg.), The United Nations at the Millenium, The Principal Organs, 2000, S. 100-141.

Taylor, Paul, The United Nations in the 1990s: Proactive Cosmopolitanism and the Issue of Sovereignty, in: Robert Jackson (Hrsg.), Sovereignty at the Millenium, 1999, S. 116-143.

Tegge, Andreas, Die internationale Telekommunikations-Union, Organisation und Funktion einer Weltorganisation im Wandel (Wirtschaftsrecht der internationalen Telekommunikation, Bd. 21), 1994.

Tenfelde, Klaus, 1914 bis 1990: Die Einheit der Epoche, in: Manfred Hettling u.a. (Hrsg.), Was ist Gesellschaftsgeschichte? Postitionen, Themen, Analysen, 1991, S. 70-80.

Thakur, Ramesh, In defence of the responsibility to protect, in: The International Journal of Human Rights 7/3 (2003), S. 160-183.

Thakur, Ramesh, UN Peacekeeping in the New World Disorder, in: ders./Carlyle A. Thayer (Hrsg.), A Crisis of Expectations, UN Peacekeeping in the 1990s, 1995, S. 3-22.

The American Law Institute, Restatement of the Law Third, The Foreign Relations Law of the United States, Bd. 2, 1986.

Theißen, Gunnar, Mehr als nur ein Namenswechsel, Der neue Menschenrechtsrat der Vereinten Nationen, in: VN 2006, S. 138-146.

Thirlway, H.W.A., The Indication of Provisional Measures by the International Court of Justice, in: Rudolf Bernhard (Hrsg.), Interim Measures Indicated by International Courts, 1994, S. 1-36.

Thirlway, Hugh, The International Court of Justice, in: Malcolm D. Evans (Hrsg.), International Law, 2003, S. 559-587.

Thompson, Alexander, Coercion Through IOs: The Security Council and the Logic of Information Transmission, in: International Organization 60 (2006), S. 1-34.

Thürer, Daniel, The Emergence of Non-Governmental Organizations and Transnational Enterprises in International Law and the Changing Role of the State, in: Rainer Hofmann (Hrsg.), Non-State Actors as New Subjects of International Law, International Law – From the Traditional State Order Towards thew Law of the Global Community (Veröffentlichungen des Walther-Schücking-Instituts für Internationales Recht an der Universität Kiel, Bd. 125), 1999, S. 37-58.

Thürer, Daniel, Recht der internationalen Gemeinschaft und Wandel der Staatlichkeit, in: ders./Jean-François Aubert/Jörg Paul Müller (Hrsg.), Verfassungsrecht der Schweiz, 2001, S. 37-60

Thürer, Daniel, Self-Determination, in: EPIL IV (2000), S. 364-374.

Thurner, Paul W., Die graduelle Konstitutionalisierung der Europäischen Union, Eine quantitative Fallstudie am Beispiel der Regierungskonferenz 1996 (Die Einheit der Gesellschaftswissenschaften, Bd. 136), 2006.

Thym, Daniel, Die Begründung einer europäischen Verteidigungspolitik: Anforderungen des europäischen und des deutschen Verfassungsrechts, in: DVBl. 2000, S. 676-682.

Thym, Daniel, Parlamentsfreier Raum? Das Europäische Parlament in der Außen-und Sicherheitspolitik, in: Andreas Maurer/Dietmar Nickel (Hrsg.), Das Europäische Parlament, Supranationalität, Repräsentation und Legitimation, 2005, S. 211-223.

Thym, Daniel, "A Superpower, not a Superstate" - Der britische Beitrag zur europäischen Verfassungsdiskussion, in: Integration 2001, S. 356-568.

Thym, Daniel, Die völkerrechtlichen Verträge der Europäischen Union, in: ZaöRV 2006, S. 863-925.

Tielsch, Julia, UN-Verwaltung und Menschenrechte, Die internationale Zivilverwaltung im Kosovo, 2006.

Tietje, Christian, Grundzüge und rechtliche Probleme der internationalen Informationsordnung, in: Hans-Bredow-Institut (Hrsg.), Internationales Handbuch Medien 2004/2005, 2004, S. 15-39.

Tietje, Christian, Recht ohne Rechtsquellen? Entstehung und Wandel von Völkerrechtsnormen im Interesse des Schutzes globaler Rechtsgüter im Spannungsverhältnis von Rechtssicherheit und Rechtsdynamik, in: Zeitschrift für Rechtssoziologie 2003, S. 27-42.

Tietje, Christian/Hamelmann, Sandy, Gezielte Finanzsanktionen der Vereinten Nationen zum Gemeinschaftsrecht und zu Menschenrechten, EuG, BeckRS 2005, 70 726, in: JuS 2006, S. 299-302.

Tömmel, Ingeborg, Das politische System der EU (Lehr- und Handbücher der Politikwissenschaft), 2. Aufl. 2005.

Tomuschat, Christian, Der 11. September 2001 und seine rechtlichen Konsequenzen, in: EuGRZ 2001, S. 535-545.

Tomuschat, Christian, Die auswärtige Gewalt der EWG erhält feste Konturen (Anmerkung), in: EuR 1977, S. 157-164.

Tomuschat, Christian, General Assembly, in: Rüdiger Wolfrum (Hrsg.), United Nations Law, Policy and Practice, Bd. 1, 1995, S. 548-557.

Tomuschat, Christian, Die Generalversammlung der Vereinten Nationen im Spiegel der Praxis, in: VN 1976, S. 49-58.

Tomuschat, Christian, Die Internationale Gemeinschaft, in: AVR 1995, S. 1-20.

Tomuschat, Christian, ILC – International Law Commission, in: Rüdiger Wolfrum (Hrsg.), United Nations Law, Policy and Practice, 1995, Bd. 2, S. 705-713.

Tomuschat, Christian, International Law, in: ders. (Hrsg.), The United Nations at Age Fifty, A Legal Perspective, 1995, S. 281-308.

Tomuschat, Christian (Hrsg.), Modern Law of Self-Determination, 1993.

Tomuschat, Christian, Von Nürnberg nach Den Haag, in: Nürnberger Menschenrechtszentrum (Hrsg.), Von Nürnberg nach Den Haag, Menschenrechtsverbrechen vor Gericht, Zur Aktualität des Nürnberger Prozesses, Hamburg 1996, S. 93-115.

Tomuschat, Christian, Die Völkerrechtskommission der Vereinten Nationen, in: VN 1988, S. 180-186.

Tomuschat, Christian (Hrsg.), The United Nations at Age Fifty, A Legal Perspective, 1995.

Townley, Ralph, The Economic Organs of the United Nations, in: Evan Luard (Hrsg.), The Evolution of International Organizations, 1966, S. 246-284.

Treue, Wilhelm, Wirtschaftsgeschichte der Neuzeit, Bd. I: 18. und 19. Jahrhundert, 3. Aufl. 1973.

Triepel, Heinrich, Die Kompetenzen des Bundesstaats und die geschriebene Verfassung, in: Festgabe für Laband, Bd. II, 1908, S. 249-335.

Triepel, Heinrich, Die Reichsaufsicht, Untersuchungen zum Staatsrecht des Deutschen Reiches, 1917, reprographischer Nachdruck 1964.

Troen, Selwyn Ilan (Hrsg.), The Suez crisis 1956, retrospective and reappraisal, 1990.

Trüe, Christiane, Das System der Rechtssetzungskompetenzen der Europäischen Gemeinschaft und der Europäischen Union (Schriftenreihe Euruopäisches Recht, Politik und Wirtschaft, Bd. 282), 2002.

Tsebelis, George/Garrett, Geoffrey, The Institutional Foundations of Intergovernmentalism and Supranationalism in the European Union, in: International Organization 55 (2001), S. 357-390.

Tudyka, Kurt P., Hegemonie und Globokratie, Der Richtungsstreit um die Weltordnungspolitik zwischen Europa und den USA (Demokratie, Sicherheit, Frieden, Bd. 158), 2003.

Tully, James, Strange Multiciplity: Constitutionalism in an Age of Diversity, 1995.

Tunkin, Gregorij I., The Legal Bases of International Organization Action, in: René-Jean Dupuy (Hrsg.), A Handbook on International Organizations, 1988, S. 261-276.

Tunkin, Gregorij I., Theoretische Fragen des Völkerrechts, in: Modernes Völkerrecht, Form oder Mittel der Außenpolitik? Eine Gegenüberstellung der Lehren von M.A. Kaplan/N. de B. Katzenbach – USA – und G.J. Tunkin – UdSSR, 1965, S. 209-389 (Zitiert als: *Tunkin*, theoretische Fagen des Völkerrechts, dt. 1965).

Uerpmann, Robert, Grenzen zentraler Rechtsdurchsetzung im Rahmen der Vereinten Nationen, in: AVR 1995, S. 107-130.

Uerpmann, Robert, Internationales Verfassungsrecht, in: JZ 2001, S. 565-573.

Ullrich, Volker, Die nervöse Großmacht, Aufstieg und Untergang des Deutschen Kaiserreichs 1871-1918, 1997.

UN-Department of Public Information (Hrsg.), The United Nations and the Iraq-Kuwait Conflict 1990-1996 (The United Nations Blue Books Series, Bd. IX), 1996.

United Nations, A More Secure World: Our Shared Responsibility, Report of the High-Level Panel on Threats, Challenges and Change, UN-Dok. A/59/565 vom 2. Dezember 2004.

Unser, Günther, Die UNO, Aufgaben, Strukturen, Politik , 7. Aufl. 2004.

Vaïsse, Maurice, La Société des Nations et le Désarmement, in: The League of Nations in retrospect, Proceedings of the symposium, Geneva, 6-9 November 1980, 1983, S. 245-265.

Valencia-Ospina, Eduardo, The use of chambers of the International Court of Justice, in: Vaughan Lowe/Malgosia Fitzmaurice (Hrsg.), Fifty Years of the International Court of Justice, Essays in Honour of Sir Robert Jennings, 1996, S. 503-527.

Vallat, Sir Francis, International Law Commission, in: EPIL II (1995), S. 1208-1215 (plus Addendum von *Lerche, Clemens*, S. 1215-1216).

Vallat, Sir Francis, United Nations General Assembly, in: EPIL IV (2000), S. 1119-1125.

van Eysinga, W.J.M., Die Zentralkommission für die Rheinschiffahrt, Geschichtliche Darstellung, verfaßt auf Veranlassung der Zentralkommission für die Rheinschiffahrt, 1935, dt. 1936.

van Genugten, Willem J.M./de Groot Gerard A. (Hrsg.), United Nations Sanctions, Effectiveness and Effects, Especially in the Field of Human Rights, A Multi-disciplinary Approach, 1999.

van Ooyen, Robert Chr., Der Staat der Moderne, Hans Kelsens Pluralismustheorie (Beiträge zur Politischen Wissenschaft, Bd. 125) , 2003.

van Staden, Alfred/Vollaard, Hans, The Erosion of State Sovereignty: Towards a Post-territorial World?, in: Gerard Kreijen (Hrsg.), State, Sovereignty and International Governance, 2002, S. 165-184.

van Walsum, Peter, The Security Council and the Use of Force: The Cases of Kosovo, East Timor, and Iraq, in: Niels Blokker/Nico Schrijver (Hrsg.), The Security Council and the Use of Force, Theory and Reality – A Need for Change?, 2005, S. 65-74.

Vaubel, Roland, Principal-Agent-Probleme in internationalen Organisationen (HWWA Discussion Paper 219), 2003.

Vaubel, Roland/Dreher, Axel/Soylu, Udurlu, Das Personalwachstum in internationalen Organisationen: Ein Principal-Agent-Problem?, Eine empirische Analyse, in: Franz Urban Pappi u.a. (Hrsg.), Die Institutionalisierung internationaler Verhandlungen, 2004, S. 205-231.

Vedder, Christoph, Die Integrationskompetenz der EG in der Rechtsprechung des EuGH, in: GS Grabitz, 1995, S. 795-817.

Veidl, Haager Schiedsgerichtshof, bisherige Tätigkeit, in: WdVD I (1924), S. 484-486.

Veit-Brause, Irmline, Partikularismus, in: Otto Brunner/Werner Conze/Reinhart Koselleck (Hrsg.), Geschichtliche Grundbegriffe, Historisches Lexikon zur politisch-sozialen Sprache in Deutschland, Bd. 4, 1978, S. 735-766.

Verdross, Alfred, Die Verfassung der Völkerrechtsgemeinschaft, 1926.

Verdross, Alfred/Simma, Bruno, Universelles Völkerrecht, Theorie und Praxis, 3. Aufl. 1984.

Verley, Patrick, Die politischen Verhältnisse: Vom Liberalismus zum Imperialismus, in: Guy Palmade (Hrsg.), Das bürgerliche Zeitalter (Fischer Weltgeschichte, Vom Absolutismus zum bürgerlichen Zeitalter, Bd. 3), 1975, Nachdruck 2003, S. 233-316.

Verosta, Stephan, Alliance, in: EPIL I (1992), S. 119-123.

Verosta, Stephan, Der Angriffskrieg im System des Deutschen Bundes (1815-1866), in: FS Mosler, 1983, S. 1033-1043.

Vierhaus, Rudolf, „Sie und nicht wir“, Deutsche Urteile über den Ausbruch der Französischen Revolution, in: Jürgen Voss (Hrsg.), Deutschland und die Französische Revolution, 17. Deutsch-französisches Historikerkolloquium des Deutschen Historischen Instituts Paris (Beihefte der Francia, Bd. 12) 1983, S. 1-15.

Vierhaus, Rudolf, Aufklärung und Reformzeit. Kontinuitäten und Neuansätze in der deutschen Politik des späten 18. und beginnenden 19. Jahrhunderts, in: Eberhard Weis (Hrsg.), Reformen im rheinbündischen Deutschland, 1984, S. 287-301.

Vierheilig, Monika, Die rechtliche Einordnung der von der Weltgesundheitsorganisation beschlossenen regulations (R.v.Decker's rechts- und sozialwissenschaftliche Abhandlungen, Bd. 27), 1984.

Vignes, Daniel, The Impact of International Organizations on the Development and Application of Public International Law, in: Ronald St.J. Macdonald/Douglas M. Johnston (Hrsg.), The Structure and Process of International Law: Essays in Legal Philosophy Doctrine and Theory, 1983, S. 809-855.

Voigt, Stefan, Ein neuer Anlauf für die Europäische Union, Lehren aus dem gigantischen Mißerfolg des Verfassungsentwurfs, in: Frankfurter Allgemeine Zeitung vom 29. Oktober 2005, S. 15.

Volger, Helmut, Entstehungsgeschichte der Vereinten Nationen, in: ders. (Hrsg.), Lexikon der Vereinten Nationen, 2000, S. 84-98.

Volger, Helmut, Generalsekretär, in: ders. (Hrsg.), Lexikon der Vereinten Nationen, 2000, S. 170-178.

Volger, Helmut, Geschichte der Vereinten Nationen, 2. Aufl. 2008.

Volger, Helmut (Hrsg.), Grundlagen und Strukturen der Vereinten Nationen, 2007.

Volger, Helmut, ITU – Internationale Fernmeldeunion, in: ders. (Hrsg.), Lexikon der Vereinten Nationen, 2000, S. 294-295.

Volger, Helmut (Hrsg.), Lexikon der Vereinten Nationen, 2000.

Volger, Helmut, Mehr Partizipation nicht erwünscht, Der Bericht des Cardoso-Panels über die Reform der Beziehungen zwischen den Vereinten Nationen und der Zivilgesellschaft, in: VN 2005, S. 12-18.

Volger, Helmut, Die Reform der Vereinten Nationen, in: ders. (Hrsg.), Grundlagen und Strukturen der Vereinten Nationen 2007, S. 487-571.

Volger, Helmut, UPU – Weltpostverein, in: ders. (Hrsg.), Lexikon der Vereinten Nationen, 2000, S. 601-602.

Volger, Helmut, Der Wandel der Perzeption von Abrüstung, Entwicklung und Konversion in der UNO, 1987.

Volle, Hermann/Duisberg, Claus-Jürgen, Probleme der Internationalen Abrüstung, Die Bemühungen der Vereinten Nationen um internationale Abrüstung und Sicherheit 1954-1961, 2 Bde., 1964.

von Aretin, Karl Otmar (Hrsg.), Bismarcks Außenpolitik und der Berliner Kongreß, 1978.

von Aretin, Karl Otmar, Das Alte Reich 1648-1806, Bd. 1: Föderalismus oder hierarchische Ordnung (1648-1684), 1993.

von Aretin, Karl Otmar, Das Alte Reich 1648-1806, Bd. 3: Das Reich und der österreichisch-preußische Dualismus (1745-1806), 1997.

von Arnauld, Andreas, UN-Sanktionen und gemeinschaftsrechtlicher Grundrechtsschutz, Die „Soweit-Rechtsprechung" des Europäischen Gerichts Erster Instanz in: AVR 2006, S. 201-216.

von Beckerath, Erwin u.a. (Hrsg.), Friedrich List, Schriften, Reden, Briefe, Bd. I/2: Der Kampf um die politische und ökonomische Reform 1815-1829, Neudruck der Ausgabe Berlin 1933, 1971, (zitiert als: *von Beckerath* (Hrsg.), Friedrich List, Schriften, Reden, Briefe, Bd. I/2, 1971).

von Bogdandy, Armin, Europäische Prinzipienlehre, in: ders. (Hrsg.), Europäisches Verfassungsrecht, Theoretische und dogmatische Grundsätze, 2003, S. 149-203.

von Bogdandy, Armin, Die Europäische Union als supranationale Föderation, in: Intergration 1999, S. 95-112.

von Bogdandy, Armin (Hrsg.), Europäisches Verfassungsrecht, Theoretische und dogmatische Grundsätze, 2003.

von Bogdandy, Armin, Skizzen einer Theorie der Gemeinschaftsverfassung, in: Thomas von Danwitz u.a. (Hrsg.), Auf dem Wege zu einer Europäischen Staatlichkeit (Assistententagung Öffentliches Recht 1993), 1993, S. 9-29.

von Bogdandy, Armin, Supranationaler Föderalismus als Wirklichkeit und Idee einer neuen Herrschaftsform, Zur Gestalt der Europäischen Union nach Amsterdam, 1999.

von Bogdandy, Armin, Zweierlei Verfassungsrecht, Europäisierung als Gefährdung des gesellschaftlichen Grundkonsenses?, in: Der Staat 2000, S. 163-184.

von Bogdandy, Armin/Bast, Jürgen, Die vertikale Kompetenzordnung der Europäischen Union, Rechtsdogmatischer Bestand und verfassungspolitische Reformperspektiven, in: EuGRZ 2001, S. 441-458.

von Bogdandy, Armin/Nettesheim, Martin, Die Verschmelzung der Europäischen Gemeinschaften in der Europäischen Union, in: NJW 1995, S. 2324-2328.

von Borries, Reimer, Verwaltungskompetenzen der Europäischen Gemeinschaft, in: FS für Ulrich Everling, Bd. I, 1995, S. 127-147.

von Buttlar, Christian, Das Initiativrecht der Europäischen Kommission (Schriften zum Europäischen Recht, Bd. 99), 2003.

von der Groeben, Hans, Funktionsfähigkeit und demokratische Legitimation des institutionellen Systems der Europäischen Union, in: FS für Hans-Peter Schwarz, 1999, S. 421-433.

von der Heydte, Friedrich August, Genfer Protokoll vom 2.10.1924, in: WBVR I (1960), S. 653-655.

von Festenberg-Packisch, Hermann, Geschichte des Zollvereins mit besonderer Berücksichtigung der staatlichen Entwicklung Deutschlands, 1869.

von Franqué, Wolfgang, Luxemburg und die belgische Revolution, 1932.

von Hagens, Ursula, Danzig, in: WBVR I (1960), S. 307-310.

von Hippel, Wolfgang, Einleitung, in: ders. (Hrsg.), Freiheit, Gleichheit, Brüderlichkeit? Die Französische Revolution im deutschen Urteil von 1789-1954, 1989, S. 7-44.

von Humboldt, Walter, Denkschrift für Stein vom Dezember 1813, in: *ders.*, Gesammelte Schriften, Bd. 11, S. 95ff.

von Liszt, Franz, Das Völkerrecht, Systematisch dargestellt, 11. Aufl. 1918.

von Mangoldt, Hans, Arbitration and Conciliation, in: MPI (Hrsg.), Judicial Settlement of International Disputes, 1974, S. 417-552.

von Mangoldt, Hans, Die Schiedsgerichtsbarkeit als Mittel internationaler Streitschlichtung, Zur Beilegung von Rechtsstreitigkeiten auf der Grundlage der Achtung vor dem Rechte, 1974.

von Meyer, Philipp Anton Guido, Corpus Iuris Confoederationis Germaniae, 3. Aufl. 1858-1869.

von Morr, Hubertus, Secretary-General, in: Rüdiger Wolfrum (Hrsg.), United Nations Law, Policy and Practice, Bd. 2, 1995, S. 1136-1146.

von Pannwitz, Kurt, Die Entstehung der Allgemeinen Deutschen Wechselordnung, Ein Beitrag zur Geschichte der Vereinheitlichung des deutschen Zivilrechts im 19. Jahrhundert (Rechtshistorische Reihe, Bd. 193), 1999.

von Philippovich, Eugen, Die Entwicklung der wirtschaftspolitischen Ideen im 19. Jahrhundert, sechs Vorträge, 1910.

von Plehwe, Friedrich-Karl, Internationale Organisationen und die moderne Diplomatie (Deutsches Handbuch der Politik, Bd. 6), 1972.

von Raumer, Kurt, Ewiger Friede, Friedensrufe und Friedenspläne seit der Renaissance, 1953.

von Schorlemer, Sabine, Kulturpolitik im Völkerrecht verankert, in: VN 2006, S. 217-223.

von Schorlemer, Sabine (Hrsg.), Praxishandbuch UNO, Die Vereinten Nationen im Lichte globaler Herausforderungen, 2003.

von Schorlemer, Sabine, Verdienste und Defizite, 40 Jahre zukunftsfähige UNCTAD, in: Zeitschrift Entwicklungspolitik 18/19/2004, S. 16-20.

von Simson, Werner, Wachstumsprobleme einer europäischen Verfassung, in: FS zum 70. Geburtstag von Hans Kutscher, 1981, S. 481-496.

von Sybel, Heinrich, Die Begründung des Deutschen Reiches durch Wilhelm I., vornehmlich nach den preußischen Staatsakten, 1889-1894, zitiert nach der dreibändigen Ausgabe Meersburg/Leipzig 1930.

von Traut, Emil, Die Zentral-Kommission für die Rheinschiffahrt und ihre Rechtsprechung von 1893-1911, 2. Aufl. 1912.

von Treitschke, Heinrich, Bundesstaat und Einheitsstaat (erschienen 1864), in: ders., historische und politische Aufsätze, Bd. 2: Die Einheitsbestrebungen zertheilter Völker, 5. Aufl. 1886, S. 77-241.

von Treitschke, Heinrich, Die Republik der vereinigten Niederlande (erschienen 1869), in: ders., historische und politische Aufsätze, Bd. 2: Die Einheitsbestrebungen zertheilter Völker, 5. Aufl. 1886, S. 403-544.

von Treitschke, Heinrich, Aus der Zeit der Demagogenverfolgung (erschienen 1879), in: ders., Aufsätze, Reden, Briefe (hrsg. v. Karl Martin Schiller), Bd. 2: Historisch-politische Aufsätze, 1929, S. 726-733.

von Ullmann, Emanuel, Die Haager Konferenz von 1899 und die Weiterbildung des Völkerrechts, in: JöR I (1907), S. 82-136.

von Völderndorff, Otto, Die richterliche Thätigkeit der Centralkommission für die Rheinschiffahrt von 1832-1894, 1894.

Voth, Hans-Joachim, The Prussian Zollverein and the bid for economic superiority, in: Philip G. Dwyer (Hrsg.), Modern Prussian History 1830-1947, 2001, S. 109-125.

Wadle, Elmar, Grundrechte in der Deutschen Bundesakte? Notizen zu „Preßfreiheit" und „Rechte der Schriftsteller und Verleger gegen den Nachdruck" (Artikel XVIII d), in: FS Ress, 2005, S. 1333-1351.

Wägenbaur, Rolf, Die Erklärung von Laeken zur Zukunft der EU, in: EuZW 2002, S. 65.

Wagner, Markus, Das erste Jahr UNMIK, in: VN 2000, S. 132-138.

Wagner, Markus, Die wirtschaftlichen Maßnahmen des Sicherheitsrates nach dem 11. September 2001 im völkerrechtlichen Kontext – Von Wirtschaftssanktionen zur Wirtschaftsgesetzgebung?, in: ZaöRV 2003, S. 879-920.

Wahl, Rainer, Europäisierung und Internationalisierung, Zum Verlust der schützenden Außenhaut der Souveränität, in: Gunnar Folke Schuppert/Ingolf Pernice/Ulrich Haltern (Hrsg.), Europawissenschaft, 2005, S. 148-176.

Wahl, Rainer, Rechtliche Wirkung und Funktionen der Grundrechte im deutschen Konstitutionalismus des 19. Jahrhunderts, in: Der Staat 1979, S. 321-348.

Wahl, Rainer, Die zweite Phase des Öffentlichen Rechts in Deutschland, Die Europäisierung des Öffentlichen Rechts, in: Der Staat 1999, 495-518.

Wallace, Cynthia D., Kellogg-Briand Pact (1928), in: EPIL III (1997), S. 76-79.

Wallace, Helen/Wallace, William/Pollack, Mark A. (Hrsg.), Policy Making in the European Union, 5. Aufl. 2005.

Wallace, William, Foreign and Security Policy, The Painful Path from Shadow to Substance, in: Hellen Wallace/ders./Mark A. Pollack (Hrsg.), Policy Making in the European Union, 5. Aufl. 2005, S. 429-456.

Wallace, William, The Sharing of Sovereignty: the European Paradox, in: Robert Jackson (Hrsg.), Sovereignty at the Millenium, 1999, S. 81-99.

Walter, Christian, Grundrechtsschutz gegen Hoheitsakte internationaler Organisationen, Überlegungen zur Präzisierung und Fortentwicklung der Dogmatik des Maastricht-Urteils des Bundesverfassungsgerichts, in: AÖR 2004, S. 39-80.

Walters, F.B., A History of the League of Nations, 1952, unveränderter Nachdruck 1965.

Walters, F.B., The League of Nations, in: Evan Luard (Hrsg.), The Evolution of International Organizations, 1966, S. 25-41.

Warg, Gunter, Von Verteidigung zu kollektiver Sicherheit – Der Nato-Vertrag auf Rädern (Kölner Schriften zu Recht und Staat, Bd. 19), 2004.

Watson, J. Shand, Theory and Reality in the International Protection of Human Rights, 1999.

Watts, Sir Arthur, The International Law Commission 1949-1998, 3 Bde., 1999.

Weber, Albrecht, Zur Kontrolle kompetenzwidriger Rechtsakte der Europäischen Gemeinschaft durch nationale Verfassungsgerichte, in: FS für Ulrich Everling, Bd. II, 1995, S. 1625-1639.

Weber, Anton, Der deutsche Zollverein als Präzedenzfall für die Bildung eines freien europäischen Marktes, in: Schmollers Jahrbuch 78 (1958), S. 45-63.

Weber, Hermann, History of the United Nations, in: Rüdiger Wolfrum (Hrsg.), United Nations: Law, Policies and Practice, Bd. 1, 1995, S. 572-580.

Weber, Ludwig, Universal Postal Union, in: EPIL IV (2000), S. 1235-1240.

Weber, Max, Der Nationalstaat und die Volkswirtschaftspolitik, 1895.

Weber, Max, Wirtschaft und Gesellschaft, Grundriß der verstehenden Soziologie (posthume Erstausgabe 1922), 5. revidierte Aufl. 1972, nachgedruckte Studienausgabe, 1985.

Webster, Andrew, From Versailles to Geneva: The Many Forms of Interwar Disarmament, in: The Journal of Strategic Studies 2006, S. 225-246.

Wegener, Bernhard W., Die Neuordnung der EU-Gerichtsbarkeit durch den Vertrag von Nizza, in: DVBl. 2001, S. 1258-1263.

Wehberg, Hans, Das Genfer Protokoll betreffend die friedliche Erledigung internationaler Streitigkeiten, 1927.

Wehberg, Hans, Das Genfer Protokoll, in: WdVD III (1929), Anhang S. 845-854.

Wehberg, Hans, Die internationale Beschränkung der Rüstungen, 1919.

Wehberg, Hans, Locarno, Der Pakt von, in: WdVD III (1929), Anhang, S. 977-996.

Wehler, Hans-Ulrich, Geschichtswissenschaft heute, in: Jürgen Habermas (Hrsg.), Stichworte zur ›Geistigen Situation der Zeit‹, 2. Band: Politik und Kultur, 1979, S. 709-753.

Wehser, Eckart, Die Bindungswirkung der Empfehlungen der Vollversammlung der Vereinten Nationen, in: Thesaurus Accroasium, The Law of the United Nations, 1976, S. 371-394.

Weichlein, Siegfried, Nation und Region, Integrationsprozesse im Bismarck-Reich (Beiträge zur Geschichte des Parlamentarismus und der politischen Parteien, Bd. 137), 2004.

Weidenfeld, Werner, Rivalität der Partner, Die Zukunft der transatlantischen Beziehungen, Die Chance eines Neubeginns, 2005.

Weidenfeld, Werner (Hrsg.), Europa '96, Reformprogramm für die Europäische Union, Strategien und Optionen für Europa, 1994.

Weinlich, Silke, Weder Feigenblatt noch Allheilmittel, Die neue Kommission für Friedenskonsolidierung der Vereinten Nationen, in: VN 2006, S. 2-11.

Weiß, Norman, Die Bedeutung von Menschenrechtsklauseln für die Außenbeziehungen und Entwicklungshilfeabkommen der EG/EU (Studien zu Grund- und Menschenrechten, Heft 4), 2000.

Weiß, Norman, Die Entwicklung der Menschenrechtsidee, heutige Ausformungen der Menschenrechte und Fragen ihrer universellen Geltung, in: Jana Hasse/Erwin Müller/Patricia Schneider (Hrsg.), Menschenrechte, Bilanz und Perspektiven (Demokratie, Sicherheit, Frieden, Bd. 137: Frieden durch Recht II), 2000, S. 39-69.

Weiß, Norman, 25 Jahre KSZE/OSZE - Herausforderungen und Wandel, in: MRM 2000, S. 160-172.

Weiß, Norman, Menschenrechtsschutz, in: Helmut Volger (Hrsg.), Grundlagen und Strukturen der Vereinten Nationen, 2007, S. 163-188.

Weiß, Norman, Menschenrechtsschutz im Rahmen der OSZE dreißig Jahre nach der Schlußakte von Helsinki, in: MRM 2005, S. 256-271.

Weiß, Norman, Die neue UN-Konvention über die Rechte von Menschen mit Behinderungen – weitere Präzisierung des Menschenrechtsschutzes, in: MRM 2006, S. 293-300.

Weiß, Norman, Der neugeschaffene Menschenrechtsrat der Vereinten Nationen, in: MRM 2006, S. 80-86.

Weiß, Norman, Objektive Willkür, Zu einem Prüfungskriterium im Verfahren der Urteilsverfassungsbeschwerde (Schriften zum Öffentlichen Recht, Völker- und Europarecht, Bd. 3), 2000.

Weiß, Norman, Praxis des Menschenrechtsausschusses zum Schutz der Presse- und Meinungsäußerungsfreiheit, in: MRM, Themenheft 25 Jahre internationale Menschenrechtspakte, 2002, S. 65-94.

Weiß, Norman, Zur Rolle der Zivilgesellschaft für den Schutz der Menschenrechte, in: Eckart Klein/Christoph Menke (Hrsg.), Universalität - Schutzmechanismen - Diskriminierungsverbote. 15 Jahre nach der Weltmenschenrechtskonferenz 1993 in Wien, 2008, S. 232-257.

Weiß, Norman, Stichwort: Menschenhandel – Trafficking in Persons, in: MRM 2003, S. 199-201.

Weiß, Norman, Transnationale Unternehmen – weltweite Standards? Eine Zwischenbilanz des Global Compact, in: MRM 2002, S. 82-89.

Weiß, Norman, Überblick über die Erfahrungen mit Individualbeschwerden unter verschiedenen Menschenrechtsabkommen, in: AVR 2004, S. 142-156.

Weiß, Norman, Unabhängigkeitsgarantie und Gerichtsorganisation, in: Eckart Klein/Carola Schulze (Hrsg.), Der gerichtliche Schutz der Grundrechte in Brandenburg und Baschkortostan, Deutsch-russisches Kolloquium, 2003, S. 52-66.

Weiß, Norman, Vor achtzig Jahren: Konferenz und Vertragswerk von Locarno, in: Die Friedenswarte, 2006, 101-119.

Weißmann, Karlheinz, Wiederkehr eines Totgesagten: Der Nationalstaat am Ende des 20. Jahrhunderts, in: Aus Politik und Zeitgeschichte, B 14/93 vom 2. April 1993, S. 3-10.

Weller, Marc, The Reality of the Emerging Universal Constitutional Order, Putting the Pieces of the Puzzle Together, in: Cambridge Review of International Affairs, X/2 (1997), S. 40-63.

Wendt, Alexander, Social Theory of International Politics, 10. Aufl. 2007.

Werle, Gerhard, Völkerstrafrecht, 2. Aufl. 2007.

Werthes, Sascha, Probleme und Perspektiven von Sanktionen als politisches Instrument der Vereinten Nationen, 2003.

Werthes, Sascha/Bosold, David, Caught between Pretension and Substantiveness – Ambiguities of Human Security as a Political Leitmotif, in: Tobias Debiel/Sascha Werthes (Hrsg.), Human Security on Foreign Policy Agendas, Changes, Concepts and Cases (INEF-Report 80/2006), 2006, S. 21-38.

Werthes, Sascha/Bosold, David, Human Security and Smart Sanctions, in: International Affairs Review, 14 (2005) 2, S. 111-136

Wessels, Wolfgang, Der Europäische Rat, Stabilisierung statt Integration? Geschichte, Entwicklung und Zukunft der EG-Gipfelkonferenzen (Europäische Studien des Instituts für Europäische Politik, Bd. 13), 1980.

Westlake, Martin/Galloway, David (Hrsg.), The Council of the European Union, 3. Aufl. 2004.

Weston, Burns H., Security Council Resolution 678 and Persian Gulf Decision Making: Precarious Legitimacy, in: AJIL 85 (1991), S. 516-535.

Whitaker, Urban G. Jr., Politics and Power, A Text in International Law, 1964.

Wiener, Antje, Demokratischer Konstitutionalismus jenseits des Staates? Perspektiven auf die Umstrittenheit von Normen, in: Peter Niesen/Benjamin Herborth (Hrsg.), Anarchie der kommunikativen Freiheit, Jürgen Habermas und die Theorie der internationalen Politik, 2007, S. 173-198.

Wienhöfer, Elmar, Das Militärwesen des Deutschen Bundes und das Ringen zwischen Österreich und Preussen [sic] um die Vorherrschaft in Deutschland 1815-1863 (Studien zur Militärgeschichte, Militärwissenschaft und Konfliktforschung, Bd. 1), 1973.

Wight, Martin, Power Politics, 1946 (zitiert nach der dt. Ausgabe Machtpolitik, 1948).

Wilde, Ralph, From Danzig to East Timor and Beyond: The Role of International Territorial Administration, in: AJIL 95 (2001), S. 583-609.

Willetts, Peter (Hrsg.), „The Conscience of the World", The Influence of Non-Governmental Organisations in the U.N. System, 1996.

Willetts, Peter, Transnational actors and international organizations in global politics, in: John Baylis/Steve Smith (Hrsg.), The Globalization of World Politics, An introduction to international relations, 2001, Nachdruck 2006, S. 425-447

Williams, Ian, Abbringen, Verweigerung, Zusammenarbeit, Der Ausschuß des Sicherheitsrats zur Bekämpfung des Terrorismus, in: VN 2002, S. 213-216.

Winkelmann, Ingo, Bringing the Security Council into a New Era, in: MPUNYB 1999, S. 35-90.

Winkler, Heinrich August, Der lange Weg nach Westen, 1. Bd.: Deutsche Geschichte vom Ende des Alten Reiches bis zum Untergang der Weimarer Republik, 5. Aufl. 2002.

Winkler, Heinrich August, Weimar 1918-1933, Die Geschichte der ersten deutschen Demokratie, 1993.

Winkler, Henry R., The League of Nations Movement in Great Britain 1914-1919 (Rutgers University Studies in History, Bd. 7), 1952.

Winter, Gerd, Kompetenzverteilung und Legitimation in der Europäischen Mehrebenenverwaltung, in: EuR 2005, S. 255-276.

Wintzer, Joachim, Deutschland und der Völkerbund 1918-1926, 2006.

Wittrin, Heino E., UNFPA – United Nations Population Fund, in: Rüdiger Wolfrum (Hrsg.), United Nations Law, Policy and Practice, Bd. 2, 1995, S. 1314-1321.

Wolf, Joachim, United Nations Children's Fund, in: EPIL IV (2000), S. 1057-1059.

Wolfrum, Rüdiger, Consensus, in: ders. (Hrsg.), United Nations Law, Policy and Practice, 1995, Bd. 1, S. 350-355.

Wolfrum, Rüdiger, International Administration in Post-Conflict Situations by the United Nations and Other International Actors, in: MPUNYB 2005, S. 649-696.

Wolfrum, Rüdiger, International Administrative Unions, in: EPIL II (1995), S. 1041-1047.

Wolfrum, Rüdiger, Law of the Sea: An Example of the Progressive Development of International Law, in: Christian Tomuschat (Hrsg.), The United Nations at Age Fifty, A Legal Perspective, 1995, S. 309-327.

Wolfrum, Rüdiger, Legitimacy in International Law, in: August Reinisch/Ursula Kriebaum (Hrsg.), The Law of International Relations, Liber Amicorum Hanspeter Neuhold, 2007, S. 471-482.

Wolfrum, Rüdiger, Der Kampf gegen die Verbreitung von Massenvernichtungswaffen: Eine neue Rolle für den Sicherheitsrat, in: Weltinnenrecht, Liber amicorum Jost Delbrück (Veröffentlichungen des Walther-Schücking-Instituts für Internationales Recht an der Universität Kiel, Bd. 155), 2005, S. 865-876.

Wolfrum, Rüdiger (Hrsg.), Die Reform der Vereinten Nationen, 1989.

Wolfrum, Rüdiger (Hrsg.), United Nations: Law, Policies and Practice, 2 Bde., 1995.

Wolfrum, Rüdiger, Voting and Decision-Making, in: ders. (Hrsg.), United Nations Law, Policy and Practice, Bd. 2, 1995, S. 1400-1407.

Woltjer, Jan Juliaan, Der niederländische Bürgerkrieg und die Gründung der Republik der Vereinigten Niederlande (1555-1648), in: Theodor Schieder (Hrsg.), Handbuch der europäischen Geschichte, Bd. 3, 2. Aufl. 1985, S. 664-690.

Wood, Miachel C., Security Council Working Methods and Procedure: Recent Developments, in: International and Comparative Law Quarterly 45 (1996), S. 150-161.

Wormuth, Wolfram, Die Bedeutung des Europarechts für die Entwicklung des Völkerrechts (Studien und Materialien zum Öffentlichen Recht, Bd. 22), 2004.

Wouters, Jan, The European Union as an Actor Within the United Nations General Assembly, in: Vincent Kronenberger (Hrsg.), The European Union and the International Legal Order: Discord or Harmony?, 2001, S. 375-404.

Woyke, Wichard, Das internationale System nach 1945, in: ders. (Hrsg.), Netzwerk Weltpolitik: Großmächte, Mittelmächte und Regionen und ihre Außenpolitik nach dem Zweiten Weltkrieg, 1989, S. 9-50.

WTO, Understanding the WTO, 2003.

Wuermeling, Joachim, Kalamität Kompetenz: Zur Abgrenzung der Zuständigkeiten in dem Verfassungsentwurf des EU-Konvents, in: EuR 2004, S. 216-229.

Wuermeling, Joachim, Streicht die Räte und rettet den Rat!, Überlegungen zur Reform des EU-Ministerrats, in: EuR 1996, S. 167-178.

Wühler, Norbert, Arbitration Clause in Treaties, in: EPIL I (1992), S. 236-239.

Wühler, Norbert, Die internationale Schiedsgerichtsbarkeit in der völkerrechtlichen Praxis der Bundesrepublik Deutschland, 1985.

Wünsche, Harry, Einleitung, in: ders. (comp.), Die Entstehung der UNO (Die Vereinten Nationen und ihre Spezialorganisationen, Dokumente, Bd. 1), 1974, S. 13-61.

Würtenberger, Thomas, Auslegung von Verfassungsrecht – realistisch betrachtet, in: FS für Alexander Hollerbach, 2001, S. 223-241.

Würtenberger, Thomas, Die Legitimität staatlicher Herrschaft, Eine staatsrechtlich-politische Begriffsgeschichte, 1973.

Würtenberger, Thomas, Staatsverfassung an der Wende vom 18. zum 19. Jahrhundert, in: Reinhard Mußgnug (Red.), Wendemarken in der deutschen Verfassungsgeschichte (Beihefte zu „Der Staat“, Heft 10), 1993, S. 85-108.

Wyduckel, Dieter, Untersuchungen zu den Grundlagen der frühmodernen Rechts- und Staatslehre, Diss. Münster 1977.

Zacher, Mark W./Sutton, Brent A., Governing global networks, International regimes for transportation and communication, 1996.

Zacker, Christian/Wernicke, Stephan, Examinatorium Europarecht, Grundlagen, Institutionelles Recht, Materielles Recht, Rechtsschutz, 3. Aufl. 2004.

Zacklin, Ralph, The Use of Force in Peacekeeping Operations, in: Niels Blokker/Nico Schrijver (Hrsg.), The Security Council and the Use of Force, Theory and Reality – A Need for Change?, 2005, S. 91-106.

Zangl, Bernhard/Zürn, Michael, Argumentatives Handeln bei internationalen Verhandlungen, Moderate Anmerkungen zur post-realistischen Debatte, in: Zeitschrift für internationale Beziehungen 1996, S. 341-366.

Zapf, Wolfgang, Modernisierung und Modernisierungstheorien, in: ders. (Hrsg.), Die Modernisierung moderner Gesellschaften, Verhandlungen des 25. Deutschen Soziologentages in Frankfurt am Main 1990, 1991, S. 23-39.

Zeller, Rüdiger, Die EBU, Union Européenne des Radio-Télévision (UER), European Broadcasting Union (EBU), Internationale Rundfunkkoperation im Wandel (Wirtschaftsrecht der internationalen Telekommunikation, Bd. 39), 1999.

Zemanek, Karl, Majority Rule and Consensus Technique in Law-Making Diplomacy, in: Ronald St.J. Macdonald/Douglas M. Johnston (Hrsg.), The Structure and Process of International Law: Essays in Legal Philosophy Doctrine and Theory, 1983, S. 857-887.

Zemanek, Karl, The United Nations Conference on the Law of Treaties Between States and International Organizations or Between International Organizations: The unrecorded history of its "general agreement", in: FS Ignaz Seidl-Hohenveldern, 1988, S. 665-677.

Zemanek, Karl, Das Vertragsrecht der Internationalen Organisationen (Rechts- und Staatswissenschaften, Bd. 15), 1957.

Ziegler, Katja S., Criminal Victims/Witnesses of Crimes: The Criminal Offences of Smuggling and Trafficking of Human Beings in Germany, Discretionary Residence Rights, and Other Ways of Protecting Victims - Part I/II, in: 6 German Law Journal Nr. 3 (März 2005), abrufbar unter: http://www.germanlawjournal.com/article.php?id=579, Part II/II, abrufbar unter http://www.germanlawjournal.com/article.php?id=580

Zimmer, Gerhard, Funktion – Kompetenz – Legitimation, Gewaltenteilung in der Ordnung des Grundgesetzes, Staatsfunktionen als gegliederte Wirk- und Verantwortungsbereiche – Zu einer verfassungsgemäßen Funktions- und Interpretationslehre (Schriften zum Öffentlichen Recht, Bd. 365), 1979.

Zimmermann, Andreas, "Acting under Chapter VII (...)" – Resolution 1422 and Possible Limits of the Powers of the Security Council, in: Jochen Abr. Frowein u.a. (Hrsg.), Verhandeln für den Frieden, Negotiating for Peace, Liber amicorum Tono Eitel, 2003, S. 253-278 (zitiert FS Tono Eitel).

Zimmermann, Andreas, The Creation of a Permanent International Criminal Court, in: MPUNYB 1998, S. 169-237.

Zimmermann, Andreas/Elberling, Björn, Grenzen der Legislativbefugnisse des Sicherheitsrats, Resolution 1540 und abstrakte Bedrohungen des Weltfriedens, in: VN 2004, S. 71-77.

Zimmermann, Andreas/Tomuschat, Christian/Oellers-Frahm, Karin (Hrsg.), The Statute of the International Court of Justice, A Commentary, 2006 (zit. Autor, Art. Nr., in: Zimmermann/Tomuschat/Oellers-Frahm (Hrsg.), Statute, 2006, Seitenzahlen, Rn.)

Zimmern, Alfred, Great Britain, the Dominions, and the League of Nations, in: ders., America & Europe, And Other Essays, 1929, S. 104-137 (Erstveröffentlichung 1928).

Zimmern, Alfred, International Organization – Its Prospects and Limitations, in: ders., America & Europe, And Other Essays, 1929, S. 138-156 (Erstveröffentlichung 1923).

Zimmern, Alfred, The League of Nations and the Rule of Law 1918-1935, 1936.

Zippelius, Reinhold, Kleine Deutsche Verfassungsgeschichte, 1994.

Zippelius, Reinhold, Legitimität durch Verfahren?, in: FS für Karl Larenz, 1973, S. 293-304.

Ziring, Lawrence/Riggs, Robert E./Plano, Jack C., The United Nations, International Organization and World Politics, 3. Aufl. 2000.

Zuleeg, Manfred, Die Europäische Gemeinschaft als Rechtsgemeinschaft, in: NJW 1994, S. 545-549.

Zuleeg, Manfred, International Organizations, Implied Powers, in: EPIL II (1995), S. 1312-1314.

Zürn, Michael, Regieren jenseits des Nationalstaats, Globalisierung und Denationalisierung als Chance, 1998.

Zürn, Michael/Joerges, Christian (Hrsg.), Law and Governance in Postnational Europe, Compliance beyond the Nation-State, 2005.

Zweig, Stefan, Die Welt von Gestern, Erinnerungen eines Europäers, 1944, Nachdruck 1992.

Zygojannis, Philipp A., Die Staatengemeinschaft und das Kosovo, Humanitäre Intervention und internationale Übergangsverwaltung unter Berücksichtigung einer Verpflichtung des Intervenienten zur Nachsorge (Veröffentlichungen des Walther-Schücking-Instituts für Internationales Recht an der Universität Kiel, Bd. 145), 2003.

Sachregister

Max-Planck-Institut für ausländisches öffentliches Recht und Völkerrecht

Beiträge zum ausländischen öffentlichen Recht und Völkerrecht

Hrsg.: A. von Bogdandy, R. Wolfrum

Bde. 27–59 erschienen im Carl Heymanns Verlag KG Köln, Berlin (Bestellung an: Max-Planck-Institut für Völkerrecht, Im Neuenheimer Feld 535, 69120 Heidelberg); ab Band 60 im Springer-Verlag Berlin, Heidelberg, New York, London, Paris, Tokyo, Hong Kong, Barcelona

---

209 Norman *Weiß*: **Kompetenzlehre internationaler Organisationen.** 2009. XVIII, 540 Seiten. Geb. € 99,95

208 Michael *Rötting*: **Das verfassungsrechtliche Beitrittsverfahren zur Europäischen Union.** 2009. XIV, 317 Seiten. Geb. € 79,95

207 Björn *Ahl*: **Die Anwendung völkerrechtlicher Verträge in China.** 2009. XIX, 419 Seiten. Geb. € 89,95

206 Mahulena *Hofmann*: **Von der Transformation zur Kooperationsoffenheit?** 2009. XIX, 585 Seiten. Geb. € 99,95

205 Rüdiger *Wolfrum*, Ulrike *Deutsch* (eds.): **The European Court of Human Rights Overwhelmed by Applications: Problems and Possible Solutions.** 2009. VIII, 128 Seiten. Geb. € 59,95 zzgl. landesüblicher MwSt.

204 Niels *Petersen*: **Demokratie als teleologisches Prinzip.** 2009. XXVII, 280 Seiten. Geb. € 79,95

203 Christiane *Kamardi*: **Die Ausformung einer Prozessordnung sui generis durch das ICTY unter Berücksichtigung des Fair-Trial-Prinzips.** 2009. XVI, 424 Seiten. Geb. € 89,95

202 Leonie F. *Guder*: **The Administration of Debt Relief by the International Financial Institutions.** 2009. XVIII, 355 Seiten. Geb. € 84,95 zzgl. landesüblicher MwSt.

201 Silja *Vöneky*, Cornelia *Hagedorn*, Miriam *Clados*, Jelena *von Achenbach*: **Legitimation ethischer Entscheidungen im Recht.** 2009. VIII, 351 Seiten. Geb. € 84,95

200 Anja Katarina *Weilert*: **Grundlagen und Grenzen des Folterverbotes in verschiedenen Rechtskreisen.** 2009. XXX, 474 Seiten. Geb. € 94,95

199 Suzette V. *Suarez*: **The Outer Limits of the Continental Shelf.** 2008. XVIII, 276 Seiten. Geb. € 79,95 zzgl. landesüblicher MwSt.

198 Felix *Hanschmann*: **Der Begriff der Homogenität in der Verfassungslehre und Europarechtswissenschaft.** 2008. XIII, 370 Seiten. Geb. € 84,95

197 Angela *Paul*: **Kritische Analyse und Reformvorschlag zu Art. II Genozidkonvention.** 2008. XVI, 379 Seiten. Geb. € 84,95

196 Hans Fabian *Kiderlen*: **Von Triest nach Osttimor.** 2008. XXVI, 526 Seiten. Geb. € 94,95

195 Heiko *Sauer*: **Jurisdiktionskonflikte in Mehrebenensystemen.** 2008. XXXVIII, 605 Seiten. Geb. € 99,95

194 Rüdiger *Wolfrum*, Volker *Röben* (eds.): **Legitimacy in International Law.** 2008. VI, 420 Seiten. Geb. € 84,95 zzgl. landesüblicher MwSt.

193 Doris *König*, Peter-Tobias *Stoll*, Volker *Röben*, Nele *Matz-Lück* (eds.): **International Law Today: New Challenges and the Need for Reform?** 2008. VIII, 260 Seiten. Geb. € 69,95 zzgl. landesüblicher MwSt.

192 Ingo *Niemann*: **Geistiges Eigentum in konkurrierenden völkerrechtlichen Vertragsordnungen.** 2008. XXV, 463 Seiten. Geb. € 94,95

191 Nicola *Wenzel*: **Das Spannungsverhältnis zwischen Gruppenschutz und Individualschutz im Völkerrecht.** 2008. XXXI, 646 Seiten. Geb. € 99,95

190 Winfried *Brugger*, Michael *Karayanni* (eds.): **Religion in the Public Sphere: A Comparative Analysis of German, Israeli, American and International Law.** 2007. XVI, 467 Seiten. Geb. € 89,95 zzgl. landesüblicher MwSt.

189 Eyal *Benvenisti*, Chaim *Gans*, Sari *Hanafi* (eds.): **Israel and the Palestinian Refugees.** 2007. VIII, 502 Seiten. Geb. € 94,95 zzgl. landesüblicher MwSt.

188 Eibe *Riedel*, Rüdiger *Wolfrum* (eds.): **Recent Trends in German and European Constitutional Law.** 2006. VII, 289 Seiten. Geb. € 74,95 zzgl. landesüblicher MwSt.

187 Marcel *Kau*: **United States Supreme Court und Bundesverfassungsgericht.** 2007. XXV, 538 Seiten. Geb. € 99,95 zzgl. landesüblicher MwSt.

186 Philipp *Dann*, Michał *Rynkowski* (eds.): **The Unity of the European Constitution.** 2006. IX, 394 Seiten. Geb. € 79,95 zzgl. landesüblicher MwSt.

185 Pál *Sonnevend*: **Eigentumsschutz und Sozialversicherung.** 2008. XVIII, 278 Seiten. Geb. € 74,95

184 Jürgen *Bast*: **Grundbegriffe der Handlungsformen der EU.** 2006. XXI, 485 Seiten. Geb. € 94,95

183 Uwe *Säuberlich*: **Die außervertragliche Haftung im Gemeinschaftsrecht.** 2005. XV, 314 Seiten. Geb. € 74,95

182 Florian *von Alemann*: **Die Handlungsform der interinstitutionellen Vereinbarung.** 2006. XVI, 518 Seiten. Geb. € 94,95

181 Susanne *Förster*: **Internationale Haftungsregeln für schädliche Folgewirkungen gentechnisch veränderter Organismen.** 2007. XXXVI, 421 Seiten. Geb. € 84,95

180 Jeanine *Bucherer*: **Die Vereinbarkeit von Militärgerichten mit dem Recht auf ein faires Verfahren gemäß Art. 6 Abs. 1 EMRK, Art. 8 Abs. 1 AMRK und Art. 14 Abs. 1 des UN Paktes über bürgerliche und politische Rechte.** 2005. XVIII, 307 Seiten. Geb. € 74,95

179 Annette *Simon*: **UN-Schutzzonen – Ein Schutzinstrument für verfolgte Personen?** 2005. XXI, 322 Seiten. Geb. € 74,95

178 Petra *Minnerop*: **Paria-Staaten im Völkerrecht?** 2004. XXIII, 579 Seiten. Geb. € 99,95

177 Rüdiger *Wolfrum*, Volker *Röben* (eds.): **Developments of International Law in Treaty Making.** 2005. VIII, 632 Seiten. Geb. € 99,95 zzgl. landesüblicher MwSt.

176 Christiane *Höhn*: **Zwischen Menschenrechten und Konfliktprävention. Der Minderheitenschutz im Rahmen der Organisation für Sicherheit und Zusammenarbeit in Europa (OSZE).** 2005. XX, 418 Seiten. Geb. € 84,95

175 Nele *Matz*: **Wege zur Koordinierung völkerrechtlicher Verträge. Völkervertragsrechtliche und institutionelle Ansätze.** 2005. XXIV, 423 Seiten. Geb. € 84,95

174 Jochen Abr. *Frowein*: **Völkerrecht – Menschenrechte – Verfassungsfragen Deutschlands und Europas. Ausgewählte Schriften.** Hrsg. von Matthias *Hartwig*, Georg *Nolte*, Stefan *Oeter*, Christian *Walter*. 2004. VIII, 732 Seiten. Geb. € 119,95

173 Oliver *Dörr* (Hrsg.): **Ein Rechtslehrer in Berlin. Symposium für Albrecht Randelzhofer.** 2004. VII, 117 Seiten. Geb. € 54,95

172 Lars-Jörgen *Geburtig*: **Konkurrentenrechtsschutz aus Art. 88 Abs. 3 Satz 3 EGV. Am Beispiel von Steuervergünstigungen.** 2004. XVII, 412 Seiten (4 Seiten English Summary). Geb. € 84,95

171 Markus *Böckenförde*: **Grüne Gentechnik und Welthandel. Das Biosafety-Protokoll und seine Auswirkungen auf das Regime der WTO.** 2004. XXIX, 620 Seiten. Geb. € 99,95

170 Anja *v. Hahn*: **Traditionelles Wissen indigener und lokaler Gemeinschaften zwischen geistigen Eigentumsrechten und der public domain.** 2004. XXV, 415 Seiten. Geb. 84,95

169 Christian *Walter*, Silja *Vöneky*, Volker *Röben*, Frank *Schorkopf* (eds.): **Terrorism as a Challenge for National and International Law: Security versus Liberty?** 2004. XI, 1484 Seiten. Geb. € 169,95 zzgl. landesüblicher MwSt.

168 Kathrin *Osteneck*: **Die Umsetzung von UN-Wirtschaftssanktionen durch die Europäische Gemeinschaft.** 2004. XXXIX, 579 Seiten. Geb. € 99,95

167 Stephan *Sina*: **Der völkerrechtliche Status des Westjordanlandes und des Gaza-Streifens nach den Osloer Verträgen.** 2004. XXI, 410 Seiten. Geb. € 84,95

166 Philipp *Dann*: **Parlamente im Exekutivföderalismus.** 2004. XXIII, 474 Seiten. Geb. € 89,95

165 Rüdiger *Wolfrum* (Hrsg.): **Gleichheit und Nichtdiskriminierung im nationalen und internationalen Menschenrechtsschutz.** 2003. VIII, 299 Seiten. Geb. € 74,95

164 Rüdiger *Wolfrum*, Nele *Matz*: **Conflicts in International Environmental Law.** 2003. XI, 213 Seiten. Geb. € 64,95 zzgl. landesüblicher MwSt.

163 Adam *Bodnar*, Michał *Kowalski*, Karen *Raible*, Frank *Schorkopf* (eds.): **The Emerging Constitutional Law of the European Union.** 2003. IX, 595 Seiten. Geb. € 99,95 zzgl. landesüblicher MwSt.

GPSR Compliance

The European Union's (EU) General Product Safety Regulation (GPSR) is a set of rules that requires consumer products to be safe and our obligations to ensure this.

If you have any concerns about our products, you can contact us on ProductSafety@springernature.com

In case Publisher is established outside the EU, the EU authorized representative is:

Springer Nature Customer Service Center GmbH
Europaplatz 3
69115 Heidelberg, Germany

Kolibri 360 GmbH
Ferdinand-Jühlke-Straße 7
99095 Erfurt, Deutschland
produktsicherheit@kolibri360.de